KB145242

실습으로 배우는 하드웨어 보안

하드웨어 관점에서의 사이버 보안

실습으로 배우는 하드웨어 보안

하드웨어 관점에서의 사이버 보안

Swarup Bhunia · Mark Tehranipoor 지음

송지연 · 김병극 · 나가진 옮김   김기주 감수

i!i
에이콘

에이콘출판의 기틀을 마련하신 故 정완재 선생님 (1935-2004)

사랑하는 우리 가족에게 바칩니다.

지은이 소개

스와럽 부니와^{Swarup Bhunia}

플로리다 대학교의 전기전자 컴퓨터 공학과 교수며, 이전에는 케이스 웨스턴 리저브 대학교의 전기 공학 및 컴퓨터 과학 T. 와 A. 슈레더^{Schroeder} 부교수였다. 동료 평가^{peer-reviewed} 학술 저널과 프리미어 콘퍼런스에서 200개가 넘는 출판물을 출간했으며, 10년 이상의 연구 개발 경험이 있다. 관심 연구 분야는 하드웨어 보안 과 신뢰, 적응형 나노 컴퓨팅과 새로운 테스트 방법 등이다.

IBM 교수상^{Faculty Award}(2013), 국립 과학재단 경력 개발상(2011), 반도체 리서치 코퍼 레이션^{Semi-conductor Research Corporation} 발명가상^{Inventor Recognition Award}(2009), SRC 기술 우 수상^{Technical Excellence Award}(2005)을 받았고 여러 우수 논문상을 수상하거나 지명을 받 았다. IEEE Transactions on CAD, IEEE Transactions on Multi-Scale Computing Systems, ACM Journal of Emerging Technologies, Journal of Low Power Electronics 의 부편집장으로 활동하고 있다. IEEE Design & Test of Computers(2010, 2013), IEEE Journal on Emerging and Selected Topics in Circuits and Systems(2014)의 객원 편집자를 역임했다. IEEE IMS3TW 2011, IEEE NANOARCH 2013, IEEE VDAT 2014, IEEE HOST 2015의 공동 프로그램 위원장을 역임했으며, 많은 IEEE/ACM 콘퍼런 스의 프로그램 위원회에서 활동하고 있다. IEEE의 선임 회원이다.

마크 테라니푸어^{Mark Tehranipoor}

현재 플로리다 대학교 전기 및 컴퓨터 공학^{ECE}의 사이버 보안 분야 Intel Charles E. Young 교수다. 300개가 넘는 저널의 기사와 콘퍼런스 논문을 발표했으며, 2006년부터 150개 이상의 초청 강연과 기조연설을 해왔다. 또한 6권의 책을 출간하고 출간된 10권의 책 중 일부 챕터를 작성했다.

그의 프로젝트는 업계(SRC^{Semiconductor Research Corporation}, Texas Instruments, Freescale, Comcast, Honeywell, LSI, Mentor Graphics, Juniper, R3Logic, Cisco, Qualcomm, MediaTeck 등)와 미국 정부(NSF, ARO, MDA, DOD, AFOSR, DOE 등)가 후원하고 있다.

여러 최우수 논문상, 2009 NSF CAREER상, 2014 MURI상, 2008 IEEE Computer Society 공로상, 2012 IEEE CS 우수 공헌, 2010 IEEE CS 가장 성공적인 기술 행사를 수상했다. HOST 심포지엄, 2009년과 2014년 UConn ECE 연구 우수상, 2012년 UConn SOE 우수 교수진 고문상을 공동 창립하고 주재했다.

하드웨어 지향 보안과 신뢰에 관한 IEEE 국제 심포지엄^{HOST}(www.hostsymposium.org)이라는 새로운 심포지엄을 공동 창립했으며, HOST-2008과 HOST-2009 총의장을 역임했고 계속해서 HOST 운영위원회 의장으로 활동 중이다. 또한 트러스트 허브^{Trust-Hub}(http://www.trust-hub.org)의 공동 창립자다. 플로리다 대학교에 합류하기 전에 하드웨어 보증, 보안, 엔지니어링 센터^{CHASE}와 코네티컷 대학교의 Comcast 보안 혁신 우수 센터^{CSI}의 창립 이사를 역임했다. IEEE의 선임 회원, IEEE Computer Society의 Golden Core 회원, ACM과 ACM SIGDA의 회원, Connecticut Academy of Science and Engineering^{CASE}의 회원이기도 하다.

감사의 말

하드웨어 보안에 관한 최초의 교과서를 작성하는 것은 생각했던 것보다 많은 어려움이 있는 작업이었으나 예상한 것보다 더 많은 보답을 받기도 했습니다. 구성을 계획하고 내용을 준비하고, 인쇄할 수 있는 형식으로 만드는 것은 길고 힘든 여행이었습니다. 이 여정에 여러 방식으로 참여해준 친구, 동료, 학생 덕분에 풍성하게 완성할 수 있었습니다. 이 책의 각 장, 삽화, 연습문제에서 실습 실험에 이르기까지의 다양한 자료는 이러한 귀중한 정보가 없으면 불가능한 일이었을 것입니다.

무엇보다도 각 장의 기술적인 내용을 만들고 다듬는 데 도움을 준 플로리다 대학교 FICS 리서치^{FICS Research} 내 사랑하는 학생들의 공헌에 감사의 말씀을 드립니다. Adib Nahiyan, Tamzidul Hoque, Abdulrahman Alaql, Dr. Miao He, Huanyu Wang, Prabuddha Chakraborty, Jonathan Cruz, Shubhra Deb Paul, Atul Prasad Deb Nath, Naren Vikram Raj Masna, Sumaiya Shomaji, Sarah Amir, Bicky Shakya, Angela Newsome, Sazadur Rahman, Moshiur Rahman에게 감사드립니다. 이 책이 나올 수 있도록 도와주신 학생들의 헌신적인 노력에 진심으로 감사드립니다. 우리는 이 우수한 학생들이 하드웨어와 시스템 보안 분야에서 눈부신 경력을 쌓을 수 있는 길에 있다고 확신합니다.

또한 전반적인 내용의 구성과 장, 관련 자료 검토에 많은 도움을 준 Fahim Rahman 박사에게도 특별한 감사의 말을 전합니다. 또한 일부 특정 장에 상당한 기술 공헌을 한 Shi Qihang 박사와 Park Jungmin 박사, 맞춤형 하드웨어 플랫폼(HaHa 보드)

개발을 주도하고 실험 설계에 크게 기여한 Shuo Yang에게도 감사드립니다. 이들 모두 플로리다 대학교의 FICS 리서치에 속해 있습니다.

유명한 하드웨어 보안 연구자 분도 초안을 검토하는 데 도움을 줬습니다. 각 장에서 다룰 수 있는 범위를 더 넓힐 수 있도록 도와준 이들의 노력에 감사를 표하고 싶습니다. Sandip Ray(플로리다 대학교), Seetharam Narasimhan 박사(인텔), Chester Rebeiro 박사(IIT, Madras), Abhishek Basak 박사(인텔), Anirban Sengupta 박사(IIT, Indore), Xinmu Wang 박사(중국 노스웨스턴 폴리테크닉 대학교), Chenjie Che (Enthentica), Amit Trivedi(시카고 일리노이 대학교), Robert Karam(사우스 플로리다대학교), Wei Hu 박사(중국 노스웨스턴 폴리테크닉 대학교)께 감사드립니다.

또한 맞춤형 하드웨어 플랫폼의 개발을 후원한 NSF[National Science Foundation]의 지원에 진심으로 감사드립니다. 이 책에 제시된 의견, 발견, 결론, 권장 사항은 저자와 기고자에 대한 의견일 뿐이며 NSF의 견해를 반영하지는 않습니다. 마지막으로 이 책을 작성하는 동안 Elsevier의 편집자, 출판 팀, 특히 Nate McFadden, Stephen R. Merken, Kiruthika Govindaraju의 지원과 지도에 감사드립니다.

옮긴이 소개

송지연(onsjy12@gmail.com)

 지엔텔, 노키아 지멘스 네트웍스에서 근무한 경험이 있는 WCDMA, LTE 분야의 통신 기술 엔지니어 출신으로, 취미로 팀을 만들어 개발에 한동안 푹 빠져 있기도 했다. 현재는 주 전공인 소프트웨어 개발 분야로 돌아와 오라클 자바 개발 팀, 그레이스노트를 거쳐 닐슨에서 근무 중이며, 옮긴 책으로는 『스프링 프레임워크 핵심노트 3종』(한빛미디어, 2013) 와 『(개정3판) 리눅스 실전 가이드』(에이콘, 2014), 『한눈에 빠져드는 셸 스크립트 2/e』(에이콘, 2018), 『임베디드 리눅스 프로그래밍 완전 정복 2/e』(에이콘, 2019) 등이 있다.

김병극(byungkeuk.kim@gmail.com)

IMF 시절 웹 프로그래밍을 시작으로 소프트웨어 개발 일을 시작했으며, 그 뒤 피처폰의 데이터 서비스와 애플리케이션 관련 업무 진행 중 자바 가상머신^{VM}을 포팅하는 일이 인연이 되어 썬마이크로시스템과 오라클에서 자바 가성머신 관련 개발 업무를 했다. 현재는 시놉시스^{Synopsys}의 오픈소스 검증 제품의 기술 지원 업무를 맡고 있으면서 관련된 오픈소스 컴

플라이언스 컨설팅 업무를 하고 있다. 옮긴 책으로는『한눈에 빠져드는 셸 스크립트 2/e』(에이콘, 2018), 『임베디드 리눅스 프로그래밍 완전 정복 2/e』(에이콘, 2019)가 있다.

나가진(gajinna@gmail.com)

삼성전자에서 심비안 스마트폰을 시작으로 임베디드 소프트웨어 개발에 뛰어들어 GM 텔레매틱스, 자바 VM 기반의 여러 임베디드 시스템 대상으로 연구개발 업무를 담당했다. 이후 보안으로 관심 분야를 확장해 주요 기업에 소프트웨어 개발과 관련된 보안 컨설팅을 제공했고, 현재 IoT, 제어 시스템 대상 국내외 보안 표준과 인증에 관한 컨설팅 업무를 수행 중이다.

옮긴이의 말

IT가 빠른 속도로 발전해오면서 해킹 위협이 대두되고 보안이 중요해지기 시작했다. 하지만 소프트웨어 보안에 비해 하드웨어 보안의 위험성과 영향에 대해서는 구체적으로 다룬 책이 많지 않다. 최근 사물인터넷^{IoT}이 일상화되면서 새로운 애플리케이션과 하드웨어 보안의 중요성이 큰 화두가 되고 있으며, 최근에 발견된 멜트다운^{Meltdown}과 스펙터^{Specter} 취약점은 전 세계에 하드웨어 보안이 얼마나 큰 영향을 미칠 수 있는지 많은 사람이 깨달을 수 있는 계기가 되기도 했다.

이 책은 『Hardware Security: A hands-on Learning Approach』를 번역한 책으로 하드웨어 보안을 단계별로, 개념별로 공격 방식과 대책을 자세히 설명한다. 먼저 하드웨어가 탄생한 배경에서부터 하드웨어를 공격하는 모델의 분석, 대책을 설명하며 현재의 동향도 설명한다. 이 책에서 설명하고자 하는 하드웨어 보안이라는 주제는 하드웨어의 라이프 사이클 전체를 통틀어 광범위하게 보안 취약점과 신뢰성의 문제점을 알려준다. 또한 이러한 시스템을 보호하려면 모든 레벨에서의 교육이 중요하다고 판단해 실습으로 학습할 수 있는 자료를 만들었다.

이 책에는 다양한 하드웨어 보안 문제와 대책을 배우는 데 실험적인 해킹이 가능한 HaHa$^{Hardware\ Hacking}$ 플랫폼의 설명이 포함돼 있다. 모든 실습 실험은 이 플랫폼 하나로 모두 구현할 수 있다. 즉, 이론적으로 설명한 보안 위협과 해킹, 대책 등을 실제로 실습해 적용해 볼 수 있는 좋은 기회가 될 것이다.

바쁘신 와중에도 번역을 위해 애써주신 나가진, 김병극 님께 감사드리며, 몇 번의 지연이 있었음에도 기다려주신 에이콘 출판사 여러분께도 감사드린다. 세 역자가 함께하며, 가능하면 용어를 맞추려고 노력했으나 혹시 문체가 달라지는 부분이 있다면 양해 부탁드린다.

송지연

기술 감수자 소개

김기주

포스텍 컴퓨터공학과와 동대학원을 졸업한 후 LG전자와 썬 마이크로시스템즈를 거쳐 지금은 엘라스틱에서 엘라스틱서치 사용자들을 돕고 있다. https://www.elastic.co/kr/blog에 다수의 블로그 글을 게재했으며, 요즘은 집에서 근무하는 틈틈이 아이들 온라인 수업을 도와주느라 정신이 없다. 공저로『Security Plus For Unix』(영진닷컴, 2000), 역서로『리눅스 API의 모든 것』(에이콘, 2012),『(개정3판) 리눅스 실전 가이드』(에이콘, 2014),『한눈에 빠져드는 셸 스크립트 2/e』(에이콘, 2018),『임베디드 리눅스 프로그래밍 완전정복 2/e』(에이콘, 2019) 등이 있다.

차례

1부   전자 하드웨어의 배경

2부　하드웨어 공격: 분석, 예제, 위협 모델

5장　하드웨어 트로이목마　　　　　　　　　　　　　　　205

7장 하드웨어 IP 불법 복제와 리버스 엔지니어링 305

4부 하드웨어 공격과 보안 동향

들어가며

사이버 보안은 디지털 시대의 어두운 면으로 점차 떠오르고 있으며, 세계 사이버 보안 문제의 규모는 점점 증가해 매일같이 뉴스가 되고 있다. 컴퓨터와 일반 의사소통이 점차 하나로 합쳐지고, 인터넷의 데이터양이 기하급수적으로 증가함에 따라 이러한 보안 문제는 점점 더 중요해지고 있다. 하드웨어는 사이버 보안에서 점점 더 중요하고 필수적인 역할을 하고 있다. 하지만 다양한 마이크로프로세서에서 최근에 발견된 멜트다운^{Meltdown}과 스펙터^{Specter} 취약점을 비롯해 하드웨어에 뿌리를 둔 많은 시스템과 애플리케이션에는 보안 취약점이 여전히 존재한다. 또한 사물인터넷^{IoT} 체제에서 새로운 애플리케이션 공간이 등장하면서 새로운 공격 요인이 나타나고, 이러한 상황에서 안전하고 신뢰할 수 있는 시스템을 위한 새로운 요구 사항도 등장하고 있다. 더불어 집적 회로^{IC}, 인쇄 회로 기판^{PCB}, 기타 전자 하드웨어 컴포넌트(수동 또는 능동)의 설계, 제조, 배포가 점점 더 정교해지고, 그 프로세스가 전 세계적으로 분산돼 있기 때문에 신뢰할 수 없는 엔티티가 점점 더 많아지고 있다. 이처럼 수평적이지만 매우 복잡한 공급망은 하드웨어의 악의적인 변경, 정보 유출, 사이드 채널 공격, 위조, 리버스 엔지니어링, 불법 복제 활동 등의 무수한 보안 문제를 야기한다. 많은 최신 컴퓨팅 시스템의 백본 역할을 하는 SoC^{System on Chip}의 시장 출시 기간은 점차 줄어들고 있으며, 이는 칩이 실제 필드에 적용됐을 때 공격자가 악용할 수 있는 의도치 않은 취약점을 설계에 남겨 둘 수 있어 문제를 더욱 악화시키고 있다.

이 책에서 설명하고자 하는 하드웨어 보안이라는 주제는 전자 하드웨어의 전체 라이프 사이클, 모든 추상화 레벨(칩, PCB, 시스템, 시스템의 시스템)에 걸친 광범위한 보안과 신뢰 문제를 포함한다. 실제로 보안 취약점과 신뢰 문제가 증가함에 따라 컴퓨팅 시스템의 트러스트 앵커$^{trust\ anchor}$ 역할을 해야 하는 하드웨어의 역할은 점점 더 어려워지고 있다. 따라서 다양한 하드웨어 보안/신뢰 문제에서 이러한 시스템을 보호하려면 학부, 대학원생, 컴퓨팅 시스템 설계, 배포에 관련된 전문가 등의 모든 레벨에서 효과적이고 포괄적인 하드웨어 보안 교육이 중요할 수밖에 없다. 업계에서 능숙한 하드웨어 보안 전문가의 수요가 증가하는 것을 고려하면 더욱더 그 필요성을 느끼고 있다. 우리가 아는 한 대학교의 기존 커리큘럼은 전체 하드웨어 위협, 보호 방법에 관해 적절한 통찰력을 제공하지 않는다. 기존 커리큘럼에서는 (a) 모든 추상화 계층의 보안을 다루는 전체 하드웨어 보안 교육, (b) 복잡한 시스템의 보안 취약점과 해당 방어 메커니즘을 이해하는 데 중요하다고 생각하는 실습 교육을 제공하는 데 실패해 왔다. 이처럼 중요한 요구 사항이 늘어나고 있기 때문에 하드웨어 보안과 신뢰에 관한 최초의 교과서를 만드는 프로젝트를 시작했다.

이 책은 고급 학부 엔지니어링 학생에게 전체 하드웨어의 보안 실습과 교육을 제공하는 것을 목표로 한다. 주로 학부생을 대상으로 썼지만 대학원생, 보안 연구원, 실무자, 설계 엔지니어, 보안 엔지니어, 시스템 설계자, 최고 보안 책임자 등의 산업 전문가에게도 유용한 참고 자료가 될 수 있다. 이 책에서는 최신 컴퓨팅 시스템의 배경에 관한 자료와 보안 문제, 보호 메커니즘을 설명한다. 또한 보안 취약성, 공격, 보호 메커니즘을 포괄하는 하드웨어 보안의 다양한 측면을 알려주고자 적절한 장비를 갖춘 회로 실험실이라면 어디에서나 사용할 수 있도록 잘 설계된 실험 세트도 포함한다. 보안의 특정 주제를 자세히 알아보기 전에 학생들이 현대 시스템의 컴포넌트를 이해하도록 컴퓨팅 하드웨어, 회로 이론, 능동, 수동 전자 구성 요소, 칩/PCB 설계, 테스트 플로의 기본 사항을 다루는 장도 포함했다.

이 책에는 하드웨어-소프트웨어 시스템을 모델링하기 쉽고 다양한 하드웨어 보안 문제와 대책을 배울 때 윤리적으로 '해킹'할 수 있는 하드웨어 해킹^{HaHa, Hardware Hacking} 플랫폼이라고 하는 특별한 하드웨어 플랫폼에 관해 설명한다. FPGA ^{Field Programmable Gate Array} 개발 보드와 같은 대체 하드웨어 모듈을 사용해 책 내의 일부 실험을 수행할 수 있지만, 책에 제시된 모든 실습 실험은 이 플랫폼 하나로 모두 구현할 수 있다. 관련 배경 자료를 기반으로 하드웨어 보안 개념을 전반적으로 다루는 포괄적인 적용 범위와 실제 실습을 통해 배우는 방식은 이 교재의 주요 특징으로, 오늘날의 어려운 하드웨어 보안 문제에 대비해 학생들을 준비시키는 데 필수적이다.

이 책의 특별한 점

- 컴퓨팅 시스템의 기본적인 사항뿐 아니라 보안 위험의 영향, 기존에 알려진 공격 방법론과 대책, 사례 연구를 포함해 컴퓨터 하드웨어에 전체적인 개요를 제공한다. 이러한 기본 정보를 바탕으로 실제 제품과 시스템 설계에서 하드웨어 보안 위협을 인식하고 대응하는 데 도움이 될 수 있는 주요 개념을 이해할 수 있다.

- 하드웨어 보안(보안 취약성, 공격, 적절한 보호 메커니즘)을 파악할 수 있도록 자세한 설명과 각각의 주제에 맞게 잘 설계된 실습 실험을 함께 제공한다.

- 앞에서 언급한 실험 예제를 수행할 수 있도록 저자가 개발한 HaHa라는 맞춤형 전자 하드웨어 플랫폼의 설명이 포함돼 있다. 이 하드웨어 모듈은 단일 플랫폼을 사용해 다양한 주요 개념을 설명하게끔 특별히 설계됐다. 각 실험의 실험 과정, 관찰, 보고 형식, 고급 옵션의 단계별 설명도 보조 자료로 제공하고 있다.

- 각 장에는 다양한 난이도를 가진 세 종류의 연습 문제가 포함돼 있다. 이러한 연습 문제는 각 장에서 제시된 개념을 효과적으로 이해하는 데 도움이 되도록 출제됐다.

이 책의 구성

저자는 하드웨어 보안 교육 분야에서 일한 10년간의 경험을 바탕으로 관련 개념을 효과적으로 전달하고자 각각의 주제를 구성했다. 1장에서는 하드웨어 보안 주제를 소개한다. 하드웨어 공격 벡터, 공격 표면 적대적 모델, 하드웨어 공격의 원인, 비즈니스/경제 모델, 하드웨어 공급망, 보안과 신뢰의 관계에 미치는 영향과 같은 주요 주제에 대한 기본 개념을 제공한다. 또한 1장에서는 하드웨어 보안에 대한 간략한 역사, 책에서 전반적으로 다룰 범위와 랩 기반의 접근 방식 정보도 제공한다.

1장 이후는 다음과 같이 4개의 부로 구성돼 있다.

1. 1부: 전자 하드웨어의 배경
2. 2부: 하드웨어 공격: 분석, 예제, 위협 모델
3. 3부: 하드웨어 공격에 따른 대응 조치
4. 4부: 하드웨어 공격과 보안 동향

1부: 전자 하드웨어의 배경에는 3개의 장이 포함돼 있다. 2장에서는 디지털 로직, 회로 이론, 임베디드 시스템, IC, ASIC^{Application Specific Integrated Circuit}, FPGA, PCB, 펌웨어, 하드웨어-펌웨어-소프트웨어 상호작용과 시스템 보안에서 하드웨어의 역할에 대한 배경 지식을 제공한다. 3장에서는 SoC 설계와 테스트에 대한 전반적인 개요를 제공한다. IP^{Intellectual Property} 기반 SoC 라이프 사이클, SoC 설계 프로세스, 검증/테스트 단계, 테스트용 설계와 디버그용 설계 인프라를 설명한다. 1부의 마지막 장인 4장에서는 PCB 설계와 테스트를 소개한다. 특히 4장에서는 PCB 라이프 사이클, PCB 설계 프로세스, PCB 테스트 방법을 설명한다.

2부: 하드웨어 공격: 분석, 예제, 위협 모델에서는 라이프 사이클 전체와 최근 공급망에서 발생하는 하드웨어 공격과 취약성을 다룬다. 5장에서는 IC와 하드웨어 IP의 하드웨어 트로이목마 공격에 중점을 두고 설명한다. 여기에는 다양한 유형의 트로이목마(트리거와 페이로드)와 설계, 제작 프로세스에서의 서로 다른 위협 벡터를 알아본다. 6장에서는 오늘날의 전자 공급망 보안과 무결성 문제의 자세한 정보를 제공한다. 7장에서는 하드웨어 IP 불법 복제, IP 리버스 엔지니어링과 관련된 문제에 중점을 두고 하드웨어 IP 라이프 사이클 내의 보안 문제를 설명한다. 또한 FPGA 시장과 IP 공급망이 지속적으로 성장함에 따라 나타나는 FPGA IP 보안과 관련된 문제도 설명한다. 8장에서는 사이드 채널 공격[SCA]을 설명한다. 여기에는 모든 유형의 사이드 채널 공격, 즉 전력 사이드 채널 공격, 타이밍 공격, 전자기[EM] 사이드 채널 공격, 결함 주입 공격이 포함된다. 9장에서는 스캔과 JTAG에 중점을 둔 테스트 인프라 기반의 공격을 소개하며, 온칩 테스트/디버그 인프라를 사용하는 다양한 형태의 정보 유출 공격을 설명한다. 10장에서는 물리적 공격과 마이크로프로빙에 중점을 둔다. 정보 유출을 목적으로 한 칩 레벨의 마이크로프로빙 공격과 리버스 엔지니어링, 변조를 자세히 설명한다. 마지막으로 11장에서는 PCB의 물리적 공격에 중점을 둔 다양한 공격을 설명한다. 물리적 공격에는 정보 유출을 위한 PCB 트레이스 스누핑, PCB 리버스 엔지니어링, 복제, 악의적인 필드 수정, 모드칩[Modchip] 유형의 공격이 포함된다.

3부: 하드웨어 공격에 따른 대응 조치에서는 하드웨어 공격에 대한 대응 조치에 중점을 둔다. 특히 하드웨어 보안 보증, 하드웨어 신뢰 기반 구축의 기본적인 대책을 제시한다. 12장에서는 하드웨어 보안 기본 사항의 설계, 평가, 기능적 보안, 공급망 문제 보안을 위한 역할에 중점을 두고 설명한다. 여기서는 PUF[Physical Unclonable Function], TRNG[True Random Number Generators]와 같은 공통 기본 요소를 다룬다. 13장에서는 집적 회로의 보안 설계[DFS], 보안/신뢰 검증과 서로 다른 레벨의 설계를 위한 보안, 다양한 하드웨어 공격을 방지하기 위한 방법을 설명한다. 14장에서는 하드웨어 난독화를 설명한다. 상태 공간 난독화, 논리 잠금, 위장 등의 다양한 난독화 기술을 제공하고 IP 불법 복제, 리버스 엔지니어링, 악의적인 수정을 방지하는 역할을 설명한다. 15장에서는 PCB 무결성 검증과 인증을 설명한다. 여기서는 PCB의 고유 서명을 사용해 현장 공격에서 PCB를 보호하는 PCB 수준 인증 솔루션을 제시한다.

4부: 하드웨어 공격과 보안 동향에서는 마지막 16장에서 시스템 수준의 공격과 대책, 시스템/애플리케이션 소프트웨어를 이용해 하드웨어 보안 취약점을 악용할 수 있는 가능성과 보안 시스템을 위한 SoC 보안 아키텍처를 설명한다. SoC의 자산은 소프트웨어 공격의 주요 타깃이므로 이러한 자산을 보호하고자 안전한 SoC 아키텍처를 개발하는 것이 필요하다. 액세스 제어나 정보 플로우 공격 또는 기타 취약점을 이용한 다양한 공격에서 칩의 자산을 보호하기 위한 아키텍처 수준의 솔루션을 설명한다.

위와 같은 책의 내용을 즐기고 이를 통해 많은 혜택을 누리기를 바란다. 사이버 보안 분야의 범위가 지속적으로 증가하고 하드웨어 보안과의 관련성도 증가함에 따라 이 책의 내용이 수년 동안 유용하게 쓰일 것이라고 확신한다.

보충 자료

이 책에는 맞춤형 HaHa 플랫폼을 사용하는 실습 실험의 자세한 설명을 제공하는 보충 자료(https://hwsecuritybook.org/)가 포함돼 있다. 이 모듈 방식의 유연하고 단순한 하드웨어 플랫폼은 하드웨어 보안 교육과 훈련에 매우 효과적일 것이다. 이 플랫폼은 다양한 컴포넌트(예, 센서나 통신 장치)를 LEGO와 같은 방식으로 추가해 원하는 기능의 컴퓨팅 시스템을 구축하고 여러 장치를 무선으로 연결해 네트워크 시스템을 만들 수 있도록 설계됐다. 그런 다음 해당 시스템에서 하드웨어 트로이 목마, 사이드 채널 공격, 탬퍼링, 리버스 엔지니어링, 스누핑에 이르는 다양한 보안 공격을 구현할 수 있다. 이러한 실습 실험이 중요한 자원이 돼 핵심 개념을 철저히 이해하고 새로운 취약점이나 보호 메커니즘을 탐색하고자 노력하기를 바란다.

이 책의 웹 사이트

보충 자료와 실습 모듈은 자체 웹 사이트 www.hwsecuritybook.org에서 볼 수 있다. 웹 사이트에는 각 장에 대한 슬라이드 자료, 샘플 과제, 샘플 시험, 테스트, HaHa 보드용 랩 모듈, 샘플 프로젝트, 랩 모듈 비디오, 시뮬레이션 도구, Verilog/VHDL 설계 등이 올라가 있다. 이 웹 사이트는 하드웨어와 시스템 보안 개념을 이해하는 데 도움이 되는 모든 교육 자료의 허브다. 또한 하드웨어 보안 커뮤니티 회원 사이에 이러한 자료를 널리 공유할 수 있도록 하드웨어 보안 과정을 가르치는 강사들과 협력할 예정이다.

한국어판의 정오표는 에이콘출판의 도서정보 페이지 http://www.acornpub.co.kr/book/hardware-security에서 확인할 수 있다.

한국어판에 관한 질문은 에이콘출판사 편집 팀(editor@acornpub.co.kr)이나 옮긴이의 이메일로 문의하길 바란다.

강사용 자료

https://www.hwsecuritybook.org 웹 페이지에는 강사 전용 자료가 포함돼 있지만, 비밀번호로 접근이 제한돼 있다. 사용하려는 경우 웹 마스터에게 문의해 웹에 게시된 절차를 통해 일주일 동안 사용할 수 있는 로그인 사용자 이름과 비밀번호를 발급받아야 한다. 강사 영역에는 원본 슬라이드, 각 슬라이드를 설명하는 보조 메모, 전체 시험 세트, 과제, 퀴즈 등이 포함돼 있다. 이 웹 사이트에는 해당 연습 과제, 시험에 대한 답변도 포함돼 있다.

스와럽 부니아와 마크 테라니푸어

1

하드웨어 보안 소개

컴퓨터 보안은 이제 현대 디지털 세계에서 필수적인 분야가 돼가고 있다. 이에 따라 전자 하드웨어의 보안을 다루는 하드웨어 보안은 하드웨어 아키텍처, 구현, 유효성 검사를 비롯해 컴퓨터 보안의 중요한 분야로 진화하고 있는 추세다. 이 책에서 '하드웨어'란 전자 하드웨어를 말한다. 여기서는 다른 보안 분야와 마찬가지로 하드웨어 보안 또한 자산을 도용하거나 손상시키려는 공격과 이러한 자산을 보호하고자 설계된 접근 방법에 중점을 두고 이야기할 예정이다. 여기에서 말하는 자산이란 모든 유형의 집적 회로^{IC}나 수동 컴포넌트$^{passive\ component}$(예, 레지스터, 콘덴서, 인덕터), 인쇄 회로 기판^{PCB}과 같은 하드웨어 컴포넌트 자체를 말하며, 이러한 컴포넌트 내에 저장된 암호키나 디지털 저작권 관리^{DRM} 키, 프로그래머블 퓨즈$^{programmable\ fuses}$, 민감한 사용자 데이터, 펌웨어, 구성 데이터도 포함된다.

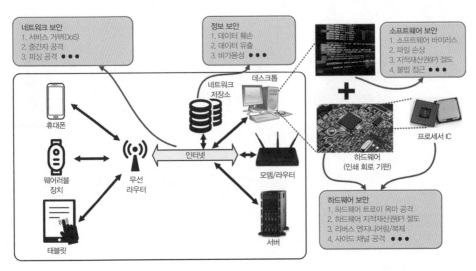

▲ 그림 1.1 최신 컴퓨팅 시스템의 보안 환경

그림 1.1은 현대 컴퓨팅 시스템과 관련된 다양한 보안 분야를 나타낸 것이다. 네트워크 보안은 여러 컴퓨터 시스템을 연결하는 네트워크에 대한 공격을 처리하는 것과 함께 네트워크의 가용성과 무결성을 잠재적인 위험에서 보장하는 메커니즘에 중점을 둔다. 소프트웨어 보안은 소프트웨어에 대한 악의적인 공격, 주로 잘못된 오류 처리와 버퍼 오버플로와 같은 프로그램 구현 과정에서 나타날 수 있는 다양한 버그를 악용하는 공격을 처리하는 것과 잠재적인 보안 위험에서부터 신뢰할 수 있는 소프트웨어 동작을 보장하는 기술에 집중한다. 정보 보안은 정보의 무단 접근, 사용, 수정, 삭제를 막아 정보의 기밀성, 무결성, 가용성에 중점을 두고 있는 반면, 하드웨어 보안은 하드웨어 공격과 그 보호에 집중한다. 이는 시스템 보안의 기초를 형성해 이와 밀접하게 상호작용하는 시스템의 다른 구성 요소에 대한 신뢰 기반을 제공한다. 이 책의 나머지 장에서는 하드웨어에 대한 다양한 공격이 이와 같은 기본 개념에 어떻게 도전하고 있으며, 이러한 공격에 대한 효과적인 대응책으로 하드웨어의 보안과 신뢰를 어떻게 보장할 수 있는지 설명한다.

이 책에서는 임베디드 시스템, CPS^{cyber-physical systems}, 사물인터넷^{IoT, Internet of Things}, 생

42

의학 시스템(예, 임플란트와 웨어러블) 등의 다양한 응용 분야를 망라하는 전자 하드웨어, 시스템 보안과 관련된 모든 주제를 다룬다. 여기서는 하드웨어 지적 재산IP, Intellectual Properties에서부터 IC, PCB, 시스템에 이르기까지 모든 추상화 레벨에서 하드웨어에 대한 설계, 검증, 신뢰성 모니터링 솔루션을 비롯해 보안, 신뢰 문제, 위협, 공격, 취약점, 보호 접근법을 설명하며, 관련 메트릭, 도구, 벤치마크도 포함한다.

1.1 컴퓨팅 시스템 개요

컴퓨팅 시스템은 서로 연결된 컴포넌트로 이뤄진 시스템이다. 다음은 이러한 시스템의 주요 컴포넌트들과 그들의 역할을 정리한 것이다. 이는 정보 저장용 메모리, 정보 처리용 프로세서, 사용자 또는 다른 시스템과의 인터페이스용 입출력 장치(예를 들어 키보드, 프린터, 디스플레이와 같은 주변장치)를 포함한다. 이러한 시스템은 정보를 얻어 변환하는 것이 가능하며, 다른 컴퓨팅 시스템과도 통신할 수 있다. 정보 저장과 처리는 주로 디지털 데이터를 다루게 되지만 이뿐 아니라 수많은 애플리케이션이 물리적인 실제 세계와 실제 상황에서 아날로그 신호를 수집하고 디지털화하는 아날로그 프런트엔드도 가진다. 그런 다음 디지털 처리 장치가 디지털 형식에 대한 특정 작업을 수행한다. 그중 일부에서는 백엔드 장치가 이미 처리된 디지털 신호를 다시 아날로그로 변환해 실제 물리적인 세계와 다시 인터페이스하는 경우도 있다. 컴퓨팅 시스템은 크게 (a) 범용 시스템과 (b) 임베디드 시스템이라는 두 가지 카테고리로 분류할 수 있다. 범용 시스템에는 데스크톱, 노트북, 서버와 같은 시스템이 포함되는데, (1) 복잡하고 최적화된 아키텍처를 갖고 있고, (2) 쉽고 다양한 방식으로 프로그래밍이 가능하며, (3) 다양한 유스케이스use-case 시나리오에 적합한 특성을 갖고 있다. 반면 임베디드 시스템에는 디지털 카메라, 홈오토메이션 장치, 웨어러블 건강 모니터, 생의학 임플란트와 같은 시스템이 포함되는데, (1) 고도로 맞춤화된 설계, (2) 긴밀한 하드웨어/소프트웨어 통합, (3) 특정 유스케이스에만 사용하게 제약돼 있는 특성이 있다.

시간이 흐르면서 임베디드 시스템이 점점 유연해지고 범용 애플리케이션을 처리할 수 있을 정도의 컴퓨팅 성능을 보유하게 되면서 두 카테고리 간의 격차가 좁혀지고 있다. 이에 따라 두 카테고리 모두의 특징을 갖는 두 개의 새로운 시스템 부류인 (1) 사이버 물리 시스템$^{\text{cyber-physical systems}}$과 (2) 사물인터넷이 등장했다. 첫 번째 부류의 컴퓨터 정보 처리 시스템은 인터넷과 사용자, 실제 세계와 깊이 얽혀 있으며, 그 예로는 스마트 그리드, 자율주행 차량, 로봇 시스템이 있다. 반면에 두 번째 부류는 인터넷, 클라우드, 기타 엔드포인트 장치에 연결하는 컴퓨팅 시스템을 포함하며, 내장 센서를 사용해 데이터를 수집, 교환하고 액추에이터^{actuator}를 통해 물리적 장치를 제어함으로써 실제 세계와 상호작용한다. 스마트 홈 자동화 장치와 개인위생 모니터가 그 예다. 두 부류의 장치 모두 자율적인 결정을 내리며, 상황 인식을 하고, 학습을 통해 다른 사용 패턴에 좀 더 잘 반응할 수 있도록 인공지능에 점점 더 의존한다. 하지만 CPS가 점점 IoT 장치와 비슷한 특성을 갖게 되면서 두 부류의 구분이 점차 흐려지고 있다. 이들 부류에 속하는 장치는 대부분 다음과 같이 보안상의 영향을 주는 기능들을 공유하고 있다. (1) 보안 요구 사항이 변경될 가능성이 있는 길고 복잡한 라이프를 갖고 있으며, (2) 인간이 참여하지 않는 기계끼리의 통신으로 인해 안전하지 않은 통신 링크가 생길 수 있고 새로운 인증 접근법이 필요하며, (3) 동일한 구성으로 수백만 개의 대량 장치 생산이 가능하므로 공격자가 한 장치의 취약점을 식별하게 되는 경우 해당 지식을 사용해 여러 장치에 침입할 가능성이 있다.

또한 최근의 컴퓨팅 시스템은 대개 독립적으로 작동하지 않는다. 이들은 다른 컴퓨터나 여러 컴퓨터에 공유 컴퓨팅이나 저장소 리소스를 제공하는 컴퓨터 모음인 클라우드와 연결돼 있는 경우가 대부분이다.

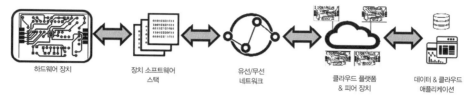

| 하드웨어 장치 | 장치 소프트웨어 스택 | 유선/무선 네트워크 | 클라우드 플랫폼 & 피어 장치 | 데이터 & 클라우드 애플리케이션 |

▲ 그림 1.2 현대 컴퓨팅 시스템 조직의 계층

그림 1.2는 CPS나 IoT 시스템 같은 최신 컴퓨팅 시스템의 하드웨어에서부터 클라우드와 클라우드의 데이터/애플리케이션에 이르는 다양한 컴포넌트를 보여준다. 이 시스템의 각 컴포넌트는 다양한 보안 문제와 각각의 솔루션과 연관돼 있다. 여기서 가장 약한 부분은 대부분 물리적으로 분산된 시스템으로, 일반적으로 전체 시스템의 보안을 결정하게 된다. 전체 시스템의 보안을 달성하려면 각각의 컴포넌트에 대한 특정 보안 솔루션들을 전체적인 보안으로 통합하는 방법을 깊게 생각할 필요가 있다.

1.2 컴퓨팅 시스템 계층

현대의 컴퓨팅 시스템은 그림 1.3과 같이 여러 추상화 계층으로 구성돼 있다. 하드웨어 계층은 가장 아래쪽에 위치하며, 물리적 하드웨어 계층과 인터페이스하는 펌웨어가 그다음에 존재한다. 펌웨어 계층 다음에는 가상화 계층(없을 수도 있음), 운영체제OS, 애플리케이션 계층으로 구성된 소프트웨어 스택이 뒤따르고 있다. 앞에서 설명한 모든 유형의 컴퓨팅 시스템은 이와 같은 구조를 공통으로 공유하고 있다. 컴퓨팅 시스템이 처리하는 데이터는 휘발성(예, 정적 또는 동적 RAM) 또는 비휘발성(NAND 또는 NOR 플래시) 메모리의 하드웨어 계층에 저장되고 소프트웨어 계층을 통해 접근된다. 시스템은 하드웨어와 소프트웨어 컴포넌트의 조합으로 만들어진 네트워크 메커니즘을 사용해 다른 시스템이나 인터넷에 연결된다. 컴퓨터 보안 문제는 이 모든 계층에 걸쳐 나타날 수 있다. 하드웨어 보안 문제는 다른 계층의 하드웨어 보안 문제보다 상대적으로 개수가 적지만(그림 1.3 참고), 시스템 보안에 훨씬 큰 영향을 미칠 수 있다. 스펙터[Spectre]와 멜트다운[Meltdown] 버그[9]에서 볼 수 있듯이 하드웨어의 보안 문제는 소프트웨어와 네트워크의 보안 문제보다 훨씬 많은 수의 장치에 영향을 줄 수 있다.

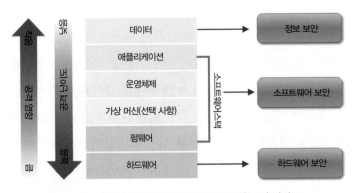

▲ 그림 1.3 컴퓨팅 시스템의 계층 간 공격 영향도와 난이도

1.2.1 전자 하드웨어

컴퓨팅 시스템의 하드웨어는 그림 1.4에서 설명한 것처럼 세 개의 레이어로 구성돼 있는 것으로 볼 수 있다. 가장 위에는 스마트 온도 조절기나 스마트폰과 같이 시스템을 구성하는 모든 물리적 컴포넌트(예, PCB, 주변장치, 인클로저)를 통합하는 시스템 레벨의 하드웨어가 있다. 다음으로는 시스템의 기능과 성능 요구 사항을 충족하는 데 필요한 전자 컴포넌트를 지원하며, 전기 연결을 제공하는 하나 이상의 PCB가 있다. PCB는 일반적으로 도전성 금속(예, 구리) 트레이스를 사용해 컴포넌트 간에 전력, 신호를 연결할 수 있는 절연 기판(예, 유리 섬유)의 다중 레이어로 구성된다. 최하위 계층에는 능동 컴포넌트(IC, 트랜지스터, 릴레이 등), 수동 전자 컴포넌트가 있다. 하드웨어의 다양한 추상화 계층은 각각 다른 종류의 보안 문제를 야기하기 때문에 그에 상응하는 보호가 필요하다. 이 책에서는 하드웨어 추상화의 모든 레벨에서 주요 보안 문제와 솔루션을 다룬다.

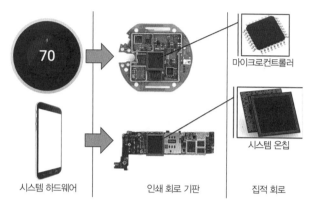

| 마이크로컨트롤러 |
| 시스템 온칩 |

| 시스템 하드웨어 | 인쇄 회로 기판 | 집적 회로 |

▲ 그림 1.4 현대 전자 하드웨어의 추상화 3 계층(그림에서는 두 가지 장치만 보여준다)

1.2.2 전자 하드웨어의 유형

PCB에서 사용되는 IC나 칩은 신호 수집, 변환, 처리, 전송과 같은 다양한 작업을 수행한다. 이러한 칩 중 일부(예, 암호화 또는 이미지 압축 칩)는 디지털 IC라는 이름으로 디지털 신호에서 동작하며, 그 외에는 아날로그나 두 가지 유형의 신호 모두에서 동작하는 아날로그 또는 혼합 신호^{AMS, Analog/Mixed-Signal} 칩이 있다. 후자의 예에는 전압 조정기, 전력 증폭기, 신호 변환기가 있다. IC는 사용 모델과 시중에서의 가용성에 따라서도 분류될 수 있다. 예를 들어 ASIC^{Application-Specific Integrated Circuit}는 신호 처리나 보안 기능과 같은 사용자 정의 기능을 포함하며, 시중에서 손쉽게 구할 수 없는 특정 성능 목표를 충족시키는 IC 클래스를 나타낸다. 반면 상업용^{COTS, Commercial Off-The-Shelf} IC는 이미 시중에 준비돼 있으며, 다양한 시스템 설계 모델을 지원할 수 있도록 유연하고 프로그래밍 기능도 제공하는 IC 클래스를 말한다. 이러한 제품은 즉시 사용할 수 있지만 원하는 애플리케이션에 사용하려면 따로 설정해 줘야 할 필요가 있다. COTS 컴포넌트의 예로는 FPGA^{Field Programmable Gate Array}, 마이크로컨트롤러/프로세서, 데이터 변환기가 있다. 사실 ASIC과 COTS의 차이는 미세하기 때문에 칩 제조업체가 ASIC을 시장에 판매하기로 결정하면 OEM(주문자 상표 부착 생산업체)에 '기성품$^{off-the-shelf}$' 형태로 제공할 수도 있으며, 해당 업체는 이를 이용해 다양한 컴퓨팅 시스템을 구축할 수 있다.

1.3 하드웨어 보안이란?

컴퓨터나 네트워크가 시작된 이래 정보와 데이터 보안은 시스템 설계자와 사용자 모두에게 중요한 관심사였다. 그 결과 치명적인 정보의 유출/무단 변경, 액세스를 목표로 하는 다양한 형태의 공격으로부터 시스템과 네트워크를 보호하는 방법이 여러 해에 걸쳐 광범위하게 분석되고 있으며, 주로 암호화에 기반을 둔 정보 보안은 다양한 애플리케이션에서 분석되며 배포되고 있다. 컴퓨터 시스템에서의 소프트웨어 공격도 광범위하게 분석돼 왔으며, 정적 인증과 동적 실행 모니터링을 포함하는 다양한 솔루션도 제안됐었다. 반면 하드웨어 보안에 대한 연구는 상대적으로 많이 진행되지 않았는데, 일반적으로 하드웨어는 공격을 잘 당하지 않는다는 인식을 바탕으로 시스템의 신뢰 앵커$^{trust\ anchor}$, 즉 '신뢰점$^{root-of-trust}$'으로 사용됐기 때문이다. 그러나 지난 30년 동안 하드웨어에도 다양한 보안 취약점과 공격이 보고되고 있다. 이전에 이러한 공격은 주로 정보 유출로 이어지는 암호화 칩의 구현 종속적인 취약점에 중점을 두고 있었다. 하지만 IP$^{Intellectual\ Property}$ 기반의 시스템 온칩$^{SoC,\ System\ on\ Chip}$ 설계와 같은 전자 하드웨어 생산이 새로운 추세가 되고, 이와 더불어 전자 부품 제조와 유통을 위한 길고 분산된 공급망(칩 제조업체가 설계, 제조 단계에서 제어할 수 있는 부분이 적어진다)이 많은 보안 문제를 일으키고 있다. 여기에는 하드웨어 트로이목마 공격[12]이라고도 하는 신뢰할 수 없는 디자인 하우스나 파운드리에서 일어나는 IC의 악의적인 변경도 포함돼 있다. 이는 잠재적으로 누군가에게 킬 스위치를 제공할 수 있는 하드웨어 보안 문제의 예다. 다른 예로는 사이드 채널의 측정, 분석을 통해 칩의 비밀 정보, 즉 전원, 신호 전파 지연, 전자기 방출과 같은 물리적 신호를 추출할 수 있는 사이드 채널 공격과 IP 불법 복제, 리버스 엔지니어링, 위조, IC에 대한 마이크로프로빙 공격, PCB의 트레이스 또는 컴포넌트의 물리적 조작, PCB의 버스 스누핑, 테스트/디버깅 인프라를 통해 중요 리소스 액세스 등이 있다. 이들은 설계부터 끝까지, 즉 칩에서부터 PCB, 시스템에 이르기까지 모든 추상화 단계에서 하드웨어 구성 요소의 전체 라이프 사이클에 걸쳐 있다. 하드웨어 보안은 이러한 공격, 관련 취약점, 근본 원인과 그 대책을 다루고 있다[1, 2, 10, 13, 14].

하드웨어 보안의 또 다른 중요한 부분은 소프트웨어 스택이 안전하고 안정적으로 동작할 수 있도록 하드웨어 설계, 구현, 유효성 검사와 연관이 있다. 하드웨어에 저장된 민감한 자산을 악의적인 소프트웨어, 네트워크로부터 보호하고 여러 사용자 애플리케이션끼리 데이터를 가져갈 수 없게 분리해줄 뿐만 아니라 그 외에도 안전하고 안전하지 않은 데이터와 코드 간에 적절한 수준으로 분리를 도와준다 [1]. 이 분야의 두 가지 주요 주제는 다음과 같다. (1) ARM의 TrustZone, 인텔 SGX, 삼성 Knox와 같은 신뢰할 수 있는 실행 환경TEE, Trusted Execution Environment은 신뢰할 수 없는 다른 애플리케이션에서부터 애플리케이션의 코드와 데이터를 보호하면서 기밀성(데이터를 볼 수 있는 능력), 무결성(데이터를 변경할 수 있는 능력), 가용성 (정당한 소유자가 특정 데이터/코드에 액세스 할 수 있는 기능)을 제공한다. 이러한 기밀성, 무결성, 가용성은 CIA 요구 사항이라고도 하며, 하드웨어 플랫폼에서 소프트웨어를 안전하게 실행할 수 있는 세 가지 중요한 요소로 알려져 있다. 이러한 요소들은 하드웨어에서 애플리케이션 격리를 위해 아키텍처를 지원하며, 암호화 기능을 효과적으로 사용함과 함께 효율적인 정책과 프로토콜을 제공하는 소프트웨어로 이뤄져있는 공동 하드웨어-소프트웨어joint hardware-software 메커니즘에 의해 가능해진다. (2) SoC의 보안 중요 자산을 보호하려면 이러한 자산에 대한 CIA 요구 사항을 관리하는 보안 정책, 액세스 제어, 정보 플로우 정책의 적절한 구현이 필요하다. 그림 1.5는 하드웨어 보안 분야의 이러한 주요 영역을 보여준다.

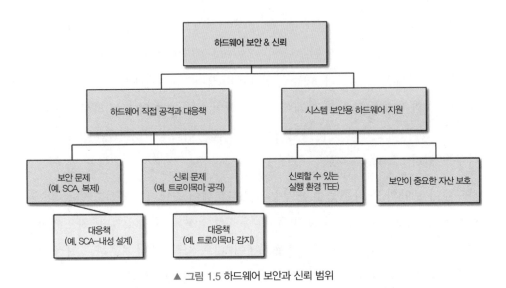

▲ 그림 1.5 하드웨어 보안과 신뢰 범위

1.4 하드웨어 보안과 하드웨어 신뢰

하드웨어 보안 문제는 소프트웨어와 시스템 보안에 대한 강력한 하드웨어 지원의 부재뿐 아니라 다양한 레벨(예, 칩이나 PCB)에서의 공격(예, 사이드 채널이나 트로이목마 공격)에 대한 자체 취약점으로 인해 발생한다. 반면 하드웨어 신뢰의 문제는 신뢰할 수 없는 IP나 CAD$^{Computer-Aided Design}$ 도구 공급업체, 신뢰할 수 없는 설계, 제조, 테스트나 배포 시설 등 전체 하드웨어 라이프 사이클에서 신뢰할 수 없는 요소의 개입으로 발생한다. 이러한 요소들은 하드웨어 구성 요소나 시스템의 신뢰성을 침해할 수 있으며, 원래 시스템에서 의도한 기능이나 성능 또는 안정성을 잠재적으로 벗어나게 만들 수도 있다. 또한 이러한 신뢰 문제는 보안 문제를 야기할 수도 있다. 예를 들어 신뢰할 수 없는 IP 공급업체가 설계 시 악성 소스를 이식하면 DoS$^{서비스 거부}$로 이어질 수 있으며, 운영 중 정보 유출 공격을 당할 가능성도 있다. 또한 이러한 신뢰 문제는 낮은 파라메트릭 동작(예, 성능 저하나 에너지 효율성 저하)이나 안정성 저하를 일으킬 수 있으며, 안전 문제와 같은 다른 문제를 발생시킬 수도 있다. 글로벌 공급망과 수평적 반도체 비즈니스 모델의 특성으로 인해 하드웨어 신뢰 문제는 점점 더 중요해지고 있으며, 그 결과 신뢰 보장을 위한 하드웨어 설계와 신뢰성 검증을 위해 새로운 연구개발이 진행되고 있는 상황이다.

1.4.1 하드웨어 신뢰성 문제의 원인

그림 1.6은 IC의 라이프 사이클에서 주요 단계를 나타낸 것으로 가장 첫 번째로 디자인 하우스에서 기능 스펙(예, 데이터 압축, 암호화 또는 패턴 인식)과 파라메트릭 스펙(예, 동작 주파수나 대기 전력)을 작성하는 것에서부터 시작한다. 다음 단계로는 상위 레벨에서의 설계(예, 아키텍처 수준)가 실제 논리 게이트로 발전하는 일련의 설계, 검증 단계를 거치게 되고, 그런 다음 트랜지스터 레벨 회로로 변환된 후 마지막으로 실제 물리적인 형태를 띄우게 되는 것이다.

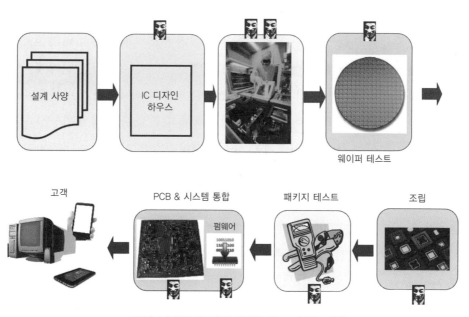

▲ 그림 1.6 전자 하드웨어 설계와 테스트의 주요 단계

앞에서 설명했듯이 설계, 검증 프로세스가 진행되면 올바른 기능 동작 여부와 성능, 전력, 기타 파라메트릭 제약 조건의 설계가 검증된다. 그런 다음 이 레이아웃은 제조 시설로 옮겨져 해당 레이아웃을 위한 마스크를 만들고 리소그래피, 에칭, 기타 단계의 복잡한 시퀀스를 거쳐 '웨이퍼'를 생산한다. 이 웨이퍼는 일반적으로 IC들이 포함돼 있는 원형 실리콘 디스크를 말한다. 이후 웨이퍼의 각 IC는 특수 테스트 패턴을 사용해 특정 결함에 대해 개별적으로 테스트되며, 이 단계에서 IC는 '다이die'라고 불린다. 이 다이들은 다이아몬드 톱을 이용해 웨이퍼에서 절단돼 세라믹이나 다른 재료로 만들어진 패키지로 새로 조립된다. 조립된 다이 또는 IC는 제조 테스트 설비에서 또 다른 테스트 패턴 세트를 사용해 기능, 파라메트릭 기능을 준수하는지 다시 테스트하게 되는데, 이 단계는 기능적 또는 파라메트릭 스펙을 충족시키지 못하는 결함 칩을 폐기시켜 공급망에 들어가지 못하게 하기 때문에 IC의 라이프 사이클에 필수다. IC 개발 프로세스의 초기에 이 단계는 설계 결함(제조 결함과 반대)을 식별하고 디버깅하는 데 사용되며, 식별된 버그에 대한 정보는 적절한 수정을 위해 설계 팀에 피드백된다. 복잡한 IC의 테스와 디버깅 프로세스는 일반적으로 각각 DFT^Design-For-Test^, DFD^Design-For-Debug^ 인프라라는 설계에 이러한 특수한 구조를 통합하면서 이뤄진다. 조작된 칩에서 액세스하기 어려운 이러한 구조를 위처럼 통합하는 주요 목표는 설계에서 내부 노드의 제어 가능성과 관찰 가능성을 높이는 것이다. 나중에 다시 이야기하겠지만, 사실 이는 공격자가 내부 회로 노드에 쉽게 액세스하거나 제어할 수 없도록 이러한 노드의 제어 가능성과 관찰 가능성을 최소화하는 것을 목표로 하는 보안 방식과 본질적으로 충돌이 발생할 수 있다. 예를 들면 DFT/DFD 인터페이스를 통해 프로세서에 내장된 메모리의 읽기/쓰기 제어를 직접 액세스할 수 있다면 공격자가 메모리의 보호된 영역에 저장돼 있는 중요한 데이터를 누출하거나 조작하는 데 도움이 될 수 있다.

제조 테스트를 통과한 칩은 유통을 위해 공급망으로 이동한다. 현재의 비즈니스 모델에서 대부분의 OEM은 이 칩을 공급망에서 구입한 후 PCB에 통합하고 펌웨어나 컨피그레이션 비트스트림을 COTS 컴포넌트에 설치해 전체 시스템을 완성한다. 이처럼 하드웨어의 긴 개발주기는 여러 서드파티 공급업체와 시설이 연관돼 있다. 이러한 하드웨어들은 종종 신뢰할 수 없을 뿐 아니라 전 세계적으로 배포되기도 한다. 그림 1.6에서 빨간색 상자로 표시된 단계는 일반적으로 신뢰할 수 없는 부분이며, 노란색으로 표시된 단계는 신뢰할 수 있을 수도 있고, 신뢰할 수 없을 수도 있는 부분이다. 초록색으로 표시된 것들은 대개 신뢰할 수 있는 부분이다. 다음 절에서는 각 단계의 하드웨어에 어떤 종류의 공격을 탑재할 수 있는지 설명할 예정이다. PCB 설계, 제조, 테스트 프로세스는 대부분 비슷하며, 총 제조비용을 줄이고자 수평적인 비즈니스 모델(IC의 경우 설계와 제조 회사)은 전 세계에 퍼져있다는 점을 주목할 필요가 있다. 이 때문에 PCB는 종종 IC와 비슷한 일련의 취약점을 갖게 된다.

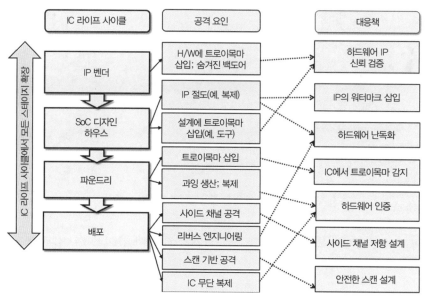

▲ 그림 1.7 IC의 라이프 사이클 각 단계에 대한 공격 벡터, 대응책

1.4.2 신뢰할 수 없는 요소에서 발생하는 보안 문제

그림 1.7은 IC에서 일어날 수 있는 신뢰할 수 없는 설계/제조/테스트 프로세스로 인한 주요 보안 문제 중 일부를 보여준다. 기능과 성능 기준을 충족하고자 대부분 서드파티 IP 공급업체에서 얻은 다수의 IP를 통합하는 SoC의 라이프 사이클은 모두 연결돼 있다는 점에서 생각해야 할 부분이 많다. 이러한 IP 공급업체는 전 세계에 걸쳐 물리적으로 배포하는 경우가 대부분이다. 칩 제조업체는 비즈니스적인 이유로 IP 소스에 대한 정보를 알려주지 않기 때문에 업계에서는 휴대폰과 같은 모바일 컴퓨팅 플랫폼에 들어가는 몇 가지 예제 SoC를 분석해 이러한 SoC에 통합되는 공통 IP 블록 목록을 만들었다[1]. 그림 1.8은 이러한 IP의 대략적인 출처를 지도로 나타낸 것이다.

아날로그/혼합 신호
(ADC/DAC/PLL/전력 관리)

비디오/그래픽

여러 IP 핵심(주변 장치
드라이버 포함)

코어 프로세서
메모리 조절기
네트워크/연결

반도체 IP 공급업체의 글로벌 유통망

▲ 그림 1.8 세계적으로 널리 분산된 하드웨어 IP 공급망으로 인해 SoC 설계가 다양한 신뢰/무결성 문제에 점점 취약해진다.

일반적으로 IP 디자인 하우스는 특정 클래스의 IP(예, 메모리나 통신, crypto-IP)를 전문으로 하는 편이다. 위 지도를 보면 SoC에서 사용되는 IP들이 서로 물리적으로 분리된 다양한 서드파티 IP 공급업체에서 제공될 가능성이 상당히 높으며, 이 때문에 SoC 설계자의 관점에서는 이러한 IP들을 신뢰할 수 없는 결과를 초래할 수 있다. 파운드리에서는 모든 IP 블록, 인터커넥트 패브릭, DFT/DFD 구조로 이뤄진 SoC의 암호화하지 않은 전체 설계 파일에 액세스할 수 있다는 점을 주목하자. 서드파티 IP 공급업체에서는 악성 설계 컴포넌트나 하드웨어 트로이목마를 삽입할 수 있으며, 신뢰할 수 없는 설계, 제조, 테스트 시설에서는 불법 복제, 리버스 엔지니어링, 트로이목마 이식과 같은 공격이 가능하다. 하지만 그림 1.7에서 볼 수 있듯이 이러한 보안 문제는 이 책의 뒷부분에서 설명하는 특정 설계나 테스트 솔루션을 통해 해결할 수 있다.

1.5 공격, 취약점, 대응책

하드웨어 공격의 주요 유형과 이러한 공격의 위협 모델, 기능성/비기능성 측면의 취약점과 이러한 공격에서 보호할 수 있는 대책을 간략하게 소개한다.

1.5.1 공격 벡터

하드웨어 보안과 관련된 공격 벡터란 악의적인 공격자가 악의적인 목적(예, 하드웨어를 손상시키거나 하드웨어에 저장된 비밀 자산을 추출)을 위해 하드웨어 컴포넌트에 액세스하는 수단이나 경로를 말한다. 하드웨어 공격 경로의 예로는 사이드 채널 공격, 트로이목마 공격, IP 불법 복제, PCB 변조가 있다. 공격 벡터는 공격자로 하여금 구현 단계의 문제(예, 사이드 채널 공격, PCB 변조)를 악용하거나 하드웨어 생산 주기(예, 트로이목마) 단계에 일어나는 제어권 상실을 이용할 수 있게 한다.

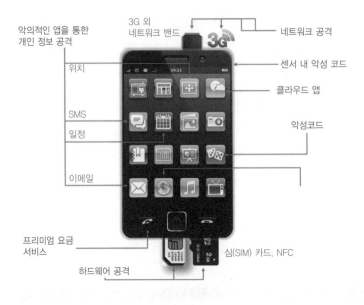

악의적인 앱을 통한
개인 정보 공격

3G 외
네트워크 밴드

네트워크 공격

센서 내 악성 코드

위치

클라우드 앱

SMS

악성코드

일정

이메일

프리미엄 요금
서비스

심(SIM) 카드, NFC

하드웨어 공격

▲ 그림 1.9 컴퓨팅 시스템의 공격 요인

1.5.2 공격 요인

공격 요인이란 모든 가능한 보안 위험 노출 사항들을 말한다. 또한 모든 하드웨어,
소프트웨어, 네트워크 컴포넌트에 대해 알려지거나 알려지지 않은, 또는 잠재적
인 취약점과 제어권의 집합으로 설명할 수 있다. 공격자는 대상 시스템의 위치나
컴포넌트, 계층(하드웨어/소프트웨어 포함)을 이용해 하나 이상의 취약점을 악용하
고 공격을 심어둘 수 있다(예, 시스템의 비밀 정보 추출). 그림 1.9는 소프트웨어, 네
트워크, 데이터, 하드웨어 컴포넌트로 구성된 스마트폰의 주요 공격 요인을 보여
준다. 그림에서 볼 수 있듯이 시스템의 전체 공격 요인은 매우 다양하며, 하드웨어
는 바로 그 핵심이다. 하드웨어 보안과 관련해 공격 요인은 공격자가 하드웨어 공
격을 시작하는 데 중점을 둬 추상화의 레벨을 정의하게 된다. 이러한 공격 요인을
가능한 한 작게 유지하는 것이 대응책 개발의 공통 목표다. 하드웨어 보안과 관련
해 세 가지 주요 공격 요인은 다음과 같다.

칩 레벨 공격: 리버스 엔지니어링, 복제, 악성 삽입, 사이드 채널 공격, 불법 복제를 위해 칩을 공격할 수 있다 [10, 11]. 공격자가 원본과 비슷한 모양이나 기능을 가진 복사본을 만들 수 있다면 위조 칩을 본래 칩처럼 판매할 수도 있다. 트로이목마에 감염된 칩은 공급망에서 무단 액세스나 오작동의 위험을 초래할 수 있다. 사이드 채널 공격은 내부에 저장된 비밀 정보를 추출하고자 칩에 심을 수 있다. 예를 들어 개인키를 사용해 암호화를 수행하는 크립토 칩이나 보호 코드를 실행하거나 보호된 데이터를 운영하는 프로세서는 이 공격을 통한 비밀 정보 유출에 취약하다.

PCB 레벨 공격: PCB는 IC보다 리버스 엔지니어링, 또는 변조하기가 훨씬 쉽기 때문에 훨씬 쉽게 공격자의 목표가 된다. 가장 현대적인 PCB의 설계 정보는 비교적 간단한 광학 검사(예, X선 단층 촬영)와 효율적인 신호 처리를 통해 추출이 가능하다. 이러한 공격의 주요 목적은 PCB를 리버스 엔지니어링하고 보드의 설계도를 얻어 이를 재설계해 가짜 유닛을 생성하는 것이다. 또한 공격자는 민감한 정보를 유출하거나 DRM 보호를 우회하고자 PCB를 물리적으로 변조(예, 트레이스를 자르거나 컴포넌트 교체)할 수도 있다.

시스템 레벨 공격: 하드웨어-소프트웨어 컴포넌트의 상호작용과 관련된 복잡한 공격을 시스템에 심을 수 있다. 공격자는 PCB 레벨의 DFT 인프라(예, JTAG)나 메모리 모듈처럼 시스템에서 가장 취약한 부분을 직접적으로 공격해 시스템 무단 제어와 중요한 데이터에 대한 액세스를 확보해 시스템 보안을 손상시킬 수 있다.

1.5.3 보안 모델

하드웨어 시스템에 대한 공격은 다양한 형태를 취할 수 있다. 공격자의 능력이나 시스템의 물리적 접근이나 원격 접근이 가능한지, 시스템 설계와 사용 시나리오에 대한 정보가 있는지 여부는 공격을 시작하는 데 사용할 만한 기술에서 필수적인 역할을 한다. 그렇기 때문에 보안 문제나 솔루션을 설명하려면 해당 보안 모델을 모호하지 않게 설명하는 것이 중요하다. 보안 모델은 다음과 같은 두 가지 요소를 갖고 있어야 한다. (1) 공격의 목적과 메커니즘을 비롯한 위협을 설명하는 위협^{Threat} 모델. (2) 신뢰할 수 있는 영역이나 컴포넌트를 설명하는 신뢰^{Trust} 모델이 그 두 가지다. 서드파티 IP 내의 악성 유입물로 인해 발생할 수 있는 보안 문제를 설명하려면 위협 모델에 공격자의 목표를 기술해야 한다(예, SoC에서 비밀 정보를 유출하기 위해서거나 기능적 동작을 방해하고자). 또한 공격이 가해지는 방식에 대해서도 기술해야 한다. 예를 들면 특정 조건하에서 악의적인 메모리 쓰기 작업을 유발하는 트로이목마를 삽입하는 등과 같은 방식 말이다. 신뢰 모델은 어떤 영역이나 컴포넌트를 신뢰할 수 있는지를 기술해야 한다. 예를 들면 SoC 설계자와 CAD 도구는 이 경우 신뢰할 수 있는 영역이다.

1.5.4 취약점

취약점은 하드웨어 아키텍처, 구현이나 설계/테스트 프로세스의 약점을 나타내며, 공격자가 이를 악용해 공격을 가할 수 있는 항목들을 말한다. 이러한 약점은 기능적이거나 비기능적일 수 있으며, 시스템의 특성과 사용 시나리오에 따라 다양할 수 있다. 하나 이상의 취약점을 식별한 후 이를 악용해 공격을 시도하는 것은 일반적인 공격 방법이라 볼 수 있다. 취약점 식별은 일반적으로 전체 공격 과정에서 가장 어려운 단계며, 다음은 하드웨어 시스템의 일반적인 취약점 몇 가지를 설명한다.

기능적 버그: 대부분의 취약점은 기능적인 버그와 잘못된 설계/테스트 항목으로 인해 발생한다. 여기에는 취약한 암호화 하드웨어 구현과 SOC에서 자산의 부적절한 보호도 포함된다. 공격자는 비정상적인 동작을 찾고자 다양한 입력 조건에 대한 시스템의 기능을 분석해 이러한 취약점을 발견할 수 있다. 또한 실수로 취약점을 발견하는 경우도 있는데, 이처럼 시스템에서 새로 발견된 이슈를 사용해 공

격자가 악성 활동을 수행하는 것을 더 쉽게 만들 수 있다.

사이드 채널 버그: 이 버그는 다른 형태의 사이드 채널을 통해 하드웨어 구성 요소 (예, 프로세서 또는 크립토 칩)에 저장된 중요한 정보를 누설하는 구현 단계의 문제를 말한다[4]. 공격자는 하드웨어 컴포넌트 동작할 때 사이드 채널 신호를 분석해 이러한 취약점을 찾아낸다. 사이드 채널 버그를 기반으로 한 대부분의 강력한 공격들은 사이드 채널 매개변수의 측정 흔적을 분석하는 통계적 방식에 의존하며[2], 사이드 채널 버그의 심각도는 사이드 채널을 통한 정보 유출 양에 달려 있다.

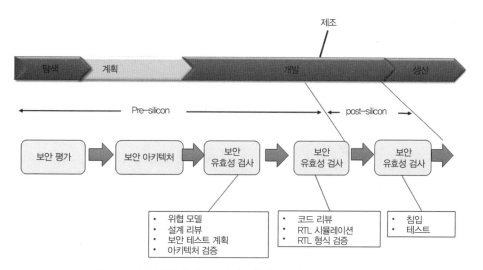

▲ 그림 1.10 시스템 온칩의 라이프 사이클에 따른 보안 설계와 유효성 검사 단계

인프라 테스트/디버깅: 대부분의 하드웨어 시스템은 합리적인 수준의 테스트와 디버깅 기능을 제공하므로 설계자와 테스트 엔지니어가 작업의 정확도를 확인할 수 있다. 또한 하드웨어 디버깅에 필수적인 내부 작업과 실행 프로세스를 확인할 수 있는 방법도 제공한다. 그러나 이러한 인프라를 공격자가 악용해 민감한 정보를 추출하거나 원하지 않는 방식으로 하드웨어를 제어할 수도 있다.

액세스 제어 또는 정보 흐름 문제: 경우에 따라 시스템에서 인증된 사용자와 인증되지 않은 사용자를 구별하지 못할 수 있다. 이 취약점으로 인해 공격자는 자산과 하드웨어의 기능을 악용할 수 있다. 또한 지능형 공격자는 시스템 동작 중에 일어나는 정보 흐름을 모니터링해 프로그램의 제어 흐름이나 보안 지역의 메모리 주소와 같은 보안 필수 정보를 해독해낼 수도 있다.

1.5.5 대응책

지난 수년간 하드웨어 공격이 나타남에 따라 이를 완화하기 위한 대응책 또한 보고되고 있다. 이러한 대응책은 설계 당시나 테스트 시 적용할 수 있다. 그림 1.10은 (a) 설계 시 보안 조치를 적용('보안 설계'라고 함)하고, (b) 이러한 조치가 시스템을 알려진 시스템으로부터 보호하는지 확인('보안 유효성 검사'라고 함)하는 SoC 업계의 상황을 보여준다. SoC 제조 흐름은 (1) 탐색, (2) 계획, (3) 개발, (4) 생산이라는 4가지 개념 단계로 구성된다. 처음 두 단계와 개발 단계의 일부는 SoC 라이프사이클의 프리실리콘pre-silicon 부분을 형성하는데, 이 부분은 설계 공간을 탐색하고 아키텍처 정의를 작성한 다음 설계 목표를 충족시키는 설계물을 파생시키는 단계로 구성된다. 개발 단계의 일부는 SoC의 생산에 이어 SoC 수명에서 포스트실리콘post-silicon 부분을 형성하는데, 이는 칩을 검증하고 제조하는 것으로 구성된다. 보안 평가는 탐색 단계에서 수행되며, SoC의 자산과 공격 가능성과 가능한 경우 소프트웨어의 안전한 실행을 위한 요구 사항도 식별한다. 이 단계에서 일련의 보안 요구 사항 목록을 생성하게 된다. 다음으로 악의적인 액세스에 대한 테스트/디버깅 리소스 보호, 암호화키와 보안 메모리 영역, 설정 비트 보호와 같은 요구 사항을 해결하기 위한 아키텍처('보안 아키텍처'라고 함)를 정의해야 한다. 이러한 아키텍처가 정의되고 해당 설계를 하나하나 생성하고 나면 프리실리콘의 보안 검증을 수행해 아키텍처와 구현이 보안 요구 사항을 적절히 충족시키는지 확인한다. 칩이 제조된 후에도 이와 유사한 보안 검증(포스트실리콘 보안 검증이라고 함)을 실행해 이미 알려진 공격에서 안전할 수 있도록 어떠한 보안 취약점이 없는지 확인한다. 프리실리콘과 포스트실리콘 보안 검증은 보안 취약점 범위, 결과 신뢰도와 대규모 설계 접근 방식의 확장성 측면에서 모두 다양한 형태로 제공되는데, 이러한 기법에는 프리실리콘 검증 단계의 코드 리뷰, 공식 검증과 퍼징fuzzing, 포스트실리콘 검증 단계의 침투 테스트penetration test도 포함된다.

설계 솔루션: DfSDesign-for-Security 방식이 강력한 대책으로 떠오른 상태다. DfS는 다양한 공격에 능동적 방어나 수동적 방어를 제공하는 데 효과적인 저오버헤드 설계 솔루션을 제공한다. 난독화obfuscation[6]나 신뢰할 수 있는 보안 프리미티브 사용, 사이드 채널 저항(예, 마스킹, 숨기기 기법), 트로이목마 삽입에 대응하는 강화 기법과 같은 DfS 기술은 많은 주요 공격 벡터에서 확실하게 보호할 수 있는 기법이다. 마찬가지로 소프트웨어 공격에 대해 탄력적인 SoC 보안 아키텍처는 SoC 플랫폼 보안의 중요한 측면이기도 하다.

테스트와 검증 솔루션: 테스트와 검증 기술은 다양한 보안, 신뢰 문제에 대한 보안 접근의 주요 항목을 구성하고 있다. 프리실리콘의 검증 기능뿐 아니라 공식 포스트실리콘의 제조 테스트는 칩, PCB, 시스템의 보안 취약점, 신뢰성 문제를 식별하는 메커니즘으로 간주되고 있다. 이 책은 다양한 취약점에서 하드웨어를 보호하고자 개발된 다양한 DfS, 테스트/검증 솔루션을 다룬다.

1.6 보안과 테스트/디버깅 간의 충돌

SoC의 보안과 테스트/디버깅은 종종 설계 단계에서 서로의 요구 사항과 상충되는 경우가 있다. 스캔 체인처럼 DFT를 사용한 디버깅이나 포스트 제조 테스트, DFD 구조는 SoC 라이프 사이클에서 중요한 영역을 구성한다. 효과적인 디버깅을 위해서는 IP 블록의 내부 신호를 실리콘에서 실행하는 동안 관찰할 수 있어야 한다. 하지만 보안 제약^{security constraint}은 이러한 내부 신호 확인을 제한하기 때문에 디버깅을 어렵게 만들 수 있다. 이러한 제약은 고수준의 모듈 락^{lock}이나 암호화키, 펌웨어와 같은 많은 중요한 자산을 보호해야 하기 때문에 필요하다. 이러한 보안 자산 자체는 디버깅 중에는 확인하기가 어렵지만 보안 수준이 높은^{high-security} 자산의 IP 블록을 통해 라우팅해야만 하는 보안 수준이 낮은^{low-security} 자산의 IP 신호와 같은 다른 신호를 확인하기 어렵기에 문제를 만들 수도 있다. 안타깝게도 현재 업계에서는 이 문제를 해결하기 어렵다. 첫째, IP별로 다르기에 보안 자산에 대해 공식적으로 중앙화된 통제가 부족하다. 둘째, 일반적으로 보안 자산을 통합하는 동안에는 디버깅 요구 사항을 고려하지 않기 때문에 이러한 문제는 실제 실리콘 실행 중 디버깅을 통해 뒤늦게 발견되는 경우가 많다. 이 시점에서 문제를 해결하려면 이미 비용이 너무 많이 들며, 종종 이해할 수 없을 정도로 긴 프로세스인 실리콘 리스핀^{silicon respin}, 즉 재가공^{re-fabrication}이 필요한 설계 수정이 필요할 수 있다. 따라서 DFT와 DFD 인프라의 보안을 보장하면서 SoC 테스트/디버깅 프로세스를 돕는 데 필요한 역할을 하는 하드웨어 아키텍처를 개발하는 것이 점점 더 중요해지고 있다.

1.7 하드웨어 보안의 진화: 역사적 관점

지난 30년 동안 하드웨어 보안 분야는 수많은 하드웨어 공격과 취약점을 발견함으로써 빠르게 발전해 왔다. 그림 1.11은 하드웨어 보안이 진화되는 과정을 나타낸 것이다. 1996년 이전에는 주로 IC 복제를 하는 하드웨어 불법 복제만 간간히 일어났는데, 이를 통해 일부 IP 워터마킹, 기타 불법 복제 방지 기술이 개발됐다. 1996년에는 타이밍 분석 공격[3] 방식의 획기적인 하드웨어 공격이 나타났는데, 이는 다양한 작업에 대한 계산 시간을 체계적으로 분석해 암호화 하드웨어에서 정보를 추출하는 것을 목표로 했다. 1997년에는 시스템의 보안을 손상시킬 수 있는 공격 벡터인 결함 주입fault injection이 나타났으며[7] 이 공격은 민감한 데이터 유출을 위해 시스템에 환경적으로 스트레스를 가하는 것에 중점을 둔다. 첫 번째 전력 분석 기반의 사이드 채널 공격은 1999년에 나타났으며[2] 이는 암호칩cryptochip에서 보안 사항을 얻어내고자 런타임에 전력 소모를 분석하는 데 중점을 둔다.

2005년에는 복제, 재활용 칩을 포함한 위조 IC의 생산, 공급에 대한 보고서가 발표되면서 하드웨어의 보안과 신뢰가 주요 관심사로 떠올랐다. 하드웨어 트로이목마의 개념은 2007년에 소개됐으며, 정상적인 기능 동작을 방해하거나, 민감한 정보를 유출하거나, 허가되지 않은 제어권을 부여하는 등 시스템의 성능을 저하시키려는 목적을 갖고 하드웨어 설계에 악의적인 회로를 삽입하는 가능성을 공개한 바 있다[12]. 업계와 학계에서 주목을 끄는 최근의 하드웨어 취약점에는 '멜트다운Meltdown'과 '스펙터Spectre'[9]가 있으며, 이는 최신 프로세서의 구현에 의존한 사이드 채널 취약점을 악용해 사용자 암호와 같은 컴퓨터의 개인 데이터에 액세스하는 것이다. 해당 취약점은 프로세서 제조업체에서 발견해 수정했다.

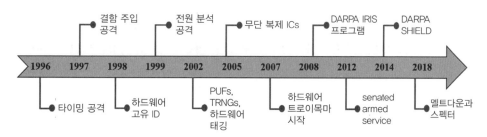

▲ 그림 1.11 지난 수십 년간 일어난 하드웨어 보안의 진화

소프트웨어 보안 영역과 마찬가지로 하드웨어 공격에 대한 대응책은 항상 문제가 일어난 후 사후 대응 방식으로 개발됐다. 이제까지 알려졌던 공격에 대응하고자 수년에 걸쳐 많은 설계와 테스트 솔루션이 발전해 왔으며, 하드웨어 태깅에 대한 아이디어는 모든 IC 인스턴스에 고유 ID가 할당된 1998년에 도입됐다. 하드웨어 공격에 대한 보호 수준을 개선하고자 2000년 초에는 PUFPhysical Unclonable Function,

TRNG^{True Random Number Generator}와 같은 하드웨어 보안 프리미티브가 도입됐고[5, 15], 미국 국방성에서는 하드웨어 보안 솔루션의 성장을 촉진하고자 여러 후원 연구 프로그램을 도입했다. 2008년에 DARPA는 파괴^{destructive}, 비파괴^{nondestructive} 분석을 통해 하드웨어 무결성과 신뢰성 보장을 할 수 있는 기술을 개발하고자 IRIS^{Integrity and Reliability of Integrated Circuits} 프로그램을 도입했다. 2012년에 상원 군사위원회가 발표한 보고서에 따르면 미국 공군의 여러 지점에서 일련의 위조 장비가 발견함으로써 이 문제의 심각성을 강조했다. 이러한 위조 장비의 수가 총 1백만 대를 초과했으며, 이러한 결과는 위조 방지 관행을 시행하는 개정안으로 결론지어졌다. DARPA에서는 2014년에 전자 방어용 공급망 하드웨어 무결성(SHIELD) 프로그램을 도입했으며, 이 프로그램에서는 전자 부품(PCB 칩부터 소형 패시브 컴포넌트까지 모두)이 공급망을 통해 이동할 때 이를 추적하는 기술을 개발했다. 지난 10년 동안 정부와 산업계 모두 안전하고 신뢰할 수 있는 하드웨어 플랫폼을 구현하기 위한 많은 노력을 했으며, 이러한 노력은 앞으로도 지속될 것이다.

1.8 조감도

표 1.1은 이 책에서 다루는 주요 하드웨어 보안 문제와 대책을 정리한 것이다. 이 표에서는 각 공격에 대해 공격자, 공격 요인, 공격 목표의 정보를 제공한다. 대책으로는 이를 적용할 하드웨어 라이프 사이클의 단계, 목표, 관련 오버헤드를 표시해뒀다. 이 표는 이 책에서 제시한 주요 개념을 빠르게 참조하기에 좋을 것이다.

공격 유형	설명	공격자	목적	라이프 사이클 단계	해당 장
하드웨어 트로이목마 공격	악의적인 설계 변경(칩이나 PCB 내)	신뢰할 수 없는 파운드리, 신뢰할 수 없는 IP 공급업체, 신뢰할 수 없는 CAD 도구, 신뢰할 수 없는 설계 시설	• 오작동 • 신뢰성 저하 • 비밀 정보 누출	• 설계 • 제작	5장
IP(지적 재산권) 불법 복제	허가받지 않은 업체에 의한 IP 불법 복제	신뢰할 수 없는 SoC 설계자, 신뢰할 수 없는 파운드리	• 설계 무단 복제 • 인증된 IP의 외부 사용	• 설계 • 제작	7장
물리적 공격	하드웨어에 물리적인 변경을 가하거나 여러 악의적인 영향을 주고자 동작 조건을 수정	최종 사용자, 물리적 액세스 권한이 있는 사람	• 기능적인 동작 변경 • 정보 누출 • 서비스 거부	• 현장	11장
ModChip 공격	시스템 설계자가 설계한 제한 사항을 우회하기 위한 PCB 변경	사용자	• PCB에 포함된 보안 규칙 우회	• 현장	11장
사이드 채널 공격	기밀 정보 누설을 위해 파라메트릭 동작(예, 전원, 타이밍, EM) 관찰	최종 사용자, 물리적 액세스 권한이 있는 사람	• 하드웨어 내부에서 처리 중인 기밀 정보 유출	• 현장	8장

(이어짐)

공격 유형	설명	공격자	목적	라이프 사이클 단계	해당 장
스캔 기반 공격	사이드 채널 공격을 촉진하고자 DFT 회로 이용	최종 사용자, 물리적 액세스 권한이 있는 사람	• 하드웨어 내부에서 처리 중인 기밀 정보 유출	• 현장 • 테스트 시	9장
마이크로프로빙(Micro probing)	현미경 바늘을 사용해 칩의 내부 와이어 조사	최종 사용자, 물리적 액세스 권한이 있는 사람	• 칩 내부에 있는 기밀 정보 누설	• 현장	10장
리버스 엔지니어링	하드웨어 설계 추출 프로세스	디자인 하우스, 파운드리, 최종 사용자	• 하드웨어 설계 세부 사항 유출	• 제작 • 현장	7장
신뢰 확인	기밀성, 무결성, 가용성에 잠재적인 취약점이 있는지 설계 확인	• 검증 엔지니어	• 알려진 위협에 대해 보호	• 프리실리콘 확인 • 포스트실리콘 검증	5장
하드웨어 보안 프리미티브 (PUFs, TRNGs)	공급망 프로토콜을 지원하는 보안 기능 제공	• IP 통합업체 • 부가가치 재판매업자(등록용)	• 인증 • 키 생성	• IC 공급망 전반	12장
하드웨어 난독화	불법 복제, 리버스 엔지니어링을 방지하고자 기존 설계를 난독화함	• 디자인 하우스 • IP 통합업체	• 불법 복제 방지 • 리버스 엔지니어링 • 트로이목마 삽입 방지	• 설계 시	14장
마스킹, 숨기기	사이드 채널 공격에서 보호할 수 있는 설계 솔루션	• 디자인 하우스	누출을 줄이거나 노이즈를 추가해 사이드 채널 공격을 방지	• 설계 시	8장

(이어짐)

공격 유형	설명	공격자	목적	라이프 사이클 단계	해당 장
보안 아키텍처	잠재적 보안 취약점, 새로운 보안 취약점을 방지하기 위한 설계 솔루션 구현	• 디자인 하우스 • IP 통합업체	설계 솔루션으로 기밀성, 무결성, 가용성 문제 해결	• 설계 시	13장
보안 유효성 검사	보안 요구 사항 평가	• 검사, 검증 엔지니어	데이터 무결성, 인증, 개인 정보 보호 보장 요구 사항, 액세스 제어 정책	• 프리실리콘 확인 • 포스트실리콘 검증	16장

1.9 실무적 접근

이 책에는 몇 가지 주요 하드웨어 보안 주제에 대한 실전 실험 항목을 넣어뒀다. 복잡한 시스템에서 다양한 보안 취약점과 방어 메커니즘을 이해하려면 실제 학습이 매우 중요하다. 이러한 실험을 위해 이해하기 쉽고 융통성 있으며 윤리적인 '해킹이 가능'한 하드웨어 모듈, 특히 컴퓨터 시스템을 에뮬레이트할 수 있는 기본 빌딩 블록이 있는 인쇄 회로 기판^{PCB}을 맞춤 설계했으며, 이와 연결된 장치들을 위한 네트워크를 생성해뒀다. 이를 하드웨어 해킹 모듈인 'HaHa'라고 부른다. 부록 A는 HaHa 보드와 관련 컴포넌트의 자세한 설명을 제공하며, 이 책의 각 장에서는 해당 장의 주제를 더 잘 이해하는 데 수행할 수 있는 실험의 간단한 설명을 포함한다. 여기서 하고자 하는 실험의 목적은 학생의 관심을 자극해 보안 문제를 더 깊이 조사하고 효과적인 대응책을 모색하는 데 도움이 되기를 바라는 것이다. 보드뿐만 아니라 실습 플랫폼에는 해당 소프트웨어 모듈과 플랫폼을 공격하는 다양한 방법의 지침이 포함돼 있으며, 모든 지침은 이 책의 웹 사이트에서 함께 제공한다.

1.10 연습문제

1.10.1 True/False 문제

1. 하드웨어는 시스템 보안을 위한 '신뢰점root-of-trust으로 간주되지 않는다.

2. 강력한 소프트웨어 도구를 사용해 사용자의 데이터를 보호하는 경우 하드웨어 보안은 중요하지 않다.

3. 하드웨어에는 악의적 사용자가 액세스할 수 있는 다양한 형태의 자산을 포함하고 있다.

4. 멜트다운Meltdown과 스펙터Spectre는 최신 프로세서에서 새롭게 발견된 두 가지 취약점이다.

5. 하드웨어 개발 라이프 사이클에는 여러 가지 신뢰할 수 없는 요소가 속해 있다.

6. 하드웨어 신뢰 문제로 인해 보안 문제는 발생하지 않는다.

7. 사이드 채널 공격은 구현 레벨의 취약점을 악용하는 공격 벡터다.

8. 하드웨어의 테스트, 디버깅 기능은 종종 보안을 목적으로 한 항목들과 충돌한다.

9. 공격자가 기능적 버그를 악용해 SoC에서 자산을 추출할 수 있다.

10. 검증 솔루션은 여러 하드웨어 보안 문제를 방지할 수 있다.

1.10.2 단답형 문제

1. 전자 하드웨어의 다양한 추상화 단계를 설명하시오.

2. 다음 중 차이점을 설명하시오.

   (1) 범용 시스템 대 내장 시스템

   (2) ASIC 대 COTS

3. 하드웨어 보안을 위한 두 가지 주요 영역을 설명하시오.

4. 하드웨어 신뢰 문제는 무엇이며 컴퓨팅 시스템의 보안에 어떻게 영향을 주는 지 설명하시오.

5. 기능 버그와 사이드 채널 버그의 차이점은 무엇인가?

6. 보안과 테스트/디버깅 요구 사항이 왜, 그리고 어떤 방식으로 충돌하는지 설명하시오.

7. SoC 내부에 존재하는 보안 자산의 예를 드시오.

1.10.3 서술형 문제

1. 시스템 보안의 여러 측면을 설명하고 상대적 영향을 간략하게 논의하시오.

2. SoC의 보안 설계와 검증 프로세스에서 현재의 업계 상황을 설명하시오.

3. 전자 하드웨어 설계와 테스트 흐름의 주요 단계를 설명하고 각 단계의 보안 문제를 논의하시오.

4. 컴퓨팅 시스템(예, 스마트폰)의 공격 요인과 내부의 하드웨어 컴포넌트는 무엇인가?

5. 하드웨어의 다양한 보안 취약점 유형을 설명하시오.

참고 문헌

[1]   S. Ray, E. Peeters, M.M. Tehranipoor, S. Bhunia, System-on-chip platform security assurance: architecture and validation, Proceedings of the IEEE 106 (1) (2018) 21-37.

[2]   P. Kocher, J. Jaffe, B. Jun, Differential power analysis, in: CRYPTO, 1999.

[3]   P. Kocher, Timing attacks on implementations of Die-Hellman, RSA, DSS, and other systems, in: CRYPTO, 1996.

[4]   F. Koeune, F.X. Standaert, A tutorial on physical security and side-channel attacks, in: Foundations of Security Analysis and Design III, 2005, pp. 78-108.

[5]   M. Barbareschi, P. Bagnasco, A. Mazzeo, Authenticating IoT devices with physically unclonable functions models, in: 10th International Conference on P2P, Parallel, Grid, Cloud and Internet Computing, 2015, pp. 563-567.

[6]   A. Vijayakumar, V.C. Patil, D.E. Holcomb, C. Paar, S. Kundu, Physical design obfuscation of hardware: a comprehensive investigation of device and logic-level technique, IEEE Transactions on Information Forensics and Security (2017) 64-77.

[7]   J. Voas, Fault injection for the masses, Computer 30 (1997) 129-130.

[8]   U.S. Senate Committee on Armed Services, Inquiry into counterfeit electronic parts in the Department of Defense supply chain, 2012.

[9]   Meltdown and Spectre: Here's what Intel, Apple, Microsoft, others are doing about it. https://arstechnica.com/gadgets/2018/01/meltdown-and-spectre-heres-what-intel-apple-microsoft-others-are-doing-about-it/.

[10]   M. Tehranipoor, U. Guin, D. Forte, Counterfeit integrated circuits, Counterfeit Integrated Circuits (2015) 15-36. 20 CHAPTER 1 INTRODUCTION TO HARDWARE SECURITY

[11]   R. Torrance, D. James, The State-of-the-Art in Semiconductor Reverse Engineering, ACM/EDAC/IEEE Design Automation Conference (DAC) (2011) 333-338.

[12]   M. Tehranipoor, F. Koushanfar, A Survey of Hardware Trojan Taxonomy and Detection, IEEE Design and Test of Computers (2010) 10-25.

[13]   Y. Alkabani, F. Koushanfar, Active Hardware Metering for Intellectual Property Protection and Security, Proceedings of 16th USENIX Security Symposium on USENIX Security (2007) 291-306.

[14]   G. Qu, F. Koushanfar, Hardware Metering, Proceedings of the 38th annual Design Automation (2001) 490-493.

[15]   R. Pappu, B. Recht, J. Taylor, N. Gershenfeld, Physical One-Way Functions, Science (2002) 2026-2030.

[16]   F. Wang, Formal Verification of Timed Systems:A Survey and Perspective, Proceedings of the IEEE (2004) 1283-1305.

1부

전자 하드웨어의 배경

2

전자 하드웨어 개요

2.1 소개

현재는 컴퓨터를 일상생활에서 쉽게 찾아볼 수 있다. 컴퓨터는 한때 과학자와 엔지니어만 접근할 수 있던 영역이었지만 이제 전 세계의 모든 지역에서 모든 시민에게 일반적으로 제공되고 있다. 매우 외진 지역이라 하더라도 전 세계 어디서나 휴대폰을 사용할 수 있고, 자동차에 수십 개의 마이크로컨트롤러가 달려있으며, 많은 사람이 헬스 모니터링을 위한 형태로 컴퓨터를 휴대하고 있는 것을 주위에서 쉽게 볼 수 있다. 다시 말해 컴퓨터는 어디에나 있고 오늘날 많은 사람은 일상생활에서 가장 기본적인 작업, 즉 쇼핑, 청구서 지불, 은행 계좌 확인, 식당을 찾는 데 컴퓨터에 상당히 의존하고 있다.

최신 컴퓨팅 시스템의 보급은 지난 반세기 동안 집적 회로^{IC} 설계, 제조 기술의 지속적인 발전으로 인한 직접적인 결과물이다. 이는 찰스 배비지$^{Charles Babbage}$의 차분 기관$^{difference engine}$[1]이나 1940년대 후반의 에니악^{ENIAC}[2]과 같은 발명물로 그 역사를 추적해볼 수 있다. 현대 컴퓨터는 1947년 벨연구소에서 바딘^{Bardeen}, 쇼클리^{Shockley}, 브래튼^{Brattain}이 만든 점접촉 트랜지스터 형태가 처음으로 실체화된 트랜지스터가 나타나면서 만들어진 것이다[3]. 점접촉 트랜지스터는 상대적으로 부피가 크고 게르마늄으로 제작됐다. 하지만 나중에는 실리콘과 같은 다른 반도체 재료가 바이폴라 트랜지스터를 만드는 데 사용됐으며, 1960년대에 와서는 결국 FET^{Field Effect Transistor}를 구현하는 데 사용됐다[3].

1965년, 인텔의 고든 무어^{Gordon Moore}는 제곱 인치당 집적된 트랜지스터 수가 2년마다 두 배씩 증가하는 현상을 발견했다[3]. 실제로 트랜지스터의 밀도는 이후 50년 동안 거의 18~24개월마다 두 배씩 증가하는 양상을 보였으며, 반도체 산업에서 이는 '무어의 법칙'으로 잘 알려져 있다. 그림 2.1은 1970년대 초부터 2016년의 최신 집적 회로(여기서는 프로세서)에 이르기까지 트랜지스터 밀도의 증가를 보여주는 것이다[4, 5]. 이와 같은 증가 추세가 2000년대 초반까지 지속적으로 이어졌다는 점은 인상적이긴 하지만, 이후 그 추세가 이미 느려지기 시작했다는 점을 언급할 필요가 있다. 이는 주로 집적 회로의 공정 변동과 환경 노이즈 때문에 기술 발전의 결과로 예상했던 성능만큼을 달성하기가 매우 어렵기 때문이다. 그렇기에 이제 더 높은 성능과 더 작은 영역에 대한 수요가 계속 강해지는 미래의 컴퓨팅 애플리케이션을 위해 그 대안으로 나노 기술을 사용하고자 하는 흥미로운 시대에 접어들고 있다.

트랜지스터 밀도의 증가 속도가 느려지면서 이는 종종 무어의 법칙이 끝나기 시작했다는 징표로 사용됐으며, 이를 통해 많은 연구자가 'Beyond Moore' 또는 'Moore More than' 등의 대안 기술[5]을 고려하기 시작했다. 새로운 나노-일렉트로닉 장치에 대한 연구의 한 가지 근본적인 목표는 지난 수십 년 동안 누려 왔던 성능 향상을 지속할 수 있는 기술을 찾는 것이다. 하지만 대부분의 나노 기술은 오늘날의 실리콘 기반 CMOS^{Complementary Metal-Oxide-Semiconductor} 트랜지스터보다 견고하지 못하다. 이러한 신규 장치들은 종종 새로운 애플리케이션에 새로운 기회를

제공하거나 CMOS와의 하이브리드 통합을 통해 성능 향상을 제공하는 편이다
[6~8]. 따라서 'More than Moore' 옹호론자들은 단순히 나노 기술을 기존 컴퓨팅 시
스템과 아키텍처의 성능을 향상시키는 데만 이용하는 것이 아니라 새로운 애플리
케이션에 적용해야 한다고 주장하고 있다. 하지만 사실 집적 회로 설계, 제조 기술
의 모습은 컴퓨팅이 일상화되고 있는 시점에서 이미 바뀌기 시작했다. 특히 모든
곳에서 사용되는 사물인터넷^{IoT, Internet of Things}과 스마트 장치가 나오면서 말이다.

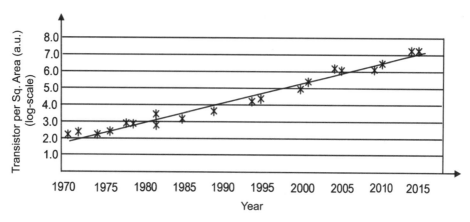

▲ 그림 2.1 단위 면적당 트랜지스터 수가 2년마다 2배가 되는 무어의 법칙을 보여주는 그림

나노 기술이란 100nm보다 작은 크기인 구조의 합성, 통합과 관련된 연구 분야로 정
의되는 경우가 가장 많다[9]. 실리콘 CMOS 트랜지스터의 게이트 길이가 현재 10년
이상 100나노미터(현재 7나노미터) 미만이라는 사실을 고려하면 현대 전자 기술은
이미 나노 기술에 의해 주도되고 있다고 주장하는 것도 일리가 있다. 기존 CMOS
를 비CMOS 나노 기술과 차별화하고자 '나노 스케일 CMOS'와 '딥 서브마이크론'
같은 용어를 많이 사용한다. 즉, 'Beyond Moore'의 나노 전자 맥락에서 고려해야
할 가치가 있는 반도체 트랜지스터 기술의 몇 가지 새로운 형태가 등장했다는 뜻
이다.

2.2 나노 기술

2.2.1 실리콘 온 인슐레이터

반도체 디바이스의 성능을 향상시키기 위한 방법으로 최근 나타난 기술은 실리콘 온 인슐레이터$^{SOI, Silicon-On-Insulator}$다. SOI는 반도체(일반적으로 실리콘)를 인슐레이터(일반적으로 이산화규소) 위에 올리는 제조 기술을 말한다. 이 경우 상부 반도체 층이 매우 얇기 때문에 아래쪽의 인슐레이터까지 도핑된 디퓨전 영역을 확장해 구현할 수 있다. 또한 일부 SOI 트랜지스터는 완전 공핍형 범주에 속하는데, 디바이스가 켜져 있을 때 전체 채널이 반전된다는 것을 의미한다. 즉, SOI 구조는 기생 커패시턴스, 다른 부작용을 줄일 수 있어 종래의 비SOI 방식과 비교해 성능을 크게 향상시킬 수 있다.

SOI 기반 소자, 회로를 제작하는 것은 상부 반도체 층이 인슐레이터 위에 어떻게 제조됐는지에 따라 어려울 수 있다. 가장 좋은 것은 상부 반도체를 에피텍셜 기술로 쌓는 것으로, 이 경우 결과물 층을 매우 얇게 만들 수 있다. 그러나 산화물/인슐레이터 층의 결정도는 통상적으로 원하는 반도체의 결정도와 일치하지 않으며, 즉, 이는 에피텍셜 성장이 부적절한 행동을 초래한다는 것을 의미한다. SOI에 대한 좀 더 보편적인 기술은 인슐레이터에 플립돼 접착돼 있는 상부 반도체와 동일한 재료의 두꺼운 웨이퍼를 사용하는 것이다. 상부 반도체는 인슐레이터와 독립적으로 제조되기 때문에 원하는 전자 장치, 회로에 필요한 결정도를 가질 수 있지만 최상층을 플리핑^{flipping}, 글루잉^{glueing}, 그리고 이를 얇게 하는 과정은 상당히 비싼 경향이 있다.

2.2.2 FinFET 기술

나노 크기의 전계 효과 트랜지스터[FET]를 만드는 다른 방법은 버티컬로 진행하는 것이다. 디바이스 레벨에서 버티컬로 간다는 것은 FinFET 트랜지스터의 출현을 의미할 수 있는데, 이는 반도체 채널이 지느러미[fin] 구조로 수직으로 제조되는 트랜지스터를 의미한다. 소위 말하는 지느러미 구조는 3개의 측면에서 채널 주위로 게이트를 감쌀 수 있게 만들어주며, 핀/채널의 하부만이 하부의 벌크 기판에 접근할 수 있게 하는 것이다. SOI의 경우와 마찬가지로 래핑된 게이트는 완전 공핍된 채널이 되므로 기생 효과를 줄일 수 있다. 즉, 기생 커패시턴스와 기타 부적절한 특성의 감소로 인해 성능을 향상시킬 수 있다. 또한 SOI처럼 인슐레이터의 상부에 적층되는 것과는 달리 핀은 기존 반도체 기판에서 제조되기 때문에 FinFET 기술은 SOI와 동일한 제조상의 어려움을 겪지 않는다. FinFET 기술은 이제 sub-32nm의 CMOS 기술을 사용하는 가장 일반적인 방식이 됐으며, 14nm, 그리고 곧 10nm와 7nm의 게이트 길이의 기술 노드를 제공하는 인텔, 삼성, TSMC, Global Foundries 와 같은 회사들과 함께한다는 점은 알아두는 것이 좋다[10].

2.2.3 3D 집적 회로

트랜지스터의 크기가 이미 10nm로 작아지고 곧 7nm, 5nm로 작아질 가까운 미래를 생각한다면 CMOS 트랜지스터 기술의 측면 수치는 이미 최대로 축소돼 있는 상태다. 그러므로 현대의 반도체 전자 장치에서 계속해서 밀도를 높이려면 수직 치수를 더 잘 활용해야 한다. 이것이 3DIC로 알려진 3차원[3D] 집적 회로 기술이 개발된 주요 목적이다. 3DIC는 계층화된 접근법을 이용한 제조 방식을 지칭하며, 이는 회로를 측면뿐 아니라 수직으로도 구현하고자 여러 반도체 기판(동일하거나 다른 파운드리에서 제조됨)을 서로 쌓아올리는 것이다. 3DIC를 구축하는 데는 대면[face-to-face] 방식, 전후방[front-to-back] 방식, SOI 기반의 접근 방식을 비롯한 여러 가지 방법이 있다.

3DIC의 대면 방식은 실리콘에 추가적인 구조를 구현할 필요가 없기 때문에 가장 간단하다. 그 대신 2개의 다이나 웨이퍼의 상부 금속 층은 2개의 레이어를 함께 연결하기 위한 접점이나 랜딩 패드를 포함해야 한다. 그런 다음 하나의 레이어를 뒤집어 다른 레이어 위에 배치해 미리 정의된 접점에서 연결되게 해야 한다. 따라서 3DIC의 결과물은 대면 방식으로 배열된 2개의 반도체 층으로 이뤄진다. 대면 접근 방식의 한 가지 문제점은 두 개 이상의 레이어가 있는 3DIC를 구성할 때 발생한다. 이 경우 다른 쌍에 연결하려면 오프칩 연결을 사용하거나 백투백 구조로 배열된 레이어를 연결하고자 TSV$^{Through Silicon Vias}$를 이용하는 3DIC의 두 번째 형식이 필요하다.

대부분의 3D 구현물은 각 반도체 층이 금속 층을 상부로 향하게 배열된 배면 배치 $^{back-to-front}$ 형태로 구성된다. 이 경우 여러 계층을 연결하려면 TSV를 사용해야 한다. 각 TSV는 기존 바이아에 비해 단면적이 더 큰 경향이 있기 때문에 하나의 다이에 통합할 수 있는 총 TSV 수를 제한해야 한다. 그러나 이러한 3DIC 기술은 총 와이어 길이를 크게 줄이기 때문에 지연을 줄여 성능을 향상시킨다. 또한 수직으로 트랜지스터를 쌓을 수 있기 때문에 단위 면적당 트랜지스터 수를 레이어 수의 증가에 따라 계속 증가시킬 수 있는 형태의 스케일링도 가능하다. 이러한 통합을 통해 성능과 크기 모두에 대해 무어의 규칙이 계속 지켜지기를 희망하고 있다.

2.2.4 벌크 실리콘 기술

벌크 실리콘 CMOS는 현대 전자 제품의 주력 제품으로 계속 사용되고 있다. beyond-CMOS인 나노 기술이 나타났음에도 불구하고 CMOS 소자는 기술적 성숙도, 비용, 성능, 통합 용이성으로 인해 여전히 중요한 역할을 계속하고 있다. 이러한 상황은 CMOS가 I/O, 게인^{gain}과 같은 기능을 위해 사용되는 곳에서는 하이브리드 CMOS 나노 전자공학을 사용하게 만들었으며, 반면 나노스케일 기술은 고밀도 메모리와 논리 구현에 사용된다[6]. 나노 기술 사용의 한 가지 주요 이점은 높은 밀도와 일반 크로스바 구조에 많은 기능을 끼워 넣을 수 있는 능력이 있다는 것이다. 또한 나노 일렉트로닉 재료는 CMOS 부품의 극도의 저전력 대안으로 끊임없이 연구되고 있다. 이는 상위 계층의 열이 주요 관심사인 3D 기반 아키텍처에서 특히 중요하다 [11, 12]. CMOS는 미래의 IC, 전자 컴퓨팅 시스템, 디지털 미세 유체 공학, IoT, 양자 컴퓨터, 뉴로 morphic 컴퓨팅과 같은 새로운 시스템과 애플리케이션 영역에서 계속 자리를 차지할 것으로 생각된다. 따라서 IC의 미래는 요즘 부상하고 있는 나노 스케일의 물질로 구성된 많은 새로운 장치를 비롯해 다양한 기술이 섞여 구성될 것으로 보인다.

2.3 디지털 논리

디지털 논리는 숫자를 사용하는 디지털 회로의 신호, 시퀀스를 나타낸다. 모든 컴퓨팅 시스템의 근간을 이루는 기본 개념으로, 하드웨어와 회로가 장치 내에서 통신하는 방식을 이해할 수 있게 해준다. 이 절에서는 디지털 논리의 기본 개념을 소개할 예정이며, 특히 이진 논리, 조합 회로, 플립플롭, 레지스터, 메모리와 같은 순차 회로를 소개한다[13].

2.3.1 2진 논리

이진 논리, 즉 불리언^{Boolean} 논리는 모든 디지털 전자 회로와 마이크로프로세서 기반 시스템을 구성하는 '게이트^{Gates}'를 형성하는 불대수$^{Boolean\ algebra}$의 핵심 개념이다. 기본 디지털 논리 게이트는 이진수에 대해 AND, OR, NOT의 논리 연산을 수행한다.

모든 정보는 컴퓨터 시스템에 바이너리 형식으로 저장된다. 이진 비트는 일반적으로 논리 '1'과 논리 '0'이라는 두 가지 가능한 상태 중 하나를 나타낸다. 구체적으로 말해 양 전압의 존재는 논리 '1', 높음이나 참으로 표현할 수 있으며, 전압이 없으면 논리 '0', 낮음이나 거짓으로 나타낼 수 있다. 불대수와 진리표에서 이 두 상태는 각각 '1'과 '0'으로 표현된다[14]. 그림 2.2는 CMOS 회로를 보여주는 그림으로, 일반적으로 P형 트랜지스터와 N형 트랜지스터로 구성된다. 디지털 논리에서 각 트랜지스터는 각각 단락 회로나 개방 회로를 나타내는 온/오프 중 하나다. 그림 2.2에서 보듯이 왼쪽은 이진 형태로 논리 '참'을 제공하는 반면, 오른쪽은 이진 형태로 논리 '거짓'을 제공한다.

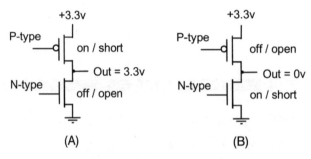

▲ 그림 2.2 이진 비트의 참(A)과 거짓(B)

2.3.2 디지털 논리 게이트

디지털 논리 게이트는 디지털 회로의 기본 빌딩 블록이다. 다수의 기본 논리 게이트가 있고, 논리 게이트는 이진수로 표현되는 논리 연산을 수행한다(그림 2.3 참고). 그 예로 두 개의 입력을 받는 논리 게이트는 다음과 같은 기능을 갖고 있다.

- **AND 게이트:** 모든 입력이 1인 경우 출력값은 1이다. 그렇지 않은 경우 출력값은 0이다.
- **OR 게이트:** 입력값 중 하나 이상이 1인 경우 출력값은 1이다. 그렇지 않은 경우 출력값은 0이다.

- **XOR 게이트**: 모든 입력값이 같은 경우 출력값은 0이다. 그렇지 않은 경우 출력값은 1이다.
- **NAND 게이트**: 입력값 중 하나 이상이 0인 경우 출력값은 1이다. 그렇지 않은 경우 출력값은 0이다.
- **NOR 게이트**: 모든 입력값이 0인 경우 출력값은 1이다. 그렇지 않은 경우 출력값은 0이다.
- **NOT 게이트/인버터**: 입력값이 0인 경우 출력값은 1이다, 입력값이 1인 경우 출력값은 0이다.

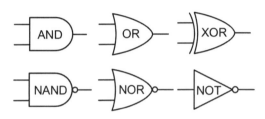

▲ 그림 2.3 입력값이 두 개인 기본 논리 게이트

2.3.3 불대수

불대수란 디지털 논리의 수학적 표현으로 기본 논리 연산에 대한 수학적 형식은 다음과 같다.

- A AND B는 AB 또는 $A \cdot B$로 나타낸다.
- A OR B는 $A + B$로 나타낸다.
- A XOR B는 $A \oplus B$로 나타낸다.
- NOT A 는 $\sim A$, A' 또는 $\overline{A}$로 나타낸다.
- A NAND B는 $(AB)'$, $(A \cdot B)'$ 또는 $\overline{(AB)}$로 나타낸다.
- A NOR B는 $(A + B)'$ 또는 $\overline{(A + B)}$로 나타낸다.

표 2.1은 불대수의 법칙을 설명한다. 여기서 A, B, C는 논리 연산의 개별 비트나 불리언 값이다[14].

▼ 표 2.1 불대수의 법칙[14]

A&B = B&A	교환 법칙
A|B = B|A	교환 법칙
(A&B)&C = A&(B&C)	결합 법칙
(A|B)|C = A|(B|C)	결합 법칙
(A|B)&C = (A&C)|(B&C)	분배 법칙
(A&B)|C = (A|C)&(B|C)	분배 법칙
A&0 = 0	0 항등식
A|0 = A	0 항등식
A&1 = A	1 항등식
A|1 = 1	1 항등식
A|A = A	OR 성질
A|($\sim$A) = 1	OR 성질
A&A = A	AND 성질
A&($\sim$A) = 0	AND 성질
$\sim$($\sim$A) = A	역의 값
$\sim$(A|B) = ($\sim$A)&($\sim$B)	드모르간의 정리
$\sim$(A&B) = ($\sim$A)|($\sim$B)	드모르간의 정리

2.3.4 순차 회로

최신 디지털 논리 회로는 조합 논리와 순차 논리의 두 가지 주요 부분으로 나눌 수 있다. 입력값이 변하는 경우 조합 논리는 신호 전파 지연 후에 변경되고 출력값은 현재의 입력값에만 의존한다. 반면 순차 논리는 적어도 하나의 클럭 신호를 갖고 있으며, 클럭 신호에 의해 구동되는 메모리 요소로 분할된 조합 논리 블록들로 구성된다. 따라서 순차 논리의 출력은 현재의 입력뿐만 아니라 과거의 입력도 모두 고려한다.

2.3.4.1 순차 회로 요소

순차 회로 요소(플립플롭, 래치)는 일반적으로 정보를 저장할 때 사용된다. 정확히 말하면 플립플롭은 단일 이진 비트를 저장할 때 사용하며, 두 가지의 상태 값을 갖고 있다. 하나는 '1'을 나타내며, 다른 하나는 '0'을 나타낸다. 이러한 데이터 저장소는 상태를 저장할 때 사용되며 이에 해당하는 회로를 순차 논리라고 한다. 래치가 레벨에 민감한 반면 플립플롭은 동기식이나 에지 트리거식으로 클럭에 따라 동작한다. 다음은 여러 종류의 플립플롭을 간략히 설명한 것이다.

D 타입 플립플롭

D 타입 플립플롭은 RAM^{Random Access Memory}이나 레지스터의 기본 빌딩 블록으로 널리 사용된다. D 플립플롭은 클럭의 지정된 에지(상승이나 하강)에서 D 입력값을 받아들인다. 상승/하강 클럭 에지 이후에 캡처로 받아들인 값은 Q 출력에서 이용 가능하다. 표 2.2는 D 플립플롭의 진리표다.

Clock	D	Q_{next}
Rising edge	0	0
Rising edge	1	1
Non-rising	X	Q

T 타입 플립플롭

T 타입 플립플롭의 경우 T 입력이 높을 때 클럭 입력이 높으면 출력이 반전된다. T 입력이 낮은 경우 출력은 동일하게 유지된다. 따라서 T 플립플롭은 클럭 분할에 사용할 수 있다. 표 2.3은 T 플립플롭의 진리표다.

▼ 표 2.3 T 타입 플립플롭의 진리표

T	Q	Q_{next}	Comment
0	0	0	상태 유지(no clk)
0	1	1	상태 유지(no clk)
1	0	1	반전
1	1	0	반전

JK 타입 플립플롭

JK 타입 플립플롭에는 두 개의 입력(J, K)이 있으며 출력은 입력값에 따라 다른 값으로 설정할 수 있다. 표 2.4는 JK 타입 플립플롭의 진리표다.

▼ 표 2.4 JK 타입 플립플롭의 진리표

J	Q	Q_{next}	Comment
0	0	Q	상태 유지
0	1	0	리셋
1	0	1	설정
1	1	Q	반전

2.3.4.2 타이밍 매개변수

준비 시간$^{setup\ time}$, 유지 시간$^{hold\ time}$, 전파 지연$^{propagation\ delay}$은 순차 회로를 설계할 때 중요한 세 가지 매개변수다. 그림 2.4는 세 가지 타이밍 매개변수를 나타낸 그림으로 이 절에서 다룬다.

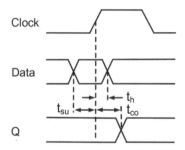

▲ 그림 2.4 타이밍 매개변수: 준비 시간(t_{su}), 유지 시간(t_h), 플립플롭의 클럭–출력 지연(t_{co})

준비 시간

준비 시간(t_{su})은 클럭의 상승/하강 에지 이전에 데이터 입력의 안정화를 위해 필요한 최소 시간으로, 이를 통해 클럭이 데이터를 올바르게 샘플링할 수 있다.

유지 시간

유지 시간(t_h)은 클럭의 상승/하강 에지 이후에 데이터 입력의 안정화를 위해 필요한 최소 시간으로, 이를 통해 클럭이 데이터를 올바르게 샘플링할 수 있다.

전파 지연

클록-출력 지연^{Clock-to-output delay}(t_{CO})/전파 지연(t_p)은 클럭의 상승/하강 에지 이후 플립플롭이 출력을 변경하는 데 걸리는 시간이다.

2.4 회로 이론

회로는 회로 요소와 와이어로 구성된 네트워크다. 구체적으로 말하자면 일반적으로 와이어는 회로도에서 직선으로 설계되며, 노드는 이러한 와이어가 연결되는 위치를 말한다. 그밖에 회로도의 다른 모든 기호는 회로 요소다. 이 절에서는 전자 회로를 구성하는 가장 수동적인 세 가지 선형 회로 소자인 레지스터^{Resistors}, 커패시터^{Capacitors}, 인덕터^{Inductors}를 간략히 다룬다.

2.4.1 레지스터와 저항

전자 회로의 공통 요소인 레지스터는 전기적 저항을 구현한 이단 수동 컴포넌트다. 레지스터는 일반적으로 전류 흐름을 줄이고, 신호 레벨을 조정하고, 전압을 나누고, 능동 소자를 바이어스하고자 회로에 사용한다. 레지스터의 종류로는 고전력 레지스터, 고정 레지스터, 가변 레지스터를 비롯해 여러 유형이 있으며, 이들은 다양한 애플리케이션에 사용된다. 저항의 일반적인 회로도는 그림 2.5(A)에 나와 있다. 오른쪽의 기호는 IEC^{International Electrotechnical Commission} 저항 기호다.

전기 저항, 레지스터의 특성은 다음과 같이 정의된다.

$$\gamma = \frac{\rho L}{A} \tag{2.1}$$

여기서 ρ는 재료의 고유 저항, L은 레지스터의 길이, A는 레지스터의 단면적이다.

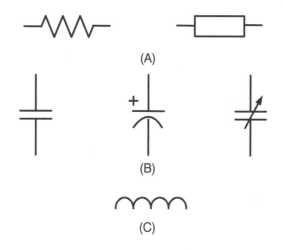

▲ 그림 2.5 레지스터(A), 고정, 극성, 가변 커패시터(B), 인덕터(C)의 일반적인 회로도

2.4.2 커패시터와 커패시턴스

커패시터는 전기장에 잠재적인 에너지를 저장하는 이단 수동 컴포넌트다. 커패시턴스 값을 특성으로 가지며, 이러한 커패시터는 다양한 용도로 널리 사용된다. 전자 회로에서 커패시터는 교류[AC]를 통과시키면서 직류[DC]를 차단하는 데 사용된다. 아날로그 필터 네트워크에서는 전원 공급 장치의 출력을 원활하게 하는 데 사용되며, 공진 회로에서는 지정된 주파수로 라디오를 튜닝하는 데 사용된다. 이러한 커패시터의 일반적인 개략도는 그림 2.5(B)에서 확인할 수 있다.

커패시턴스는 공식 2.2에서 볼 수 있듯이 각 컨덕터상의 전기(양/음) 전하 Q와 그 사이의 전압 V의 비율로 정의되며, 단위는 1쿨롬/볼트(1C/V)로 정의되는 패럿(F) 이다. 일반적인 전자 제품의 커패시터 값은 1펨토 패럿(pF = 10^{-15}F)에서 1밀리패럿 (mF = 10^{-3}F) 정도 된다.

$$C = \frac{Q}{V} \qquad (2.2)$$

여기서 Q는 각 컨덕터의 양이나 음의 전하며, V는 이들 사이의 전압이다.

실제로 사용되는 경우에는 전하가 기계적으로 커패시터에 영향을 미치므로 커패 시턴스가 변경된다. 따라서 커패시턴스는 다음과 같이 계산할 수 있다.

$$C = \frac{dQ}{dV} \qquad (2.3)$$

2.4.3 인덕터와 인덕턴스

인덕터는 이단 수동 전기 컴포넌트로 전류가 흐를 때 자기장에 에너지를 저장한 다[15]. 일반적으로 인덕터는 절연 전선으로 구성된 코어 주위의 코일이다. 인덕터 는 인덕턴스 값을 특성으로 가지며, AC 전자 장비에 널리 사용한다. 전자 회로에 서 인덕터는 DC를 통과시키면서 AC를 차단하는 데 사용한다. 전자 필터에서는 서로 다른 주파수의 신호를 분리하는 데 사용한다. 또한 커패시터와 함께 라디오, TV 수신기 튜닝을 위한 튜닝 회로를 제작하는 데 사용한다. 인덕터의 일반적인 회 로도는 그림 2.5(C)에 나와 있다.

인덕턴스는 아래에 나와 있듯이 전류의 변화율에 대한 전압의 비율로 정의된다. 인덕턴스의 단위는 헨리(H)이며, 인덕터의 일반적인 값은 1밀리헨리(mH = 10^{-3}H) 에서 1마이크로헨리(μH = 10^{-6}H)다.

$$L = \frac{\Phi}{I} \qquad (2.4)$$

여기서 Φ는 전류 I에 의해 생성되는 회로를 통과하는 자속의 총량이며, 회로의 기하학적 모양에 따라 달라진다.

2.4.4 키르히호프의 전기 회로 법칙

키르히호프의 전기 회로 법칙은 전기 회로의 일괄 요소 모델에서 분기 전압과 노드 전류에 대한 선형 제약을 말한다. 키르히호프의 전기 회로 법칙은 키르히호프의 전류 법칙[KCL, Kirchhoff's Current Law]과 키르히호프의 전압 법칙[KVL, Kirchhoff''s Voltage Law]을 포함하며, 이는 전기적 요소의 성질과는 독립적이다[16].

2.4.4.1 키르히호프의 전류 법칙

키르히호프의 전류 법칙은 회로 노드로 들어오고 나가는 전하의 보존을 이야기한다. 회로 분석에 사용된 기본 법칙 중 하나로, 회로의 노드에 들어오는 전류의 합은 동일한 노드에서 나가는 전류의 합과 정확히 같다고 말한다. 아무런 전하도 유실되지 않기 때문에 어디도 갈 곳이 없다는 뜻이다[15, 16].

즉, 회로의 노드에서 만나는 전류의 합은 0과 같다. 또한 전류는 부호가 있는 양으로 볼 수 있으므로 이 법칙은 다음과 같이 표현된다.

$$\sum_{k=1}^{N} I_k = 0 \tag{2.5}$$

이 원리는 그림 2.6에 나와 있다. 그림에서 노드에 들어가는 전류는 그 노드를 떠나는 현재 전류와 동일함을 볼 수 있다. 즉, $i_1 + i_2 = i_3 + i_4$다. 따라서 동일한 노드에 들어가고 나가는 전류의 합은 0과 같으므로 $i_1 + i_2 - (i_3 + i_4) = 0$이다.

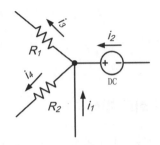

▲ 그림 2.6 키르히호프의 전류 법칙

2.4.4.2 키르히호프의 전압 법칙

키르히호프의 전압 법칙은 닫힌 폐쇄 회로 루프 주변의 에너지 보존 문제를 다룬다. 이는 폐쇄 회로 경로 주변의 분기 전압의 합이 0과 같다고 기술한다[15, 16].

전압은 소스의 극성, 부호를 반영하는 부호가 있는(즉, 양 또는 음) 숫자로 볼 수 있으며, 루프 주위의 전압 강하로 볼 수 있으므로 이 법칙은 다음과 같이 표현될 수 있다.

$$\sum_{k=1}^{N} V_k = 0 \tag{2.6}$$

이 원리는 그림 2.7에서 확인할 수 있다. 루프 주변 분기 전압의 합이 0과 같으므로, 즉 $V_1 + V_2 + V_3 + V_4 = 0$이라는 것을 알 수 있다.

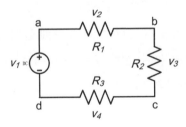

▲ 그림 2.7 키르히호프의 전압 법칙

2.5 ASIC와 FPGA

ASIC^{Application-Specific Integrated Circuits}과 FPGA^{Field Programmable Gate Array}는 집적 회로로, 현대 IC의 다양한 응용 분야에 적용된다. 이들은 각자 자체 설계 철학과 기능으로 인해 NRE^{Non-recurring Engineering}, 비용, 유연성, 성능이 다르다.

2.5.1 ASIC

이름에서 알 수 있듯이 ASIC은 범용 목적이 아닌 특정 목적을 위해 만들어진 집적 회로다. ASIC은 대용량, 고성능의 아날로그, 디지털, 혼합 신호 기능을 구현하는 데 사용한다. 최근 디지털 ASIC의 기능은 일반적으로 Verilog와 VHDL 같은 하드웨어 기술 언어^{HDL, Hardware Description Language}를 이용해 설명하는 편이다. 이전에 이러한 기능을 설명하고자 사용했던 회로도는 지난 20년간 회로 크기가 계속 증가하면서 점차 사용하지 않게 됐다.

2.5.2 FPGA

이름에서 알 수 있듯이 FPGA는 제조 후 고객이 알아서 구성할 수 있도록 설계된 집적 회로다. 즉, 현장 프로그래밍이 가능하다. ASIC과 마찬가지로 FPGA 고객은 일반적으로 FPGA를 구성하고자 Verilog나 VHDL 같은 HDL을 사용하는 편이다.

FPGA는 프로그래밍이 가능한 논리 블록과 재구성이 가능한 인터커넥트 계층으로 구성된다. 논리 블록은 각각 다른 기능을 갖고 있으며, 재구성이 가능한 인터커넥트를 통해 연결된다. 최신 FPGA의 논리 블록은 간단한 플립플롭이나 완전한 메모리 블록과 같은 메모리 요소를 포함하고 있다. 그림 2.8은 FPGA의 예로, 왼쪽은 알테라^{Altera}에서 개발한 Stratix IV FPGA이고, 오른쪽은 자일링스^{Xilinx}가 개발한 Spartan FPGA다.

▲ 그림 2.8 알테라(왼쪽)와 자일링스(오른쪽)의 FPGA

2.5.3 ASIC과 FPGA의 차이

ASIC은 일부분 또는 전체 맞춤 설계이므로 높은 개발 비용이 필요해 설계와 구현 단계에서 비용이 이미 수백만 달러에 도달하는 경우가 많다. 게다가 ASIC은 일단 생산되면 재프로그래밍이 불가능하기 때문에 설계 변경으로 인한 추가 비용이 발생할 가능성이 있다. 이처럼 ASIC은 상대적으로 비반복적인 비용이 높긴 하지만, 사용하는 이유는 다음과 같다. (i) ASIC은 밀도가 더 높고 복잡한 기능을 한 칩에 집적할 수 있으므로 작은 크기, 저전력, 저비용 설계를 제공할 수 있다. (ii) 사용자 맞춤화로 인해 트랜지스터의 수는 매우 신중하게 고려되기 때문에 설계에서 최소한의 자원만 낭비된다. (iii) 특정 용도의 많은 설계를 할 때는 ASIC이 최적의 선택이 될 수 있다.

FPGA의 장점은 유연성, 현장에서 재프로그래밍을 할 수 있는 기능, 비용의 효과성에 있다. 예를 들어 재프로그래밍이 가능하므로 설계자와 제조업체는 제품을 판매한 후라도 설계를 변경하거나 패치를 보낼 수 있다. 고객들은 종종 FPGA 기반으로 프로토타입을 생성하고자 이 기능을 활용하며, 이를 통해 제조 전에 실제 시나리오에서 설계를 완벽하게 디버깅, 테스트, 업데이트할 수 있다. 이처럼 반복적인 비용은 매우 제한적이기 때문에 시장에 빠르게 출시할 수 있지만, 특정 유형의 FPGA 패키지, 리소스가 표준이므로 FPGA의 일부 리소스가 낭비될 수 있다.

또한 생산량과 관련해 생산 비용을 분석해보면 FPGA를 사용하면 양이 증가함에 따라 ASIC에 비해 비용이 많이 든다. 또한 FPGA는 완전 맞춤으로 주문할 수 없으므로 일부 특정 아날로그 블록을 FPGA 플랫폼에 추가해야 할 때도 있다. 이러한 기능들은 일반적으로 외부 IC에 의해 구현돼야 하므로 최종 제품의 크기와 비용이 추가로 증가한다. 이러한 ASIC과 FPGA의 차이점은 표 2.5에 요약돼 있다.

▼ 표 2.5 ASIC과 FPGA의 차이

	ASIC	FPGA
시장 출시 기간	느림	빠름
NRE	높음	적음
설계 흐름	복잡	간단
전력 소모	낮음	높음
성능	높음	중간
유닛 크기	낮음	중간
유닛 가격	낮음	높음

최신 설계는 비용의 제약이 있기 때문에 ASIC과 FPGA 간의 비용 차이를 그림 2.9에 더 자세히 그려뒀다. 소량의 생산 회로를 만들 때 FPGA는 ASIC보다 저렴하다는 것을 알 수 있다. 하지만 400K 유닛 이상을 생산하게 되면 ASIC의 비용 효율성이 향상된다(이 수치는 기능이 추가될수록 변경될 수 있다). 다시 말해 소량 설계의 경우 FPGA는 비용을 크게 절감할 수 있는 반면, ASIC은 대용량 제작에서 좀 더 효율적이고 비용 절감의 효과가 있다[17].

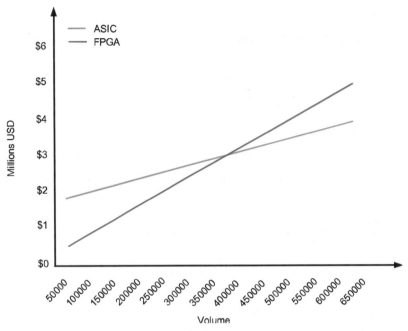

▲ 그림 2.9 생산량에 따른 ASIC와 FPGA의 총비용

2.6 인쇄 회로 기판

인쇄 회로 기판^{PCB, Printed Circuit Board}는 유리 섬유, 복합 에폭시와 같은 라미네이트 재료로 만들어진 얇은 보드다. 보드의 다양한 부품(예, 트랜지스터, 저항, 집적 회로^{IC} [18])을 전기적으로 연결하고자 전도성 경로가 보드에 에칭/인쇄된다. 다시 말해 전도성 트랙과 패드를 통해 전자 부품을 기계적으로 지원하고 전기적으로 연결하고자 PCB가 개발됐다. 컴포넌트들은 보통 기계적이나 전기적으로 PCB에 납땜해 사용한다. 그림 2.10은 이 책의 필자가 하드웨어 해킹을 목적으로 만든 PCB의 사진이다. 이 사진에는 전도성 트레이스, 바이아, 전자 부품이 포함돼 있다.

▲ 그림 2.10 인쇄 회로 기판 샘플

PCB는 데스크톱 컴퓨터, 노트북 컴퓨터, 모바일 장치, TV, 라디오, IoT, 자동차, 디지털 카메라 등과 같은 다양한 응용 분야에서 널리 사용된다. 이들은 그래픽 카드, 사운드 카드, 어댑터 카드, 확장 카드를 비롯한 많은 컴퓨터 컴포넌트의 기반 역할을 한다. 이 모든 컴포넌트는 PCB, 즉 마더보드에 추가로 연결되는 것이다. PCB는 컴퓨터, 모바일 장치, 전기 제품에 보편적으로 사용되지만 모바일 장치에 사용되는 PCB는 일반적으로 다른 애플리케이션에서 사용되는 것보다 더 얇은 회로를 포함한다는 점을 알아둬야 한다[18].

2.6.1 PCB의 종류

고객의 요구 사항에 따라 PCB의 종류는 단면 인쇄 본드^{SSB, Single-Sided Bond}(즉, 하나의 구리 레이어), 양면 인쇄 본드^{DSB, Double-Sided Bond}(즉, 한 기판 레이어의 양면에 두 개의 구리 레이어가 존재), 다중 레이어 본드^{MLB, Multi-Layer Bond}(즉, 구리의 안쪽 레이어와 외부 레이어, 기판의 레이어와 교대로 존재)가 있다.

SSB PCB

단면 인쇄 본드[SSB] PCB는 한쪽 면에만 구리 층이 있고 다른 한 면은 절연 재질이다. 따라서 제품 제조 시 도전성 재료인 구리가 있는 단면 층만 사용할 수 있다.

DSB PCB

양면 인쇄 본드[DSB] PCB는 총 3개의 레이어를 갖고 있다. 그중 두 개는 양면의 구리 레이어다. 양면은 구리 재질로 코팅돼 있으며 가운데 부분은 절연재로 이뤄졌다. 따라서 양면 모두 설계, 제조, 전자 부품 배치에 사용할 수 있다.

MLB PCB

다중 레이어 본드[MLB] PCB는 2개 이상의 구리 층을 가지며, 구리는 필요한 경우 각각 다른 레이어에 배치된다. MLB PCB는 내부 레이어의 회로 트레이스가 구성 요소 사이의 표면 공간을 차지하기 때문에 다른 PCB보다 훨씬 높은 구성 요소 밀도를 가질 수 있다. 최근 MLB PCB는 많은 응용 분야에서 사용되지만 이로 인해 분석, 수리, 회로 내 필드 수정이 훨씬 어려워졌다.

2.6.2 PCB 설계 흐름

PCB 설계 흐름은 부품 선택, 회로도 캡처, 시뮬레이션, 보드 레이아웃, 보드 검증, 유효성 확인[19]의 4단계로 구성된다. PCB 설계 흐름은 그림 2.11에서 확인할 수 있다.

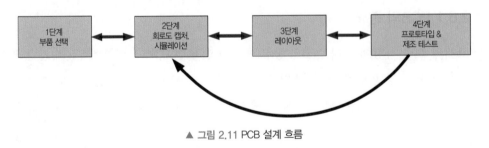

▲ 그림 2.11 PCB 설계 흐름

부품 선택

컴포넌트(예, 트랜지스터, 레지스터, 연산 증폭기, 디지털 구성 요소)는 설계의 가장 기본적인 부분이다. 부품 선택 단계에서는 컴포넌트들이 서로 조합되는 방식과 이들이 전반적인 설계의 일부로 작동하는 방식을 평가하고 조사한다. 일반적으로 이러한 컴포넌트에 대한 정보는 온라인의 데이터시트에서 확인할 수 있고, 데이터시트는 각 컴포넌트의 동작점, 스위칭 특성, 설계 고려 사항의 정보를 제공한다.

회로도 캡처와 시뮬레이션

PCB 설계 프로세스의 기본 단계인 캡처는 컴포넌트의 그래픽 기호를 배치하고 연결해 설계 토폴로지를 작성하는 설계 인터페이스다. 회로도가 캡처되면 회로 동작을 예측하고 회로 설계의 무결성을 확인하며 설계 시 구성 요소와 신호의 영향을 분석하고자 일반적으로 SPICE 시뮬레이션을 사용한다. 이러한 시뮬레이션을 통해 설계가 물리적으로 제조되기 전에 대부분의 버그와 오류를 신속하게 파악할 수 있으므로 시장 출시 시간과 생산 비용을 크게 줄일 수 있다.

보드 레이아웃

회로도를 캡처한 후 설계를 시뮬레이션하고 나면 실제 작업 부하 조건에서 설계 성능을 테스트하고자 물리적인 프로토타입을 구축해야 한다. 레이아웃은 EDA 도구와 CAD 환경을 이용해 만들어지며 캡처 단계의 설계로만 존재했던 컴포넌트 기호들을 물리적 수치 값을 가진 실제 컴포넌트로 만든다. 이 단계의 최종 양식은 거버^{Gerber} 형식으로 만들어지며, 이 양식은 PCB 제조업체가 회로도를 보드에 물리적으로 입힐 때 사용할 수 있다. 고급 EDA 도구를 이용하면 보드를 자동 배치하고 라우팅하는 것도 가능하지만, 중요한 요소와 컴포넌트는 설계의 성능과 안정성을 보장하고자 숙련된 엔지니어가 수동으로 관리해야 한다.

프로토타입 테스트와 제조 테스트

프로토타입 테스트와 제조 테스트는 PCB 검증의 최종 단계다. 프로토타입 테스트는 설계가 목표 사양을 충족하는지 검증하는 반면, 대량 생산 시 수행하는 제조테스트는 출하되는 장치들이 테스트 원칙과 예상되는 결과물을 충족하는지 확인한다. 시뮬레이션 단계에서 발견된 버그나 오류가 이 단계에서 확인되면 문제를 해결하고자 설계 흐름을 다시 반복해야 한다.

2.6.3 PCB 설계 생성

일반적으로 PCB는 전기 신호를 처리하는 데 사용되는 여러 구리 층과 절연에 사용되는 다양한 절연체 레이어로 구성된다. 대부분 PCB의 색상이 초록색인 이유는 이 색이 솔더 마스크$^{solder\ mask}$의 색이기 때문이며, 솔더 마스크는 파란색이나 빨간색 같은 다른 색깔로도 제공되기도 한다. PCB의 기본 구성 요소는 다음에 소개돼 있다[19].

보드 외형

PCB의 모양은 특정 설계를 충족시키는 폼팩터를 위해 특정 모양으로 절단되는 경우가 많다. 작은 크기의 장치로 작업할 때 특정 모양(예, 원형, 직사각형, 지그재그)으로 만들어져야 하는지의 여부는 제품을 완성하는 데 중요한 부분이다. 따라서 이러한 보드의 외형을 만드는 여러 가지 방법이 있는데, 설계의 특정 모양을 정의하고자 사용하는 DXF 파일(기계 CAD 도구에서 사용하는 형식)이 그중 하나다.

구리선 경로 생성

PCB 보드의 구리선 경로는 보드상의 다양한 컴포넌트와 커넥터에 대한 전기 신호를 처리하는 데 사용된다. 구리선의 경로는 보드 표면에 구리 레이어를 쌓은 후 필요하지 않은 구리를 에칭해 생성한다. 에칭은 구리 통로의 영역 위에 마스크를 놓고 그 외의 원하지 않는 모든 구리를 제거해 생성한다.

홀 가공

보드상의 다른 레이어에 대한 신호 경로를 생성하거나 보드에 컴포넌트를 부착할 영역을 생성하려면 PCB 보드에 홀 가공이 필요하다. 보드의 도금 스루홀^{PTH,} $^{Plated-Through Hole}$은 한 레이어의 구리 경로와 다른 레이어의 구리 경로를 전기적으로 연결할 수 있도록 도와주는 바이아^{via}다. 바이아를 위한 홀은 일반적으로 미세 드릴 비트를 사용해 생성/가공되며, 작은 마이크로 바이아를 위한 홀은 레이저를 통해 생성/가공된다. 바이아에는 몇 가지 유형이 있는데, 예를 들어 외부 레이어에서 시작해 내부 레이어에서 끝나는 바이어는 블라인드 바이어라고하며, 보드를 완전히 관통하지 못하는 바이아다. 보드의 두 내부 레이어에 있는 구리 경로를 연결하는 바이아는 매립된 바이아$^{buried via}$라고 하며, 보드의 표면까지는 연결되지 않는다.

PCB상의 컴포넌트

PCB의 부품이란 THT$^{Through-Hole Technology}$ 부품, SMD$^{Surface-Mount Device}$와 같은 반도체 소자를 의미한다. THT 부품은 보드에 하나씩 납땜돼 가공된 홀에 끼운 긴 핀이 있는 큰 부품이며, 반대로 SMD 부품은 대부분 그보다 작아 훨씬 작은 리드를 보드 표면에 납땜할 수 있다. 따라서 스루홀 부분을 납땜하지 않고도 기판의 상/하면에 부품을 부착할 수 있다.

거버 파일

거버^{Gerber} 파일은 PCB 제조에 사용되는 파일 형식이다. 거버 파일은 제조 기계에서 트레이스, 패드와 같은 전기 연결을 배치하는 데 사용된다. 이 파일에는 일반적으로 회로 보드 드릴링, 밀링에 필요한 정보가 들어 있다.

2.7 임베디드 시스템

이름에서 알 수 있듯이 임베디드 시스템이란 특정 기능을 위해 설계돼 큰 기계나 전기 시스템에 내장된 마이크로프로세서나 마이크로컨트롤러 기반 시스템을 말한다. 임베디드 시스템은 여러 작업을 수행하는 범용 시스템이 아닌 특정 작업을 위해 개발됐기 때문에 크기가 작고 전력 소모가 적으며 비용이 저렴하다. 임베디드 시스템은 상업용, 산업용, 군사용 애플리케이션과 같은 다양한 목적으로 널리 사용된다.

일반적으로 임베디드 시스템은 하드웨어와 애플리케이션 소프트웨어 컴포넌트로 이뤄져 있다. 일부 임베디드 시스템은 실시간 운영체제^{RTOS, Real-Time Operating System}를 갖고 있으며, 일부 소형 임베디드 시스템에는 RTOS가 없을 수 있다. 따라서 임베디드 시스템은 마이크로프로세서나 마이크로컨트롤러 기반의 소프트웨어로 구동되는 신뢰할 수 있는 실시간 제어 시스템으로 정의할 수 있다. 그림 2.12는 프로세서, 메모리, 전원 공급 장치, 외부 인터페이스와 같은 여러 컴포넌트가 있는 플러그인 카드의 임베디드 시스템을 보여준다.

▲ 그림 2.12 플러그인 카드의 임베디드 시스템

2.7.1 임베디드 시스템 하드웨어

임베디드 시스템은 일반적으로 실시간 작업을 위해 계산을 수행하도록 설계된 마이크로프로세서나 마이크로컨트롤러를 포함한다. 일반적으로 마이크로프로세서는 중앙 처리 장치[CPU]를 말한다. 따라서 다른 컴포넌트(예, 메모리, 통신 인터페이스)가 마이크로프로세서와 통합돼 함께 전체 시스템으로 동작해야 하는 것이다. 반대로 마이크로컨트롤러는 CPU, 메모리(예, RAM, 플래시 메모리), 주변기기[peripheral](예, 직렬 통신 포트)를 포함하는 자체 내장 시스템을 말한다.

2.7.2 임베디드 시스템 소프트웨어

임베디드 시스템에 사용되는 마이크로프로세서나 마이크로컨트롤러는 일반적으로 여러 작업을 관리하고자 설계된 범용 프로세서와 비교해서는 고급 수준이 아니다. 이들은 대부분 단순하고 메모리가 적게 드는 프로그램 환경에서 동작한다[20]. 즉, 임베디드 시스템 소프트웨어는 특정 하드웨어 요구 사항과 기능을 갖고 있다. 이는 시간과 메모리 제약이 있는 일부 하드웨어에 맞춰져 있다[21]. 프로그램, 운영체제는 일반적으로 임베디드 시스템 내의 플래시 메모리에 저장된다.

이와 비슷하게 임베디드 환경, 특히 RTOS가 필요한 곳에서 사용하고자 운영체제나 개발 언어 플랫폼이 개발됐다. 현재는 대부분 리눅스 운영체제의 단순 버전이나 임베디드 자바, 윈도우 IoT와 같은 운영체제가 사용된다[20].

2.7.3 임베디드 시스템의 특성

임베디드 시스템의 특성은 다음과 같이 요약할 수 있다.

- **특정 기능:** 임베디드 시스템은 일반적으로 특정 기능을 위해 설계됐다.
- **엄격한 제한:** 임베디드 시스템은 자원과 시간 제약을 많이 받는다. 예를 들

어 임베디드 시스템은 제한된 메모리와 최소 전력 소비로 빠르게 처리해야 하며, 반응 시간의 미세한 변화(실시간이나 거의 실시간 방식으로)도 감지할 수 있어야 한다.

- **실시간 반응형:** 실시간이나 거의 실시간 방식이 많은 환경에서 제공된다. 예를 들어 GPS^Global Positioning System 내비게이터는 도로와 위치 정보를 지속적으로 제공해야 하며, 운전자가 현재 상황을 알 수 있도록 실시간이나 거의 실시간 방식으로 경보를 보내야 한다. 마찬가지로 자동차 크루즈 컨트롤러는 속도 센서와 브레이크 센서를 지속적으로 모니터하고 반응하며, 실시간으로 가속이나 감속을 계산해야 한다. 이에 어떤 지연이라도 일어나면 차가 통제 불능 상태가 돼 치명적인 결과를 초래할 수 있다.
- **하드웨어/소프트웨어 코드사인:** 임베디드 시스템은 일반적으로 소프트웨어가 내장된 컴퓨터 하드웨어 시스템이다. 하드웨어는 성능과 보안을 위해 설계됐지만 소프트웨어는 더 많은 기능과 유연성을 위해 설계됐다.
- **마이크로프로세서/마이크로컨트롤러 기반:** 마이크로프로세서나 마이크로컨트롤러가 임베디드 시스템의 핵심에 배치돼 동작하도록 설계됐다.
- **메모리:** 프로그램과 운영체제가 일반적으로 메모리에 로드돼 저장되므로 임베디드 시스템에는 메모리가 필요하다.
- **주변기기:** 주변기기는 입력과 출력 장치를 연결하는 데 필요하다.

2.8 하드웨어-펌웨어-소프트웨어 간 상호작용

하드웨어는 메모리, 하드디스크 드라이브, 그래픽 카드, 사운드 카드, 중앙 처리 장치, 마더보드, 모니터, 어댑터 카드, 이더넷 케이블과 같은 시스템의 물리적 컴포넌트를 나타낸다. 소프트웨어는 하드웨어가 실행 중인 명령이나 프로그램을 말하며, 시스템이 구축되는 하드웨어와 달리 특정 작업이나 작업을 수행하도록 컴퓨터에 지시한다. 컴퓨터 소프트웨어는 데이터, 프로그램, 라이브러리와 같이 시스템에서 처리하는 정보다. 예를 들어 소프트웨어가 운영체제[OS]일 수 있다. OS는 특정 작업을 위해 설계된 프로그램인 하드웨어 시스템, 애플리케이션을 전반적으로 제어한다. 소프트웨어는 하드디스크에 설치되고 상주하면서 필요할 때 메모리에 로드된다.

하드웨어와 소프트웨어는 독립적인 개념이지만 서로 함께 동작해야 하며, 개별적으로는 사용할 수 없다. 그림 2.13은 사용자가 컴퓨터 시스템에서 실행되는 애플리케이션 소프트웨어와 어떻게 상호작용하는지를 보여주고 있다. 이 그림에서는 애플리케이션 소프트웨어가 운영체제와 상호작용한 후 하드웨어와 통신하는 것을 보여준다. 정보 흐름은 화살표로 표시돼 있다.

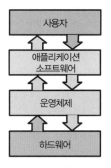

▲ 그림 2.13 애플리케이션 소프트웨어, 운영체제, 하드웨어 다이어그램

대부분의 알고리즘은 하드웨어나 소프트웨어로 구현할 수 있다. 일반적으로 하드웨어 기반 알고리즘 구현은 소프트웨어 기반보다 훨씬 빠르지만 추가, 비교, 이동, 복사와 같은 제한된 수의 명령만 수행할 수 있다. 따라서 소프트웨어는 이러한 기본 명령 기반으로 복잡한 알고리즘을 작성하는 데 사용된다. 하드웨어를 직접 제어하는 소프트웨어는 기계어다. 소프트웨어는 기계어 명령과 비슷한 하위 어셈블리어로 작성해 어셈블러를 통해 기계어로 변환할 수도 있다. 그러나 기계어가 너무 단순하기 때문에 기본 알고리즘을 작성하는 데에도 너무 많은 명령이 필

요하다. 따라서 대다수의 소프트웨어는 고급 언어로 돼 있으며, 이러한 프로그래밍 언어는 기계어보다 자연어에 훨씬 가깝기 때문에 프로그래머가 알고리즘을 사용하고 설명하고 개발하는 것이 훨씬 쉽고 효율적이다. 그런 다음 고수준 언어는 컴파일러와 인터프리터를 사용해 기계어로 번역된다[22]. 서로 다른 소프트웨어 레벨과 하드웨어 간의 상호작용은 그림 2.14에서 볼 수 있다.

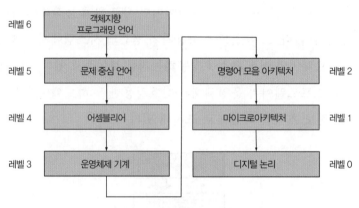

▲ 그림 2.14 여러 레벨의 컴퓨터 시스템

레벨 0은 하드웨어 레벨이며 레벨 1, 2, 3의 프로그램은 사용자가 이해하고 해석하기 어려운 일련의 숫자로 구성된다. 레벨 4는 어셈블리어로, 좀 더 사용자 친화적이다. 이 레벨의 명령은 그나마 사용자가 이해할 수 있는 의미 있는 언어다. 레벨 5와 6이 대부분의 소프트웨어 개발을 나타낸다. 예를 들어 레벨 5에서는 일반적으로 개발에 많이 사용하는 표준 프로그래밍 언어인 C와 C++가 있다. 레벨 6은 자바, 파이썬, .NET과 같은 객체지향 프로그래밍 언어를 말한다.

펌웨어는 장치의 특정 하드웨어에 낮은 수준의 제어를 제공하는 특정 소프트웨어 클래스를 나타낸다. 예를 들어 펌웨어는 장치의 복잡한 소프트웨어에 대응하는 표준화된 운영 환경을 제공하거나 제어, 모니터링, 데이터 조작 기능을 수행하는 장치의 운영체제 역할을 수행할 수 있다. 컴퓨터의 BIOS^{Basic Input-Output System}와 같은 펌웨어는 일반적으로 장치의 기본 기능을 포함하고 있으며, 더 높은 수준의 소프트웨어에 서비스를 제공한다. 단순한 장비들을 제외하면 컴퓨터 시스템, 컴퓨터 주변장치, 임베디드 시스템, 가전제품, IoT^internet-of-thing 장치와 같은 모든 전자 장치에는 펌웨어가 포함돼 있다. 펌웨어는 ROM, EPROM, 플래시 메모리를 포함한 비휘발성 메모리에 저장되며, 소프트웨어와 달리 제조 후 거의 변경되지 않는다. 오직 특수 설치 프로세스나 관리 도구로만 업데이트할 수 있다. 따라서 펌웨어는 하드웨어와 소프트웨어 사이의 중간 양식이거나 하드웨어에 내장된 특정 소프트웨어 부류로 볼 수 있다.

오류와 버그 수정, 기능 추가나 장치 성능 향상을 위해 소프트웨어, 펌웨어를 모두 업그레이드해야 하는 경우도 있다. 예를 들어 베타 소프트웨어나 베타 펌웨어는 철저한 테스트를 거치지 않은 중간 버전이다. 실제 환경에서 시스템을 사용해야만 발견할 수 있는 버그가 있기 때문에 베타 버전은 마지막 최종 버전보다 버그가 있을 가능성이 훨씬 크다.

2.9 연습문제

2.9.1 True/False 문제

1. 유지^hold 시간은 클럭의 상승/하강 에지 이전에 데이터 입력의 안정화를 위해 필요한 최소 시간이다.

2. ASIC과 FPGA는 유사한 기능을 갖고 있으며, 다양한 애플리케이션에서 널리 사용되고 있지만 서로를 대체할 수는 없다.

3. 키르히호프의 전류 법칙은 회로 노드로 들어오고 나가는 전하의 보존을 다루는 반면, 키르히호프의 전압 법칙은 폐쇄 회로 루프 주변의 에너지 보존을 다룬다.

4. 펌웨어는 특정 하드웨어 클래스로 간주될 수 있다.

5. 저항은 레지스터의 길이와 단면적을 통해 계산할 수 있다.

2.9.2 단답형 문제

1. 3D 집적 회로를 개발하려는 동기를 설명하시오.

2. 집적 회로의 타이밍 제약을 설명하시오.

3. 반경 6.0mm, 길이 2.0cm의 원통형 레지스터를 고려할 때 레지스터 재료의 저항률이 1.8×10^{-6}인 경우 저항을 계산하시오.

4. 키르히호프의 전류 법칙과 키르히호프의 전압 법칙 사이의 유사점을 설명하시오.

5. ASIC과 FPGA의 차이점을 설명하시오.

6. 사용자, 애플리케이션 소프트웨어와 하드웨어 간의 상호작용을 설명하시오.

2.9.3 서술형 문제

1. 그림 2.15의 회로에서 세 전류(I_1, I_2, I_3)와 전압(V_{ab}, V_{bc}, V_{bd})을 찾아라.

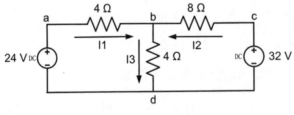

▲ 그림 2.15 문제 1의 회로

2. 일반적인 PCB 설계 흐름을 설명하시오.

3. 일반적인 임베디드 시스템의 특성을 간략하게 요약하시오.

4. 소프트웨어와 펌웨어의 차이점과 유사점을 설명하시오.

참고 문헌

[1] D. Harris, S. Harris, Digital Design and Computer Architecture, 2nd edition, Morgan Kaufmann, 2012.

[2] W. Stallings, Computer Organization and Architecture: Designing for Performance, 7th edition, Pearson Education India, 2005.

[3] N.H. Weste, D. Harris, CMOS VLSI Design: A Circuits and Systems Perspective, 4th edition, Pearson Education India, 2010.

[4] G.E. Moore, Cramming more components onto integrated circuits, Electronics Magazine 38 (8) (1965) 114-117.

[5] M.M. Waldrop, More than Moore, Nature 530 (2016) 144-148.

[6] M.M. Ziegler, M.R. Stan, A case for CMOS/nano co-design, in: Proceedings of the 2002 IEEE/ACM International Conference on Computer-Aided Design, ACM, pp. 348-352.

[7] K.K. Likharev, D.B. Strukov, CMOL: devices, circuits, and architectures, in: Introducing Molecular Electronics, Springer, 2006, pp. 447-477.

[8] G.S. Rose, Y. Yao, J.M. Tour, A.C. Cabe, N. Gergel-Hackett, N. Majumdar, J.C. Bean, L.R. Harriott, M.R. Stan, Designing CMOS/molecular memories while considering device parameter variations, ACM Journal on Emerging Technologies in Computing Systems (JETC) 3 (2007) 3.

[9] V. Parihar, R. Singh, K. Poole, Silicon nanoelectronics: 100 nm barriers and potential solutions, in: Advanced Semiconductor Manufacturing Conference and Workshop, 1998. 1998 IEEE/SEMI, IEEE, pp. 427-433.

[10] T. Song, H. Kim, W. Rim, Y. Kim, S. Park, C. Park, M. Hong, G. Yang, J. Do, J. Lim, et al., 12.2 A 7nm FinFET SRAM macro using EUV lithography for peripheral repair

analysis, in: Solid-State Circuits Conference (ISSCC), 2017 IEEE International, IEEE, pp. 208-209.

[11]   J.H. Lau, T.G. Yue, Thermal management of 3D IC integration with TSV (through silicon via), in: Electronic Components and Technology Conference, 2009. ECTC 2009. 59th, IEEE, pp. 635-640.

[12]   K. Tu, Reliability challenges in 3D IC packaging technology, Microelectronics Reliability 51 (2011) 517-523.

[13]   M.M. Mano, Digital Logic and Computer Design, Pearson Education India, 2017.

[14]   Embedded Systems: Introduction to ARM CORTEX-M Microcontrollers, Volume 1, ISBN 978-1477508992, 2014, http://users.ece.utexas.edu/~valvano/.

[15]   C. Alexander, M. Sadiku, Fundamentals of Electric Circuits, 3rd edition, 2006.

[16]   J.W. Nilsson, Electric Circuits, Pearson Education India, 2008.

[17]   FPGA vs ASIC, what to choose?, anysilicon, https://anysilicon.com/fpga-vs-asic-choose/, Jan. 2016.

[18]   R.S. Khandpur, Printed Circuit Boards: Design, Fabrication, Assembly and Testing, Tata McGraw-Hill Education, 2005.

[19]   Best practices in printed circuit board design, http://www.ni.com/tutorial/6894/en/#toc6, Aug. 2017.

[20]   Embedded system, https://internetofthingsagenda.techtarget.com/definition/mbedded-system, Dec. 2016.

[21]   E.A. Lee, Embedded Software, Advances in Computers, vol. 56, Elsevier, 2002, pp. 55-95.

[22]   A.S. Tanenbaum, Structured Computer Organization, 5th edition, Pearson Prentice Hall, 2006.

3

시스템온칩(SoC) 설계와 테스트

3.1 소개

무어의 법칙에서 예상했던 것처럼 장치의 기능과 연결의 크기가 계속 줄어들면서 집적 회로^{IC}의 게이트 밀도와 설계 복잡성은 최근 수십 년 동안 계속 증가하고 있다. 나노 단위의 제조 공정은 더 많은 제조 결함을 초래할 것으로 예상된다. 이처럼 새로운 재료와 새로운 기술로 제작된 설계에서는 현재 결함 모델에서 다루지 않는 새로운 고장 메커니즘이 발견되고 있다. 동시에 높은 공급 전압이나 동작 주파수와 함께 발생하는 전력, 신호 무결성 문제는 사전 정의된 타이밍 마진을 넘어서는 결함을 많이 만들어낸다. 결과적으로 대규모 통합$^{VLSI, Very Large Scale Integration}$ 테스트는 설계와 제조 프로세스의 정확성을 검증하고자 점점 더 중요해지기 시작했다. 그림 3.1의 다이어그램은 IC 생산 흐름을 간단히 보여준다. 설계 단계에서 테스트 모듈이 넷리스트^{netlist}에 들어간 후 레이아웃에 포함된다. 설계자는 공정 변동, 온도 변동, 전원 노이즈, 클럭 지터와 같은 불확실성으로 인한 시뮬레이션과 현장에서의 실제 동작 차이를 설명하고자 타이밍 마진을 신중하게 설정한다. 하지만 불완전한 설계와 제조 공정으로 인해 이러한 타이밍 마진을 넘어 현장에서 기능 고장을 유발하는 결함이 존재할 수 있다. 기능적 버그, 제조 오류, 결함 있는 패키징 프로세스가 이러한 오류의 원인일 수 있다. 따라서 결함이 있는 칩을 미리 선별해 고객에게 배송하지 못하게 함으로써 현장 반품을 줄이는 것이 필수 과정 중 하나다.

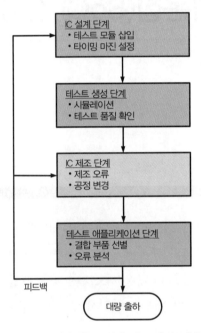

▲ 그림 3.1 간략화한 IC 설계, 제조, 테스트 흐름

테스트에서 수집된 정보는 결함 있는 제품이 고객에게 전달되지 못하게 차단할 뿐만 아니라 설계와 제조 프로세스를 개선하기 위한 피드백을 제공하는 데도 사용된다(그림 3.1 참고). 따라서 VLSI 테스트는 제조 수율과 수익성도 향상시킬 수 있다.

3.1.1 테스트 비용과 제품의 품질

당연히 누구나 좋은 테스트 품질을 선호하긴 하지만, 이를 위해서는 항상 높은 테스트 비용도 뒤따르게 된다. 그러므로 최소한의 비용으로 필요한 테스트 품질에 도달하려면 어느 정도 절충이 필요하다[1]. 이 절에서는 테스트 비용, 수율, 제품 품질과 같은 개념을 소개할 것이다. 이러한 개념을 전자 테스트에 적용하면 DFT Design-For-Testability의 필요성을 정당화하는 주장으로 이어진다[2].

3.1.1.1 테스트 비용

테스트 비용에는 자동 테스트 장비ATE, Automatic Test Equipment 비용(초기 운영비용), 테스트 개발 비용(CADComputer-Aided Design 도구, 테스트 벡터 생성, 테스트 프로그래밍)[3], DFT 비용이 포함된다[4]. 스캔 설계 기법은 테스트 생성 비용을 크게 줄일 수 있으며 내장 자체 시험BIST, Built-In Self-Test 방식은 ATE의 복잡성과 비용을 낮출 수 있다[5].

그림 3.2에서 볼 수 있듯이 이 산업에서는 각각 다른 레벨에서 칩을 테스트한다. ATE를 사용해 반도체 장치를 제조하는 동안 웨이퍼 테스트가 수행되는 방식이다. 이 단계에서는 특별히 생성된 테스트 패턴을 적용해 웨이퍼에 있는 각 장치의 멈춤, 전환 지연과 같은 결함을 테스트한다. 그런 다음 웨이퍼를 직사각형 블록으로 자르고 각각을 다이die라고 부른다. 그런 다음 시험에 통과한 다이가 패키징되면 최종 테스트 단계에서는 웨이퍼 테스트 중에 사용된 테스트와 동일하거나 유사한 ATE를 사용해 패키징된 모든 장치를 다시 테스트한다. 칩이 고객에게 배송된 후에는 이전에 그랬듯이 10개의 규칙을 적용해 일반적으로 PCB 테스트와 시스템 테스트(때로는 승인 테스트라고도 함)를 다시 수행한다[6]. 즉, PCB 단계에서 결함이 있는 IC를 수리하거나 교체하는 것은 칩 레벨에서 수리하는 것보다 10배 더 비싸다고 볼 수 있다. 칩을 시스템에 조립한 후 PCB 테스트에서 보드 결함이 발견되지 않았다면 보드 레벨보다 시스템 레벨에서 결함을 찾는 것이 10배의 비용이 더 든다.

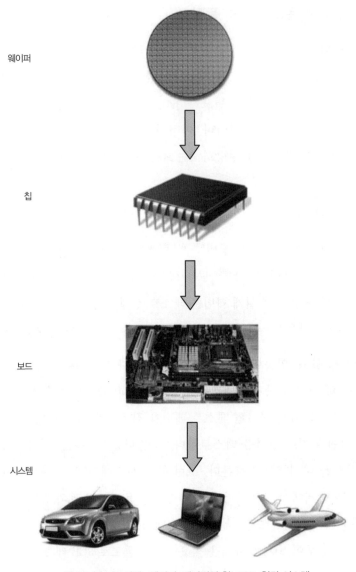

웨이퍼

칩

보드

시스템

▲ 그림 3.2 테스트 레벨: 웨이퍼, 패키징된 칩, PCB, 현장 시스템

[6]에서 이전 경험(10개의 규칙)을 처음 이야기하기 시작했던 1982년보다 현대 시스템이 훨씬 더 복잡하기 때문에 아마도 비용 증가는 10배 이상이 될 것이다. 비행기의 경우 테스트에서 발견되지 않은 칩 결함은 추후 발견 시 비용이 수천 또는 수백

만 배 더 비쌀 수 있다. 따라서 자동차, 우주, 군용 등 특정 임무 수행에 필수적인 애플리케이션의 높은 테스트 품질 목표를 달성하려면 VLSI 테스트와 DFT 사용이 필수적이다.

3.1.1.2 결함, 수율, 결함 레벨

제조 결함은 제조 공정의 오류로 인해 전기적으로 오작동하는 회로가 있는 칩 영역을 말한다. 웨이퍼의 결함은 웨이퍼 재료, 화학 물질의 불순물, 마스크, 또는 프로젝션 시스템의 먼지 입자, 마스크 오정렬, 잘못된 온도 제어와 같은 공정 변화로 인해 발생할 수 있다. 일반적으로 발생하는 결함은 끊어진 (열린) 금속 와이어, 접점 누락, 금속 라인 간 브리징, 트랜지스터 누락, 잘못된 도핑 레벨, 보이드 바이아, 저항이 열린 바이아, 회로 고장을 일으킬 수 있는 기타 여러 항목이다. 즉, 제조 결함이 없는 칩이 양호한 칩이다. 제조 공정에서 생산된 우수한 칩의 비율(또는 백분율)을 수율^{yield}이라고 한다. 수율은 실제로 기호 Y로 표시된다. 칩 밀도 A, 결함^{fault} 밀도 f(f는 단위 면적당 평균 결함 수를 말한다), 결함 클러스터링 매개변수 β, 결함 범위$^{fault\ coverage}$ T의 경우 수율을 구하는 방정식[5]은 다음과 같다.

$$Y(T) = (1 + \frac{T \cdot A \cdot f}{\beta})^{-\beta} \tag{3.1}$$

결함 범위가 100%인 테스트의 경우($T = 1.0$) 모든 결함 칩을 제거한다고 가정하면 $Y(1)$의 수율은 다음과 같다.

$$Y = Y(1) = (1 + \frac{A \cdot f}{\beta})^{-\beta} \tag{3.2}$$

양호한 테스트 프로세스는 결함이 있는 칩의 대부분이나 전부를 걸러낼 수 있다. 하지만 결함이 있는 모든 칩을 걸러내더라도 테스트 중에 수집된 진단 정보를 설계와 제조 프로세스로 전달하지 않으면 결국 자체적으로 프로세스 수율을 향상시킬 수 없다. 간단히 말해 공정 수율을 개선하는 방법은 두 가지가 있다[5].

- **진단과 수리.** 결함이 있는 칩을 진단한 다음 수리한다. 이는 수율을 향상시키는 데 도움이 되지만 제조비용을 증가시킨다.
- **프로세스 진단과 수정.** 시스템적인 결함과 그 근본 원인을 식별해 제조 공정중 해당 원인을 제거하면 수율을 향상시킬 수 있다. 수율 개선을 위해 선호하는 방법은 프로세스 진단이다.

테스트의 효과를 파악하고 제조된 제품의 품질을 측정하는 데 사용하는 메트릭은 결함 레벨^{DL, Defect Level}로, 이는 테스트를 통과한 칩 중 불량 칩의 비율을 말한다. 그 단위는 ppm이다. 상용 VLSI 칩의 경우 500ppm보다 큰 DL은 허용되지 않으며, 자동차와 같은 중요한 애플리케이션에서는 DPPM^{Defective Parts Per Million} 값이 0이 돼야 한다.

결함 레벨을 계산하는 방법은 두 가지가 있다. 하나는 필드 리턴 데이터다. 현장에서 고장 난 칩은 제조업체에 반환되는데, 출하된 백만 개의 칩 중 반환되는 칩의 수를 정규화한 것이 결함 레벨이다. 다른 하나는 테스트 데이터를 이용한 것으로, 테스트의 결함 범위와 칩의 실패율을 분석하게 된다. 결함 레벨을 추정하려면 수정된 수율 모델을 이용해 실패 데이터를 파악해야 하며, 여기서 칩 실패율은 테스트 세트에서 벡터 1 - $Y(T)$까지 실패하는 칩의 비율이다.

결함 범위 T의 칩 테스트 경우 결함 레벨은 다음 방정식[5]으로 확인할 수 있다.

$$DL(T) = \frac{Y(T) - Y(1)}{Y(T)} = 1 - \frac{Y(1)}{Y(T)} = 1 - \left(\frac{\beta + T \cdot A \cdot f}{\beta + A \cdot f}\right)^{\beta}, \tag{3.3}$$

여기서 Af는 영역 A의 칩에 대한 평균 결함 수이고, β는 결함 클러스터링 매개변수다.

Af, β는 테스트 데이터 분석에 의해 결정된다. 이 방정식은 DL을 10^6으로 곱해

ppm을 구하는 분수로 나타내고 있다. 결함 범위가 0인 경우 $DL(0) = 1 - Y(1)$이 되는데, 여기서 $Y(1)$이 프로세스 수율이다. 100% 결함 범위의 경우 $DL(1) = 0$이다.

클러스터링되지 않은 랜덤 결함의 경우 사용할 수 있는 결함 레벨, 수율, 결함 범위와 관련된 대체 방정식[7]은 다음과 같으며, 여기서 T는 테스트의 결함 범위이고 Y는 수율이다.

$$DL(T) = 1 - Y^{1-T}, \tag{3.4}$$

3.1.2 테스트 생성

3.1.2.1 구조 테스트 대 기능 테스트

과거에는 기능성 패턴을 사용해 제조된 IC의 출력에 오류가 있는지 확인했다. 기능 테스트는 진리표의 각 항목을 검사하는데, 이는 작은 회로에서는 입력값의 수가 몇 개 안 되기 때문에 가능했던 일이다. 하지만 입력의 수와 회로 크기가 점차 증가하면서 가능한 입력 조합에 대한 테스트의 수가 기하급수적으로 증가함에 따라 수백 개의 입력을 가진 실제 회로에서는 이러한 테스트 방식을 사용하기 너무 길어지고 불가능해지고 있다. 이에 엘드레드[Eldred]는 1959년 대형 디지털 시스템의 주요 출력에서 내부 신호 상태를 관찰할 수 있는 테스트를 만들어냈다[8].

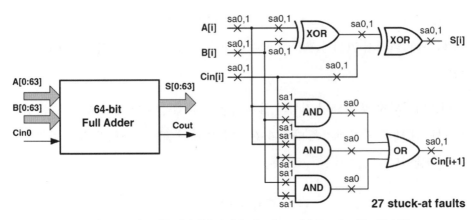

▲ 그림 3.3 64비트 리플 캐리 가산기: (A) 기능 테스트, (B) 구조적 고착 고장 시험

시스템의 내부 논리에 대한 지식을 이용해 테스트를 만들기에 구조 테스트는 화이트박스 테스트로 볼 수 있다. 이 테스트는 회로의 전체 기능이 올바른지를 직접 확인하지 않지만 그 대신 넷리스트에서 지정한 대로 낮은 레벨의 회로 요소에 회로가 올바르게 조립됐는지를 확인한다. 이론적으로 회로 요소가 올바르게 조립돼 있다면 회로가 올바르게 작동해야 하는 것이다. 기능 테스트는 테스트 중인 회로가 기능 사양에 따라 동작하는지를 검증하므로 블랙박스 테스트로 볼 수 있다. 순차적 자동 테스트 패턴 생성ATPG, Automatic Test Pattern Generation 프로그램은 회로 기능을 모두 완벽하게 동작해보고자 전체 회로 입출력 조합의 테스트 세트를 생성한다. 그림 3.3은 64비트 리플 캐리 가산기와 1비트 가산기의 논리 회로 설계를 그린 것이다. 그림 3.3(A)에서 볼 수 있듯이 가산기는 129개의 입력과 65개의 출력을 갖고 있다. 따라서 기능 패턴을 사용해 철저하게 테스트하려면 $2^{129} = 6.80 \times 10^{38}$개의 입력 패턴과 $2^{65} = 3.69 \times 10^{19}$개의 출력 응답을 검증해야 한다. 동작 주파수가 1GHz인 ATE를 사용하고, 회로가 1GHz에서도 작동할 수 있다고 가정할 때 이 가산기 회로에 이 모든 패턴을 적용하는 데는 2.15×10^{22}년이 소요된다. 오늘날 대부분의 회로 크기가 이 단순한 가산기보다 훨씬 크다는 것을 고려할 때 완벽한 기능 테스트는 사실 비현실적이다. 여기서 사실 소수의 기능 테스트 패턴만이 실제로

타이밍 결함을 선별하는 데 유용하다는 점을 말할 필요가 있다. 마이크로프로세서와 같은 일부 애플리케이션의 경우 기능 테스트는 여전히 매우 중요한 역할을 한다. 하지만 그 대신 이러한 64비트 가산기 회로에는 구조 테스트를 적용하는 것이 더 빠르다. 1비트 가산기에는 그림 3.3(B)의 동일한 고장을 제거하면 총 27개의 고착^{stuck-at} 고장이 존재한다. 64비트 가산기의 경우 $27 \times 64 = 1728$개의 고장이 있다. 즉, 최대 1728개의 테스트 패턴이 필요한 것이다. 1GHz ATE를 사용하면 이러한 패턴을 적용하는 데 총 0.000001728초가 소요된다. 이 패턴 세트는 이 가산기에서 발생 가능한 모든 고착이 없는 고장을 포함하므로 고장 범위가 대형 기능 테스트 패턴 세트와 동일하다고 볼 수 있다.

3.1.2.2 고장 모델

다음 용어는 일반적으로 반도체 칩의 부정확성을 설명할 때 사용한다.

- **결함^{Defect}**: 전자 시스템의 결함은 원래 설계와 구현된 하드웨어 사이에 의도하지 않게 발생한 차이를 말한다. VLSI 칩의 일반적인 결함은 프로세스 결함, 재료 결함, 노화 결함, 패키지 결함이다.
- **오류^{Error}**: 결함 있는 시스템에서 생성된 잘못된 출력 신호를 오류라고 한다. 오류는 원인이 '결함'인 결괏값이다.
- **고장^{Fault}**: 기능 레벨을 추상화했을 때 '결함'을 나타내는 것을 고장이라고 한다.

고장 모델^{fault model}은 결함이 어떻게 설계 동작을 변경했는지를 알려주는 수학적 설명이다. 패턴을 설계에 적용하면 하나 이상의 회로 주요 출력에서 발견된 논릿값이 원래 설계와 결함이 있는 설계 간에 다른 경우 결함이 테스트 패턴에 의해 감지된다고 한다. 이처럼 여러 종류의 물리적 결함을 설명하고자 여러 고장 모델이 개발됐다. 최신 VLSI 테스트의 가장 일반적인 고장 모델에는 고착 고장, 브리징 고장, 지연 고장(전환 지연 고장, 경로 지연 고장), 개방 고착^{stuck-open} 고장, 단락 고착^{stuck-short} 고장이 있다.

- **고착^{stuck-at} 고장:** 논리 게이트나 플립플롭의 입력이나 출력 신호를 회로의 입력에 관계없이 0이나 1 값으로 고정시킨다. 단일 고착 고장이 가장 많이 사용되는데, 라인당 2개의 결함, stuck-at-1(sa1), stuck-at-0(sa0)이 그 예다. 회로의 고착^{stuck-at} 고장은 그림 3.3에서 확인할 수 있다.

- **브리징 고장:** 두 개의 신호가 서로 연결되지 않아야 하는 곳에서 연결되는 것이다. 사용된 논리 회로에 따라 wired-OR나 wired-AND 논리 기능을 초래할 수 있다. $O(n^2)$개의 잠재적 브리징 고장이 발생할 가능성이 있으므로 일반적으로는 설계에서 물리적으로 인접한 신호로 제한하는 경우가 많다. 그림 3.4는 7가지 기본 유형의 브리징 고장을 보여준다. 이러한 유형은 DRC^{Design Rule Check}, DFM^{Design For Manufacturability} 규칙, 레이아웃 기능 간의 브리지[9]에서 나타난 것이다.
  - 유형 1: Side-to-Side
  - 유형 2: Corner-to-Corner
  - 유형 3: Via-to-Via
  - 유형 4: End-of-Line
  - 유형 5: Side-to-Side Over Wide Metal
  - 유형 6: Via Corner to Via Corner
  - 유형 7: Side-to-Side with Minimum Width

- **지연 고장:** 이 고장은 신호 전파를 정상보다 느리게 만들어 회로의 조합 지연 값이 클럭 주기를 초과하게 만든다. 이러한 지연 고장은 전환 지연 고장^{TDF, Transition Delay Faults}, 경로 지연 고장^{PDF, Path Delay Faults}, 게이트 지연 고장, 라인 지연 고장, 세그먼트 지연 고장 등이 있다. 그 중에서도 slow-to-rise, slow-to-fall PDF, TDF가 가장 일반적으로 사용되고 있다. 경로 지연 고장^{PDF}

모델은 경로의 전체 게이트를 모두 누적한 지연 값을 대상으로 하는 반면 전환 지연 고장^{TDF} 모델은 설계의 각 게이트 출력을 대상으로 한다.

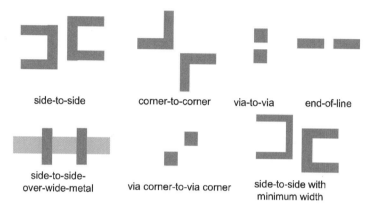

side-to-side   corner-to-corner   via-to-via   end-of-line

side-to-side-
over-wide-metal   via corner-to-via corner   side-to-side with
minimum width

▲ 그림 3.4 7가지 유형의 브리징 고장

- **개방 고착**$^{Stuck-open}$, **단락 고착**$^{Stuck-short}$ **고장:** AMOS 트랜지스터가 이 고장 모델에 이상적인 스위치다. 개방 고착, 단락 고착 고장은 스위치가 열린 상태 또는 단락 상태에 영구적으로 있는 모델로, 이들은 단 하나의 트랜지스터가 개방 고착과 단락 고착 모드에 있다고 가정한다. 개방 고착 고장은 결함 논리 게이트의 출력을 플로팅 상태로 만든다. 이는 게이트 출력 핀의 출력 오류에서 고착 고장을 감지하는 것과 유사한 방식으로 감지할 수 있다. 고장은 전원선과 접지선을 단락시킬 수 있다. 대기 전류 측정^{IDDQ}을 사용하면 이러한 고장을 감지할 수 있으며, 또한 효과적인 솔루션으로 사용할 수도 있다.

3.1.2.3 테스트 가능성: 통제 가능성, 관찰 가능성

테스트 가능성이란 회로의 내부 신호를 설정하고 관찰하는 것이 얼마나 어려운지를 대략적으로 수치화해 제어 가능성, 관찰 가능성으로 측정한 데이터다. 제어 가능성은 특정 논리 신호를 0이나 1로 설정하기가 얼마나 어려운지에 따라 값이 정의되며, 관찰 가능성은 논리 신호의 상태를 얼마나 관찰하기 어려운지에 따라 값이 정의된다. 테스트 가능성 분석은 내부 회로 부품 테스트의 어려움을 분석해 이를 기반으로 회로의 특수 테스트 하드웨어(테스트 지점)를 재설계하거나 추가해 테스트 가능성을 향상시키는 데 사용할 수 있다. 또한 제어하기 어려운 라인을 사용하지 않고자 테스트 패턴을 계산하는 알고리즘에 대한 지침으로도 사용할 수 있다. 휴리스틱을 사용하는 테스트 생성 알고리즘은 일반적으로 휴리스틱 작업에 일종의 테스트 가능성 측정을 적용해 테스트 생성 프로세스의 속도를 높일 수 있다. 테스트 가능성 분석을 이용하면 결함 범위, 테스트가 불가능한 결함 수, 테스트 벡터 길이의 추정도 가능하다.

테스트 가능성 분석은 테스트 벡터, 검색 알고리즘이 없는 회로 토폴로지 분석(선형 복잡성을 갖고 있다)도 포함한다. SCOAP^{Sandia Controllability Observability Analysis Program}는 골드스타인^{Goldstein}[10]이 제안한 체계적이고 효율적인 알고리즘으로, 제어 가능성과 관찰 가능성 측정을 계산하는 데 널리 사용하고 있다. 이는 회로의 각 신호(l)에 대한 6개의 측정 수치로 구성돼 있으며, 이의 세 가지 조합 측정값은 다음과 같다.

- **CC0(l): 조합 0-제어 가능성**^{Combinational 0-Controllability}; 회로 라인을 논리 0으로 설정하기가 어렵다는 것을 나타낸다.
- **CC1(l): 조합 1- 제어 가능성**^{Combinational 1-Controllability}; 회로 라인을 논리 1로 설정하기가 어렵다는 것을 나타낸다.
- **CO(l): 조합 관찰 가능성**^{Combinational Observability}; 회로 라인을 관찰하기 어렵다는 것을 나타낸다.

이와 유사하게 순차 0-제어 가능성^{Sequential 0-Controllability}의 SC0(l), 순차 1-제어 가능성의 SC1(l), 순차 관찰 가능성^{Sequential Observability}의 SO(l)이라는 세 개의 순차적 측정값이 있다. 일반적으로 앞서 설명한 세 개의 조합 측정값은 신호 l을 제어하거나 관찰하고자 조작할 수 있는 신호의 수와 관련이 있다면 세 가지 순차적 측정값은 제어나 관찰에 필요한 시간 프레임(또는 클럭 사이클)의 수와 관련이 있다[5]. 제어 가능한 범위는 1에서 무한대(∞)이며 관찰 가능한 범위는 0에서 ∞다. 측정값이 높을수록 해당 라인을 제어하거나 관찰하기가 더 어려워진다.

[10]의 골드스타인 방법에 따르면 조합, 순차적 측정을 계산하는 방법은 다음과 같다.

- 모든 주 입력 (PI) I의 경우 CC0(I) = CC1(I) = 1, SC0(I) = SC1(I) = 0으로 설정한다. 그 외의 노드 N은 CC0(N) = CC1(N) = SC0(N) = SC1(N) = ∞로 설정한다.

- PI에서 시작해 주 출력 (PO)까지 CC0, CC1, SC0, SC1 방정식을 사용해 논리 게이트, 플립플롭 입력 제어 가능성을 출력 제어 가능성에 매핑한다. 피드백 루프에서 제어 가능성 숫자가 안정화될 때까지 반복한다.

- 모든 PO U에 CO(U) = SO(U) = 0으로 설정한다. 그 외의 노드 N은 CO(N) = SO(N) = ∞로 설정한다. PO에서 PI로 작업 시 CO, SO 방정식과 사전 계산된 제어 기능을 사용해 게이트, 플립플롭의 출력 노드 관찰 가능성을 입력 관찰 가능성에 매핑한다. 분기 Z1, ..., ZN의 경우 SO(Z) = min(SO(Z1), ..., SO(ZN)), CO(Z) = min(CO(Z1), ..., CO(ZN))이다.

- CC0/SC0 = ∞로 남아있는 노드가 있으면 해당 노드는 0-제어 불가능 uncontrollable이다. CC1/SC1 = ∞로 남아있는 노드가 있으면 해당 노드는 1-제어 불가능이다. CO = ∞ 또는 SO = ∞로 남아있는 노드가 있으면 해당 노드는 관찰 불가능unobservable이다. 이들은 모두 충분하지만 필요한 조건은 아니다.

단일 논리 게이트에 대한 제어 가능성을 계산할 때 하나의 입력만을 제어 값으로 설정해 논리 게이트 출력 생성이 가능하다면 다음과 같다.

$$\text{출력 제어 가능성}^{\text{output controllability}} = \min(\text{입력 제어 가능성}) + 1 \qquad (3.5)$$

모든 입력을 비제어 값으로 설정해야만 논리 게이트 출력을 생성할 수 있는 경우
에는 다음과 같다.

$$\text{출력 제어 가능성} = \Sigma(\text{입력 제어 가능성}) + 1 \qquad (3.6)$$

XOR 게이트처럼 여러 입력 세트로 출력을 제어할 수 있는 경우에는 다음과 같다.

$$\text{출력 제어 가능성} = \min(\text{입력 세트의 제어 가능성}) + 1 \qquad (3.7)$$

입력 신호를 관찰해야 하는 논리 게이트의 경우에는 다음과 같다.

입력 관찰 가능성 = 출력 관찰 가능성 +

$$\sum(\text{다른 모든 핀을 제어 불가능한 값으로 설정하는 제어 가능성}) + 1 \quad (3.8)$$

그림 3.5는 AND, OR, XOR 게이트를 사용한 SCOAP 제어, 관찰 가능성 계산의
예다.

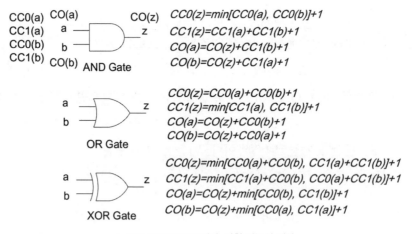

CC0(a) CO(a)　　　CO(z)　$CC0(z)=min[CC0(a), CC0(b)]+1$
CC1(a)　a　　　z　$CC1(z)=CC1(a)+CC1(b)+1$
CC0(b)　b　　　　$CO(a)=CO(z)+CC1(b)+1$
CC1(b) CO(b) AND Gate　$CO(b)=CO(z)+CC1(a)+1$

a　　　z　$CC0(z)=CC0(a)+CC0(b)+1$
b　　　　$CC1(z)=min[CC1(a), CC1(b)]+1$
OR Gate　$CO(a)=CO(z)+CC0(b)+1$
　$CO(b)=CO(z)+CC0(a)+1$

a　　　z　$CC0(z)=min[CC0(a)+CC0(b), CC1(a)+CC1(b)]+1$
b　　　　$CC1(z)=min[CC1(a)+CC0(b), CC0(a)+CC1(b)]+1$
XOR Gate　$CO(a)=CO(z)+min[CC0(b), CC1(b)]+1$
　$CO(b)=CO(z)+min[CC0(a), CC1(a)]+1$

▲ 그림 3.5 SCOAP 제어, 관찰 가능성 계산

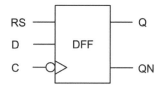

▲ 그림 3.6 리셋 가능한 네거티브 에지 트리밍 D 플립플롭

그림 3.6은 리셋 가능한 네거티브 에지 트리거 D 플립플롭^{DFF}이다. 조합 제어 가능성인 CC1이나 CC0은 DFF 출력 신호 Q를 1이나 0으로 설정하고자 회로에서 몇 개의 라인을 설정해야 하는지 측정하는 반면 순차 제어 가능성인 SC1이나 SC0은 Q를 1이나 0으로 설정하고자 클릭해야 하는 플립플롭 수를 측정한다. Q 라인을 1로 제어하려면 입력 D를 1로 설정하고 C에서 하강 클릭 에지를 강제로 줘야 하며, 리셋 신호 라인 RS는 0으로 유지해야 한다. 신호가 플립플롭 입력에서 출력으로 전파될 때 순차적 측정에 1을 추가해야 한다는 점을 잊지 말자. 따라서 CC1(Q), SC1(Q)는 다음과 같은 방식으로 계산된다.

$$CC1(Q) = CC1(D) + CC1(C) + CC0(C) + CC0(RS)$$
$$SC1(Q) = SC1(D) + SC1(C) + SC0(C) + SC0(RS) + 1 \qquad (3.9)$$

Q를 0으로 설정하는 방법에는 두 가지가 있다. 클릭 C를 0으로 유지한 상태에서 리셋 신호 RS를 설정하거나 입력 D를 통해 0을 클릭할 수 있다. 따라서 CC0(Q), SC0(Q)는 다음 방정식을 사용해 계산할 수 있다.

$$CC0(Q) = \min[CC1(RS) + CC0(C), CC0(D) + CC1(C) + CC0(C) + CC0(RS)]$$
$$SC0(Q) = \min[SC1(RS) + SC0(C), SC0(D) + SC1(C) + SC0(C) + SC0(RS)] + 1 \qquad (3.10)$$

입력 D는 RS를 낮게 유지하고 클릭 라인 C에서 하강 에지를 생성하면 Q에서 볼 수 있다.

$$CO(D) = CO(Q) + CC1(C) + CC0(C) + CC0(RS)$$
$$SO(D) = SO(Q) + SC1(C) + SC0(C) + SC0(RS) + 1 \qquad (3.11)$$

RS는 Q를 1로 설정하고 RS를 사용하면 확인할 수 있다.

$$CO(RS) = CO(Q) + CC1(Q) + CC1(C) + CC0(C) + CC1(RS)$$
$$SO(RS) = SO(Q) + SC1(Q) + SC1(C) + SC0(C) + SC1(RS) + 1 \qquad (3.12)$$

클럭 라인 C를 간접적으로 관찰하는 두 가지 방법이 있다. (1) Q를 1로 설정하고 D에서 0으로 클럭하거나 (2) 플립플롭을 리셋하고 D에서 1로 클럭한다. 그러므로 다음과 같은 식을 확인할 수 있다.

$$CO(C) = \min[CO(Q) + CC0(RS) + CC1(C) + CC0(C) + CC0(D) + CC1(Q)$$
$$CO(Q) + CC1(RS) + CC1(C) + CC0(C) + CC1(D)]$$
$$SO(C) = \min[SO(Q) + SC0(RS) + SC1(C) + SC0(C) + SC0(D) + SC1(Q)$$
$$SO(Q) + SC1(RS) + SC1(C) + SC0(C) + SC1(D)] + 1 \qquad (3.13)$$

스캔 설계가 채택되면 스캔 가능성 분석을 위해 스캔 셀을 제어, 관찰할 수 있다는 점을 주목할 필요가 있다. 또한 SCOAP에 기반을 둔 제어 가능성, 관찰 가능성 측정값은 회로의 테스트 가능성에 대한 추정치를 제공하며, 이는 테스트 생성, 테스트 가능성 향상을 안내하는 데 사용된다[11].

3.1.2.4 자동 테스트 패턴 생성(ATPG)

자동 테스트 패턴 생성^{ATPG, Automatic Test Pattern Generation}은 입력(또는 테스트) 시퀀스를 찾는 데 사용되는 전자 설계 자동화^{EDA, Electronic Design Automation} 방법으로 디지털 회로에 적용해 테스터가 올바른 회로 동작과 결함으로 인한 잘못된 회로 동작을 구별할 수 있게 도와준다. 이러한 알고리즘은 일반적으로 결함을 발생시키는 프로그램과 함께 동작해 최소화한 결함 목록을 만듦으로, 설계자는 결함 생성에 대해 걱정할 필요가 없다[5]. 제어 가능성, 관찰 가능성 측정은 모든 주요 ATPG 알고리즘에서 사용된다. ATPG의 효과는 발견된 모델링된 결함이나 고장 모델의 수와 생성된 패턴의 수로 파악할 수 있다. 이러한 메트릭은 일반적으로 테스트 품질(고장 감지가 많을수록 높음)과 테스트 적용 시간(패턴이 많을수록 높음)을 나타낸다. 이러한 ATPG 효율성은 또 다른 중요한 고려 사항 중 하나로 고려중인 고장 모델이나 테스트 중인 회로 유형(조합, 동기 순차, 또는 비동기 순차), 테스트 중인 회로를 나타내는 데 사용되는 추상화 레벨(레지스터, 게이트, 트랜지스터), 또는 필요한 테스트 품질에 영향을 받는다[12].

현재는 회로의 크기가 매우 크고 시장 출시 기간이 단축됐기 때문에 모든 ATPG 알고리즘은 상용 EDA 도구로 수행한다. 그림 3.7은 기본 ATPG 실행 흐름을 보여준다. 이 도구는 먼저 설계 넷리스트와 라이브러리 모델을 읽은 후 모델을 빌드한 다음 테스트 프로토콜 파일에 지정된 테스트 설계 규칙을 확인한다. 이 단계에서 잘못된 점이 발생하면 이 도구는 심각도에 따라 해당 규칙을 경고나 오류로 보고한다. 이 도구는 사용자가 지정한 ATPG 제약 조건을 사용해 ATPG 분석을 수행하고 테스트 패턴 세트를 생성한다. 테스트 범위가 사용자 요구를 충족시키면 테스트 패턴이 특정 형식의 파일로 저장된다. 그렇지 않은 경우 사용자는 ATPG 설정과 제약 조건을 수정하고 ATPG를 다시 실행할 수 있다.

여기서 테스트 범위와 결함 범위라는 두 가지 범위 메트릭이 있다는 점을 주목하자. 테스트 범위는 감지 가능한 결함 중 감지된 결함의 백분율이며 테스트 패턴 품질을 가장 의미 있게 측정한다. 결함 범위는 모든 결함에서 감지된 결함의 비율로 감지할 수 없는 결함에 대한 정보는 없다. 일반적으로 테스트 범위는 ATPG 도구에 의해 생성된 테스트 패턴의 효과를 측정할 때 사용한다.

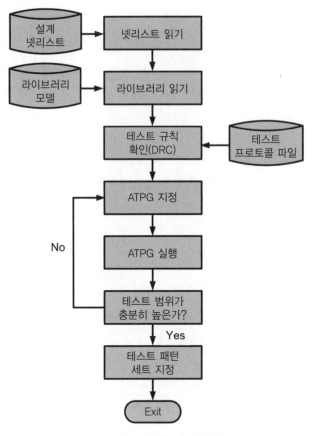

▲ 그림 3.7 기본 ATPG의 흐름

3.2 IP 기반 SoC 라이프 사이클

SoC란 주어진 시스템에 필요한 모든 구성 요소를 갖춘 집적 회로다. SoC에는 일반적으로 아날로그, 디지털, 혼합 신호 지적 재산권IP, Intellectual Property 코어가 포함된다. ASIC 방법론의 발전으로 높은 기능 밀도를 갖고 있지만 낮은 전력 소비가 필요한 SoC는 다양한 응용 분야에서 널리 사용되고 있다.

지난 20년 동안 IP의 재사용은 업계에서 광범위하게 연구되고 개발됐다. IP 재사용은 이전에 설계/테스트된 구성 요소를 포함하는 것을 말한다. 재사용된 IP는 이미 설계, 검증, 테스트됐으므로 통합자/IP 사용자는 다양한 애플리케이션에서 컴포넌트를 재사용할 수 있다. 더 중요한 것은 IP 재사용으로 제품의 설계와 개발을 훨씬 저렴하고 빠르게 만들 수 있다. 따라서 업계에서 최신 SoC를 개발하는 것은 성능, 비용, 시장 출시 시간을 다른 경쟁자보다 앞지를 수 있는 강력한 힘이 됐다.

그림 3.8과 같이 IP 기반의 SoC 라이프 사이클이란 설계, 제작, 조립, 분배, 시스템 사용, 마지막으로 수명 종료에 이르는 프로세스를 의미한다. 각 단계는 아래에 좀 더 자세히 설명돼 있다[13].

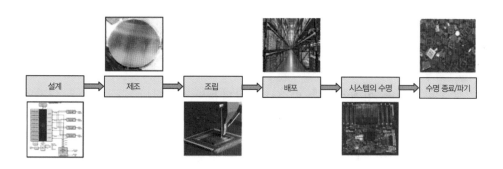

▲ 그림 3.8 IP 기반의 SoC 라이프 사이클

설계: 일반적으로 SoC 설계 주기에는 다음과 같은 단계가 포함된다. 먼저 SoC 통합자가 설계 사양을 생성한다. 그다음 통합자는 지정된 사양을 구현할 IP 목록을 식별한다. 다음으로 사내에서 개발하거나 타사 IP 공급업체에서 구매한 모든 IP 코어를 통합해 RTL^{Register Transfer Level} SoC 설계를 생성한다. 이어서 SoC 통합자는 타깃 기술 노드를 기반으로 RTL 설계를 게이트 레벨 넷리스트로 합성한다. SoC 시험 가능성을 향상시키고자 DFT 구조도 삽입된다. 그런 다음 넷리스트는 실제 라이브러리를 기반으로 실제 레이아웃으로 변환된다. 타이밍과 전력 클로저가 달성되면 GDSII 형식의 최종 레이아웃이 생성된다. 마지막으로 칩이 제조, 테스트를 위해 파운드리로 보내진다.

최근 복잡한 집적 회로의 설계는 점점 진화해 전체 설계를 자체적으로 완료하는 것이 매우 어려운 단계에 이르렀다. 실제로 개발 비용과 출시 시간을 단축하고자 RTL에서 GDSII까지의 설계 흐름이 여러 국가(국가 간 또는 대륙 간)에서 수행되는 것이 매우 흔한 일이 됐다. 오늘날 설계의 재사용은 SoC 설계의 필수 요소가 됐다. 이를 위해 하드^{hard} IP, 펌^{firm} IP, 소프트^{soft} IP를 사용할 수 있다.

제조: 반도체 장치 제조는 집적 회로를 만드는 프로세스다. 회로는 순수한 반도체 물질로 만들어진 웨이퍼에서부터 점진적으로 생성된다. 회로를 생성하는 단계는 일련의 포토 리소그래피와 화학 처리를 포함한다. 그런 다음 결함 있는 칩을 선별해 다음 단계로 배송하지 못하도록 제조 테스트를 수행한다.

최근 집적 회로는 주로 제조비용을 줄이고자 전 세계에 위치한 제조 시설(팹^{fab})에서 제조된다. 디자인 하우스는 파운드리와 계약을 맺어 설계를 제작하고 IP 세부 정보를 공개하며, 설계에 따른 마스크 제작비용도 지불한다. 파운드리와 디자인 하우스 간의 계약은 IP 권리에 의해 보호된다[14].

조립: 제조 후 파운드리는 테스트된 웨이퍼를 조립 공정으로 보내 다이 형태로 절단한다. 구체적으로 말하자면 여기서 집적 회로 패키징을 조립이라고 하며, 여기서 전기적 연결을 제공하고, 칩을 물리적 손상과 부식에서 보호하고, 칩의 열을 소산시키기 위한 열 경로를 제공하고자 다이가 캡슐화된다. 그런 다음 조립 공정은 대량 배송 전에 패키징된 다이의 최종 테스트를 수행한다.

배포: 테스트된 IC는 배포자나 시스템 통합자(즉, 원래 장비 제조업체)에게 보내진다.

시스템 통합/수명: 시스템 통합은 모든 구성 요소와 서브시스템을 하나의 시스템으로 조립해 전체 시스템으로 협력하고 동작할 수 있게 하는 프로세스다.

수명 종료/파기: 일반적으로 전자 제품의 수명이 다하거나 구식이 되면 폐기/파기한 후 교체된다. 필요한 귀금속을 추출하고 납, 크롬, 수은과 같은 유해 물질이 환경에 해를 끼치지 않도록 적절한 폐기 기술이 매우 권고되고 있다[15].

3.3 SoC 설계 흐름

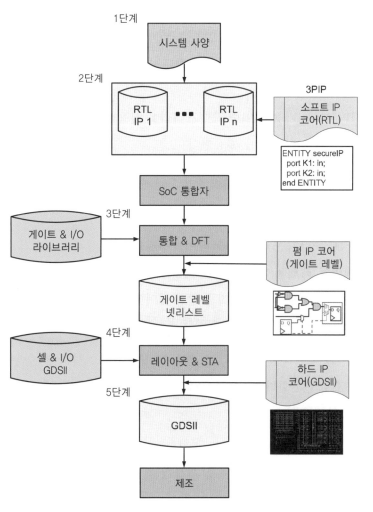

▲ 그림 3.9 SoC 설계 흐름

그림 3.9는 SoC 설계 흐름을 나타낸 것이다. 1단계에서 SoC 통합자가 설계 사양을 공식화하면 통합자는 주어진 사양을 구현할 IP 목록을 식별한다. 이후 이러한 IP 코어는 사내에서 개발되거나 타사 IP³ᴾᴵᴾ 공급업체에서 구입하게 된다. 3PIP 코어는 다음 3가지 방식 중 하나로 공급업체에서 구매할 수 있다[16].

- 소프트 IP 코어는 합성 가능한 레지스터 전송 레벨ᴿᵀᴸ, Register Transfer Level의 하드웨어 기술 언어ᴴᴰᴸ, Hardware Description Language로 제공된다.
- 하드 IP 코어는 완전히 배치되고 라우팅된 코어 설계의 GDSII 포맷으로 제공된다.
- 펌 IP 코어는 가능한 일반 라이브러리를 사용해 성능, 영역에 맞게 최적화된 구조와 토폴로지를 제공한다.

2단계에서는 모든 소프트 IP를 개발하거나 구매한 후 SoC 디자인 하우스가 이를 통합해 전체 시스템의 RTL 기술서를 생성한다.

3단계에서 SoC 통합자는 타깃 기술 라이브러리의 논리 셀과 I/O를 기반으로 RTL 기술서를 게이트 레벨의 넷리스트로 합성한다. 그런 다음 통합자는 공급업체의 게이트 레벨 IP 코어를 넷리스트에 통합할 것이다. 또한 테스트 가능성을 향상시키고자 테스트를 고려한 설계ᴰᶠᵀ, Design-For-Test 구조가 넷리스트에 삽입된다.

4단계에서는 게이트 레벨의 넷리스트를 논리 셀과 I/O 기하학에 기반을 둔 물리적 레이아웃으로 변환한다. 이 단계에서 공급업체의 IP 코어를 GDSII 레이아웃 파일 형식으로 불러올 수도 있다.

5단계에서 정적 타이밍 분석ˢᵀᴬ, Static Timing Analysis, 전원 클로저가 완료되면 개발자는 최종 레이아웃을 GDSII 형식으로 생성해 제작용으로 보낸다.

6단계에서 칩을 파운드리/조립 공정으로 보내 제조, 테스트한다.

3.4 SoC 검증 흐름

SoC의 복잡성과 기능 밀도가 증가하면서 칩 검증은 점점 어려워지며 중요해지고 있다. 일반적으로 프리실리콘pre-silicon 검증이라고 부르는 검증 절차는 주로 테이프아웃tape-out 전에 기능적인 면이 맞는지 확인하고, 설계 사양에서 넷리스트로의 전환이 제대로 이뤄졌는지를 확인, 보장하는 프로세스를 의미한다. 그림 3.10은 이를 보여준다.

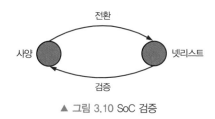

▲ 그림 3.10 SoC 검증

그림 3.11은 산업에서 사용되는 SoC 검증 흐름을 요약한 것으로, 이 흐름[17]은 시스템의 검증 전략을 결정하고 진행하는 시스템 사양의 작성으로 시작한다. 칩의 설계 사양을 생성하는 동시에 칩의 검증 계획도 고려하기 시작해야 한다.

1단계에서는 시스템에 통합하기 전에 시스템의 모든 IP를 확인해야 한다. IP의 경우 IP 공급업체에서 SoC 통합자나 IP 사용자에게 보내기 전에 이를 먼저 확인한다. 하지만 다양한 IP 공급업체에서 여러 가지 형식으로 제공될 수 있기에 통합자는 설계 파일과 테스트 벤치를 자신의 애플리케이션 환경에 맞게 변환해 IP를 다시 확인해야 한다[18].

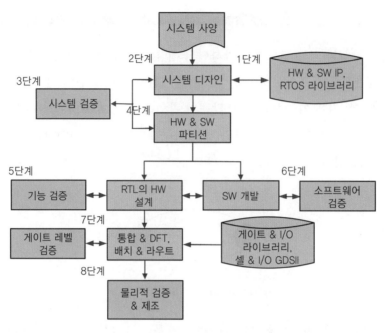

▲ 그림 3.11 SoC 검증 흐름

개별 IP를 검증한 후에는 기존 IP와의 통신을 위해 새로 얻은 IP를 추가 논리로 래 핑해야 한다. 그러고 나면 SoC에 통합할 준비가 된 것이다[18].

2단계에서는 인터페이스 프로토콜을 기반으로 칩 내에 있는 블록들 사이의 인터 페이스 검증을 수행해 최종 통합에 들어가는 노력을 줄이고 시스템의 오류를 조 기에 검출할 수 있다.

3단계에서는 SoC 레벨의 검증이 수행된다. 정확히 말하면 설계 사양에 따라 SoC 동작을 모델링하고, 동작 시뮬레이션 테스트 벤치를 통해 이러한 동작을 확인하 는 것이다. 테스트 벤치는 Verilog/VHDL, C/C++와 같은 다양한 언어를 사용해 만 들 수 있으며, 다음 단계에서 수행할 하드웨어와 소프트웨어 검증에 적합한 특정 형식으로 변환할 수 있어야 한다.

시스템 레벨의 확인이 완료되면 4단계에서는 소프트웨어와 하드웨어 IP 라이브러리를 기반으로 SoC 설계를 소프트웨어와 하드웨어로 나눈다. 그런 다음 이전 단계에서 생성한 테스트 벤치를 사용해 소프트웨어와 하드웨어 부품을 포함한 아키텍처를 검증한다.

5단계에서는 이전 단계에서 얻은 RTL의 하드웨어 설계 기능 검증이 수행된다. 하드웨어 검증은 시스템 동작 검증 프로세스 중에 생성된 테스트 벤치를 사용한다. RTL에서의 검증은 주로 라인 점검, 논리 시뮬레이션, 형식 검증(즉 동치성 검사^{EC,} Equivalence Checking와 모델링 점검), 트랜잭션 기반 검증, 코드 범위 분석을 포함한다.

6단계에서는 시스템 사양에 따른 소프트웨어 검증이 수행된다. 소프트웨어 검증과 하드웨어/소프트웨어$^{HW/SW}$ 통합은 소프트 프로토타입, 급속 프로토타입^{rapid} ^{prototype}, 에뮬레이션, HW/SW 공동 검증 등의 다양한 방법으로 수행할 수 있다. HW/SW 공동 검증을 예로 들어보자. 이는 프로세서 타입의 코어가 있는 SoC에 필요하다. 이 프로세스에서는 HW/SW 통합, 검증이 동시에 수행된다. 구체적으로 말해 현재 하드웨어 시뮬레이터를 소프트웨어 에뮬레이터/디버거와 연결하고자 공동 시뮬레이션이 수행되고, 이를 통해 소프트웨어를 원하는 하드웨어 설계에서 실행할 수 있게 되는 것이다. 그다음에는 하드웨어 설계가 제공돼 실제 동작으로 테스트하게 된다. 따라서 이 공동 검증은 하드웨어 테스트 벤치를 만들 필요성을 줄이고 초기 하드웨어와 소프트웨어 통합을 할 수 있게 되는 것이다. 또한 시스템 검증을 위한 성능을 크게 향상시킨다.

7단계에서는 게이트 레벨의 넷리스트를 생성하고자 RTL 설계를 원하는 기술 라이브러리와 합친다. 넷리스트는 일반적으로 정형 등가 검사 도구$^{formal\ equivalence\ checking}$를 통해 검증되며, RTL 설계가 넷리스트와 논리적으로 동일한지 확인한다. 넷리스트는 일반적으로 테스트 가능성과 타이밍 요구 사항을 충족시키고자 DFT 구성 요소(예, 스캔 체인), 클럭 트리와 함께 삽입되므로 정형 등가 검사 도구를 사용해 업데이트된 넷리스트를 다시 확인함으로써 업데이트된 설계의 기능 정확성을 보장해야 한다. 그런 다음 타이밍에 대한 문제를 방지하고자 게이트 레벨에서 물리적 레이아웃 단계로의 타이밍 검증을 수행해 타이밍 예산/요구 사항을 충족시킨다.

8단계에서는 설계가 특정 기준을 충족하는지 확인하고자 집적 회로의 물리적 레이아웃에서 검증이 수행된다. 여기에는 고전류, IR 드롭, 크로스토크 노이즈crosstalk noise, 일렉트로마이그레이션electromigration을 포함한 DRCDesign Rule Check, LVSLayout vs Schematic, ERC Electrical Rule Check, 안테나 효과 분석, 신호 무결성SI, Signal Integrity 분석이 포함된다. 칩을 제조하기 전에 이러한 문제가 있다면 반드시 해결해야 한다. 물리적 레이아웃 검증이 완료되면 이 설계는 이제 사인오프sign-off와 테이프아웃tape-out 준비가 된 것이다.

3.5 SoC 테스트 흐름

SoC 검증과 비교했을 때 SoC 테스트는 제조 테스트나 생산 테스트라고도 불리며, 설계가 올바르게 제조됐는지 검증하는 프로세스다. 이는 주로 제조 공정이 불완전해 칩의 결함을 야기하는 것이기 때문에 다른 수준의 테스트가 필요하다[19]. 검증과 테스트 간 개념 비교는 그림 3.12에 나와 있다.

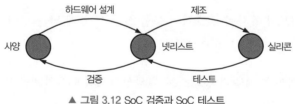

▲ 그림 3.12 SoC 검증과 SoC 테스트

SoC 테스트는 제조된 칩을 선별하는 프로세스로 웨이퍼 분류, 번인 테스트, 구조 테스트, 특성 분석, 기능 테스트를 포함한다.

제조 테스트 중 첫 번째 단계는 웨이퍼 테스트다. 이 단계에서는 웨이퍼상의 모든 다이의 결함을 검출하고자 다이에 테스트 패턴을 적용해 테스트한다. 일반적으로 웨이퍼 테스트는 웨이퍼 프로버^{wafer prober}를 사용해 웨이퍼의 다이에 필요한 전기 자극을 공급한다. 이는 웨이퍼 최종 테스트^{WFT, Wafer Final Test}, 회로 프로브^{CP, Circuit Probe}, 전자 다이 분류^{EDS, Eelectronic Die Sort} 등의 평가 방법을 적용해 수행된다. 웨이퍼 테스트가 완료되면 포장 준비가 완료된다.

두 번째 단계는 제조 결함이나 고장을 식별하고자 수행된다. 이 프로세스는 자동 테스트 패턴 생성^{ATPG, Automatic Test Pattern Generation} 도구를 사용해 테스트 패턴을 생성하므로 테스트 엔지니어가 올바른 회로 동작과 결함이 있는 회로 동작을 구별할 수 있다. 자동 테스트 장비^{ATE}와 같은 테스트 장비는 자동으로 테스트 패턴을 적용하고 응답을 확인하는 데 사용된다.

세 번째 단계는 고객에게 배송하기 전에 칩을 특성화하고 스크린하는 것이다. 특성화란 주파수와 전압 등 칩의 이상적인 동작 매개변수를 찾는 프로세스다. 최신 SoC에서는 최적의 전송률과 오류율을 달성하고자 다양한 전기적 매개변수를 적용해 PCI 익스프레스^{Express}, DDR, 이더넷과 같은 고속 I/O도 특성화에 필요하다.

네 번째 단계는 기능 테스트 패턴을 적용해 칩의 기능 결함을 식별하는 데 사용되는 기능 테스트다. 실제 속도로 실행되는 기능 테스트 패턴은 지정된 범위를 달성하고자 칩의 다른 부분을 시험하는 데 사용된다.

마지막 단계는 패키지된 다이에 대한 번인 스트레스 테스트다. 이는 조기 고장을 감지하고 선별하는 데 사용되는 온도/바이어스 안정성 스트레스 테스트다.

3.6 디버깅을 고려한 설계

지난 수십 년 동안 기술이 계속 발전하면서 단일 다이(SoC에서와 같이) 또는 단일 패키지^{SiP} 시스템의 기능 밀도도 크게 증가했다. 시스템의 프로그램 가능한 코어의 수는 당분간 계속 증가할 것이다[20, 21]. 게다가 각 코어는 임베디드 소프트웨어, 하드웨어 가속기, 전용 주변기기 기능[22] 등 다양한 기능을 실행할 수도 있으며 다른 유형의 센서와 통합될 수 있다[23].

크고 복잡한 시스템에서 검증, 정적 타이밍 분석, 시뮬레이션, 에뮬레이션 방법 등의 기술은 첫 번째 테이프아웃 전에 하드웨어와 소프트웨어 부품의 모든 오류를 발견하고 없애는 것을 보장할 수 없다[22]. 설계와 디버그 엔지니어가 당면한 어려움은 첫 번째 실리콘을 사용할 수 있을 시기까지도 일부 시스템 오류를 발견하지 못하는 것이다. 이러한 오류에는 일반적으로 기능 오류, 타이밍 위반, 설계 규칙 확인 위반이 포함되지만 이에 국한되지는 않는다.

첫 번째 테이프아웃 전에 일부 오류를 발견하지 못하는 이유는 사용 중인 시스템 검증 방법이 실제 실리콘이 아닌 칩 모델에만 적용될 수 있기 때문이다. 모델의 복잡성이 증가함에 따라 높은 계산 비용으로 인해 대부분의 검증 방법은 완벽하게 적용하기가 어렵다. 따라서 시장 출시 시간과 비용을 줄이려면 첫 번째 실리콘을 사용할 수 있게 됐을 때 오류를 최대한 빨리 감지해야 한다[24]. 따라서 오류를 찾아 수정하는 데 소요되는 시간과 개발 비용을 줄이고 전체 시스템 개발 프로세스를 개선하려면 DFD$^{Design-For-Debug}$ 기술이 필요하다.

포스트실리콘 검증으로도 알려진 SoC 디버그는 첫 번째 실리콘을 사용할 수 있게 된 후에 수행하는데, 이는 실제 배치를 위해 실리콘/칩의 모든 테스트 케이스를 검증하고 해당 테스트 모델에 대한 설계를 검증하는 프로세스다. 이 프로세스에서는 실제 애플리케이션에서의 배포와 유사한 실험실 설정에서 제조된 설계의 기능적 정확성을 테스트한다. SoC 디버그는 일반적으로 하드웨어에서 실행되는 소프트웨어/애플리케이션이 있는 시스템 레벨의 환경에서 칩의 유효성을 검사해 설계의 모든 기능과 인터페이스를 테스트하게 된다[19].

디버그 지원은 온칩 DFD 아키텍처와 소프트웨어로 구성된다. 그림 3.13에서 볼 수 있듯이 디버그 지원을 구현하는 전략은 시스템 내에 액세스 포인트를 배치하는 것이므로 실리콘 실행 중에 외부에서 내부 신호의 제어와 관찰이 가능하다. 칩의 복잡성이 증가함에 따라 온칩 디버그 아키텍처 외에 애플리케이션 소프트웨어도 많은 관심을 기울이고 있다. 디버그 지원이 제공하는 인프라는 디버거, 프로파일러, 교정 등의 개발 도구/활동의 기초를 형성한다[25].

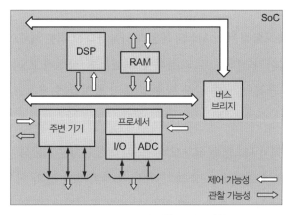

▲ 그림 3.13 SoC에 대한 디버그 지원

3.6.1 디버그 요구 사항

시스템 디버깅을 하려면 적절한 자극을 적용해 외부에서 칩의 내부 동작을 관찰해야 한다. 설계/디버그 엔지니어는 시스템 상태를 제어하고 자극을 반복적으로 적용해 시스템에 남아있는 오류를 식별하고 찾을 수 있다. 다음은 효과적이고 효율적인 디버깅 시스템을 위한 기본적인 요구 사항 목록이다[24, 25].

- 내부 시스템 상태와 중요 신호의 외부 액세스
- 다양한 주변기기를 포함해 제어 시스템 운영과 시설에 대한 외부 액세스
- 면적과 핀 수 측면에서 시스템 동작과 오버헤드에 대한 영향은 제한적

내부 시스템 상태와 중요 신호의 외부 액세스: IC를 디버깅하려면 칩의 중요 신호를 추적하고 레지스터와 내장 메모리의 내용을 추출할 수 있어야 한다. 이를 통해 디버

킹 엔지니어가 칩 고장의 근본 원인을 진단하고 도출할 수 있기 때문이다. 최신 SoC는 몇 클럭 사이클 만에도 많은 양의 데이터를 생성하기 때문에 모든 정보를 추적하고 수집하는 것은 비현실적이고 불필요하다(특히 실시간 디버깅 시스템에서는 더하다). 따라서 중요한 신호 및 관련 레지스터와 메모리 어레이의 내용만 추출할 수 있으면 된다.

다양한 주변기기를 포함해 제어 시스템 운영과 시설에 대한 외부 액세스: 시스템을 디버깅하려면 엔지니어가 원하는 트리거와 인터럽트를 생성하고 리셋, 설정, 활성화, 중지, 덤핑, 단일 단계, 재개와 같은 일련의 운영 절차를 수행하고자 시스템 운영을 제어할 수 있어야 한다.

면적과 핀 수 측면에서 시스템 동작과 오버헤드에 대한 영향은 제한적: 디버깅 인프라는 시스템 실행 오류의 원인을 도출하기 위한 목적이기에 칩의 외부와 내부 동작에 눈에 띄는 영향을 주지 않으면서 온칩 DFD 아키텍처를 칩에 쉽게 적용할 수 있어야 한다. 그렇지 않으면 오류가 감지되지 않거나 잘못 표시될 수 있다. 또한 DFD 아키텍처는 면적 오버헤드와 핀 수에 제한적인 영향만을 미쳐야 한다.

3.6.2 온칩 디버그 아키텍처

집적 회로에서 제조 테스트용으로 개발된 DFT 인프라를 실리콘 디버깅에 재사용하는 것은 일반적인 일이다[26, 27]. 가장 널리 사용되는 DFT 기술인 스캔 설계를 사용하면 설계의 모든 또는 일부 스토리지 요소에 대한 읽기/쓰기 액세스가 가능하다. 정확히 말하자면 스토리지 요소를 지정된 값으로 직접 제어하고 스토리지 요소를 직접 관찰할 수 있으므로 회로의 내부 상태를 파악할 수 있다. 스캔 설계는 플립플롭을 스캔 플립플롭으로 교체하고 이들을 연결해 테스트 모드에서 하나 이상의 시프트 레지스터를 만들게 된다.

시스템 디버깅을 위해 DFT 인프라를 재사용하면 세 가지 주요 장점이 있다. 첫째,

DFT 구조는 다양한 시스템 아키텍처에 쉽게 적용할 수 있다. 둘째, DFT 기술은 지난 수십 년 동안 개발되고 널리 사용돼 왔기 때문에 테스트 가능성, 면적 오버헤드와 전력 소비의 측면에서 설계에 미치는 영향이 제한적이며, 그 결과 제조와 디버그 비용에도 큰 영향을 끼치지 않는다. 셋째, 설계 재사용은 현대 SoC 설계에서 낮은 비용을 유지하고 출시 기간을 단축하는 데 필수적이며 중요하다.

칩 제어와 관찰을 용이하게 하고자 중요한 제어 경로와 데이터 경로에 스캔 체인을 배치하는 것 외에도 디버그 소프트웨어가 온칩 DFD 아키텍처와 통신해 워크스테이션에서 디버그 기능을 사용할 수 있어야 한다. 간단히 말해 스캔 기반 온칩 디버그 아키텍처, 소프트웨어 기반 디버그 지원과 실행 제어 기능은 디버깅 시스템의 기초다.

3.6.3 온칩 디버그 아키텍처의 예

스캔 설계는 성능을 제한하는 라우팅 오버헤드를 줄이고자 단일 스캔 경로만 사용한다. 온칩 DFD 아키텍처의 기본적인 구현은 애플리케이션에서 디버깅할 수 있는 제한된 수의 디지털 핀 위에 여러 개의 스캔 체인을 다중화하는 것이다. 그후 이들 핀을 통해 중요한 내부 신호를 관찰할 수 있다[24, 25].

[28]에서는 스캔 체인 외에도 DFD 모듈이 시스템에 추가돼 실리콘 디버그 기능을 제공한다. 또한 설계 검증 단계와 실리콘 검증 단계에서 디버깅 소프트웨어가 개발돼 사용되며, 온칩 DFD 구조와 함께 동작해 시뮬레이터가 실제 실리콘과 통신할 수 있게 한다.

[29]의 저자는 일반적인 테스트용으로 사용하는 JTAG 바운더리 스캔 아키텍처를 활용해 디버깅 도구를 개발했다. 또한 무엇보다 중요한 실시간 디버깅용 하드웨어 모듈도 설계했다. 바운더리 스캔 아키텍처는 JTAG 인터페이스와 내장 하드웨어 모듈을 통해 스캔 체인을 제어한다.

IEEE 표준 1149.1을 기반으로 개발한 디버깅 시스템[27]은 Ultra-SPARC-III 시스템의 시스템 디버그, 테스트, 제조에 성공적으로 사용됐다. 디버그와 테스트 가능성에 대한 특성은 몇 가지 사용자 정의 명령(예, Shadow와 Mask)과 칩 코어의 추가 논리, 그리고 I/O(예, 코어 섀도 체인, I/O 섀도 체인)을 도입해 달성됐다. 이러한 기능을 바탕으로 시스템 동작 중에도 Ultra-SPARC-III의 중요한 내부 상태에 액세스하고 제어할 수 있게 된 것이다. 또한 테스트와 디버그 기능에 대한 지원을 유지하고자 추가 논리가 바운더리 스캔boundary-scan 구조에 추가됐다. 즉, 섀도 체인과 온칩 트리거 회로의 조합으로 칩 작동을 방해하지 않고 캡처된 데이터를 추출할 수 있으므로 순수하게 스캔 기반 제어 아키텍처로 인한 대기 시간과 런타임 문제를 해결할 수 있게 된 것이다.

이제는 신호 추적, 스토리지 요소 덤프, 맞춤형 인터럽트 트리거용 인프라 외에도 SoC의 복잡성 때문에 시스템 레벨의 디버깅을 위해 EDA 공급업체가 하드웨어 아키텍처에 접근, 제어하는 소프트웨어 API를 작성할 수 있도록 온칩 DFD 아키텍처를 표준화해야 한다[31]. 예를 들어 ARM Coresight^{TM} 아키텍처[30]는 추적, 동기화, 타임스탬핑time-stamping 하드웨어, 소프트웨어 이벤트, 트리거 논리, 표준 DFD 액세스, 추적 전송에 사용할 수 있는 기능들을 제공한다[31].

3.7 규격화된 DFT 기술 소개

3.7.1 테스트를 고려한 설계

테스트를 고려한 설계DFT, Design-For-Testability 기술은 최신 집적 회로에서 널리 사용되고 있다. DFT는 좀 더 철저하며 비용이 적게 드는 테스트로 이어지는 설계 방법에 적용되는 일반적인 용어다. 일반적으로 DFT는 테스트를 위해 추가 하드웨어 회로를 사용해야 하며, 추가 테스트 회로는 내부 회로 요소에 대한 접근을 좀 더 용이하게 해준다. 이러한 테스트 회로를 이용하면 로컬 내부 상태를 좀 더 쉽게 제어, 관찰할 수 있다. 내부 회로에 더 많은 제어 가능성과 관찰 가능성을 추가할 수 있는 것이다. DFT는 테스트 프로그램 개발과 테스트 애플리케이션, 진단을 위한 인터 페이스로 중요한 역할을 한다. 적절한 DFT 규칙을 구현하면 많은 시스템 설계에 서 오류를 쉽게 감지하고 그 위치를 찾을 수 있게 도와줄 수 있다. 일반적으로 개발 주기에 DFT를 통합하면 다음과 같은 이점이 있다.

- 고장 범위 개선
- 테스트 생성 시간 단축
- 테스트 길이를 단축하고 테스트 메모리를 줄일 수 있음
- 테스트 적용 시간 단축
- 계층 테스트 지원
- 동시 엔지니어링 실현
- 라이프 사이클 비용 절감

이러한 사항들은 대부분 핀 오버헤드, 더 넓은 면적, 이로 인한 낮은 수율, 성능 저 하, 더 긴 설계 시간으로 인한 추가 비용이 들기 때문에 나타난 것이다. 그러나 DFT는 비용 효율적인 방법으로 칩의 전체 비용을 줄이므로 IC 산업에서 널리 사용 되고 있다.

전자 시스템의 세 가지 구성 요소인 디지털 논리, 메모리 블록, 아날로그, 혼합 신 호 회로는 모두 테스트해야 한다. 각 구성 요소에는 그에 맞는 특정 DFT 방법이 있다. 디지털 회로에 대한 DFT 방법에는 애드혹 방식과 규격화된 방식이 있다. 애 드혹 DFT 방식은 우수한 설계 경험과 숙련된 설계자를 바탕으로 로우 커버리지[low coverage] 영역과 같은 문제 영역을 찾는다.

이러한 영역의 테스트 가능성을 향상시키려면 회로 수정이나 테스트 포인트 삽입 이 필요할 수도 있다. 애드혹 DFT 기술은 일반적으로 너무 노동이 필요한 일이며

ATPG의 좋은 결과를 보장하지도 않는다. 이러한 이유로 대형 회로의 경우 애드혹 DFT를 사용하지 않는 것이 좋다. 일반적으로 사용하는 규격화된 방식에는 스캔, 부분 스캔, BIST, 바운더리 스캔$^{boundary scan}$이 있다. 그중에서도 BIST는 일반적으로 메모리 블록 테스트에 사용된다. 다음은 이러한 규격화된 DFT 기술 각각을 간략하게 소개한 것이다.

3.7.2 스캔 설계: 스캔 플립플롭, 스캔 체인과 스캔 테스트 압축

스캔^{Scan}은 가장 널리 사용되는 DFT 기술이다. 스캔 설계는 설계의 모든 또는 일부 스토리지 요소에 대한 간단한 읽기/쓰기 접근을 허용한다. 또한 저장 요소를 임의의 값(0이나 1)으로 직접 제어하고 저장 요소의 상태와 회로의 내부 상태를 직접 관찰할 수도 있다. 즉, 회로에 좀 더 향상된 제어 가능성과 관찰 가능성을 제공한다.

3.7.2.1 스캔 플립플롭

스캔 설계는 플립플롭을 스캔 플립플롭^{SFF}으로 교체하고 이들을 연결해 테스트 모드에서 하나 이상의 시프트 레지스터를 만든다. 그림 3.14는 D형 플립플롭^{DFF} 기반의 SFF 설계를 보여준다. 여기에는 스캔 D형의 플립플롭^{SDFF}을 구성하기 위한 멀티플렉서가 DFF 앞에 추가된다. 테스트 활성화^{TE} 신호는 SDFF의 작동 모드를 제어한다. 이 값이 높으면 테스트 모드를 선택하고 스캔인^{SI} 비트가 DFF의 입력으로 사용된다. TE 신호가 낮으면 SDFF는 기능 모드처럼 동작한다. 이는 일반 DFF처럼 동작하며 조합 회로에서 DFF의 입력으로 값 D를 가져온다.

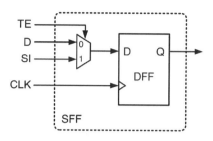

▲ 그림 3.14 D형 플립플롭과 멀티플렉서로 구성된 스캔 플립플롭(SFF)

SFF는 일반적으로 클럭 에지 트리거 스캔 설계에 사용되는 반면 레벨 민감 스캔 설계LSSD, Level-Sensitive Scan Design 셀은 레벨 민감level-sensitive, 래치 기반latch-based 설계에 사용된다. 그림 3.15는 LSSD 스캔 셀로 사용할 수 있는 양극성 홀드polarity-hold 시프트 레지스터 래치 설계를 보여준다. 스캔 셀은 2개의 래치, 마스터인 2 포트 D 래치 L1과 슬레이브인 D 래치 L2로 구성된다. D는 정상 데이터 라인이고 CK는 정상 클럭 라인이다. 라인 + L1은 정상 출력이다. 라인 SI, A, B, L2는 래치의 시프트 부분이다. SI는 시프트 데이터 In이고 + L2는 시프트 데이터 Out이며, A와 B는 겹치지 않는 2단계의 시프트 클럭이다. LSSD 스캔 셀의 주요 장점은 래치 기반 설계에 사용할 수 있다는 점이다. 또한 시프트 레지스터 수정 시 MUX로 인한 성능 저하를 방지한다. 또한 LSSD 스캔 셀은 레벨에 민감하므로 LSSD를 사용한 설계는 race-free임이 보장된다. 그러나 이 기술은 추가 클럭에 대한 라우팅이 필요하므로 라우팅 복잡성이 증가할 수 있으며, 느린 테스트 애플리케이션에만 사용할 수 있다. 정상 속도 테스트는 불가능하다.

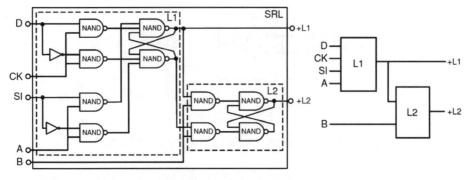

▲ 그림 3.15 레벨 민감 스캔 설계(LSSD) 셀

3.7.2.2 스캔 체인

그림 3.16은 순차 회로 설계의 스캔 체인을 보여준다. SFF는 함께 연결돼 스캔 체인을 형성한다. 테스트 활성화 신호인 TE 신호가 높으면 회로는 테스트(시프트) 모드로 동작한다. 스캔 인[SI]의 입력은 스캔 체인을 통해 이동된다. 스캔 체인의 상태는 스캔 체인을 통해 시프트될 수 있으며 스캔 아웃[SO] 핀에서 관찰할 수 있다. 테스트 프로그램은 SO 값을 예상 값과 비교해 칩 성능을 확인한다.

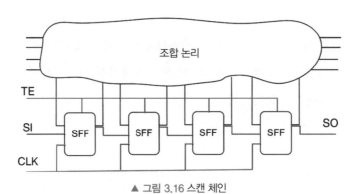

▲ 그림 3.16 스캔 체인

로드와 관찰 시간을 줄이고자 여러 개의 스캔 체인이 종종 사용될 때가 있다. SFF는 각각 별도의 스캔 인[SI]과 스캔 아웃[SO] 핀이 있는 여러 스캔 체인에 분산될 수 있다. 하지만 스캔 테스트 시퀀스를 적용하기 전에 먼저 스캔 체인의 무결성을 테스트해야만 한다. 스캔 모드($TC = 0$)의 길이 $n + 4$의 시프트 시퀀스 00110011...은 모든 플립플롭에서 00, 01, 11, 10 트랜지션을 생성하고 스캔 체인 출력 SO에서 결과를 관찰하게 된다. 여기서 n은 가장 긴 스캔 체인의 SFF 수다.

3.7.2.3 스캔 테스트 압축

칩이 점점 더 커지고 복잡해지면서 테스트 데이터의 크기도 커졌기 때문에 더 긴 테스트 시간이 필요하며, 필요한 테스터 메모리도 더 커졌기에 테스트 비용이 크게 증가했다. 스캔 기반 테스트의 경우 테스트 데이터의 크기는 테스트 주기 수에 비례하지만 테스트 주기의 수와 테스트 시간은 식 3.14에서 볼 수 있듯이 스캔 셀, 스캔 체인, 스캔 패턴의 수와 관련이 있다. 시프트 주파수는 기능성 클럭 주파수의 일부다(스위칭 활동 비율이 높기 때문에). 이론적으로 시프트 주파수를 높이면 테스트 시간이 줄어들지만 실제로는 전력 소비와 설계 제약으로 인해 시프트 주파수를 많이 높이기는 어렵다.

$$
\begin{aligned}
Test\ Cycles &\approx \frac{Scan\ Cells \times Scan\ Patterns}{Scan\ Chains} \\
Test\ Time &\approx \frac{Scan\ Cells \times Scan\ Patterns}{Scan\ Chains \times Shift\ Frequency}
\end{aligned}
\tag{3.14}
$$

제조 테스트 비용은 테스트 데이터의 양과 테스트 시간에 따라 크게 달라지므로 이를 크게 줄이는 것이 고객의 주요 요구 사항 중 하나다. 이 문제를 해결하고자 테스트 압축이 개발된 것이다. ATPG 도구가 결함에 대한 테스트를 생성하면 신경 쓰지 않는don't care 상태의 비트가 많이 남게 된다. 테스트 압축은 소수의 중요 값을 활용해 테스트 데이터와 테스트 시간을 줄인다. 일반적으로 내부 스캔 체인 수를 늘리고 최대 스캔 체인 길이를 줄이도록 설계를 수정하는 것이 중요하다. 그림 3.17과 같이 이들 체인은 온칩 디컴프레서decompressor에 의해 구동돼 일반적으로 연속적인 흐름 압축 해제가 가능하게 설계되며, 내부 스캔 체인은 데이터가 디컴프레서로 전달될 때 로드된다. 여기서 다양한 압축 해제 방법을 사용할 수 있다[33]. 그중 일반적으로 선택하는 것은 선형 유한 상태 기계linear finite state machine로, 여기서는 선형 방정식을 풀어 압축된 자극을 계산한다. 테스트 벡터의 케어 비트 비율이 3% ~ 0.2% 정도인 산업용 회로의 경우 이 방법을 기반으로 한 테스트 압축은 종종 압축 비율이 30~500배에 달한다[32].

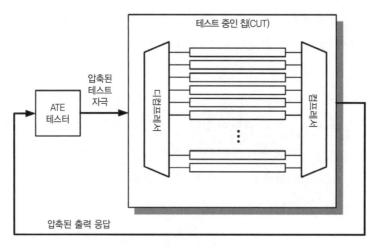

▲ 그림 3.17 스캔 테스트 압축

모든 내부 스캔 체인 출력을 출력 핀에 압축하려면 콤팩터가 필요하다. 그림 3.17에서 볼 수 있듯이 이는 내부 스캔 체인 출력과 테스터 스캔 채널 출력 사이에 삽입된다. 콤팩터는 데이터 디컴프레서와 동기화돼야 하며, 거짓/다중 사이클 경로나 기타 예상치 못한 이유로 발생할 수 있는 알 수 없는(X) 상태를 처리할 수 있어야 한다.

3.7.3 부분 스캔 설계

전체 스캔 설계가 모든 플립플롭을 SFF로 대체하는 반면, 부분 스캔 설계는 스캔할 플립플롭의 서브셋만 선택하므로 스캔 설계에서 발생하는 오버헤드(즉, 면적과 전력 오버헤드)에 대한 테스트 가능성을 상쇄하는 광범위한 설계 솔루션을 제공한다.

그림 3.18은 부분 스캔의 개념을 보여준다. 그림 3.16의 전체 스캔 설계와 다른 점은 모든 플립플롭이 SFF가 아닌 것이다. 스캔 작업과 기능 작업에는 별도의 두 클럭이 사용된다.

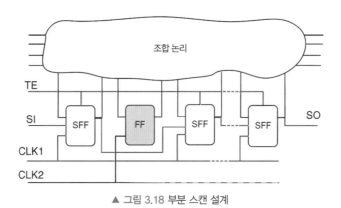

▲ 그림 3.18 부분 스캔 설계

테스트 가능성을 최대한 개선할 수 있는 플립플롭의 선택은 부분 스캔 설계 프로세스의 중요한 부분이다. 대부분의 SFF 선택은 테스트 가능성 분석, 구조 분석, 테스트 생성 중 하나 이상을 기반으로 한다[34]. 테스트 가능성을 기반으로 한 방법은 SCOAP 측정을 사용해 회로의 테스트 가능성을 분석하고 부분 스캔으로 테스트 가능성을 향상시킨다. 그러나 복잡한 구조를 가진 회로의 경우 이러한 기술을 사용하면 결함 범위가 적절하지 않을 수 있다. 구조 분석을 통한 부분 스캔 선택은 회로에서 모든 피드백 루프를 제거해 테스트 생성 알고리즘의 회로 구조를 단순화하는 것을 목표로 한다. 이러한 기술의 문제점은 원하는 결함 커버리지를 달성하고자 모든 피드백 루프를 차단하는 것이 많은 회로에서 불가능하거나 불필요할 수 있다는 것이다. 테스트 생성을 기반으로 한 방법은 테스트 생성기의 정보를 활용해 스캔 선택 프로세스를 수행한다. 테스트 생성 기반 기술을 사용하는 주요 장점은 회로를 단순화하거나 회로의 특정 영역에 대한 테스트 가능성을 향상시키지 않고도 특정 결함 감지를 목표로 삼을 수 있다는 것이다. 그러나 이 절차는 일반적으로 계산과 저장 요구 사항의 비용이 비싸다[34].

별도의 클럭이 스캔 운영에 사용되므로 스캔 동작 중에 비SFF의 상태를 정지시킬 수도 있으며, 비SFF의 상태에 영향을 미치지 않은 채 임의의 상태를 스캔 레지스터로 스캔할 수도 있다. 이러한 방식으로 순차 회로 테스트 생성기에 의해 테스트 벡터가 효율적으로 생성될 수 있다. 그러나 클럭 신호를 라우팅할 때 다중 클럭 트리가 필요하고 클럭 스큐에 대한 엄격한 제약이 필요하다.

3.7.4 바운더리 스캔

바운더리 스캔boundary scan 기술은 시프트 레지스터를 사용해 인터커넥트와 논리/메모리 클러스터 같은 요소를 테스트한다. 바운더리 스캔 레지스터는 바운더리 스캔 셀로 구성돼 있으며, 각 컴포넌트 핀에 인접하게 삽입돼 스캔 테스트 원칙을 사용해 컴포넌트 경계의 신호를 제어하고 관찰할 수 있다. 바운더리 스캔 컨트롤러는 다양한 내부 메모리 BIST 컨트롤러를 시작하고 제어하기 위한 SoC 설계의 표준 메커니즘으로도 등장한 적이 있다. 바운더리 스캔은 잘 알려진 문서화된 IEEE 표준이며, 일부 테스트 소프트웨어 공급업체에서 자동화된 솔루션도 제공하고 있다. JTAG나 바운더리 스캔으로도 알려진 IEEE 1149.1은 1990년에 도입됐다[35]. 이 표준은 핀 수의 증가와 BGA 장치, 다층 PCB, 고밀도 회로 기판 어셈블리의 사용으로 인한 물리적 액세스 손실로 발생하는 테스트와 진단 문제를 해결하기 위한 것이다. 이 표준에는 제조 결함 테스트와 진단을 위해 사전 정의된 프로토콜이 들어있다. 또한 플래시와 같은 비휘발성 메모리 장치의 온보드 프로그래밍이나 PLD, CPLD 같은 장치의 시스템 내 프로그래밍을 위한 방법을 제공한다.

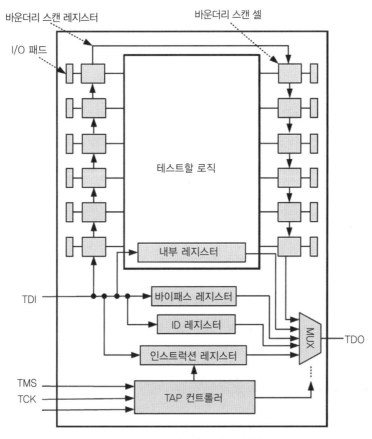

▲ 그림 3.19 바운더리 스캔 아키텍처

그림 3.19는 필수 바운더리 스캔 아키텍처를 보여준다. 테스트할 논리 회로 블록은 여러 바운더리 스캔 셀에 연결된다. 이러한 셀은 칩이 제조될 때 IC 회로와 함께 생성된다. 각 셀은 회로의 한 지점을 모니터링하거나 자극할 수 있다. 셀은 직렬로 연결돼 긴 시프트 레지스터가 되고, 직렬 입력, 지정 TDI^Test Data Input, 직렬 출력 포트와 지정 TDO^Test Data Output가 JTAG 인터페이스의 기본 I/O가 된다. 시프트 레지스

터는 외부 클럭 신호(TCK)에 따라 동작한다. 직렬 입력, 직렬 출력, 클럭 신호 외에도 테스트 모드 선택^{TMS} 입력과 옵션인 테스트 리셋 핀(TRST)이 제공된다. TMS, TCK, TRST 신호는 TAP$^{Test Access Port}$ 컨트롤러라는 유한 상태 기계에 적용된다. 외부 이진 명령과 함께 가능한 모든 바운더리 스캔 기능을 제어하게 된다. 회로를 자극하고자 테스트 비트가 시프트되고, 이것을 테스트 벡터라고 한다.

바운더리 스캔 기술의 주요 장점은 애플리케이션 논리와 독립적으로 데이터를 관찰하고 제어할 수 있다는 점이다. 또한 장치 액세스에 필요한 전체 테스트 포인트 수를 줄여 보드 제작비용을 낮추고 패키지 밀도를 높일 수 있다. 테스터에서 바운더리 스캔을 사용하는 간단한 테스트는 연결되지 않은 핀, 누락된 장치, 고장 난 장치와 같은 제조 결함을 찾을 수 있다. 또한 바운더리 스캔은 더 나은 진단 기능을 제공한다. 바운더리 스캔으로 바운더리 스캔 셀은 디바이스의 입력 핀을 모니터링해 디바이스 응답을 관찰할 수 있다. 이를 통해 다양한 종류의 테스트 실패를 쉽게 격리할 수 있다. 바운더리 스캔은 IC 테스트에서 보드 레벨 테스트에 이르기까지 다양한 수준의 기능 테스트와 디버깅에 사용할 수 있다. 이 기술은 하드웨어/소프트웨어 통합 테스트에도 유용하며 시스템 레벨의 디버깅 기능을 제공한다[36].

3.7.5 BIST 방식

내장된 셀프 테스트$^{BIST, Built-In Self-Test}$는 추가 하드웨어와 소프트웨어 기능을 집적 회로에 삽입해 자체 테스트를 수행해 외부 ATE에 대한 종속성을 줄여 테스트 비용을 줄이는 DFT 방법이다. BIST 개념은 모든 종류의 회로에 적용할 수 있다. BIST는 디바이스가 내부적으로 사용하는 내장 메모리와 같이 외부 핀에 직접 연결되지 않은 회로 테스트를 위한 솔루션이기도 하다. 그림 3.20은 BIST 아키텍처를 보여준다. BIST에서 테스트 패턴 생성기는 테스트 패턴을 생성하고 서명 분석기$^{SA, Signature Analyzer}$는 테스트 응답을 비교한다. 전체 프로세스는 BIST 컨트롤러가 제어한다.

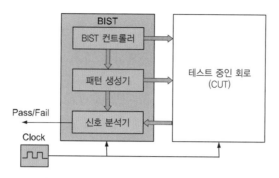

▲ 그림 3.20 빌트인 셀프테스트 아키텍처

가장 일반적으로 사용하는 BIST의 두 가지 종류는 LBIST[Logic BIST]와 MBIST[Memory BIST]다. 랜덤 논리 테스트용으로 설계된 LBIST는 일반적으로 의사 랜덤[pseudorandom] 패턴 생성기를 사용해 장치의 내부 스캔 체인에 적용되는 입력 패턴을 생성한다. 다중 입력 서명 레지스터[MISR, Multiple Input Signature Register]는 이러한 입력 테스트 패턴에 대한 장치의 응답을 얻고자 사용한다. 잘못된 MISR 출력은 장치의 결함을 나타낸다. MBIST는 특히 메모리 테스트에 사용되는데, 일반적으로 메모리에 연속적으로 쓰기-읽기-쓰기 작업을 적용하는 테스트 회로로 구성된다. 복잡한 쓰기-읽기 시퀀스는 MarchC, Walking 1/0, GalPat, Butterfly 같은 알고리즘이라고 부른다. MBIST와 LBIST의 비용과 이익 모델은 [37]에 있다. 이는 논리/메모리 코어에 대한 내장 셀프 테스트의 경제적 효과를 분석한다.

BIST를 구현함으로써 얻는 장점은 다음과 같다.

- ATE를 사용할 때 필요한 외부 전기 테스트를 줄이거나 없애기 때문에 테스트 비용이 저렴함
- 개선된 테스트 가능성과 결함 범위
- 동시 테스트 지원
- BIST가 더 많은 구조를 동시에 테스트하게 설계할 수 있는 경우 테스트 시간 단축

- 속도^{at-speed} 테스트

BIST를 구현함으로써 생기는 단점은 다음과 같다.

- BIST 회로의 실리콘 면적, 핀 수, 전력 오버헤드
- 성능 저하, 타이밍 문제
- 온칩 테스트 하드웨어 자체가 실패할 수 있기 때문에 BIST 결과의 정확성과 관련된 문제

3.8 속도 지연 테스트

속도^{At-Speed} 지연 테스트는 타이밍 관련 장애를 테스트하는 데 널리 사용된다. 테스트 흐름에 속도 테스트를 포함시키는 것은 이제 현대 반도체 업계에서 일반적 관행이 됐다. 이 절에서는 테스트 적용, 사용한 결함 모델, 테스트 클럭 구성, 나노미터 설계에 지연 테스트를 적용할 때 발생하는 몇 가지 까다로운 문제를 포함해 속도 지연 테스트의 기본 사항을 간략하게 소개한다.

3.8.1 속도 지연 테스트를 해야 하는 이유

기술이 점점 발전하면서 장치의 크기와 인터커넥트가 작아지고 실리콘 칩의 동작이 온칩 노이즈, 프로세스와 환경 변화, 불확실성에 더욱 민감해지고 있다. 결함의 스펙트럼은 이제 높은 임피던스 단락, 인라인 저항, 전원 공급 장치 노이즈, 신호간 누화와 같은 더 많은 문제를 포함하며, 이는 기존의 고착 결함 모델에서 항상 감지되는 것은 아니다. 타이밍 오류(설정/보류 시간 위반)를 유발하는 결함 수가 증가하고 있으며, 이로 인해 수율 손실과 실패가 증가하고 신뢰성이 감소한다. 따라서 구현 비용이 낮고 테스트 범위가 넓은 트랜지션 지연 결함 모델과 경로 지연 결

함 모델을 사용한 구조적 지연 테스트를 널리 사용하고 있다. 트랜지션 결함 테스트 모델은 타이밍 관련 결함을 감지하고자 큰 게이트 지연 결함과 같은 지연 결함을 모델링한다. 이러한 결함은 결함 사이트를 통과하는 민감한 경로를 통해 회로의 성능에 영향을 줄 수 있다. 그러나 결함 사이트를 통과하는 경로는 많고 일반적으로 짧은 경로에서 TDF가 감지되는 편이다. 하지만 작은 지연 결함은 긴 경로를 통해서만 감지할 수 있다. 따라서 선택된 다수의 중요한(긴) 경로에 대한 경로 지연 결함 테스트가 필요하게 된 것이다. 또한 테스트 속도가 기능 속도보다 느리면 작은 지연 결함이 발견되지 않을 수 있다. 그렇기에 실제 지연 결함 범위를 늘리기 위해 속도 테스트가 선호된다. [38]에서 기존 고착 테스트에 속도 테스트를 추가하면 백만 개당 결함 비율이 30~70% 감소한 것으로 보고된 바 있다.

3.8.2 속도 지연 테스트의 기초: LOC와 LOS

트랜지션 결함과 경로 지연 결함은 속도 지연 테스트에 가장 널리 사용되는 두 가지 고장 모델이다. 경로 지연 모델은 사전 정의된 경로에서 전체 게이트 목록을 통한 누적 지연을 대상으로 하는 반면, 트랜지션 고장 모델은 설계에서 각 게이트 출력을 대상으로 slow-to-rise와 slow-to-fall 지연 결함을 목표로 한다[5]. 트랜지션 결함 모델은 설계의 모든 네트에서 속도 고장을 테스트하기 때문에 경로 지연보다 더 널리 사용되며, 총 결함 목록은 네트 수의 두 배와 같다. 한편 최신 설계에는 경로 지연 결함에서 테스트할 수십억 개의 경로가 있으므로 분석 노력이 많이 필요하다. 그렇기에 경로 지연 결함 모델이 트랜지션 결함 모델과 비교해 매우 비용 집약적이라고 볼 수 있다.

고착 고장 모델을 사용한 정적 테스트와 비교할 때 속도 테스트 논리에는 두 개의 벡터가 있는 테스트 패턴이 필요하다. 첫 번째 벡터는 경로를 따라 논리 트랜지션 값을 런칭하고, 두 번째 벡터는 시스템 클럭 속도에 따라 지정된 시간에 응답을 캡처한다. 캡처된 응답이 관련 논리가 사이클 시간 동안 예상대로 전환되지 않았다고 표시되면 경로가 테스트에 실패하고 결함이 있는 것으로 간주된다.

스캔 기반 속도 지연 테스트는 LOC[Launch-Off-Capture](broadside[39]라고도 함)와 LOS[Launch-Off-Shift] 지연 테스트를 사용해 구현된다. LOS 테스트는 일반적으로 더 효과적이며 테스트 벡터가 훨씬 적으면서 더 높은 결함 범위를 달성할 수 있지만, 대부분의 설계에서 지원하지 않는 빠른 스캔이 필요하다. 이러한 이유로 LOC 기반 지연 테스트가 더 많은 산업 설계에서 더 잘 사용되고 있다. 그림 3.21은 LOC, LOS 속도 지연 테스트를 위한 클럭, 테스트 활성화[TE] 파형을 보여준다. 이 그림에서 LOS는 TE 신호 타이밍이 더 많이 요구된다는 것을 알 수 있다. 속도 테스트를 위한 타이밍을 제공하려면 속도 테스트 클럭이 필요하다. 속도 테스트 클럭에는 두 가지 주요 소스가 있는데, 하나는 외부 ATE이고 다른 하나는 온칩 클럭이다. 테스터의 복잡성과 비용이 증가함에 따라 클럭 속도와 정확도 요구 사항도 증가하고, 이에 따라 점점 더 많은 설계에 내부 클럭 소스를 공급하는 위상 고정[phase-locked] 루프나 온칩 클럭 생성 회로가 포함되고 있는 추세다. 테스트 목적으로 이러한 기능성 클럭을 사용하면 ATE 클럭을 사용하는 것보다 몇 가지 장점이 있다. 첫째, 테스트 클럭이 기능 클럭과 정확히 일치하면 테스트 타이밍이 더 정확하다. 둘째, 고속 온칩 클럭은 ATE 요구 사항을 줄여 저렴한 테스터를 사용할 수 있게 한다[38].

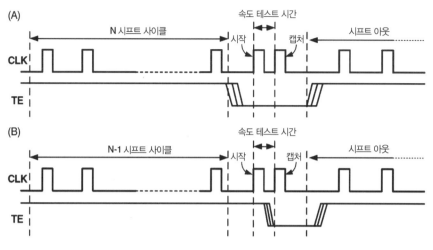

▲ 그림 3.21 LOC, LOS 속도 지연 테스트를 위한 클럭, 테스트 활성화(TE) 파형

3.8.3 속도 지연 테스트의 과제

회로 복잡성과 기능 주파수가 증가함에 따라 회로 설계와 테스트에 전력 무결성과 타이밍 무결성이 점점 더 중요해지고 있다. 신호 커플링 효과로 인한 테스트 소비 전력, 공급 전압 노이즈, 누화 노이즈, 균일하지 않은 온칩 온도로 인한 핫스팟은 수율과 신뢰성에 크게 영향을 미친다. 그림 3.22에서 볼 수 있듯이 기술 노드가 축소되면 신호선(누화 노이즈), 전원, 접지선의 IR 드롭(전원 공급 장치 노이즈) 사이의 커플링으로 인한 지연 비율이 더 큰 부분을 차지하게 된다. 전원 노이즈와 누화 노이즈는 회로의 타이밍 무결성에 영향을 미치는 두 가지 중요한 노이즈가 돼 가고 있다. 오늘날 IC의 낮은 공급 레일은 전력 무결성과 직접 관련된 신호 무결성 문제로 인한 면역력이 훨씬 떨어진다[40]. 많은 고급 IC의 공급 전압이 이제 1V 이하로 낮아졌기에 전압 변동 마진이 감소됐다. 즉, 동시 스위칭 노이즈가 발생하면 접지가 변동돼 신호 무결성 문제와 타이밍 문제를 분리하기가 어려워질 수 있다. 더 어려운 점은 전력, 타이밍, 신호 무결성(SI, Signal Integrity) 효과가 모두 90nm 이하에서 상호 의존적이라는 것이다.

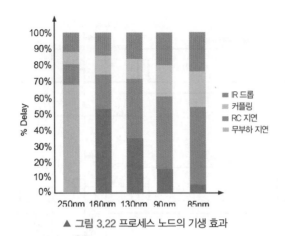

▲ 그림 3.22 프로세스 노드의 기생 효과

타이밍 오류는 종종 설계의 약점과 실리콘 이상이 결합돼 발생하므로 설계의 노이즈 내성을 줄이고 SI 문제에 노출시킬 수 있다. 예를 들어 전력 계획이 불량하거나 전력 바이아가 누락되면 일부 테스트 벡터에서 온칩 전력 강하가 발생할 수 있다. 전력 강하는 중요한 경로의 게이트에 영향을 미쳐 타이밍 오류를 일으킨다. 이 오류는 특정 테스트 벡터를 입력으로 사용해야만 다시 생성할 수 있다. 해당 테스트 벡터가 테스트 패턴 세트에 포함되지 않은 경우 해당 오류는 감지되지 않고 현재 테스트 패턴 세트로 진단하는 동안 재현할 수 없다. 현재의 자동 테스트 패턴 생성 도구는 레이아웃에서의 스위칭과 패턴 유발 노이즈를 인식하지 못한다. ATPG 도구에 의해 생성된 레이아웃을 인식하지 못하는layout-unaware 테스트 패턴을 사용해 테스트를 통과한 이스케이프와 'No Problem Found' 부품을 추후 고객이 반품할 가능성도 있다. 따라서 생산 테스트 중 노이즈 유발 지연 문제를 포착하고 진단 중에 노이즈 관련 장애를 식별하려면 고품질 테스트 패턴이 필수적이다[41, 42].

3.9 연습문제

3.9.1 True/False 문제

1. 전체 스캔 설계는 스캔 체인 삽입 측면에서 유일한 옵션이다.

2. 테스트 포인트 삽입으로 제공된 제어 가능성과 관찰 가능성 측면에서 제어점은 관찰 가능성에 영향을 미치지 않으며, 관찰점은 제어 가능성에 영향을 미치지 않는다.

3. SoC 디버그는 프리실리콘pre-silicon 검증으로 간주될 수 있으며, SoC 검증은 포스트실리콘post-silicon 검증으로 간주될 수 있다.

4. 시험 속도가 기능 속도보다 높으면 작은 지연 결함이 감지되지 않을 수 있다.

5. LBIST와 MBIST는 BIST의 가장 일반적인 분류다.

3.9.2 단답형 문제

1. 제조 공정의 수율은 제조된 모든 부품 중 허용되는 부품의 비율로 정의된다[5]. 수용 가능한 부품의 수가 5000이고 제조되는 총 부품의 수가 7000인 경우 수율을 계산하시오.

2. 불량률(거부율이라고도 함)은 테스트를 통과한 모든 칩 중 불량 칩 비율로 정의되며 PPMparts per million으로 표시할 수 있다[5]. 최종 테스트를 통과한 불량 칩의 수가 10이면 최종 테스트를 통과한 총 칩의 수는 50,000이다. 결함 레벨을 계산하시오.

3. 각 칩의 결함 범위가 92%이고 수율이 70%인 경우 결함 레벨을 계산하시오.

4. 일반적인 고장 모델의 유형을 나열하시오.

5. 지연 결함이란 무엇인가? 트랜지션 지연 결함^{TDF}과 경로 지연 결함^{PDF}의 차이점은 무엇인가?

6. ATPG를 설명하시오. ATPG의 효과를 어떻게 측정할 수 있는가?

7. SoC 검증의 적용 범위가 우수하다고 어떻게 생각하는가? 설명하시오.

8. IP 코어를 고려할 때 확인되지 않은 IP 코어의 첫 번째 실리콘 성공률은 90%이고 검증된 IP 코어의 첫 번째 실리콘 성공률은 98%이다.

    (a) 이처럼 확인되지 않은 10개의 IP 코어로 SoC가 구성된 경우 SoC의 첫 번째 실리콘 성공률은 얼마인가?

    (b) 8개의 검증된 IP 코어와 2개의 미확인 IP 코어로 SoC가 구성된 경우 SoC의 첫 번째 실리콘 성공률은 얼마인가?

    (c) SoC가 10개의 검증된 IP 코어로 구성되는 경우 SoC의 첫 번째 실리콘 성공률이 90%가 되려면 검증된 각 IP 코어의 성공률은 얼마여야 하는가?

    참고: 칩 내에서 상호 연결 문제와 기타 IP는 고려할 필요가 없다.

9. (a) 각각 동일한 길이를 가진 100개의 스캔 체인으로 구성된 6400 스캔 플립플롭이 있는 스캔 기반 설계며, 테스트 패턴의 수는 5000이고 테스트 클럭주기는 10ns라고 하자. 시험 주기와 시험 시간은 무엇인가?

    (b) 제조비용에 영향을 미치는 주요 요인은 무엇인가? 제조비용을 어떻게 줄일 수 있는가?

10. 전체 스캔 설계와 부분 스캔 설계의 차이점은 무엇인가?

3.9.3 서술형 문제

1. 기능 테스트와 구조 테스트의 차이점은 무엇인가?

2. (a) 설계에 대한 제조 테스트를 수행할 때 설계에서 감지된 오류 수는 81,506 이고 설계에서 감지 가능한 오류 수는 87,122이며 설계에서 감지할 수 없는 오류 수는 103이다. 테스트 범위와 결함 범위는 각각 얼마인가? 소수점 이하 2자리로 반올림하시오.

   (b) 감지된 결함, 감지될 가능성이 있는 결함, 감지할 수 없는 결함, ATPG 테스트 불가능한 결함과 검출되지 않은 결함에는 어떤 유형의 결함이 포함돼 있는가?

3. SoC의 검증, 디버그, 테스트의 차이점은 무엇인가?

참고 문헌

[1]   H.B. Druckerman, M.P. Kusko, S. Pateras, P. Shephard, Cost trade-offs of various design for test techniques, in: Economics of Design, Test, and Manufacturing, 1994. Proceedings, Third International Conference on the IEEE, p. 45.

[2]   V.D. Agrawal, A tale of two designs: the cheapest and the most economic, Journal of Electronic Testing 5 (1994) 131-135.

[3]   I. Dear, C. Dislis, A.P. Ambler, J. Dick, Economic effects in design and test, IEEE Design & Test of Computers 8 (1991) 64-77.

[4]   J. Pittman, W. Bruce, Test logic economic considerations in a commercial VLSI chip environment, in: Proceedings of the 1984 International Test Conference on the Three Faces of Test: Design, Characterization, Production, IEEE Computer Society, pp. 31-39.

[5]   M. Bushnell, V. Agrawal, Essentials of Electronic Testing for Digital, Memory and Mixed-Signal VLSI Circuits, vol. 17, Springer Science & Business Media, 2004.

[6]   B. Davis, The Economics of Automatic Testing, BookBaby, 2013.

[7]   T.W.Williams, N. Brown, Defect level as a function of fault coverage, IEEE
        Transactions on Computers 30 (1981) 987–988.

[8]   R.D. Eldred, Test routines based on symbolic logical statements, Journal of the ACM
        (JACM) 6 (1959) 33–37.

[9]   M. Keim, N. Tamarapalli, H. Tang, M. Sharma, J. Rajski, C. Schuermyer, B. Benware,
        A rapid yield learning flow based on production integrated layout–aware diagnosis,
        in: Test Conference, 2006. ITC'06. IEEE International, IEEE, pp. 1–10.

[10]   L. Goldstein, Controllability/observability analysis of digital circuits, IEEE
        Transactions on Circuits and Systems 26 (1979) 685–693.

[11]   L.-T. Wang, C.-W. Wu, X. Wen, VLSI Test Principles and Architectures: Design for
        Testability, Academic Press, 2006.

[12]   L. Lavagno, G. Martin, L. Scheffer, Electronic Design Automation for Integrated
        Circuits Handbook–2 Volume Set, CRC Press, Inc., 2006.

[13]   U. Guin, D. Forte, M. Tehranipoor, Anti–counterfeit techniques: from design to
        resign, in: Microprocessor Test and Verification (MTV), 2013 14th International
        Workshop on, IEEE, pp. 89–94.

[14]   T. Force, High performance microchip supply, Annual Report, Defense Technical
        Information Center (DTIC), USA, 2005.

[15]   H. Levin, Electronic waste (e–waste) recycling and disposal–facts, statistics &
        solutions, Money Crashers (2011), https://www.moneycrashers.com/
        electronic-e-waste-recycling-disposal-facts/.

[16]   V. Alliance, VSI alliance architecture document: Version 1.0, VSI Alliance, vol. 1,
        1997.

[17]   P. Rashinkar, P. Paterson, L. Singh, System–on–a–Chip Verification: Methodology
        and Techniques, Springer Science & Business Media, 2007.

[18]   F. Nekoogar, From ASICs to SOCs: A Practical Approach, Prentice Hall Professional,
        2003.

[19] Verification, validation, testing of asic/soc designs – what are the differences, anysilicon, http://anysilicon.com/verificationvalidation-testing-asicsoc--designs-differences/, 2016. REFERENCES 79

[20] D. Patterson, et al., The parallel computing landscape: a Berkeley view, in: International Symposium on Low Power Electronics and Design: Proceedings of the 2007 International Symposium on Low Power Electronics and Design, vol. 27, pp. 231.

[21] D. Yeh, L.-S. Peh, S. Borkar, J. Darringer, A. Agarwal, W.-M. Hwu, Roundtable-thousand-core chips, IEEE Design & Test of Computers 25 (2008) 272.

[22] B. Vermeulen, Design-for-debug to address next-generation SoC debug concerns, in: Test Conference, 2007. ITC 2007. IEEE International, IEEE, pp. 1.

[23] M.T. He, M. Tehranipoor, Sam: A comprehensive mechanism for accessing embedded sensors in modern SoCs, in: Defect and Fault Tolerance in VLSI and Nanotechnology Systems (DFT), 2014 IEEE International Symposium on, IEEE, pp. 240-245.

[24] B. Vermeulen, S.K. Goel, Design for debug: catching design errors in digital chips, IEEE Design & Test 19 (2002) 37-45.

[25] A.B. Hopkins, K.D. McDonald-Maier, Debug support for complex systems on-chip: a review, IEE Proceedings, Computers and Digital Techniques 153 (2006) 197-207.

[26] Y. Zorian, E.J. Marinissen, S. Dey, Testing embedded-core based system chips, in: Test Conference, 1998. Proceedings. International, IEEE, pp. 130-143.

[27] F. Golshan, Test and on-line debug capabilities of IEEE Standard 1149.1 in UltraSPARC/sup TM/-III microprocessor, in: Test Conference, 2000. Proceedings. International, IEEE, pp. 141-150.

[28] G.-J. Van Rootselaar, B. Vermeulen, Silicon debug: scan chains alone are not enough, in: Test Conference, 1999. Proceedings. International, IEEE, pp. 892-902.

[29] D.-Y. Jung, S.-H. Kwak, M.-K. Lee, Reusable embedded debugger for 32-bit RISC processor using the JTAG boundary scan architecture, in: ASIC, 2002. Proceedings. 2002 IEEE Asia-Pacific Conference on, IEEE, pp. 209-212.

[30] Coresight on-chip trace and debug architecture, http://infocenter.arm.com/help/index.jsp?topic=/com.arm.doc.set.coresight/index.html, 2010.

[31] A. Basak, S. Bhunia, S. Ray, Exploiting design-for-debug for flexible SoC security architecture, in: Design Automation Conference (DAC), 2016 53nd ACM/EDAC/IEEE, IEEE, pp. 1–6.

[32] J. Rajski, J. Tyszer, M. Kassab, N. Mukherjee, Embedded deterministic test, IEEE Transactions on Computer-Aided Design of Integrated Circuits and Systems 23 (2004) 776–792.

[33] N.A. Touba, Survey of test vector compression techniques, IEEE Design & Test of Computers 23 (2006) 294–303.

[34] V. Boppana, W.K. Fuchs, Partial scan design based on state transition modeling, in: Test Conference, 1996. Proceedings. International, IEEE, pp. 538–547.

[35] C. Maunder, Standard test access port and boundary-scan architecture, IEEE Std 1149.1-1993a, 1993.

[36] R. Oshana, Introduction to JTAG, Embedded Systems Programming, 2002.

[37] J.-M. Lu, C.-W. Wu, Cost and benefit models for logic and memory BIST, in: Design, Automation and Test in Europe Conference and Exhibition 2000. Proceedings, IEEE, pp. 710–714.

[38] B. Swanson, M. Lange, At-speed testing made easy, EE Times 3 (2004), http://www.eedesign.com/article/showArticle.jhtml?articleId=21401421.

[39] J. Savir, S. Patil, Broad-side delay test, IEEE Transactions on Computer-Aided Design of Integrated Circuits and Systems 13 (1994) 1057–1064.

[40] D. Maliniak, Power integrity comes home to roost at 90 nm, EE Times 3 (2005).

[41] J. Ma, J. Lee, M. Tehranipoor, Layout-aware pattern generation for maximizing supply noise effects on critical paths, in: VLSI Test Symposium, 2009. VTS'09. 27th IEEE, IEEE, pp. 221–226.

[42] J. Ma, N. Ahmed, M. Tehranipoor, Low-cost diagnostic pattern generation and evaluation procedures for noise-related failures, in: VLSI Test Symposium (VTS), 2011 IEEE 29th, IEEE, pp. 309–314.

4

인쇄 회로 기판(PCB) 설계와 테스트

4.1 소개

인쇄 회로 기판^{PCB}이란 그림 4.1과 같이 기판 기반의 견고한 비전도성 보드로 정의할 수 있다. PCB는 주로 회로의 전기 컴포넌트에 전기적인 연결과 기계적인 지원이 필요할 때 사용된다. 이는 전자 장치에 널리 사용되며 대부분의 경우 녹색 보드로 쉽게 식별할 수 있다. 설계 사양과 요구 사항에 따라 많은 능동 컴포넌트(예, 연산 증폭기, 배터리)와 수동 컴포넌트(인덕터, 레지스터, 커패시터)가 최종 설계의 폼팩터에 맞게 PCB에 장착된다. 폼팩터$^{form\ factor}$란 PCB의 크기, 모양, 기타 관련 물리적 특성을 전체적으로 지정하는 하드웨어 설계 기능으로 정의할 수 있다. PCB 설계의 폼팩터는 섀시, 마운팅 스키마, 보드 구성과 같은 측면을 고려해 결정된다. PCB 컴포넌트 사이의 연결은 전기 신호의 경로 역할을 하는 구리 인터커넥트(라우트)로 만들어진다.

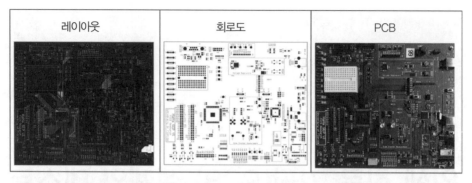

| 레이아웃 | 회로도 | PCB |

▲ 그림 4.1 현대의 PCB는 전체 크기를 최소화하고자 여러 레이어와 여러 컴포넌트를 조밀하게 배열하므로 매우 복잡하다. 그림은 레이아웃, 회로도, 최종 출력과 같은 다양한 형태의 PCB를 표시한 것이다.

PCB는 폴 아이슬러$^{Paul\ Eisler}$라는 오스트리아 엔지니어가 제2차 세계대전 시대에 처음으로 개발했다. 이후 그가 특허 받은 방법론인 다양한 인터커넥트 라우팅 메커니즘과 보드에서의 전기 도관 사용이 PCB 에칭 공정과 관련해 수십 년 동안 이어져 왔다[6]. PCB가 처음 개발된 이후 PCB 설계는 시간이 지남에 따라 크게 발전했다. 현대의 PCB는 단일 레이어 PCB부터 숨겨진 바이아, 임베디드 컴포넌트가 있는 2~30개의 레이어가 있는 복잡한 설계에 이르기까지 복잡도가 매우 다양해졌다[18]. PCB 바이아란 회로 기판 내 하나 이상의 인접한 레이어 사이의 전기적 연결을 설정하기 위한 수직 인터커넥트 액세스로 정의할 수 있다.

PCB는 컴퓨팅 시스템의 영역, 전력, 성능, 안정성, 보안 측면에서 매우 중요한 역할을 한다. PCB 설계/테스트 프로세스는 이러한 매개변수를 고려해야 한다. 4장에서는 현재 설계와 테스트 방법에 중점을 두고 PCB를 소개한다. 이와 관련해 PCB에 사용되는 전기 컴포넌트와 사용할 수 있는 여러 유형의 보드도 설명할 예정이다. 게다가 기술 발전에 따른 PCB 발전의 역사를 PCB 설계의 변화와 함께 간략하게 보여준다. 현대 PCB 설계의 전체 라이프 사이클도 각 단계와 관련된 내용과 함께 설명한다.

4.2 PCB와 컴포넌트의 진화

PCB에 대한 첫 번째 특허는 1900년대 초반, '인쇄 와이어$^{Printed\ Wire}$'라는 제목으로 문서화됐다. 1925년, 찰스 두카스$^{Charles\ Ducas}$는 절연 재료 표면의 전기 경로를 개발하고자 인쇄 와이어 기술의 특허를 출원했다. 이 개념은 복잡한 배선 없이 전기 회로를 효율적으로 설계하는 방법을 보여주는 혁명적인 방법이었는데, 결과적으로 이 설계는 기존 회로의 오버헤드와 성능을 크게 개선했다. 하지만 최초의 PCB가 실제 생산된 것은 1943년으로, 오스트리아의 폴 아이슬러 박사$^{Dr.\ Paul\ Eisler}$가 제2차 세계대전 후 PCB의 운영 개발을 시작한 것이 그 최초다[6, 24]. 그동안 진화해온 PCB의 짧은 역사는 다음 절에서 설명한다.

4.2.1 PCB 타임라인

전자 업계에서 본격적인 PCB 생산이 이뤄지기 전에는 포인트 간 직접적인 연결을 구현하는 것이 일반적이었다. 이러한 방식의 주요 단점은 정기적인 유지 보수와 교체가 필요한 대형 소켓을 개발해야 한다는 데 있다. 또한 이러한 컴포넌트는 설계를 대량으로 해야 했으며, 이는 종종 설계 결함을 초래했다. 하지만 PCB에 컴포넌트를 통합하게 되면서 면적, 전력, 성능을 크게 향상시켜 이러한 문제를 해결할 수 있었다. PCB 설계의 주요 마일스톤은 아래에 설명돼 있다(그림 4.2).

1920년대: 보통 포효하는 20대라고 불리는 1920년대에 PCB의 재료는 베이클라이트와 메이슨 라이트에서 평범하고 얇은 목재 조각에 이르기까지 상당히 다양했다. 동작 방식은 보드 재료에 구멍을 뚫고 구멍에 평평한 황동 와이어를 삽입해 회로 경로를 완성하는 것이다. 초기 단계에서는 PCB를 구축할 때의 효율성이나 장인의 부족에도 불구하고 해당 설계는 전기적 요구 사항을 충족할 수 있었다. 이 보드의 상당수는 라디오와 축음기에 사용됐다. 찰스 두카스$^{Charles\ Ducas}$가 발명했던 전기 연결을 위해 절연 재료에 전도성 잉크를 사용하는 것이 1920년대의 하이라이트라고 볼 수 있다. 이 기간에는 1903년 독일 발명자 알버트 핸슨^{Albert Hanson}이 특허를 받은 플랫 도체, 다층 PCB, 두 레이어 사이의 스루홀 등에 대한 아이디어가 도입됐다.

1930년대 ~ 1940년대: 제2차 세계대전 중 정밀한 무기에 근접 퓨즈를 적용하면서 30년대 후반과 40년대 초중반에 PCB의 개발과 적용이 가속화됐다. 무기에 근접 퓨즈를 사용하는 목적은 더 높은 거리와 더 높은 정확성을 확보하는 것이었다. 1943년, 폴 아이슬러 박사는 이러한 방식의 PCB 개발 방법의 특허를 받았으며, 유리로 둘러싼 비전도성 베이스에 구리 호일을 사용할 것을 제안했다. 이 특허의 초기 적용 범위는 라디오와 통신 장비였지만 이를 응용할 수 있는 범위는 시간이 지남에 따라 점점 커졌다. 게다가 1947년에는 도금 스루홀이 있는 양면 PCB 생산으로 적용 범위가 확대됐다. 이 설계는 전자 회로를 효율적으로 개발하는 방법을 제공함으로써 기존 설계의 많은 한계를 해결했다[1, 3, 6].

1950년대 ~ 1960년대: 1950년대부터 1960년대 사이에는 다양한 종류의 수지와 기타 호환 가능한 재료를 포함해 PCB 설계에 다양한 보드 재료가 사용됐다. 당시 배선은 보드의 한쪽에 설치됐고 전기 부품은 다른 쪽에 삽입됐다. 이 시대의 PCB는 대량 배선을 설치하는 프로세스를 제거하고 회로 성능을 크게 향상시켜 많은 응용 분야에서 채택됐다. PCB 개발의 주요 디딤돌은 '전기 회로 조립 프로세스'라는 제목의 특허였다. 이는 1956년 미군의 일부 과학자가 미국 특허청에 제출한 것으로, 배선 패턴을 그린 후 이를 아연판에 촬영하는 기술을 소개했다. 아연판은 오프셋 인쇄기에서 회로 기판의 인쇄판으로 사용됐고, 와이어는 내산성 잉크를 사용해 구리 호일에 인쇄된 후 산성 용액으로 에칭됐다. 1957년, IPC^{Institute of Printed Circuits}는 연합을 결성하기로 결정했고 이 단체의 첫 번째 총회는 같은 해에 일리노이 주 시카고에서 열렸다[6, 9].

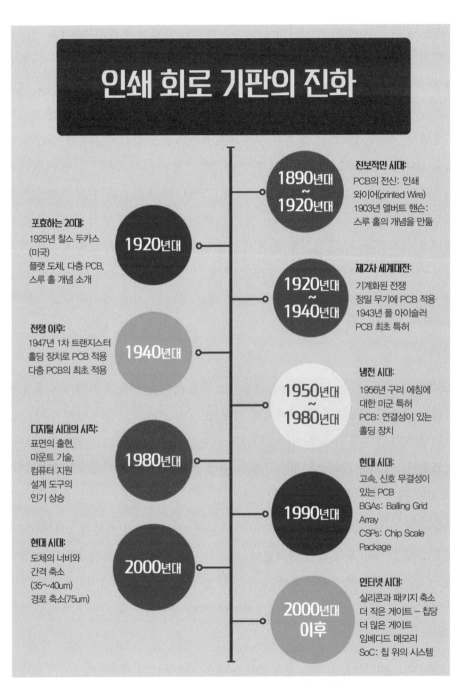

▲ 그림 4.2 시간의 흐름에 따른 인쇄 회로 기판의 진화

1960년대 ~ 1970년대: 1960년대에는 다층 PCB의 개념이 소개됐다. 이때 제조된 보드의 최대 레이어 수는 2에서 5까지 다양했다. 첫 번째 보드는 4:1 빨간색-파란색 라인 피지법을 이용해 생산됐다. 이 과정은 컴포넌트와 트랙을 수동으로 테이핑하는 데 도움이 됐다. 그 후에 1:1 네거티브 필름을 제조하고자 정밀한 방법이 사용됐다. 이 프로세스는 설계 주기의 파이프라인을 향상시켜 신속한 생산에 도움을 줬다. 이를 통해 숙련된 설계자가 보드에 장착된 14핀 IC와 동일한 PCB 레이아웃을 생성하는 데 약 2시간이 소요됐다. 70년대에는 회로와 전체 PCB 크기가 이전보다 훨씬 작아지기 시작했다. 이 기간에는 열풍 납뗌 방법이 일반적으로 시행되기 시작했다. 또한 다양한 PCB 제조업체에서 여러 수성 물질을 사용해 액체 사진 이미지^{LPI, Liquid Photo Imageable} 마스크^{masks}를 개발하는 일본 관행을 채택했고, 결국 이 관행은 나중에 업계 표준이 됐다. 이 시기에는 거버 사이언티픽 사^{Gerber Scientific Inc.}가 벡터 포토플로터용 기계 기반의 포매팅 방법인 RS-274-D를 소개했다[6].

1980년대: 1980년대에 PCB 생산업체들은 스루홀 방식을 이용해 기판에 부품을 통합하고자 표면 실장 기술을 선택하기 시작했다. 이는 PCB 기능에 방해가 되지 않으면서 PCB 크기의 감소로 이어졌다. RS-274-D의 데이터 형식 개선은 1986년에 발표됐다. 새로운 릴리스인 RS-274X는 내장 조리개 정보를 지원하고 외부 조리개 정의 파일의 필요성을 제거했다[10].

1990년대: 90년대에는 PCB 보드의 크기와 가격이 감소하기 시작했으며, 다층 설계로 인해 보드의 복잡성이 증가했다. 하지만 다층 구조는 설계에 견고하고 유연한 PCB의 통합을 촉진함으로써 발전을 도왔다. 고밀도 인터커넥트^{HDI, High Density Interconnect}의 시대는 1995년, PCB 생산에 마이크로 바이아 기술을 사용하면서 시작됐다[6, 7].

2000년부터 현재까지: 이 10년간의 하이라이트는 미국에서 처음으로 100억 달러의 최고 시장 가치를 이뤘다는 점이다. PCB 제조 산업과 ELIC^{Every Layer Interconnect} 프로세스 흐름은 2010년부터 시작됐다. ELIC는 더 작은 피치를 제공하고 공간을 낭비하는 보드 내부의 기계적 구멍을 제거해 인터커넥트 밀도를 증가시킨다. ELIC 공정에서 PCB는 여러 층의 구리로 된 인패드 마이크로 바이아를 사용해 HDI를 지원한다. 이 기간 동안 3D 모델링 보드와 시스템 온칩^{System on Chips}이 많이 사용되면서 성능이 향상된 소형 PCB를 개발하는 프로세스에 도움을 줬다. 결과적으로 보자면 이러한 기술이 PCB 설계 산업을 미래에도 역동적이고 빠르게 적용할 수 있도록 만든 것이다[5, 6].

4.2.2 현대 PCB 컴포넌트

모든 PCB는 다양한 컴포넌트로 구성돼 있다(그림 4.3). 이러한 컴포넌트는 일반적으로 다양한 값으로 따로 대량 제조된 산업용 제품이다. 이들은 전자 회로를 구축하기 위한 전자 단자가 함께 제공되며, 유형, 기능, 애플리케이션에 따라 따로 패키징된다. 컴포넌트는 보통 에너지원에 따라 분류한다. 에너지원으로 작용하는 컴포넌트를 능동 컴포넌트라고 하며, 작업을 위해 외부 에너지원이 필요한 컴포넌트를 수동 컴포넌트라고 한다[15].

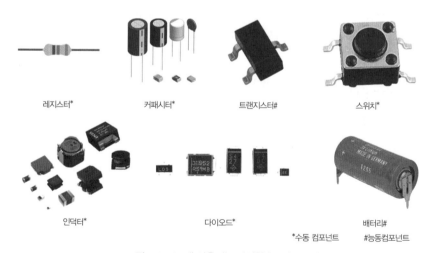

| 레지스터* | 커패시터* | 트랜지스터# | 스위치* |

| 인덕터* | 다이오드* | 배터리# |

*수동 컴포넌트
#능동컴포넌트

▲ 그림 4.3 PCB에 사용되는 다양한 능동/수동 컴포넌트

DC 회로에서 능동 컴포넌트는 배터리와 같은 에너지원에 의존한다. 어떤 경우에는 회로에 전원을 공급할 수도 있다. AC 회로에서 능동 컴포넌트는 트랜지스터와 터널 다이오드로 구성된다. 수동 컴포넌트는 회로에 에너지를 공급할 수 없다. 이들은 연결된 AC 회로의 전원에 전적으로 의존하게 된다. 이 컴포넌트에는 두 개의 전자 단자가 있다. 수동 소자 중 일부에는 레지스터, 인덕터, 커패시터가 포함된다.

다음은 능동 컴포넌트에 대한 설명이다.

- **배터리:** 배터리는 회로에 필요한 전압을 제공하며, 주로 DC 회로에서 사용된다.
- **트랜지스터:** 트랜지스터는 전하를 증폭하는 데 사용되며, 전자 신호를 전환할 때도 사용된다.

다음은 수동 컴포넌트에 대한 설명이다.

- **레지스터:** 레지스터는 전류 흐름을 제어한다. 또한 저항을 쉽게 인식할 수 있도록 색상으로 구분돼 있다.
- **커패시터:** 커패시터는 전기장 형태로 잠재적 에너지를 저장한다.
- **인덕터:** 인덕터는 전류가 통과할 때 자기장 형태로 전기 에너지를 저장한다.
- **다이오드:** 다이오드는 한방향으로만 전류를 전도한다. 순방향 전류 경로에서는 매우 낮은 저항을 만들고, 반대 방향으로는 동작하는 것을 제한하고자 큰 저항을 만든다.
- **스위치:** 스위치는 전류의 방향을 차단하거나 변경하는 데 사용된다.

4.3 PCB 라이프 사이클

최신 PCB는 여러 단계로 구성된 복잡한 프로세스를 통해 구축된다. 여러 엔티티가 PCB 설계와 제조 프로세스에 참여한다. 이 절에서는 PCB 라이프 사이클을 간략히 설명한다(그림 4.4).

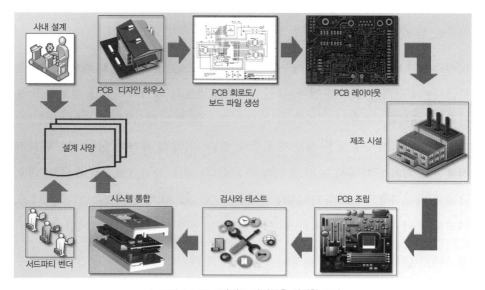

▲ 그림 4.4 PCB 라이프 사이클을 설명한 그림

4.3.1 PCB 설계자

PCB 라이프 사이클의 첫 번째 요소는 설계 엔지니어다. PCB 설계자는 설계 흐름의 기본적인 단계, 즉 부품 리서치와 선택, 회로도 캡처와 시뮬레이션, 보드 레이아웃, 검증, 검사를 통해 전체 프로세스를 마무리한다. 설계자가 최종 버전의 설계에 만족하면 정확한 설계 사양이 디자인 하우스로 전달된다.

4.3.2 디자인 하우스

PCB의 디자인 하우스는 설계 엔지니어로부터 필요한 설계 사양과 필요한 설계 파일을 얻는다. 설계 파일은 서드파티 공급업체나 사내 설계 엔지니어가 제공할 수 있다. 설계 파일이 확보되면 디자인 하우스의 엔지니어가 넷리스트를 분석해 보드 파일을 만들기 시작한다. 넷리스트^{netlist}란 특정 설계의 컴포넌트 간 연결을 설명하는 컴포넌트 목록이다.

넷리스트가 완성되면 디자인 하우스의 엔지니어는 설계 컴포넌트 라이브러리를 만든다. 이 단계에서 설계 엔지니어는 각 컴포넌트의 데이터시트를 검토하고 분석한다. 데이터시트^{data sheet}의 주요 정보에는 기계적 치수, 패키지 유형, 기호, 설치 공간, 패드 스택에 대한 정보가 포함돼 있다. 기계적 제약이 있는 컴포넌트가 컴포넌트 배치 단계에서 먼저 보드에 배치한다. 이후 마이크로프로세서, 비디오 그래픽 어레이^{VGA}, 메모리, FPGA와 같이 성능에 중요한 컴포넌트를 배치한 다음, 디커플링 커패시터, 수동 요소, 테스트 포인트 등의 컴포넌트를 배치한다[6].

컴포넌트를 배치한 후에는 네트나 인터커넥트 와이어를 보드에 연결한다. 라우팅 과정에서 가장 중요한 네트에 가장 높은 우선순위를 준다. 그 후 중요하지 않은 네트는 설계 도구를 사용해 수동으로 라우팅되거나 자동 라우팅된다. 마지막으로 설계 규칙을 확인하고 오류를 제거해 설계를 검증한다. 디자인 하우스에서 PCB 설계의 마지막 단계는 설계의 후처리 과정이다. 이 단계에는 연관된 어셈블리 다이어그램의 거버^{Gerber}와 드릴^{drill} 파일 작성이 포함된다.

4.3.3 제조 하우스

파운드리나 제조 하우스는 PCB 라이프 사이클의 또 다른 핵심 요소다. 최종 보드는 제조 하우스에서 제작된다. 제작이 완료되면 PCB 조립 프로세스가 시작되는 것이다. 현재 사용되는 일반적인 조립 기술의 자세한 설명은 이 장의 뒷부분에서

할 것이다. 조립 과정에서 PCB는 일반적으로 스텐실 인쇄와 부품 배치 같은 여러 단계를 거친다. 이후 픽 앤 플레이스pick and place 기계를 사용해 조립 기술 라인에서 보드를 선택하고 리플로우 오븐reflow oven으로 보낸다. 제조 회사는 설계 필요성과 요구 사항에 따라 여러 유형의 픽 앤 플레이스 기계를 사용한다. 프로그래밍이 가능한 픽 앤 플레이스 기계는 공정에서 많은 다운 타임을 유발하지 않으면서 고혼합과 저용량 제품에 높은 유연성을 만들어준다. 설계 프로세스의 다음 단계는 제조된 보드를 검사하는 것이다. 일반적인 검사 기술은 자동 광학 검사AOI, Automated Optical Inspection와 X선 검사다. 검사관은 자동화된 기계를 이용해 PCB 설계의 물리적 무결성을 검증한다. 이 작업이 완료되면 보드의 전원을 켠 후 테스트가 수행된다. 일반적으로 사용하는 테스트 방법은 인서킷, 기능 테스트, JTAG 기반 바운더리 스캔 테스트다. 회로 동작 기능을 검증하고 검사하고자 각 PCB를 엄격하게 테스트한다. 실제 시나리오에서 PCB의 성능을 평가하고자 다양한 시뮬레이션 환경이 생성된다. 결함이 있는 보드의 경우 수리가 진행되고 성능 목표를 충족하는지 확인하는 테스트를 다시 수행한다. 또한 추가 장애를 방지하는 데 필요한 조치를 취하고자 분석된 결함을 바탕으로 설계 엔지니어에게 피드백을 보낸다[1].

4.3.4 현재 비즈니스 모델

세계의 경제 동향이 그렇듯이 현재 PCB 설계와 제작의 비즈니스 모델은 광범위한 아웃소싱에 의존하고 있다. 최근 제조업체는 비용을 줄이고자 신뢰할 수 없는 서드파티 공급업체를 PCB 설계와 제조 단계에 통합하는 경향이 있다. 좀 더 저렴한 노동력을 위해 PCB 설계/제조를 외국에 아웃소싱하면서 얻는 비용적인 이점은 현재 PCB 비즈니스 모델의 주요 추진 요소다. 글로벌 비즈니스 모델을 채택하는 다른 이유로는 출시 기간 요구 사항, 리소스 제약, 빠른 성장, 협업이 있다. 하지만 서드파티 업체에서 만든 제품의 신뢰와 안정성을 보장하고자 필요한 조치를 취하지 않으면 이러한 글로벌 비즈니스 모델의 보안 영향은 심각할 수 있다. 모든 PCB

제조업체는 아웃소싱 및 관련 보안 문제[1, 12, 30]와 관련해 비용과 효율성의 이점을 적절히 판단하는 것이 중요하다. 다음 절에서 PCB 설계 프로세스의 주요 단계를 설명한다.

다음 단계는 일반적으로 전 세계에서 설계되는 모든 PCB에 적용할 수 있다.

- 컴포넌트 리서치와 선택
- 회로도 캡처와 시뮬레이션
- 보드 레이아웃
- 검증과 검사

그림 4.5는 PCB 설계 흐름 단계를 보여준다. 현재 PCB 설계 흐름의 회로도 캡처와 시뮬레이션 단계는 보드 레이아웃 단계와 잘 통합돼 있다. 이러한 통합은 일반적으로 단일 회사 툴체인을 사용해 편리하게 할 수 있다. 그러나 모든 PCB 설계의 출발점은 항상 컴포넌트 리서치와 선택을 수행하는 것이고, 마지막으로는 프로토타입 검증으로 설계를 마무리하는 것이다. 불행히도 이 두 단계는 서로 떨어져있어 핵심 단계와 분리된다. 모든 PCB 설계가 최종 단계에 도달하기 전에 수많은 반복이 있기에 이러한 분리는 종종 큰 문제를 야기한다. 반복적인 설계 프로세스에 통합이 부족하면 각 작업 시간을 잘못 이용할 수도 있다. 따라서 효율적인 PCB 설계 프로세스의 목표는 초기 단계와 최종 단계 사이의 격차를 제거하고 이들을 전체 흐름과 통합하는 것이다.

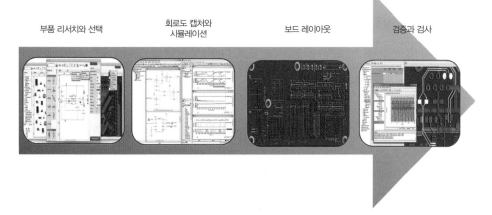

부품 리서치와 선택   회로도 캡처와 시뮬레이션   보드 레이아웃   검증과 검사

▲ 그림 4.5 PCB 설계 프로세스의 기본 단계

4.3.5 컴포넌트 리서치와 선택

PCB 설계의 첫 번째 단계는 물리적인 컴포넌트의 리서치와 선택이다. 레지스터, 트랜지스터, 연산 증폭기, 프로세서, 메모리 등의 컴포넌트는 설계의 구성 요소로 동작한다. 부품 조사와 선택 단계에서 가장 중요한 작업은 각 컴포넌트를 조사, 평가해 설계 토폴로지에서의 역할을 결정하는 것이다. 이러한 각 컴포넌트에 대한 설계 사양과 장치 성능 정보는 수많은 온라인 저장소에 올려져있는 데이터시트에서 찾아볼 수 있다. 데이터시트에는 일반적으로 설계 고려 사항, 동작 지점, 스위칭 특성과 같은 중요한 정보가 포함돼 있다[11, 12]. 대부분의 제조업체는 웹 사이트와 DatasheetCatalog.com 같은 웹 저장소에 컴포넌트 데이터시트를 제공한다. 새로운 컴포넌트를 확보하고 브레드보드 프로토타입을 물리적으로 개발하는 것이 설계 프로세스에서 가장 시간이 많이 걸리는 단계다. 이 프로세스에는 다양한 컴포넌트를 구매하고 설계 단계로 가기 전에 브레드보드로 구성하는 과정이 포함된다. 물리적으로 브레드보드를 구성하는 것은 단순히 제품 데이터시트를 검토하는 것보다 컴포넌트의 기능을 더 잘 이해하고자 하는 엔지니어가 선호한다. 그러

나 회로도 캡처/시뮬레이션 도구를 사용하면 설계자가 컴포넌트를 구매하고 실제 브레드보드를 개발하는 초기 비용을 피할 수 있다. 이처럼 시뮬레이션 환경과 회로의 전체 동작을 생성할 수 있는 도구가 많이 상용화돼 있다. 예를 들어 설계자는 오픈소스 PCB 설계 소프트웨어(예, TinyCAD, KiCAD, ExpressPCB, EasyEDA, DesignSpark PCB)를 골라 데이터베이스에서 필요한 컴포넌트를 선택해 회로를 설계할 수 있다. 또한 컴포넌트가 동작하는 방식을 관련 시뮬레이션 모델로 시각화할 수도 있다. 즉, 캡처와 시뮬레이션 환경을 구성하면 설계를 작성하고 회로 동작을 신속하게 시뮬레이션하는 데 도움이 될 수 있다. 브레드보드 프로토타입을 물리적으로 구현하는 작업을 생략하면 설계비용과 컴포넌트 선택 절차에 필요한 시간이 줄어든다[28].

4.3.6 회로도 캡처

설계 프로세스는 회로에서 올바른 컴포넌트를 선택하고 배치하는 것부터 시작한다. 모든 회로도 생성 도구는 엔지니어가 원하는 컴포넌트를 선택할 수 있도록 컴포넌트 데이터베이스를 제공한다. 컴포넌트의 수가 매우 많기 때문에 이러한 도구들은 부류별로 컴포넌트를 분류해 그룹화했다. 클래스는 컴포넌트의 유형과 기능에 따라 분류돼 있다. 초기 회로도 설계 프로세스는 다음과 같은 단계로 요약할 수 있다. 컴포넌트 데이터베이스 탐색, 원하는 부품 선택, 부품을 적절한 배선을 이용해 회로에 배치하는 단계다. 일부 도구는 부품 배치와 배선 모드 간의 지속적인 전환 작업을 줄이고자 무선 작업 환경을 제공하기도 한다[29]. 회로도는 일반적으로 ASCII와 DIN 표준의 기호 형태로 표시되며, 배선으로 서로 연결된다.

4.3.7 시뮬레이션

회로도가 준비되면 PCB 설계자는 일반적으로 SPICE나 XSPICE와 같은 시뮬레이션 환경을 사용해 설계 동작을 시뮬레이션하고 다양한 회로 컴포넌트와 신호의 영향을 파악한다. 시뮬레이션은 회로를 물리적으로 구축하지 않고도 회로의 동작과 성능을 확인할 수 있는 설계의 중요한 부분이다. 이론적으로 시뮬레이션이란 특정 동작 전압과 온도를 비롯한 다양한 조건에서 실제 회로 컴포넌트의 기능을 보여주는 수학적 표현이다. 시뮬레이션을 통해 설계 토폴로지를 테스트하고 프로토타입을 제작하기 전에 수정이 필요한지 확인할 수 있다. 따라서 시뮬레이션은 프로토타입 단계에 도달하기 전에 PCB 설계의 결함을 신속하게 수정할 수 있는 기회를 제공함으로써 시간, 노력, 비용을 절약하도록 도와준다.

시뮬레이션 환경에서 컴포넌트의 실제 동작을 얼마나 잘 표현할 수 있는지는 장치 모델의 정확성에 달려 있다. 즉, 이는 설계자의 PCB 설계 분석에 큰 영향을 미치므로 가능한 한 정확하게 장치 모델을 개발하는 것이 중요하다. BJT, FET, 연산 증폭기와 같은 많은 장치 모델은 시뮬레이션을 통해 실제 동작을 보여주고자 매우 높은 정확도를 갖고 설계됐다. 이들의 결괏값은 정확한 백분율 값이며, 이는 기생 효과와 장치의 복잡한 동작과 같은 고급 기능으로 미세 조정된다. PCB 설계 엔지니어는 효과적인 회로 시뮬레이션을 위해 SPICE나 그 외의 종류를 잘 알고 있어야 한다. 이들은 기본적으로 회로를 효과적으로 시뮬레이션하는 데 사용되는 텍스트 기반 언어다.

4.3.8 보드 레이아웃

PCB 설계 흐름의 세 번째 단계는 강력한 프로토타입을 만드는 것이다. 사실 견고한 설계란 회로도 캡처와 적절한 시뮬레이션을 통한 유효성 테스트의 효율성에 달려 있다. 실제 성능을 위한 설계를 평가하려면 프로토타입의 개발이 필요하다.

개발 프로세스에는 설계에 사용된 컴포넌트의 정확한 물리적 치수 포맷을 지원하는 CAD 환경이 필요다. 레이아웃 생성용 CAD 도구는 최종 설계를 거버 파일 형식으로 출력한다. 거버 파일은 나중에 업계의 제조업체에서 실제 물리적 보드를 생성하는 데 사용된다. IC와 기타 컴포넌트는 레이아웃 설계 단계에서 PCB에 배치된다. 또한 컴포넌트들은 서로 전류 전도 도관, 즉 구리 트레이스(라우트)를 통해서로 연결된다. 이 단계의 마지막 단계로 각 PCB의 폼팩터가 계산된다. 보드의 올바른 폼팩터를 결정하는 것은 PCB가 사용될 물리적 환경에 설계가 적합하도록 만드는 데 중요한 일이다.

많은 고급 CAD 도구는 자동화 배치와 라우팅을 지원한다. 그러나 이러한 도구는 신중하게 사용해야만 한다. 예를 들어 중요한 조건 또는 빠듯한 에너지나 성능 제약 조건에서 동작하는 설계의 경우 꼼꼼히 살펴봐야만 한다. 일반적으로 PCB 설계에서 성능이 중요한 부분에는 수동 설계 방법이 가장 적합한 방법이다. 그러나설계에서 덜 중요한 부분의 경우 자동 라우터와 같은 자동화 도구를 적용하는 것이 일반적이다.

4.3.9 프로토타입 테스트

PCB 설계 흐름의 마지막 단계는 프로토타입 개발과 제조 테스트다. 프로토타입테스트의 목적은 설계가 의도했거나 원했던 사양을 충족하는지 확인하는 것이다. 반면 제조 테스트는 현장에서 배포되는 최종 제품이 적절한 표준에 맞는지를평가한다. 이후 단계에서 발견된 설계 결함은 시간과 비용 측면에서 추가 비용을초래하게 된다. 따라서 회로도 캡처와 시뮬레이션 단계를 반복적으로 수행하는것은 최종 단계까지 완벽한 제품을 생산하는 데 크게 도움이 된다.

프로토타입 테스트를 수행하면 PCB의 실제 동작을 분석하고 결과를 원래 설계 사양과 비교할 수 있다. 이러한 테스트를 통해 테스트 엔지니어는 설계 엔지니어가 제공한 설계 사양으로 최종 제품을 검증하고 최종 제품의 성능을 평가한다. 마지막으로 그 결과를 바탕으로 엔지니어들은 제품을 시장에 출시할지 또는 추가 성능 개선을 위해 재평가할지 결정한다.

4.3.10 전체 설계 흐름의 모범 사례

엔지니어가 부품 선택에서 레이아웃에 이르는 설계 흐름을 진행하면 PCB 생성 간소화, 반복 감소, 일반적인 오류 수정, 시장 출시 속도 단축을 하려면 통합이 가장 중요한 사항이 된다. 이 장에서 다뤘던 통합은 일반적으로 기존 설계 흐름을 방해하는 벽을 무너뜨리는 보드 수준 설계의 가장 좋은 방식이다.

통합은 부품 선택, 회로도 캡처, 시뮬레이션, 보드 레이아웃과 설계 검증을 단일 스레드로 병합한다. 기존 회로도 캡처 도구를 사용해 모든 토폴로지에서의 PCB 설계를 테스트하고 검증할 수 있다. 또한 큰 구성 요소 저장소, 배선과 같은 기능은 설계 프로세스를 촉진할 수 있다. 고급 분석과 가상 프로토타이핑을 위한 대화식 시뮬레이션 환경, 도구는 설계자가 설계 오류를 줄이고 보드 레벨의 설계를 위해 개선된 시뮬레이션 모델을 개발할 수 있도록 도와주는 핵심 컴포넌트다. 마지막으로 설계자는 수동과 자동 레이아웃 도구를 활용해 PCB 프로토타입을 생성하기 위한 거버 데이터를 효과적으로 생성할 수 있다[13, 14, 29].

4.4 PCB 조립 프로세스

PCB 조립의 주요 단계는 보드에 전기 컴포넌트를 배치하고 이를 기판에 납땜하는 것이다. 이러한 단계는 일반적으로 스루홀에 컴포넌트를 수동으로 납땜하고자 수행되는 반면 현대 PCB의 조립 프로세스는 상당히 복잡하다. 이는 다양한 패키지 유형과 다양한 종류의 기판, 재료를 모두 사용할 수 있는 유연성을 제공하는 다

단계 프로세스다. 현재의 방식은 다양한 양의 생산량에 따라 다른 신뢰성, 결함 레벨 임계치 측면에서 PCB 설계의 적응성을 용이하게 만든다. 일반적으로 PCB 조립 프로세스는 다음과 같은 단계로 이뤄져 있다.

- 보드의 컴포넌트, 기판 재료 준비
- 플럭스와 납땜 적용
- 납땜을 녹여 컴포넌트 연결
- 후처리 과정의 일부로 납땜 청소
- 최종 제품 검사, 테스트

대부분의 경우 이러한 단계 중 일부는 제품 요구 사항에 따라 병합되거나 생략되기도 한다. 모든 중요한 단계를 포함한 조립 프로세스를 채택하는 것은 제조업체의 책임이다. PCB의 조립 공정은 스루홀 기술과 표면 실장 기술^{SMT, Surface Mount} ^{Technology}로 크게 분류할 수 있다. 각 기술은 장비 리소스를 바탕으로 조립 프로세스에서 다양한 수준의 자동화를 제공한다. 자동화의 정도는 일반적으로 보드 설계, 장비 비용, BOM과 제조비용에 따라 다르다.

4.4.1 스루홀 기술

스루홀 기술은 전자 컴포넌트의 리드를 보드의 홀에 삽입하고 납땜을 이용해 장착하는 조립 프로세스로 정의할 수 있다(그림 4.6). 이 기술은 웨이브 솔더링을 적용해 자동화됐다. 이 기술의 가장 큰 단점은 조립 밀도가 낮다는 것이다. 이 기술은 큰 컴포넌트와 큰 구멍을 위한 추가 보드 공간이 필요하기 때문에 설계의 소형화와 기능의 유연성에 큰 장애물이 된다. 하지만 이 기술의 장점은 그 외의 접근 방식에 비해 조립 비용이 저렴하다는 것이다. 웨이브 솔더링, 선택적 솔더링 또는 패스트인 홀^{past-in-hole}/리플로우를 통합하는 완전 자동화된 조립 프로세스의 경우에도 스루홀 기술의 전체 장비와 설치비용은 일반적으로 표면 실장 기술보다 저렴하다.

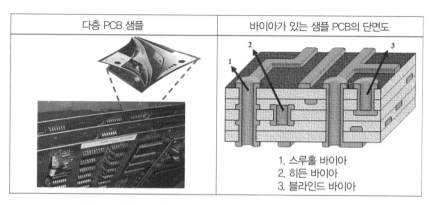

다층 PCB 샘플	바이아가 있는 샘플 PCB의 단면도

1. 스루홀 바이아
2. 히든 바이아
3. 블라인드 바이아

▲ 그림 4.6 다층 PCB 샘플과 다양한 종류의 바이아를 가진 보드의 단면도

4.4.2 표면 실장 기술

이 기술을 사용하면 보드의 한쪽이나 양쪽에 컴포넌트를 배치할 수 있다. SMT 개발을 하기 시작한 목적은 하이브리드 기판^{HMC}을 세라믹 기판에 조립하는 것을 용이하게 하는 것이었다. 나중에 SMT는 라미네이트 기판용으로도 개발됐다. SMT의 주요 장점은 많은 수의 작은 컴포넌트를 사용할 수 있기에 보드 밀도를 높일 수 있다는 점이다. SMT에서는 기존 큰 홀의 대체제로 측면과 내부 레이어를 연결하기 위한 작은 바이아가 사용된다. 또한 SMT는 회로의 미세한 트레이스와 작아진 컴포넌트를 지원함으로써 PCB의 소형화와 성능 개선에 도움을 준다. 이처럼 SMT에서는 레지스터, 커패시터, 인덕터와 같은 좀 더 작은 장치를 사용하는 것이 일반적인 방식이다. 또한 SMT는 보드 라미네이트 내부에 배치된 레지스터나 커패시터와 같은 내장형 수동 장치를 쉽게 사용할 수 있도록 만들어준다. 결과적으로 임베디드 수동 장치의 사용은 설계의 능동 컴포넌트를 위한 더 큰 표면적을 제공할 수 있는 것이다.

4.4.3 PCB 복잡성 동향과 보안 영향

컴포넌트의 크기가 줄어들면서 하나의 PCB에 많은 부품을 통합해야 하므로 설계의 복잡성은 점점 증가하고 있다. 또한 BGA^{Ball Grid Array}, SoC^{System on Chip}, 칩 스케일 패키징^{CSP, Chip-Scale Packaging}, 칩온보드^{COB, Chip-On-Board}와 같은 효율적인 패키징 기술이 나타나면서 기존 PCB 기술이 HDI 시대로 나아가기 시작했다. 그림 4.7은 시간 경과에 따른 인터커넥트 기술 변화의 예를 보여준다. 이 그림은 컴포넌트 기술, PCB 기술과 조립 기술의 변화로 인한 컴퓨터 중앙 처리 장치^{CPU}의 진화를 보여준다. 또한 시간이 지남에 따라 PCB 설계를 주도하는 기술 변화의 방향과 속도를 보여준다[19~21].

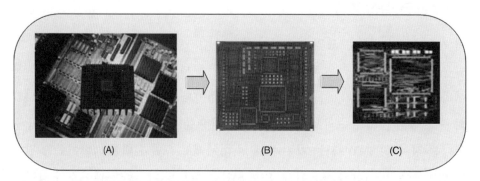

▲ 그림 4.7 시간이 지남에 따라 다른 컴포넌트, 조립과 PCB 기술을 사용하는 CPU의 예제. (A) 1986년에 개발된 최초의 RISC 프로세서: 표면적이 128 평방인치인 14층 스루홀 보드, (B) 1991년의 동일한 프로세서: 16 평방인치 (SMT로 제작) 표면적에 10층 보드, (C) 1995년의 프로세서: 표면적이 4 평방인치인 HDI 보드(매립과 블라인드 바이아, 순차적 빌드 업 마이크로 바이아 포함)

패키징과 인터커넥트 기술이 변화하는 주요 요건 사항은 주로 작동 속도, 전력 소비, 열 관리, 전자 간섭, 시스템 운영 환경이다. 또한 전자 장치의 소형화와 휴대화 현상은 PCB 설계와 기술 트렌드를 결정하는 또 다른 요소다. 하지만 PCB 설계 복잡성이 급격히 증가함에 따라 업계에서는 최신 PCB의 보안 측면에 대한 우려가 높아지고 있다. 20에서 30개의 레이어, 숨겨진 바이아, 내장 수동 컴포넌트가 있는 복잡하고 고도로 통합된 PCB 설계를 악용하면 나쁜 의도를 가진 조직이 하드웨어 트로이목마 형태로 추가 악성 회로를 변조하거나 삽입할 수 있다. 현재 업계에서는 아직 그러한 위협을 방지하기 위한 적절한 보안 조치를 취하지 않는다. 그러므로 성능과 기타 제약 조건을 충족하면서도 이러한 보안 위협에 대해 탄력적인 PCB를 설계해야만 한다. 최신 PCB 설계에 대한 보안 취약점과 잠재적 공격 시나리오는 11장에서 자세히 설명한다.

4.5 PCB 설계 검증

PCB를 사용할 수 있는 분야는 다양하지만 손상되지 않은 동작과 높은 성능은 PCB가 설치된 모든 시스템에서 공통적으로 요구된다. 그중에는 인간의 생명이 위태로워지는 성능 결정 시스템도 많다. 즉, PCB가 완벽하게 작동하는 것이 가장 중요하다. 검사, 테스트 프로세스는 모든 PCB 라이프 사이클에서 중요한 부분이다. PCB 테스트의 어려움 중 하나는 대부분 수백 개의 컴포넌트와 수천 개의 납땜 연결을 갖고 있는 PCB를 다루기가 복잡하기 때문에 발생한다. 이러한 장애물을 극복하고자 PCB 제조 회사는 고품질의 최종 제품을 생산하는 데 다양한 검사와 테스트 방법을 통합한다.

PCB 검증 접근법의 분류는 그림 4.8에서 확인할 수 있다. 검사, 테스트 단계에서는 결함 있는 보드가 식별되고 수리 대상으로 분류된다. 제조된 보드에 대한 피드백을 받는 프로세스는 엔지니어가 여러 번 반복하면서 설계를 지속적으로 개선하는 데 도움이 된다. 각 PCB는 최종 제품의 최대 수율과 안정성을 보장하고자 설계와 성능 사양에 따라 제조업체에서 검사, 테스트한다. 따라서 검사, 테스트는 PCB 라이프 사이클의 핵심 단계다. 이 절에서는 다양한 PCB 검사와 테스트 방법을 간단히 설명해 독자가 모든 PCB에 적합한 검사와 테스트 프로세스에 대한 좀 더 이해할 수 있게 할 것이다.

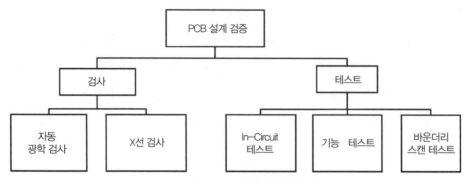

▲ 그림 4.8 PCB 검증 방법 분류

4.5.1 PCB 검사와 테스트 개요

컴포넌트가 몇 개 없고 단순한 납땜으로 연결된 간단한 PCB의 경우 사실 수동 육안 검사MVI, Mmanual Visual Inspection로도 보드의 배치 오류나 납땜 문제를 감지하는 것이 충분할 수 있다. 그러나 MVI의 프로세스는 본질적으로 반복적인 작업을 수행하는 인간 검사자의 결함으로 인한 제약이 있다. 인간 검사자는 설계상의 결함을 간과할 수 있기 때문이다. 수동 검사 단계에서 알 수 없는 결함이 있으면 시스템 작동 중에 심각한 결함이 발생할 수 있다. 그러므로 인간이 검사 과정에 개입함으로써 발생하는 오류를 완화하고자 모든 검사 과정은 자동화돼 있다. 자동 광학 검사AOI, Automated Optical Inspection 프로세스는 사전 리플로우pre-reflow, 사후 리플로우post- reflow 또는 둘 다와 통합돼 보드의 잠재적 결함을 감지하고 찾아낸다. AOI 기능을 갖춘 픽 앤 플레이스 기계는 대부분 잘못 정렬되거나 결함 있는 컴포넌트를 점검하는 데 사용한다[26].

AOI 프로세스의 가장 큰 장애물은 SMT의 출현이다. SMT는 더 작은 컴포넌트, 새로운 마이크로 칩 패키지의 통합을 가능하게 하고 복잡한 다층 보드의 개발을 지원한다. 이를 통해 PCB의 밀도가 증가하기 때문에 패키지 내부에 연결되는 BGA Ball Grid Array를 사용해 납땜 조인트와 칩 패키지를 분석하기가 어렵다. 이와 같이 복잡한 PCB 내 여러 레이어의 내용을 보기 어렵기 때문에 발생하는 문제는 X선 기반 검사 방법으로 해결할 수 있다. 자동 X선 검사^{AXI, Automated X-ray Inspection}는 PCB 검사자로 하여금 여러 컴포넌트, 인터커넥트 패브릭을 사용한 다층 양면 고밀도 PCB를 분석하게끔 도와준다.

검사 프로세스 이후에는 PCB 테스트가 뒤따른다. AOI와 같은 검사 기술은 전반적인 PCB 구성 품질과 주요 결함(예, 컴포넌트 누락)을 검사하지만 높은 수준의 품질을 보증하려면 세부적인 PCB 테스트가 필수적이다. 일반적으로 사용되는 테스트 메커니즘은 ICT^{In-Circuit Test}, FCT^{Functional Test}, JTAG 기반 바운더리 스캔 테스트다. ICT는 보드와 각 컴포넌트가 사양에 따라 작동하는지 확인하는 데 도움을 주며, FCT는 PCB의 합격/불합격 결론을 내리고자 사용한다. 바운더리 스캔 테스트는 양면 컴포넌트와 인터커넥트 간격이 줄어든 최신 PCB에는 bed-of-nails 에뮬레이터를 사용할 수 없는 등 기존 테스트(기능과 회로 내 테스트)의 한계에서 영감을 얻어 만들어졌다. 바운더리 스캔 테스트는 내장된 테스트 전달 시스템을 용이하게 하고 표준화된 테스트 포트, 버스를 제공한다.

4.5.2 PCB 결함

설계가 제대로 되지 못한 경우 PCB 보드는 다양한 결함을 가질 수 있다. PCB에서 일반적으로 발견되는 결함은 잘못 정렬된 컴포넌트, 불완전한 납땜 연결, 과도한 납땜으로 인한 단락 등이 있다. PCB의 일반적인 결함에 대한 정보는 표 4.1에 나와 있다. 이 표는 유형, 발생률과 납땜 문제와의 관련성에 따라 결함을 분류한다[16, 17, 25].

결함	발생률(%)	유형	납땜과의 관련성
단선(open)	25	구조	있음
불완전한 납땜	18	구조	있음
단락(short)	13	구조	있음
전기 컴포넌트 누락	12	구조	없음
잘못 정렬된 컴포넌트	8	구조	있음
불량 전기 컴포넌트	8	전기	없음
잘못된 컴포넌트	5	전기	없음
과도한 납땜	3	구조	있음
비전기 컴포넌트 누락	2	구조	있음
잘못된 방향	2	전기	없음
불량 비전기 컴포넌트	2	구조	없음

4.5.3 PCB 검사

PCB의 결함을 조기에 발견하면 수리비용이 크게 줄어든다. 따라서 제조업체는 PCB 라이프 사이클의 다양한 단계에서 PCB 검사를 수행하게 된다. 다음 절에서는 업계에서 일반적으로 수행되는 두 가지 PCB 검사 방법, 즉 자동 광학 검사와 자동 X선 검사를 자세히 설명한다(그림 4.9).

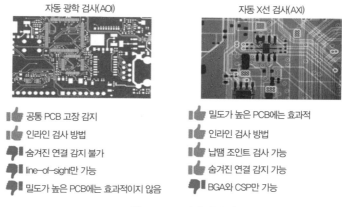

▲ 그림 4.9 PCB 검사 방법 비교

4.5.3.1 자동 광학 검사(AOI)

AOI는 PCB를 육안으로 검사하는 프로세스다. 이 프로세스에는 여러 개의 고화질 카메라를 사용해 테스트 중인 보드의 이미지와 비디오를 여러 각도에서 캡처하는 것도 포함된다. 보통 고품질 이미지를 함께 연결해 큰 이미지 파일을 만든다. 그런 다음 결과 이미지를 골든 보드(정확한 설계 사양의 이상적인 보드)와 비교해 불일치를 확인하는 것이다. AOI 시스템은 주로 물리적 결함을 찾고자 사용된다. 여기서 말하는 물리적 결함 유형이란 보드의 긁힘이나 변형, 결절 등을 말한다. 또한 AOI는 제조 결함으로 인한 단선, 단락이나 너무 얇은 납땜과 같은 문제를 감지할 수 있으며, 일반적으로 식별되는 다른 결함은 컴포넌트 누락이나 잘못된 정렬 등이 있다. 이 모든 경우에 있어 AOI의 성능은 인간 검사자의 능력을 능가하기에 단기간에 더 높은 정확도를 보여준다[27].

현재 업계에서는 컴포넌트 높이를 측정할 수 있는 3D AOI 장비도 함께 적용하는 것이 일반적이다. 이전에는 기존의 2D AOI 기계를 이용했기에 여러 컴포넌트의 높이를 측정할 수 없었다. 반면 3D AOI 기계는 납 성분과 같이 높이에 민감한 장치를 캡처하는 데 뛰어난 성능을 제공한다. 2D AOI 기계는 이러한 장치를 검사하고 자 여러 각도에서 유색 조명을 사용하고, 측면 각도 카메라를 통합해 사용하고 있다. 하지만 이러한 프로세스는 정확한 결과를 내지 못한다. 반면 3D AOI 기계는 높이에 민감한 장치를 캡처하는 측면에서 우수한 성능을 제공한다. 현대의 AOI 기술은 업계에서 명성이 높으며 다양한 상용 표준과 호환된다. 이 기술은 PCB에 서 많은 일반적인 오류를 감지할 수 있으며, 기존 PCB 제조 단계와 잘 통합될 수 있고, 인라인으로 배포됐다. AOI 기술의 주요 단점은 BGA와 컴포넌트 패키지 내 부의 숨겨진 인터커넥트를 검사하지 못하는 것이다. AOI 기계는 본질적으로 복잡 한 PCB 내부를 들여다볼 수 없다. 또한 AOI 기계는 고밀도 PCB를 검사할 때 숨겨 진 컴포넌트나 그림자가 진 컴포넌트로 인해 잘못된 결과를 초래할 수도 있다.

4.5.3.2 X선 검사

앞에서 이야기한 것처럼 SMT가 나타나면서 PCB의 컴포넌트 밀도는 꾸준히 증가 하고 있다. 현대 PCB에는 일반적으로 20,000개 이상의 솔더 조인트가 있다. 또한 SMT는 BGA, CSP와 같은 새로운 칩 패키지의 개발에 도움을 줬으며, 이 때문에 납 땜 연결이 보이지 않으므로 기존 AOI 장비로 검사가 불가능해졌다. 이러한 최신 PCB의 시각적인 제약을 해결하고자 X선 검사 장비는 구성 요소 내부의 솔더 조인 트를 스캔하고 설계의 잠재적 결함을 검사하도록 개발됐다. X선 검사는 수동이나 자동으로 수행할 수 있다. 각각 다른 물질의 X선 흡수 속도는 원자량에 따라 다르 다. 더 무거운 중량을 가진 모든 물질은 더 많은 양의 X선을 흡수할 수 있다. 결과 적으로 더 가벼운 원소를 가진 재료는 X선 검사에서 비교적 더 투명하게 볼 수 있 다는 것이다. PCB의 솔더 조인트는 일반적으로 비스무트, 주석, 인듐, 은, 납과 같 이 더 무거운 요소로 만들어지고, PCB는 좀 더 가벼운 요소, 예를 들어 탄소, 구리, 알루미늄, 실리콘으로 만들어진다. X선 검사는 솔더가 X선에 노출될 때 잘 보이기 때문에 솔더 분석에 효율적이다. 그러나 보드 기판, 컴포넌트 리드, IC를 포함한 대부분의 패키지는 X선 검사에서 제대로 표시되지 않는다.

AOI와 X선 검사의 동작 원칙은 X선이 DUT^{Design Under Test}에서는 반영되지 않기 때문에 서로 다르다. X선은 설계를 통과한 후 보드의 다른 면에서 이미지를 추출할 수 있도록 도와준다. 따라서 X선 검사는 인터커넥트가 컴포넌트 내부에 있는 BGA 검사 프로세스를 도와줄 수 있다. X선 검사에서는 컴포넌트의 그림자가 문제가 되지 않기 때문에 이 메커니즘을 이용해 복잡하고 밀도가 높은 보드를 검사할 수 있다. 예를 들어 X선 기반 검사 방법은 PCB의 솔더 조인트 내부를 보여주고 조인트에 기포가 있는지 확인하는 데 도움을 준다. 또한 이 방법들은 솔더 조인트 힐의 가시성을 높여준다. 모든 연결이 컴포넌트 아래에 있는 칩 패키지의 경우 X선 기반 검사의 주요 장점은 투명성을 제공할 수 있다는 것이다. 이러한 기술은 또한 솔더 조인트를 포함해 고밀도 보드를 철저히 검사하는 데 도움이 된다. X선 검사 방법의 단점은 해당 기술이 새롭고 특정 패키지(BGA와 CSP)에만 효과적이기 때문에 이해하기가 어렵다는 점이다.

4.5.4 PCB 테스트

검사가 완료되면 이제 제조된 보드를 테스트할 준비가 된 것이다. 이 절에서는 업계에서 가장 일반적으로 사용되는 인서킷^{in-circuit} 테스트, 기능 테스트, JTAG 기반 바운더리 스캔 테스트 방법을 자세히 설명한다[22, 24].

4.5.4.1 인서킷 테스트(ICT)

ICT의 목적은 컴포넌트의 정확한 목록과 배치를 이용해 설계 사양을 확인하는 것이다. ICT를 수행하는 일반적인 방법은 전기 프로브를 사용해 로드된 PCB를 테스트하고 단선이나 단락 회로로 인한 기능의 불일치를 확인하는 방법이다.

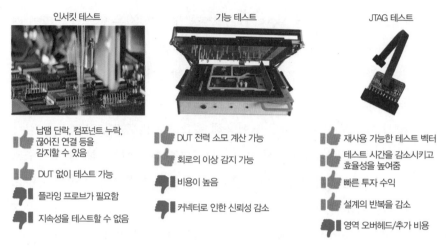

PCB 테스트 방법

인서킷 테스트

👍 납땜 단락, 컴포넌트 누락, 끊어진 연결 등을 감지할 수 있음

👍 DUT 없이 테스트 가능

👎 플라잉 프로브가 필요함

👎 지속성을 테스트할 수 없음

기능 테스트

👍 DUT 전력 소모 계산 가능

👍 회로의 이상 감지 가능

👎 비용이 높음

👎 커넥터로 인한 신뢰성 감소

JTAG 테스트

👍 재사용 가능한 테스트 벡터

👍 테스트 시간을 감소시키고 효율성을 높여줌

👍 빠른 투자 수익

👍 설계의 반복을 감소

👎 영역 오버헤드/추가 비용

▲ 그림 4.10 PCB 테스트 방법 비교

또한 이러한 프로브는 설계 사양에 따라 설계의 저항이나 커패시턴스, 인덕턴스가 올바른지 확인하는 데 도움이 된다. ICT를 수행하려면 플라잉 프로브^{flying probes}세트나 bed-of-nails가 필요하다. bed-of-nails 테스터란 기본적으로 작은 스프링식 포고 핀으로 구성된 테스트 도구다. 이 핀들은 DUT 회로의 모든 노드에 연결된다. 노드와 핀 사이의 연결이 성공적으로 이뤄지면 테스터와 회로의 수많은 테스트 지점 사이에 접점이 생성되는 것이다. 그러나 bed-of-nails 도구는 일반적으로 설치비용이 많이 들고 설계 유형 간 변경 사항들과 잘 호환되지 않는다. 또한이 테스터는 고밀도 PCB에서는 제대로 동작하지 않는다.

bed-of-nails 테스터가 갖고 있는 이러한 제약을 해결하는 방법은 로빙이나 플라잉 프로브를 사용하는 것이다. 플라잉 프로브를 배치하려면 고정 장치를 사용해보드를 안정적으로 고정하고, 테스터 프로브를 필요한 접촉점 위로 일정하게 회전시켜야 한다. 이러한 프로브의 이동은 요구 사항에 따라 프로그래밍할 수 있으므로 플라잉 프로브는 다양한 설계 사양의 보드를 테스트할 수 있다. 그러나 ICT테스트는 회로가 완전히 동작하며, 오류 없는 성능을 제공한다고 가정하므로 보드의 작동 유효성을 검증하지는 않는다.

ICT는 납땜으로 인한 단락이나 단선 회로 상태, 누락되거나 잘못된 컴포넌트 감지, 컴포넌트 간 단선된 연결과 같은 물리적 결함을 찾는 데 효율적이다. 또한 전원 입력 프로세스가 잠재적인 회로 손상 위험과 관련돼 있기 때문에 전원 공급 장치 없이 회로를 테스트할 수 있는 점은 ICT의 또 다른 주요 요소다. 하지만 ICT에는 bed-of-nails를 위한 고가의 테스트 설비나 로빙 프로브^{roving probe} 설정을 위한 정교한 프로그래밍이 필요하다. 또한 이러한 테스트는 회로의 커넥터를 이용한 설계의 연속성을 확인하지 않으므로, ICT가 회로의 기존 커넥터 결함을 간과할 가능성이 있다.

4.5.4.2 기능 테스트(FCT)

FCT는 설계의 기능성을 결정하고자 PCB에서 수행된다. FCT는 일반적으로 제조 공정의 마지막 단계에서 수행하는데, 이는 제조업체가 기능 테스트를 통해 최종 하드웨어에서의 오류를 감지하려고 하는 것이다. 최종 제품에서 수정되지 않은 결함은 적용하려고 하는 시스템의 작동에 부정적인 영향을 줄 수 있다. 따라서 일련의 기능 테스트는 보드의 품질을 결정하는 데 사용된다. 일반적인 기능 테스트의 요구 사항은 테스트 중인 시스템과 설계에 따라 다르다. 또한 기능 테스트를 위한 개발과 테스트 절차도 그에 따라 다르다. PCB의 에지 커넥터와 테스트 프로브 핀은 기능 테스트 도구와 설계를 연동하는 데 사용된다. 테스트에는 설계의 작동 조건을 시뮬레이션하기 위한 적절한 전자 환경의 생성도 포함된다. Hot 목업 ^{Mock-up}은 업계에서 널리 사용되는 기능 테스트 형태 중 하나다. 다른 형태의 테스트는 포괄적인 범위의 동작 테스트를 통해 설계를 순환시키는 방식도 있다.

기본적으로 기능 테스트는 PCB의 결함을 식별하는 데 도움이 된다. 이러한 테스트는 테스트 중인 설계의 전력 소비를 결정하는 데에도 도움이 된다. 기능 테스트는 아날로그와 디지털 회로 모두에 적용할 수 있다. 그러나 기능 테스트와 관련된 프로그래밍은 DUT와 작업 환경에 대한 포괄적인 이해가 필요하므로 비용이 많이 든다. 프로세스는 일반적으로 고려중인 신호의 특성화를 위해 고가의 고속 계측이 필요하다. 또 다른 단점은 커넥터를 통해 기능 테스트를 수행하기 때문에 정기적인 마모로 인해 안정성 문제가 발생할 수 있다는 것이다.

4.5.4.3 JTAG 바운더리 스캔 테스트

오늘날 PCB 업계에서 JTAG^{Joint Test Action Group} 바운더리 스캔 테스트는 조립 이후의 검증, 테스트의 표준으로 간주된다. JTAG의 바운더리 스캔 기술은 최신 IC의 복잡하고 수많은 신호, 장치 핀에 액세스를 쉽게 할 수 있도록 도와준다. 바운더리 스캔 셀은 TAP^{Test Access Port}를 통해 필요한 신호에 액세스하고자 활용된다. TAP는 사용 중인 JTAG 버전에 따라 2, 4, 5개의 신호로 구성된다. 4~5개의 핀 인터페이스는 데이지 체인 연결을 설정해 보드에 있는 여러 칩을 테스트한다. TAP 인터페이스를 통해 신호 상태를 테스트하고 제어할 수 있으므로, 이는 런타임 작업 시 PCB 결함을 모니터링하고 감지하는 데 도움이 된다. 바운더리 스캔 셀의 동작 모드는 기능과 테스트 모드의 두 가지로 나눌 수 있다. 기능 모드에서 스캔 셀은 장치 작동에 영향을 미치지 않는다. 테스트 모드에서 디바이스의 기능 코어는 핀에서 분리되고, 바운더리 스캔 셀은 테스트 대상 디바이스의 값을 제어하고 모니터링하는 데 사용된다. 그림 4.11(A)는 JTAG 기반 바운더리 스캔 테스트 신호와 연결의 시스템 레벨 블록 다이어그램이다. 그림 4.11(B)는 실제 PCB의 JTAG 인터페이스다.

194

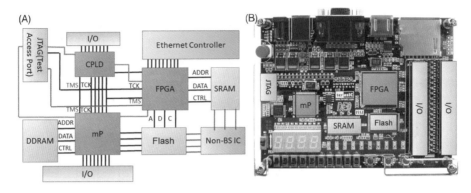

▲ 그림 4.11 (A) JTAG 기반 바운더리 스캔 테스트 액세스의 시스템 레벨 블록 다이어그램, (B) PCB의 JTAG 인터페이스 설명

제어 핀이 활성화된 장치에서 분리돼 있기에 테스트 목적으로 핀을 사용하고자 추가 핀을 구성해야 하거나 부팅을 해야 할 필요가 없으므로 JTAG 기반 바운더리 스캔 테스트는 기존 기능 테스트에 비해 수행하기 더 쉽다. TAP 인터페이스는 장치에서 활성화된 신호를 제어하고 모니터링할 수 있는 기회를 제공해 PCB 보드 테스트에 필요한 물리적 액세스를 최소화한다. JTAG의 바운더리 스캔 기능은 주로 두 가지 방식으로 활용될 수 있다. a) 테스트의 적용 범위를 넓히고자 JTAG의 장치 기능 및 보드의 연결과 네트를 사용하는 PCB 보드에 연결 테스트를 적용한다. b) PCB에 JTAG를 사용하는 장치를 사용해 테스트 범위를 향상시키고 JTAG를 지원하지 않는 주변장치와 통신할 수 있다. 그림 4.12는 JTAG 바운더리 스캔이 주변장치에 통합된 IC의 단면도다[23].

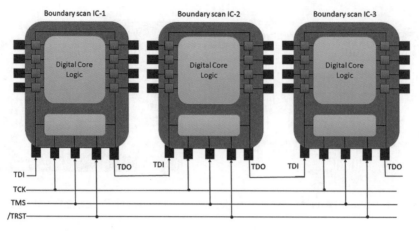

▲ 그림 4.12 JTAG 바운더리 스캔 기능이 있는 집적 회로

JTAG는 ICT의 bed-of-nails 도구와 관련된 비용과 복잡성을 줄임으로써 테스트 생성 비용을 줄인다. 또한 JTAG는 다층 PCB의 장치 간에 배치돼 있는 인터커넥트를 테스트할 때 제한된 물리적 액세스로 인해 발생하는 문제를 해결한다. 재사용 가능한 JTAG 테스트 벡터는 비용을 크게 최소화한다. 기존의 ICT 기술은 구조적 결함의 진단 과정에서 심각한 문제가 있었다. 반대로 JTAG는 테스트 핀을 줄이고 테스트 시간을 줄이면서 이러한 오류를 테스트하는 효율적인 방법을 제공한다. 결과적으로 JTAG 기술은 ICT 접근 방식에 비해 비용 효율적인 것이다. 그러나 JTAG는 추가 회로에 대한 영역 오버헤드의 단점으로 인해 어려움을 겪고 있다. 대부분의 경우 구현 세부 사항에 따라 JTAG 바운더리 셀 기능이 회로 크기에 미치는 영향을 평가하는 것은 매우 어려운 일이기 때문이다. 설계 제약의 관점에서 보자면 JTAG 기술은 바운더리 스캔을 기능 코어의 주변에 통합하고자 더 높은 설계 노력이 필요하다.

196

4.6 실험: 리버스 엔지니어링 공격

4.6.1 목적

이 실험은 전자 하드웨어에 대한 리버스 엔지니어링 공격에 대한 실질적인 경험을 제공하고자 고안됐다. 특히 간단한 2계층의 PCB를 리버스 엔지니어링할 수 있다.

4.6.2 방법

HaHa 플랫폼을 공격의 대상으로 설정함으로써 실제 하드웨어에서 설계를 재현하는 데 필요한 PCB에 필요한 모든 설계 세부 사항을 가져오는 설계 캡처 기술을 적용해야 한다. 이 실험은 2계층 PCB에 대한 육안 검사를 사용해 얻는 설계 정보에 중점을 둔다. 이 정보에는 컴포넌트 유형과 공격 중인 시스템의 라우팅 구조가 모두 포함된다. 다음으로 획득한 정보를 컴파일해 HaHa 플랫폼의 상세한 회로도 설계를 재현해야 한다.

4.6.3 학습 결과

이러한 단계의 실험을 수행함으로써 PCB 리버스 엔지니어링과 관련한 용이성과 어려움을 경험하고 PCB 불법 복제와 관련된 취약점을 이해할 것이다. 또한 PCB 분석 및 디버깅과 관련해 컴포넌트를 추적하고 연결을 캡처하며 기능을 식별하는 방법을 배울 수 있다. 마지막으로 이 실험은 PCB 리버스 엔지니어링에 대한 대책을 이해하고 새로운 솔루션 개발에 동기를 부여하는 데 도움이 될 것이다.

4.6.4 추가 옵션

이 주제를 추가적으로 공부해보고 싶다면 기본적인 난독성이 있는 복잡한 회로를 가진 더 복잡한 PCB에 이 공격을 적용해볼 수 있다.

실험에 대한 자세한 내용은 http://hwsecuritybook.org를 방문해 보충 문서를 참고하기 바란다.

4.7 연습문제

4.7.1 True/False 문제

1. 인쇄 회로 기판의 주요 목적은 기계적인 지원과 전기적 연결을 제공하는 것이다.

2. 배터리는 PCB에서 볼 수 있는 수동 컴포넌트다.

3. 전도성 기판 재료는 모든 PCB 보드의 베이스다.

4. 부품 리서치와 선택은 PCB 설계의 중요한 단계다.

5. PCB 산업의 제조업체는 자체 제작을 위한 장소를 보유하고 있다.

6. PCB 검사의 자동화는 수동 검사와 비교할 때 잘못된 결과를 생성할 수 있다.

7. 기능 테스트는 설계의 회로 동작을 검증한다.

8. 전원을 켜야 하는 테스트는 PCB를 손상시킬 수 있다.

9. X선 기반 검사는 PCB 기본 재료에 유해하다.

10. 표면 실장 기술은 밀도가 높은 복잡한 PCB 생산을 용이하게 한다.

4.7.2 단답형 문제

1. PCB 설계와 개발의 역사와 진화에 있어 주요 사건은 무엇인가?

2. 업계에서 일반적으로 사용되는 두 가지 자동 PCB 검사 기술을 간략하게 설명하시오.

3. 인서킷^{in-circuit} 테스트와 기능 테스트의 차이점을 설명하시오.

4. 다음 그림에서 각 PCB 컴포넌트의 이름을 말하시오.

5. JTAG 기반의 바운더리 스캔 테스트란 무엇인가? 인서킷 테스트의 한계를 어떻게 해결하는가?

6. 일반적으로 사용하는 두 가지 PCB 조립 기술은 무엇인가? 간단히 설명하시오.

4.7.3 서술형 문제

1. 능동과 수동 전기 소자의 관점에서 일반적인 PCB 컴포넌트를 간략하게 설명하시오.

2. 현대 PCB의 라이프 사이클 및 각 단계와 관련된 역할들을 설명하시오

3. PCB 설계 프로세스와 주요 단계를 간단히 설명하시오.

4. 현대 PCB 테스트 기술의 장단점을 간략히 설명하시오.

5. 현재 실행되는 PCB 조립 기술의 장단점을 간략히 설명하시오.

6. PCB 설계 검증의 분류법을 설명하시오.

7. JTAG 테스트를 간단히 설명하시오.

참고 문헌

[1]   J. Li, P. Shrivastava, Z. Gao, H.-C. Zhang, Printed circuit board recycling: a
       state-of-the-art survey, IEEE Transactions on Electronics Packaging Manufacturing
       27 (1) (2004) 33-42.

[2]   J. Howard, Printed circuit board, Metal Finishing 11 (95) (1997) 117.

[3]   Y. Crama, J. van de Klundert, F.C. Spieksma, Production planning problems in
       printed circuit board assembly, Discrete Applied Mathematics 123 (1-3) (2002)
       339-361.

[4]   J. LaDou, Printed circuit board industry, International Journal of Hygiene and
       Environmental Health 209 (3) (2006) 211-219.

[5]   H.-H. Loh, M.-S. Lu, Printed circuit board inspection using image analysis, IEEE
       Transactions on Industry Applications 35 (2) (1999) 426-432.

[6]   M.W. Jawitz, Printed Circuit Board Materials Handbook, McGraw Hill Professional,
       1997.

[7]   A. Kusiak, C. Kurasek, Data mining of printed-circuit board defects, IEEE
       Transactions on Robotics and Automation 17 (2) (2001) 191-196.

[8]   I.E. Sutherland, D. Oestreicher, How big should a printed circuit board be? IEEE
       Transactions on Computers 100 (5) (1973) 537-542.

[9]   T.F. Carmon, O.Z. Maimon, E.M. Dar-El, Group set-up for printed circuit board
       assembly, The International Journal of Production Research 27 (10) (1989)
       1795-1810.

[10] J. Vanfleteren, M. Gonzalez, F. Bossuyt, Y.-Y. Hsu, T. Vervust, I. De Wolf, M. Jablonski, Printed circuit board technology inspired stretchable circuits, MRS Bulletin 37 (3) (2012) 254-260.

[11] P.-C. Chang, Y.-W. Wang, C.-Y. Tsai, Evolving neural network for printed circuit board sales forecasting, Expert Systems with Applications 29 (1) (2005) 83-92.

[12] O. Maimon, A. Shtub, Grouping methods for printed circuit board assembly, The International Journal of Production Research 29 (7) (1991) 1379-1390.

[13] M. Gong, C.-J. Kim, Two-dimensional digital microfluidic system by multilayer printed circuit board, in: Micro Electro Mechanical Systems, 2005. MEMS 2005. 18th IEEE International Conference on, IEEE, 2005, pp. 726-729.

[14] P. Hadi, M. Xu, C.S. Lin, C.-W. Hui, G. McKay, Waste printed circuit board recycling techniques and product utilization, Journal of Hazardous Materials 283 (2015) 234-243.

[15] P.T. Vianco, An overview of surface finishes and their role in printed circuit board solderability and solder joint performance, Circuit World 25 (1) (1999) 6-24.

[16] E. Duman, I. Or, The quadratic assignment problem in the context of the printed circuit board assembly process, Computers & Operations Research 34 (1) (2007) 163-179.

[17] P. Johnston, Printed circuit board design guidelines for ball grid array packages, Journal of Surface Mount Technology 9 (1996) 12-18.

[18] S. Ghosh, A. Basak, S. Bhunia, How secure are printed circuit boards against Trojan attacks? IEEE Design & Test 32 (2015) 7-16.

[19] W. Jillek, W. Yung, Embedded components in printed circuit boards: a processing technology review, The International Journal of Advanced Manufacturing Technology 25 (2005) 350-360.

[20] S. Paley, T. Hoque, S. Bhunia, Active protection against PCB physical tampering, in: Quality Electronic Design (ISQED), 2016 17th International Symposium on, IEEE, pp. 356-361.

[21] J. Carlsson, Crosstalk on printed circuit boards, SP Rapport, 1994, p. 14.

[22] B. Sood, M. Pecht, Controlling moisture in printed circuit boards, IPC Apex EXPO Proceedings (2010).

[23] O. Solsjö, Secure key management in a trusted domain on mobile devices, 2015.

[24] S.H. Hwang, M.H. Cho, S.-K. Kang, H.-H. Park, H.S. Cho, S.-H. Kim, K.-U. Shin, S.-W. Ha, Passively assembled optical interconnection system based on an optical printed-circuit board, IEEE Photonics Technology Letters 18 (5) (2006) 652–654.

[25] B. Archambeault, C. Brench, S. Connor, Review of printed-circuit-board level EMI/EMC issues and tools, IEEE Transactions on Electromagnetic Compatibility 52 (2) (2010) 455–461.

[26] T. Hubing, T. Van Doren, F. Sha, J. Drewniak, M. Wilhelm, An experimental investigation of 4-layer printed circuit board decoupling, in: Electromagnetic Compatibility, 1995. Symposium Record., 1995 IEEE International Symposium on, IEEE, 1995, pp. 308–312.

[27] H. Rau, C.-H.Wu, Automatic optical inspection for detecting defects on printed circuit board inner layers, The International Journal of Advanced Manufacturing Technology 25 (9–10) (2005) 940–946.

[28] R.G. Askin, Printed circuit board family grouping and component, Naval Research Logistics 41 (1994) 587–608.

[29] V.J. Leon, B.A. Peters, A comparison of setup strategies for printed circuit board assembly, Computers & Industrial Engineering 34 (1) (1998) 219–234.

[30] G. Reinelt, A case study: TSPs in printed circuit board production, in: The Traveling Salesman: Computational Solutions for TSP Applications, 1994, pp. 187–199.

2부

하드웨어 공격: 분석, 예제, 위협 모델

5

하드웨어 트로이목마

5.1 소개

제품을 빨리 시장에 출시하려는 흐름에 따라 확대된 최신 시스템 온칩^{SoC}의 복잡성으로 외부 지원 없이 한곳의 디자인 하우스가 전체 SoC를 완성하는 것이 불가능하게 됐다. 또한 최신 기술 노드를 위한 제조업체(또는 파운드리)를 건설하고 유지하는 데 드는 비용으로 인해 대부분의 SoC 디자인 하우스는 자체 팹^{fab}을 운영할 여유가 없어졌다. 이러한 요인의 영향과 출시까지의 시간 단축에 대한 압박이 더해짐에 따라 지난 20년간 반도체 산업은 아웃소싱과 설계 재사용을 통해 시장 출시와 제조비용이 절감되는 수평적 비즈니스 모델로 바뀌어 왔다. 이런 상황에서 SoC 설계자는 종종 서드파티 IP^{3PIP, Third Party Intellectual Property} 코어에 대한 라이선스를 취득하고, 다양한 3PIP를 자체 IP와 통합해 SoC를 설계하고, SoC 설계를 아웃소싱해 제조, 테스트, 패키징을 위해 파운드리와 제조시설에 계약한다.

SoC는 외부 시설에게 설계와 제조 서비스를 맡기는 아웃소싱 추세와 3PIP 코어에 대한 의존도 증가로 인해 하드웨어 트로이목마[HT, Hardware Trojans]라고 하는 악의적인 활동과 조작에 점차 취약해지고 있다. 하드웨어 트로이목마는 하드웨어를 악용하거나 하드웨어 메커니즘을 사용해 설계에서 백도어를 넣을 목적으로 공격자가 원래 회로에 악의적으로 수정/조작한 것이다. 이러한 백도어는 민감한(또는 사적인) 정보를 유출할 수 있을 뿐 아니라 서비스 거부와 안정성 저하와 같은 다른 실행 가능한 공격을 시도할 수 있다. 군사 시스템, 금융 기반 시설, 교통 보안, 가전제품에 대한 위협에 대해 심각한 우려가 나타났다. 트로이목마는 대외 군사 무기 시스템에서 '킬 스위치[kill switches]'가 백도어[backdoors]로 사용된 것으로 알려져 있다[1]. 전현직 미 군사/첩보 기관의 고위 관계자는 칩에 숨어있는 하드웨어 트로이목마가 전쟁이 발발할 때 가장 심각한 위협이 된다는 데 동의하고 있다[2].

몇 가지 이유로 하드웨어 트로이목마를 탐지하는 것은 매우 어렵다. 첫째, SoC에 사용되는 많은 소프트[soft], 펌[firm], 하드[hard] IP 코어와 최근 IP 블록의 복잡성이 높기 때문에 악의적으로 작은 부분이 수정되더라도 감지하기가 매우 어렵다. 둘째, 나노미터 SoC의 크기는 물리적 검사와 파괴적 리버스 엔지니어링[destructive reverse engineering]을 통한 검출이 매우 어렵고, 시간이 오래 걸릴 뿐 아니라 비용도 많이 든다. 또한 파괴적 리버스 엔지니어링은 남겨진 SoC에 트로이목마가 없을 것이라고 보장하지 못하며, 특히 트로이목마가 칩 일부분에 선택적으로 삽입되는 경우에는 더욱 그렇다. 셋째, 트로이목마 회로는 설계에 따라 일반적으로 특정 조건(예, 낮은 전이 확률 네트[nets]에 연결되거나, 전력이나 온도와 같은 특정하게 설계된 신호 감지)에서 활성화되는데, 이는 무작위로 또는 기능적으로 자극을 주어 활성화되므로 검출될 가능성은 희박하다. 넷째, 고착[stuck-at]과 지연 결함[delay fault] 같은 제조 결함을 탐지하는 데 사용할 수 있는 테스트는 트로이목마의 탐지를 보장할 수 없다. 이러한 테스트는 트로이목마가 없는 회로의 넷리스트[netlist]에서 작동하기 때문에 트로이목마를 활성화하고 탐지할 수 없다. 모든 유형의 제조 결함을 100% 커버리지할 수 있더라도 트로이목마와 관련한 보장은 할 수 없다. 마지막으로 리소그래피[lithography]

의 개선으로 인해 물리적 크기가 감소함에 따라 프로세스와 환경 변화는 회로 매개변수 동작의 무결성에 점점 더 큰 영향을 미친다. 따라서 이러한 매개변수 신호를 간단히 분석해 트로이목마를 탐지하는 것은 효과가 없다. 이러한 모든 요인은 SoC에서 트로이목마를 탐지하는 것을 매우 어렵게 만든다.

다음 절에서는 최신 SoC 설계 흐름과 이 흐름에서 불량 엔티티에 어떻게 하드웨어 트로이목마를 삽입할 수 있는지 설명할 것이다. 그 후 광범위하게 트로이목마의 분류를 소개한다. 하드웨어 트로이목마를 체계적으로 분류함으로써 트로이목마 완화, 탐지, 보호 기술 개발을 용이하게 한다. 또한 탐지와 예방 측면에서 트로이목마 위협에 대한 최첨단 대책을 자세히 설명한다.

5.2 SoC 설계 흐름

그림 5.1은 일반적인 SoC 설계 흐름을 보여준다. 일반적으로 SoC 통합자에 의한 설계 사양 작업이 첫 번째 단계다. 예를 들어 SoC 통합자는 먼저 어떤 기능이 SoC에 통합돼야 하는지 그리고 목표로 하는 성능은 무엇인지 선별한다. 그런 다음 SoC 구현을 위해 기능 블록 리스트를 추려낸다. 이러한 기능 블록은 지적 재산의 가치를 가지며, 일반적으로 IP라고 한다. 이 IP 코어는 사내에서 개발되거나 3PIP 개발자로부터 구매할 수 있다. 이러한 3PIP 코어는 소프트 IP(레지스터 전송 레벨 RTL), 펌 IP(게이트 레벨), 하드 IP(레이아웃)[3] 중 하나를 선택할 수 있다.

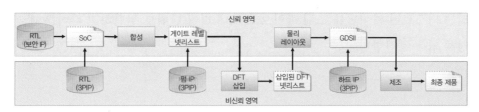

▲ 그림 5.1 Soc(System on Chip) 설계 흐름

필요한 모든 소프트 IP를 개발/구한 후 SoC 디자인 하우스는 이를 통합해 전체 SoC의 RTL 사양을 만들어낸다. RTL 설계는 SoC가 기능적 문제가 없는지를 검증하고 설계 버그를 찾고자 광범위한 기능 테스트를 거친다. SoC 통합자는 RTL 디스크립션을 타깃 기술 라이브러리를 기반으로 게이트 레벨 넷리스트gate-level netlist로 통합한다. 합성Synthesis은 시놉시스Synopsys의 설계 컴파일러Design Compiler와 같은 CADComputer Aided Design 도구의 도움으로 RTL 코드가 논리 게이트로 구성된 하드웨어 구현으로 변환되는 과정이다.

또한 CAD 도구는 타깃의 설계를 최적화해 면적, 타이밍이나 전력을 최소화한다. 그런 다음 게이트 레벨 넷리스트는 정형 등가 검사formal equivalence checking를 거쳐 넷리스트가 RTL 표현과 동일한지 확인한다. SoC 설계자는 이 단계에서 공급업체의 펌 IP 코어를 SoC 넷리스트에 통합할 수 있다. SoC 통합자는 설계의 테스트 가능성testability을 향상시키고자 DFTDesign-For-Test 구조를 통합한다. 그러나 대부분의 경우 DFT 삽입은 BISTBuilt-In Self-Test나 압축 구조와 같은 테스트와 디버그 구조 설계를 전문으로 하는 서드파티 공급업체에 아웃소싱하는 경우가 많다. 다음 단계에서는 게이트 레벨 넷리스트가 실제 레이아웃 설계로 변환된다. 또한 공급업체에서 하드 IP 코어를 가져와 이 단계에서 통합할 수도 있다. 정적 타이밍 분석STA과 전원 차단을 수행한 후 SoC 통합자는 GDSII 형식으로 최종 레이아웃을 생성하고 이를 제조용 파운드리로 보낸다. 생성된 GDSII 파일에는 실리콘 웨이퍼에 SoC를 제작하는 데 필요한 레이어별 정보가 들어 있다. 파운드리는 SoC를 제작하고 제조 결함을 찾고자 다이die와 웨이퍼wafer에 대한 구조 테스트를 수행한다. 제조 후 파운드리는 테스트된 웨이퍼를 조립 라인으로 보내 다이 단위로 절단하고 다이를 패키징해 칩을 생산한다[4].

5.2.1 하드웨어 트로이목마 삽입: 잠재적 공격자

하드웨어 공급망hardware supply chain에는 IC 설계에 하드웨어 트로이목마를 삽입할 수 있는 능력과 액세스 권한을 가진 잠재적 공격자가 있다. 이런 공격자에 대해 잠깐 알아보자.

3PIP 공급업체: 시장 진입을 위한 시간 단축의 압박으로 인해 디자인 하우스는 IP 확보를 위해 점점 더 서드파티 공급업체에 의존하고 있다. 이러한 IP는 전 세계에 분산돼 있는 수백 개의 IP 공급업체가 설계했다. 그런 IP들은 하드웨어 트로이목마가 악의적으로 삽입될 수 있으므로 신뢰하기가 어렵다. 3PIP 공급업체는 IP의 모든 것을 제어할 수 있으며, 은밀히 트로이목마를 삽입할 수 있다. 불가능하지는 않더라도 기존의 테스트와 검증 기술을 사용해 탐지하는 것이 극히 어려울 수 있다.

3PIP에서 트로이목마를 탐지하는 것은 검증 과정에서 특정 IP 코어를 비교할 기준이 없으므로 까다로운 문제다. 또한 시스템 통합자는 IP에 대한 블랙박스 지식만을 갖고 있다. 즉, 시스템 통합자는 설계의 상위 기능high-level functionality만 알고 있고 트로이목마의 하위 레벨 구현low-level implementation 설계를 알지 못한다. 대규모 산업 규모의 IP 코어에는 수천 줄의 코드가 포함될 수 있다. IP 코어에서 트로이목마를 나타내는 몇 줄의 RTL 코드를 식별하는 것은 매우 어려운 작업이다[5].

DFT 공급업체: 현재 하드웨어 설계 흐름에서 DFT 삽입 프로세스는 일반적으로 테스트와 디버그 구조 설계를 전문으로 하는 서드파티 공급업체에 아웃소싱된다. 이러한 공급업체는 전체 설계에 액세스할 수 있으며, 아무도 모르게 악의적인 회로를 설계에 통합할 수 있다. 또한 DFT 공급업체는 설계의 테스트 적용 범위를 개선시키고자 추가 테스트와 디버그 하드웨어를 원래의 설계에 통합한다. 이렇게 추가된 하드웨어에 하드웨어 트로이목마가 포함될 수도 있다.

제조Fabrication: 반도체 칩 제조의 복잡성과 비용 때문에 대부분의 디자인 하우스는 팹리스^{fabless}가 되며 비용 절감을 위해 해외의 서드파티 파운드리에서 제품을 제조한다. 이 프로세스에서 파운드리는 전체 SoC 설계에 액세스할 수 있으며 설계를 악의적으로 조작할 수 있다. 따라서 문제의 소지가 있는 파운드리는 하드웨어 트로이목마를 SoC에 삽입할 수 있는 기회를 갖게 된다. SoC의 빈 공간을 악용해 실제 기능 이외의 악성 기능을 추가할 수 있다. 악의적인 목적을 가진 파운드리가 삽입한 트로이목마는 탐지가 불가능하지는 않지만 매우 어렵다. 프리실리콘$^{pre-silicon}$ 설계 단계와 달리 제조된 SoC는 매우 제한된 확인과 검증 옵션밖에 없기 때문이다.

5.3 하드웨어 트로이목마

하드웨어 트로이목마^{HT}는 회로가 사용될 때 원치 않는 동작을 초래하는 회로 설계로, 악의적이고 의도적인 수정/조작하는 것으로 정의된다[6]. 하드웨어 트로이목마에 의해 감염된 SoC는 기능이나 사양이 변경되거나 민감한 정보의 유출, 성능의 저하, 또는 불안정해질 수 있다. 하드웨어 트로이목마는 중요한 작업에서 배치되는 하드웨어 설계에 심각한 위협이 된다.

하드웨어 트로이목마가 하드웨어 레벨에서 삽입되기 때문에 소프트웨어 레벨의 대응책은 하드웨어 트로이목마로 발생된 위협을 해결하기에 적절하지 않다. 또한 하드웨어 설계에서 트로이목마를 탐지하는 것은 검증 과정에서 주어진 설계를 비교할 골든 버전$^{golden version}$이 없기 때문에 어렵다. 이론상으로는 트로이목마를 탐지하는 효과적인 방법은 트로이목마를 활성화하고 그 영향을 관찰하는 것이다. 그러나 트로이목마의 유형, 크기, 위치는 알 수 없으며, 활성화하는 것은 매우 드물게 발생한다. 따라서 트로이목마는 칩이 정상적인 기능 작동 중에는 은폐되고 트리거 조건이 적용될 때만 활성화될 수 있다.

5.3.1 하드웨어 트로이목마 구조

3PIP에서 트로이목마의 기본 구조는 트리거와 페이로드^{payload}의 두 가지 주요 부분을 포함한다[3]. 트로이목마의 트리거는 회로 내의 다양한 신호나 일련의 이벤트를 모니터링하는 옵션 부품이다. 페이로드는 일반적으로 오리지널(트로이목마가 없는) 회로와 트리거 출력의 신호를 도청한다. 트리거가 예상하고 있는 이벤트나 조건을 감지하면 페이로드가 활성화돼 악의적인 동작을 수행한다. 일반적으로 트리거는 매우 드문 경우에 활성화될 것으로 예상되므로 페이로드는 대부분 비활성 상태로 유지된다. 페이로드가 비활성 상태일 때 IC는 트로이목마 방지 회로처럼 동작해 트로이목마를 탐지하기 어렵게 만든다.

그림 5.2는 게이트 레벨에서 트로이목마의 기본 구조를 보여준다. 트리거 입력 $(T_1, T_2, ..., T_k)$는 회로의 다양한 네트^{net}에서 나온다. 페이로드는 신호 Net_i를 오리지널(트로이목마가 없는) 회로와 트리거의 출력에서 가져온다. 매우 드문 조건에서 트리거가 활성화될 것으로 예상되므로 페이로드 출력은 대부분 동일한 시간(Net_i)으로 유지된다. 그러나 트리거가 활성화돼 있을 때, 즉 트리거 활성^{Trigger Enable}이 '0'이면 페이로드 출력이 Net_i와 다르게 될 것이다. 이로 인해 회로에 잘못된 값을 주입해 출력에 오류가 발생할 수 있다. RTL에서의 트로이목마는 그림 5.2에서 보여주는 것과 유사한 기능을 갖고 있음에 유의하자.

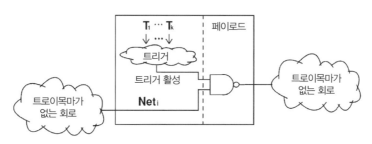

▲ 그림 5.2 트로이목마 구조

5.3.2 트로이목마 모델링

수년에 걸쳐 트로이목마 대항책countermeasure approaches의 성능과 효능을 입증하고자 서로 다른 트로이목마 모델을 사용해 여러 다양한 트로이목마를 개발했다. 이 절에서는 가장 일반적으로 사용되는 디지털 트리거와 디지털 페이로드 트로이목마 모델을 설명한다. 소개할 모델에서는 트로이목마가 아주 드물게 회로 노드 조건에 의해 활성화되고 기능면에서 중요 노드로 페이로드를 갖지만, 정상적인 기능 테스트 중에 탐지를 피하고자 테스트 관점에서는 관찰 가능한 노드가 있다고 가정한다. 트로이목마에 레어 이벤트rare-event 트리거 카운터와 같은 순차적 요소가 포함돼 있으면 트로이목마를 탐지하기가 더 어려울 수 있다.

그림 5.3은 조합, 순차 트로이목마의 일반적인 모델을 보여준다[7]. 트리거 조건은 내부 노드의 n비트 값으로 일반 기능 테스트를 회피하기에 충분하지는 않다고 가정한다. 페이로드는 트로이목마가 활성화될 때 반전되는 노드로 정의된다. 탐지하기에 더욱 어렵게 하고자 트로이목마가 활성화되고 페이로드 노드가 반전되기 전에 레어 이벤트를 2^m 반복해야 하는 순차적인 트로이목마를 고려할 수 있다. 순차 상태 기계state machine는 가장 간단한 형태의 카운터로 간주되며, 페이로드에 대한 출력의 효과는 최대 영향을 미치는 XOR 함수로 간주된다. 좀 더 일반적인 모델에서는 카운터를 유한 상태 기계FSM, Finite State Machine로 대체할 수 있으며, 회로는 트로이목마 출력과 페이로드 노드의 기능으로 수정할 수 있다. 같은 방식으로 트로이목마 트리거 조건은 결합된 이벤트를 매우 드물게 만들고자 여러 회귀 노드의 AND 함수로 모델링된다. 그러나 공격자는 많은 여분의 게이트를 추가하지 않고 트리거 조건을 구현하고자 회로 내에서 기존 로직을 재사용하도록 선택할 수 있다.

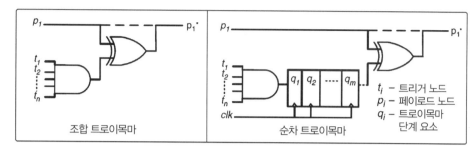

▲ 그림 5.3 조합 트로이목마와 순차 트로이목마의 예

내부 노드에서 트로이목마에 대한 입력으로 레어 값을 선택한 경우 조합 레어 이 벤트가 활동하지 않으면 트로이목마는 실제로 절대 트리거되지 않을 것이다.

5.3.3 하드웨어 트로이목마 예제

이 절에서는 하드웨어 트로이목마의 몇 가지 예를 보여주고, 암호화 모듈과 범용 프로세서에서 잠재적인 트로이목마가 될 내용을 설명한다.

5.3.3.1 암호 엔진 안의 트로이목마

암호 엔진cryptoengine에서 실제로 가능한 트로이목마 공격은 보안 메커니즘을 파괴 하려고 시도하는 것이다. 민감한 암호화나 서명 확인 작업에 사용되는 실제 암호 화키 대신에 페이로드는 공격자가 미리 정의한 더미 키를 제공하는 메커니즘에서 부터, 예를 들어 전력 트레이스를 통해 유출된 정보를 사이드 채널side-channels 변환 을 통한 비밀 하드웨어 키를 유출하기까지 이른다. 그림 5.4는 사이드 채널 (MOLES)[8]에 의해 가능해지는 악의적인 오프 칩 누출off-chip leakage이라는 기술을 사 용해 암호 모듈 내부에서 비밀키를 전력 사이드 채널을 통해 유출하려고 시도하 는 트로이목마의 예를 보여준다. 다른 목적은 특정 작업에 대한 임의의 세션 키를 유도하는 데 사용되는 난수 생성기나 보안 감지 신호에 대한 테스트 모드 액세스 잠금을 해제하는 데 사용되는 디버그 암호를 알아내는 것일 수 있다. 또한 연구원들은 전송된 신호의 낮은 대역폭 변조를 사용함으로써 무선 채널을 통해 그러한 비밀 정보 유출을 보여줬다.

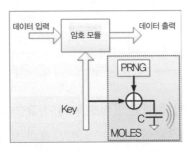

▲ 그림 5.4 전력 사이드 채널(power side-channels)을 통해 암호문 내부에서 비밀 정보를 유출할 수 있는 트로이목마의 예

5.3.3.2 범용 프로세서의 트로이목마

범용 프로세서에서 제조 시설 내부의 공격자는 소프트웨어 공격자가 현장에서 악용할 수 있는 백도어를 구현할 수 있다[10~13]. 예를 들어 최신 프로세서는 멀웨어가 보안키와 메모리 범위 보호와 같은 하드웨어 자산을 손상시킬 수 없도록 하드웨어 트러스트 체인을 구현한다. 펌웨어와 부팅 코드 인증의 여러 단계를 사용해 운영체제^{OS} 커널과 하이퍼바이저 같은 하위 레벨이 손상되지 않게 할 수 있다. 그러나 이러한 시스템에서도 신뢰할 수 없는 제조 시설의 공격자는 백도어를 구현할 수 있다. 백도어는 특수한 상황에서 보안 부팅 메커니즘을 사용하지 못하게 하거나 최종 공격자가 고유한 입력 조건을 알고 있을 때 사용할 수 있다[10]. 마찬가지로 하드웨어 트로이목마를 사용해 실현할 수 있는 다른 목표는 버퍼 오버플로 공격을 사용해 메모리 범위 보호를 우회하거나 하드웨어에 구현된 액세스 제어 보호 메커니즘을 피함으로써 권한이 필요한 자산에 접근 권한을 얻는 것이다.

이 절에서는 ASIC$^{\text{Application-Specific Integrated Circuit}}$ 관점에서 트로이목마의 위협을 설명하

고, 다음 절에서는 FPGA 설계 흐름과 공급망에 대한 트로이목마의 위협을 설명한다.

5.4 FPGA 설계의 하드웨어 트로이목마

요즘 들어 FPGA는 통신과 데이터 센터에서부터 미사일 유도 시스템에 이르는 다양한 임베디드 애플리케이션에 널리 사용되고 있다. 불행히도 FPGA 생산의 아웃소싱과 신뢰할 수 없는 서드파티 IP의 사용은 트로이목마가 삽입될 수 있는 위협을 증가시켰다. FPGA 기반 트로이목마는 일반 FPGA 패브릭fabric에 로드돼 FPGA가 배포된 시스템에서 악의적인 활동(예, 서비스 거부와 누출)을 유발하는 IP 블록(하드, 소프트, 펌) 형태일 수 있다. 이러한 FPGA IP 기반 트로이목마는 FPGA에 적용할 수 없는 레이아웃 기반의 트로이목마를 제외하고는 ASIC 설계 흐름에서 상대와 다소 유사하다. 그러나 FPGA 패브릭에 '미리 존재'하고 신뢰할 수 없는 파운드리나 공급업체에 의해 잠재적으로 삽입될 수 있는 트로이목마는 자신의 고유한 위협과 문제를 갖고 있다. FPGA는 룩업lookup 테이블, 블록 RAM, 프로그램 가능한 상호 연결의 형태로 많은 양의 재구성 가능한 논리를 포함하고 있으며, 임의의 순차적 설계나 결합적 설계를 구현하는 데 사용할 수 있다. 그러나 하드웨어 트로이목마를 로드하고 FPGA 통합 시스템에 영향을 미치거나 FPGA에 로드된 IP를 손상시킬 수 있는 악의적인 그룹(예, FPGA 파운드리나 FPGA 공급업체)에게 상당한 양의 재구성 가능한 논리가 공개될 수 있다 . 이러한 FPGA 장치별 하드웨어 트로이목마와 영향은 [14]에서 설명하고 있으며 아래에 요약돼 있다.

5.4.1 활성화 특징

FPGA의 하드웨어 트로이목마는 5.3.1절과 5.3.2절에 설명된 것(예, always-on 또는 triggered)과 같은 활성화하기 위한 특징을 가질 수 있다. 그러나 FPGA 장치 기반 하드웨어 트로이목마의 고유한 특성은 IP 종속적이거나 IP 독립적일 수 있다는 것이다.

5.4.1.1 IP 의존적인 트로이목마

악의적인 파운드리나 FPGA 업체는 FPGA 패브릭의 여러 룩업 테이블^{LUT}의 논리값을 모니터링할 수 있는 하드웨어 트로이목마를 구현할 수 있다. 일단 트리거되면 이러한 트로이목마는 다른 LUT 값을 손상시키거나 잘못된 값을 블록 RAM^{BRAM}에 로드하거나 구성 셀을 파괴할 수 있다. 임의의 IP가 FPGA에 로드될 수 있기 때문에 악의적인 파운드리나 공급업체가 FPGA 전체에 트리거 LUT를 배포해 트로이목마의 트리거 가능성과 오작동 가능성을 높일 수 있다.

5.4.1.2 IP 독립적인 트로이목마

악의적인 파운드리나 공급업체가 탑재된 IP와는 전혀 무관한 FPGA 칩에 트로이목마를 구현할 수도 있다. 이러한 트로이목마는 FPGA 리소스의 일부만 차지할 수 있으며, 디지털 클럭 매니저$^{DCM, Digital Clock Managers}$와 같이 IP 독립적이지만 중요한 FPGA 리소스를 오작동시킬 수 있다. 한 가지 잠재적인 공격 모드는 순차 회로에서 오류를 일으킬 수 있는 DCM 장치의 구성 SRAM 셀을 조작해 설계 클럭 주파수를 높이거나 낮추는 트로이목마다.

5.4.2 페이로드 특성

FPGA 장치 기반 트로이목마는 FPGA 자원의 오작동이나 FPGA에 탑재된 IP 유출과 같은 고유한 악의적인 영향을 줄 수 있다.

5.4.2.1 오작동

FPGA 디바이스의 하드웨어 트로이목마는 LUT나 SRAM 값을 손상시킴으로써 논리적인 오작동을 유발할 수 있다. 따라서 구현된 IP의 기능에 영향을 미치거나 FPGA 디바이스에 물리적 손상을 가져올 수 있다. 예를 들어 트리거된 하드웨어 트로이목마는 입력 I/O 포트를 설정해 출력 I/O 포트가 되도록 재프로그래밍할 수 있다. 그로 인해 프로그래밍하지 못하도록 구성 셀을 차단한다. 이로 인해 FPGA와 연결된 시스템 간에 높은 단락 전류short-circuit가 흐르게 돼 물리적 장치 오류가 발생한다.

5.4.2.2 IP 유출

오늘날 FPGA는 FPGA 장치에 로드된 IP를 보호하고자 비트스트림 암호화 기능을 제공한다. 비트스트림 암호화는 소프트웨어에 의한 직접 또는 허가받지 않은 리드백readback을 막아준다. 하드웨어 트로이목마는 해독키나 전체 IP를 유출해 이러한 보호 대책을 회피할 수 있다. 트로이목마는 암호 해독키를 비휘발성 메모리 또는 실제로 암호 해독된 IP에서 가져올 수 있다. 암호 해독된 IP는 숨겨진 사이드 채널(예, 전력 트레이스)이나 JTAG, USB, I/O 포트를 통해 추출할 수 있다.

5.5 하드웨어 트로이목마 분류 체계

하드웨어 트로이목마를 더 많이 이해하고 효과적인 방어 수단을 만들려면 유사한 트로이목마를 그룹화해 시스템의 특성을 체계적으로 연구할 수 있는 프레임워크가 필요하다. 그런 다음 대응책을 비교하기 위한 기준이 되는 벤치마크와 함께 트로이목마 클래스별로 탐지, 완화, 보호 기술을 개발할 수 있다. 또한 아직 관찰되지 않은 트로이목마의 클래스에 대해 실험적으로 구현할 수 있으므로 사전에 방어를 구축할 수 있다.

분류 체계Taxonomy(분류법)는 하드웨어 트로이목마의 물리적, 활성화, 기능적 특성을 기반으로 개발됐다. 이와 관련해 하드웨어 트로이목마는 다섯 가지 속성으로 분류된다. (1) 삽입 단계, (2) 추상화 레벨, (3) 활성화 메커니즘, (4) 페이로드, (5) 위치(그림 5.5)가 그것이다[15].

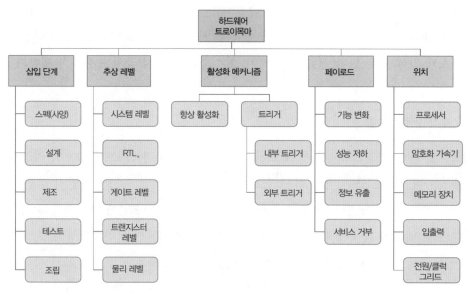

▲ 그림 5.5 하드웨어 트로이목마의 분류

5.5.1 삽입 단계

하드웨어 목마는 SoC 설계 흐름 전반에서 삽입될 수 있다. 앞서 언급한 트로이목마의 특성에서 알 수 있듯이 트로이목마는 삽입되는 단계에 따라 분류될 수도 있다.

5.5.1.1 스펙 단계

이 단계에서 칩 설계자는 목표 환경, 예상 기능, 크기, 전력, 지연과 같은 시스템 특성을 정의한다. 이 단계에서 SoC 개발은 기능 명세나 다른 설계 제약이 변경될 수 있다. 예를 들어 스펙 단계에서 트로이목마는 하드웨어의 타이밍 요구 사항을 변경할 수 있다.

5.5.1.2 설계 단계

개발자는 설계에서 타깃 기술에 매핑할 때 기능적, 논리적, 타이밍, 물리적 제약을 고려한다. 이 시점에서 서드파티 IP 블록과 표준 셀을 사용할 수 있다. 트로이목마는 설계를 돕는 구성 요소 중 하나일 수 있다. 예를 들어 표준 셀 라이브러리는 트로이목마로 변조될 수 있다.

5.5.1.3 제조 단계

이 단계에서 개발자는 마스크 세트^{mask set}를 생성하고 웨이퍼를 사용해 마스크를 만든다. 미세한 마스크 변경은 심각한 영향을 미칠 수 있다. 극단적인 경우 공격자는 다른 마스크 세트로 대체할 수 있다. 또한 제조 과정에서 화학 물질이 변경돼 전원 공급 장치와 클럭 그리드^{clock grids} 같은 중요한 회로에서 전자 이동을 증가시켜 고장을 가속화할 수 있다.

5.5.1.4 테스트 단계

IC 테스트 단계는 하드웨어 신뢰에 중요한 단계인데, 트로이목마 삽입 가능성이 높을 뿐만 아니라 트로이목마 검색을 위한 기회이기도 하기 때문이다. 테스트는 신뢰할 수 있는 방식으로 수행됐을 때만 탐지에 유용하다. 예를 들어 제작 단계에서 트로이목마를 삽입한 공격자들은 테스트 중에 트로이목마가 탐지되지 않도록 테스트 벡터를 제어하려고 할 것이다. 신뢰할 수 있는 테스트를 통해 테스트 벡터가 비밀리에 유지되고 충실히 적용되며, 지정된 작업이 수락/거부되고 비닝^{binning}이 충실하게 수행된다. 공격자는 자동 테스트 패턴 생성^{ATGP} 도구를 통해 ND^{Not}

^{Detected} 오류를 활용할 수 있다. 그렇게 함으로써 이러한 ND 결함을 사용하는 트로이목마는 절대로 활성화되지 않는다.

5.5.1.5 조립 단계

개발자는 테스트된 칩과 기타 하드웨어 구성 요소를 인쇄 회로 기판^{PCB}에 조립한다. 두 개 이상의 구성 요소가 상호작용하는 시스템의 모든 인터페이스는 잠재적으로 트로이목마가 삽입될 수 있는 곳이다. 시스템의 모든 IC가 신뢰할 수 있다고 해도 악의적인 조립은 시스템에 보안 결함을 초래할 수 있다. 예를 들어 PCB상의 노드에 연결된 비차폐 와이어^{unshielded wire}가 보드상의 신호와 전자기 환경 사이에 의도하지 않은 전자기 커플링에 노출될 수 있다. 공격자는 이것을 정보 유출과 결함 삽입에 악용할 수 있다.

5.5.2 추상 레벨

트로이목마 회로는 다양한 하드웨어 추상화 레벨에서 삽입될 수 있다. 해당 기능과 구조는 삽입되는 추상화 레벨에 따라 좌우된다.

5.5.2.1 시스템 레벨

시스템 레벨에서 서로 다른 하드웨어 모듈, 상호 연결, 사용되는 통신 프로토콜이 정의된다. 이 레벨에서 트로이목마는 타깃 하드웨어의 모듈에 의해 트리거될 수 있다. 예를 들어 키보드 입력이 되는 ASCII 값을 바꿀 수 있다.

5.5.2.2 레지스터 전송 레벨

RTL에서 칩 설계자는 각 기능 모듈을 레지스터, 신호, 불리언^{Boolean} 기능으로 기술한다. 공격자가 설계의 기능을 완벽하게 제어할 수 있기 때문에 트로이목마를 쉽게 설계하고 RTL에 삽입할 수 있다. 예를 들어 레지스터 전송 레벨$^{Register- Transfer}$ ^{Level}에서 구현된 트로이목마는 라운드 카운터를 하나가 아닌 두 단계로 진행해 암호화 알고리즘의 라운드를 반으로 줄일 수 있다.

5.5.2.3 게이트 레벨

이 레벨에서 SoC는 논리 게이트의 상호 연결로 표현된다. 공격자는 크기와 위치를 포함해 삽입된 트로이목마의 모든 측면을 면밀하게 제어할 수 있다. 예를 들어 트로이목마는 칩의 내부 신호를 모니터링하는 기본 게이트(AND, OR, XOR 게이트)로 구성된 간단한 비교기^{comparator}일 수 있다.

5.5.2.4 트랜지스터 레벨

칩 설계자는 트랜지스터를 사용해 논리 게이트를 제작한다. 이 레벨은 트로이목마 설계자가 전원, 타이밍과 같은 회로 특성을 제어할 수 있게 한다. 공격자는 개별 트랜지스터를 삽입, 제거하거나 회로 기능을 변경하거나, 또는 트랜지스터 크기를 변경해 회로 매개변수를 변경할 수 있다. 예를 들어 트랜지스터 레벨의 트로이목마는 크리티컬 패스에서 더 많은 지연을 유발할 수 있는 낮은 게이트 폭을 가진 트랜지스터일 수 있다.

5.5.2.5 물리 레벨

이 레벨은 모든 회로 부품의 크기와 위치를 형성하며, 트로이목마를 삽입할 수 있는 설계의 물리 레벨이다. 공격자는 회로 요소 사이의 거리와 와이어^{wires}의 길이를 수정하고 메탈 레이어를 재할당해 트로이목마를 삽입할 수 있다. 예를 들어 클럭 와이어[clock wires]의 폭 변경과 칩의 타이밍 크리티컬 네트워크 또는 메탈 와이어로 인해 클럭 스큐[clock skew]가 발생할 수 있다

5.5.3 활성화 메커니즘

일부 트로이목마는 항상 켜지도록 설계되고, 어떤 트로이목마는 실행될 때까지 휴면 상태로 유지된다. 트리거되는 트로이목마는 활성화되는 데 내부나 외부 이벤트가 필요하다. 일단 트리거가 트로이목마를 활성화시키면 지정된 시간 이후 영원히 활성화되거나 휴면 상태로 돌아갈 수 있다.

5.5.3.1 내부 트리거

내부적으로 트리거되는 트로이목마는 타깃 장치 내의 이벤트에 의해 활성화된다. 이벤트는 시간 기반이나 물리적인 조건 기반일 수 있다. 설계된 카운터는 미리 설정된 시간에 트로이목마를 트리거해 실리콘 시한폭탄[silicon timebomb]이 될 수 있다. 마찬가지로 칩 온도가 특정 임곗값을 초과하면 트로이목마가 트리거될 수 있다.

5.5.3.2 외부 트리거

외부에서 트리거되는 트로이목마는 활성화하려면 타깃 모듈에 대한 외부 입력이 필요하다. 외부 트리거로는 사용자 입력이나 컴포넌트 출력이 될 수 있다. 그중 사용자 입력 트리거는 시스템의 입력 데이터 스트림에 있는 푸시 버튼, 스위치, 키보드, 키워드 구문이 있으며, 컴포넌트 출력 트리거[Component-output triggers]는 타깃 장치와 상호작용하는 컴포넌트 중 하나일 수 있다. 예를 들어 암호화 모듈의 트로이목마는 적용된 일반 텍스트 입력에서 트리거 조건을 유도하고, 특정 일반 텍스트나 일반 텍스트와 작동 조건의 조합이 발견될 때 트리거한다.

또한 트리거된 트로이목마는 두 가지 카테고리((1)아날로그 트리거, (2)디지털 트리거)로 분류할 수 있다. 아날로그 트리거 트로이목마는 온도와 전압 같은 아날로그 신호로 트리거된다. 디지털 트리거 트로이목마는 플립플롭flip-flops 상태와 같은 논리 조건, 논리 네트 상태, 카운터, 클럭 신호, 데이터, 명령이나 인터럽트와 같은 논리 조건에 의해 트리거된다.

5.5.4 페이로드

또한 트로이목마는 페이로드에 의해, 즉 활성화될 때 발생하는 악의적인 영향으로 특징될 수 있다. 타깃 하드웨어나 시스템에 대한 이러한 악의적인 동작의 심각성은 미묘한 장애에서부터 치명적인 시스템 장애까지 다양하다.

5.5.4.1 기능 변경

트로이목마는 타깃 장치의 기능을 변경할 수 있으며, 제조 테스트 중에 감지하기 어려운 미묘한 오류를 일으킬 수 있다. 예를 들어 트로이목마는 오류 탐지 모듈이 거부해야 하는 입력을 허용하도록 할 수 있다.

5.5.4.2 성능 저하

트로이목마는 장치 매개변수를 의도적으로 변경해 성능을 다운그레이드할 수 있다. 여기에는 전원과 지연 같은 기능, 인터페이스나 매개변수 특성이 포함된다. 예를 들어 트로이목마는 칩의 상호 연결에 더 많은 버퍼를 삽입할 수 있으므로 더 많은 전력을 소비하게 돼 배터리를 빨리 소모할 수 있다.

5.5.4.3 유출 정보

트로이목마는 비밀 채널과 공개돼 있는 채널 모두를 통해 정보 유출이 가능하다. 민감한 데이터는 무선 주파수, 광이나 열전력, 타이밍 사이드 채널, RS-232, JTAG Joint Test Action Group와 같은 인터페이스를 통해 유출될 수 있다. 예를 들어 트로이목마는 사용되지 않는 RS-232 포트를 통해 암호화 알고리즘의 비밀키를 유출할 수 있다.

5.5.4.4 서비스 거부

DoS Denial-of-Service 트로이목마는 타깃 모듈이 대역폭, 계산, 배터리 전원과 같은 부족한 리소스를 소모하게 할 수 있다. 예를 들어 프로세서가 특정 주변장치의 인터럽트를 무시하게 해 장치의 구성을 물리적으로 파괴하거나 비활성화하거나 변경할 수 있다. DoS는 일시적이거나 영구적일 수 있다.

5.5.5 위치

하드웨어 트로이목마는 단일 구성 요소에 삽입되거나 프로세서, 메모리, 입출력, 전원 공급 장치, 또는 클럭 그리드 clock grid와 같은 여러 구성 요소에 분산될 수 있다. 여러 구성 요소에 분산된 트로이목마는 서로 독립적으로 또는 그룹으로 함께 작동해 공격 목적을 달성할 수 있다.

5.5.5.1 랜덤 논리

트로이목마는 SoC의 랜덤 논리 부분에 삽입될 수 있다. 그러한 트로이목마의 탐지는 랜덤 논리의 기능을 이해하기가 어렵기 때문에 난관에 부딪치게 된다. 따라서 효과적인 테스트 자극의 생성을 제한한다. SoC에서 그러한 논리의 크기는 상당히 클 수 있다.

5.5.5.2 처리 장치

프로세서의 일부인 논리 장치에 내장된 트로이목마는 이 범주로 묶을 수 있다. 예를 들어 프로세서의 트로이목마가 명령의 실행 순서를 변경할 수 있다.

5.5.5.3 암호화 가속기

암호 모듈Cryptomodule은 개인키와 민감한 일반 텍스트와 같은 곳에서 동작하므로 트로이목마 삽입을 위한 타깃이 될 수 있다. 암호 모듈에 있는 트로이목마는 비밀키를 유출하거나(기밀성에 대한 공격) 키를 대체할 수 있으며(무결성에 대한 공격), 전체 시스템의 보안을 손상시킬 수 있다.

5.5.5.4 메모리 장치

메모리 블록과 메모리 블록 인터페이스 유닛 안의 트로이목마는 이 범주에 속한다. 이러한 트로이목마는 메모리에 저장된 값을 변경하고, 예를 들어 SoC에서 프로그램 가능한 읽기 전용 메모리의 내용을 변경하는 등 특정 메모리 위치에 대한 블록 읽기나 블록 쓰기 액세스를 변경할 수 있다.

5.5.5.5 입력/출력 포트

트로이목마는 칩의 주변장치나 PCB 내에 있을 수 있다. 이러한 주변장치는 외부 구성 요소와 인터페이스해 트로이목마가 프로세서와 시스템의 외부 구성 요소 간의 데이터 통신을 제어할 수 있게 한다. 예를 들어 트로이목마는 JTAG 포트를 통해 들어오는 데이터를 변경할 수 있다.

5.5.5.6 전원 공급 장치

최신 SoC에는 많은 전압 아일랜드^{voltage islands}, 많은 수의 로컬 분산 전압 조절기와 동적 전압/주파수 시스템을 포함하고 있는데, 현장에서 칩이 노화함에 따라 VDD를 변경해 칩 주파수를 현장에서 조정한다. 트로이목마는 적에 의해 삽입돼 칩에 공급되는 전압과 전류를 변경해 고장을 일으킬 수 있다.

5.5.5.7 클럭 그리드

클럭 그리드의 트로이목마는 클럭 주파수를 변경하고 칩에 공급되는 클럭에 결함 ^{glitches}을 삽입하고 결함 공격을 시작할 수 있다. 또한 칩에서 기능 모듈의 나머지 부분에 공급되는 클럭 신호를 동결시킬 수도 있다. 예를 들어 트로이목마는 칩의 특정 부분에 공급되는 클럭 신호의 왜곡을 증가시켜 짧은 경로에서 홀드 타임 ^{hold-time} 위반을 일으킬 수 있다.

5.6 트러스트 벤치마크

'트러스트 벤치마크^{trust benchmarks}'는 벤치마크 회로(RTL, 게이트 또는 레이아웃 레벨의 일반 회로)로 트로이목마의 영향과 다양한 트로이목마 탐지 기술의 효율성[16]을 비교하기 위해 탐지하기 어렵고 영향을 주는 주요 위치(예, 레어 노드와 레이아웃 화이트 스페이스^{white-space})에 의도적으로 트로이목마를 삽입하는 것이다. 현재 트러스트 벤치마크는 http://www.trust-hub.org/benchmarks.php에서 확인할 수 있다.

각 벤치마크는 트러스트 벤치마크의 중요한 기능을 알려주는 문서와 함께 제공되는데, 기능은 예를 들어 트리거 확률(게이트/레이아웃 레벨 트로이목마를 위한), 정확한 트로이목마의 영향, 트로이목마를 트리거하는 데 필요한 입력 조합(RTL/게이트

226

레벨의 경우), 트로이목마 유도 지연^{Trojan-induced delay} 또는 커패시턴스와 트로이목마
/전체 회로의 크기 등이 있다. 또한 일부 벤치마크에는 트로이목마가 없는 동일한
회로의 버전인 '골든 모델'이 제공된다. 이 골든 모델은 다양한 공격 모델에 대한
트러스트 벤치마크 분석에 필수적 요소다. 대부분의 트러스트 벤치마크에는 두 가
지 테스트 벤치가 포함돼 있으며, 그중 하나는 골든 모델(디버깅과 테스트 목적)과
함께 사용될 수 있고 다른 하나는 트로이목마를 트리거하는 데 사용될 수 있다.
RTL 트러스트 벤치마크의 경우 테스트 벤치는 Verilog/VHDL 포맷으로 트로이목
마 트리거가 지정돼 있다. 넷리스트/게이트 레벨 벤치마크의 경우 정확한 트로이
목마 테스트 패턴이 제공된다. 마지막으로 각 트러스트 벤치마크에 대한 문서에
는 삽입된 트로이목마의 정확한 형태와 위치가 포함돼 있다. 예를 들어 RTL 트로
이목마의 경우 트로이목마를 구현하는 RTL 코드 부분이 문서화돼 있다. 게이트
레벨 회로의 경우 트로이목마 목록도 제공된다. 트로이목마의 정확한 위치와 구
현은 연구자가 탐지를 정확히 하고자 결과를 쉽게 보여줄 수 있도록 제공됐다. 그
러나 이러한 정보는 트로이목마의 구현과 위치를 미리 고려하는 것이 탐지 기
법을 부당하게 편향시킬 수 있으므로, 반드시 사후 정보만 사용해야 한다는 점
에 유의해야 한다. 마지막으로 보통 트로이목마 벤치마킹은 지속적으로 트로
이목마의 분류학을 다루고 기존 분류를 개선하기 위한 벤치마크가 개발되고 있
음을 알아두자.

지금까지 개발된 약 100개 벤치마크의 대표 벤치마크 중 일부는 다음과 같다.

5.6.1 벤치마크 명명 규칙

트러스트 벤치마크는 트러스트 벤치마크 회로의 각 트로이목마 벤치마크에 고유
한 이름을 할당하고자 DesignName-Tn#$의 명명 규칙을 따른다. 각 항목에 대한
설명은 다음과 같다.

- **DesignName:** 트로이목마가 없는 메인 설계의 이름이다.
- **Tn(트로이목마 번호):** 최대 두 자리 숫자다. 서로 다른 설계에서 동일한 트로이목마 숫자를 가진 경우 같은 트로이목마를 나타내지는 않는다.
- **#(배치 번호):** 마지막에서 이전 두 번째 숫자는 회로에서 동일한 트로이목마의 다른 배치를 나타내며, 0에서 9까지의 범위를 가진다.
- **$(버전 번호):** 벤치마크 이름의 마지막 숫자는 트로이목마의 버전을 나타내며, 0에서 9까지의 범위를 갖고 있다. 이는 같은 배치의 동일한 트로이목마의 새 버전이 개발됐을 경우 추가되는 기능이다. 버전 번호는 이전 버전과 새 버전을 구별한다.

예를 들어 MC8051-T1000은 트로이목마 번호 10(T10)이 마이크로컨트롤러 8051 (MC 8051)의 위치 번호 0에 삽입됐고, 버전은 0임을 나타낸다. 또 다른 예로 dma-T1020은 트로이목마 번호 10(T10)과 위치 번호 2의 DMA 회로에 삽입됐으며 버전은 0이다. 설명한 바와 같이 DMA의 트로이목마 T10은 반드시 MC8051의 트로이목마 T10과 동일하지는 않다.

5.6.2 트러스트 벤치마크 예제

다음은 동봉된 트로이목마의 간략한 설명이 포함된 일부 벤치마크다.

- **삽입 단계 – 제작:** 게이트를 추가/제거하거나 GDSII 개발 중 회로 레이아웃을 변경하고 제조 과정에서 마스크를 사용해 트로이목마를 구현할 수도 있다.
  샘플 벤치마크: EthernetMAC10GE-T710은 특정 16비트 벡터를 찾는 조합 비교기 회로에 의해 트리거되는 트로이목마를 포함한다. 트로이목마 활성화 확률은 6.4271e-23이다. 트로이목마가 트리거되면 페이로드는 회로의 내부 신호를 제어한다.

- **추상화 레벨 – 레이아웃:** 회로 마스크를 변경하거나, 게이트를 추가/제거, 또는 게이트와 상호 연결 구조를 변경해 회로 안정성에 영향을 주어 트로이목마를 실현할 수 있다.

  샘플 벤치마크: EthernetMAC10GE-T100에는 중요한 경로에 트로이목마가 있다. 특정 네트[net]는 커플링 커패시턴스를 증가시키고자 넓혀져서 크로스토크[crosstalk1]를 가능하게 한다.

- **활성화 메커니즘 – 외부 트리거:** 외부 활성화된 입력과 같은 특정 외부 조건으로 트로이목마가 활성화된다.

  샘플 벤치마크: RS232-T1700에는 조합 비교기 프로그램에 의해 트리거되는 트로이목마가 포함돼 있다. 트리거 입력 확률은 1.59e-7이며 외부 제어된다. 트로이목마가 트리거될 때마다 페이로드는 특정 출력 포트를 제어한다.

- **효과 – 기능 변경:** 활성화 후 트로이목마는 회로 기능을 변경한다.

  샘플 벤치마크: RS232-T1200에는 확률 8.47e-11의 순차 비교기에 의해 트리거되는 트로이목마가 포함돼 있다. 트로이목마가 트리거될 때마다 페이로드는 특정 출력 포트를 제어한다.

- **위치 – 전원 공급 장치:** 칩 전원 네트워크에 트로이목마를 배치할 수 있다.

  샘플 벤치마크: EthernetMAC10GE-T400은 회로 레이아웃의 한 부분에서 좁은 전력선으로 수정된다.

- **물리적 특성 – 매개변수:** 와이어 두께와 같은 회로 매개변수를 변경해 트로이목마를 실행할 수 있다.

  샘플 벤치마크: EthernetMAC10GE-T100에는 중요한 경로에 트로이목마가 있다. 이 트로이목마는 특정 내부 와이어를 넓혀 타이밍 위반을 유발한다.

---

1. 선 간의 결합에 의한 신호와 노이즈의 전파를 뜻함 – 옮긴이

분류	트로이목마 타입	No	주요 회로
삽입 단계	스펙(사양)	0	–
	설계	80	AES, BasicRSA, MC8051, PIC16F84, RS232, s15850, s35932, s38417, s38584
	테스트	0	–
	조립	0	–
추상화 레벨	RTL	51	AES-T100, b19, BasicRSA, MC8051, PIC16F84, RS232
	게이트	25	b19, EthernetMAC10GE, RS232, s15850, s35932, s38417, s38584, VGA LCD
	레이아웃	12	EthernetMAC10GE, MultPyramid, RS232
활성화 메커니즘	항상 활성화	11	AES-T100, MultPyramid, EthernetMAC10GE
	트리거	79	AES, b19, BasicRSA, MultPyramid, PIC16F84I, RS232, s15850
페이로드	기능 변경	35	b19, Ethernet MAC10GE, MC8051, RS232, s15850, s35932, s38417, s38584
	성능 저하	3	EthernetMAC10GE, MultPyramid, s35932
	유출 정보	24	AES, BasicRSA, PIC16F84, s35932, s38584
	서비스 거부	34	AES, BasicRSA, EthernetMAC10GE, MC8051, MultPyramid, PIC16F84, RS232
위치	프로세서	26	b19, b19, BasicRSA, MC8051, MultPyramid, PIC16F84, s15850, s35932, s38417, s38584
	암호화 모듈	25	AES-T100 to T2100, BasicRSA-T100
	메모리	0	–
	입출력	4	MC8051, wb_conmax
	전원 공급 장치	2	MC8051-T300, wb_conmax
	클럭 그리드	2	EthernetMAC10GE

표 5.1에는 지금까지 개발된 트러스트 벤치마크의 전체 목록이 나와 있다. 트로이목마 분류에 기반을 두고 각 유형에 사용할 수 있는 트러스트 벤치마크 수와 트로이목마가 삽입된 메인 회로/벤치마크의 이름을 포함해 분류된다. 예를 들어 표 5.1은 '추상화 레벨' 행 아래에 25개의 트로이목마가 게이트 레벨에 삽입되고, 51개가 RTL에 삽입되며, 12개가 레이아웃 레벨에 삽입됨을 보여준다. 또 다른 예로 '페이로드' 행은 35개의 트로이목마가 회로 기능을 변경하고, 회로 성능을 저하시키며, 칩 외부로 누출 정보를 전달하고, 활성화될 때 서비스 거부 공격을 수행함을 보여준다. 일부 벤치마크는 둘 이상의 범주에 속한다. 현재 Trust-Hub 웹 사이트에는 총 91개의 트러스트 벤치마크가 있다.

5.7 하드웨어 트로이목마에 대한 대책

몇 년 동안 여러 가지 트로이목마 탐지 방법이 개발됐다. 이러한 접근 방식은 트로이목마 탐지와 예방의 두 가지 큰 범주로 분류되며, 각각 그림 5.6과 같이 여러 하위 범주로 분류할 수 있다.

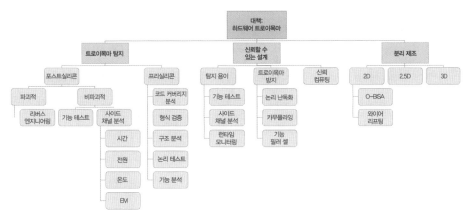

▲ 그림 5.6 하드웨어 트로이목마 대책의 분류

5.7.1 트로이목마 탐지

트로이목마 탐지는 하드웨어 트로이목마를 처리하는 가장 직접적이고 일반적으로 사용되는 방법이다. 보조 회로supplementary circuitry 없이 기존 설계와 제조된 SoC를 검증하는 것을 목표로 한다. SoC 설계를 검증하고자 설계 단계(즉, 프리실리콘)에서 수행되거나 제조된 SoC를 검증하기 위한 제조 단계(즉, 포스트실리콘) 이후에 수행된다.

5.7.1.1 포스트실리콘 트로이목마 탐지

이 기술은 칩을 가공한 후에 수행된다. 그림 5.6과 같이 파괴적 방법과 비파괴적 방법으로 분류할 수 있다.

파괴적 방법: 이 기술은 일반적으로 최종 제품의 신뢰도 검증을 재구성하고자 IC를 디패키지하고 각 레이어의 이미지를 얻는 데 파괴적 리버스 엔지니어링을 사용한다. 파괴적 리버스 엔지니어링은 매우 높은 확률로 IC에서 악의적인 수정을 발견할 수 있다는 확신을 주지만, 견고하고 복잡한 IC의 경우 비용이 많이 들고 시간도 몇 주에서 몇 달이 걸릴 수 있다. 또한 디패키지 과정이 끝나면 IC를 사용할 수 없으며, 단일 IC 샘플에 대한 정보만 얻을 수 있다. 최신의 복잡한 SoC로 인해 리버스 엔지니어링은 시간이 오래 걸리고 오류가 쉽게 발생할 수 있다. 따라서 리버스 엔지니어링된 전체 칩 구조를 얻으려면 리버스 엔지니어링 프로세스에서 의도하지 않은 오류를 일으킬 수 있으므로, 디프로세싱과 디패키징에 수십 개의 IC가 사용될 수 있다. 따라서 일반적으로 파괴적인 접근 방식은 트로이목마 탐지에 적합하지 않다. 그러나 제한된 수의 샘플에 대한 파괴적인 리버스 엔지니어링은 SoC의 골든 배치 특성을 얻기에 매력적일 수 있다. 바오Bao와 동료[17]는 골든 모델을 위해 트로이목마가 없는 IC를 식별하고자 단일 클래스 지원 벡터 머신SVM을 적용하는 머신러닝machine learning 방법을 제시했다.

기능 테스트: 이 기술은 테스트 벡터를 적용하고 응답을 올바른 결과와 비교해 트로이목마를 활성화하려고 시도한다. 효과적이려면 이러한 기술은 골든 리스폰스를 이용할 수 있어야 한다. 언뜻 보기에는 제조상의 결함을 탐지하기 위한 제조 테스트와 유사하지만, 기능적/구조적/무작위적인 패턴을 사용하는 기존의 제조 테스트는 하드웨어 트로이목마 탐지에는 부적합하다[12]. 지능적인 공격자는 매우 드문 조건에서 활성화되는 트로이목마를 설계할 수 있으므로, 제조 테스트 프로세스 중 구조적 테스트와 기능적 테스트에서 탐지되지 않을 수 있다. 뱅가[Banga], 샤오[Hsiao][18], 차크라보티[Chakraborty]와 동료[19]는 드물게 활성화된 네트[net]를 트리거하는 테스트 패턴 생성 방법을 개발하고 기본 출력에서 트로이목마의 효과를 관찰할 수 있는 가능성을 증가시켰다. 그러나 회로의 수많은 논리 상태로 인해 실제 설계의 모든 상태를 열거하는 것은 비현실적이다. 또한 원래 회로[20]의 기능을 변경하는 대신 예를 들어 안테나를 사용하거나 사양을 수정해 비기능적 수단을 통해 정보를 전송하는 트로이목마는 기능 검사에서 탐지하지 못한다.

사이드 채널 신호 분석: 지연[21, 22], 전력(일시적인[23], 누설 전력[24]), 온도[25], 방사선[26, 27]과 같은 회로 매개변수를 측정해 하드웨어 트로이목마를 탐지한다. 트로이목마 트리거/페이로드 활성화로 인한 추가 회로나 활동으로 인한 부작용(즉, 경로 지연, 전력, 열 또는 전자기 복사)을 이용한다. 그러나 대부분의 탐지 기술은 트로이목마에 감염된 IC를 식별하고자 '골든 IC(Trojan-free IC)'를 비교할 수 있다고 가정한다. 예를 들어 어그로월[Agrawal]과 동료[23]는 처음 트로이목마 회로 탐지를 위해 전력 소비와 전자기 발산[electromagnetic emanation] 같은 사이드 채널 프로파일의 사용을 설명했다. 프로세스는 다음과 같이 진행됐다. 제조된 IC 배치에서 무작위로 선택된 적은 수의 IC의 전원 특성 프로파일을 먼저 생성했다. 이 IC는 골든 마스터(Trojan-free IC)로 사용됐다. 일단 프로파일링된 골든 마스터는 엄격한 파괴적인 리버스 엔지니어링 단계를 거쳤으며 원래의 설계에 비해 조각조각 비교됐다. 트로이목마가 없는 IC는 정품 IC로 채택되며 프로필은 전원 템플릿으로 사용된다.

나머지 IC는 동일한 자극을 적용하고 전력 프로필을 구축함으로써 비파괴 방식으로 효율적으로 테스트할 수 있다. 프로파일은 골든 마스터에서 얻은 템플릿에 대한 주성분 분석과 같은 통계 기법을 사용해 비교됐다.

사이드 채널side-channel 분석 방법은 어느 정도 트로이목마를 탐지하는 데 성공할 수 있다. 그러나 어려움은 모든 게이트나 네트net의 높은 커버리지를 달성하고, 프로세스와 환경적 변화가 존재하는 상태에서 하드웨어 트로이목마의 작고 비정상적인 사이드 채널 신호를 추출하는 데 있다. IC의 형상 크기가 축소되고 트랜지스터의 수가 계속 증가함에 따라 프로세스 변동variations의 증가 수준은 트로이목마가 거의 트리거되지 않으며 낮은 오버헤드로 유발되는 작은 사이드 채널 신호를 쉽게 가릴 수 있다. 필러 셀filler cells이 다른 기능성 셀보다 반사율이 높다는 것을 관찰한 이후 최근에 저우Zhou와 동료[27]는 IC 레이아웃에 배치된 필러 셀에 기반을 둔 패턴을 생성하기 위한 백사이드 이미징 방법을 제시했다. 이 기술은 골든 칩을 필요로 하지 않지만, 시뮬레이션된 이미지와 측정된 광학 이미지를 비교하면 여전히 제조 프로세스의 차이가 있다. 추가적으로 도전할 만한 과제는 엄청난 시간이 걸리는 더 높은 해상도의 선명한 이미지를 얻는 것이다.

5.7.1.2 프리실리콘 트로이목마 탐지

이 기술은 SoC 개발자와 설계 엔지니어가 서드파티 IP3PIP 코어와 최종 설계를 검증하는 데 도움이 된다. 기존의 프리실리콘 검출 기술은 크게 코드 커버리지 분석, 형식 검증formal verification, 구조 분석, 논리 테스트, 기능 분석으로 분류할 수 있다.

코드 커버리지 분석: 코드 커버리지는 설계의 기능 검증 단계에서 실행된 코드 라인을 백분율로 정의한다. 이 메트릭은 설계의 기능적 시뮬레이션 완성도를 정량적으로 측정하게 해준다. 또한 코드 커버리지 분석을 통해 트로이목마의 일부분 일 수 있는 의심스러운 신호를 식별하고 3PIP의 신뢰성을 검증할 수 있다. 힉스Hicks와

동료[13]는 시뮬레이션 중에 실행되지 않은 RTL 코드 라인을 찾고자 UCI^{Unused Circuit} 라는 기술을 제시했다. 사용되지 않는 코드 라인은 악의적인 회로의 일부로 생각할 수 있다. 여기서 저자는 RTL 코드의 의심스러운 라인을 하드웨어 설계에서 제거하고 소프트웨어 수준에서 이를 에뮬레이트할 것을 제안했다. 그림 5.7은 UCI 기법에서 상위 레벨의 흐름을 보여준다. 그러나 이 기술은 3PIP의 신뢰성을 보장하지는 않는다. [28]에서 저자는 하드웨어 트로이목마가 UCI 기술을 무력화시킬 수 있음을 입증했다. 해당 유형의 트로이목마는 코드 커버리지 분석에서 탐지를 피하고자 발생 가능성이 낮은 이벤트에서 트리거하는 회로로 발전하게 된다.

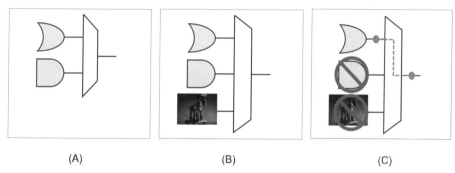

(A) (B) (C)

▲ 그림 5.7 UCI(Unused Circuit Identification) 기술의 상위 레벨 개요. (A) 설계자가 하드웨어 설계를 개발하고, (B) 불량 실체가 하드웨어 트로이목마를 설계에 삽입하며, (C) UCI 기술이 의심되는 회로를 식별하고 제거한다.

형식 검증^{Formal Verification}: 심볼릭 실행[29], 모델 검사[30], 정보 흐름[31]과 같은 정형적인 방법은 보안 버그를 찾고 테스트 커버리지를 개선하고자 소프트웨어 시스템에 전통적으로 적용돼 왔다. 또한 형식 검증은 3PIP의 신뢰성을 검증하는 데 효과적임이 밝혀졌다[32, 33]. 이러한 접근 방식은 IP의 보안 관련 속성을 정식으로 검증하고자 PCC^{Proof-Carrying Code} 개념을 기반으로 한다. SoC 통합자는 IP 공급업체에게 표준 기능 사양 외 일련의 보안 정보를 제공한다. 하드웨어 IP와 함께 이러한 정보에 대한 공식 증거^{formal proof}는 서드파티 업체에서 제공한다. SoC 통합자는 PCC를 사용해 증거를 검증한다. IP의 악의적인 수정은 이 증거를 침해해 하드웨어 트로이목마가 있음을 나타낸다. 그림 5.8은 PCC 기반 트로이목마 검출 기술의 개요를 보여준다.

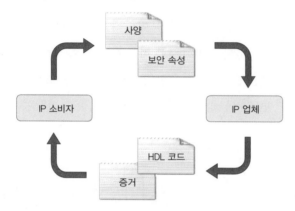

▲ 그림 5.8 PCC(proof-carrying code) 기반 트로이목마 탐지 기술 개요

라젠드란^{Rajendran}과 동료[34]는 하드웨어 트로이목마에 의해 3PIP에서 중요한 데이터의 악의적인 수정을 확인하는 기술을 제시했다. 제안된 기법은 BMC^{Bounded Model Checking}를 기반으로 한다. 여기서 BMC는 속성에 대해 "중요한 정보가 손상되는가?"를 확인하고 속성이 지정된 IP에서 위반되는지 여부를 보여준다. 또한 BMC는 속성을 위반하는 입력 패턴의 시퀀스를 보고한다. 보고된 입력 패턴에서 트로이목마의 트리거 조건을 추출할 수 있다. 또 다른 유사한 접근법이 3PIP에서 권한 없는 정보 유출을 정형적으로 확인하는 [35]에 나와 있다. 이 기술은 "설계에서 민감한 정보가 누출되는가?"라는 속성을 확인한다. 공간 폭발^{space explosion}의 문제로 인해 이러한 접근법의 한계는 모델 검사의 처리 능력이 상대적으로 제한된다는 것이다. 이러한 기술은 트로이목마 탐지를 위한 훌륭한 접근법을 제시하지만, 각각 특정한 문제점과 한계가 있다[36].

구조 분석: 구조 분석은 정량적 지표를 사용해 활성화 확률이 낮은 신호나 게이트를 의심스러운 것으로 표시한다. 살마니^{Salmani}와 동료[37]는 RTL 코드에서 문장을

실행하는 어려움을 평가하고자 '스테이트먼트 경도Statement Hardness'라는 측정 기준을 제시했다. '스테이트먼트 경도' 값이 큰 회로의 영역은 트로이목마 삽입에 더 취약하다. 게이트 레벨에서 공격자는 게이트 레벨의 넷리스트에서 탐지하기 어려운 영역을 대상으로 트로이목마를 삽입한다. 탐지하기 어려운 네트는 전환 가능성transition probability이 낮고 고착stuck at, 전환 지연transition delay, 경로 지연path delay, 브리징 오류bridging fault와 같은 잘 알려진 결함 테스트 기술을 통해 테스트할 수 없는 네트로 정의된다[38]. 탐지하기 어려운 영역에 트로이목마를 삽입하면 트로이목마를 유발할 가능성이 줄어들어 검증과 검증 테스트 중에 탐지되는 확률이 줄어든다. 테라니푸어Tehranipoor와 동료[5]는 게이트 레벨의 넷리스트에서 탐지하기 힘든 영역을 평가하기 위한 척도를 제안했다. 코드/구조 분석 기법의 한계는 트로이목마 탐지를 보장하지 않으며, 의심스러운 신호나 게이트를 분석하고 이것이 트로이목마인지 여부를 판단하고자 수동으로 후처리가 필요하다는 것이다.

논리 테스트: 논리 테스트의 주요 아이디어는 '포스트실리콘 트로이목마 탐지' 절에서 설명한 기능 테스트와 동일하다. 논리 테스트는 시뮬레이션으로 수행되는 반면, 기능 테스트는 입력 패턴을 적용하고 출력 응답을 수집하고자 테스터에서 수행해야 한다. 따라서 기능 테스트용 기존 기술은 논리 테스트에도 적용될 수 있다. 물론 논리 테스트는 기능 테스트의 장단점을 갖고 있다.

기능 분석: 기능 분석은 임의의 입력 패턴을 적용하고 IP의 기능적 시뮬레이션을 수행해 하드웨어 트로이목마와 비슷한 특성을 가진 의심스러운 IP 영역을 찾는다. 기능 분석과 논리 테스트의 기본적인 차이점은 논리 테스트가 트로이목마를 활성화하고자 특정 패턴을 적용하는 반면, 기능 분석은 임의의 패턴을 적용하는 것이고 이러한 패턴은 트로이목마를 트리거하지 않는다는 것이다. 왁스맨Waksman과 동료[39]는 FANCI(Nearly-Unused Circuit Identification)에 대한 기능 분석Functional Analysis for Functional Analysis이라는 기술을 제시했다. 이 기술은 입력-출력 종속성이 약한 네트를 의심스럽게 살펴보는 것이다. 이 접근법은 매우 드물기는 하지만 하드

웨어 트로이목마가 트리거된다는 것을 기반으로 한다. 따라서 트로이목마의 트리거 회로를 구현하는 논리는 일반적인 기능 작동 중에 거의 사용되지 않거나 휴면 상태다. 여기서는 출력 함수에 대한 각 입력 네트의 제어 가능성 정도를 정량화함으로써 '거의 사용되지 않는 논리'를 찾고자 '제어 값Control Value'이라는 측정 기준을 제안했다. '제어 값'은 무작위 입력 패턴을 적용하고 출력 전환 수를 측정해 계산된다. 네트의 제어 값이 사전 정의된 임곗값보다 낮으면 네트는 의심스러운 것으로 표시된다. 예를 들어 RSA-T100[16] 트로이목마의 경우 트리거 조건은 32'h44444444다(그림 5.9 참고).

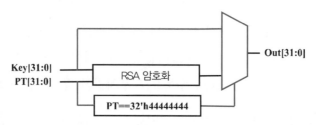

▲ 그림 5.9 RSA-T100 트로이목마. 이 트로이목마는 일반 텍스트(PT) 데이터가 32'h44444444일 때 개인키를 유출한다.

트리거 네트의 '제어 값'은 2^{-32}이며 사전에 정의된 임곗값보다 낮을 것으로 예상된다. FANCI의 주요 제한 사항은 이런 접근 방법이 다수의 오탐false-positive 결과를 가져오고 의심스러운 신호가 악의적인 조작을 수행하는지 확인하는 방법을 지정하지 않는다는 것이다. 또한 장Zhang과 동료[40]는 FANCI를 극복하고자 트로이목마 설계 방법을 보여줬다. 여기서는 트로이목마 회로를 설계하는데, 트리거 벡터가 여러 클럭 주기에 걸쳐 도착한다. 예를 들어 RSA-T100 트로이목마의 경우 트리거 시퀀스는 4 사이클에 걸쳐 발생될 수 있으므로 트리거 네트워크의 '제어 값'은 2^{-8}이다. 또한 FANCI는 'Always On' 트로이목마를 식별할 수 없다. 이와 같은 트로이목마는 평생 동안 활성화 상태를 유지하며 트리거 회로를 갖고 있지 않다.

[41]의 저자는 하드웨어 트로이목마의 잠재적 트리거링 입력을 식별하고자 VeriTrust

라는 기술을 제시했다. 제안된 기법은 하드웨어 트로이목마의 트리거링 회로의 입력 포트가 정상 작동 중에 휴면 상태를 유지하므로 회로의 정상적인 논리 기능에 중복된다는 것에 기초한다. VeriTrust는 다음과 같이 작동한다. 먼저 무작위 입력 패턴을 사용해 IP의 기능 시뮬레이션을 수행하고, SOP$^{\text{Sum Of Product}}$와 POS$^{\text{Product-Of-Sum}}$의 형태로 입력 포트의 활성화 기록을 추적한다. 그런 다음 VeriTrust는 기능 시뮬레이션 중에 비활성화된 SOP와 POS를 분석해 중복 입력을 식별한다. 이런 중복 입력 신호는 하드웨어 트로이목마의 잠재적 트리거링 입력이 된다. VeriTrust 기술은 하드웨어 트로이목마의 구현 스타일과 독립적이다. 그러나 이 기술은 불완전한 기능 시뮬레이션과 정상 기능에 속하는 활성화되지 않은 항목으로 인해 다수의 오탐 결과를 가져온다. 또한 [40]의 저자는 트로이목마 트리거 회로가 입력을 트리거하는 것 외에도 기능 입력의 하위 집합에 의해 구동되게 함으로써 VeriTrust를 무력화시킬 수 있는 트로이목마를 설계했다. VeriTrust는 FANCI와 공통된 제한 사항을 갖고 있는데, 즉 'Always On' 트로이목마를 식별할 수 없다.

5.7.2 신뢰할 수 있는 설계

앞 절에서 설명한 것처럼 은밀하고 낮은 오버헤드 하드웨어 트로이목마의 탐지는 기존 기술로 여전히 어렵다. 잠재적으로 좀 더 효과적인 방법은 신뢰할 수 있는 설계를 통해 설계 단계에서 트로이목마 문제에 대한 계획을 세우는 것이다. 이 방법론은 목적에 따라 네 가지 클래스로 분류된다.

5.7.2.1 탐지 용이

기능 테스트: 입력으로 트로이목마를 트리거하고 출력으로 트로이목마의 영향을 관찰하는 것은 트로이목마의 은밀한 속성으로 인해 쉽지 않다. 설계에서 통제할 수 없고 관찰할 수 없는 다량의 네트가 있다면 이는 트로이목마 활성화 가능성을

크게 방해한다. 그렇기에 살마니^{Salmani}와 동료[42] 및 저우^{Zhou}와 동료[43]는 회로에 테스트 포인트를 삽입함으로써 노드의 제어 가능성과 관찰 가능성을 증가시키려고 시도했으며, 또 다른 접근 방식으로 2 대 1 멀티플렉서를 통해 DFF의 두 출력, Q와 $\overline{Q}$를 멀티플렉싱하고 둘 중 하나를 선택할 것을 제안하기도 했다. 이것은 설계의 상태 공간을 확장시키고 트로이목마의 영향을 회로 출력으로 자극/전파시켜 감지할 수 있게 한다[18]. 이러한 접근법은 기능 테스트 기반 탐지 기술뿐만 아니라 트로이목마 회로의 부분적 활성화가 필요한 사이드 채널 기반 방법에도 도움이 된다.

사이드 채널 신호 분석: 사이드 채널 기반 감지 접근법의 감도를 높이고자 여러 가지 설계 방법이 개발됐다. 트로이목마가 소비할 수 있는 전류의 양은 너무 적어 노이즈와 프로세스 변형 효과 안에 숨길 수 있으며, 따라서 기존 측정 장비로는 감지할 수 없을 수도 있다. 그러나 트로이목마 감지 기능은 로컬에서 여러 개의 전원 포트/패드에서 전류를 측정해 크게 향상시킬 수 있다. 그림 5.10은 [44]에서 제시된 하드웨어 트로이목마 탐지를 위한 전류(충전) 통합 방법론을 보여준다. 살마니와 테라니푸어^{Tehranipoor}[45]는 하나의 영역 내에서 스위칭 활동을 로컬화함으로써 백그라운드 사이드 채널 신호를 최소화하면서 스캔 셀 재정렬^{scan-cell reordering} 기술을 통해 다른 영역에서 신호 활동을 최소화할 것을 제안했다. 또한 새로 개발된 일부 구조나 센서는 회로에서 구현돼 기존 측정과 비교해 높은 감지 감도를 제공한다. 선택된 짧은 경로 집합에 대한 링 오실레이터^{RO} 구조[46], 섀도 레지스터[47], 지연 요소[48]가 경로 지연 측정을 위해 삽입된다. RO 센서[49]와 과도 전류 센서[50, 51]는 각각 트로이목마에 의한 전압과 전류 변동의 감도를 향상시킬 수 있다. 게다가 공정 변화 센서의 통합은 모델이나 측정을 보정할 수 있으며, 제조 변동에 의해 유발되는 노이즈를 최소화할 수 있다.

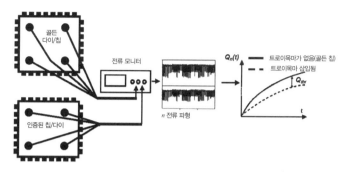

▲ 그림 5.10 최근 통합(충전) 방법

런타임 모니터링: 프리실리콘과 포스트실리콘 테스트 중에 모든 유형과 크기의 트로이목마를 트리거하는 것은 매우 어렵다. 임계 연산$^{critical\ computations}$을 런타임으로 모니터링하면 하드웨어 트로이목마 공격과 관련해 신뢰 수준이 크게 높아질 수 있다. 이러한 런타임 모니터링 접근법은 칩 동작[10, 54]이나 과도 전력[50, 55], 온도 [25]와 같은 작동 조건을 모니터링하고자 기존 구조나 보완적인 온칩$^{on-chip}$ 구조를 활용할 수 있다. 성능 오버헤드가 있지만 신뢰성 있는 작동을 위해 비정상이 검출될 때 칩을 비활성화하거나 바이패스할 수 있다. 진과 동료[56]는 온칩 아날로그 획득 네트워크를 통해 얻은 측정을 기반으로 신뢰할 수 없는 회로 기능과 신뢰할 수 있는 기능을 구별할 수 있는 온칩 아날로그 신경망 설계를 제시한다.

5.7.2.2 트로이목마 삽입 방지

이 기술은 공격자의 하드웨어 트로이목마 삽입을 저지하려고 시도하는 예방 메커니즘으로 구성된다. 일반적으로 공격자는 목표로 하는 트로이목마를 삽입하려면 먼저 설계의 기능을 이해해야 한다. 디자인 하우스에 속해 있지 않은 공격자라면 일반적으로 리버스 엔지니어링을 통해 회로 기능을 식별한다.

논리 난독화: 논리 난독화는 원래 설계에 빌트인 잠금$^{built-in\ locking}$ 메커니즘을 삽입해 설계의 실제 기능과 구현을 숨기는 것이다. 잠금 회로가 구성돼 올바른 키가

적용될 때만 올바른 기능을 알 수 있다. 올바른 입력 벡터를 알지 못해 진짜 기능을 알아내는 것이 힘들게 되면 공격자가 목표로 하는 트로이목마 삽입 기능을 방해할 수 있다. 복합 논리 난독화를 위해 XOR/XNOR 게이트를 설계의 특정 위치에 도입할 수 있다[57]. 순차 논리 난독화에서 기능 상태를 숨기고자 무한 상태 기계에 추가 상태가 도입된다[19]. 또한 일부 기술은 논리 난독화를 위해 재구성 가능한 논리를 삽입하도록 제안됐다[58, 59]. 설계는 재구성 가능한 회로가 디자인 하우스나 최종 사용자에 의해 올바르게 프로그래밍될 때 기능을 확인할 수 있다.

위장Camouflaging: 위장은 더미 접점을 추가하고 위장된 논리 게이트[60, 61](그림 5.11 참고) 내에서 레이어 간 연결을 위장해 서로 다른 게이트를 구별할 수 없는 레이아웃을 만드는 레이아웃 레벨의 난독화 기술이다. 위장 기술은 공격자가 다른 레이어를 이미징함으로써 레이아웃에서 회로의 정확한 게이트 레벨 넷리스트를 추출하는 것을 방해할 수 있다. 그런 식으로 원래의 설계는 목표로 하는 트로이목마의 삽입에서 보호된다. 또한 바이Bi와 동료[62]는 유사한 더미 접촉 접근법을 이용하고 극성을 제어할 수 있는 SiNW FET를 기반으로 한 일련의 위장 세포를 개발했다.

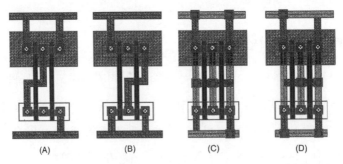

(A)   (B)   (C)   (D)

▲ 그림 5.11 (A)와 (B)는 각각 전통적인 2 입력 NAND와 NOR 게이트의 표준 셀 레이아웃을 보여준다. 여기서 메탈 레이어는 상이하기 때문에 차별화하기 쉽다. (C)와 (D)는 각각 2 입력 NAND와 NOR 게이트의 위장 표준 셀 레이아웃을 보여준다. 메탈 레이어는 동일하므로 구별하기가 어렵다.

기능 필러 셀 Functional Filler Cell: 레이아웃 설계 도구는 일반적으로 배치면에서 보수적이므로 설계 시 일반 표준 셀을 사용해 영역의 100%를 채울 수 없다. 사용하지 않은 공간은 일반적으로 기능이 없는 필러 셀filler cells이나 디캡 셀decap cells로 채워진다. 필러 셀은 일반적으로 디버그와 수율을 높이고자 엔지니어링 변경 주문ECO, Engineering Change Order 중에 사용되는 반면 디캡은 특히 순간 전력이 상당히 중요한 영역에서 칩의 피크 전류를 관리하는 데 사용된다. 따라서 공격자가 회로 레이아웃에 트로이목마를 삽입하는 가장 은밀한 방법은 필러 셀을 대체하는 것이며, 어느 정도 디캡decaps하는 것이다. 이러한 비기능적 셀을 제거하면 전기 매개변수에 가장 작은 영향을 미치기 때문이다. 빌트인 자체 인증BISA, Built-In Self-Authentication 접근법은 레이아웃 설계 시 모든 백색 공간을 기능성 필러 셀로 채운다[63]. 삽입된 셀은 자동으로 연결돼 테스트할 수 있는 조합 회로를 형성한다. 나중에 테스트하는 동안 실패한다면 기능 필러가 트로이목마로 대체됐음을 의미한다. 그림 5.12는 일반적인 BISA의 삽입 흐름을 보여준다.

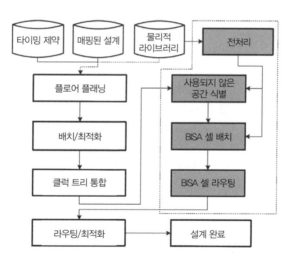

▲ 그림 5.12 BISA 삽입 흐름도

그림 5.12의 흰색 직사각형은 일반적인 ASIC 설계 흐름이지만, 어두운 직사각형은 BISA에 필요한 추가 단계를 나타낸다. 이러한 단계는 (i) 전처리(표준 셀 라이브

러리에 대한 자세한 정보 수집), (ii) 사용되지 않은 공간 식별, (iii) BISA 셀 배치, (iv) BISA 셀 라우팅과 같다.

5.7.2.3 신뢰할 수 있는 컴퓨팅

신뢰를 위한 세 번째 설계 클래스는 신뢰할 수 없는 구성 요소에 대한 신뢰할 수 있는 컴퓨팅이다. 런타임 모니터링과 신뢰할 수 있는 컴퓨팅의 차이점은 신뢰할 수 있는 컴퓨팅은 설계에 의한 트로이목마 공격에 내성이 있다는 것이다. 특히 미션 크리티컬 애플리케이션의 경우 마지막 방어선 역할을 하는 런타임에 트로이목마 탐지와 복구가 필요하다. 일부 접근 방식은 멀티코어 프로세서에서 트로이목마-활성화-내구성 신뢰성이 높은 컴퓨팅 시스템을 구현하고자 분산형 소프트웨어 스케줄링 프로토콜을 사용한다[64, 65]. 동시 오류 탐지[CED, Concurrent Error Detection] 기법을 조정해 트로이목마에 의해 생성된 악의적인 출력을 탐지할 수 있다[66, 67]. 또한 리스[Reece]와 동료[68] 및 라젠드란[Rajendran]과 동료[67]는 트로이목마의 영향을 막고자 다양한 3PIP 공급업체를 사용하도록 제안했다. [68]의 기술은 여러 가지 3PIP를 유사한 기능을 수행하는 다른 신뢰할 수 없는 설계와 비교해 설계의 무결성을 검증한다. 라젠드란과 동료[67]는 동일한 공급업체의 3PIP 간 충돌을 방지하고자 3PIP 대 공급업체 할당 제약 조건을 사용한다. 프런트엔드 설계 단계에서 추가된 회로를 필요로 하는 DFT[Design For Trust] 기법의 경우 잠재적인 영역과 성능 오버헤드가 설계자의 주요 관심사다. 회로의 크기가 증가함에 따라 은밀한(제어 가능성/관찰 가능성이 낮은) 네트/게이트의 수는 처리의 복잡성을 증가시키고 시간/영역 오버헤드를 크게 만든다. 따라서 탐지를 용이하게 하는 DFT 기술은 수백만 게이트가 포함된 대형 설계에 적용하기가 여전히 어렵다. 또한 예방 DFT 기술은 칩 성능을 크게 저하시킬 수 있는 추가 표준 게이트(논리 난독화)를 삽입하거나 원래의 표준 셀을 변경(위장 방지)해야 하며 하이엔드 회로에서의 수용 가능성에 영향을 미칠 수 있다. 또한 기능성 필러 셀은 전력 누출을 증가시킨다.

244

5.7.2.4 하드웨어 신뢰를 위한 분리 제조

분리 제조split manufacturing는 IC 설계의 위험을 최소화하면서 최첨단 반도체 파운드리의 사용을 가능하게 하는 접근법으로 최근 제안됐다. 분리 제조는 서로 다른 파운드리에 의한 제조를 위해 설계를 프런트엔드 오브 라인FEOL, Front End Of Line과 백엔드 오브 라인BEOL, Back End Of Line 부분으로 나눈다. 신뢰할 수 없는 파운드리는 FEOL 제조(고비용)를 수행한 후 BEOL 제조를 위해 신뢰할 수 있는 파운드리에 웨이퍼를 배송한다(저렴한 비용, 그림 5.13 참고). 신뢰할 수 없는 파운드리는 BEOL의 레이어에 액세스할 수 없으므로 트로이목마를 삽입하기 위한 회로 내의 '안전한' 장소를 알아낼 수 없다.

기존의 분리 제조 공정은 2D 통합[70~72], 2.5D 통합[73]이나 3D 통합[74]에 의존한다. 2.5D 통합은 먼저 설계를 신뢰할 수 없는 파운드리에 의해 제조된 2개의 칩으로 분할한 다음, 칩과 패키지 기판 사이에 칩 간 연결을 포함하는 실리콘 인터포저를 삽입한다. 따라서 신뢰할 수 있는 파운드리에서 제조된 인터포저에 상호 연결의 일부가 숨겨질 수 있다. 본질적으로 분할 생산을 위한 2D 통합의 변형이다. 3D 통합 중에 설계는 서로 다른 파운드리에 의해 제조된 두 개의 레이어로 분할된다. 하나의 레이어가 다른 레이어 위에 겹쳐지고, 상위 레이어는 TSV라고 하는 수직 상호 연결로 연결된다. 업계에서 3D에 대한 제조 장벽을 고려할 때 2D와 2.5D 기반 분리 제조 기술은 최근에 더욱 현실적이다. 베이디아나단Vaidyanathan과 동료[75]는 메탈 1(M1)을 테스트 칩에서 분리 제조하는 타당성을 입증하고 칩 성능을 평가했다. M1 이후의 분할은 모든 셀 상호 연결을 숨기려고 시도하고 효과적으로 설계를 난독화할 수 있지만 높은 제조비용을 초래한다. 또한 분리 제조로 설계의 보안을 강화하고자 여러 가지 설계 기법이 제안됐다. 임슨Imeson과 동료[76]는 상위 레이어에서 분리될 때 보안을 보장하고자 신뢰할 수 있는 레이어BEOL로 들어낼 필요가 있는 와이어를 선택하는 K-보안 메트릭을 발표했다. 그러나 원래 설계에서 많은 수의 와이어를 들어내면 큰 타이밍과 전력 오버헤드가 발생하고 칩 성능에 큰 영향을 미친다.

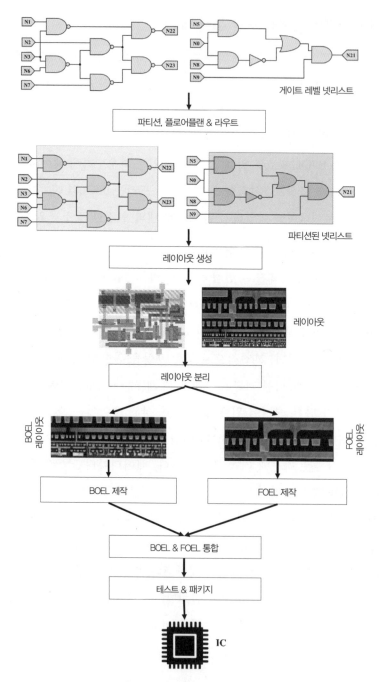

게이트 레벨 넷리스트

파티션, 플로어플랜 & 라우트

파티션된 넷리스트

레이아웃 생성

레이아웃

레이아웃 분리

BOEL 레이아웃

FOEL 레이아웃

BOEL 제작

FOEL 제작

BOEL & FOEL 통합

테스트 & 패키지

IC

▲ 그림 5.13 분할 제조 기반 IC 설계 흐름도

난독화된 BISA^{OBISA} 기술은 원래의 설계에 더미 회로를 삽입해 분리 제조로 설계를 더욱 혼란스럽게 만들 수 있다.

5.8 실험: 하드웨어 트로이목마 공격

5.8.1 목적

이 실험은 다양한 형태의 하드웨어 트로이목마 공격에 노출될 수 있게 하고자 고안됐다.

5.8.2 방법

실험은 HaHa 플랫폼에서 설계된 여러 부분으로 구성된다. 이 실험의 첫 번째 부분에서는 설계, 즉 데이터 암호화 표준^{DES, Data Encryption Standard} 모듈, 즉 대칭 키 블록 암호화 모듈을 HaHa 보드의 FPGA 칩에 매핑하는 방법을 다룬다. 두 번째 부분은 DES 모듈의 조합형 트로이목마 설계를 보여준다. 조합 트리거 조건에 따라 오작동을 유발하려면 악의적인 설계 수정을 통합해야 한다. 두 번째 부분에서는 동일한 모듈에서 순차적 트로이목마 인스턴스를 설계하는 방법을 다룬다.

5.8.3 학습 결과

실험의 특정 단계를 수행해 다양한 유형의 트로이목마 설계, 활성화 방법, 악의적인 영향을 유발하는 방법을 학습한다. 또한 트로이목마 공격에서 설계를 보호하는 것과 관련된 과제를 경험할 것이다.

5.8.4 추가 옵션

이 주제의 추가 탐구는 더 복잡한 트로이목마의 설계를 통해 수행할 수 있다. 예를 들어 온도에 의해 트리거될 수 있는 정보와 누설 정보(보호 메커니즘은 실험에 포함되지 않음)를 통해 수행할 수 있다. 실험에 대한 자세한 내용은 http://hwsecuritybook.org 사이트의 보충 문서에서 확인할 수 있다.

5.9 연습문제

5.9.1 True/False 문제

1. 100% 결함 범위$^{fault\ coverage}$는 트로이목마 탐지를 보장한다.

2. 트로이목마 트리거는 낮은 전이 확률 네트에서 파생된다.

3. 모든 하드웨어 트로이목마에는 트리거가 있다.

4. 파운드리는 SoC 설계 흐름에서 신뢰할 수 있는 존재다.

5. 일반적으로 순차적 트로이목마는 조합형 트로이목마에 비해 트리거하기가 더 어렵다.

6. 칩 제조 후 트로이목마를 삽입할 수 없다.

5.9.2 서술형 문제

1. 수평적 비즈니스 모델로 전환하려는 반도체 산업의 동기를 설명하시오. 수평적 비즈니스 모델은 하드웨어 트로이목마 삽입의 위험을 어떻게 초래하는가?

2. 하드웨어 트로이목마를 이식할 잠재적인 적들은 누구인가? 각각에 대한 간략한 설명을 제공하시오. 어느 것이 방어하기가 가장 어렵다고 생각하는가?

3. 일반적인 트로이목마 구조를 간략하게 설명하시오.

4. 조합과 순차 트로이목마의 차이점을 설명하시오.

5. 암호화 모듈에서 하드웨어 트로이목마의 예를 제공하시오.

6. ASIC와 FPGA 설계에서 하드웨어 트로이목마를 비교하시오.

7. 트로이목마 분류법을 설명하시오.

8. '활성화 메커니즘'을 기반으로 트로이목마를 분류하시오.

9. '페이로드'를 기반으로 트로이목마를 분류하시오.

10. 트로이목마 대책의 분류법을 설명하시오.

11. BISA^{Built-In Self-Authentication} 기술을 간략하게 설명하시오. 다음과 같은 시나리오를 고려해야 한다. 불량 파운드리가 BISA 보호 설계에 트로이목마를 삽입하려고 한다. 파운드리는 더 높은 드라이브 강도의 게이트를 같은 기능의 낮은 드라이브 강도 게이트로 교체하려고 한다(예를 들어 8x 버퍼를 1x 버퍼로 교체해 트로이목마 셀 삽입 공간을 확보하고 싶다). 이러한 공격이 어떻게 시작될 수 있는지 설명하시오.

5.9.3 수학 문제

1. RSA-T100 트로이목마는 32비트 특정 일반 텍스트가 적용될 때 트리거된다. 무작위 패턴을 일반 텍스트로 사용하는 경우 이 트로이목마를 유발할 확률을 계산하시오.

2. AES-T1000 트로이목마는 128비트 특정 일반 텍스트가 적용될 때 트리거된

다. 무작위 패턴을 일반 텍스트로 사용하는 경우 트로이목마를 유발할 확률을 계산하시오.

3. AES-T1100 트로이목마는 4개의 특정 128비트 일반 텍스트가 특정 순서로 적용될 때 트리거된다. 무작위 패턴을 일반 텍스트로 사용하는 경우 이 트로이목마를 유발할 확률을 계산하시오.

참고 문헌

[1] S. Adee, The hunt for the kill switch, IEEE Spectrum 45 (2008) 34-39.

[2] J. Markoff, Old trick threatens the newest weapons, The New York Times (2009), https://www.nytimes.com/2009/10/27/science/27trojan.html.

[3] A. Nahiyan, M. Tehranipoor, Code coverage analysis for IP trust verification, in: Hardware IP Security and Trust, Springer, 2017, pp. 53-72.

[4] M. Tehranipoor, F. Koushanfar, A survey of hardware Trojan taxonomy and detection, IEEE Design & Test of Computers 27 (2010).

[5] M. Tehranipoor, H. Salmani, X. Zhang, Integrated Circuit Authentication: Hardware Trojans and Counterfeit Detection, Springer Science & Business Media, 2013.

[6] K. Xiao, D. Forte, Y. Jin, R. Karri, S. Bhunia, M. Tehranipoor, Hardware Trojans: lessons learned after one decade of research, ACM Transactions on Design Automation of Electronic Systems 22 (2016) 6.

[7] R.S. Chakraborty, F.G. Wolff, S. Paul, C.A. Papachristou, S. Bhunia, MERO: a statistical approach for hardware Trojan detection, in: CHES, vol. 5747, Springer, 2009, pp. 396-410.

[8] L. Lin, W. Burleson, C. Paar, MOLES: malicious off-chip leakage enabled by side-channels, in: Proceedings of the 2009 International Conference on Computer-Aided Design, ACM, pp. 117-122.

[9] Y. Liu, Y. Jin, Y. Makris, Hardware Trojans in wireless cryptographic ICs: silicon demonstration & detection method evaluation, in: Proceedings of the International

Conference on Computer-Aided Design, IEEE Press, pp. 399-404.

[10] G. Bloom, B. Narahari, R. Simha, OS support for detecting Trojan circuit attacks, in: Hardware-Oriented Security and Trust, 2009. HOST'09. IEEE International Workshop on, IEEE, pp. 100-103.

[11] S.T. King, J. Tucek, A. Cozzie, C. Grier, W. Jiang, Y. Zhou, Designing and implementing malicious hardware, in: LEET'08, 2008, pp. 1-8.

[12] S. Bhunia, M.S. Hsiao, M. Banga, S. Narasimhan, Hardware Trojan attacks: threat analysis and countermeasures, Proceedings of the IEEE 102 (2014) 1229-1247.

[13] M. Hicks, M. Finnicum, S.T. King, M.M. Martin, J.M. Smith, Overcoming an untrusted computing base: detecting and removing malicious hardware automatically, in: Security and Privacy (SP), 2010 IEEE Symposium on, IEEE, pp. 159-172.

[14] S. Mal-Sarkar, A. Krishna, A. Ghosh, S. Bhunia, Hardware Trojan attacks in FPGA devices: threat analysis and effective counter measures, in: Proceedings of the 24th edition of the Great Lakes Symposium on VLSI, ACM, pp. 287-292.

[15] R. Karri, J. Rajendran, K. Rosenfeld, M. Tehranipoor, Trustworthy hardware: identifying and classifying hardware trojans, Computer 43 (10) (2010) 39-46.

[16] B. Shakya, T. He, H. Salmani, D. Forte, S. Bhunia, M. Tehranipoor, Benchmarking of hardware Trojans and maliciously affected circuits, Journal of Hardware and Systems Security (2017) 1-18.

[17] C. Bao, D. Forte, A. Srivastava, On application of one-class SVM to reverse engineering-based hardware Trojan detection, in: Quality Electronic Design (ISQED), 2014 15th International Symposium on, IEEE, pp. 47-54.

[18] M. Banga, M.S. Hsiao, A novel sustained vector technique for the detection of hardware Trojans, in: VLSI Design, 2009 22nd International Conference on, IEEE, pp. 327-332.

[19] R.S. Chakraborty, S. Bhunia, Security against hardware Trojan through a novel application of design obfuscation, in: Proceedings of the 2009 International Conference on Computer-Aided Design, ACM, pp. 113-116.

[20] X. Wang, M. Tehranipoor, J. Plusquellic, Detecting malicious inclusions in secure

hardware: challenges and solutions, in: Hardware-Oriented Security and Trust, 2008. HOST 2008. IEEE International Workshop on, IEEE, pp. 15–19.

[21] Y. Jin, Y. Makris, Hardware Trojan detection using path delay fingerprint, in: Hardware-Oriented Security and Trust, 2008. HOST 2008. IEEE International Workshop on, IEEE, pp. 51–57.

[22] K. Xiao, X. Zhang, M. Tehranipoor, A clock sweeping technique for detecting hardware Trojans impacting circuits delay, IEEE Design & Test 30 (2013) 26–34.

[23] D. Agrawal, S. Baktir, D. Karakoyunlu, P. Rohatgi, B. Sunar, Trojan detection using IC fingerprinting, in: Security and Privacy, 2007. SP'07, IEEE Symposium on, IEEE, pp. 296–310.

[24] J. Aarestad, D. Acharyya, R. Rad, J. Plusquellic, Detecting Trojans through leakage current analysis using multiple supply pads, IEEE Transactions on Information Forensics and Security 5 (2010) 893–904.

[25] D. Forte, C. Bao, A. Srivastava, Temperature tracking: an innovative run-time approach for hardware Trojan detection, in: Computer-Aided Design (ICCAD), 2013 IEEE/ACM International Conference on, IEEE, pp. 532–539.

[26] F. Stellari, P. Song, A.J. Weger, J. Culp, A. Herbert, D. Pfeiffer, Verification of untrusted chips using trusted layout and emission measurements, in: Hardware-Oriented Security and Trust (HOST), 2014 IEEE International Symposium on, IEEE, pp. 19–24.

[27] B. Zhou, R. Adato, M. Zangeneh, T. Yang, A. Uyar, B. Goldberg, S. Unlu, A. Joshi, Detecting hardware Trojans using backside optical imaging of embedded watermarks, in: Design Automation Conference (DAC), 2015 52nd ACM/EDAC/IEEE, IEEE, pp. 1–6.

[28] C. Sturton, M. Hicks, D. Wagner, S.T. King, Defeating UCI: building stealthy and malicious hardware, in: Security and Privacy (SP), 2011 IEEE Symposium on, IEEE, pp. 64–77.

[29] C. Cadar, D. Dunbar, D.R. Engler, et al., KLEE: Unassisted and automatic generation of high-coverage tests for complex systems programs, in: OSDI, vol. 8, pp. 209–224.

[30] A. Biere, A. Cimatti, E.M. Clarke, M. Fujita, Y. Zhu, Symbolic model checking using SAT procedures instead of BDDs, in: Proceedings of the 36th Annual ACM/IEEE Design Automation Conference, ACM, pp. 317–320.

[31] A.C. Myers, B. Liskov, A Decentralized Model for Information Flow Control, vol. 31, ACM, 1997.

[32] Y. Jin, B. Yang, Y. Makris, Cycle-accurate information assurance by proof-carrying based signal sensitivity tracing, in: Hardware-Oriented Security and Trust (HOST), 2013 IEEE International Symposium on, IEEE, pp. 99–106.

[33] X. Guo, R.G. Dutta, Y. Jin, F. Farahmandi, P. Mishra, Pre-silicon security verification and validation: a formal perspective, in: Proceedings of the 52nd Annual Design Automation Conference, ACM, p. 145.

[34] J. Rajendran, V. Vedula, R. Karri, Detecting malicious modifications of data in third-party intellectual property cores, in: Proceedings of the 52nd Annual Design Automation Conference, ACM, p. 112.

[35] J. Rajendran, A.M. Dhandayuthapany, V. Vedula, R. Karri, Formal security verification of third party intellectual property cores for information leakage, in: VLSI Design and 2016 15th International Conference on Embedded Systems (VLSID), 2016 29th International Conference on, IEEE, pp. 547–552.

[36] A. Nahiyan, M. Sadi, R. Vittal, G. Contreras, D. Forte, M. Tehranipoor, Hardware Trojan detection through information flow security verification, in: International Test Conference (DAC), 2017, IEEE, pp. 1–6.

[37] H. Salmani, M. Tehranipoor, Analyzing circuit vulnerability to hardware Trojan insertion at the behavioral level, in: Defect and Fault Tolerance in VLSI and Nanotechnology Systems (DFT), 2013 IEEE International Symposium on, IEEE, pp. 190–195.

[38] H. Salmani, M. Tehranipoor, R. Karri, On design vulnerability analysis and trust benchmarks development, in: Computer Design (ICCD), 2013 IEEE 31st International Conference on, IEEE, pp. 471–474.

[39] A. Waksman, M. Suozzo, S. Sethumadhavan, FANCI: identification of stealthy

malicious logic using boolean functional analysis, in: Proceedings of the 2013 ACM SIGSAC Conference on Computer & Communications Security, ACM, pp. 697–708.

[40]   J. Zhang, F. Yuan, Q. Xu, DeTrust: Defeating hardware trust verification with stealthy implicitly–triggered hardware Trojans, in: Proceedings of the 2014 ACM SIGSAC Conference on Computer and Communications Security, ACM, pp. 153–166.

[41]   J. Zhang, F. Yuan, L. Wei, Y. Liu, Q. Xu, VeriTrust: verification for hardware trust, IEEE Transactions on Computer–Aided Design of Integrated Circuits and Systems 34 (2015) 1148–1161.

[42]   H. Salmani, M. Tehranipoor, J. Plusquellic, A novel technique for improving hardware Trojan detection and reducing Trojan activation time, IEEE Transactions on Very Large Scale Integration (VLSI) Systems 20 (2012) 112–125.

[43]   B. Zhou, W. Zhang, S. Thambipillai, J. Teo, A low cost acceleration method for hardware Trojan detection based on fan–out cone analysis, in: Hardware/Software Codesign and System Synthesis (CODES+ ISSS), 2014 International Conference on, IEEE, pp. 1–10.

[44]   X. Wang, H. Salmani, M. Tehranipoor, J. Plusquellic, Hardware Trojan detection and isolation using current integration and localized current analysis, in: Defect and Fault Tolerance of VLSI Systems, 2008. DFTVS'08, IEEE International Symposium on, IEEE, pp. 87–95.

[45]   H. Salmani, M. Tehranipoor, Layout–aware switching activity localization to enhance hardware Trojan detection, IEEE Transactions on Information Forensics and Security 7 (2012) 76–87.

[46]   J. Rajendran, V. Jyothi, O. Sinanoglu, R. Karri, Design and analysis of ring oscillator based design–for–trust technique, in: VLSI Test Symposium (VTS), 2011 IEEE 29th, IEEE, pp. 105–110.

[47]   J. Li, J. Lach, At–speed delay characterization for IC authentication and Trojan Horse detection, in: Hardware–Oriented Security and Trust, 2008. HOST 2008, IEEE International Workshop on, IEEE, pp. 8–14.

[48]   A. Ramdas, S.M. Saeed, O. Sinanoglu, Slack removal for enhanced reliability and

trust, in: Design & Technology of Integrated Systems in Nanoscale Era (DTIS), 2014 9th IEEE International Conference on, IEEE, pp. 1-4.

[49]   X. Zhang, M. Tehranipoor, RON: an on-chip ring oscillator network for hardware Trojan detection, in: Design, Automation & Test in Europe Conference & Exhibition (DATE), 2011, IEEE, pp. 1-6.

[50]   S. Narasimhan, W. Yueh, X. Wang, S. Mukhopadhyay, S. Bhunia, Improving IC security against Trojan attacks through integration of security monitors, IEEE Design & Test of Computers 29 (2012) 37-46.

[51]   Y. Cao, C.-H. Chang, S. Chen, Cluster-based distributed active current timer for hardware Trojan detection, in: Circuits and Systems (ISCAS), 2013 IEEE International Symposium on, IEEE, pp. 1010-1013.

[52]   B. Cha, S.K. Gupta, Efficient Trojan detection via calibration of process variations, in: Test Symposium (ATS), 2012 IEEE 21st Asian, IEEE, pp. 355-361.

[53]   Y. Liu, K. Huang, Y. Makris, Hardware Trojan detection through golden chip-free statistical side-channel fingerprinting, in: Proceedings of the 51st Annual Design Automation Conference, ACM, pp. 1-6.

[54]   J. Dubeuf, D. Hély, R. Karri, Run-time detection of hardware Trojans: the processor protection unit, in: Test Symposium (ETS), 2013 18th IEEE European, IEEE, pp. 1-6.

[55]   Y. Jin, D. Sullivan, Real-time trust evaluation in integrated circuits, in: Proceedings of the Conference on Design, Automation & Test in Europe, European Design and Automation Association, p. 91.

[56]   Y. Jin, D. Maliuk, Y. Makris, Post-deployment trust evaluation in wireless cryptographic ICs, in: Design, Automation & Test in Europe Conference & Exhibition (DATE), 2012, IEEE, pp. 965-970.

[57]   J.A. Roy, F. Koushanfar, I.L. Markov, Ending piracy of integrated circuits, Computer 43 (2010) 30-38.

[58]   A. Baumgarten, A. Tyagi, J. Zambreno, Preventing IC piracy using reconfigurable logic barriers, IEEE Design & Test of Computers 27 (2010).

[59]   J.B. Wendt, M. Potkonjak, Hardware obfuscation using PUF-based logic, in:

Proceedings of the 2014 IEEE/ACM International Conference on Computer–Aided Design, IEEE Press, pp. 270–277.

[60] J. Rajendran, M. Sam, O. Sinanoglu, R. Karri, Security analysis of integrated circuit camouflaging, in: Proceedings of the 2013 ACM SIGSAC Conference on Computer & Communications Security, ACM, pp. 709–720.

[61] R.P. Cocchi, J.P. Baukus, L.W. Chow, B.J. Wang, Circuit camouflage integration for hardware IP protection, in: Proceedings of the 51st Annual Design Automation Conference, ACM, pp. 1–5.

[62] Y. Bi, P.-E. Gaillardon, X.S. Hu, M. Niemier, J.-S. Yuan, Y. Jin, Leveraging emerging technology for hardware securitycase study on silicon nanowire FETs and graphene SymFETs, in: Test Symposium (ATS), 2014 IEEE 23rd Asian, IEEE, pp. 342–347.

[63] K. Xiao, M. Tehranipoor, BISA: Built–in self–authentication for preventing hardware Trojan insertion, in: HardwareOriented Security and Trust (HOST), 2013 IEEE International Symposium on, IEEE, pp. 45–50.

[64] D. McIntyre, F. Wolff, C. Papachristou, S. Bhunia, Trustworthy computing in a multi–core system using distributed scheduling, in: On-Line Testing Symposium (IOLTS), 2010 IEEE 16th International, IEEE, pp. 211–213.

[65] C. Liu, J. Rajendran, C. Yang, R. Karri, Shielding heterogeneous MPSoCs from untrustworthy 3PIPs through securitydriven task scheduling, IEEE Transactions on Emerging Topics in Computing 2 (2014) 461–472.

[66] O. Keren, I. Levin, M. Karpovsky, Duplication based one–to–many coding for Trojan HW detection, in: Defect and Fault Tolerance in VLSI Systems (DFT), 2010 IEEE 25th International Symposium on, IEEE, pp. 160–166.

[67] J. Rajendran, H. Zhang, O. Sinanoglu, R. Karri, High–level synthesis for security and trust, in: On-Line Testing Symposium (IOLTS), 2013 IEEE 19th International, IEEE, pp. 232–233.

[68] T. Reece, D.B. Limbrick, W.H. Robinson, Design comparison to identify malicious hardware in external intellectual property, in: Trust, Security and Privacy in

Computing and Communications (TrustCom), 2011 IEEE 10th International Conference on, IEEE, pp. 639–646.

[69]   Trusted integrated circuits (TIC) program announcement, http://www.iarpa.gov/solicitations_tic.html, 2011, [Online].

[70]   K. Vaidyanathan, B.P. Das, L. Pileggi, Detecting reliability attacks during split fabrication using test-only BEOL stack, in: Proceedings of the 51st Annual Design Automation Conference, ACM, pp. 1–6.

[71]   M. Jagasivamani, P. Gadfort, M. Sika, M. Bajura, M. Fritze, Split-fabrication obfuscation: metrics and techniques, in: Hardware-Oriented Security and Trust (HOST), 2014 IEEE International Symposium on, IEEE, pp. 7–12.

[72]   B. Hill, R. Karmazin, C.T.O. Otero, J. Tse, R. Manohar, A split-foundry asynchronous FPGA, in: Custom Integrated Circuits Conference (CICC), 2013 IEEE, IEEE, pp. 1–4.

[73]   Y. Xie, C. Bao, A. Srivastava, Security-aware design flow for 2.5D IC technology, in: Proceedings of the 5th International Workshop on Trustworthy Embedded Devices, ACM, pp. 31–38.

[74]   J. Valamehr, T. Sherwood, R. Kastner, D. Marangoni-Simonsen, T. Huffmire, C. Irvine, T. Levin, A 3-D split manufacturing approach to trustworthy system development, IEEE Transactions on Computer-Aided Design of Integrated Circuits and Systems 32 (2013) 611–615.

[75]   K. Vaidyanathan, B.P. Das, E. Sumbul, R. Liu, L. Pileggi, Building trusted ICs using split fabrication, in: 2014 IEEE International Symposium on Hardware-Oriented Security and Trust (HOST), pp. 1–6.

[76]   F. Imeson, A. Emtenan, S. Garg, M.V. Tripunitara, Securing computer hardware using 3D integrated circuit (IC) technology and split manufacturing for obfuscation, in: USENIX Security Symposium, pp. 495–510.

[77]   K. Xiao, D. Forte, M.M. Tehranipoor, Efficient and secure split manufacturing via obfuscated built-in self-authentication, in: Hardware Oriented Security and Trust (HOST), 2015 IEEE International Symposium on, IEEE, pp. 14–19.

6

전자 공급망

6.1 소개

트랜지스터 스케일링 트렌드로 설계자는 점점 더 많은 기능을 단일 칩에 장착할 수 있었다. 시스템의 전반적인 기능을 단일 칩에 통합하면 성능(예, 속도와 전력)이 향상되는 동시에 필요한 실리콘 영역을 최소화해 비용을 절감할 수 있다. 이러한 칩을 SoC[System on Chip]라고 하며, 많은 임베디드 기기와 마찬가지로 최신 모바일과 휴대용 장치의 대다수가 SoC를 사용하고 있다. 일반적으로 SoC는 아날로그 부품(예, 무선 주파수 수신기, 아날로그-디지털 변환기, 네트워크 인터페이스), 디지털 부품(예, 디지털 신호 처리 장치, 그래픽 처리 장치, 중앙 처리 장치, 암호화 엔진 등), 메모리 소자(예, RAM, ROM, 플래시)를 포함한다[1, 2].

최신 SoC 설계의 복잡성은 단시간에 출시해야 하는 압박에 따라 가중돼 단일 디자인 하우스가 외부 지원 없이 전체 SoC를 완성하는 것을 불가능하게 만들었다. 또한 최신 기술 노드의 제작 시설(일반적으로 파운드리나 팹[fab]으로 알려져 있음)을 건설하고 유지하는 비용은 현재 수십억 달러에 달한다. 결과적으로 대부분의 SoC 디자인 하우스는 더 이상 자체 팹을 소유하지 않게 됐다. 이러한 요인에 영향을 받아 반도체 업계는 지난 20년 동안 수평적 사업 모델[horizontal business model]로 전환했다. 수평적 비즈니스 모델에서는 아웃소싱과 설계 재사용을 통해 시장 출시 기간과 제조비용을 절감한다. 좀 더 구체적으로 말하면 SoC 설계 회사는 3PIP에 대한 면허를 취득하고, 다양한 3PIP를 자체 IP와 통합해 SoC 설계하고, SoC를 제조와 패키징용 파운드리와 제조 시설에 아웃소싱한다. 이 모델은 아웃소싱과 설계 재사용을 통해 시장 출시 기간과 제조비용을 낮췄지만, 최종 제품의 보안과 신뢰 문제도 함께 대두됐다. 6장에서는 최신 전자 하드웨어 공급망의 구성, 그에 관련된 보안, 신뢰 문제, 그리고 이러한 우려를 해결할 수 있는 대책을 설명한다[3].

6.2 최신 전자 공급망

그림 6.1은 칩(SoC) 설계 흐름의 최신 시스템과 그에 상응하는 공급망을 보여준다. 다음 절에서는 흐름과 공급망을 자세히 설명한다.

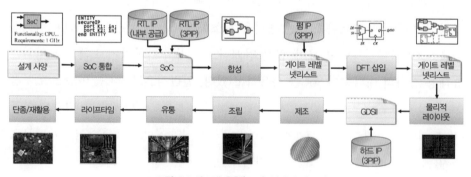

▲ 그림 6.1 시스템 온칩(SoC) 설계의 공급망

6.2.1 설계

SoC 설계에는 설계 사양, SoC 통합, 합성, 테스트, 디버그 구조 삽입, 물리적 레이아웃 생성, 기능, 성능 검증과 같은 여러 단계가 포함된다.

6.2.1.1 설계 사양

첫 번째 단계에서 SoC 통합자(일반적으로 디자인 하우스라고 함)는 SoC의 높은 수준의 요구 사항과 블록을 명시한다. 예를 들어 SoC 통합자는 먼저 SoC에 통합돼야 할 기능과 목표 성능을 파악한다. 그런 다음 SoC를 구현하기 위한 기능 블록 목록을 식별한다. 이러한 기능 블록은 지적 재산 가치를 가지며, 일반적으로 IP라고 한다. 이러한 IP 코어는 자체 개발하거나 3PIP 개발자로부터 구입한다. 해당 결정은 주로 경제적 요인에 의해 좌우된다. 예를 들어 SoC 통합자가 GPU 유닛을 SoC에 통합하기로 결정한 경우 하드웨어 설계자가 GPU 유닛을 개발하도록 지시할 수 있다. 그러나 종종 GPU 설계에 전문인 서드파티 공급업체로부터 이 IP를 조달하는 것이 경제적으로 더 타당한 경우가 많다.

6.2.1.2 3PIP 획득

서드파티 IP 코어는 다음 세 가지 형태가 있다.

- 소프트 IP$^{Soft\ IP}$ 코어는 예를 들어 Verilog나 VHDL과 같은 하드웨어 기술 언어$^{HDL,\ Hardware\ Description\ Language}$로 작성된 합성 가능한 레지스터 전송 레벨$^{RTL,\ Register\ Transfer\ Level}$ 코드로 제공된다. 소프트 IP 코어는 C와 같은 고급 프로그래밍 코드와 유사하지만, 하드웨어 구현을 위해 개발됐다는 차이점이 있다. 대부분의 IP는 더 많은 유연성을 제공하고자 소프트 IP로 제공된다.
- 펌 IP$^{firm\ IP}$ 코어는 IP의 게이트 레벨 구현으로 제공되며, 일반 라이브러리

를 사용할 수 있다. 펌 IP 코어는 RTL 코드에서 합성되며, 논리 게이트와 와이어로 구성된 넷리스트로 표현된다. 소프트 IP 코어와는 달리 펌 IP는 IP의 동작 정보를 갖고 있지 않다. 따라서 펌 IP는 소프트 IP에 비해 유연성이 떨어진다.

- 하드 IP$^{Hard\ IP}$ 코어는 완전히 배치되고 라우팅된 설계의 GDSII 표현으로 제공된다. 하드 IP는 설계 프로세스의 마지막 단계에서 통합된다. 유연성은 떨어지지만 더 저렴한 비용으로 제공된다. 예를 들어 대부분의 메모리 IP는 하드 IP로 조달된다.

6.2.1.3 SoC 통합

필요한 모든 소프트 IP를 개발/프로그래밍한 후 SoC 디자인 하우스는 이를 통합해 전체 SoC의 RTL 사양을 생성한다. RTL 설계는 SoC가 정확한 기능을 갖는지 검증하고 설계에서의 버그를 찾고자 광범위한 기능 테스트를 거친다.

6.2.1.4 합성

SoC 통합자는 RTL 디스크립션을 타깃 기술 라이브러리에 기초한 게이트 레벨의 넷리스트로 합성한다. 합성^{synthesis}은 RTL 코드를 논리 게이트로 구성된 하드웨어 구현으로 변환하는 프로세스다. 예를 들어 합성 프로세스는 시놉시스^{Synopsys}의 디자인 컴파일러$^{Design\ Compiler}$와 같은 CAD$^{Computer\ Aided\ Design}$ 도구에 의해 수행된다. 또한 CAD 도구는 면적, 타이밍, 또는 출력을 최소화할 목적으로 설계를 최적화한다. 그런 다음 게이트 레벨 넷리스트는 정형 등가 검사$^{formal\ equivalence\ checking}$를 통해 넷리스트가 RTL이 나타내는 것과 동일한지 확인한다. 또한 SoC 설계자는 이 단계에서 공급업체의 펌 IP 코어를 SoC 넷리스트에 통합할 수 있다.

6.2.1.5 DFT 삽입

테스트를 고려한 설계[DFT, Design-For-Test]는 효과적인 테스트를 생성해 SoC의 테스트 가능성을 개선하고자 테스트 알고리즘을 사용하는 것과 함께 테스트 기반 구조를 추가하는 것을 말한다. 테스트 가능성이 높아지면 테스트 적용 범위 개선, 테스트 품질 개선과 시험 비용 절감으로 이어진다. DFT는 제작, 패키지 조립, 현장에서 IC를 철저히 시험해 정확한 기능을 보장할 수 있게 해준다. 이러한 목표를 위해 SoC 통합자는 DFT 구조를 SoC에 통합한다. 그러나 많은 경우 DFT 삽입은 테스트와 디버그 구조(예, 스캔, 내장된 셀프 테스트[BIST, Built-In Self-Test], 압축 구조) 설계를 전문으로 하는 서드파티 공급업체에 아웃소싱된다.

6.2.1.6 물리적 레이아웃

이 단계에서 게이트 레벨의 넷리스트는 물리적 레이아웃 설계로 변환된다. 여기서 각 게이트는 트랜지스터 레벨 레이아웃으로 변환된다. 또한 물리적 레이아웃은 트랜지스터 배치와 와이어 라우팅뿐만 아니라 클럭 트리[clock tree]와 파워 그리드 배치를 수행한다. 현 단계에서는 공급업체에서 하드 IP 코어를 가져와 SoC에 통합할 수도 있다. SoC 통합자는 정적 타이밍 분석[STA, Static Timing Analysis]과 전원 차단을 수행한 후 최종 레이아웃을 GDSII 형식으로 생성해 제조를 위해 파운드리로 보낸다. 생성된 GDSII 파일에는 실리콘 웨이퍼의 SoC를 제작하는 데 필요한 레이어별 정보가 포함돼 있다.

6.2.2 제조

집적 회로와 SoC의 기술이 서브마이크론[sub-micron][1] 수준으로 매우 작아지면서 칩 제

---

1. 지름 0.2~0.1mμ, 1μ = 0.0001cm – 옮긴이

작의 복잡성과 비용이 크게 증가한다. 따라서 첨단 제작 시설을 유지할 여력이 있는 기업은 극소수에 불과하다. 대부분의 디자인 하우스는 팹리스^{fabless}가 돼 서드파티 해외 파운드리에 의뢰해 제품을 제작한다. 이 프로세스에서 SoC 설계자는 제품 무결성에 대한 통제권이 줄어들어 제조 공정의 신뢰가 떨어지지만, 대신 비용을 절감하고 최첨단 기술로 제작할 수 있다. 또한 파운드리는 제조상 결함을 찾고자 다이^{die}에 대한 구조/기능 테스트를 수행한다. 이러한 결함은 제작 과정의 결함으로 인해 발생한다. 제조 공정에서 생산된 무결점 칩의 비율을 수율^{yield}이라고 한다. 결함이 있는 칩은 폐기되고, 결함이 없는 칩은 조립 공정으로 보내져 패키징된다.

6.2.3 조립

제조 후 파운드리는 테스트된 웨이퍼를 조립 라인으로 보내 여러 개의 다이로 절단하고 칩을 생산할 수 있는 것들을 패키징한다. 추가 조립 작업에는 웨이퍼/다이 범핑, 다이 배치, 솔더 리플로우, 언더 필, 캡슐화, 기판 볼 부착도 포함된다. 이러한 공정이 완료되면 조립 공정에서 발생될 수 있는 칩의 결함을 찾고자 구조 시험^{structural test}을 수행한다. 그림 6.2는 조립품에서 패키지 시험을 수행한 후 품질 보증용 최종 시험을 수행하는 테스트 과정을 나타낸다. 이러한 테스트를 수행한 후 결함이 없는 칩은 유통업체나 시스템 통합업체로 배송된다.

파운드리와 제조 시설에서 각각 수행한 웨이퍼 테스트와 패키지 테스트는 대부분 자동 테스트 패턴 생성^{ATPG, Automatic-Test-Pattern-Ggeneration} 기반 테스트와 같은 구조적 테스트라는 점에 유의해야 한다. 이러한 테스트는 제조와 조립 공정 중에 발생된 칩의 결함을 찾고자 수행된다. 이러한 테스트가 반드시 칩의 기능을 테스트하는 것은 아니며, 칩의 적절한 기능을 확인한다. 반대로 품질 보증 과정에서 수행되는 최종 테스트는 주로 칩 기능 테스트에 초점을 맞춘다.

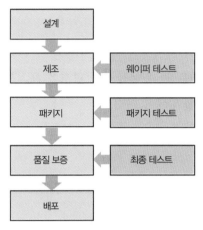

▲ 그림 6.2 SoC 설계와 테스트 흐름도

6.2.4 유통

테스트된 IC는 유통업체나 시스템 통합업체로 보내진다. 유통업체는 IC를 시장에 판매한다. 이러한 유통업체는 OCM$^{Original\ Chip\ Manufacturer}$ 공인 유통업체, 독립 유통업체, 인터넷 독점 공급업체, 중개인 등 여러 가지 유형으로 구성돼 있다.

6.2.5 라이프타임

라이프타임 프로세스는 모든 구성 요소와 하위 시스템을 결합해 최종 제품(예, 인쇄 회로 보드^{PCB})을 생산하는 것으로 시작한다. 이 작업은 일반적으로 서드파티 회사에 아웃소싱돼 최종 제품을 만들 때 필요한 모든 구성 요소를 하나 이상의 PCB에 탑재한다. 최종 제품이 조립되면 소비자에게 보낸다.

6.2.6 단종

전자제품은 오래되거나 구식이 되면 일반적으로 폐기되고, 이후 교체된다. 귀금속을 추출해 납, 크롬, 수은 등 유해물질이 환경을 해치는 것을 방지하는 적절한 폐기 처리 기술을 적극 활용해야 한다.

6.3 전자 부품 공급망 문제

전자 공급망의 세계화로 인해 많은 보안 취약점이 공급망과 관련된 기업에 의해 의도적으로나 의도하지 않게 발생될 수 있다. 또한 대부분 경우 설계, 제조, 통합과 전 세계의 유통에 관여함에 따라 오리지널 IP 소유자와 SoC 통합자들은 더 이상 전체 프로세스를 제어하고 감시할 수 있는 능력을 갖지 못하게 됐다. 즉, 신뢰는 최신 설계 흐름의 주요 관심사가 됐다. IP 소유자는 SoC 설계자를 완전히 신뢰하지 못하는 반면 SoC 설계자는 IP 소유자, 파운드리나 조립 공정을 신뢰하지 않을 수 있다 [1].

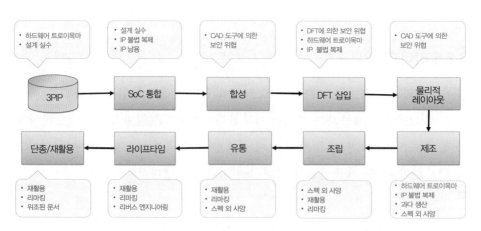

▲ 그림 6.3 하드웨어 공급망의 취약점. 빨간색과 파란색은 각각 보안, 신뢰 문제를 나타낸다.

공급망에서의 보안과 신뢰 취약점은 서로 다른 두 종류로 분류된다(그림 6.3 참고).

일부 설계 문제는 집적 회로와 시스템의 보안 취약점을 야기할 수 있는 반면, 신뢰 문제는 대부분 위조업자가 불법 이익을 얻고자 공격자가 악의적인 수정으로 칩을 제어하려는 등의 요인과 관련이 있다.

6.4 보안 문제

이 절에서는 하드웨어 트로이목마 삽입에 의해 악의적으로 발생됐거나 CAD 도구, 설계 오류, 테스트/디버그 구조에 의해 의도하지 않게 발생되는 취약점을 설명한다.

6.4.1 하드웨어 트로이목마

하드웨어 트로이목마는 회로가 현장에 배치됐을 때 원치 않는 동작을 발생시키고 자 회로 설계에 악의적으로 수정된 것으로 정의된다[4]. 하드웨어 트로이목마, 트로이목마의 구조와 트로이목마를 삽입할 수 있는 잠재적 공격자에 대한 자세한 내용은 5장에서 설명했다.

6.4.2 CAD 도구

SOC를 설계, 테스트, 검증하는 데 사용되는 CAD^{Computer-Aided Design} 소프트웨어는 보안을 염두에 두고 설계되지 않았기 때문에 의도하지 않게 SoC[9]에 취약점이 발생할 수 있다. 대신 이들의 설계는 주로 영역, 타이밍, 전력, 출력, 테스트와 같은 기존 지표(메트릭)에 의해 진행된다. 따라서 이러한 도구에 지나치게 의존하는 설계자는 보안에 대한 영향을 인식하지 않고 설계를 최적화하는 '게으른 엔지니어링^{lazy engineering}'[10]이 될 수 있다. 이는 민감한 정보가 유출될 수 있는 백도어(즉, 기밀 유지 정책 위반)나 공격자가 보안 시스템(무결성 정책 위반)을 제어할 수 있는 결과를 초래할 수 있다. 예를 들어 FSM^Finite State Machine에는 전환^transition, 다음 상태^next state 또는 출력^output이 구체화되지 않은 신경 쓰지 않는^don't care 상태를 포함하는 경우가 많다. 합성 도구는 신경 쓰지 않는 상태를 결정론적 상태와 전환으로 대체해 설계를 최적화할 것이다. 보호 상태(예, 커널 모드)에서 새로운 상태/전환에 의해 불법적으로 접근하게 되면 취약점이 발생할 것이다[11].

AES 암호화 모듈의 컨트롤러 회로는 CAD 도구에 의해 발생된 취약점을 입증하는 또 다른 사례 연구로 사용된다. 그림 6.4(B)에 표시된 FSM의 상태 전환 다이어그램은 그림 6.4(A)에 표시된 데이터 경로에 AES 암호화 알고리즘을 구현한 것이다. FSM은 5가지 상태로 구성되며, 이러한 각 상태는 AES 암호화의 10라운드 동안 특정 모듈을 제어한다. 10라운드 후 'Final Round' 상태에 도달하고, FSM은 제어 신호 finished = 1을 생성해 'Result Register'에 'Add Key' 모듈(즉, 암호 텍스트)의 결과를 저장한다. 이 FSM의 경우 공격자가 'Do Round' 상태를 거치지 않고 Final Round에 접근할 수 있는 경우 적절하지 않은 결과가 Result Register에 저장돼 비밀키가 누출될 가능성이 있기 때문에 Final Round는 보호 상태가 된다. 이제 합성 과정에서 보호 상태에 직접 액세스할 수 있는 신경 쓰지 않는 상태로 진입되면 공격자가 이런 신경 쓰지 않는 상태를 사용해 보호 상태에 액세스함으로써 FSM에 취약점을 발생시킬 수 있다. 그림 6.4(B)에 표시된 'Don't-care_1' 상태는 합성 도구에 의해 진입하고, 이 상태는 보호된 상태 Final Round에 직접 액세스할 수 있다는 점을 고려해보자. 'Don't-care_1' 상태의 진입은 don't-care 상태가 결함과 트로이목마 기반 공격을 트리거할 수 있기 때문에 CAD 도구에 의해 도입된 취약점을 나타낸다. 예를 들어 공격자는 결함을 삽입해 'Don't-care_1'로 가게 되고, 이 상태에서 보호된 상태 'Final Round'에 액세스할 수 있다. 공격자는 또한 'Don't-care_1'을 사용해 트로이목마를 삽입할 수 있다. 이 신경 쓰지 않는 상태의 존재는 이 상태에서 검증과 테스트를 고려하지 않기 때문에 공격자에게 유일한 허점을 제공한다. 따라서 트로이목마가 탐지를 회피하기가 더 쉽다.

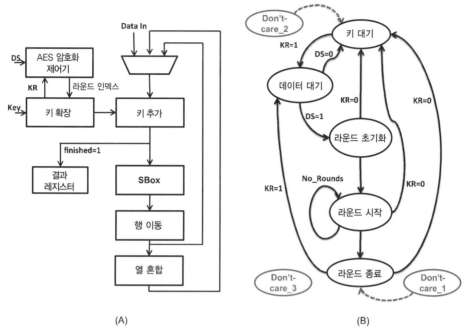

(A)

(B)

▲ 그림 6.4 CAD 도구에 의해 생성된 의도하지 않은 취약점. (A)와 (B)는 AES 암호화 모듈의 데이터 경로와 FSM(Finite State Machine)을 보여준다. KR과 DS는 각각 Key Ready와 Data Stable 신호의 약자로, 빨간색으로 마킹된 상태와 전환은 신경 쓰지 않는 상태와 CAD 도구에 의해 확인되는 전환을 나타낸다.

또한 합성 프로세스 중에서 CAD 도구는 설계의 모든 모듈을 함께 결합하고 전력, 타이밍이나 면적에 맞게 설계를 최적화하려고 노력한다. SoC에 암호화 모듈과 같은 보안 모듈이 있는 경우 설계 평탄화와 다중 최적화 프로세스는 신뢰할 수 있는 블록과 신뢰할 수 없는 블록을 병합할 수 있다. 설계자가 통제할 수 없는 이러한 설계 단계는 취약점을 야기하고 정보 누설을 일으킬 수 있다[12].

6.4.3 설계상의 실수

전통적으로 설계 목표는 비용, 성능, 시장 출시 시간 제약에 의해 좌우된다. 반면 보안은 일반적으로 설계 단계에서 무시된다. 또한 보안을 바탕으로 하는 설계는 아직 존재하지 않는다. 따라서 많은 보안 취약점은 의도하지 않은 실수나 설계자의 보안 문제 이해 부족에 의해 의도하지 않게 발생할 수 있다[15]. 설계 엔지니어는 설계의 복잡성과 보안 문제의 다양성으로 인해 하드웨어와 정보 보안에 대한 지식이 충분하지 않을 수 있다. 예를 들어 보안은 종종 엔지니어들이 IC 테스트를 위해 개발한 부분과 직접적으로 충돌한다. 테스트를 고려한 설계와 디버그용 설계 인프라가 제대로 설계되지 않은 경우 스스로 백도어를 제공할 수 있다.

이는 사례 연구[15]에서 더 자세히 설명한다. 그림 6.5(A)는 PRESENT 암호화 알고리즘에서 최상위 레벨의 설명을 보여준다[13]. Verilog 구현의 한 부분은 그림 6.5(B)에 나타나 있다. 키가 모듈에 'kreg'로 정의된 레지스터에 직접 할당되고 있음을 알 수 있다. 암호화 알고리즘 자체는 안전하지만 하드웨어 구현 시 의도하지 않게 취약점이 생성된다. 이 설계가 구현되면 'kreg' 레지스터가 스캔 체인에 포함되며, 공격자는 스캔 체인 기반의 공격을 통해 키에 접근할 수 있다[16].

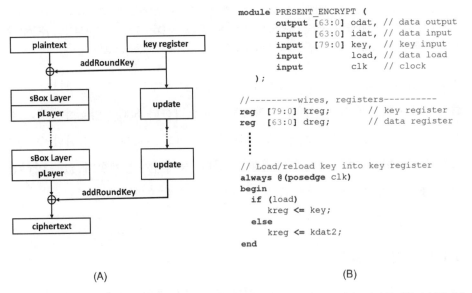

(A)   (B)

▲ 그림 6.5 설계 오류에 의해 생성된 의도하지 않은 취약점. (A) PRESENT에 대한 최상위 레벨의 설명, (B) PRESENT의 Verilog 구현

또한 동일한 알고리즘의 다른 구현 스타일은 보안 수준이 서로 다를 수 있다. 최근 연구[17]에서는 두 개의 AES SBox 아키텍처인 PPRM1[18], Boyar와 Peralta[19]를 분석해 어느 설계가 결함 주입 공격에 더 취약한지 평가했다. 분석 결과에 따르면 P-AES는 B-AES 아키텍처보다 결함 주입 공격에 더 취약하다.

6.4.4 테스트/디버그 구조

중요한 시스템이 라이프타임 동안 적절한 기능과 신뢰성을 보장하려면 높은 테스트 가능성이 중요하다. 테스트 가능성은 회로 내 신호(즉, 네트)의 제어 가능성 Controllability과 관찰 가능성observability을 측정한 것이다. 제어 가능성은 특정 논리 신호를 '1'이나 '0'으로 설정하는 난이도로 정의되며, 관찰 가능성은 논리 신호의 상태를 관찰하는 난이도로 정의된다. 테스트 가능성과 디버깅을 증가시키고자 복잡한 설계에 DFT^{Design-For-Test}와 DFD^{Design-For-Debug} 구조를 통합하는 것이 매우 일반적이다. 그러나 DFT와 DFD 구조에 의해 추가된 제어 가능성과 관찰 가능성은 공격자가 IC의 내부 상태를 제어하거나 관찰할 수 있게 함으로써 수많은 취약점을 만들 수 있다[20].

일반적으로 테스트와 디버그는 그림 6.6과 같이 회로 내부 접속과 관련해 보안과 반대되는 것으로 볼 수 있다. 불행히도 DFT와 DFD 구조는 딥 서브미크론 디바이스의 제조 중에 예기치 않은 많은 결함과 오류가 발생돼 현대의 설계에서 테스트와 디버그를 하지 않을 수 없다. 또한 국립표준기술원^{NIST}은 중요한 애플리케이션에 사용되는 설계는 제조 전과 제조 후 모두에서 적절히 시험할 수 있어야 한다고 요구한다. 따라서 DFT와 DFD 구조는 취약점을 발생시킬 수 있지만 IC에 통합돼야 하고, DFT와 DFD에 의해 발생되는 보안 취약점이 있는지 확인할 필요가 있다.

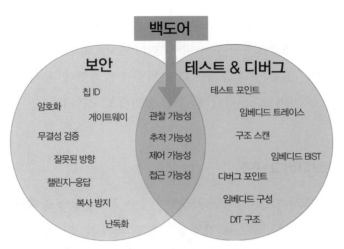

▲ 그림 6.6 고품질 테스트와 디버그에 대한 요구 사항은 보안과 모순된다.

6.5 신뢰 문제

이 절에서는 하드웨어 공급망의 위조와 IC/IP 남용 문제를 다룬다.

미국 상무부에서는 위조를 다음과 같이 정의한다.

- 승인되지 않은 복사본
- 오리지널 칩 제조업체OCM, Original Chip Manufacturer 설계, 모델이나 성능 표준을 준수하지 않음
- OCM에 의해 생산되지 않거나 허가되지 않은 계약자에 의해 생산함
- 스펙이 잘못됐거나, 결함이 있거나, 새로운 제품이나 작동되는 제품으로 중고 OCM 제품
- 부정확하거나 잘못된 표식이나 문서

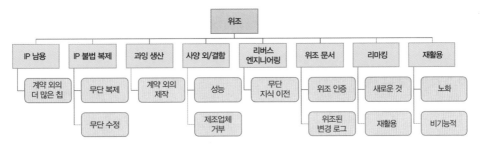

▲ 그림 6.7 위조 IP와 IC의 분류 체계

위의 정의는 구성품 공급망 내의 기업이 OCM에 의해 인증되고 승인된 전자 부품을 조달하는 모든 가능한 시나리오를 포함하지 않는다. 예를 들어 구성품의 전체 설계를 리버스 엔지니어링에 의해 복사해 제조한 다음 OCM의 보증하에 시장에서 판매할 수 있다. 신뢰할 수 없는 파운드리나 조립 시설에서 OCM에 공개하지 않고 추가 구성 요소를 공급할 수 있다[23, 24]. 이러한 모든 시나리오는 구성품을 이용하는 시스템의 보안과 신뢰성에 영향을 미친다. 따라서 위조에 대한 정의는 위조 유형의 포괄적인 분류 체계를 사용해 확대됐다[25]. 그림 6.7은 위조 유형의 분류 체계를 보여준다. 각 유형은 아래 절에서 설명한다.

6.5.1 IP 남용

IP 작성자/소유자는 IP의 생산자와 법적 소유자다. 생산자와 소유자의 관심사는 가치 있는 제품을 제공하고 경쟁 업체나 IP 사용자에게 IP를 공개함으로써 손실을 방지하는 것을 포함한다[26]. IP 사용자/SoC 통합자는 자사 제품에 IP를 사용할 수 있는 소유권과 사용권을 갖는 당사자다. 일반적으로 IP 소유자는 특정수의 칩에 IP를 통합하고자 SoC 설계자에게 라이선스를 제공한다. 악의적인 SoC 설계자는 라이선스 비용을 줄이려고 더 많은 칩을 생산하고 IP 소유자에게 더 적은 수를 보고할 수 있다. 간단히 말해 문제는 IP 소유자가 자신의 IP로 얼마나 많은 칩에 사용됐는지 검증할 수 있는 수단이 거의 없다는 것이다. IP가 라이선스 숫자보다 더 많은 칩에 사용되면 이익이 손실된다.

6.5.2 IP 불법 복제

합법적으로 IP 공급업체로부터 3PIP 코어를 구매할 수 있지만, 정직하지 않은 SoC 설계자는 다른 SoC 설계자에게 판매하고자 복제본(원래 IP의 불법 복제본)을 만들 수 있다. 또한 SoC 설계자는 특정한 부분을 수정할 수 있고 수정된 IP를 새로운 IP로 판매할 수 있다. 예를 들어 SoC 통합자는 IP 소유자로부터 암호 가속기 IP를 구입할 수 있다. 이후 암호 해시 엔진을 개발해 다이제스트를 계산한다. 그런 다음 악의적인 SoC 설계자는 해시 엔진을 갖고 있는 암호 가속기를 다른 SoC 설계자들에게 새로운 IP로 판매할 수 있다.

또한 SoC 설계자는 IP 불법 복제의 잠재적 피해자가 될 수 있다. SoC 설계가 합성이나 DFT 삽입을 위해 서드파티 공급업체에 아웃소싱될 때 해당 공급업체는 전체 설계에 접근할 수 있다. 예를 들어 SoC의 넷리스트 버전에서 일하는 불량 DFT 공급업체는 SoC 설계의 일부를 다른 SoC 설계자에게 펌firm IP로 판매할 수 있다. 마찬가지로 신뢰할 수 없는 파운드리는 제조를 위해 SoC 설계자로부터 받은 GDSII 파일의 불법 복제본을 판매할 수 있다.

그림 6.8은 3PIP 공급업체와 SoC 설계자, SoC 설계자와 DFT 공급업체, SoC 설계자와 파운드리 사이의 신뢰 부족과 신뢰 부족이 어떻게 IP 남용과 불법 복제를 발생시켰는지 보여준다.

현재의 반도체 IP 시장은 33억 6천만 달러로, IoT 기기의 등장으로 2022년까지 64억 5천만 달러에 이를 것으로 추정된다[27]. 그러므로 IP 소유자들은 자신의 제품을 보호하기 위한 명확한 경제적인 동기를 갖고 있고, 따라서 IP 남용과 IP 불법 복제는 그들에게 상당한 위협이 된다.

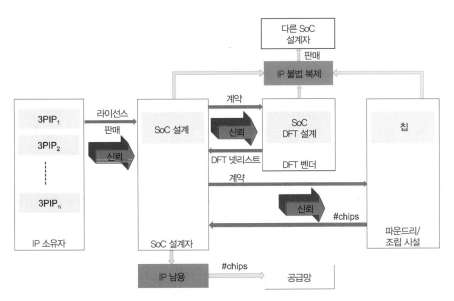

▲ 그림 6.8 3PIP 공급업체와 SoC 설계자, SoC 설계자와 DFT 공급업체, SoC 설계자와 파운드리 사이의 신뢰 부족

6.5.3 집적 회로의 과잉 생산

신뢰할 수 없는 파운드리와 제조시설에서는 제조 계약을 체결한 칩의 수보다 많은 양을 생산할 수 있다[28, 29]. 이 칩들은 연구개발비가 들지 않기 때문에 SoC 설계자 명의의 칩으로 판매해 더 큰 이익을 얻을 수 있다. 또한 SoC 설계자나 IP 소유자에게 더 낮은 수율(즉, 전체 칩 수에 대한 결함 없는 칩의 더 높은 비율)을 보고함으로써 사실상 무료로 칩을 과잉 생산할 수 있다.

디자인 하우스(즉, 부품의 지적 재산권[IP] 소유자)와의 계약 외 제조, 판매 과정을 '과잉 생산'이라고 한다. 이 문제는 디자인 하우스가 조립과 조립 공정을 감시할 수 없고 실제 생산량 정보를 얻을 수 없기 때문에 발생한다(그림 6.9 참고). 과잉 생산에 대해 잘 알려진 우려되는 점은 디자인 하우스의 불가피한 이익 손실이다. 설계 회사는 대개 제품의 연구개발[R&D]에 많은 시간과 노력을 투자한다. 신뢰할 수 없는 파운드리나 조립 공정이 이러한 구성품을 과도하게 생산하고 판매할 경우 디자인 하우스는 해당 구성품을 판매함으로써 얻을 수 있었던 가능한 수익을 잃게 된다. 과잉 생산된 부품에 대한 더 큰 우려는 신뢰성 문제다. 과잉 생산된 부품은 신뢰성과 기능 테스트를 최소화하거나 아예 하지 않고 시장에 나올 수도 있다. 이러한 부품들은 군사 장비와 소비자 제품과 같은 많은 중요한 애플리케이션에 대한 공급망으로 다시 흘러 들어갈 수 있으므로 안전성과 신뢰성에 대한 우려가 커진다. 또한 이들 구성 요소는 디자인 하우스와 동일한 이름을 가지므로, 이들 구성 요소의 문제는 원래 구성 요소 제조업체의 명성을 손상시킬 수 있다.

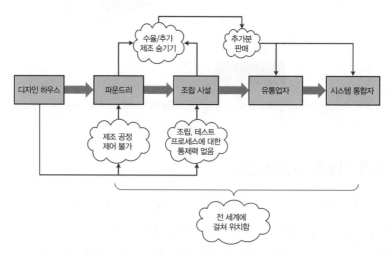

▲ 그림 6.9 집적 회로의 제작과 조립의 통제력이 부족해 신뢰할 수 없는 파운드리/조립 공정에 의한 과잉 생산

6.5.4 사양 외/결함 부품 배송

부품은 제조 후 테스트에서 부정확한 응답을 보일 경우 결함이 있는 것으로 간주된다. SoC는 6.2.2절과 6.2.3절에서 설명한 것처럼 웨이퍼 테스트, 패키지 테스트, 최종 기능 테스트를 거쳐 그림 6.2에 표시된 것처럼 칩이 목표 사양에 따라 작동하는지 여부를 확인한다. 이러한 테스트 프로세스에서 패스하지 못한 칩은 파괴되거나(기능이 작동하지 않는 경우), 다운그레이드되거나(규격을 충족하지 못하는 것으

로 판명될 경우) 적절히 폐기돼야 한다. 그러나 이들이 신뢰받지 못한 기업이나 이를 도용한 서드파티에 의해 오픈마켓에서 판매된다면 실패 위험은 필연적으로 증가할 것이다.

6.5.5 집적 회로의 리버스 엔지니어링

리버스 엔지니어링[RE, Reverse engineering][21, 22]은 제품의 구조와 기능을 완전히 알아내고자 오리지널의 구성 요소를 조사하는 프로세스다. 물리적 상호 연결 정보를 파괴적이거나 비파괴적으로 레이어별로 추출한 다음, 이미지 처리 분석을 통해 구성 요소의 전체 구조를 재구성해 얻을 수 있다[21, 30]. 구성 요소를 리버스 엔지니어링하는 주된 이유는 OCM의 경쟁자들이 복사본을 만들기 위해서다. 리버스 엔지니어링에 관련된 기업은 종종 비싸고 정교한 도구를 갖고 있다. 주사 전자 현미경[SEM]이나 투과 전자 현미경[TEM]은 일반적으로 칩 내부 레이어 제거, 단순화한 후 구성 요소의 각 층 이미지를 촬영하는 데 사용된다. 자동화된 소프트웨어를 사용해서 이미지를 결합해 완전한 구조를 만들 수 있다. 예를 들어 Chipworks Inc.(캐나다 오타와 소재)의 ICWorks Extractor는 칩의 내부 레이어에서 나온 모든 이미지를 결합해 3D 구조를 형성하는 기능을 갖고 있다[21]. 또한 리버스 엔지니어링은 부품의 설계에 접근할 수 있는 사람이 허가하지 않은 지식에 접근해 발생할 수 있으며, 이로 인해 OCM의 이익 손실이 발생할 수 있다.

6.5.6 위조된 문서

구성 요소와 함께 제공되는 문서에는 규격, 테스트, 적합성 증명서[CoC, Certificates of Conformance], 작업 명세서[SoW, Statement of Work]에 관한 정보가 포함돼 있다. 이러한 문서를 수정하거나 위조함으로써 구성 요소는 부적합하거나 결함이 있더라도 잘못 전달돼 판매될 수 있다. 구형 설계와 구형 부품에 대한 보관된 정보를 OCM에서 더 이상 제공되지 않을 수 있으므로 그러한 문서의 진위 여부를 확인하는 것은 종종 어렵다. 합법적인 문서를 복사해 합법적인 문서와 일치하지 않는 많은 부품과 연관시킬 수도 있다. 위조업자와 위조된 문서와 연관된 부품의 위험에 대한 인센티브는 앞에서 언급한 내용과 유사하다.

6.5.7 집적 회로 리마킹

전자 부품에는 패키지와 기능을 고유하게 식별하기 위한 표시가 있다. 이 표시에는 부품 식별 번호PIN, 로트 식별 코드 또는 날짜 코드, 장치 제조업체 식별 번호, 제조 국가, 정전기 방전ESD 민감도 식별자, 인증 마크 등과 같은 정보가 포함된다.

분명 부품의 표시는 매우 중요하다. 부품의 출처를 식별하고, 가장 중요한 것은 부품의 취급과 사용 방법을 결정하는 것이다. 예를 들어 우주 산업 등급 부품은 상용 등급 부품의 즉각적인 고장을 유발할 수 있는 조건(예, 광범위한 온도와 방사선 수준)에 견딜 수 있다. 부품 제조업체와 등급 같은 요소도 부품의 가치를 결정한다. 우주 산업이나 군용 부품의 가격은 상업용 부품보다 훨씬 비쌀 수 있다. 예를 들어 RAD750과 같은 BAE 방사선 강화 프로세서는 수백 달러의 상용 프로세서에 비해 수만 달러의 비용이 들 수 있다.[32]. 이러한 우주 산업 등급 프로세서는 인공위성, 탐사선, 우주 왕복선에 사용되며, 우주에서 일반적으로 발견되는 광범위한 온도와 방사선 수준을 견딜 수 있도록 설계됐다. 여기에 부품 리마킹(즉, 원래 표식을 변경)이라는 유혹이 있다. 위조업자는 상위 등급이나 더 나은 제조업체의 상표로 표시함으로써 공개 시장에서 부품의 가격을 올릴 수 있다. 그러나 그들의 부품들은 더 내구성이 있고 더 높은 등급을 가진 부품들의 가혹한 조건을 견뎌낼 수 없을 것이다. 이러한 부품이 중요한 시스템에 해당될 경우 상당한 문제가 발생할 수 있다. 이를 보여주는 예는 2011년 미 상원 군사위원회가 개최한 청문회에서 밝혀진 P-8A 포세이돈 항공기 사건이다[33]. 대잠수함과 지대함 미사일을 수송하는 P-8A

포세이돈 항공기에 탑재된 얼음 감지 모듈은 위조 FPGA 장비와 함께 발견된 것으로 밝혀졌다. 얼음 감지 모듈은 항공기 표면에서 만들어진 얼음을 조종사에게 경고하는 중요한 부품이다. 이 경우 모듈을 제어하는 FPGA 유닛이 자일링스^Xilinx에서 제작한 것으로 잘못 언급됐다. 공급망 추가 분석 결과로 부품은 실제 중국 선전^Shenzhen의 한 제조업체로 거슬러 올라간다.

원래 표시와 육안으로 구별할 수 없는 부품을 리마킹하는 것은 상당히 쉽다. 부품은 먼저 화학적으로나 물리적으로 원래의 표시를 제거한 후 마킹 제거 공정에서 남겨진 물리적 흔적이나 결함을 감추고자 표면을 블랙토핑^blacktopping(재처리)해 리마킹을 위해 준비한다. 그런 다음 마킹 작업은 OCM에 의해 생성된 것처럼 보이도록 부품에 레이저 마크나 잉크 마크로 인쇄된다. 그림 6.10에는 리마킹된 칩과 오리지널 칩[31]을 보여준다. 오리지널 칩은 두 줄의 마킹이 있다. 주목할 점은 오리지널 칩과 거의 비슷해 보일 정도로 퀄리티가 좋다는 점이다.

▲ 그림 6.10 (A) 리마킹 칩, (B) 오리지널 칩

6.5.8 집적 회로의 재활용

'재활용'이라는 용어는 시스템에서 회수되거나 회수된 전자 부품을 말하며, OCM의 새로운 부품으로 사용되고자 수정된다. 재생 부품은 이전 사용으로 인해 성능이 저하되고 수명이 단축될 수 있다. 또한 재생 공정(매우 높은 온도에서 제거, 보드에서 물리적 제거, 세척, 샌딩, 재포장 등)은 부품을 손상시킬 수 있으며, 초기 시험을 통과하겠지만, 이후 현장에서 잠재적 결함을 유발할 수 있다. 통제되지 않는 환경

에서 극심한 환경에 노출되므로 현장에서는 나중에 완전히 기능을 하지 못하게 된다. 물론 이러한 부품은 신뢰할 수 없고 자신도 모르게 통합되는 시스템들을 똑같이 신뢰할 수 없게 만들 것이다.

미 상원 군사위원회는 국방 공급망에 위조된 전자 부품의 조사에 관한 청문회를 개최했으며, 조사 결과 폐기된 전자 부품에서 나온 전자 폐기물이 이러한 재활용된 위조 부품에 사용되고 있는 것으로 밝혀졌다[34, 35]. 미국에서는 2009년에 전자 폐기물의 25%만 적절히 재활용됐다[36]. 이러한 수치는 다른 많은 개발도상국이나 선진국에 비교해도 좋을지 모르겠지만 더 안 좋은 수치일 수 있다. 이 거대한 전자 폐기물의 자원은 위조업자들이 엄청난 양의 부품을 재고로 갖고 있게 해주며, 이 부품들은 조잡한 공정을 통해 전자 폐기물부터 재활용된다. 대표적인 재활용 프로세스는 다음과 같다.

1. 재활업자는 폐기된 인쇄 회로 기판^{PCB}을 수집하는데, 여기서 사용된 부품 (디지털 IC, 아날로그 IC, 커패시터, 저항 등)을 수확할 수 있다.
2. PCB를 오븐 불꽃으로 가열한다. 솔더링 재료가 녹기 시작하면 재활업자는 PCB를 양동이에 쳐서 부품을 분리하고 수거한다.
3. 부품의 오리지널 마킹은 블라스팅 약품이 부품 표면에 충돌하는 마이크로 블라스팅으로 제거된다. 압축 공기는 일반적으로 폭발 입자를 가속하고자 사용된다. 대표적인 발파제로는 산화알루미늄 분말, 중탄산나트륨 분말, 유리구슬 등이 있다. 발파제의 선택은 이중 인라인 패키지$^{DIP, Dual In-line}$ ^{Package}와 플라스틱 납 칩 캐리어$^{PLCC, Plastic Leaded Chip Carrier}$와 같은 구성 요소 패키지 유형에 따라 달라진다.
4. 블랙 코팅과 표면 코팅을 사용해 새로운 코팅제를 부품에 적용한다.
5. PIN 번호, 날짜/로트 코드, 제조업체 로고, 제조 국가 등과 같은 식별 데이터를 포함하는 원래의 등급 표시와 같은 새로운 표시는 새로운 검은색 토핑 표면에 잉크 인쇄나 레이저 인쇄로 인쇄된다.

6. 새것처럼 보이도록 부품 리드[leads], 볼[balls]이나 칼럼을 다시 작업(리드 정리와 교정, 새로운 재료로 리드 재공급, 새로운 솔더 볼[solder balls] 형성 등)한다.

▲ 그림 6.11 일반적인 IC 재활용 프로세스

그림 6.11은 NASA가 문서화한 재활용 과정을 보여준다[37]. 재활용 프로세스는 다음과 같이 혹독하게 취급하고 영향을 받기 때문에 재활용 부품의 신뢰성에 영향을 미친다.

1. 부품은 정전기 방전[ESD]과 전기 과부하[EOS]에서 보호되지 않는다.
2. 습기에 민감한 성분은 구워 말려서 포장하지 않는다.
3. (a) 높은 재활용 온도, (b) 충돌, 기타 취급에 의한 기계적 충격, (c) 습한 상태에서 물로 청소해 보관하는 습도 수준, (d) 재활용 공정으로 인한 기타 기계적, 환경적 스트레스로 인해 부품이 손상될 수 있다.

사실상 재활용된 부품들은 이러한 공정에 의해 훨씬 더 악화된다. 이는 시스템에서 부품의 사용으로 인한 노화를 가속화시킬 뿐이다.

6.6 잠재적 대응책

이 절에서는 하드웨어 공급망 문제를 해결하고자 제안된 대책을 간략하게 설명한다. 이러한 기법 중 일부는 학문적 연구에 기반이 되며, 일부는 업계에 의해 채택된다. 또한 이 절에서는 이러한 기술과 관련된 문제점을 설명한다.

6.6.1 하드웨어 트로이목마 탐지와 방지

수년에 걸쳐 여러 가지 트로이목마 탐지와 예방법이 개발됐다. 이에 대해서는 5장에서 좀 더 자세히 설명했다.

6.6.2 보안 규칙 점검

설계상의 실수나 CAD 도구에 의해 의도하지 않게 발생된 보안 취약점을 파악하고자 [15, 64]에서 DSeRC Design Security Rule Check 개념을 개발했다. 이 프레임워크는 기존 칩 설계 흐름에 통합돼 설계의 취약점을 분석하고 설계 프로세스의 다양한 단계에서 보안을 평가하고자 레지스터 전송 레벨 RTL, 게이트 레벨 넷리스트, DFT Design-For-Test 삽입, 물리적 설계를 포함한다. DSeRC 프레임워크는 설계 파일, 제약 조건, 사용자 입력 데이터를 읽고 모든 추상화 레벨(RTL, 게이트 레벨, 물리적 레이아웃 레벨)에서 취약점을 확인한다. 각각의 취약점은 일련의 규칙과 지표(메트릭)로 연결돼 각 설계의 보안을 정량적으로 측정할 수 있다. 이 프레임워크를 성공적으로 구현하려면 정보 흐름에서의 보안 검증, 신호 누출 분석, 액세스 제어와 같은 광범위한 접근 권한이 칩 설계 과정에서 필요하다[3, 11, 65]. DSeRC 프레임워크의 자세한 내용은 13장을 참고하기 바란다.

6.6.3 IP 암호화

IP의 기밀성을 보호하고, 다양한 전자 설계 자동화 EDA 도구, 하드웨어 흐름에서 상호 운용 가능한 IP 설계를 위한 공통 마크업 구문 markup syntax 을 제공하고자 IEEE SA 표준위원회는 P1735 표준[26]을 개발했다. 이 표준은 EDA, 반도체 회사, IP 공급업체에 의해 채택됐다. P1735 표준은 IP의 기밀성을 보장하고자 암호화에 대한 권장 사례를 제공한다. 상호운용성과 광범위한 분야에서 사용하고자 암호화된 IP를 나타내는 공통 마크업 포맷도 지정한다. 마크업 포맷은 보호된 IP의 다른 부분을 식별하고 캡슐화하려고 표준 특정 변수, 즉 프라그마^{pragma}를 사용한다. 또한 이러한 프라그마를 이용해 암호화와 다이제스트 알고리즘을 구체화하는 등의 기능을 수행한다.

또한 표준은 권한 관리와 라이선스를 지원하는 메커니즘을 제공한다. 이러한 표준 가이드는 IP 작성자가 세분화된 액세스 제어를 가능하게 한다. 권한 관리 기능을 통해 IP 작성자는 EDA 도구가 IP를 시뮬레이션할 때 IP 사용자가 액세스할 수 있는 출력 신호를 주장할 수 있다. 예를 들어 라이선스 기능은 IP 사용 권한을 위해 비용을 지불한 회사의 허가된 사용자가 접근할 수 있게 한다.

표준의 기본 워크플로는 그림 6.12와 같다. 이 표준은 대칭 암호화와 비대칭 암호화에 대해 AES-CBC(다른 블록 암호는 허용)와 RSA(≥ 2048)를 각각 요구한다. AES의 경우 128이나 256의 키를 권장한다. 도구는 IP상에서 시뮬레이션, 합성, 기타 프로세스를 수행할 수 있지만, IP 사용자에게 IP를 일반 텍스트 형식으로 절대 노출하지 않는다는 점에 유의해야 한다[26].

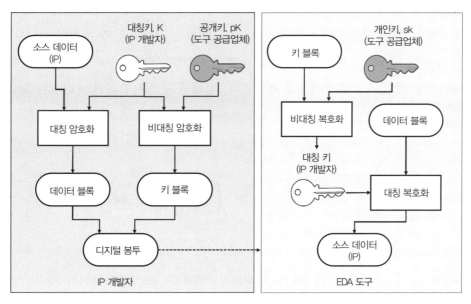

▲ 그림 6.12 P1735 표준의 워크플로

현재의 표준은 불행히도 키에 대한 지식 없이 암호화된 IP의 기본 텍스트 전체를 복구할 수 있는 일부 암호 오류를 갖고 있다. [2]의 저자는 표준의 한계에 대처하기 위한 권고안을 제시한다. IEEE-P1735 표준의 한계를 해결하더라도 IP 암호화 방식만으로는 과잉 생산과 같은 공급망 문제를 해결할 수 없다.

6.6.4 논리 난독화

IP 불법 복제와 IC 과잉 생산을 막기 위해 가능한 또 다른 접근법은 논리 난독화를 통한 것이다. 이 기법은 설계를 기능적으로 잠그고자 추가 게이트(키 게이트로 정의됨)를 설계에 배치하며, 이는 올바른 키를 적용해야만 잠금을 해제할 수 있다[29, 66, 67]. 예를 들어 그림 6.13(B)에서는 그림 6.13(A)에 표시된 설계를 기능적으로 잠그고자 XOR 키 게이트를 배치한다. 칩 잠금 해제 키 $CUK[i]$ 값에 따라 D나 $\overline{D}$가 키 게이트의 출력에 나타난다. $CUK[i]$의 올바른 값은 원래의 넷리스트를 가진 설계자에게만 알려진 D의 올바른 값을 생성한다. 이상적으로 논리 난독화는 IP 불법 복제와 IC 과잉 생산에 대한 보호를 제공할 수 있는 잠재력을 갖고 있다. 그러나 다른 공격, 즉 SAT 공격[68], 키 민감도 공격key sensitization attack[69] 등이 논리 난독화를 해독하는 제거 가능한 공격으로 제안됐다. 이러한 공격은 잠겨진 넷리스트와 잠금 해제된 칩의 입출력 응답을 활용해 키를 추출한다.

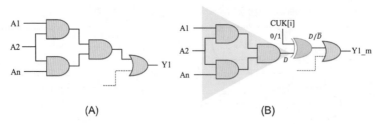

▲ 그림 6.13 (A) 원래의 넷리스트. (B) 오렌지색으로 표시된 키 게이트를 갖고 있는 난독화된 넷리스트. CUK[i]는 키의 i번째 비트를 나타낸다.

6.6.5 하드웨어 워터마킹

워터마킹은 IP의 저작권을 검증하는 데 활용될 수 있다. 워터마킹 기법은 고유한 지문을 생성해 IP를 고유하게 식별한다[70~73]. 워터마킹 기법은 수동적이기 때문에 IP 남용과 IP 불법 복제, IC 과잉 생산을 막는 데 사용할 수 없다. 단지 IP 사용의 증명을 검증하는 데에만 사용할 수 있다.

6.6.6 IC 계측

계측 접근법은 제조된 IC의 개수를 SoC 설계자가 제어할 수 있게 함으로써 IC의 과잉 생산을 방지하도록 설계됐다. 이러한 접근 방식에는 수동적 방법과 능동적 방법이 있다. 수동적 접근 방식은 각 IC를 고유하게 식별하고 요청-응답을 쌍으로 사용해 IC를 등록한다. 나중에 마켓에서 가져온 의심스러운 IC가 제대로 등록됐는지 점검한다[70, 74~77]. 수동적 측정 방법의 경우 한 가지 큰 제약은 과잉 생산을 적극적으로 막을 수 없다는 것이다. 예를 들어 SoC 설계자는 결함 없는 칩을 생산하고자 파운드리/조립 시설을 의뢰해야 하고, 수율 정보를 맹목적으로 신뢰해야 한다. 신뢰할 수 없는 파운드리/조립 시설은 실제 산출량 정보를 숨길 수 있으며 사실상 막대한 양의 무결점 칩을 만들 수 있다.

능동적 측정 방법은 SoC 설계자에 의해 잠금이 해제될 때까지 각 IC를 잠근다[1, 24, 29, 78, 79]. 예를 들어 SoC의 제조와 테스트 프로세스를 확보하고, 위조, 결함이나 사양에 벗어난 SoC가 공급망에 진입하는 것을 방지하고자 SoC 설계자에게 다시 제어권을 제공하기 위한 SST^{Secure Split-Test}[24, 79]가 제안됐다. SST에서 각 칩은 테스트 과정 동안 잠근다. SoC 설계자는 잠긴 테스트 결과를 해석할 수 있고 유일하게 패스 칩^{passing chip}을 사용해 잠금을 해제할 수 있다. 이런 식으로 SST는 과잉 생산을 막을 수 있고, 칩이 공급망에 도달하는 것도 막을 수 있다. 또한 SST는 모든 칩에 대해 고유한 키를 설정해 공급망 공격에 대한 보안을 획기적으로 개선한다. 구인^{Guin}

과 동료[1]는 FORTIS라는 능동적 측정 방법을 제시했는데, 이 접근법은 하드웨어 공급망의 모든 실체 간의 신뢰를 보장하고자 IP 암호화, 논리 난독화, SST의 개념을 결합했다. FORTIS 기법은 IP 불법 복제, IC 과잉 생산, 규격 외 IC, 위조된 IC, 복제 IC를 포함한 공급망 문제를 효과적으로 해결할 수 있다.

6.6.7 ECID와 PUF 기반 인증

ECID와 PUF 기반 인증 접근법은 위조된 IC와 복제된 IC를 식별하고자 제안됐다. 여기서의 주요 아이디어는 IC에 고유 ID를 태그하고, 공급망 전체에 걸쳐 추적하는 것이다. 전자 칩 ID 기반(ECID 기반) 접근법은 고유 ID를 일회성 프로그래밍^{OTP,} One-Time-Programmable과 ROM 같은 프로그래밍이 불가능한 메모리에 쓰는 것에 의존한다. 이를 위해서는 레이저 퓨즈[80]나 전기 퓨즈^{eFuss}[81]와 같은 것을 조립한 후 외부 프로그래밍이 필요하다. eFuse는 면적이 작고 확장성이 뛰어나 레이저 퓨즈를 통해 인기를 얻고 있다[81].

ECID와 함께 실리콘 PUF^{Physically Unclonable Functions}는 IC 식별, 인증에 대한 새로운 접근법으로 많은 주목을 받았다[82, 83]. 실리콘 PUF는 최신 집적 회로에 존재하는 고유한 물리적 변화^{variations}(프로세스 변화)를 이용한다. 이러한 변화는 제어할 수 없고 예측할 수 없으므로 PUF는 IC 식별, 인증에 적합하다[28, 84]. 이러한 변화는 각 IC에 대한 고유한 서명을 생성하는 데 도움이 될 수 있으며, 이는 나중에 진짜 IC를 식별할 수 있게 한다.

6.6.8 경로 지연 핑거프린팅

경로 지연^{Path delay} 핑거프린팅[85]은 설계에 여분의 하드웨어를 추가하지 않고 재활용된 IC를 선별하고자 제안됐다. 현장에서 이러한 재활용된 IC가 사용됐기 때문에 그런 IC의 성능이 노후화의 영향으로 인해 저하됐을 것이다. NBTI/PBTI

Negative/Positive Bias Temperature Instability와 HCI^{Hot Carrier Injection} 때문에 재활용된 IC의 경로 지연이 더 커질 것이다. 더 큰 경로 지연은 현장에서 IC가 오랫동안 사용되는 확률이 더 높음을 나타낸다. 그림 6.14는 노화로 인한 경로 지연 열화^{degradation}를 보여준다. 이 경로는 상온에서 NBTI, HCI 효과와 함께 시뮬레이션을 사용해 4년간 노후화됨을 볼 수 있다. 그림 6.14(A)에서 1년 동안 사용된 경로의 열화가 약 10%인 것을 관찰할 수 있는 반면, 회로를 4년 동안 사용할 경우 열화는 약 17%로 회로의 초기 사용 단계에서 대부분의 노화가 발생했음을 나타낸다.

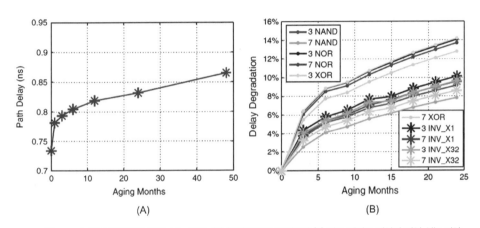

▲ 그림 6.14 노화로 인한 경로 지연 성능 저하. (A) 임의의 경로의 지연과 (B) 다른 게이트 체인의 지연 성능 저하

그림 6.14(B)는 노화 2년 후의 INVX1, INVX32, AND, NOR, XOR 게이트로 구성된 여러 체인의 지연 열화를 나타낸다. 게이트의 구조에 따라 약간 다른 속도로 다른 체인이 노화되는 것을 볼 수 있다. XOR 게이트 체인은 가장 높은 노화율을 가지며 핑거프린팅 인식 경로를 선택하는 데 도움이 된다.

경로 지연 핑거프린팅 접근법에서 통계 데이터 분석을 사용해 재활용(노화로 인해 지연 변화^{variation}가 발생함)과 새로운 IC(프로세스 변화는 지연 변화를 야기함)를 분류한다. 제조 시험 공정 중 경로 지연 정보가 측정되므로 이 기법에 추가 하드웨어 회로가 필요하지 않다.

6.6.9 클럭 스위핑

클럭 스위핑^{Clock sweeping} 기법은 [86]에서 재활용 IC를 식별하고자 도입됐다. 이 기법은 다른 주파수를 가진 경로에 패턴을 여러 번 적용해 경로가 신호를 전파할 수 없는 주파수를 찾는다. 경로가 신호를 전파할 수 있고, 또는 전파할 수 없는 주파수를 관찰함으로써 어느 정도 정밀하게 경로의 지연을 측정할 수 있다. 경로 지연 정보는 재활용된 IC와 새로운 IC를 구별하고자 고유한 바이너리 식별자를 만드는 데 사용할 수 있다. 클럭 스위핑 기법은 다음과 같은 장점을 갖고 있다. 첫째, 이 기법은 기존 설계를 포함해 공급망에 이미 있는 IC에 적용할 수 있다. 둘째, 기존 패턴 세트의 활용과 하드웨어 기능 테스트 등을 통해 얻을 수 있는 데이터를 활용한다. 마지막으로 기법에 대한 영역, 전력이나 타이밍 오버헤드가 없으므로 추가 하드웨어는 필요하지 않다.

그림 6.15는 여러 경로에서 수행되는 클럭 스위핑의 시각적인 예를 보여준다. P1 ~ P8 경로까지는 캡처 플립플롭^{flip-flop}으로 끝나는 회로의 경로로, 나노 초 단위로 약간의 지연이 있다고 가정한다. 8개 경로 각각은 주파수 f_1 ~ f_5에서 스위핑(테스트)될 수 있다. 모든 경로는 IC 설계의 정격 주파수이기 때문에 f_1에서 신호를 전파할 수 있다. 그러나 f_2에서 P3 경로는 일반적으로 신호를 전파하지 못하며 주파수 f_3에서 경로 P3는 항상 신호를 전파하는 데 실패한다. P8 경로는 클럭 스위핑으로 테스트하기에는 너무 짧기 때문에 이 예제에서는 5개 클럭 주파수 모두에서 신호를 전파하는 데 성공했다. 모든 경로에는 통과하는 주파수가 몇 개 있으며 일부는 실패할 수도 있고 일부는 실패한다. 프로세스 변화는 각 경로가 서로 다른 IC 사이에서 실패할 주파수를 변경한다.

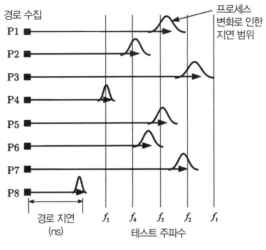

경로 수집

P1

P2

P3

P4

P5

P6

P7

P8

프로세스
변화로 인한
지연 범위

경로 지연
(ns)

f_5 f_4 f_3 f_2 f_1

테스트 주파수

▲ 그림 6.15 클럭 스위핑

6.6.10 다이(DIE)와 IC-Recycling(CDIR) 구조 결합

CDIR 구조는 IC가 위조인지 여부를 인증하고자 IC 에이징 현상을 이용한다. RO 기반 CDIR 센서는 [87, 88]에서 제안됐으며, 칩에는 2개의 링 오실레이터^{RO}가 내장돼 있다. 첫 번째 RO는 레퍼런스 RO라고 불리며 느린 속도로 에이징되도록 설계됐다. 두 번째 RO는 스트레스 RO라고 하며, 기준 RO보다 훨씬 빠른 속도로 에이징되도록 설계됐다. IC가 현장에서 사용되기 때문에 스트레스를 받는 RO의 급속한 에이징은 진동 주파수를 감소시키는 반면, 레퍼런스 RO의 진동 주파수는 칩 수명 동안 대부분 정적인 상태를 유지한다. 따라서 두 RO의 주파수 사이의 큰 차이는 칩이 사용됐음을 의미한다. 글로벌과 로컬 프로세스 변화를 극복하고자 두 RO는 물리적으로 매우 가깝게 배치돼 프로세스와 환경적 변화를 무시할 수 있다.

그림 6.16은 제어 모듈, 레퍼런스 RO, 스트레스 RO, MUX, 타이머, 카운터로 구성된 간단한 RO-CDIR의 구조를 보여준다. 카운터는 타이머에 의해 제어되는 시간 동안 두 개의 RO의 사이클 카운트를 측정한다. 시스템 클럭은 타이머에서 회로

에이징으로 인한 측정 주기 변동을 최소화하고자 사용된다. MUX는 측정할 RO를 선택하고 ROSEL 신호에 의해 제어된다. RO의 인버터는 NAND와 NOR 같은 RO를 만들 수 있는 게이트로 교체될 수 있다. [87]의 분석에 따르면 RO-CDIR의 효과는 크게 변하지 않을 것이다. 90nm 기술에서 16비트 카운터는 최대 1GHz의 주파수로 작동할 수 있으며, 이는 인버터 기반 RO가 최소 21단계로 구성돼야 함을 의미한다[87]. CDIR 센서의 자세한 내용은 12장을 참고하기 바란다.

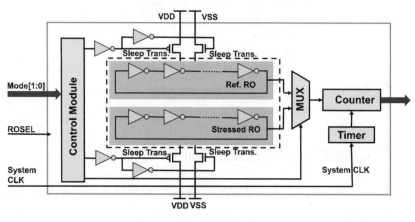

▲ 그림 6.16 CDIR 센서

6.6.11 전기 테스트

전기 테스트는 위조된 IC를 탐지하는 효율적이고 비파괴적인 방법이다. 위조로 인한 결함의 대부분은 전기 테스트에 의해 감지될 수 있다. 또한 다이와 본드 와이어 관련 결함은 이러한 테스트에 의해 감지될 수 있다. 테스트 계획 단계에서 전기 테스트를 도입하는 것의 주요 장점은 대부분의 전기적 결함이 부품에 있을 수 있기 때문에 재생과 언급된 부품과 함께 복제, 규격 이탈/결함, 과잉 생산된 부품을 식별할 수 있다는 것이다.

6.6.12 물리적 검사

물리적 검사는 위조 가능한 증거를 확인하고자 실행되는 첫 번째 테스트다. 물리적 검사 절차의 일환으로 외부와 내부의 영상 기법을 사용해 IC를 철저히 검사한다. 패키지의 외부 부분과 부품의 납은 외부 테스트를 사용해 분석한다. 예를 들어 부품의 물리적 치수는 휴대용 장비나 자동화된 시험 장비로 측정한다. 규격 시트에서 비정상적인 측정 편차는 부품이 위조된 것일 수 있음을 나타낸다.

컴포넌트의 화학적 성분은 재료 분석을 통해 확인된다. 잘못된 재료, 오염, 납의 산화, 패키지와 같은 결함이 발견될 수 있다. XRF, EDS, FTIR과 같은 재료 분석을 수행할 수 있는 몇 가지 테스트가 있다. 컴포넌트의 다이와 본드 와이어 같은 내부 구조는 delid/디캡슐레이션이나 X선 이미징으로 검사할 수 있다. 그림 6.17은 X선 이미징에서 검출된 위조 결함을 보여준다. 디캡슐레이션에는 상업적으로 세 가지 주요 방법을 이용할 수 있다. 화학 기반, 기계 기반 또는 레이저 기반 솔루션이다. 화학적인 디캡슐레이션은 산성 용액으로 패키지를 녹인다.

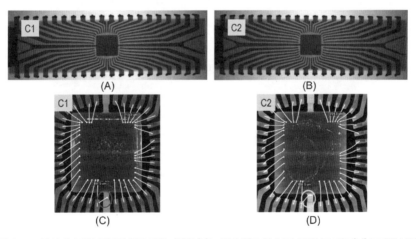

▲ 그림 6.17 X선 이미지에서 검출된 위조 결함. (A)와 (B)는 각각 위조 칩 C1과 C2의 2D 리드(납) 프레임 뷰의 X선 이미지를 보여준다. (C)와 (D)는 각각 위조 칩 C1과 C2의 3D 다이 뷰의 X선 영상을 보여준다. 빨간색과 노란색 원은 본드 와이어 연결이 C1과 C2 사이에 다르다는 것을 나타낸다.

기계적 디캡슐레이션은 다이가 노출될 때까지 부품을 분쇄하는 것이다. 부품이 분리되고 필요한 구조물이 노출되면 내부 시험을 수행해야 한다. 여기에는 진짜 다이의 존재 관찰, 다이에 대한 총 균열, 오염, 다이의 손상, 다이 표시, 누락 또는 파손된 본드 와이어, 재작업된 본드와 본드 풀$^{bond-pull}$ 강도가 포함될 수 있다.

6.7 연습문제

6.7.1 True/False 문제

1. DFT 구조는 SoC 설계자에 의해서만 삽입된다.

2. 제조 공정 외에도 파운드리는 결함이 되는 IC를 찾기 위한 테스트를 수행한다.

3. 모든 하드웨어 트로이목마에는 트리거가 있다.

4. 파운드리는 SoC 설계 흐름에서 신뢰할 수 있는 엔티티다.

5. 모든 보안 취약점이 의도적으로 도입됐다.

6. DFT로 보안 문제가 발생하지 않는다.

7. SoC 개발자는 지적 재산권 침해의 잠재적 피해자다.

8. 스펙에서 벗어났다. 부품에는 신뢰성 문제가 있다.

6.7.2 서술형 문제

1. 수평적 비즈니스 모델로 전환하려는 반도체 산업의 동기를 설명하시오.

2. 수평적 비즈니스 모델은 비용과 출시 기간을 어떻게 단축하는가?

3. 왜 대부분의 회사는 팹리스가 되는가?

4. 서드파티 공급업체가 조달 할 수 있는 다양한 유형의 IP를 설명하시오.

5. 파운드리와 제조시설은 가공된 칩에서 어떤 유형의 테스트를 수행하는가?

6. 하드웨어 트로이목마를 이식할 잠재적인 공격자들은 누구인가? 각각에 대한 간략한 설명을 제공하시오. 어느 것이 방어하기가 가장 어렵다고 생각하는지 말하시오.

7. CAD 도구는 어떻게 취약점을 도입할 수 있는가? 예를 들어 설명하시오.

8. 의도하지 않은 보안 취약점을 만들 때 테스트와 디버그 구조를 단순히 제거할 수 없는 이유는 무엇인가?

9. 다양한 종류의 위조품에 대한 분류법을 설명하시오.

10. IP 남용과 IP 불법 복제가 어떻게 발생할 수 있는지 설명하고, 각각의 예를 제공하시오.

11. 왜 과잉 생산된 IC는 원래의 것보다 비용이 적은가?

12. 스펙에서 벗어난 칩을 사용하면 위협이 되는 이유는 무엇인가?

13. 파운드리에서 삽입된 트로이목마를 탐지하기 어려운 이유는 무엇인가?

14. 위조 문제를 해결하고자 IP 암호화만 사용하면 나타나는 근본적인 한계는 무엇인가?

6.7.3 수학 문제

반도체 설계 회사인 'X'에 대해 다음 데이터를 고려해보자.

- 실제 수익률, Y = 0.9

- 다이 영역 A = 1.5cm × 1.5cm
- 다이는 R = 200mm 직경의 웨이퍼에서 1500달러/웨이퍼로 가공된다.
- 각 마스크 비용 100,000달러(총 마스크 10개)
- 설계자당 200,000달러의 5인 개발 팀
- CAD 도구 비용은 1,000,000달러다.
- 이 부분의 시장은 2,000,000개다.

1. 회사가 각 칩에 대해 10%의 이익을 내고자 한다면 시장에서 칩의 비용은 얼마 인가? 반도체 설계 회사인 X에 대한 각 칩의 비용은 얼마인가?

2. 웨이퍼당 사양을 벗어난 (수율로 인해) 칩 수를 계산해보자. 위조품이 마켓에 서 규격 외 칩을 판매하기를 원한다고 가정했을 때 각 웨이퍼마다 얼마나 많 은 수익을 올릴 수 있을까?

3. 파운드리는 실제 생산량(Y = 0.9) 대신 Y = 0.8의 낮은 생산량을 보고했다고 가 정해보자. 반도체 설계 회사인 X사가 각 칩의 비용에 어떤 영향을 미칠까? 파운 드리가 낮은 수율로 보고하면 웨이퍼당 얼마나 많은 수익을 올릴 수 있을까?

4. 반도체 설계 회사인 X가 칩의 소유권을 증명하고자 메탈 5 레이아웃에 워터 마크를 넣었다고 가정해보자. 불량 파운드리는 주어진 워터마크를 제거하고 자체 칩을 판매하기를 원하며, 이를 위해 파운드리는 리버스 엔지니어링과 메탈 5 레이아웃 재실행에 대해 10,000달러의 비용을 회수한다. 또한 파운드 리는 메탈 5를 위한 새로운 마스크를 만들어야 한다. 파운드리의 각 칩과 회 사 X의 생산 비용을 비교해보자. 이때 총량은 둘 다 동일하다고 가정한다.

5. 반도체 설계 회사인 X가 복제품 문제를 해결하기 위한 능동 측정 기술을 도입 했다고 가정해보자. 액티브 미터링 기술은 10%의 영역 오버헤드를 유발한 다. 각 칩의 새로운 비용을 계산해보자. 회사가 각 칩에서 10%의 이익을 내고 자 한다면 시장에서 칩의 새로운 가격은 얼마가 돼야 하는가?

참고 문헌

[1]   U. Guin, Q. Shi, D. Forte, M.M. Tehranipoor, FORTIS: a comprehensive solution for establishing forward trust for protecting IPs and ICs, ACM Transactions on Design Automation of Electronic Systems (TODAES) 21 (2016) 63.

[2]   A. Chhotaray, A. Nahiyan, T. Shrimpton, D. Forte, M. Tehranipoor, Standardizing bad cryptographic practice, in: Proceedings of the 2017 ACM SIGSAC Conference on Computer and Communications Security (CCS), 2017, ACM, pp. 1533-1546.

[3]   A. Nahiyan, M. Sadi, R. Vittal, G. Contreras, D. Forte, M. Tehranipoor, Hardware Trojan detection through information flow security verification, in: International Test Conference (DAC), 2017, IEEE, pp. 1-6.

[4]   K. Xiao, D. Forte, Y. Jin, R. Karri, S. Bhunia, M. Tehranipoor, Hardware Trojans: lessons learned after one decade of research, ACM Transactions on Design Automation of Electronic Systems 22 (2016) 6.

[5]   M. Tehranipoor, F. Koushanfar, A survey of hardware Trojan taxonomy and detection, IEEE Design & Test of Computers 27 (2010).

[6]   J. Markoff, Old trick threatens the newest weapons, The New York Times (2009), https://www.nytimes.com/2009/10/27/science/27trojan.html.

[7]   A. Nahiyan, M. Tehranipoor, Code coverage analysis for IP trust verification, in: Hardware IP Security and Trust, Springer, 2017, pp. 53-72.

[8]   M. Tehranipoor, H. Salmani, X. Zhang, Integrated Circuit Authentication: Hardware Trojans and Counterfeit Detection, Springer Science & Business Media, 2013.

[9]   C. Dunbar, G. Qu, Designing trusted embedded systems from finite state machines, ACM Transactions on Embedded Computing Systems (TECS) 13 (2014) 153.

[10]   D.B. Roy, S. Bhasin, S. Guilley, J.-L. Danger, D. Mukhopadhyay, From theory to practice of private circuit: a cautionary note, in: Computer Design (ICCD), 2015 33rd IEEE International Conference on, IEEE, pp. 296-303.

[11]   A. Nahiyan, K. Xiao, K. Yang, Y. Jin, D. Forte, M. Tehranipoor, AVFSM: a framework for identifying and mitigating vulnerabilities in FSMfs, in: Design Automation

Conference (DAC), 2016 53nd ACM/EDAC/IEEE, IEEE, pp. 1–6.

[12]   T. Huffmire, B. Brotherton, G. Wang, T. Sherwood, R. Kastner, T. Levin, T. Nguyen, C. Irvine, Moats and drawbridges: an isolation primitive for reconfigurable hardware based systems, in: Security and Privacy, 2007. SP'07. IEEE Symposium on, IEEE, pp. 281–295.

[13]   A. Bogdanov, L.R. Knudsen, G. Leander, C. Paar, A. Poschmann, M.J. Robshaw, Y. Seurin, C. Vikkelsoe, Present: An Ultra–Lightweight Block Cipher, in: CHES, vol. 4727, Springer, 2007, pp. 450–466.

[14]   OpenCores, http://opencores.org, Accessed August 2018.

[15]   K. Xiao, A. Nahiyan, M. Tehranipoor, Security rule checking in IC design, Computer 49 (2016) 54–61.

[16]   J. Lee, M. Tehranipoor, C. Patel, J. Plusquellic, Securing scan design using lock and key technique, in: Defect and Fault Tolerance in VLSI Systems, 2005. DFT 2005. 20th IEEE International Symposium on, IEEE, pp. 51–62.

[17]   B. Yuce, N.F. Ghalaty, P. Schaumont, TVVF: estimating the vulnerability of hardware cryptosystems against timing violation attacks, in: Hardware Oriented Security and Trust (HOST), 2015 IEEE International Symposium on, IEEE, pp. 72–77.

[18]   S. Morioka, A. Satoh, An optimized S–Box circuit architecture for low power AES design, in: International Workshop on Cryptographic Hardware and Embedded Systems, Springer, 2002, pp. 172–186.

[19]   J. Boyar, R. Peralta, A small depth–16 circuit for the AES S–box, in: IFIP International Information Security Conference, Springer, 2012, pp. 287–298.

[20]   J. Da Rolt, A. Das, G. Di Natale, M.–L. Flottes, B. Rouzeyre, I. Verbauwhede, Test versus security: past and present, IEEE Transactions on Emerging topics in Computing 2 (2014) 50–62.

[21]   R. Torrance, D. James, The state–of–the–art in IC reverse engineering, in: CHES, vol. 5747, Springer, 2009, pp. 363–381.

[22]   I. McLoughlin, Secure embedded systems: the threat of reverse engineering, in: Parallel and Distributed Systems, 2008. ICPADS'08. 14th IEEE International

Conference on, IEEE, pp. 729–736.

[23] F. Koushanfar, G. Qu, Hardware metering, in: Proceedings of the 38th Annual Design Automation Conference, ACM, pp. 490–493.

[24] G.K. Contreras, M.T. Rahman, M. Tehranipoor, Secure split-test for preventing IC piracy by untrusted foundry and assembly, in: Defect and Fault Tolerance in VLSI and Nanotechnology Systems (DFT), 2013 IEEE International Symposium on, IEEE, pp. 196–203.

[25] U. Guin, D. DiMase, M. Tehranipoor, A comprehensive framework for counterfeit defect coverage analysis and detection assessment, Journal of Electronic Testing 30 (2014) 25–40.

[26] IEEE, 1735–2014 – IEEE recommended practice for encryption and management of electronic design intellectual property (IP), 2014.

[27] Markets Research, Global Semiconductor IP Market – Global forecast to 2022, Technical Report, https://www.marketsandmarkets.com/PressReleases/emiconductor-p.asp. (Accessed August 2018), [Online].

[28] Y. Alkabani, F. Koushanfar, Active hardware metering for intellectual property protection and security, in: USENIX Security Symposium, pp. 291–306.

[29] R.S. Chakraborty, S. Bhunia, HARPOON: an obfuscation-based SoC design methodology for hardware protection, IEEE Transactions on Computer-Aided Design of Integrated Circuits and Systems 28 (2009) 1493–1502.

[30] R.J. Abella, J.M. Daschbach, R.J. McNichols, Reverse engineering industrial applications, Computers & Industrial Engineering 26 (1994) 381–385.

[31] S.C.I. Tester, Sentry counterfeit IC detector is your very own electronic sentry, guarding the entrance to your production facility from the attack of counterfeit components, https://www.abielectronics.co.uk/News/News8.php. (Accessed August 2018), [Online].

[32] J. Rhea, BAE systems moves into third generation rad-hard processors, Military & Aerospace Electronics 13 (2002).

[33] Senate Hearing 112-340, The committee's investigation into counterfeit electronic

parts in the department of defense supply chain, https://www.hsdl.org/?view&did= 25638. (Accessed August 2018), [Online].

[34] United States Senate Armed Services Committee, Inquiry Into Counterfeit Electronic Parts in the Department of Defense Supply Chain, https://www.hsdl.org/?view&did= 09240. (Accessed August 2018), [Online].

[35] United States Senate Armed Services Committee, Suspect counterfeit electronic parts can be found on internet purchasing platforms, https://www.hsdl.org/?view&did= 03697. (Accessed August 2018), [Online].

[36] United States Environmental Protection Agency, Electronic waste management in the United States through 2009, https://nepis.epa.gov/Exe/ZyPURL.cgi?Dockey= 100BKKL.TXT. (Accessed August 2018), [Online].

[37] B. Hughitt, Counterfeit electronic parts, NEPP Electron. Technol. Work, NASA Headquarters, Office of Safety and Mission Assurance, 2010.

[38] H. Salmani, M. Tehranipoor, Analyzing circuit vulnerability to hardware Trojan insertion at the behavioral level, in: Defect and Fault Tolerance in VLSI and Nanotechnology Systems (DFT), 2013 IEEE International Symposium on, IEEE, pp. 190–95.

[39] H. Salmani, M. Tehranipoor, R. Karri, On design vulnerability analysis and trust benchmarks development, in: Computer Design (ICCD), 2013 IEEE 31st International Conference on, IEEE, pp. 471–474.

[40] A. Waksman, M. Suozzo, S. Sethumadhavan, FANCI: identification of stealthy malicious logic using Boolean functional analysis, in: Proceedings of the 2013 ACM SIGSAC Conference on Computer & Communications Security, ACM, pp. 697–708.

[41] J. Zhang, F. Yuan, L. Wei, Y. Liu, Q. Xu, VeriTrust: verification for hardware trust, IEEE Transactions on Computer-Aided Design of Integrated Circuits and Systems 34 (2015) 1148–1161.

[42] X. Zhang, M. Tehranipoor, Case study: detecting hardware Trojans in third-party digital IP cores, in: Hardware-Oriented Security and Trust (HOST), 2011 IEEE International Symposium on, IEEE, pp. 67–70.

[43] J. Rajendran, V. Vedula, R. Karri, Detecting malicious modifications of data in third-party intellectual property cores, in:Proceedings of the 52nd Annual Design Automation Conference, ACM, p. 112.

[44] J. Rajendran, A.M. Dhandayuthapany, V. Vedula, R. Karri, Formal security verification of third party intellectual property cores for information leakage, in: VLSI Design and 2016 15th International Conference on Embedded Systems (VLSID), 2016 29th International Conference on, IEEE, pp. 547-552.

[45] Y. Jin, B. Yang, Y. Makris, Cycle-accurate information assurance by proof-carrying based signal sensitivity tracing, in:Hardware-Oriented Security and Trust (HOST), 2013 IEEE International Symposium on, IEEE, pp. 99-106.

[46] W. Hu, B. Mao, J. Oberg, R. Kastner, Detecting hardware Trojans with gate-level information-flow tracking, Computer 49 (2016) 44-52.

[47] J.J. Rajendran, O. Sinanoglu, R. Karri, Building trustworthy systems using untrusted components: a high-level synthesis approach, IEEE Transactions on Very Large Scale Integration (VLSI) Systems 24 (2016) 2946-2959.

[48] M. Hicks, M. Finnicum, S.T. King, M.M. Martin, J.M. Smith, Overcoming an untrusted computing base: detecting and removing malicious hardware automatically, in: Security and Privacy (SP), 2010 IEEE Symposium on, IEEE, pp. 159-172.

[49] C. Sturton, M. Hicks, D. Wagner, S.T. King, Defeating UCI: building stealthy and malicious hardware, in: Security and Privacy (SP), 2011 IEEE Symposium on, IEEE, pp. 64-77.

[50] J. Zhang, F. Yuan, Q. Xu, DeTrust: defeating hardware trust verification with stealthy implicitly-triggered hardware Trojans, in: Proceedings of the 2014 ACM SIGSAC Conference on Computer and Communications Security, ACM, pp. 153-166.

[51] C. Bao, D. Forte, A. Srivastava, On application of one-class SVM to reverse engineering-based hardware Trojan detection, in: Quality Electronic Design (ISQED), 2014 15th International Symposium on, IEEE, pp. 47-54.

[52] S. Bhunia, M.S. Hsiao, M. Banga, S. Narasimhan, Hardware Trojan attacks: threat analysis and countermeasures, Proceedings of the IEEE 102 (2014) 1229-1247.

[53] M. Banga, M.S. Hsiao, A novel sustained vector technique for the detection of hardware Trojans, in: VLSI Design, 2009 22nd International Conference on, IEEE, pp. 327–332.

[54] R.S. Chakraborty, S. Bhunia, Security against hardware Trojan through a novel application of design obfuscation, in:Proceedings of the 2009 International Conference on Computer–Aided Design, ACM, pp. 113–116.

[55] X. Wang, M. Tehranipoor, J. Plusquellic, Detecting malicious inclusions in secure hardware: challenges and solutions, in:Hardware–Oriented Security and Trust, 2008. HOST 2008. IEEE International Workshop on, IEEE, pp. 15–19.

[56] Y. Jin, Y. Makris, Hardware Trojan detection using path delay fingerprint, in: Hardware–Oriented Security and Trust, 2008. HOST 2008, IEEE International Workshop on, IEEE, pp. 51–57.

[57] K. Xiao, X. Zhang, M. Tehranipoor, A clock sweeping technique for detecting hardware Trojans impacting circuits delay, IEEE Design & Test 30 (2013) 26–34.

[58] D. Agrawal, S. Baktir, D. Karakoyunlu, P. Rohatgi, B. Sunar, Trojan detection using fingerprinting, in: Security and Privacy, 2007. SP'07. IEEE Symposium on, IEEE, pp. 296–310.

[59] J. Aarestad, D. Acharyya, R. Rad, J. Plusquellic, Detecting Trojans through leakage current analysis using multiple supply pads, IEEE Transactions on Information Forensics and Security 5 (2010) 893–904.

[60] D. Forte, C. Bao, A. Srivastava, Temperature tracking: an innovative run–time approach for hardware Trojan detection, in:Computer–Aided Design (ICCAD), 2013 IEEE/ACM International Conference on, IEEE, pp. 532–539.

[61] F. Stellari, P. Song, A.J. Weger, J. Culp, A. Herbert, D. Pfeiffer, Verification of untrusted chips using trusted layout and emission measurements, in: Hardware–riented Security and Trust (HOST), 2014 IEEE International Symposium on, IEEE, pp. 19–24.

[62] B. Zhou, R. Adato, M. Zangeneh, T. Yang, A. Uyar, B. Goldberg, S. Unlu, A. Joshi, Detecting hardware Trojans using backside optical imaging of embedded watermarks,

in: Design Automation Conference (DAC), 2015 52nd ACM/EDAC/IEEE, IEEE, pp. 1-6.

[63] K. Xiao, M. Tehranipoor, BISA: built-in self-authentication for preventing hardware Trojan insertion, in: HardwareOriented Security and Trust (HOST), 2013 IEEE International Symposium on, IEEE, pp. 45-50.

[64] A. Nahiyan, K. Xiao, D. Forte, M. Tehranipoor, Security rule check, in: Hardware IP Security and Trust, Springer, 2017, pp. 17-36.

[65] G.K. Contreras, A. Nahiyan, S. Bhunia, D. Forte, M. Tehranipoor, Security vulnerability analysis of design-for-test exploits for asset protection in SoCs, in: Design Automation Conference (ASP-DAC), 2017 22nd Asia and South Pacific, IEEE, pp. 617-622.

[66] X. Zhuang, T. Zhang, H.-H.S. Lee, S. Pande, Hardware assisted control flow obfuscation for embedded processors, in:Proceedings of the 2004 International Conference on Compilers, Architecture, and Synthesis for Embedded Systems, ACM,pp. 292-302.

[67] J.A. Roy, F. Koushanfar, I.L. Markov, Ending piracy of integrated circuits, Computer 43 (2010) 30-38.

[68] P. Subramanyan, S. Ray, S. Malik, Evaluating the security of logic encryption algorithms, in: Hardware Oriented Security and Trust (HOST), 2015 IEEE International Symposium on, IEEE, pp. 137-143.

[69] M. Yasin, J.J. Rajendran, O. Sinanoglu, R. Karri, On improving the security of logic locking, IEEE Transactions on Computer-Aided Design of Integrated Circuits and Systems 35 (2016) 1411-1424.

[70] F. Koushanfar, G. Qu, M. Potkonjak, Intellectual property metering, in: Information Hiding, Springer, 2001, pp. 81-95.

[71] E. Castillo, U. Meyer-Baese, A. García, L. Parrilla, A. Lloris, IPP@HDL: efficient intellectual property protection scheme for IP cores, IEEE Transactions on Very Large Scale Integration (VLSI) Systems 15 (2007) 578-591.

[72] J. Huang, J. Lach, IC activation and user authentication for security-sensitive systems, in: Hardware-Oriented Security and Trust, 2008. HOST 2008. IEEE International

Workshop on, IEEE, pp. 76–80.

[73] D. Kirovski, Y.-Y. Hwang, M. Potkonjak, J. Cong, Protecting combinational logic synthesis solutions, IEEE Transactions on Computer–Aided Design of Integrated Circuits and Systems 25 (2006) 2687–2696.

[74] K. Lofstrom, W.R. Daasch, D. Taylor, IC identification circuit using device mismatch, in: Solid–State Circuits Conference, 2000. Digest of Technical Papers. ISSCC. 2000 IEEE International, IEEE, pp. 372–373.

[75] J.W. Lee, D. Lim, B. Gassend, G.E. Suh, M. Van Dijk, S. Devadas, A technique to build a secret key in integrated circuits for identification and authentication applications, in: VLSI Circuits, 2004. Digest of Technical Papers. 2004 Symposium on, IEEE, pp. 176–179.

[76] S.S. Kumar, J. Guajardo, R. Maes, G.-J. Schrijen, P. Tuyls, The butterfly PUF protecting IP on every FPGA, in: HardwareOriented Security and Trust, 2008. HOST 2008. IEEE International Workshop on, IEEE, pp. 67–70.

[77] G.E. Suh, S. Devadas, Physical unclonable functions for device authentication and secret key generation, in: Proceedings of the 44th Annual Design Automation Conference, ACM, pp. 9–14.

[78] Y. Alkabani, F. Koushanfar, M. Potkonjak, Remote activation of ICs for piracy prevention and digital right management, in: Proceedings of the 2007 IEEE/ACM International Conference on Computer–Aided Design, IEEE Press, pp. 674–677.

[79] M.T. Rahman, D. Forte, Q. Shi, G.K. Contreras, M. Tehranipoor, CSST: preventing distribution of unlicensed and rejected ICs by untrusted foundry and assembly, in: Defect and Fault Tolerance in VLSI and Nanotechnology Systems (DFT), 2014 IEEE International Symposium on, IEEE, pp. 46–51.

[80] K. Arndt, C. Narayan, A. Brintzinger, W. Guthrie, D. Lachtrupp, J. Mauger, D. Glimmer, S. Lawn, B. Dinkel, A. Mitwalsky, Reliability of laser activated metal fuses in drams, in: Electronics Manufacturing Technology Symposium, 1999. Twenty–Fourth IEEE/CPMT, IEEE, pp. 389–394.

[81] N. Robson, J. Safran, C. Kothandaraman, A. Cestero, X. Chen, R. Rajeevakumar, A.

Leslie, D. Moy, T. Kirihata, S. Iyer, Electrically programmable fuse (EFUSE): from memory redundancy to autonomic chips, in: Custom Integrated Circuits Conference, 2007. CICC'07, IEEE, IEEE, pp. 799–804.

[82] R. Pappu, B. Recht, J. Taylor, N. Gershenfeld, Physical one–way functions, Science 297 (2002) 2026–2030.

[83] L. Bolotnyy, G. Robins, Physically unclonable function–based security and privacy in RFID systems, in: Pervasive Computing and Communications, 2007. PerCom'07. Fifth Annual IEEE International Conference on, IEEE, pp. 211–220.

[84] X. Wang, M. Tehranipoor, Novel physical unclonable function with process and environmental variations, in: Proceedings of the Conference on Design, Automation and Test in Europe, European Design and Automation Association, pp. 1065–1070.

[85] X. Zhang, K. Xiao, M. Tehranipoor, Path–delay fingerprinting for identification of recovered ICs, in: Defect and Fault Tolerance in VLSI and Nanotechnology Systems (DFT), 2012 IEEE International Symposium on, IEEE, pp. 13–18.

[86] N. Tuzzio, K. Xiao, X. Zhang, M. Tehranipoor, A zero–overhead IC identification technique using clock sweeping and path delay analysis, in: Proceedings of the Great Lakes Symposium on VLSI, ACM, pp. 95–98.

[87] X. Zhang, N. Tuzzio, M. Tehranipoor, Identification of recovered ICs using fingerprints from a light–weight on–chip sensor, in: Proceedings of the 49th Annual Design Automation Conference, ACM, pp. 703–708.

[88] U. Guin, X. Zhang, D. Forte, M. Tehranipoor, Low–cost on–chip structures for combating die and IC recycling, in: Proceedings of the 51st Annual Design Automation Conference, ACM, pp. 1–6.

7

하드웨어 IP 불법 복제와 리버스 엔지니어링

7.1 소개

반도체 산업은 사전에 검증되고 재사용 가능한 하드웨어 모듈이 통합되고 기능이 복잡한 SoC 설계를 사용하는 하드웨어 IP 기반 설계 흐름으로 점차 진행하고 있다. 설계/검증 비용 증가와 시장 출시 기간 단축 압박으로 인해 단일 제조 회사가 전체 SoC를 설계, 개발, 제조하는 것은 어려워졌다. 결과적으로 IP 공급업체가 특정 기능의 하드웨어 IP 블록을 설계, 특성화, 검증하는 IP 기반 하드웨어 설계 프로세스는 세계적인 추세가 됐다. 대부분의 SoC 디자인 하우스는 이러한 IP 블록을 서드파티 IP 공급업체(일반적으로 전 세계에 분산돼 있음)에서 구입하며, 구입한 IP 블록을 SoC에 통합한다. 이러한 접근법은 (IP의 재사용으로 인해) 설계/검증 비용을 크게 절감하는 동시에 (SoC 빌딩 블록의 설계/검증 시간을 줄임으로써) 시장 출시 시간을 대폭 단축할 수 있다.

하드웨어 IP 블록은 사용 사례나 처리하는 신호 유형에 따라 세 가지 범주로 분류할 수 있다. (1) 디지털 IP는 IP가 디지털 입력을 수신해 디지털 출력을 생성하도록 처리한다. 예를 들어 프로세서 코어, 그래픽 처리 장치GPU, 디지털 신호 처리 블록, 암호화/복호화 블록, 임베디드 메모리 등이 있다. (2) 아날로그와 혼합 신호 IP는 IP의 일부나 전부가 아날로그 신호며, 아날로그-디지털이나 디지털-아날로그 컨버터, 앰프, 인티그레이터integrator 등 아날로그나 혼합(디지털, 아날로그) 신호에 대한 정보 처리가 이뤄진다. (3) SoC에 통합된 비기능 IP인 인프라스트럭처 IP는 테스트, 디버그, 검증, 보안과 같은 다양한 작업을 용이하게 하고자 사용된다. 끊임없이 증가하는 컴퓨팅 수요로 인해 최신 SoC는 표준과 요구 사항이 진화함에 따라 변경될 가능성이 있는 논리를 통합하고자 다중 프로세서 SoCMPSoC와 함께 많은 이기종 프로세스 코어를 포함하는 경향이 있다. 이러한 IP 블록은 타깃 기능과 시스템의 성능을 충족하고자 인터커넥트 패브릭(예, 버스나 네트워크 온칩 인터커넥트)과 통합된다.

그러나 하드웨어 IP를 SoC 설계에 통합하는 전반적인 관행은 SoC 컴퓨팅 플랫폼의 보안과 신뢰성에 심각한 영향을 미친다. 통계에 따르면 서드파티 반도체 IP의 세계 시장은 수년간 꾸준한 성장세를 보이고 있으며, 2018~2022년 사이에 약 10% 성장할 것으로 예측된다[1]. IP와 SoC 통합 프로세스의 복잡성이 증가함에 따라 SoC 설계자들은 이러한 IP를 점점 더 블랙박스로 취급하는 경향이 있으며, IP의 구조적/기능적 무결성은 IP 공급업체에 의존한다. 그러나 이러한 설계 기법은 SoC 설계에서 신뢰할 수 없는 구성 요소의 수를 크게 증가시키고 전체 시스템 보안을 중요한 문제로 만들게 된다. 신뢰할 수 없는 서드파티 공급업체에서 취득한 하드웨어 IP는 다양한 보안과 무결성 문제를 가질 수 있다. IP 디자인 하우스 내의 공격자들은 의도적으로 악의적인 주입이나 설계, 수정, 삽입함으로써 은닉이나 원하지 않는 기능을 통합할 수 있다. 그러한 추가적인 기능은 공격자에게 크게 두 가지 목적을 제공할 수 있다. (1) IP를 통합하는 SoC의 오작동을 일으킬 수 있다. (2) 무단 접속을 가능하게 하는 하드웨어 백도어를 통하거나 비밀 정보(예, 암호키 또는 Soc의 내부 설계 세부 사항)를 직접 유출함으로써 정보 유출을 용이하게 할 수 있다.

IP 공급업체는 설계를 악의적으로 변경하는 것 이외에도 숨겨진 테스트/디버그 인터페이스와 같은 중요한 보안 취약점을 만들 수 있는 설계 기능을 의도하지 않게 추가할 수 있다. 2012년, 캠브리지의 한 연구팀이 실시한 연구에 따르면 MicroSemi (이전의 Actel)[2]의 고도로 보안이 강화된 군용급 ProAsic3 FPGA 장치에서 문서화 되지 않은 하드웨어 수준의 백도어가 발견됐다. 마찬가지로 IP는 실체가 없는 매개변수 동작(예, 전력/열)에 영향을 받을 수 있으며, 이는 공격자가 전자 시스템에 복구할 수 없는 손상을 입힐 수 있다. 최근 보고서에서 연구자들은 펌웨어의 악의적인 업데이트가 전력 관리 시스템에 영향을 줘서 제어하고 있는 프로세서를 파괴하는 공격을 입증했다. 그것은 새로운 IP 공격 모드를 보여주며, 여기서 펌웨어/소프트웨어 업데이트는 시스템을 손상시키거나, 고장이나 타이밍 공격과 같은 적절한 사이드 채널 공격을 이용해 비밀 정보를 노출하고자 칩의 전력/성능/온도 프로필에 악의적으로 영향을 미칠 수 있다[3].

SoC 설계자는 신뢰할 수 없는 공급업체에게 IP 무결성을 검증하는 솔루션을 요구할 수 있다. 다른 한편으로 IP 자체는 불법 복제와 리버스 엔지니어링 공격에 취약해진다. IP에 접근할 수 있는 디자인 하우스의 공격자들은 IP를 도용하고, 도용한 IP를 자신의 것이라고 주장할 수 있다. 불법 복제된 복사본을 만들 수 있고, 과도하게 많이 생산해 불법으로 판매할 수 있다[4, 5]. 또한 설계 의도를 이해하고 기능 변경을 위해 IP를 리버스 엔지니어링할 수 있다. 수정된 IP는 SoC 설계에서 사용되거나 원래 IP 공급업체에 수익을 지불하지 않고 불법적으로 판매될 수 있다. 따라서 IP 공급업체들은 이러한 IP를 불법 복제와 리버스 엔지니어링 공격에서 보호할 솔루션이 필요하다.

이 장에서는 최신 전자제품의 라이프 사이클에서 하드웨어 IP에 대해 가능한 공격을 설명한다. 다음과 같이 주요 두 가지 공격 유형, (1) IP 신뢰성 문제를 야기하는 탬퍼링^{tampering} 공격과 (2) IP 불법 복제와 리버스 엔지니어링 공격에 초점을 맞춘다. ASIC와 FPGA 설계 흐름을 모두 고려하고 이에 대응하는 IP 보안 문제를 설명한다.

7.2 하드웨어 IP

IP 코어는 일반적으로 IP 공급업체가 설계하고 소유하는 논리, 셀, 블록 또는 IC 레이아웃과 같이 재사용이 가능하고 모듈화된 단위로 정의된다. ASIC나 FPGA 설계 흐름의 대상이든 아니든 관계없이 IP 블록은 하드웨어 설계의 기본 구성 요소 역할을 한다. IP 코어의 재사용과 휴대성 때문에 세계화된 반도체 산업의 현재 동향에 주요한 역할을 한다[6]. 단일 SoC에는 일반적으로 여러 공급업체의 IP가 포함돼 있다. 예를 들어 전력 관리 회로는 미국의 아날로그 IP 공급업체에서 제공할 수 있는 반면, 암호 IP 코어는 유럽의 별도 공급업체에서 공급 받을 수 있다. 이러한 IP는 일반적으로 (i) 소프트^{soft} IP, (ii) 펌^{firm} IP, (iii) 하드^{hard} IP(그림 7.1 참고)로 분류할 수 있다. 각 클래스에 대한 간략한 설명은 다음과 같다.

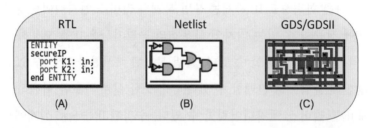

▲ 그림 7.1 다양한 유형의 하드웨어 IP 코어. (A) 소프트 IP, 즉 하드웨어 설계의 레지스터 전달 레벨(RTL) 표현, (B) 펌 IP, 즉 게이트 레벨 넷리스트, (C) 하드 IP, 일반적으로 그래픽 데이터베이스 시스템(GDS/GDSII) 파일로 표현되는 IP 레이아웃

소프트 IP: 합성 가능한 레지스터 전달 레벨[RTL] 형식으로 개발된 IP를 소프트 IP라고 한다. RTL은 기본적으로 레지스터 간의 데이터 흐름과 데이터를 전달하는 신호에 따른 논리 연산을 통한 디지털 회로를 나타낸다. 소프트 IP는 Verilog, SystemVerilog 또는 VHSIC 하드웨어 기술 언어[VHDL]와 같은 하드웨어 기술 언어를 사용해 설계되며, 이 언어를 통해 지원되는 제어/데이터 흐름 구조를 사용한다. 하드웨어 IP를 만들기 위한 HDL의 애플리케이션은 C, C++, 자바, 파이썬과 같은 컴퓨터 프로그래밍 언어로 소프트웨어 IP를 개발하는 방식과 유사하다. 일반적으로 칩 설계자는 소프트 IP를 서드파티 공급업체로부터 입수할 경우 접근 가능성과 기능 레벨 수정의 능력이 제한된다.

펌 IP: 게이트 레벨 넷리스트로 대표되는 IP를 펌 IP라고 한다. 넷리스트는 기본적으로 불 대수 기반[Boolean-algebra-based] 추상 개념으로, IP의 논리 함수가 일반 게이트와 표준 셀을 통해 어떻게 구현되는지 보여준다. 또한 펌 IP 코어는 이식성이 높으며, 어떠한 프로세스 기술에든 매핑될 수 있다. 펌 IP는 소프트 IP보다 상대적으로 리버스 엔지니어링하기가 어렵다.

하드 IP: 그래픽 데이터베이스 시스템[GDS]과 같이 레이아웃 형식으로 표현되는 하드웨어 IP는 하드 IP 또는 하드 매크로로 알려져 있다. 하드 IP는 이미 특정 프로세스 기술에 매핑돼 있다. 하드 IP는 전체 칩(예, SoC)의 레이아웃이 생성되기 전의 IP 최종 형태다. 결론적으로 말하면 제조업체의 여러 프로세스 기술을 위해 이러한 IP 코어를 사용자의 요구에 맞도록 수정할 수 없다. 단, 로우레벨의 표현[low-level representation]으로 인해 하드 IP는 칩의 면적, 타이밍, 성능 프로파일을 정밀하게 결정할 때 유용하다. 아날로그와 혼합 신호 IP는 대개 로우레벨의 물리적 설명, 표현에서 정의되기 때문에 종종 하드 IP의 형태로 제공된다.

7.3 IP 기반 SoC 설계의 보안 문제

공격자의 관점에서 공격자의 의도와 공격에 관한 하드웨어 IP의 다양한 공격 유형을 그림 7.2[7]에서 보여준다. 다음은 하드웨어 IP에 대한 일반적인 보안 위협이다.

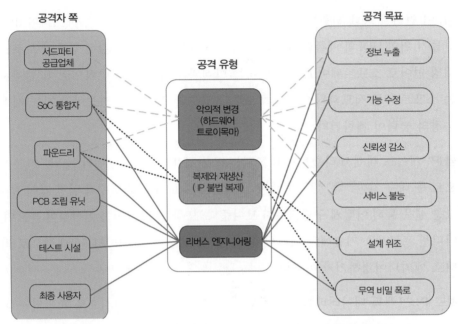

▲ 그림 7.2 하드웨어 IP에 대한 공격의 분류. 각 공격자와 유형, 목표를 보여준다. 주요 공격 유형은 악의적인 변경 (즉, 하드웨어 트로이목마), 복제와 재생산, 리버스 엔지니어링이다.

하드웨어 트로이목마: 디자인 하우스나 파운드리에 존재하는 공격자는 설계에 악성 회로를 삽입할 수 있다.

IP 불법 복제와 IC 과잉 생산: IP 사용자나 신뢰할 수 없는 파운드리의 악의적인 공격자가 IP를 불법 복제해 허가 받지 않은 단체나 시장에서 경쟁자에게 전달하는 것이 가능하다. 파운드리는 모회사의 허가나 지식 없이도 IC의 불법 복제본을 생산할 수 있다. 과잉 생산된 IC는 암시장에서 더 싼 가격에 판매될 수 있다.

리버스 엔지니어링: 리버스 엔지니어링^{RE, Reverse Engineering}은 IP를 불법적으로 재사용

하고자 원래 설계의 기능을 확인하는 과정을 말한다. RE의 추상화 레벨은 IP나 IC, 공격자의 의도에 따라 달라질 수 있다.

7.3.1 하드웨어 트로이목마 공격

하드웨어 트로이목마가 하는 일은 공격받는 대상의 설계 내용을 제어, 수정, 비활성화하거나 스누핑하는 것을 포함한다[4, 8, 9]. 은밀하게 숨겨진 하드웨어 트로이목마를 탐지하는 것은 모든 하드웨어 IP에서 매우 어려울 수 있다. 현재의 기능과 형식 테스트 방법의 일반적인 형태로는 확장성 문제로 인해 회로를 완전히 검증하지 못한다. 리버스 엔지니어링, 머신러닝 기반 방법과 같은 대안 솔루션은 높은 신뢰도를 제공하지만, 불가능하거나 비효율적이다. 상세한 하드웨어 트로이목마 공격의 설명은 5장에 있다.

7.3.1.1 공격 모델

하드웨어 트로이목마 공격 모델[7]에서는 두 가지의 다른 공격 사례를 고려한다. 두 공격의 시나리오는 그림 7.3에 설명돼 있다. 첫 번째 시나리오에서 파운드리의 공격자는 IC의 리소그래피 마스크를 악의적으로 조작해 트로이목마를 삽입한다. 삽입 절차는 원래 설계에서 기능 게이트의 추가, 삭제, 수정 등이 포함될 수 있다[5, 10]. 사용자와 서드파티 공급업체는 각각 의심스럽고 신뢰할 수 없는 것으로 간주된다. 두 번째 공격 사례에서 악의적인 엔티티는 서드파티 디자인 하우스 또는 사내 내부 칩 설계 팀에 존재한다. 검증 팀이 취약점을 사전에 알지 못하는 경우 .내부 공격을 탐지할 가능성은 매우 낮다[11, 12]. 공격 사례에서 다른 모든 엔티티는 신뢰할 수 없는 것으로 가정한다.

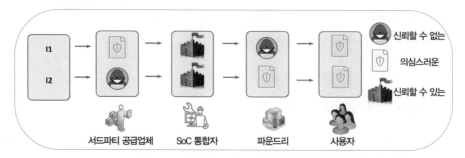

▲ 그림 7.3 두 가지 하드웨어 트로이목마 공격 시나리오. (I1) 파운드리 내의 공격자에 의한 시나리오, (I2) 악의적인 서드파티 공급업체의 공격 시나리오. 모든 공격에서 세 가지 유형의 엔티티를 고려한다. 신뢰할 수 없는 엔티티 또는 공격자, 신뢰할 수 있는 엔티티 또는 방어자, 그리고 의심스러운 엔티티는 공격자 또는 공범이 될 수 있다.

7.3.2 IP 불법 복제와 과잉 생산

IP에 접근할 수 있는 공격자(예, IP 공급업체에서 IP 코어를 구입하는 칩 설계 업체)는 설계를 도용하고 소유권을 주장할 수 있다. 공격자는 IP의 불법 복사를 하거나 '복제'를 할 수 있다. IC 디자인 하우스가 공격자인 경우 IP를 자신의 것으로 주장하면서 다른 칩 디자인 하우스(일부분 개조 후)에 판매할 수 있다[13]. 마찬가지로 신뢰할 수 없는 제조사는 칩 설계 회사가 제공한 GDS-II 데이터베이스의 불법 복사본을 만든 다음, 하드 IP로 불법 판매할 수 있다. 신뢰할 수 없는 파운드리는 IC의 위조품을 다른 브랜드 이름으로 제조, 판매할 수 있다[14].

7.3.2.1 공격 모델

그림 7.4[7]에 세 가지 다른 공격 사례가 설명돼 있다. 사례 1은 IC 통합 하우스에 위치한 공격자가 3PIP를 불법 복제하고 불법적으로 IC를 과잉 생산할 수 있다는 것을 보여준다. 사용자와 IC 파운드리는 이 시나리오에서 신뢰할 수 없는 반면 3PPIP 공급업체는 신뢰할 수 있다. 공격자는 모회사가 허가한 라이선스 개수 이상으로 더 많은 불법 복제본을 만들 수 있다.

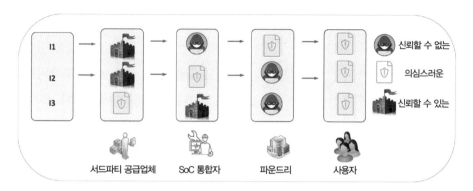

▲ 그림 7.4 IC/IP 불법 복제와 과잉 생산의 세 가지 가능한 공격 사례를 보여준다. IC/IP 불법 복제 문제는 대부분 신뢰할 수 없는 SoC 디자인 하우스와 파운드리에서 발생하는 반면, IC 과잉 생산 문제는 신뢰할 수 없는 파운드리에서만 발생한다.

사례 2는 파운드리에 위치한 공격자가 어떻게 설계의 레이아웃을 추출하고 3PIP의 불법 복제본을 만들 수 있는지를 보여준다. 이 시나리오에서는 SoC 통합자와 사용자의 신뢰성은 이 공격에서 보장되지 않는 반면 공급업체는 신뢰할 수 있다. 예를 들어 사례 3의 경우 공격자는 파운드리에 있으며 불법 과잉 생산과 신뢰할 수 없는 사용자에게 판매하도록 IC 설계를 불법 복제할 수 있다. 이 경우 서드파티 IP 판매자는 의심스러운 것으로 간주되지만, SoC 통합자는 신뢰할 수 있는 것으로 가정한다[15].

7.3.3 리버스 엔지니어링

리버스 엔지니어링은 설계의 기능을 분석하는 시도, 또는 게이트 레벨의 넷리스트의 추출과 디바이스 기술의 식별 시도 같은 단계를 수반하는 복잡한 프로세스다[16]. 연구원들은 리버스 엔지니어링 IP와 IC에 대해 여러 가지 기법과 도구를 분석했다[17]. 리버스 엔지니어링으로 얻은 지식은 설계를 위조하거나 불법 복제를 하고, 장치 기술을 알아내고, 타깃 IC를 불법 제조하는 데 불법적으로 사용될 수 있다. 리버스 엔지니어링의 1차적인 목표는 설계의 추상화 레벨을 성공적으로 얻는 것이다. 일단 추상화 레벨에 도달하면 공격자는 1차 입력/출력을 이용해 설계의 기능을 파악할 수 있다. 또한 공격자는 리버스 엔지니어링을 통해 얻은 지식을 사용해 경쟁 업체 IP의 게이트 레벨 넷리스트를 추출할 수 있다. 따라서 악의적인 기업이 위조된 IP를 자신의 발명품으로 오용하거나, 그것을 판매하거나, 불법 IC를 조작하는 것이 가능하다[16]. 상대가 획득하고자 하는 추상화의 레벨은 리버스 엔지니어링의 목적에 따라 달라진다.

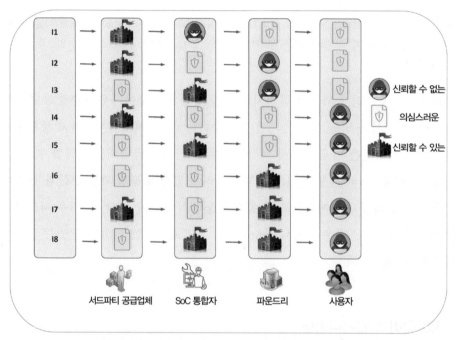

▲ 그림 7.5 IP의 리버스 엔지니어링 공격. 8개의 개별 공격 시나리오가 여러 출처에서 발생하는 다양한 수준의 위협으로 고려됐다. 서드파티 공급업체, SoC 통합자, 칩 파운드리, 최종 사용자는 공격 사례의 핵심 엔티티로 간주된다.

그림 7.5는 리버스 엔지니어링의 몇 가지 공격 사례를 보여준다[7]. 사례 1은 공격자가 SoC 통합 하우스에서 서드파티 IP를 리버스 엔지니어링할 가능성을 보여준다. 이 경우 파운드리와 사용자는 신뢰할 수 없다고 가정하는 반면, 서드파티 공급업체는 신뢰할 수 있는 것으로 가정한다. 보안 문제에 대한 해결책은 공격자가 디

314

자인 하우스의 오리지널 설계나 핵심 설계^{golden design}에 접근하는 것을 방지하고자 (14장에서 설명하는 것처럼) 설계를 난독화하는 것이다.

사례 2는 공격자가 파운드리의 IC 레이아웃에서 서드파티 IP를 검색할 수 있는 공격 시나리오를 나타낸다. 사례 1과 유사하게 3PIP 공급업체는 신뢰할 수 있는 것으로 가정하고, SoC 통합자와 사용자는 의심스러운 것으로 가정한다. 신뢰할 수 없는 SoC 통합자와 관련 파운드리에 난독화된 설계를 제공하는 것이 이러한 공격에 대한 적절한 해결책이 될 것이다.

사례 3은 파운드리의 IC에 대해 리버스 엔지니어링 공격을 시작하는 공격 시나리오를 나타낸다. 공격자는 리버스 엔지니어링된 설계에서 트랜지스터 레벨 레이아웃을 검색할 수 있으며, 결국 게이트 레벨 넷리스트를 얻을 수 있다. 이 시나리오에서 SoC 통합자는 신뢰할 수 있지만, 3PIP 공급자와 사용자는 신뢰할 수 없다. 타깃 설계의 난독화는 이 공격 시나리오에서 효과적인 해결책이다[17~19]. 사례 4~8에서 공격 시나리오는 사용자를 리버스 엔지니어링을 수행하는 사람으로 묘사한다. IC에 대한 리버스 엔지니어링 프로세스에는 일반적으로 IC의 디패키징^{depackaging}, 디레이어링^{delayering}, 레이어 이미지 획득, 설계 넷리스트 추출과 같은 단계가 포함된다. 서드파티 공급업체에 의한 설계 난독화는 시나리오 4에 적용할 수 있는 솔루션인 반면, 시나리오 5에서는 SoC 통합자에 의한 레이아웃 난독화가 필요하다. 공격 사례 6~8의 경우 신뢰할 수 있는 파운드리에서 설계를 위장하면 보안 침해를 방지할 수 있다. 위장^{Camouflaging}은 설계 난독화 이상의 추가적인 보안 계층을 제공한다.

리버스 엔지니어링의 취약점을 탐색하고 대책을 개발하고자 문헌에서 몇 가지 접근법을 연구해 왔다. 연구원들은 레이아웃에서 게이트 레벨의 넷리스트를 추출하기 위한 알고리즘을 제안했다[19]. 구조 동형 사상 이용^{exploitation of structural isomorphism}은 데이터 경로 모듈의 기능을 밝히는 데 도움이 될 수 있다는 것이 밝혀졌다[18]. 가산기, 카운터, 레지스터와 같은 알려진 라이브러리 구성 요소에 대한 알려지지 않은 단위의 행동 매칭에 기초한 공격도 조사된다[20]. 어떤 경우에는 불리언 충족 가능성 정리$^{Boolean\ satisfiability\ theorem}$가 적용돼 알려진 라이브러리 모듈과의 비교를 통해 알려지지 않은 모듈의 기능을 알아낼 수 있다[21].

7.3.3.1 IC 리버스 엔지니어링의 사례

그림 7.6은 IC의 리버스 엔지니어링 핵심 단계를 보여준다. 첫 번째 단계는 패키지의 물리적 구조와 기능에 손상을 주지 않고 다이^{die}를 패키지에서 제거하는 것이다. 다이가 제거되면 주사 전자 현미경^{SEM} 이미징을 위해 세척하고 평탄화한다.

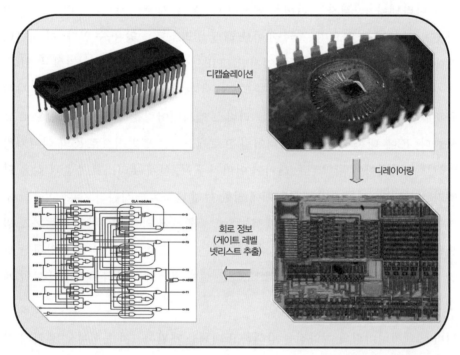

▲ 그림 7.6 IC 리버스 엔지니어링의 기본 단계는 패키지에서 다이(die) 제거, IC의 디캡슐레이션, 다중 디레이어링 단계, 그런 다음 각 레이어의 주사 전자 현미경(SEM) 영상 촬영, 마지막으로 설계 기능을 알아내기 위한 게이트 레벨의 넷리스트 추출 등이 있다.

SEM 이미징 프로세스는 디캡슐레이션^{decapsulation}과 여러 단계의 디레이어링^{delayering}을 통해 반복적으로 수행된다. 격리된 영역의 SEM 이미지는 처음에는 촬영되며 각 디레이어링 단계 후에 설계 정보를 추출하고자 이미지 그룹을 나중에 함께 묶는다. 프로세스의 최종 목표는 이미지에서 게이트 레벨 넷리스트(설계 구성 요소의 연결 목록)를 추출하고 넷리스트에서 회로 기능을 알아내는 것이다. 상용 CAD 도구로 게이트 레벨 넷리스트에서 회로 기능을 얻을 수 있다.

7.4 FPGA의 보안 문제

FPGA는 오랫동안 하드웨어 설계용 프로토타이핑^{prototyping} 플랫폼으로 사용된 재프로그래밍이 가능한 장치다. 시간이 지나면서 FPGA는 자동차, 네트워킹, 방위산업, 가전제품 등 다양한 애플리케이션에서 발견됐다. FPGA에 매핑된 설계는 범용 프로세서의 소프트웨어 구현에 비해 전력 소비와 실행 속도 측면에서 잠재적으로 더 나은 성능을 발휘할 수 있다. 주어진 작업이 프로세서에서 구현될 때 범용 설계의 고유한 아키텍처 제한 내에서 실행돼야 한다. 단, FPGA의 경우 구성할 수 있는 하드웨어 자원을 다시 배치해 하드웨어 설계 자체를 대상 애플리케이션(예, 데이터 암호화나 디지털 신호 처리)에 맞도록 적절히 변환하고 최적화할 수 있다. 따라서 FPGA는 일반적으로 많은 애플리케이션에서 프로세서 대비 높은 성능과 에너지 효율을 제공한다. 개선된 성능과 재구성의 결합은 인공지능과 신호 처리 등두 가지 모두를 필요로 하는 애플리케이션의 문을 활짝 열어줬다. FPGA는 보안상 중요한 시스템에서 점점 더 많이 사용되고 있다. 따라서 FPGA에 매핑된 설계는 시스템을 손상시키려고 하는 공격자에게 매력적인 대상이 됐다. 더욱이 FPGA에 매핑된 설계는 종종 도난과 불법 복제에 유용한 IP로 간주되는 경우가 많다. 이 절에서는 이러한 보안 문제를 자세히 설명한다. 다음 절에서는 FPGA 기반 시스템의 내부, 설계 매핑 프로세스, 생산 라이프 사이클을 간략히 설명한다. 또한 개발 주기 내의 취약점을 알아보고, 공격 모델을 자세히 설명한다.

7.4.1 FPGA 기본 설정

하드웨어 IP나 설계가 제대로 동작하게 하려면 FPGA는 재구성 가능한 다양한 자원을 사용한다. 설계(즉, RTL 코드나 게이트 레벨 넷리스트)는 FPGA 내에서 다양한 자원을 사용할 수 있는 특정 형식으로 변환해야 한다. 올바르게 프로그램된 경우 구성된 FPGA 하드웨어는 의도한 설계와 동일한 기능을 제공한다. 가장 중요한 것은 설계가 다른 구성 파일로 FPGA를 재프로그래밍해 언제든지 업데이트할 수 있다는 점이다. 실제 하드웨어 설계에서 구성 파일(비트스트림이라고도 함)을 생성하는 프로세스를 그림 7.7(A)에서 보여준다.

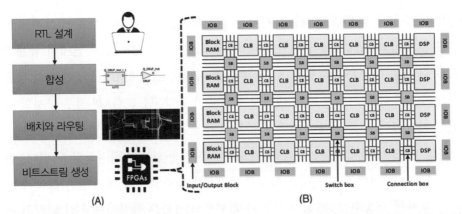

▲ 그림 7.7 (A) FPGA 비트스트림 생성 흐름. 여기서 RTL 설계는 FPGA를 프로그래밍하는 데 사용되는 구성 비트의 스트림으로 변환된다. (B) CLB, 블록 RAM, DSP 블록, 라우팅 리소스, IO 블록이 포함된 FPGA 패브릭의 단순화된 아키텍처. 모든 공급업체의 FPGA 전체에서 프로그래밍 가능한 자원을 보유하는 아이디어는 공통적인 반면, 사용 가능한 자원과 조직은 다르다.

FPGA는 각 모듈을 효율적으로 다른 용도로 사용할 수 있는 프로그램 가능한 모듈의 배열로 볼 수 있다. 내부 자원의 설계와 정의는 자일링스Xilinx, 알테라Altera(현 인텔Intel), 마이크로세미MicroSemi 등 FPGA 공급업체마다 다르다. 그러나 이 절에서는

318

주요 FPGA 공급업체 중 하나인 자일링스가 사용하는 명명 규칙을 따른다. 자일링스 FPGA에서 일반적인 프로그래밍 가능한 모듈로는 룩업 테이블^{LUT}, 구성 가능한 논리 블록^{CLB}, 연결 박스^{CB}, 스위치 박스^{SB}, 블록 RAM^{BRAM}, 디지털 신호 처리^{DSP} 블록, 입출력 블록^{IOB}이 있다. 그림 7.7(B)는 이러한 다양한 자원을 포함하는 FPGA의 프로그래밍 가능한 패브릭의 단순화된 구조를 보여준다.

비트스트림 생성 프로세스 중에 설계는 먼저 FPGA 내부의 특정 프로그래밍 가능한 하드웨어 구성 요소에 적합한 불리언 함수$^{Boolean\ functions}$의 작은 세그먼트로 세분된다. 이를 합성^{synthesis}이라고 하며, 출력은 FPGA 매핑 넷리스트다. 그림 7.8은 게이트 레벨 포맷으로 표현된 전 가산기$^{Full\ Adder}$ 설계와 그에 상응하는 FPGA 합성 버전을 보여준다. 몇 개의 게이트가 구성 비트(16진수로 표시)로 불리언 함수를 포함하는 하나의 LUT에 합성된다. 그런 다음 넷리스트를 배치하고 라우팅하며, 연결 박스와 스위치 박스의 구성을 정의한다. 마지막으로 구성 비트는 비트스트림이라고 불리는 단일 파일로 연결되며, FPGA를 구성하는 데 사용된다. 이 비트스트림 생성과 프로그래밍 프로세스는 자일링스 FPGA용 비바도 디자인 스위트$^{Vivado\ Design\ Suite}$와 같이 FPGA 공급업체가 제공하는 소프트웨어 도구를 사용해 수행된다. FPGA 아키텍처의 기초와 애플리케이션에 관한 자세한 내용은 [22]에서 확인할 수 있다.

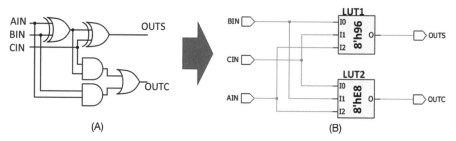

▲ 그림 7.8 FPGA 합성 예제. (A) 전 가산기의 게이트 레벨 설계, (B) 공급업체 도구를 사용해 설계를 합성한 후 8비트 구성 콘텐츠 8h86과 8hE8의 LUT로 구성된 FPGA 매핑 넷리스트

7.4.2 FPGA 기반 시스템의 라이프 사이클

FPGA 비트스트림은 시스템의 개발과 운영 라이프 사이클 전체에 걸쳐 다양한 위협에 취약하다. 그러므로 취약점은 개발 단계에서 적절히 해결해야 한다. 애플리케이션에 따라 각 단계에 관련된 엔티티와 해당 라이프 사이클이 다를 수 있다. 가능한 엔티티^{Entities}를 알아보고, 이어서 주요 취약점을 보여주는 FPGA의 라이프 사이클 예제를 살펴본다.

7.4.2.1 엔티티

FPGA 매핑 IP의 보안에 직간접적으로 영향을 미칠 수 있는 개인, 제조업체, 하드웨어/소프트웨어 공급업체를 고려한다. 이러한 엔티티를 다음과 같이 간략하게 소개한다.

FPGA 공급업체: 공급업체는 FPGA를 자사 제품에 통합하는 최종 사용자나 개발자에게 FPGA 디바이스나 FPGA 기반 솔루션을 제공한다. 알테라^{Altera}와 자일링스 ^{Xilinx}는 프로그램 가능한 논리 시장의 선두 공급업체다. 2014년에는 자일링스가 45% ~ 50%의 시장 점유율을 차지하고, 알테라는 40% ~ 45%를 점유했다[23]. IC 디자인 하우스와 마찬가지로 대부분의 FPGA 공급업체는 팹리스로 해외 파운드리와 기타 서드파티 제조업체에 의존한다.

해외 파운드리: FPGA는 다양한 주변장치나 기타 구성 요소와 통합된 기본 배열의 형태로 구성된다. 베이스 배열의 설계, 제조 공정은 표준 IC의 공정과 유사하다. 그림 7.9와 같이 FPGA 공급업체는 제작을 위해 GDSII(마스크 파일)의 형태로 베이스 배열의 레이아웃을 보낸다.

해외 시설: 조립된 기본 배열은 패키징과 FPGA 장치의 조립을 위해 다른 시설로 전달된다. 또한 이 설비는 제조원가를 낮추고자 해외에 있을 수 있다[24].

FPGA 기반 시스템 개발자: FPGA는 자동차, 국방, 네트워크 프로세싱, 가전제품 등 시스템에 광범위하게 통합돼 있다. 이러한 제품을 개발하는 회사들은 공급업체에서 직접 FPGA를 구입하거나 독립형 FPGA IC 또는 PCB에 탑재된 IC로 서드파티 대리점을 통해 FPGA를 구입한다. 또한 소프트 IP, 펌웨어, 소프트웨어, 다양한 하드웨어 구성 요소를 필요에 따라 구입하거나 개발한다. 모든 하드웨어와 소프트웨어 구성 요소의 통합은 종종 서드파티를 통해 이뤄진다. 개발자들은 복제, 리버스 엔지니어링, 탬퍼링을 방지하고자 시스템 내에 보안 기능을 내장한다. 디바이스를 설계할 때 FPGA 공급업체들은 종종 주요 소비자와 FPGA 하드웨어에 어떤 보안 기능을 탑재할지 논의한다.

부가가치 리셀러VAR, Value-Added Reseller**:** 부가가치 리셀러는 대개 시스템 개발자를 대신해 기능이나 구성(동작 모드)을 기존 제품에 프로그래밍한다. VAR의 존재는 1차 제조업체와 함께 중복되는 것처럼 보일 수 있지만, 1차 제조업체와 공유할 수 없는 기밀 기능의 통합을 위해 필요하게 됐다. 예를 들어 암호키를 FPGA[25]에 저장하려면 VAR이 필요할 수 있는데, 암호 해독키와 암호화된 비트스트림을 동일한 서드파티에게 제공할 경우 IP 도용을 용이하게 할 수 있기 때문이다. 또한 FPGA 공급업체는 특정 서드파티가 대신해 장치를 판매하거나 배포할 수 있도록 인증할 수 있다. 따라서 VAR은 많은 공급망에서 존재할 수 있다.

계약 제조업체CM, Contract Manufacturer**:** 전체 제품의 개발과 배포는 대량의 PCB를 조립, 수리, 테스트해 제품 구매자에게 배송해야 할 수 있다. 그러므로 시스템 개발자는 하나 이상의 유능한 서드파티 제조업체를 고용한다. 시스템 설계와 구성 요소는 생산, 테스트를 위해 계약 제조업체로 보내진다. 또한 CM은 시스템 설계자를 대신해 필요한 구성 요소(하드웨어 또는 소프트웨어)를 구매할 수 있다.

최종 사용자: 일단 구매를 하면 소유자가 시스템을 배치해 고객에게 서비스를 제공한다. 소유자는 정부 기관, 민간 기업, 제품을 구매하는 개인이 될 수 있다. 허가받은 고객 외에도 해당 제품은 불법적인 접근을 하는 누군가와 상호작용할 수 있

다. 소유자와 사용자 모두 시스템, 권한, 물리적 액세스에 대한 일정한 수준의 지식을 가진 최종 사용자로 간주된다. 대부분의 최종 사용자는 원하는 서비스를 받기 위해서만 시스템과 상호작용하지만, 특정 사용자는 시스템을 손상시키거나 중요한 정보를 훔치는 등의 악의적인 의도를 가질 수 있다.

7.4.2.2 라이프 사이클

그림 7.9는 FPGA 기반 제품의 개발 라이프 사이클 개요를 보여준다. 흐름은 애플리케이션, 최종 제품, 시스템을 개발하는 회사에 근거해 다른 엔티티 집합과 다르게 실현될 수 있다. 그러나 여기서는 비트스트림 형태로 FPGA에 구현된 하드웨어 설계와 관련된 모든 취약점을 포함하는 흐름으로 구성하려고 했다.

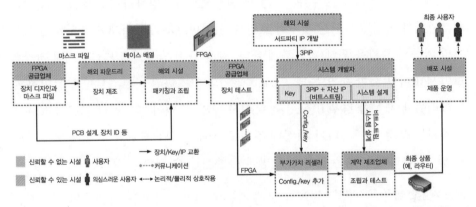

▲ 그림 7.9 FPGA 기반 시스템의 개발 라이프 사이클을 보여준다. FPGA의 기본 배열은 일반적으로 해외 파운드리에서 제작된다. FPGA를 보드 레벨 솔루션으로 판매할 경우 후속 어셈블리 프로세스는 다른 서드파티 시설에서 수행된다. 이러한 FPGA(독립형 IC 또는 보드)는 실제 FPGA 공급업체가 지정한 총판을 통해 구입한다. 시스템 개발자의 요건에 근거해 계약 제조업체는 완전한 FPGA 기반 제품을 조립한다.

다양한 유형의 비트스트림 취약점은 기본 FPGA 하드웨어 자체에서 발생할 수 있으므로, FPGA 공급업체의 FPGA 디바이스 생산 단계부터 시작한다. 공급업체는 기본 배열의 아키텍처를 정의하며, 재구성 가능한 플랫폼으로 수행하는 다양한 프로그램 가능 유닛(즉, CLB, CB, BRAM)으로 구성한다. 공급업체는 기본 배열 레이

322

아웃을 개발해 제조를 위한 해당 마스크를 생성한다. 대부분의 디자인 하우스(와 FPGA 판매업체)가 팹리스이기 때문에 마스크는 서드파티 제작 시설로 보내진다. 이로 인해 기본 배열 레이아웃의 악의적인 수정, 다양한 형태의 IP 도용 문제를 비롯한 취약점이 발생한다. 더욱이 알려진 규칙적인 구조 때문에 악의적인 논리를 베이스 배열 설계에 삽입하는 것이 더 쉬울 수 있다[24]. 예를 들어 공격자는 FPGA 내부에 있는 스위치 박스의 구성 비트를 관찰하는 트로이목마 논리를 기본 배열 내에 삽입할 수 있으며, 특정 비트 패턴이 발견됐을 때만 트리거할 수 있다. 일단 트리거되면 악의적인 논리가 다른 리소스의 구성을 수정해 서비스 거부 공격이나 비밀 정보의 유출로 이어질 수 있다. 가능한 트리거와 페이로드 목록은 [24]에 제시 돼 있다.

앞에서 언급한 바와 같이 FPGA는 독립형 IC 또는 보드 레벨 솔루션으로 구입할 수 있다. 보드 레벨 솔루션을 개발하고자 공급업체는 기본 배열을 포함하는 보드 레벨 설계를 지정한다. 베이스 배열 제작과 유사하게 보드 레벨 조립 공정도 동일 하거나 다른 서드파티로 내보낼 수 있으며, 여기서 제조된 기본 배열을 PCB에 배치한 다음 설계에 따라 다른 주변 부품과 조립할 수 있다. 신뢰할 수 없는 설비의 공격자가 비트스트림을 유출하거나 논리적(설계 기능) 또는 물리적(기기 기능) 오작동을 일으키는 보드 레벨 설계를 악의적으로 수정할 수 있다. FPGA는 공급업체 에서 테스트하지만 테스트 케이스의 작은 부분만 다룰 수 있기 때문에 테스트 절차를 우회하는 보드와 칩 레벨 하드웨어 트로이목마 삽입은 실행 가능한 위협이 된다[24, 27].

제품 제작을 위해 FPGA가 필요한 시스템 개발자들은 일반적으로 FPGA 공급업체 로부터 인증을 받은 서드파티 배포업체를 통해 제품을 구매한다. 계약 제조업체가 개발 과정에 관여하는 경우 장치는 CM 설비로 보내지며, 여기서 FPGA는 다른 하드웨어 및 소프트웨어 구성 요소와 함께 조립된다. 이 단계에서 복제, 리버스 엔지니어링, 탬퍼링 등 비트스트림에 대해 다양한 형태의 공격이 발생할 수 있다. 그러나 앞에서 언급한 바와 같이 시스템 개발자는 공격으로부터 보호하려고 보안 기능을 도입할 것이다.

7.4.2.3 FPGA 비트스트림 공격

FPGA 비트스트림에 대한 광범위한 공격이 시간이 지남에 따라 보고됐다. 비트스트림에 대한 주요 공격 유형을 그림 7.10에서 보여준다. 미션 크리티컬^mission-critical 애플리케이션에서 FPGA 장치의 확산으로 상대 시스템의 해킹에 목적이 있는 잠재적 공격자 목록에 국가 시스템이나 자금 지원 기관과 같은 자원이 풍부한 엔티티를 포함하게 됐다. 더욱이 FPGA 기반 시스템의 분산 라이프 사이클은 점점 더 많은 신뢰할 수 없는 엔티티를 포함하고 있다. FPGA 비트스트림을 공격하려는 다양한 악의적 동기와 이를 달성하기 위한 해당 공격 모델은 다음과 같다.

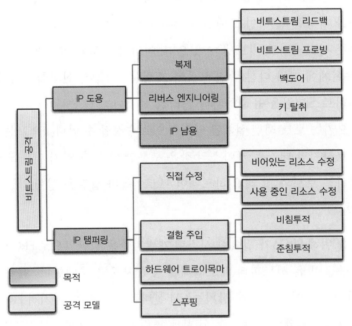

▲ 그림 7.10 다양한 목적을 가진 FPGA 비트스트림에 대한 다양한 형태의 공격

1. IP 도용: FPGA에 매핑된 설계는 개발에 상당한 시간과 노력이 필요하므로 설계의 구성 비트스트림이 귀중한 IP가 된다. IP의 도용은 복제, 즉 비트스트림을 불법적으로 사용하거나 배포하는 것을 포함한다. 도용은 비트스트림을 분석해 설계와 기능을 추출하는 리버스 엔지니어링의 형태로도 진행될 수 있다.

1(a) 복제: 암호화되지 않은 것으로 발견되거나 암호화된 키(암호화키를 사용할 수 있는 경우)가 발견된 경우 동일한 비트스트림을 유사한 장치에서 사용할 수 있기 때문에 FPGA 장치의 특성상 복제에 취약해진다. FPGA 기반 시스템의 개발과 배포 라이프 사이클 전반에 걸쳐 기본 비트스트림은 다음과 같은 여러 가지 방법으로 복제 공격하기 쉽다.

- 비트스트림 리드 백read back

  4장에서 설명했듯이 JTAG는 회로 내의 테스트 공통 표준임을 기억하자. 또한 대부분의 FPGA에서 프로그래밍 인터페이스로 사용된다. 프로그래밍과 테스트 운영은 인터페이스에 다른 명령을 전송함으로써 시작된다. 비트스트림 무결성 검증을 위해 FPGA에서 구성 비트를 검색하기 위한 명령도 있다[28]. 비활성화되지 않는 한 암호화되지 않은 버전의 비트스트림에 쉽게 접근할 수 있다.

- 비트스트림 프로빙probing(탐침)

  SRAM FPGA의 휘발성으로 시스템의 전원이 켜질 때 외부 메모리(예, 플래시)에서 프로그램 채널(예, JTAG)을 통해 비트스트림을 재프로그래밍 가능한 패브릭에 로드해야 한다. 따라서 전기 프로빙을 사용해 이러한 비트스트림 전송을 가로채는 것은 복제를 용이하게 하는 공격 벡터의 하나다[29, 30]. 구성 비트는 항상 재구성 가능한 패브릭 내부에 저장되므로 이 공격은 비휘발성(예, 플래시 기반) FPGA에는 적용되지 않는다. 그러므로 비휘발성 재구성 가능한 패브릭에 대한 침입 공격만 가능하다. 프로빙 공격을 탑재하려면 비트스트림이 있는 장치에 대한 물리적 액세스가 필요하기 때문에 계약 제조업체의 상대자 또는 물리적 액세스 권한을 가진 악의적인 최종 사용자가 이를 시도할 수 있다.

- 암호 해독키 도난

많은 최신 FPGA에는 임의의 길이 비트스트림에서 고정 길이 메시지 인증 코드를 생성하는 키 해시 메시지 인증 코드^{HMAC}를 기반으로 하는 인증 블록이 내장돼 있다. 오늘날 많은 FPGA에는 암호화된 비트스트림을 지원하는 비트스트림 복호화(예, AES) 블록도 포함돼 있다. 암호화된 형태의 비트스트림은 일반적으로 구성 플래시에 존재한다. 인증을 사용하면 인증키와 해시 다이제스트가 비트스트림과 함께 암호화된다. 그림 7.11과 같이 전원을 켜는 동안 비휘발성 메모리에 저장된 키를 사용해 암호화된 비트스트림, 인증키, 해시를 해독한다. FPGA 내부에 내장된 인증 블록을 사용하면 암호 해독된 비트스트림의 다이제스트가 생성되며 이전에 해독된 다이제스트와 비교된다. 비트스트림이 구성 전에 탬퍼링하지 않았다면 두 다이제스트가 일치해야 한다. 대칭 암호화키는 비트스트림에 기밀성과 무결성을 제공하는 데 필수적인 요소다. 키에 대한 공격이 성공하면 비트스트림은 IP 도난에 취약해질 뿐만 아니라 인증키가 비트스트림과 함께 암호화되기 때문에 탬퍼링될 수 있다. 8장에서 상세히 설명할 차분 전력 분석^{DPA}과 같은 사이드 채널 공격은 키를 검색하는 데 효과적인 것으로 입증됐다[31~33]. 이러한 공격은 키가 비트스트림의 암호를 해독하는 데 사용되는데, 전원을 켤 때 전원을 측정하고 분석하는 과정을 포함한다. 키를 보관하는 VAR 설비의 공격자를 통해서도 키가 누출될 수 있다. 키가 eFUSE 내부에 저장되면 eFUSE 프로그래밍에 의한 물리적 변화는 SEM을 사용해 디핑된 칩의 메탈 레이어를 통해 볼 수 있다. 그러한 공격은 숙련된 공격자에 의해 파괴적인 리버스 엔지니어링을 수행할 수 있다. 마지막으로 원격 업그레이드 중에 공격자는 인증된 사람과 장치 사이의 통신을 가로채서 암호화된 비트스트림과 암호화키를 모두 얻으려고 할 수 있다.

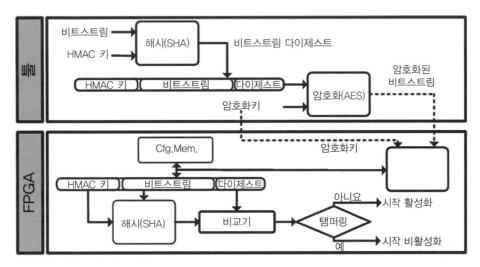

▲ 그림 7.11 FPGA 비트스트림 암호화와 인증에 대한 일반적인 흐름

1(b) 리버스 엔지니어링: 비트스트림 리버스 엔지니어링^{BRE, Bitstream Reverse Engineering}을 통해 공격자는 설계 구현 방법 정보를 추출할 수 있다. 이렇게 하면 악의적인 목적으로 IP의 지능적인 수정이 잠재적으로 용이해진다. 공격자는 시장에서 기존 FPGA 기반 제품을 구입할 수 있다. BRE를 통해 IP를 추출하고 IP의 기능을 향상시킨 다음, 사용하거나 재판매한다. 더욱이 특정 제한을 우회하기 위한 비트스트림 탬퍼링 시도는 BRE를 통해서만 얻을 수 있는 높은 수준의 설계 지식이 필요할 수 있다. 성공적인 일반 텍스트 BRE는 일련의 특정 FPGA 장치에 대해 입증됐다 [34~36]. 그러나 표준화된 비트스트림 형식이 없기 때문에 다른 시리즈와 공급업체의 FPGA에 대해 더 새롭고 정교한 접근법이 필요할 수 있다. 비트스트림 리버스 프로세스는 암호화가 존재함에 따라 더욱 복잡해진다. 공격자가 키에 대한 접근 권한을 갖지 않는 한 암호화된 비트스트림의 기능을 이해하는 유일한 방법은 (제한된 범위) 매핑된 설계를 블랙박스처럼 취급하고, 다양한 입력에 대한 출력을 관찰하는 것이다.

1(c) IP 남용: IP 남용은 FPGA 기반 시스템의 라이프 사이클에서 거의 사용되지 않는 사례 중 하나다. 여기서 시스템 자체를 개발하는 기업이 공격자가 될 수 있다. 현재 RTL이나 비트스트림 형태로 서드파티 IP를 구입하는 시스템 개발자는 임의의 수의 FPGA에서 이를 사용할 수 있다. 그러나 IP 개발자는 설계가 정해진 수의 장치에 사용되기를 원하거나 사용 인스턴스별로 요금을 부과하기 원할 수 있다. 이를 위해 [37]에서 사용당 지불$^{PPU, Pay-Per-Use}$ 라이선스 모델을 가능하게 하는 액티브 미터링 방식이 제안됐다. 현재의 FPGA 장치에서는 변경할 수 없는 고유 식별자가 있는 경우 서드파티 IP 제공자는 해당 식별자를 사용해 다른 장치에 대한 개별 IP를 컴파일해 정해진 수의 장치로 IP 사용을 제한할 수 있다. 소프트웨어에서 노드 락 라이선싱 접근법과 유사한 FPGA 비트스트림의 노드 락킹$^{node-locking}$은 기본 배열에 대한 오버헤드가 낮은 아키텍처 수정[38], 비트스트림 난독화 기법을 통해 검토됐다[39].

2. 탬퍼링^{Tampering}: 비트스트림의 악의적인 수정은 FPGA 기반 시스템의 주요 관심사다. 공격자는 비트스트림을 수정해 특정 제한 요소를 우회하거나 비트스트림에 의해 실행되는 보안 기능을 회피할 수 있다. 비트스트림 탬퍼링도 장치 작동 중 특정 시간에 논리적 오작동이나 물리적 오작동을 유발하는 데 사용할 수 있다. 비트스트림 탬퍼링에 대한 여러 가지 공격 모델은 다음과 같다.

- 결함 주입

  런타임에 매핑된 구성의 개별 비트는 비침투적$^{non-invasive}$, 준침투적$^{semi-invasive}$ 방식으로 결함을 주입해 변경할 수 있다. 비침투적 공격은 대상 하드웨어에 대한 물리적 변경이 필요하지 않지만, 준침투적 공격은 공격을 용이하게 하기 위해 제한된 하드웨어 변경이 필요하다. 비침투적 결함 주입 접근 방식은 집속 방사선$^{focused radiation}$과 전력 조정을 포함한다[40]. 마이크로컨트롤러에서 SRAM의 개별 비트를 변경하기 위한 플래시건과 레이저 포인터로 광학 결함 주입 형태의 준침투적 공격이 입증됐다[41]. 이런 장비들은 쉽게 구할 수 있고 비교적 저렴하다. 따라서 유사한 공격 모델은 SRAM FPGA에 대해 실행 가능한 위협이 될 수 있다.

- 직접 수정

  하드웨어 트로이목마를 구현하기 위한 암호화되지 않은 비트스트림의 직접 수정은 [42]에서 입증됐다. 그러나 이 공격은 구성 비트에 0으로 표시되는 사용되지 않는 리소스 수정에 초점을 맞추고 있다. 이는 비트스트림의 사용된 영역을 대신 수정한 경우에 발생할 수 있는 것처럼 비트스트림을 비기능적으로 렌더링하지 않고도 손쉽게 수정할 수 있게 한다. [43]에서는 FPGA에서 AES와 3DES의 암호 구현이 비트스트림 매핑 포맷의 리버스 엔지니어링에 의해 탬퍼링됐다. 이는 알려진 기능을 반복적으로 매핑하고, 비트스트림의 변화를 관찰하며, 비트스트림의 중요한 부분이 식별될 때까지 반복 수행됐다. 탬퍼링의 궁극적인 목표는 설계 내에서 처리되는 비밀 정보를 유출하는 것이었다. [44]에서는 고정 비트스트림 조작을 수행함으로써 AES 암호문인 FPGA 구현의 비밀키를 추출하는 기법을 시연했다. 이러한 규칙은 FPGA 제품군과는 독립적이며 매핑된 설계에 대한 전문적인 지식이 필요 없다.

- 하드웨어 트로이목마

  신뢰할 수 없는 파운드리에서 FPGA 장치를 제조하면 하드웨어 트로이목마를 기본 배열 레이아웃에 삽입할 수 있다. 레이아웃이 일단 트리거되면 특정 FPGA 리소스의 구성 비트를 수정해 논리적으로나 물리적으로 오작동을 유발할 수 있다. 공격자의 한 가지 동기는 파운드리에서 공급업체에 나쁜 평판을 조성하는 동시에 다른 업체에게 경쟁 우위를 제공하는 것일 수 있다[24]. 이러한 트로이목마를 SRAM 배열에 구현하는 타당성은 [45]에서 검증됐다. 그림 7.12와 같이 SRAM의 여러 트리거 셀을 사용해 레이아웃에 악의적으로 삽입된 패스 트랜지스터를 사용해 생성된 경로를 활성화할 수 있다. 특정 패턴이 트리거 셀에 저장되면 경로가 활성화돼 대상 셀을 접지로 단락시킨다. 페이로드로 인해 특정 값(0이나 1)을 저장할 수 있는 대상 셀의 기능이 저하된다. 이러한 트로이목마는 공격자가 의도한 대로 특정 인스턴스의 구성 가능한 구성 요소(즉, LUT)에 원하는 값을 강제로 적용하는 데 사용될 수 있다.

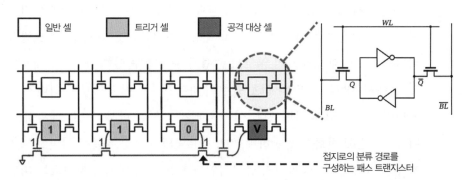

▲ 그림 7.12 특정 패턴(1-1-0)이 트리거 셀(회색으로 표시됨)에 저장될 때 공격 대상 셀에 저장된 값(빨간색)을 손상시키고자 SRAM에 구현된 하드웨어 트로이목마

- 허가되지 않은 재프로그래밍

  FPGA는 공격자에 의해 완전히 다른 비트스트림으로 재프로그래밍될 수 있다. 이는 공격자가 FPGA에 물리적으로 액세스할 수 있거나 원격 업그레이드 중에 비트스트림 통신을 가로챌 수 있는 경우에 발생할 수 있다. 그러한 공격은 손상된 FPGA를 이용해 시스템의 다른 모듈을 감염시키는 것을 목적으로 탑재될 수 있다. 또한 공격자들은 원래의 독점 소프트웨어를 자체 제품으로 대체함으로써 다른 공급업체의 이름으로 FPGA 기반 제품을 재판매하려고 할 수 있다. 원래 비트스트림에서 독점 소프트웨어만 허용하는 경우 그러한 악의적인 재프로그래밍이 필요할 것이다.

불법 복제와 리버스 엔지니어링을 포함한 하드웨어 IP와 관련된 보안 문제는 최근 몇 년 동안 상당한 주목을 받았다. 이 장에서는 라이프 사이클 동안 하드웨어

IP(ASIC와 FPGA 설계 흐름 모두)에 대한 주요 보안 문제를 중점적으로 다뤘다. 이러한 흐름에 대한 위협 모델을 분석하고 불법 복제, 리버스 엔지니어링, 탬퍼링 등과 관련된 몇 가지 공개적인 문제를 지적했다. 이러한 취약점을 좀 더 잘 이해하고자 공격은 상대편의 위치, 의도, 공격 접점 등에 따라 분류된다. ASIC와 FPGA에 적용되는 다양한 형태의 위협은 그림 7.13에 요약돼 있다. 모든 현대의 전자 시스템은 기초 하드웨어 IP의 신뢰할 수 있고 안전한 작동에 의존한다. 안전하고 신뢰할 수 있는 시스템을 구축하려면 시스템에 사용되는 모든 하드웨어 IP의 보안 문제를 적절하게 해결해야 한다.

위협	ASIC 흐름	FPGA 흐름
IP 리버스 엔지니어링	IC 리버스 엔지니어링을 통해 가능	비트스트림 리버스엔지니어링을 통해 가능
사전 배포전 트로이목마 삽입	넷리스트와 레이아웃에서 가능	넷리스트, 레이아웃, 비트스트림에서 가능
내부에서 트로이목마 삽입	일반적으로 불가능하다고 간주	비트스트림 조작으로 가능
IP 복제	신뢰할 수 없는 파운드리나 IP 통합자를 통해 가능	IP 통합자와 최종 사용자를 통해 가능

▲ 그림 7.13 ASIC과 FPGA 간의 IP와 관련된 위협의 비교

7.5 실험: 리버스 엔지니어링과 탬퍼링

7.5.1 목적

이 실습은 FPGA 비트스트림 리버스 엔지니어링 공격을 수행할 기회를 제공하고자 고안됐다. 실습은 여러 부분으로 이뤄져 있으며, 알테라^{Altera} MAX10 시리즈 FPGA 칩을 사용하는 HaHa 플랫폼에서 설계됐다. 이 실습은 불법 복제, 설계 의도, 악의적인 수정을 이해하고자 암호화되지 않은 비트스트림을 리버스 엔지니어링

하는 방법을 보여준다.

7.5.2 방법

먼저 HaHa 플랫폼 내의 FPGA 모듈에 예시 설계를 매핑하고 비트스트림을 생성해야 한다. 그 후 생성된 비트스트림을 기존 비트스트림과 비교하고자 동일한 도구를 사용한다. 해당 도구의 목적은 비트스트림 템플릿을 사용해 비트스트림에서 알려진 기능을 식별하는 것이다. 또한 최소한의 차이만 갖고 다양한 설계를 만들고 생성된 비트스트림을 비교한다.

7.5.3 학습 결과

실험의 구체적인 단계를 수행함으로써 비트스트림이 어떻게 생성되고 어떤 형식을 사용하는지 알게 될 것이다. 그리고 지식을 사용해 비트스트림을 리버스 엔지니어링하고 설계의 게이트 레벨 넷리스트를 알게 될 것이다. 또한 비트스트림 리버스 엔지니어링 공격으로부터 FPGA 설계를 보호하는 데 관한 챌린지를 실험할 것이다.

7.5.4 추가 옵션

이 주제에 대한 추가 실습으로 원래 출력에서 50%의 해밍 거리를 얻고자 비트스트림을 탬퍼링해 수행할 수 있다.

실험에 대한 자세한 내용은 보충 문서에서 확인할 수 있다. http://hwsecuritybook.org를 방문해보자.

7.6 연습문제

7.6.1 True/False 문제

1. 현대의 ASIC 설계 흐름은 서드파티 공급업체와 관련이 있다.

2. 회사 내부 설계는 항상 신뢰할 수 있다.

3. IP 복제의 주된 목적은 불법 복제와 과잉 생산이다.

4. 하드웨어 트로이목마는 IC 복제에 도움을 줄 수 있다.

5. 파운드리는 IC 설계 흐름 전반에 걸쳐 신뢰할 수 있다고 간주된다.

6. 암호화된 FPGA 비트스트림은 설계 내에서 구현된 논리를 우회하기 위해 탬퍼링될 수 없다.

7. 암호화와 인증을 함께 사용하면 비트스트림 탬퍼링 위험을 완전히 줄일 수 있다.

8. 사이드 채널 분석은 암호 해독키를 훔치기 위한 침입 공격이다.

9. FPGA에 매핑될 비트스트림을 알지 못하면 트로이목마는 파운드리에 의해 FPGA 하드웨어에 포함될 수 없다.

10. FPGA 기반 구현은 일반적으로 ASIC에 비해 더 많은 전력과 면적을 필요로 한다.

7.6.2 단답형 문제

1. ASIC 라이프 사이클의 어느 단계가 하드웨어 공격에 취약한가?

2. 설계 흐름의 여러 단계에서 하드웨어에 대한 공격을 시작할 수 있는 엔티티를 열거해보자.

3. FPGA 비트스트림 탬퍼링의 여러 가지 방법은 무엇인가?

4. FPGA에서 기본 제공 인증과 암호화 기능이 어떻게 작동하는지 설명해보자.

5. 공격자의 관점에서 비트스트림 리버스 엔지니어링의 목적은 무엇인가?

7.6.3 서술형 문제

1. 최신의 전자 하드웨어/ASIC 설계의 라이프 사이클을 설명하시오.

2. 하드웨어 IP에 대한 공격을 공격자의 출처와 의도에 따라 분류하고, 하드웨어 트로이목마와 IC 과잉 생산이 가능한 공격 사례를 간략하게 설명하시오.

3. 리버스 엔지니어링을 통해 IP를 어떻게 활용할 수 있는가? 리버스 엔지니어링의 잠재적 공격 사례를 간략하게 설명하시오.

4. FPGA 기반 제품의 일반적인 개발 라이프 사이클을 설명하시오.

5. 현장 운영 중에 발생할 수 있는 FPGA 비트스트림에 대한 다양한 공격을 설명하시오.

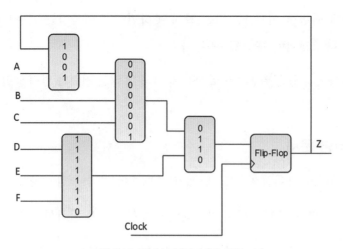

▲ 그림 7.14 서술형 문제 6과 7에 대한 그림

6. 4개의 LUT와 1개의 플립플롭으로 이뤄진 FPGA 합성 넷리스트를 가정해보자
   (그림 7.14). 이에 해당하는 구성 비트는 2진수로 제공된다(상단 비트를 MSB로
   간주함). 이때 이 설계를 게이트 레벨 버전으로 되돌려보시오.

7. 문제 6에 언급된 FPGA 합성 넷리스트에서 LUT 내용을 최소로 수정해 원래
   내용에서 출력을 영구적으로 반전시키는 비트스트림 탬퍼링 공격을 탑재하
   고 탬퍼링된 넷리스트를 작성해보시오.

참고 문헌

[1]   Global Semiconductor IP Market Report 2018-2022.

[2]   S. Skorobogatov, C. Woods, Breakthrough Silicon Scanning Discovers Backdoor in
       Military Chip, in: International Workshop on Cryptographic Hardware and
       Embedded Systems, Springer, pp. 23-40.

[3]   E. Messmer, RSA Security Attack Demo Deep-Fries Apple Mac Components, 2014.

[4]   R.S. Chakraborty, S. Narasimhan, S. Bhunia, Hardware Trojan: Threats and Emerging
       Solutions, in: High Level Design Validation and Test Workshop, 2009. HLDVT 2009.
       IEEE International, IEEE, pp. 166-171.

[5]   S. Bhunia, M. Abramovici, D. Agrawal, P. Bradley, M.S. Hsiao, J. Plusquellic, M.
       Tehranipoor, Protection against Hardware Trojan Attacks: Towards a Comprehensive
       Solution, IEEE Design & Test 30 (2013) 6-17.

[6]   D. Forte, S. Bhunia, M.M. Tehranipoor, Hardware Protection Through Obfuscation,
       Springer, 2017.

[7]   M. Rostami, F. Koushanfar, R. Karri, A Primer on Hardware Security: Models,
       Methods, and Metrics, Proceedings of the IEEE 102 (2014) 1283-1295.

[8]   K. Xiao, D. Forte, Y. Jin, R. Karri, S. Bhunia, M. Tehranipoor, Hardware Trojans:
       Lessons Learned after One Decade of Research, ACM Transactions on Design
       Automation of Electronic Systems (TODAES) 22 (2016) 6.

[9]   S. Bhunia, M.S. Hsiao, M. Banga, S. Narasimhan, Hardware Trojan Attacks: Threat Analysis and Countermeasures, Proceedings of the IEEE 102 (2014) 1229–1247.

[10] F. Wolff, C. Papachristou, S. Bhunia, R.S. Chakraborty, Towards Trojan–Free Trusted ICs: Problem Analysis and Detection Scheme, in: Proceedings of the Conference on Design, Automation and Test in Europe, ACM, pp. 1362–1365.

[11   R.S. Chakraborty, S. Paul, S. Bhunia, On–demand Transparency for Improving Hardware Trojan Detectability, in:Hardware–Oriented Security and Trust, 2008. HOST 2008, IEEE International Workshop on, IEEE, pp. 48–50.

[12] S. Narasimhan, S. Bhunia, Hardware Trojan detection, in: Introduction to Hardware Security and Trust, Springer, 2012, pp. 339–364.

[13] E. Castillo, U. Meyer–Baese, A. Garc?a, L. Parrilla, A. Lloris, IPP@HDL: Efficient Intellectual Property Protection Scheme for IP Cores, IEEE Transactions on Very Large Scale Integration (VLSI) Systems 15 (2007) 578–591.

[14] A.B. Kahng, J. Lach, W.H. Mangione–Smith, S. Mantik, I.L. Markov, M. Potkonjak, P. Tucker, H. Wang, G. Wolfe, Constraint–Based Watermarking Techniques for Design IP Protection, IEEE Transactions on Computer–Aided Design of Integrated Circuits and Systems 20 (2001) 1236–1252.

[15] R.S. Chakraborty, S. Bhunia, HARPOON: an Obfuscation–based SoC Design Methodology for Hardware Protection, IEEE Transactions on Computer–Aided Design of Integrated Circuits and Systems 28 (2009) 1493–1502.

[16] S.E. Quadir, J. Chen, D. Forte, N. Asadizanjani, S. Shahbazmohamadi, L. Wang, J. Chandy, M. Tehranipoor, A survey on chip to system reverse engineering, ACM Journal on Emerging Technologies in Computing Systems (JETC) 13 (2016) 6.

[17] N. Asadizanjani, S. Shahbazmohamadi, M. Tehranipoor, D. Forte, Non–destructive PCB Reverse Engineering using X–ray Micro Computed Tomography, in: 41st International Symposium for Testing and Failure Analysis, ASM, pp. 1–5.

[18] M.C. Hansen, H. Yalcin, J.P. Hayes, Unveiling the ISCAS–85 Benchmarks: a Case Study in Reverse Engineering, IEEE Design & Test of Computers 16 (1999) 72–80.

[19] W.M. Van Fleet, M.R. Dransfield, Method of Recovering a Gate-Level Netlist from a Transistor-Level, 2001, US Patent 6,190,433.

[20] W. Li, Z. Wasson, S.A. Seshia, Reverse Engineering Circuits using Behavioral Pattern Mining, in: Hardware-Oriented Security and Trust (HOST), 2012 IEEE International Symposium on, IEEE, pp. 83-88.

[21] P. Subramanyan, N. Tsiskaridze, K. Pasricha, D. Reisman, A. Susnea, S. Malik, Reverse Engineering Digital Circuits using Functional Analysis, in: Proceedings of the Conference on Design, Automation and Test in Europe, EDA Consortium, pp. 1277-1280.

[22] I. Kuon, R. Tessier, J. Rose, FPGA Architecture: Survey and Challenges, Foundations and Trends in Electronic DesignAutomation 2 (2008) 135-253.

[23] K. Morris, Xilinx vs. Altera, calling the action in the greatest semiconductor rivalry, EE Journal (February 25, 2014).

[24] S. Mal-Sarkar, A. Krishna, A. Ghosh, S. Bhunia, Hardware Trojan Attacks in FPGA Devices: Threat Analysis and Effective Countermeasures, in: Proceedings of the 24th Edition of the Great Lakes Symposium on VLSI, ACM, pp. 287-292.

[25] K. Wilkinson, Using Encryption to Secure a 7 Series FPGA Bitstream, Xilinx, 2015.

[26] Xilinx, Authorized Distributors, https://www.xilinx.com/about/contact/authorized-distributors.html, 2017. (Accessed 3 December 2017), [Online].

[27] S. Ghosh, A. Basak, S. Bhunia, How Secure are Printed Circuit boards Against Trojan Attacks? IEEE Design & Test 32 (2015) 7-16.

[28] Xilinx, Readback Options, 2009.

[29] R. Druyer, L. Torres, P. Benoit, P.-V. Bonzom, P. Le-Quere, A Survey on Security Features in Modern FPGAs, in: Reconfigurable Communication-Centric Systems-on-Chip (ReCoSoC), 2015 10th International Symposium on, IEEE, pp. 1-8.

[30] S.M. Trimberger, J.J. Moore, FPGA Security: Motivations, Features, and Applications, Proceedings of the IEEE 102 (2014) 1248-1265.

[31] A. Moradi, A. Barenghi, T. Kasper, C. Paar, On the Vulnerability of FPGA Bitstream Encryption against Power Analysis Attacks: Extracting Keys from Xilinx Virtex-II

FPGAs, in: Proceedings of the 18th ACM Conference on Computer and Communications Security, ACM, pp. 111–124.

[32] A. Moradi, M. Kasper, C. Paar, Black–Box Side–Channel Attacks Highlight the Importance of Countermeasures, in: Topics in Cryptology–CT–RSA 2012, 2012, pp. 1–18.

[33] A. Moradi, D. Oswald, C. Paar, P. Swierczynski, Side–Channel Attacks on the Bitstream Encryption Mechanism of Altera Stratix II: facilitating black–box analysis using software reverse–engineering, in: Proceedings of the ACM/SIGDA International Symposium on Field Programmable Gate Arrays, ACM, pp. 91–100.

[34] J.–B. Note, É. Rannaud, From the bitstream to the netlist, in: FPGA, vol. 8, p. 264.

[35] Z. Ding, Q. Wu, Y. Zhang, L. Zhu, Deriving an NCD file from an FPGA bitstream: Methodology, Architecture and Evaluation, Microprocessors and Microsystems 37 (2013) 299–312.

[36] F. Benz, A. Seffrin, S.A. Huss, Bil: a Tool–Chain for Bitstream Reverse–Engineering, in: Field Programmable Logic and Applications (FPL), 2012 22nd International Conference on, IEEE, pp. 735–738.

[37] R. Maes, D. Schellekens, I. Verbauwhede, A Pay–Per–Use Licensing Scheme for Hardware IP Cores in Recent SRAM–based FPGAs, IEEE Transactions on Information Forensics and Security 7 (2012) 98–108.

[38] R. Karam, T. Hoque, S. Ray, M. Tehranipoor, S. Bhunia, MUTARCH: Architectural Diversity for FPGA Device and IP Security, in: Design Automation Conference (ASP–DAC), 2017 22nd Asia and South Pacific, IEEE, pp. 611–616.

[39] R. Karam, T. Hoque, S. Ray, M. Tehranipoor, S. Bhunia, Robust Bitstream Protection in FPGA–based Systems through Low–Overhead Obfuscation, in: ReConFigurable Computing and FPGAs (ReConFig), 2016 International Conference on, IEEE, pp. 1–8.

[40] S. Trimberger, J. Moore, FPGA Security: from Features to Capabilities to Trusted Systems, in: Proceedings of the 51st Annual Design Automation Conference, ACM, pp. 1–4.

[41] S.P. Skorobogatov, R.J. Anderson, et al., Optical Fault Induction Attacks, in: CHES, vol. 2523, Springer, 2002, pp. 2-12.

[42] R.S. Chakraborty, I. Saha, A. Palchaudhuri, G.K. Naik, Hardware Trojan Insertion by Direct Modification of FPGA Configuration Bitstream, IEEE Design & Test 30 (2013) 45-54.

[43] P. Swierczynski, M. Fyrbiak, P. Koppe, C. Paar, FPGA Trojans through Detecting and Weakening of Cryptographic Primitives, IEEE Transactions on Computer-Aided Design of Integrated Circuits and Systems 34 (2015) 1236-1249.

[44] P. Swierczynski, G.T. Becker, A. Moradi, C. Paar, Bitstream Fault Injections (BiFl)?Automated Fault Attacks against SRAM-based FPGAs, IEEE Transactions on Computers (2017).

[45] T. Hoque, X. Wang, A. Basak, R. Karam, S. Bhunia, Hardware Trojan attack in Embedded Memory, in: IEEE VLSI Test Symposium (VTS), IEEE, 2018.

8

사이드 채널 공격

8.1 소개

사이드 채널 공격[SCA, Side-channel attacks]은 통계적 약점이나 수학적 약점을 분석하기보다는 암호 알고리즘의 구현을 목표로 하는 비침투적 공격이다. 이러한 공격은 타깃 장치의 전력 소비량, 전자기파[electromagnetic radiation] 또는 계산에 소요되는 시간과 같은 다양한 간접 요소나 채널에서 누출되는 물리적 정보를 이용한다. 이러한 채널을 '사이드 채널'이라고 한다. 사이드 채널 매개변수에 포함된 정보는 암호 알고리즘 실행 중에 계산된 중간값에 따라 달라지며, 암호의 입력이나 비밀키[1]와 상관관계가 있다. 공격자는 비교적 저렴한 장비로 사이드 채널 매개변수를 관찰하고 분석해 비밀키를 효과적으로 추출할 수 있으며, 매우 짧은 시간 안에 몇 분에서 수 시간까지 공격할 수 있다. 이러한 이유로 SCA는 공격자가 이러한 물리적 매개변수로 쉽게 접근할 수 있는 암호화 장치, 특히 스마트카드와 IoT 기기에 큰 위협을 줄 수 있다.

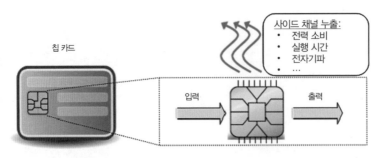

▲ 그림 8.1 암호화 하드웨어가 작동하는 동안의 사이드 채널 누출

그림 8.1은 장치가 작동하는 동안 사이드 채널 정보가 어떻게 유출되는지 보여준다. 전원 공격과 같은 일반적인 사이드 채널 공격은 장치의 전력 소비를 모니터링한다. 전형적으로 암호 연산을 수행하고 있는 칩의 V_{dd}나 Gnd 핀에 전류 경로를 연결해 암호 연산 동작용 전력 손실을 기록함으로써 이뤄진다. 장치의 전력 소비는 관련 트랜지스터의 스위칭 동작을 캡처하는데, 일반 텍스트나 키와 같은 암호화 함수의 입력에 따라 달라진다. 장치가 동작하는 동안에는 오실로스코프를 사용해 전력 소비를 측정할 수 있으며, 전력 소비와 비밀키의 관계를 다양한 방법으로 분석한다. 단순 전력 분석SPA, Simple Power Analysis은 일련의 입력에 대해 수집된 전력 소비의 흔적을 직접 해석하는 기술이다. 암호 알고리즘의 구현에 관한 비교적 상세한 지식과 전력 소비를 육안으로 검사해 비밀키 정보를 해석하는 숙련된 공격자가 필요하다. 그림 8.2는 SCA의 프로세스 개요를 보여준다.

이와는 대조적으로 차분 전력 분석DPA, Differential Power Analysis은 블랙박스로 간주될 수 있는 타깃 하드웨어 구현의 상세한 지식이 필요하지 않은 통계적 분석 접근법이다. DPA는 전력 소비와 비밀키와 관련돼 처리된 데이터 사이의 상관관계를 통계적 방법으로 찾는 데 효과적이다. 그러나 DPA를 성공적으로 수행하려면 많은 전력 측정이 필요한 경우가 많다.

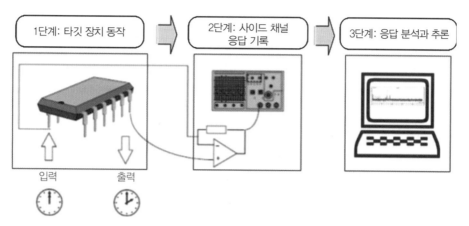

| 1단계: 타깃 장치 동작 | 2단계: 사이드 채널 응답 기록 | 3단계: 응답 분석과 추론 |

입력   출력

▲ 그림 8.2 사이드 채널 공격의 데이터 수집 프로세스. 제어 공격 방식을 적용하며 사이드 채널 분석을 수행하고자 측정값을 처리 장치에 다시 제공한다. 이 프로세스는 일반적으로 광범위한 기능 범위와 최적화된 결과를 얻기 위해 반복된다.

8.2 사이드 채널 공격의 배경

최초로 보고된 SCA의 사례는 1965년 정부 기관에 대한 공격이었다. 이 공격은 매일 재설정되는 키를 사용해 암호 문자를 생성하는 암호화 장치를 타깃으로 했다[6].

모듈의 소리를 녹음함으로써 공격자들은 비밀키를 추출할 수 있었다. 공격자는 기계에 의해 만들어진 클릭 소리의 숫자와 키의 값을 매핑시켰다. 그 이후로 SCA 는 크게 발전했으며 전력, 타이밍, 전자파 등과 같은 몇 가지 다른 매개변수에 의존 했다. 그림 8.3은 지난 50년 동안의 SCA의 진화 타임라인을 보여준다.

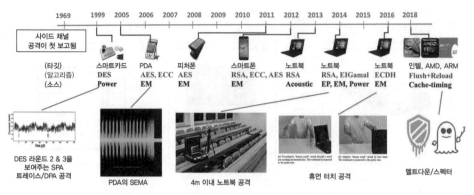

▲ 그림 8.3 사이드 채널 공격의 진화

8.2.1 사이드 채널 공격의 분류법

SCA를 수행하기 전에 공격자가 장치를 통제할 수 있는 제어 수준에 근거해 수동적 공격과 능동적 공격으로 분류할 수 있다. 수동적 공격(예, 전력, 타이밍, EM SCA)은 공격자가 공격 타깃 장치의 기능이나 동작을 방해할 필요가 없다[10]. 공격은 대개 마치 공격 당하지 않은 것처럼 시스템이 정상적으로 동작하도록 진행하는 방식으로 실행된다. 반면 능동적 공격은 공격 대상인 장치의 동작을 방해하는 것을 목표로 하며, 장치의 동작 방식과 어떤 동작을 수행할지 공격자가 영향을 줄 수 있다. 공격자는 장치의 동작을 능동적으로 제어함으로써 암호 모듈을 깨트리는 데 도움이 되는 사이드 채널 정보를 선택적으로 추출하거나 비밀키를 추출하는 이점을 얻는다.

각 사이드 채널 공격은 다양한 방법으로 수행할 수 있다. 전형적으로 단순하고 간단한 접근법이 먼저 도입됐고, 그 후 추출된 사이드 채널 정보의 양과 품질을 향상시키기 위해 정교하고 더 복잡한 접근 방식이 개발됐다. 전력 분석 공격의 경우 앞에서 언급한 바와 같이 공격자는 전력 신호를 단순히 육안으로 검사하는 단순한 분석을 수행할 수 있다. 좀 더 정교한 버전의 공격, 즉 DPA에서는 여러 개의 전력 트레이스를 통계적으로 분석해 비밀키에 대한 좀 더 강력한 정보를 도출한다.

그림 8.4는 SCA의 분류 체계를 보여준다. 사이드 채널 정보의 일반적인 출처에 따라 여러 가지 형태의 SCA가 있는데, 전원 SCA, EM SCA, 결함 주입 공격, 타이밍 SCA 등이다. 각 SCA는 특정 공격 방법에 따라 분류할 수 있다. 즉, 단순 관찰, 통계 방법과 같은 분석적용 방법, 전압, 클럭과 같은 사이드 채널 신호 생성 방법, 마이크로아키텍처^{microarchitecture}, 시스템 레벨 분석과 같은 분석 세분화 방법이 있다[11].

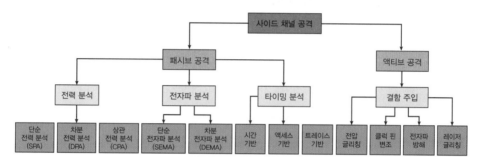

▲ 그림 8.4 일반 사이드 채널 공격의 분류 체계

8.2.2 흔하지 않은 사이드 채널 공격

앞에서 설명한 일반적인 것 외에도 하드웨어에 저장된 비밀 정보가 유출될 수 있는 몇 가지 다른 사이드 채널 신호가 있다. 이러한 신호에는 방출된 소리와 온도, 진동 등이 있다. 비밀 정보를 추출하기 위한 이러한 신호의 분석은 널리 연구되지 않았다. 이러한 흔치 않은 SCA 중의 한 예는 음향 사이드 채널 분석[22]으로, 공격에 사용된 사이드 채널 신호의 관점에서 1965년에 최초로 보고된 SCA와 유사하다[6]. 이 공격은 동작 중에 사운드가 발생하는 시스템(예를 들어 3D 프린터)에 초점을 맞추고 있는데, 누출된 음향 신호^{acoustic signals}에서 프로그램 정보를 추출할 수 있다. 캡처된 사운드 신호^{sound signal}는 일련의 신호 처리와 머신러닝 단계를 통해 동작되며, 이를 통해 작업을 재구성하고 공격을 받고 있는 장치와 유사한 출력을 생성할 수 있다. 그 외에도 온도와 진동과 같은 흔치 않은 사이드 채널에서 공격 대상 장치의 중요 정보가 상당히 유출될 수 있다. 보안 시스템을 구축하려면 모든 형태의 사이드 채널을 정보 유출에 대한 유효한 위협으로 간주해야 하며, 적절한 대응책을 수립해야 한다.

8.3 전력 분석 공격

전력 분석 공격의 기본 개념은 장치의 전력 소비량을 분석해 비밀 정보를 알아내는 것이다[12]. 이 공격은 비침투적non-invasive이며, 장치가 동작하는 동안 생성되는 전류 신호를 캡처해야 하기 때문에 기기에 물리적으로 접근해야 한다. 전력 분석 공격은 암호 시스템의 비밀키를 추출하는 데 주로 이용된다. 몇 분 만에 AESAdvanced Encryption Standard를 성공적으로 해독하는 데 사용돼 왔기 때문이다.

전력 분석 공격은 SCA의 핵심적인 내용으로, 학술 및 산업 연구원에 의해 광범위하게 연구돼 왔다. SPA, DPA, CPACorrelation Power Analysis 등 다양한 전력 분석 공격이 개발돼 공격 대상 장치에 대한 중요 정보가 유출됐다. 각 사이드 채널 분석을 적용하려면 일련의 전력 측정이 필요하다. 이러한 세트는 공격 유형, 설계의 복잡성, 데이터 수집 프로세스의 정확도에 따라 범위와 형태가 달라진다. 분석 중에 캡처한 각각의 전력 신호를 전력 트레이스power trace라고 한다. 공격자는 일반적으로 전력 분석 공격을 진행하기 전에 모든 공격 모드에서 많은 수의 전력 트레이스를 사용해야 한다.

이 절에서는 전력 신호가 존재하는 원인과 이러한 신호의 형태에 영향을 미치는 요인을 살펴본다. 또한 장치 동작 중에 발생하는 전원 신호의 종류와 정확한 캡처 방법도 알아본다. 적용할 수 있는 공격 유형과 성공적인 공격에서 추출되는 정보를 설명한다. 마지막으로 대응책과 공격자가 SCA를 수행하지 못하게 막을 수 있는 방법을 설명한다.

8.3.1 전력 소비에서 사이드 채널 유출의 근원

장치의 전력 소비에는 두 가지 요인이 영향을 준다. 첫 번째 요인은 동적 전력이며, 이는 장치 내 트랜지스터의 스위칭 활동에 의해 발생한다. 두 번째 요인은 오프 상태에서 발생하는 누출 전류와 관련된 트랜지스터의 불필요한 동작인 누출 전력이다. 공격자는 장치의 기능적 동작, 즉 장치 내부에서 진행되는 특정 동작과 직접적으로 관련된 동적 전력 신호를 캡처하는 것을 목적으로 한다.

예를 들어 인버터의 동적 전력은 그림 8.5와 같이 입력과 출력의 스위칭 활동과 관련이 있다. P_{ij}를 $i, j \in \{0,1\}$에 대해 인버터의 출력값이 i에서 j로 변하는 전력 소비라고 하자. P_{01}과 P_{10}은 P_{00}과 P_{11}보다 훨씬 크다. 출력값이 전환될 때 출력에 연결된 커패시터가 충전되거나 방전되기 때문이다. P_{00}과 P_{11}은 충전이나 방전 활동이 없으므로 거의 0이다. 이 특성을 기반으로 공격자는 인버터의 전력을 측정해 출력이나 입력의 상태를 추정할 수 있다. 인버터의 입력이 비밀키에서 발생하는 경우 전력 사이드 채널 누출은 공격자에게 비밀키의 단서를 제공하게 된다.

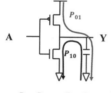

A	Y	Power
$0 \to 0$	$1 \to 1$	P_{11}
$0 \to 1$	$1 \to 0$	P_{10}
$1 \to 0$	$0 \to 1$	P_{01}
$1 \to 1$	$0 \to 0$	P_{00}

$P_{01}, P_{10} \gg P_{00}, P_{11} \approx 0$

▲ 그림 8.5 인버터의 동적 전력

8.3.2 전력 신호 획득

전력 신호를 캡처하는 프로세스는 샘플링 속도가 빠른 캡처 장비(예, 오실로스코프)로 간단하고 쉽게 수행되며, 오실로스코프는 비교적 저렴한 비용으로 구할 수 있다. 전력 획득 프로세스는 입력 패턴이 적용되는 장치의 기능에 대한 기본적인 지식이 필요하며, 전력 패턴은 해당 패턴의 처리 중에 캡처된다.

전력 신호는 전압 공급 트랜스미션 라인에서 전류 레벨의 변화를 측정해 캡처한다. 일반적으로 오실로스코프는 전원 레일(예, PCB에 전원을 공급하는 전압 레귤레이터 출력)과 대상 장치의 V_{dd} 또는 Gnd 핀 사이에 연결된 정밀 감지 저항에서 전압 강하를 측정한다. 그림 8.6은 입력 패턴을 적용하고, 출력을 관찰하고, 전력 소비를 측정하며, 비밀키를 추출하는 데 필요한 분석을 수행하는 컴퓨터에 의해 암호 시스템이 제어되는 전력 분석 설정의 개요를 보여준다.

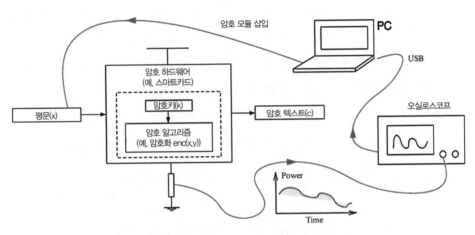

▲ 그림 8.6 암호 하드웨어에 대한 전력 분석 공격을 위한 일반적인 설정

수집된 전력 트레이스에는 알고리즘과 자연적 전기 노이즈로 구성된 노이즈가 포함된다. 알고리즘 노이즈는 다른 모듈의 스위칭 활동에 의해 발생하며, 자연적 전기 노이즈는 전자파 장애EMI, ElectroMagnetic Interference[1] 등 다양한 환경적 영향에서 비롯된다. 공격자는 노이즈를 제거하려고 획득한 전력 트레이스 정보로 필터링 단계를 거친다. 이 필터는 장치와 기타 주변 환경에 의해 발생하는 자연적 노이즈를 제거한다. 노이즈 레벨과 주파수 대역을 식별하는 프로세스를 적용해 노이즈 감소 필터를 설계하고 전력 트레이스 정보를 정확하게 캡처할 수 있다. 노이즈를 제거하고 신호를 평준화하고자 다수의 전력 트레이스 정보를 평균화할 수 있다. 장

치, 알고리즘의 구현과 공격 유형에 따라 전력 트레이스의 수는 단일 트레이스에서 수백만 개의 트레이스까지 다양할 수 있다.

8.3.3 전력 분석의 유형

단순 전력 분석^{SPA}, 차분 전력 분석^{DPA}, 상관 전력 분석^{CPA}의 세 가지 유형의 전력 사이드 채널 분석을 소개한다.

8.3.3.1 단순 전력 분석(SPA)

SPA는 공격 대상 장치가 동작 모드에 있는 동안 획득한 전력 측정을 관찰하는 것을 목적으로 하는 기법이다. 이러한 유형의 분석에는 좀 더 발전된 통계 처리 단계가 필요하지 않다. SPA 공격은 일반적으로 접근 가능성이 제한된 장치에 사용되며, 이 장치에는 전력 트레이스를 하나 또는 몇 개 사용할 수 있다. SPA는 단일 전력 트레이스에 사용할 수 있으며, 공격자가 해당 트레이스에서 중요한 정보나 비밀키를 관찰하려고 시도한다. 수많이 시도해 캡처된 다중 전력 트레이스에 SPA를 적용하면 수많은 트레이스가 평균화돼 노이즈를 제거한다. 두 경우 모두 공격자는 기록된 전력 소비가 공개되는 장치에 대한 중요한 정보를 확인할 수 있는 경우에만 성공적인 공격을 할 수 있다[15].

전력 트레이스의 시각적 검사는 SPA 공격의 기본 형태로, 주요 비트, 명령, 기능을 식별할 수 있는 일련의 패턴을 나타낸다. 프로세서의 각 명령은 전력 트레이스에서 시각적으로 식별할 수 있는 특정 패턴을 발생시킨다. 따라서 시각적 검사는 공격 대상 장치의 명확한 패턴을 찾을 때 유용하다. 그림 8.7은 RSA 암호 해독에서 모듈러 지수에 대한 제곱과 곱셈 연산에 해당하는 일련의 패턴을 보여준다.

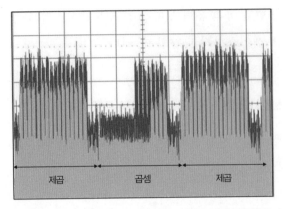

▲ 그림 8.7 RSA 복호화에서 모듈러 지수 전력 트레이스의 일부[18]

템플릿 공격은 SPA보다 발전된 형태로, 전력 트레이스 정보에서 알려진 패턴과 인식된 패턴을 특징짓고 템플릿으로 저장한다. 대상 장치에서 수집한 전력 트레이스가 템플릿과 일치하면 해당 작업이 인식된다. 또한 SPA는 좀 더 진보된 접근 방식의 첫 번째 단계로 사용할 수 있다. 여기서 전력 분석은 파이프라인의 길이, 프로세서 부하, 마이크로아키텍처 이벤트(예, 캐시 누락과 적중)와 입력 패턴을 변경할 때 트리거될 수 있는 다양한 기능을 식별하고자 사용한다.

8.3.3.2 차분 전력 분석(DPA)

DPA 공격은 가장 일반적인 유형의 사이드 채널 공격인데, 공격자가 분석을 수행하는 데 공격을 받는 장치의 하드웨어 구조에 대한 사전 지식을 가질 필요가 없기 때문이다. 또한 DPA는 시끄러운 환경에서 고품질 신호를 얻는 데 매우 효과적인 것으로 입증됐다. SPA에 비해 DPA는 일반적으로 더 많은 수의 트레이스 정보를 필요로 하며, 데이터 수집이 증가하면 DPA의 성능이 더욱 향상된다. DPA는 시스템이 데이터 블록을 암호화하거나 해독하는 동안 전력 트레이스를 획득해 암호 시스템의 비밀키를 알아내는 데 널리 사용한다[8].

DPA에서 공격자는 전력 소비의 데이터 의존성을 효과적으로 이용할 수 있어 내부 전환을 관찰하고 비밀키와 중요 정보를 추출할 수 있다. DPA 공격을 구현하려면 데이터 수집과 데이터 분석이라는 두 단계가 필요하다. 데이터 수집 단계에서는 높은 샘플링 속도로 전력 트레이스를 기록하는 동안 장치에 다양한 입력 패턴을 적용한다. 측정된 트레이스를 평균화하고 노이즈 제거를 위해 튜닝된 밴드패스 bandpass 필터를 적용하면 트레이스의 품질을 향상시킬 수 있다. 데이터 분석 단계에서는 평균의 차이와 같은 통계적 분석이 적용된다. 그림 8.8은 AES 블록에 적용되는 DPA의 예를 보여준다. 예를 들어 그림 8.8의 SBOX[Substitution Box][11] 연산의 MSB와 같은 결정 함수를 기반으로 전력 트레이스를 두 세트로 분류한 다음, 두 세트의 평균 차이를 다음과 같이 계산한다.

$$\Delta = \frac{\sum_{i=1}^{m} D(K, P_i)T_i}{\sum_{i=1}^{m} D(K, P_i)} - \frac{\sum_{i=1}^{m}(1 - D(K, P_i))T_i}{\sum_{i=1}^{m}(1 - D(K, P_i))}$$

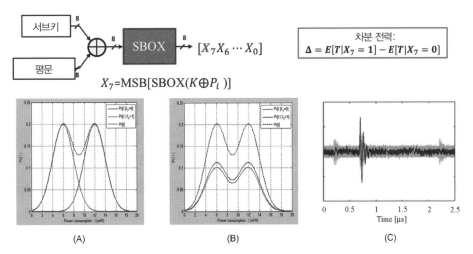

▲ 그림 8.8 비밀키를 획득하기 위한 DPA 공격. 정확한 키 추측에 대한 확률 밀도 함수는 (A), 잘못된 키 추측에 대한 확률 밀도 함수는 (B), 평균의 차이는 (C)에 표시된다.

장치가 SBOX를 수행할 때 위의 방정식 $D(K, P_i) = MSB(SBOX(K \oplus P_i))$에서 K는 공격자의 추측키, P_i는 일반 텍스트, T_i는 수집된 전력 트레이스다. 추측키가 정확하다면 그림 8.8(A)와 같이 $D = X_7 = 0$과 $D = X_7 = 1$에서 주어진 조건부 확률 밀도 함수는 완전히 다르다. 그렇지 않으면 그림 8.8(B)와 같이 조건부 확률 밀도 함수는 유사하다. 따라서 정확히 추측된 키의 경우 평균의 차이가 가장 크며, 다른 경우에는 그림 8.8(C)[9]와 같이 평균의 차이가 거의 0이다.

고차 DPA^{High-order DPA}는 전체 전력 트레이스의 다수 포인트를 사용하거나 포인트의 고차 통계, 예를 들면 두 번째와 세 번째, 그리고 더 높은 순간(즉, 변동, 왜도, 첨도)을 활용하는 기법이다. 이 기법은 장치의 취약점을 악용할 수 있고, 기존의 전력 분석 대책을 우회할 수 있다.

DPA는 장치에서 전력 소비의 상관 영역^{correlated regions}을 대상으로 하는데, 공격자가 분석을 자동화하고 심지어 장치와 환경 변화에 적응하도록 훈련할 수 있는 능력을 갖게 한다. 정보의 양, 저렴한 비용, 비침투적인 공격성으로 인해 가장 강력한 사이드 채널 분석 공격의 하나가 됐다. DPA가 많은 장치를 성공적으로 공격하는 데 사용됐다는 점을 눈여겨볼 필요가 있다[24].

8.3.3.3 상관 전력 분석(CPA)

CPA는 전력 소비와 타깃 함수의 해밍 거리^{Hamming distance} 또는 해밍 무게^{Hamming weight}(예, SBOX 연산 출력) 사이의 상관관계를 이용하는 SCA의 발전된 형태다. CPA 공격의 첫 번째 단계는 공격 대상 장치에 의해 실행되는 암호 알고리즘의 중간값, 즉 $v_i = f(d_i, k^*)$로 표시되는 타깃 함수를 결정하는 것이다. 여기서 d_i는 i번째 평문 또는 암호문이며, k^*는 비밀키[16]의 구성 요소에 대한 가설이다.

두 번째 단계는 첫 번째 단계에서 타깃 함수를 비롯해 다양한 데이터 입력인 D를 암호화하거나 해독하는 동안 암호 장치의 전력 소비를 측정하는 것이다. 입력 d_i에 해당하는 $\vec{t_i} = (t_{i,1}, t_{i,2}, \ldots, t_{i,t^*}, \ldots, t_{i,L})^T$로 전력 트레이스를 나타낸다. 여기서 L은 트레이스의 길이를 나타내며, t_{i,t^*}는 첫 번째 단계에서 타깃 함수가 수행됐을 때의 전력 소비량이다. 공격자는 각 D 데이터 입력에 대한 트레이스를 측정하므로, 트레이스는 $D \times L : \mathbf{T} = (\vec{t_1}, \vec{t_2}, \ldots, \vec{t_{t^*}}, \ldots, \vec{t_L})$ 크기의 행렬 $\mathbf{T}$로 쓸 수 있다. 여기서 $j = 1, \ldots, L$에 대한 $\vec{t_j}$는 크기 $D \times 1$의 열벡터다.

세 번째 단계는 $i = 1, \ldots, D$와 $j = 1, \ldots, K$에 대해 모든 가능한 $k : v_{i,j} = f(d_i, k_j)$에 대한 가상 중간값을 계산하는 것이다.

네 번째 단계는 가상 중간값을 가상 전력 소비 값에 매핑하는 것이다. $i = 1, \ldots, D$와 $j = 1, \ldots, K$의 경우 $h_{i,j} = g(d_i, k_j) = g(d_i, k_j)$다. 가장 일반적으로 사용되는 전력 소비 모델은 해밍 거리와 해밍 무게 모델이다. $D \times K$ 매트릭스 $\mathbf{H}$는 이 단계에서 만들어진다. $\mathbf{H} = (\vec{h_1}, \ldots, \vec{h_K})$다. 여기서 $i = 1, \ldots, K$의 $\vec{h_i}$는 크기 $D \times 1$의 벡터다.

다섯 번째 단계는 가상의 전력 소비 모델과 측정된 전력 트레이스를 비교하는 것이다. $i = 1, \ldots, K$와 $j = 1, \ldots, \mathbf{T}$에 대한 두 벡터 $\vec{h_i}$와 $\vec{t_j}$ 사이의 선형 관계를 측정하고자 상관 계수를 계산한다.

$$r_{i,j} = \frac{\sum_{d=1}^{D} (h_{d,i} - \overline{h_i})(t_{d,j} - \overline{t_j})}{\sqrt{\sum_{i=1}^{D} (h_{d,i} - \overline{h_i})^2 \sum_{i=1}^{D} (t_{d,j} - \overline{t_j})^2}}$$

여기서 $\overline{h_i}$와 $\overline{t_j}$는 각각 벡터 $\vec{h_i}$와 $\vec{t_j}$의 평균값을 나타낸다. 올바른 키 k^*와 t^*의 r_{k^*, t^*}에 명확한 피크 값이 있으면 CPA 공격이 성공한 것이다.

8.3.4 전력 사이드 채널 공격 대책

전력 소비와 실행된 암호 알고리즘의 중간값 사이 의존성을 없애고자 암호 하드웨어cryptographic hardware는 설계 단계에서 보안 원시 논리 셀(감지 증폭 기반 논리 SABL[19], 파동적 차분 논리WDDL[20], t-private 논리 회로[21] 등)로 구현할 수 있다. 이러한 보안 논리 방식은 처리된 데이터 값과 무관하게 수행된 동작의 전력 소비를 발생시키고자 서로 다른 방법을 사용하므로 전력 트레이스의 비밀 정보(즉, 키)의 누설을 방지한다. SABL와 WDDL은 각 클럭 사이클에서 동일한 양의 전력을 소비하지만, t-private 논리 회로는 각 비트를 랜덤 비트로 마스킹해 각 클럭 사이클의 전력 소비량을 랜덤화한다. 즉, SABL과 WDDL은 은닉 대책을 구현하고, t-private 논리 회로는 마스킹 대책을 구현한다.

▼ 표 8.1 보안 논리 스타일

	SABL	WDDL	t-private 논리
SCA 저항	✔	✔	✔
프로빙 저항	×	×	✔
방법	숨기기	숨기기	랜덤 마스킹
설계	풀 커스텀	세미 커스텀	세미 커스텀
지역	중간	낮음	높음
전력	중간	높음	낮음

이러한 모든 보안 셀은 SCA에 대해 다양한 레벨의 견고성을 갖는 반면 t-private 논리 회로만이 프로빙 공격을 방지하며, 이를 통해 공격자가 각 클럭 사이클당 t-private 수의 내부 노드만 관찰할 수 있다. 구현의 관점에서 t-private 논리 회로와 WDDL은 일반 CMOS 디지털 셀 라이브러리와 함께 구현되지만, 각 SABL 셀은 완전 커스터마이징돼야 한다.

이러한 보안 논리 설계 방식 중에서 t-private은 회로 면적이 가장 크지만 t-private 논리 회로의 전력 소비는 가장 적다. SABL과 WDDL은 두 개의 단계(사전 충전 단계와 평가 단계)를 가지므로 위상 신호가 전환되는 각 클럭 사이클에서 SABL과 WDDL의 전력 소비는 t-private 논리 회로의 전력 소비보다 크다. 표 8.1은 이러한 보안 논리 스타일의 요약을 보여준다.

8.3.5 고차 사이드 채널 공격

고차 사이드$^{\text{higher-order}}$ 채널 공격은 암호 알고리즘 실행 중 여러 중간값에 해당하는 복수의 누출 값을 공격한다[26]. $(n + 1)$번째 순서의 SCA는 n 랜덤 값으로 마스킹되는 중간값인 n번째 마스킹 대책에 효과적이다. 암호 장치에서 임의의 값으로 중간값을 마스킹할 경우 비밀키를 얻으려고 2차 DPA나 CPA 공격을 수행할 수 있다. 예를 들어 AES SBOX 연산의 입력과 출력은 $v = (p \oplus k) \oplus r$, $u = \text{SBOX}(p \oplus k) \oplus r$과 같은 마스크 r로 숨겨져 있으며, 두 개의 중간값이 레지스터에 저장된다고 가정한다. SBOX 입력과 출력은 2차 CPA 공격의 대상이 된다. 공격의 경우 공격자의 가상 함수 h는 두 중간값 사이의 해밍 거리로 정의된다. $h_{ki} = \text{HW}(v \oplus u) = \text{HW}(p \oplus k_i) \oplus \text{SBOX}(p \oplus k_i)$와 레지스터에 두 개의 중간값이 저장됐을 때 수집된 전력 트레이스의 두 포인트 l_1과 l_2를 절대차 함수$^{\text{absolute-difference function}}$ $t = |l_1 - l_2|$로 결합한다. 두 포인트를 결합하고자 덧셈, 뺄셈이나 합계의 제곱과 같은 다른 함수들 사이의 절대차 함수를 사용하는 이유는 절대차 함수가 가상 함수[26]와 더 높은 상관관계를 갖기 때문이다.

추측된 키가 올바른 키와 같으면 가상 함수와 결합된 함수 간의 상관관계는 최댓값을 갖는다. $k^* = \arg\max_{k_i \in K} \rho(h_{k_i}, t)$. 여기서 k^*는 올바른 키다. 따라서 가정한 전력 소비량과 결합된 전력 트레이스를 비교해 정확한 키를 확인할 수 있다.

8.3.6 전력 SCA에 대한 보안 측정법

SCA에 대한 장치의 보안은 적절한 측정 기준을 사용해 평가해야 한다. 공격 대상 장치의 보호 수준을 측정하는 방법은 다양하다. 이러한 방법으로는 SCA 실행의 어려움과 장치에서 중요한 정보를 성공적으로 추출하는 데 필요한 시간을 평가한다.

테스트 벡터 누출 평가$^{\text{TVLA, Test Vector Leakage Assessment}}$는 장치의 데이터 유출을 탐지하는 것이 얼마나 쉬운지 측정하는 일반적인 평가 방법이다. 이 평가는 사전 정의된

테스트 입력 세트를 적용하고, 누출을 감지하며, 트레이스에서 중요한 정보를 추출하는 능력을 평가함으로써 이뤄진다. 누출 평가는 웰치[Welch]의 t-테스트에 기초하며, 두 표본의 분산이 불균등하고 표본 크기가 불균등한 경우 두 모집단의 평균이 같다는 가설을 검정하는 데 사용된다. 사이드 채널 평가 프로세스에서는 테스트 대상 장치가 비밀키로 작동하는 동안 n개의 사이드 채널 측정이 수집된다. $i = 1, \ldots, n$에 대해 $\bar{\mathbf{p}}^i = [p_0^i, \ldots, p_{m-1}^i]$에서 m은 샘플링 포인트의 수며, n 측정값은 결정 함수 D: $S_0 = \{\bar{\mathbf{p}}^i | D = 0\}$, $S_1 = \{\bar{\mathbf{p}}^i | D = 1\}$에 의해 두 세트로 분류된다. t-테스트 통계량인 경우 다음과 같다.

$$t = \frac{\mu_0 - \mu_1}{\sqrt{\frac{\sigma_0^2}{N_0} + \frac{\sigma_1^2}{N_1}}}$$

신뢰 구간 $|t| > C$를 벗어나면 귀무가설 $H_0 : \mu_0 = \mu_1$은 거부된다. 즉, 두 집단이 구별 가능하며, 구현은 정보 유출 확률이 높다는 것을 의미한다. 따라서 누출 평가 테스트를 통과하지 못한다. 임곗값 C가 4.5로 선택돼 귀무가설을 거부하기 위한 신뢰도 > 0.9999로 이어지고, 결정 요소 함수 D가 다음과 같이 정의된다고 가정하자.

$$D = \begin{cases} 0 & \text{평문이 랜덤이면} \\ 1 & \text{평문이 고정되면} \end{cases}$$

이것을 비특정 고정 랜덤[nonspecific fixed-vs-random] 테스트라고 한다.

사이드 채널 취약점을 측정하는 데 사용되는 또 다른 방법은 공격 성공률 분석을 적용하는 것이다. 여기서 성공률은 성공적인 공격의 수(즉, 공격을 통해 키가 유출됨)를 수행된 공격의 총수로 나눈 값으로 정의된다. 최댓값인 100%는 사이드 채널 분석이 적용될 때마다 장치가 성공적으로 공격되고, 최소 0%는 장치가 다음 공격으로부터 보호됨을 의미한다. 또한 이 평가는 공격자가 장치에서 중요한 정보를 추출하는 데 필요한 시간을 추측할 수 있다.

8.4 전자파(EM) 사이드 채널 공격

EM SCA는 작동 중인 IC에서 방출되는 전자파를 측정하는 데 초점을 맞추고 있다. 이러한 전자파는 진공에서 빛의 속도로 전파되는 전기장과 자기장의 동기화된 진동으로 정의된다[14].

이 절에서는 서로 다른 전자파 신호의 근원과 이를 캡처하는 데 필요한 장비를 설명한다. 의도적인 전자파 신호와 의도하지 않은 전자파 신호를 구별한다. 또한 전자파 사이드 채널을 통해 유출될 수 있는 정보의 양과 종류를 다룬다. 낮은 에너지이지만 중요한 EM 신호를 캡처할 수 있는 데이터 수집 프로세스도 설명한다. 단순 전자파 공격[SEMA], 차분 전자파 공격[DEMA] 등 사이드 채널 분석을 사용해 적용할 수 있는 다양한 유형의 전자파 기반 사이드 채널 공격을 설명한다. 마지막으로 전자파 사이드 채널 공격에서 장치를 보호할 수 있는 방법을 간략히 설명한다.

8.4.1 전자파 신호의 근원

전자파는 전류가 입력 패턴의 변화에 따라 트랜지스터와 인터커넥트 스위치 동작이 발생하는 장치를 가로질러 흐를 때 생성된다. 이런 전류 흐름은 전자파 신호를 발생시킨다. 특정 전류 흐름의 전자파 신호는 장치의 물리적 또는 기능적 구조에 의해 영향을 받을 뿐만 아니라 다른 구성 요소의 전자파와 전류 흐름의 영향을 받을 수 있다.

공격자는 일반적으로 데이터 처리 작업을 수행하는 동안 장치의 스위칭 활동으로 인해 대부분의 파동이 발생하는 데이터 처리 단계의 전류 흐름에 의해 생성되는 전자파 신호를 캡처하는 것을 목표로 한다. 이러한 웨이브는 일반적으로 의도하지 않은 것으로 간주되며, 운용 중에 중요 정보가 자연스럽게 유출될 수 있다. 전자파 사이드 채널 분석을 적용할 때 스위칭 활동은 쉽게 캡처돼 각 클럭 사이클에서 발생하는 일련의 이벤트와 인스턴스로 변환될 수 있다. 이러한 유형의 공격은 전력 사이드 채널 분석과 유사하며, 여기서 전류 활동에 대한 1차원 뷰를 사용해 장치에서 중요한 비밀을 추출한다. 그러나 예를 들어 DPA와 같은 전력 분석 공격은 특정 전류 활동의 위치와 같은 공간 정보를 추출할 수 없다. 한편 전자파 사이드 채널 공격은 전자파 신호의 위치도 식별할 수 있어 강력한 공격 벡터가 된다.

8.4.2 전자파 방출

전자파 방출은 타깃 장치가 전자파 신호를 발생시키는 프로세스로 정의된다. 전자파 방출에는 의도적인 방출과 의도하지 않은 방출의 두 가지 유형이 있다. 다음 절에 이 두 가지 유형을 설명한다.

8.4.2.1 의도적인 방출

의도적인 전자파 방출은 장치가 전자기 응답을 방출하게 하는 전류 흐름으로 인해 발생한다[17]. 이러한 전류 흐름은 대개 짧은 버스트와 급격한 상승 에지의 형태로 나타나며, 전체 주파수 대역에서 쉽게 관찰할 수 있는 고출력 방출의 원인이 된다. 종종 적용된 전류 흐름은 더 낮은 주파수 대역의 노이즈와 기타 간섭 방출로 인한 응답을 신속하게 포착하기 위해 더 높은 주파수 대역을 타깃으로 한다. 이러한 유형의 방출에 있어 공격자의 목적은 타깃에 대한 중요 데이터 경로의 전자파 응답을 분리하는 것이다. 이를 위해서는 작고 민감한 전자파 프로브probe(탐침)가 필요하다. 또한 장치를 지연시키는 것은 캡처된 신호 품질을 개선하는 데 도움이 될 수 있다.

8.4.2.2 의도하지 않은 방출

공격자가 전자파 사이드 채널 분석을 적용할 때 의도하지 않은 방출에 초점을 맞추면 중요한 경로를 식별하고 해당 데이터 값을 획득하는 데 도움이 될 수 있다.

최신 IC의 복잡성이 증가하고 크기가 줄어들면서 부품 사이에 전기와 전자기 결합(커플링)이 발생하게 되는데, 이는 절충된 신호가 만들어지는 통제할 수 없는 현상이다. 이러한 부품은 변조기 역할을 할 수 있으며, 전송된 데이터를 획득하고자 가로채고 후처리할 수 있는 반송파 신호^{carrier signal}를 생성한다.

신호의 변조는 진폭 변조^{AM}나 주파수 변조^{FM}가 될 수 있다. 반송파 신호와 데이터 신호의 결합은 AM을 발생시킨다. 데이터 신호는 동조된 수신기를 사용해 AM 신호를 복조함으로써 추출될 수 있다. FM에서 커플링은 주파수 편이 신호^{frequency shifted signal}를 발생시킨다. 이 신호는 FM 수신기를 사용해 복조될 수 있다.

8.4.3 전자파 신호의 식별

전자파 신호는 종종 전도^{conduction}와 방사선을 통해 전파된다. 이러한 신호는 근거리 프로브나 안테나 같은 센서를 사용해 가로챌 수 있다. 이러한 센서를 사용하면 전자파 신호를 전류 신호로 전송할 수 있으며, 이는 노이즈를 제거하려고 후처리돼 전자파 분석을 적용하고자 주파수 대역을 제거한다. 일반적으로 수신된 신호의 품질은 사용된 센서가 원하지 않는 주파수 대역이나 기타 전자파 간섭에서 차폐될 경우 개선된다.

신호의 후처리에는 정보를 보유하는 주파수 대역에 대한 사전 지식이 필요한 타깃 중요 데이터 경로와 관련이 없는 주파수 대역을 필터링하는 것이 있다. 그러한 정보를 얻고자 스펙트럼 분석기는 일반적으로 반송파와 노이즈를 식별하는 데 사용된다. 그런 다음 후처리 필터를 조정해 중요한 정보가 전달되도록 할 수 있다. 그림 8.9는 전자파 공격에 대한 측정 설정의 그림이다.

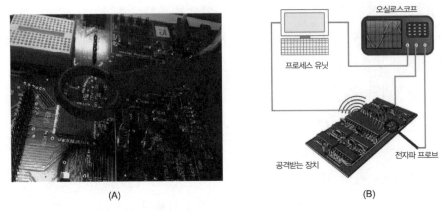

▲ 그림 8.9 (A) FPGA에 배치되는 전자파 프로브 사진, (B) 전자파 사이드 채널 분석 설정

8.4.4 전자파 분석 유형

다음과 같이 전자파 분석에는 크게 단순 전자파 분석^{SEMA}과 차분 전자파 분석^{DEMA}으로 두 가지 유형이 있다.

8.4.4.1 단순 전자파 분석(SEMA)

SEMA에서 공격자는 관찰하기 위한 단일 시간 범위의 트레이스 정보를 획득해 직접 장치의 지식을 얻게 된다. 공격은 장치의 아키텍처나 보안 정책에 대한 사전 지식이 있을 때만 유효하다. SEMA의 주요 목표는 전자파 신호 트레이스를 육안으로 검사해 중요한 정보를 얻는 것이다. 여기서 시스템 시작 시 전환 시퀀스는 데이터 암호화/복호화에 사용되는 비밀키 정보를 포함할 수 있다. SEMA의 사용은 일반적으로 EM SCA의 첫 번째 단계로, DEMA를 사용해 좀 더 상세한 분석을 수행하는 데 필요한 정보를 관찰할 수 있다.

8.4.4.2 차분 전자파 분석(DEMA)

공격자는 시각적으로 관찰할 수 없는 정보를 이용하고자 장치에 DEMA를 적용한다. DEMA는 일반적으로 분석된 신호를 장치의 다른 영역(공간 참조)이나 다른 시간(시간 참조)에 해당하는 신호와 비교하는 자기 참조self-referencing 접근법을 이용한다. DEMA는 공격 대상 장치에 대한 많은 지식을 필요로 하지 않으며, 대부분의 정보는 서로 다른 영역과 시간에서 서로 다른 형태의 전자파 신호를 얻을 때 사용한다. DEMA의 분석은 대상 장치의 기능적, 구조적 세부 사항을 식별하는 데 도움이 될 수 있다. 또한 프로세스 흐름을 추적하고 신호가 장치 내에서 어떻게 전파되는지 확인할 수 있다. DEMA에 의해 얻어진 이러한 세부 사항은 장치를 리버스 엔지니어링하거나 공격자에게 물리적으로 시스템의 보안 정책을 비활성화할 수 있는 능력을 부여할 수 있다.

8.4.5 전자파 SCA 대책

EM SCA에서 보호하고자 많은 대응책을 통해 장치의 성능과 서비스 품질을 유지하면서 보호 레이어를 추가할 수 있다. 커플링 문제를 줄이려면 회로를 재설계하는 것이 주요 대책 중 하나다. 또한 전자파 신호가 전파되는 것을 방지하고자 기기에 차폐층을 추가하는 것도 중요한 방법이다. 전자파 노이즈를 발생시키는 비기능 모듈을 도입하면 동일한 주파수 대역에 적용되는 노이즈 양이 많기 때문에 중요 정보를 쉽게 가로채는 것을 방지할 수 있다.

다른 기능적 대책은 암호 시스템을 사용할 때 중요한 비선형 처리 시퀀스의 도입과 같은 중요한 프로세스가 탐지되는 것을 숨기는 것이다. 암호 프로세스 단계 사이에 더미 명령이나 연산들을 추가함으로써 공격자가 성공적으로 전자파 사이드채널 공격을 수행하더라도 키 비트와 더미 비트의 구별을 힘들게 할 수 있다. 제어되지 않는 전자파 신호를 가로채기 위한 여러 가지 방법이 있기 때문에 암호화가 적용됐을 때에도 중요한 정보를 추출하는 많은 공격이 성공할 수 있다. 그러므로 장치가 EM SCA에 대해 적절히 보호될 수 있도록 설계 단계에서 가능한 한 빨리 대책을 도입해야 한다.

8.5 결함 주입 공격

전력 분석 공격과는 달리 결함 주입 공격은 능동적인 공격으로, 암호 장치에 의도적으로 결함을 주입해 비밀키의 유출을 시도하는 공격이다[1, 7]. 주입된 결함은 장치 작동 중 일시적인 오작동을 일으키게 설계됐다. 오작동은 전형적으로 몇 개의 메모리나 레지스터 비트를 교란한다. 계속 실행됨에 따라 교란, 즉 단일/복수의 메모리 비트 플립이 다른 메모리 위치로 전파돼 결국 출력이 손상된다. 이렇게 손상된 출력을 잘못된 암호문faulty ciphertext이라고 부른다. 결함이 정밀하게 주입되고 특정 속성이 있는 경우 공격자는 잘못된 암호문을 사용해 비밀키를 추출할 수 있다. 그림 8.10은 결함 공격에 관련된 전체 프로세스를 보여준다. AES, RSA, ECC와 같은 여러 암호화 체계가 이 공격에 취약하다는 것이 입증됐다.

362

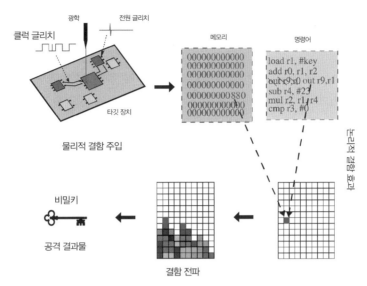

▲ 그림 8.10 결함 주입 공격(fault injection attack), 또는 결함 공격에서는 중요한 정보를 유출할 목적으로 장치의 작동 중에 물리적 결함을 의도적으로 주입한다. 이러한 결함은 메모리나 레지스터 위치를 변경하거나 다른 결함 효과(예, 명령을 스킵)를 유도하고자 클럭 또는 전압 소스를 방해하거나, 레이저 빔을 사용해 주입될 수 있다. 암호 장치에서는 그러한 교란이 종종 실행 중에 다른 장소에 전달되는 경우가 많으며, 결국 잘못된 암호문이 된다. 그런 다음 결함 있는 암호문을 체크해 비밀키를 알아낼 수 있다.

일반적인 공격은 동작 중인 장치에 결함을 주입하는 것으로 시작하는데, 이는 전압이나 클럭 소스 글리치clock source glitch[1][4, 5]일 수 있다. 다른 기법, 예를 들면 전자기파, 물리적 프로빙, 장치를 통한 레이저 광선 통과와 같은 것도 결함 주입에 사용할 수 있다. 그런 다음 오류가 있는 출력을 관찰해 장치를 분석한다. 이러한 출력은 잠재적으로 비밀키를 추출하는 데 도움이 될 수 있다. 결함을 제대로 주입하려면 물리적인 변형이 필요한 경우가 있기 때문에 공격은 준침투성semi-invasive으로 간주된다.

공격이 성공하려면 설계에 대한 사전 지식이 필요하다. 장치를 블랙박스로 취급할 경우 결함 유형, 주입 과정의 위치와 시간을 선택할 수 없다. AES에 대한 단순

---

1. 글리치(glitch)란 디지털 신호를 입력할 때의 의도하지 않은 노이즈 펄스(noise pulse)를 의미한다. – 옮긴이

결함 주입 공격의 예는 그림 8.11과 같다. k_0는 AES 키의 비트 0을 나타낸다. 이제 k_0의 값을 0이 되도록 초기 키 추가 작업 중에 k_0에 0으로 고정된$^{stuck-at-zero}$ 결함이 주입됐다고 가정해보자. 가능한 결과는 두 가지다. 첫째, 결함 주입 전 $k_0 = 0$일 경우 결함이 출력에 영향을 미치지 않는다. 반면 $k_0 = 1$일 경우 결함은 $p_0 \oplus k_0$의 값을 토글한다. 이는 교란이며, 그 후 실행이 진행되면서 전달돼 암호문의 결함이 발생한다. 이 경우 결함이 있는 암호문은 동일한 일반 텍스트에서 생성된 결함 없는 암호문과는 다를 것이다. 따라서 공격자는 k_0의 값을 파악한다.

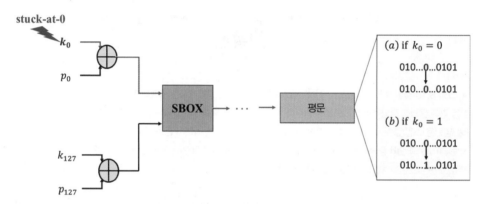

▲ 그림 8.11 AES에 대한 간단한 결함 주입 공격. 목표 비트는 k_0이다.

이와 유사한 방법으로 키 비트 k_1의 결함을 k_{127}에 독립적으로 주입함으로써 공격자는 전체 AES 키를 검색할 수 있다. 이 공격은 쉽게 이해할 수 있지만 실제로 실행하기는 매우 어렵다. 128개의 정밀하게 배치되고 타이밍이 맞는 결함을 공격자가 생성해야 하기 때문이다. 각 결함은 키의 한 비트를 정확히 0으로 설정해야 한다. 이런 단순한 공격 이후 많은 견고하고 강력한 결함 공격이 소개됐다. 가장 강력한 공격은 단 한 번의 결함 주입만으로 전체 비밀키를 알아낼 수 있다. 이 공격은 AES의 8번째 라운드에서 결함을 주입해야 한다. 또한 결함을 주입하는 데 요구사항을 완화시킨다. 결함은 8번째 라운드에서 무작위로 단일 바이트만 수정하면 된다.

8.5.1 결함 주입 기술

결함 주입 기술은 장치의 종류와 공격자가 이용할 수 있는 정보의 양에 따라 달라질 수 있다. 다음 절에서는 결함 주입 기술의 주요 유형을 설명한다.

8.5.1.1 전압 글리칭

전압 글리칭^{Voltage Glitching}은 기본 결함 주입 기술로 간주되며, 장치에 정상 전압 레벨보다 낮게 공급한다. 이 상태에서 장치를 실행하면 장치의 출력에 오류가 나타나기 시작할 것이다. 오류의 정밀도와 유형은 공급된 전압 레벨에 의해 제어되며, 전압 공급이 더 낮아질수록 더욱 잘못된 동작이 발생한다. 이 기법은 비침투적이며 특정한 타이밍 패턴을 요구하지 않는다. 이 공격을 적용할 때 결함은 기기 전체에 균일하게 전파돼 좀처럼 활성화되지 않는 노드와 장치의 레지스터에 대한 접근이 가능하다는 측면에서 공격자에게 이점을 줄 수 있다.

8.5.1.2 클럭 핀으로 탬퍼링

또 다른 기본적인 결함 주입 기법에는 공격자가 장치에 결함이 있는 클럭 신호를 적용하는 것이다. 결함은 클럭의 글리치나 신호의 전압 레벨일 수 있다. 이 비침투적 공격은 장치가 모든 클럭 연산에서 결함 있는 출력을 생성하게 한다. 공격자는 결함을 정밀하게 제어하고자 장치의 클럭 신호에 접근할 필요가 있는데, 이는 비교적 쉬운 작업이다.

8.5.1.3 전자파 장애

전자파 장애는 장치에 적용해 결함을 주입할 수 있다. 전자파 신호를 생성해 장치로 보내면 시스템의 동작이 손상될 수 있다. 전자파 신호를 제어함으로써 다양한 유형의 동작 변화를 관찰할 수 있으며, 올바른 입력 패턴과 충분한 반복을 통해 장치는 암호 모듈의 비밀키를 유출할 수 있다. 전자파 신호가 전체 장치에 적용되기 때문에 장치의 임의의 위치에 결함을 주입할 수 있으므로 공격은 시스템에 균일하게 영향을 미친다.

8.5.1.4 레이저 글리칭

장치의 특정 영역에 레이저 빔을 적용하면 결함이 주입될 수 있다[3]. 강한 레이저 빔을 의도적으로 적용할 때 레지스터와 상태의 데이터를 수정할 수 있다. 빔은 강도와 양극화 측면에서 제어할 수 있어 공격자가 특정 영역이나 전체 장치에 결함을 주입할 수 있다. 주입된 결함은 설계의 출력으로 전파될 수 있으며, 암호 모듈의 비밀키를 성공적으로 누출시킬 수 있다.

8.5.2 결함 주입 공격 대처 방안

결함 주입에 사용되는 도구와 장비는 쉽게 구할 수 있으므로 결함 주입 공격에 대한 대책은 제한이 될 수밖에 없다. 설계의 주요 포트(예, 전력과 클럭 라인)에 대한 액세스 가능성 수준에 따라 이러한 공격을 매우 어렵게 만들 수 있다. 그럼에도 불구하고, 결함이 발생됐을 때 중요한 정보가 유출되는 것을 피하고자 취할 수 있는 조치들이 있다.

가장 일반적인 결함 주입 공격 대책 중 하나는 내결함성 컴퓨팅^{fault-tolerant computing}[2]에 대한 일반적인 솔루션인 중요 작업의 복제를 기반으로 한다. 암호 연산을 반복하고 두 출력을 비교한다. 다르게 발견될 경우 시스템은 결함이 주입됐다고 가정하고 적절한 조치를 취한다. 복제는 공간적/일시적으로 수행할 수 있다. 특히 하드웨어 암호화 가속기에 적용 가능한 공간 복제는 특정 암호화 작업을 다시 계산하기 위한 중복 회로 블록을 갖고 있다. 임시 복제는 동일한 회로 블록을 재사용해 다른 시간에 재입력을 수행한다. 공간 대책은 암호 연산을 위한 실행 시간에 영향을 미치지 않지만 영역 오버헤드가 추가된다. 시간 대책은 영역 요구 조건에 영향을 미치지 않지만 지연 오버헤드가 추가된다. 그러므로 공간 대책은 고속 애플리케이션에 적합하고 시간 대책은 소형기기에 적합하다.

대체 보호 접근 방식은 패리티 점검과 같은 오류 탐지 체계에 기반을 둔다. 이 체계는 결함이 있는 환경에서 작동할 때 장치의 중요한 기능을 비활성화하는 감지 메커니즘을 추가한다. 복제에 비해 일반적으로 오버헤드가 적다. 그러나 여러 개의 결함 주입을 감지하는 데는 그다지 효율적이지 않다. 여러 개의 결함을 감지하거나 수정해야 할 필요성이 있을 때 오버헤드가 크게 상승한다. 이러한 보호 방법은 내결함성 시스템fault-tolerant systems을 구축하는 데 사용되는 유사한 기술에서도 영감을 얻었다. 변조 방지 보호 모듈도 옵션이다.

이것들은 결함 주입 공격의 영향을 줄이는 데 사용될 수 있다. 탬퍼링 방지 보호 모듈은 물리적 수정 시도를 검색하고 보고하는 스캐닝 도구 역할을 할 수 있다. 이러한 모듈은 물리적, 반침투적 공격에만 국한된다.

8.6 타이밍 공격

타이밍 분석Timing Analysis은 서로 다른 설정과 입력 패턴에서 각 작동의 실행 시간을 분석해 공격 대상 장치에 대한 중요 정보를 추출하는 데 사용되는 SCA다[13]. 실리콘 기반 장치에서 수행되는 모든 작업은 완료하는 데 일정 시간이 걸린다. 이 시간은 작동 유형, 입력 데이터, 장치를 만드는 데 사용되는 기술과 장치가 작동 중인 환경의 특성에 따라 달라질 수 있다.

이 절에서는 타이밍 공격이 어떻게 적용되는지, 분석의 정확도를 높이기 위해 사용하는 방법, 어떤 정보를 얻을 수 있는지, 공격을 성공하지 못하게 할 수 있는 대책을 제시한다.

8.6.1 암호 하드웨어에 대한 타이밍 공격

공격자는 종종 암호 시스템에 타이밍 분석을 적용해 비밀키를 추출하는 경우가 많은데, 여기서 타이밍 분석은 공격자가 키의 서브셋이 올바른지 또는 어떤 서브셋이 올바르지 않은지를 판단하는 데 도움이 된다. 공격자가 신호의 지연을 측정하는 방법은 입력에 변화를 적용하고 출력이 업데이트되기 전에 발생하는 지연을 기록하는 것이다. 다른 기법으로는 지연을 분석하기 위한 전력이나 전자파 신호에 초점을 맞추는 것이 있다. 이는 주로 공격 대상 장치가 순차 회로를 갖거나 파이프라인을 사용할 때 적용된다. 서로 다른 작동 온도가 데이터 흐름 속도에 영향을 미칠 수 있다는 환경 조건은 효과적인 타이밍 분석을 수행하는 데 도움이 될 수 있다. 예를 들어 온도가 높을수록 일반적으로 데이터 흐름이 느려지므로 병렬 작동과 고속 동작을 구별할 수 있다.

그림 8.12(A)는 단순한 모듈러 지수 알고리즘의 개요를 보여주며, 그림 8.12(B)는 (1) straightforward, (2) square-and-multiply, (3) square-and-multiply 구현의 몽고메리^{Montgomery} 등 3가지 각각에 대해 모듈러 지수 소프트웨어 구현의 총 10,000번 실행 시간을 보여준다. 그림에서 볼 수 있듯이 실행 시간은 지수에 따라 달라진다. straightforward 구현의 경우 지수 증가에 따라 실행 시간도 선형적으로 증가한다. 다른 경우에 실행 시간은 이진수 지수에서 1의 수, 즉 지수의 해밍 무게와 관련이 있다.

다른 분석 방법을 사용할 때 더 많은 정보를 추출할 수 있기 때문에 타이밍 공격은 보통 다른 사이드 채널 공격과 함께 적용된다. 전력 분석은 타이밍 공격과 함께 잘 사용하는 하나의 예로, 전력 분석은 수행된 작업이 상관관계가 있는 패턴뿐만 아니라 작업이 완료되기까지 걸린 시간을 보여준다. 동작 순서는 타이밍 분석을 전력 신호에 적용할 때도 나타난다. 이 순서는 장치가 실행 중인 프로세스의 유형을 식별하는 데 도움이 될 수 있으며, 심지어 공격자가 장치를 리버스 엔지니어링할 수도 있다.

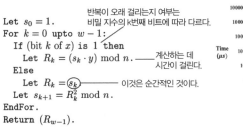

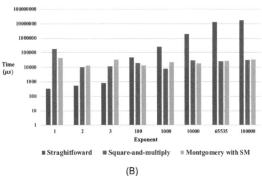

```
Let s_0 = 1.
For k = 0 upto w - 1:
    If (bit k of x) is 1 then
        Let R_k = (s_k · y) mod n.
    Else
        Let R_k = (s_k)
    Let s_{k+1} = R_k^2 mod n.
EndFor.
Return (R_{w-1}).
```

반복이 오래 걸리는지 여부는 비밀 지수의 k번째 비트에 따라 다르다.

계산하는 데 시간이 걸린다.

이것은 순간적인 것이다.

(A)

(B)

▲ 그림 8.12 (A) 모듈러 지수 연산에 사용되는 제곱과 곱 알고리즘, (B) 3가지 모듈러-지수 소프트웨어 구현의 총 10,00번 실행 시간

8.6.2 프로세서의 캐시 타이밍 공격

캐시 타이밍cache-timing 공격이라고 하는 또 다른 강력한 타이밍 분석 공격은 프로세서의 캐시 메모리에 적용된다. 캐시 타이밍 공격의 주요 목적은 캐시 액세스 시간을 측정한 다음 처리 중인 정보와 타이밍 값을 연관시키는 것이다. 캐시 액세스 시간은 (1) 프로세서에 의해 요청된 데이터를 캐시에 사용할 수 있는 경우(즉, 캐시 적중), (2) 캐시에 사용할 수 있는 데이터가 없는 경우(즉, 캐시 누락)와 캐시가 메인 메모리에 데이터를 요청하는 경우(즉, 캐시 미스)의 두 경우가 다르다. 메인 메모리나 프로세서의 메모리 계층 구조에서 메인 메모리에 가까운 캐시 레벨에서 데이터를 검색하는 것은 프로세서 코어에 가까운 캐시 레벨보다 데이터를 검색하는 데 시간이 더 오래 걸린다. 이러한 타이밍 차이를 SCA에서 악용했다. 시간을 측정하고자 공격자는 캐시 계층(FLUSH 단계)에서 모니터링되는 메모리 라인을 플러시한 다음, 공격 대상 프로그램이 메모리 라인(WAIT 단계)에 액세스하게 기다릴 수 있다. 그런 다음 공격자가 메모리 라인을 다시 로드해 로드하는 시간(RELOAD 단계)을 측정한다. 피해자가 대기 단계에서 메모리 라인에 액세스하는 경우 리로드 작업은 더 짧은 시간이 소요된다. 그렇지 않으면 요청된 라인을 메모리에서 가져

와야 하며, 다시 로드하는 데 시간이 상당히 오래 걸린다. 그림 8.13은 피해자의 접근 여부와 관계없이 공격 단계의 타이밍을 나타낸다. 이 공격을 Flush + Reload 공격[23]이라고 한다.

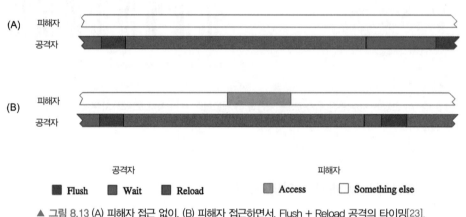

▲ 그림 8.13 (A) 피해자 접근 없이, (B) 피해자 접근하면서, Flush + Reload 공격의 타이밍[23].

8.6.3 타이밍 공격 대책

타이밍 공격에서 장치를 보호하려고 설계자는 (1) 서로 다른 동작의 지연을 랜덤으로 설정하거나 (2) 모든 동작이 동일한 시간으로 실행하게 해 타이밍 채널을 통한 정보 누출을 방지할 수 있다. 동일 시간에 실행하는 구현은 타이밍 공격에 대한 보안을 보장할 수 있지만 실제로는 구현하기 쉽지 없다. 반면 랜덤 지연 방법은 작업 실행에 임의의 지연을 추가함으로써 쉽게 구현할 수 있다. 그러나 공격을 더욱 어렵게 만들기는 하지만 타이밍 공격에 대한 보안 구현을 보장할 수는 없다. 랜덤화는 다양한 실행 경로를 생성하고 서로 다른 경로에 다른 지연을 추가함으로써 수행된다. 경로에 지연을 적용하는 한 가지 방법은 회로 설계 중 경로에 일련의 버퍼를 배치하는 것이다. 여기서 설계자는 원하는 지연을 유지하고자 버퍼 수를 제어할 수 있다.

8.6.4 타이밍 누출 측정법

암호 모듈의 키 의존 타이밍 누출을 평가하고자 테스트 벡터 누출 평가 방법을 사용할 수 있다. 웰치의 t-테스트에 근거해 타이밍 누출 평가를 정의한다. 여기서 두 표본의 분산이 동일하지 않고 표본 크기가 동일하지 않을 경우 두 모집단의 평균이 같다는 가설을 검정하고자 후자의 평가 방법을 사용한다는 점을 반복 언급할 필요가 있다. 예를 들어 RSA 암호 해독의 두 세트는 다음과 같이 정의된다.

세트 1: 고정 키로 동일한 n개의 랜덤 암호문을 해독하는 동안 n 타이밍 측정

$X_1 = \{t_i | t_i = \#\text{cycle}(C_i^{K^*} \bmod N), i = 1, \ldots, n\}$

세트 2: n 무작위 키로 동일한 n개의 랜덤 암호문을 해독하는 동안 n 타이밍 측정

$X_2 = \{t_i | t_i = \#\text{cycle}(C_i^{K_i} \bmod N), i = 1, \ldots, n\}$

X_1과 X_2의 평균과 분산은 $\bar{X}_1$, $\bar{X}_2$, S_1^2, S_2^2가 되게 한다.

t-test 통계량이 다음과 같을 경우 신뢰 구간을 벗어나면 $|t| > T$, 그러면 귀무가설 $H_0 : \bar{X}_1 = \bar{X}_2$가 기각된다.

$$t = \frac{\bar{X}_1 - \bar{X}_2}{\sqrt{\frac{S_1^2}{n} + \frac{S_2^2}{n}}} \tag{8.1}$$

이것은 두 세트가 구별 가능하고 구현 시 타이밍 정보가 유출될 가능성이 높다는 것을 의미한다. 따라서 누출 평가 테스트를 통과하지 못한다. 이를 비특정 고정 랜덤 테스트라고 한다. 문헌에 다른 타이밍 누설 테스트가 있다.

8.7 비밀 채널

사이드 채널과 유사한 비밀^{Covert} 채널은 정보 누출 채널이다. 그러나 이들의 정보 유출 메커니즘에는 상당한 차이가 있다. 비밀 채널은 시스템 내에서 통신하도록 허가되지 않은 소프트웨어 프로세스 간의 통신을 허용하는 채널이다[25]. 이러한 통신 채널은 보안 정책이 인식하지 못할 수 있기 때문에 종종 모니터링되지 않는다. 그림 8.14는 비밀 채널의 형성을 보여준다. 오늘날의 컴퓨터 시스템에서는 다양한 종류의 비밀 채널이 발견됐다. 가장 일반적인 유형의 비밀 채널은 데이터 패킷 헤더를 활용해 데이터를 전송하는 스토리지 비밀 채널이다. 또 다른 유형은 할당된 자원을 변조해 통신이 이뤄지는 타이밍 비밀 채널이다.

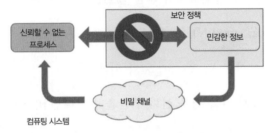

▲ 그림 8.14 시스템 보안 정책을 우회하고 신뢰할 수 없는 프로세스를 통해 무단 통신 채널을 구성하는 비밀 채널 개요

설계 단계에서 매우 드문 트리거 조건을 가진 은밀한 악의적인 회로가 시스템에 주입되는 하드웨어 구현에도 비밀 채널이 존재할 수 있다. 트리거되면 이 회로로 중요한 정보를 시스템의 기본 출력으로 유출할 수 있으며, 공격자만이 이 회로를 트리거하는 방법을 알고 있다.

SCA와 비교했을 때 비밀 채널의 개발은 누출되는 민감한 정보의 종류와 위치에 대해 공격자가 알 필요가 있기 때문에 일반적으로 더 어렵다. 이는 공격자가 비밀 채널을 만들고자 개발 단계에서 설계를 수정하는 능력이나 구현에 대한 상세한 지식을 이용할 수 있다. 반면 SCA는 일반적으로 그러한 지식에 접근할 필요가 없다. 또한 사이드 채널 신호는 자연스럽게 생성되기 때문에 설계 수정이 필요하지 않다. 비밀 채널은 구현하기 어렵지만 전형적으로 사이드 채널 분석보다 훨씬 더 민감한 정보를 유출할 수 있다.

통신 가능한 방법의 수가 매우 많을 수 있기 때문에 비밀 채널의 검출 과정은 매우 어렵다. 그러나 은밀하게 채널의 수를 줄일 수 있는 방법이 있다. 일반적으로 사용되는 방법은 시스템의 모든 악의적 기능을 탐지해 제거하는 유효성 검증 프로세스다. 다른 방법은 저장된 데이터에 대해 액세스를 한 번에 하나의 프로세스로 제한해 다른 프로세스가 채널을 형성해 유출된 데이터를 수신할 수 없게 하는 것이다.

사이드 채널 공격은 반도체 업계에 중대한 위협이 되고 있다. 이러한 사이드 채널 신호의 출처가 자연스럽기 때문에 많은 사이드 채널 분석 공격을 막을 수는 없다. 지난 10년 동안 공격자의 능력이 급격히 증가함에 따라 많은 기술이 진화하고 있다. 표 8.2는 이 장에서 다룬 사이드 채널 공격의 요약이다.

▼ 표 8.2 사이드 채널 공격 요약

사이드 채널 공격	측정된 매개변수	분석 방법	대책
전력 분석	전류 신호와 전력 소비 패턴	단순 전력 분석(SPA) 차분 전력 분석(DPA) 상관 분석(CPA)	소비 전력 마스킹 전력 소비 숨기기
EM 분석	의도적, 비의도적 전자기 방출	단순 EM 분석(SEMA) 차분 EM 분석(DEMA)	EM 방출 차폐 EM 노이즈 생성 모듈
오류 분석	잘못된 출력, 저전력 동작, 레이저/UV 글리칭 응답	분석을 위한 비교 접근법 오류 전후의 응답 삽입	오류 감지 체계 안티탬퍼 보호 모듈
타이밍 분석	작업 지연, 시간 경과할 때마다 입력 패턴 적용	작업 지연을 기능의 본질과 연관시키기 위한 분석	무작위로 조작 지연 고정 운영 지연

측정 장비의 비용이 감소함에 따라 이러한 공격을 수행하려는 노력이 줄어들어 사이드 채널 취약점을 쉽게 이용하고 기존 암호 시스템을 파괴하는 데 도움이 되

고 있다. SCA를 예방하기 위한 많은 대책이 제안됐다. 또한 이러한 대책은 효과와 비용 면에서 시간이 지남에 따라 진화해 왔으며, 다양한 형태의 SCA로부터 보호하고자 새로운 장치에 점점 더 많이 배치되고 있다.

8.8 실험: 사이드 채널 공격

8.8.1 목표

이 실험은 암호 모듈에 대한 다양한 종류의 사이드 채널 공격을 탐구하는 것을 돕고자 고안됐다. 이 실험은 HaHa 플랫폼을 사용해 비침투적인 사이드 채널 공격을 수행할 수 있게 한다.

8.8.2 방법

실험의 첫 부분은 FPGA에 매핑된 AES 설계(간편 버전)에 단순 전력 분석^{SPA}, 차분 전력 분석^{DPA}이 적용되는 전력 사이드 채널 공격을 보여준다.

학생들은 암호화 프로세스가 실행되는 동안 전력 분석을 적용할 것이다. 다음으로 AES의 암호화키를 추출할 수 있는 충분한 전력 트레이스를 캡처한다. 실험의 두 번째 부분은 암호화키를 유출하고자 의도적으로 모듈에 결함을 주입하는 결함 주입 공격에 초점을 맞춘다.

8.8.3 학습 결과

실험의 특정 단계를 수행함으로써 다른 방식의 사이드 채널 공격을 통해 칩 내부에서 비밀 정보가 어떻게 유출될 수 있는지를 이해할 것이다.

사이드 채널 신호 측정과 분석 단계와 결함 주입용 물리적 메커니즘을 이해할 것이다. 사이드 채널 분석을 통해 추출할 수 있는 정보 수준도 탐색한다.

8.8.4 추가 옵션

이 주제에 대한 추가 탐구는 다양한 대응책(예, 전력 균형 또는 마스킹)이 이러한 공격을 막아내는 데 어떻게 도움이 되는지에 대한 조사를 통해 수행해본다.

실험에 대한 자세한 내용은 참고 문헌에서 확인할 수 있다. 다음 사이트에서 확인해보자.

http://hwsecuritybook.org

8.9 연습문제

8.9.1 True/False 문제

1. 사이드 채널 분석을 적용하고자 공격 대상 장치를 물리적으로 사용할 필요는 없다.

2. 공격자는 분석 장비 비용이 많이 들어 사이드 채널 공격을 하지 못하는 경우가 많다.

3. 전력 분석 공격을 수행하고자 장치 기능에 대한 사전 지식이 필요하지 않다.

4. SPA는 항상 DPA보다 장치에 대한 더 많은 정보를 제공한다.

5. 후처리[post processing]는 전원 신호의 노이즈와 원치 않는 부분을 제거하는 것을 목표로 하는 단계다.

6. 전자파 방출은 항상 의도적으로 전자파 분석 공격을 수행한다.

7. 전자파 분석은 적절히 수행하면 전력 분석보다 장치에 대한 더 많은 정보를 제공할 수 있다.

8. 결함 분석이란 일반적으로 수행할 때 기기를 파괴하는 침투 공격이다.

9. 타이밍 분석은 순수하게 순차적인 설계에만 적용된다.

10. 사이드 채널 대책은 장치의 라이프타임 어느 부분이나 적용할 수 있다.

8.9.2 단답형 문제

1. 사이드 채널 분석의 주요 아이디어를 설명하시오.

2. 사이드 채널 공격을 성공적으로 적용했을 때 얻을 수 있는 정보는 무엇인가?

3. 침투적 그리고 비침투적인 공격을 설명하시오.

4. SPA와 DPA에 대해 설명하시오. 그들 사이의 차이점은 무엇인가?

5. 전력 분석 공격을 수행하는 데 필요한 도구와 장비를 설명하시오.

6. 전력 분석 공격에서 칩을 보호하는 방법을 설명하시오.

7. 전자파 방출이란 무엇이며, 전자파 분석 공격을 적용하기 위해 어떻게 사용하는가?

8. 결함 분석 공격의 주요 목적과 수행 방법을 설명하시오.

9. 타이밍 공격에 대한 주요 아이디어와 이를 수행하는 데 필요한 도구를 설명하시오.

10. 사이드 채널 공격 대응책이 어떻게 장치를 보호할 수 있으며, 이러한 대책은 시스템의 성능에 어떤 영향을 미칠 것인가?

8.9.3 서술형 문제

1. 사이드 채널 공격은 모든 실리콘 기반 시스템에 적용되며, 공격 대상 장치에 다양한 시스템 아키텍처가 사용될 수 있다. 공격자가 순차적 기반 운영과 비교해 병렬 기반 운영을 수행하는 시스템에서 어떻게 사이드 채널 분석을 수행할 수 있는가?

2. 공격자가 사이드 채널 공격을 사용해 장치를 리버스 엔지니어링하려고 한다고 가정하자. 공격자가 장치에 대한 내부 정보를 정확하게 얻기 위해 취해야 할 프로세스는 무엇이며, 어떤 사이드 채널 분석 기법을 사용해야 하는가?

3. 중요 정보를 캡처하고자 전자파 분석을 적용하는 것은 까다로울 수 있으며, 많은 요인이 신호 품질에 영향을 미칠 수 있다. 노이즈가 많은 환경에서 공격자가 공격을 성공적으로 수행하기 위해 취해야 할 조치는 무엇이며, 이 경우 전력 분석보다 전자파 분석을 적용해야 하는 장단점은 무엇인가?

4. 공격자는 레이저 주입 프로세스와 같은 첨단 기법을 사용해 기기가 특정 내부 값을 강제로 변경하게 할 수 있다. 크고 복잡한 설계에 이러한 기법을 적용할 때 공격자는 결함 공격을 적용하기 전에 어떤 조치를 취해야 하는가? 설계상 공격자는 어디에서 결함을 주입하기 시작해야 하며, 이러한 유형의 공격을 사용해 공격자가 누출시킬 수 있는 정보는 무엇인가?

5. 장치의 출력 지연을 분석해 설계에 대한 지식을 얻을 수 있다. 한 가지 대책은 작업을 수행할 때마다 지연을 랜덤화하는 것이다. 임의의 지연이 어떻게 구현될 수 있는가? 설계자가 이 조치를 적용할 때 직면할 수 있는 과제는 무엇인가?

참고 문헌

[1]   A. Barenghi, L. Breveglieri, I. Koren, D. Naccache, Fault Injection Attacks on Cryptographic Devices: Theory, Practice, and Countermeasures, Proceedings of the IEEE 100 (11) (2012) 3056-3076.

[2]   C. Giraud, DFA on AES, in: International Conference on Advanced Encryption Standard, Springer Berlin Heidelberg, 2004.

[3]   S. Skorobogatov, R. Anderson, Optical Fault Induction Attacks, in: International Workshop on Cryptographic Hardware and Embedded Systems, Springer Berlin Heidelberg, 2002.

[4]   A. Barenghi, G. Bertonit, L. Breveglieri, M. Pellicioli, G. Pelosi, Fault Attack on AES with Single-Bit Induced Faults, in: Information Assurance and Security (IAS), 2010 Sixth International Conference on, IEEE, 2010.

[5]   M. Agoyan, J. Dutertre, D. Naccache, B. Robisson, A. Tria, When Clocks Fail: On Critical Paths and Clock Faults, in: International Conference on Smart Card Research and Advanced Applications, Springer Berlin Heidelberg, 2010.

[6]   F. Standaert, Introduction to Side-Channel Attacks, in: Secure Integrated Circuits and Systems, Springer, Boston, MA, 2010, pp. 27-42.

[7]   Y. Zhou, D. Feng, Side-Channel Attacks: Ten Years After Its Publication and the Impacts on Cryptographic Module Security Testing, IACR Cryptology ePrint Archive 2005 (2005) 388.

[8]   P. Kocher, J. Jaffe, B. Jun, Differential Power Analysis, in: Annual International Cryptology Conference, Springer Berlin Heidelberg, 1999.

[9]   E. Prouff, DPA Attacks and S-Boxes, in: International Workshop on Fast Software Encryption, Springer Berlin Heidelberg, 2005.

[10]   S. Guilley, L. Sauvage, J. Danger, D. Selmane, R. Pacalet, Silicon-level Solutions to Counteract Passive and Active Attacks, in: Fault Diagnosis and Tolerance in Cryptography, 2008. FDTC'08. 5th Workshop on, IEEE, 2008.

[11]   S. Guilley, P. Hoogvorst, R. Pacalet, J. Schmidt, Improving Side-Channel Attacks by

Exploiting Substitution Boxes Properties, in: International Conference on Boolean Functions: Cryptography and Applications (BFCA), 2007.

[12] W. Hnath, Differential Power Analysis Side-Channel Attacks in Cryptography, Diss., Worcester Polytechnic Institute, 2010.

[13] P. Kocher, Timing Attacks on Implementations of Diffie-Hellman, RSA, DSS, and Other Systems, in: Advances in Cryptology CRYPTO96, Springer, 1996, pp. 104-113.

[14] J. Quisquater, D. Samyde, ElectroMagnetic Analysis (EMA): Measures and Counter-measures for Smart Cards, in: SmartCard Programming and Security, 2001, pp. 200-210.

[15] C. Clavier, D. Marion, A. Wurcker, Simple Power Analysis on AES Key Expansion Revisited, in: International Workshop on Cryptographic Hardware and Embedded Systems, Springer, 2014, pp. 279-297.

[16] E. Brier, C. Clavier, F. Olivier, Correlation Power Analysis with a Leakage Model, in: International Workshop on Cryptographic Hardware and Embedded Systems, Springer, 2004, pp. 16-29.

[17] D. Strobel, F. Bache, D. Oswald, F. Schellenberg, C. Paar, SCANDALee: A Side-ChANnel-based DisAssembLer using Local Electromagnetic Emanations, in: Proc. Design, Automation, and Test in Europe Conf. and Exhibition (DATE), Mar.2015, pp. 139-144.

[18] J. Courrege, B. Feix, M. Roussellet, Simple Power Analysis on Exponentiation Revisited, in: CARDIS, 2010.

[19] K. Tiri, M. Akmal, I. Verbauwhede, A Dynamic and Differential CMOS Logic with Signal Independent Power Consumption to Withstand Differential Power Analysis on Smart Cards, in: Solid-State Circuits Conference, 2002. ESSCIRC 2002. Proceedings of the 28th European, 2002, pp. 403-406.

[20] K. Tiri, I. Verbauwhede, A VLSI Design Flow for Secure Side-Channel Attack Resistant ICs, in: Proceedings of the Confer ence on Design, Automation and Test in Europe - Volume 3, DATE '05, IEEE Computer Society, Washington, DC, USA, 2005, pp. 58-63.

[21] Y. Ishai, A. Sahai, D. Wagner, Private Circuits: Securing Hardware against Probing Attacks, in: Advances in Cryptology – CRYPTO 2003, 23rd Annual International Cryptology Conference, Santa Barbara, California, USA, August 17–21, 2003, Proceedings, in: Lecture Notes in Computer Science, vol. 2729, Springer, 2003, pp. 463–481.

[22] M. Faruque, S. Chhetri, A. Canedo, J. Wan, Acoustic Side–Channel Attacks on Additive Manufacturing Systems, in: Cyber Physical Systems (ICCPS), 2016 ACM/IEEE 7th International Conference, Vienna, Austria, 2016, 2016.

[23] Y. Yarom, K. Falkner, FLUSH+RELOAD: A High Resolution, Low Noise, L3 Cache Side, in: Proceedings of the 23rd USENIX Conference on Security Symposium (SEC'14), USENIX Association, Berkeley, CA, USA, 2014, pp. 719–732.

[24] S. Mangard, E. Oswald, T. Popp, Power Analysis Attacks: Revealing the Secrets of Smart Cards, 1st ed., Springer Publishing Company, Incorporated, 2010.

[25] B. Lampson, A Note on the Confinement Problem, Communications of the ACM (1973) 613–615.

[26] M. Rivain, E. Prouff, Provably Secure Higher–Order Masking of AES, in: Cryptographic Hardware and Embedded Systems, CHES 2010, Springer Berlin Heidelberg, 2010, pp. 413–427.

9

테스트 지향 공격

9.1 소개

테스트 가능성[testability]과 보안은 본질적으로 서로 모순된다[1]. 칩의 테스트 가능성은 테스트 엔지니어에게 부여되는 제어 가능성[controllability]과 관찰 가능성[observability]의 허용 수준으로 정의될 수 있다. 제어 가능성과 관찰 가능성이 높을수록 테스트 대상 회로[CUT, Circuit Under Test]를 시험하기가 더 쉬워진다. 뿐만 아니라 결함에 대한 커버리지가 높아져 테스트 결과의 신뢰성이 더욱 높아진다.

반면 보안은 회로에 있는 모든 것을 자체 내에 안전하게 저장되도록 보장한다. 보안을 제공하는 가장 일반적인 방법은 인가된 사용자와 공격자를 구별할 수 있는 형태로 정보를 숨기는 것이다. 모든 분야에서의 현대식 보안은 가정용 보안 코드, 실험실용 망막 스캐너, 또는 정보의 암호화키와 같은 것으로 중요한 자산을 보호하고자 사용한다. 간단히 말해 보안은 정보를 불명확하고 이해하기 어렵게 만드는 것이다.

테스트 가능성과 보안을 하나의 칩에서 사용하려고 할 때 보안은 테스트 가능성과 명백히 모순된다. 설계자는 테스트 가능성을 설계함으로써 스캐닝 테스트를 통해 칩에 대한 중요한 정보를 본질적으로는 공개하고 있다. 칩 설계의 목적이 보안이라면 테스트와 관련된 유출 때문에 테스트 가능성이 제공하는 제어 가능성과 관찰 가능성의 수준을 정당화하는 것은 매우 어렵다. 그러나 테스트를 통해 빠르고 신뢰성 있는 방식으로 칩이 제대로 동작하는지 확인하는 것도 필요하다. 유출에서 안전한 유일한 시스템은 제어 가능한 입력과 관찰 가능한 산출물이 없는 시스템이지만, 테스트 가능성과 사용 적합성 측면에서 모두에게 불합리하다.

칩 보안은 주로 악의적인 사용자와 해커로부터 IP를 보호하고자 관심이 커지고 있다. 세상에는 많은 해커가 다양한 동기를 갖고 있는데, 선한 의도(동료 개발자에게 해커의 위험을 인식시키려고 시도하는)를 가진 사람부터 악의적인 사람(정보를 훔치는), 단순히 호기심 많은 사람[2]에 이르기까지 다양하다. 해커들의 기술은 그러한 동기만큼이나 다양하다.

테스트 가능성과 보안은 상호 배타적인 관계가 있는 것으로 보인다. 두 규격의 요구 사항을 만족스럽게 충족시키기는 매우 어렵다. 완전히 제어할 수 있고 관찰 가능한 CUT와 블랙박스 사이에 절충된 부분에 있어야 한다. 설계 중에 해커를 고려한다면 테스트 가능성과 보안 사이의 명확한 관계는 좀 더 쉽게 결론이 날 수 있다. 설계자가 액세스할 수 없게 하려는 기능을 구체적으로 선택할 수 있다면 테스트 가능성과 보안 사이에서 설계를 절충하는 것이 더 쉬울 수 있다.

9.2 스캔 기반 공격

칩 설계 복잡성이 계속 증가함에 따라 테스트 중인 회로의 제어 가능성과 관찰 가능성이 크게 감소했다. 이 문제는 기본 입력과 기본 출력만 사용해 빠르고 신뢰할 수 있는 테스트를 수행할 수 있는 테스트 엔지니어의 능력에 큰 영향을 미치며, 출시 시간과 고객에게 전달되는 제품의 신뢰성에 부정적인 영향을 미친다. 테스트를 고려한 설계^{DFT, Design-for-Testability}는 설계하면서 제조 시 테스트를 고려해 이 문제를 해결한다.

스캔 기반 DFT는 플립플롭을 긴 체인으로 수정해 기본적으로 시프트 레지스터를 생성함으로써 제어 가능성과 관찰 가능성을 크게 향상시키는 일반적으로 사용되는 기술 중 하나다. 이를 통해 테스트 엔지니어는 스캔 체인의 각 플립플롭을 제어 가능한 입력과 관찰 가능한 출력으로 처리할 수 있다.

불행히도 테스트를 위해 스캔이 개선되는 동일한 특성으로 인해 심각한 보안 위험이 발생한다. 스캔 체인은 CUT를 임의의 상태(제어 가능성)로 전환할 수 있기 때문에 쉽게 이용할 수 있는 암호화 사이드 채널이 되며, 분석을 위해 칩을 임의의 중간 상태에서 정지시킬 수 있다(관찰 가능성). 스캔 기반 테스트의 광범위한 사용으로 인해 해당 사이드 채널은 업계의 주요 관심사가 됐다[5].

이러한 우려는 이미 증가하고 있는 하드웨어 보안 문제를 가중시키고 있다. 차분 전력 분석^{DPA, Differential Power Analysis}[6], 타이밍 분석[7], 결함 주입[8, 9] 공격과 같은 다른 사이드 채널 공격도 잠재적으로 심각한 보안 결함의 원인이 될 가능성이 있는 것으로 나타났다. 탬퍼 방지^{Tamper-resistant} 설계[10, 11]는 이러한 누출을 개선하도록 제안한다. 그러나 있을 수 있는 칩의 결함을 확인하는 데 스캔 체인이 필요하다. 제조 테스트 후 스캔 체인을 비활성화하는 것(예를 들어 퓨즈 끊기)이 스마트카드[12]와 같은 응용 분야에서 일반적인 관행이 된 반면, 현장에서 테스트가 필요한 애플리케이션 입장에서 테스트 포트에 접근을 고의로 막는 것은 불가능하다.

스캔 기반 공격은 공격을 수행할 때 최소한의 침입 기술을 필요로 하기 때문에[12] 광범위한 지식과 자원을 가진 공격자가 실행할 수 있다[1]. 스캔 기반 공격을 방지하는 보안 대책에는 애플리케이션에서 원하는 수준의 보안 레벨을 확장할 수 있는 기능이 필요하다. 또한 그러한 조치는 테스트 엔지니어가 제작 후 칩을 효율적으로 테스트할 수 있는 능력에 최소한으로 영향을 줘야 한다.

스캔을 사용하는 전체 목적이 테스트를 위한 것이기 때문에 후자의 내용을 신중하도록 고려해야 한다. 보안과 테스트의 목표가 상충되는 것처럼 보이지만 제대로 시험하지 않으면 칩의 보안은 쉽게 뚫리고 만다.

9.2.1 스캔 기반 공격 분류

안전한 스캔 설계 개발은 공격자의 유형[1]과 어떻게 잠재적으로 공격을 할 수 있는지 모두를 목표로 하는 것에 달려있다. 스캔 기반 공격을 관찰 가능성과 스캔 기반 제어 가능성/관찰 가능성 공격이라는 두 가지 유형으로 분류한다. 각각은 해커가 테스트 제어^{TC} 핀에 접근할 필요가 있게 한다. 공격 유형은 해커가 어떻게 자극을 적용하기로 결정하느냐에 따라 달라진다. 제안된 저비용 보안 스캔 설계는 허가 받지 않은 사용자가 접근을 시도할 때 무작위 응답을 생성해 테스트 응답 데이터를 상호 연관시키는 해커의 능력을 무력화하며, 이 절에서 설명하는 두 가지 공격을 해커가 이용하지 못하게 한다.

9.2.1.1 스캔 기반 관찰 가능성 공격

스캔 기반 관찰 가능성 공격은 언제라도 시스템의 스냅샷을 만들 때 스캔 체인을 사용하는 해커의 능력에 의존하는데, 이는 스캔 기반 테스트에서 관찰 가능성의 결과물이다. 그림 9.1(A)는 스캔 기반 관찰 가능성 공격을 수행하는 데 필요한 단계를 보여준다.

해커는 스캔 체인에 있는 중요 레지스터의 위치를 관찰함으로써 이 공격을 시작한다. 첫째, 칩의 기본 입력(PI)에 알려진 벡터가 위치하며, 칩은 타깃 레지스터에 데이터가 있을 때까지 기능 모드로 실행될 수 있다. 이때 칩은 TC를 사용해 테스트 모드로 전환되고, 스캔 체인의 응답은 스캔 아웃된다. 칩이 재설정되고 타깃 레지스터에서만 새로운 응답을 발생하는 새로운 벡터가 PI에 배치된다. 칩은 다시 특정 사이클 수 동안 기능 모드로 실행된 후 테스트 모드로 설정된다. 새로운 응답은 스캔 아웃되고 이전의 응답으로 분석된다. 이 프로세스는 스캔 체인에서 타깃 레지스터의 위치를 분석할 수 있는 충분한 응답이 있을 때까지 계속된다.

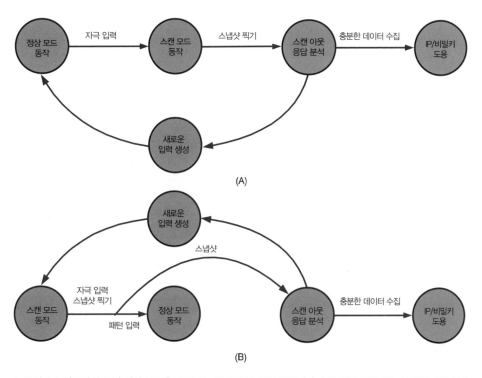

▲ 그림 9.1 성공적인 스캔 기반 공격을 수행하는 데 필요한 단계 요약, (A) 스캔 기반 관찰 가능성 공격, (B) 스캔 기반 제어 가능성/관찰 가능성 공격

일단 타깃 레지스터가 확정되면 유사한 프로세스를 사용해 암호 칩의 경우 비밀키를 알아내거나 특별히 혁신적인 칩에 대한 설계 비밀(또는 IP)을 알아낼 수 있다.

9.2.1.2 스캔 기반 제어 가능성/관찰 가능성 공격

스캔 기반의 제어 가능성/관찰 가능성 공격은 CUT에 자극을 적용하는 데 다른 접근 방식을 취하며, 그림 9.1(B)에서 보여준다. 스캔 기반 제어 가능성/관찰 가능성 공격은 PI가 아닌 직접 스캔 체인에 자극을 가함으로써 시작된다. 효과적인 공격을 하려면 해커가 먼저 스캔 기반의 관찰 가능성 공격에 대해 했던 것처럼 중요한 레지스터의 위치를 결정해야 한다. 일단 위치가 결정되면 해커는 테스트 모드 동안 원하는 데이터로 레지스터를 로드할 수 있다. 다음으로 해커가 스캔된 벡터를 이용해 칩을 기능 모드로 전환할 수 있으며, 잠재적으로 정보 보안 대책을 우회할 수 있다. 마지막으로 칩을 테스트 모드로 다시 전환해 해커에게 시스템의 기본 출력PO, Primary Output이 제공하지 않는 수준의 관찰 가능성을 허용할 수 있다.

알려진 벡터를 사용해 체인을 스캔하는 것과 달리 해커들은 임의의 벡터를 선택해 시스템의 결함을 유도할 수 있다. 결함 주입 사이드 채널 공격[8, 9]을 기반으로, 결함을 유도해 칩이 오작동하게 만들고 잠재적으로 중요한 데이터를 유출시킬 수 있다. 스캔 체인은 결함을 유도할 때 쉽게 접근할 수 있는 진입점이 돼 쉽게 공격을 반복할 수 있게 한다. 이러한 사이드 채널 공격에서 보호하려면 추가 하드웨어 보안 대책을 설계에 포함시켜야 한다.

9.2.2 위협 모델

공급망의 공격자는 스캔 체인(때로는 JTAG[13]을 통해)을 사용해 다음을 시도한다[14].

- SoC에서 중요 정보를 탈취한다(예, 암호 IP)[15, 16].
- 기밀성과 무결성 정책을 위반한다[17].
- 난독화된 IP를 해제해 IP 설계를 불법 복제한다[9, 18].
- 불법적으로 칩을 제어한다[19].

이러한 악의적인 행위를 가능하게 하는 스캔 기반의 비침투적 공격 방법은 다음과 같다[14].

스캔이 용이한 차분 공격: [9, 20]에서 차분 공격이 제안됐다. 챌린지 페어를 적용하고, 암호 알고리즘을 실행하고, 응답을 비교함으로써 키를 얻을 수 있다. 이 공격은 추가적인 제어 가능성과 관찰 가능성 때문에 스캔을 통해 쉽게 수행됐다. 기능 모드에서 테스트 모드로 전환함으로써 공격자는 스캔 체인에서 키 플립플롭을 식별할 수 있다. 그런 다음 키는 입력 쌍, 키 플립플롭, 키 사이에 이미 구성된 상관관계를 통해 복구할 수 있다[21]. 칩이 테스트 모드로 전환될 때 일부 테스트 모드 보호 기법이 데이터 레지스터를 재설정하려고 시도하지만, 최근 [22]에서 테스트 모드 전용 차분 공격이 논의되고 있다. 또한 차분 공격은 고급advanced DFT 구조, 즉 온칩on-chip 압축, X마스킹, X-허용 오차가 있는 경우에도 보고된다[22, 23].

특정 대책을 위해 설계된 공격: DFT 구조에 사용되는 온칩 압축 외에도 스캔 체인 재정렬과 난독화는 다음과 같은 공격을 무력화시킬 수 있는 대책으로 개발됐다.

- **리셋과 플러싱 공격:** 알려진 패턴으로 스캔 셀을 재설정하거나 스캔 체인을 플러싱함으로써 난독화 스캔 체인의 고정 반전 비트[24], 수정 비트[25]를 식별해 일반 텍스트를 해독할 수 있다.
- **비트롤 식별 공격**Bit-role identification attack**:** 키앤락key & lock 방식[1, 26~29]을 이용한 대책에 대해 스캔 아웃 응답은 테스트 인증 상태에 의해 결정된다. 인증키 비트 플립은 벡터를 스캔 아웃시키는 반면, 키가 아닌 비트는 그렇지 않다. 이렇게 되면 키 비트(특히 팹이나 어셈블리의 공격자 경우)를 식별하는 어려움을 크게 줄일 수 있을 것이다.
- **복합 기능 복구 공격:** 스캔 체인은 순차 논리를 조합해 펼쳐 회로의 내부 상태를 직접 공개하므로 설계 정보를 추출하는 것이 쉬워졌다. 따라서 장치의 기능을 리버스 엔지니어링할 수 있다[18].

9.2.3 다양한 공급망 단계에 적용 가능한 테스트 지향적 위협 모델

공급망에서 설계는 SoC 통합자(또는 SoC 디자인 하우스), 파운드리, 조립/테스트 시설, OEM^{Original Equipment Manufacturer}, 전자제품 제조 서비스^{EMS} 공급업체, 유통업체, 최종 고객을 거치게 된다[30]. 따라서 각 단계에서 스캔 기반 공격으로 인한 보안 위험을 분석할 필요가 있다[31].

- **IC 통합자:** 여기서 IC나 SoC 통합자는 IC 디자인 하우스(또는 IP 소유자)에 속하는 구성원을 말하며, 사용자 정의 논리, 3PIP, 주변장치 매크로를 통합해 전체 IC를 만든다. 즉, IC 통합자는 설계, 검증, DFT, IC 설계 하우스 내의 펌웨어 엔지니어가 될 수 있다. 따라서 위협 모델은 통합하는 동안 악의적인 IC 통합자가 기밀성과 무결성 정책을 위반할 수 있다는 것이다. 예를 들어 RTL 코드에 액세스할 수 있는 악의적인 프런트엔드 RTL 설계자는 IP 코어의 기능을 유출할 수 있다.

- **파운드리:** 웨이퍼 절단 전에 모든 개별 다이는 스캔 기반 테스트 패턴을 적용하고 ATE에 대한 테스트 응답을 스캔해 웨이퍼에서 테스트된다. 마찬가지로 악의적인 파운드리는 난독화되지 않은 풀스캔을 활용해 IP 설계를 불법 복제할 수 있다. 게다가 기존의 보안 검색 솔루션 중 일부는 안전하지 않다는 것이 증명됐다. 따라서 보안 검색에 대한 민감한 정보(키, 시드 등)는 악의적인 파운드리의 대상이 될 수 있다.

- **조립/테스트 시설:** [32]에서 설명하는 것과 같이 많은 경우 파운드리에서 웨이퍼에 실시한 구조 테스트는 품질 보증에 충분하다. 그러나 산업용(자동차), 군사용 칩을 제조하는 일부 IC 디자인 하우스의 경우 패키지형 IC는 패키징 후 철저히 테스트해야 하므로 스캔 접근 가능성을 조립/테스트와 OEM/EMS까지 확장할 수 있다. 따라서 조립/테스트 시설에서의 스캔 기반 공격의 위험은 파운드리의 것과 유사하다.

- **OEM/EMS:** OEM이나 EMS에서 인쇄 회로 보드^{PCB}(IC가 탑재된 장치)가 개발

되고 동시에 IC가 시스템과 함께 작동하도록 프로그래밍/구성된다. 현장 오류 분석 능력을 유지하고자 일반적으로 스캔 체인은 JTAG 인터페이스를 통해 접근된다[3]. 이 단계에서 IC에 로드되는 암호 IP(AES, DES, RSA 등)의 키와 시드가 유출될 수 있다. 더욱이 이 단계에서는 IC를 제어하고자 스캔 체인을 불법으로 이용하는 프로그램도 장치에 로드될 수 있다.

- **유통업체:** 유통업체는 필요에 따라 사용자별로 프로그램을 IC에 로드한다. 이 단계의 위험은 OEM/EMS와 유사하다.

- **최종 고객:** 악의적인 최종 고객(또는 해커)은 IC에 저장된 민감한 정보(즉, 장치 구성 비트)에 관심을 갖고 있다. 스캔 체인 접근 가능성은 암호화 IP(예, AES, DES, RSA)를 취약하게 만든다. 또한 스캔 체인은 공격자가 IC를 불법으로 제어하려고 사용할 수 있다.

요약하면 공급망 내의 악의적인 개체(엔티티)가 스캔 체인을 악용할 기회가 많다. 그림 9.2는 공급망에서 악의적인 각 개체가 실시간으로 수행할 수 있는 공격을 보여준다. 따라서 공급망 전체에 걸친 스캔 기반 공격에서 IP를 보호해야 한다.

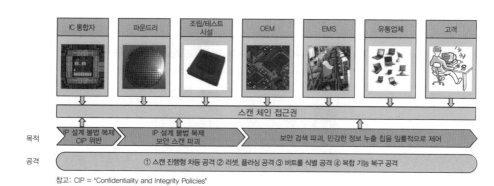

참고: CIP = 'Confidentiality and Integrity Policies'

▲ 그림 9.2 IC 공급망 전반에 걸친 공격자의 목표

9.2.4 동적 난독화 스캔(DOS)

[31]의 저자는 IP/IC를 보호하고자 공급망 전체의 스캔 기반 공격에 대한 설계와 테스트 방법론으로 동적 난독화 스캔$^{DOS, Dynamically Obfuscated Scan}$을 포함하는 것을 제안했다. 테스트 패턴/응답을 교란시키고 난독화 키를 보호하고자 제안된 아키텍처로 기존의 비침투적 스캔 기반 공격에 대해 강력하다는 것이 입증됐으며, 테스트 가능성을 손상시키지 않고 파운드리, 조립, 시스템 개발의 공격자로부터 모든 스캔 데이터를 보호할 수 있다.

SoC에서 제안된 보안 스캔의 개요는 그림 9.3에 나타나 있다. DOS 아키텍처는 보안 영역인 비휘발성 직접 메모리 액세스$^{DMA, Direct Memory Access}$에서 제어 벡터를 읽어 스캔 체인에 대한 보호 기능을 제공한다. DOS 아키텍처는 IP 소유자와 IC 통합자를 보호할 수 있는 능력과 유연성을 갖고 있다. 그림 9.3에 따르면 IP 소유자는 하나의 DOS를 IP에 IP 코어 II로 통합하거나 사용자 정의 논리에 속하는 중앙 DOS를 IP 코어 I로 공유할 수 있다.

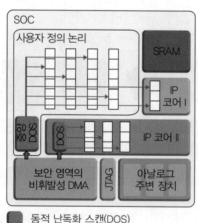

▲ 그림 9.3 DOS 아키텍처로 보호되는 SoC 개요

9.2.4.1 DOS 아키텍처

그림 9.4처럼 DOS 아키텍처는 선형 피드백 시프트 레지스터^{LFSR, Linear Feedback Shift} ^{Register}, XOR 게이트가 있는 섀도 체인과 제어장치로 구성된다.

LFSR: LFSR은 λ비트 난독화 키(λ는 스캔 체인의 길이)를 생성하고자 사용되며, 그림 9.4와 같이 스캔 인/아웃 벡터를 스크램블링하는 데 사용된다. 난독화 키는 섀도 체인의 AND 게이트로 보호된다. LFSR은 제어장치에 의해 구동되며 난독화 키 업 데이트가 필요할 때만 출력을 변경한다. LFSR의 경우 XOR 피드백을 사용할 때 모 두 0인 시드는 불법임을 유의한다. LFSR은 잠금 상태를 유지하고 모두 0인 난독화 키를 계속 제공한다. 따라서 스캔 체인은 난독화할 수 없다. 위의 시나리오를 회피 하려면 LFSR의 일부 XOR 게이트를 XNOR 게이트로 교체하는 것이 좋다.

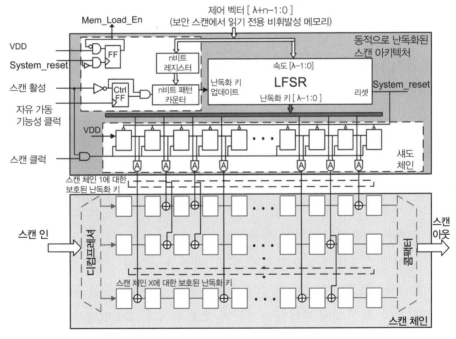

▲ 그림 9.4 DOS의 상세한 아키텍처

섀도 체인과 XOR 게이트: 그림 9.4와 같이 섀도 체인의 입력은 LFSR에 의해 생성된 λ 비트 난독화 키인 반면 출력은 $k(\lambda \times \alpha)$ 비트 보호된 난독화 키다. 여기서 α는 순열률(각 DFT 스캔 체인 내에서 순열된 비트의 백분율)이며, k는 스캔 체인의 수[31]다. 섀도 체인은 i번째 스캔 클럭이 올 때 스캔 체인을 따라 i번째 스캔 셀에서 난독화 키를 전달하고자 설계된다. 따라서 섀도 체인은 (1) 재설정을 통해 난독화 키가 유출되지 않게 보호하고, (2) 스크램블되지 않은 데이터가 스캔되지 않게 방지하며, (3) 공격자가 의도적으로 값에서 스캔하지 못하게 하고 동시에 구조와 체인 테스트에 영향을 미치지 않는다.

섀도 체인은 스캔 활성 신호에 의해 게이트된 스캔 클럭에 의해 구동되는 λ 플립플롭의 캐스케이드로 설계된다는 것을 알 수 있다. 그림 9.4에서 볼 수 있듯이 첫 번째 플립플롭의 데이터 입력은 VDD에 연결된다. 스캔 체인 X의 i번째 스캔 셀 뒤에 삽입된 XOR 게이트는 A 타입 AND 게이트를 통한 섀도 체인의 i번째 플립플롭 출력에 의해 제어된다. 그림 9.4와 같이 DOS의 A 타입 AND 게이트는 섀도 체인 내에서 스캔 셀, LFSR에 의해 생성된 난독화 키 비트와 스캔 체인에 삽입된 XOR 게이트를 연결하는 AND 게이트며, 실제로는 섀도 체인의 스캔 셀에 의해 개별 난독화 키 비트를 제어하는 데 사용된다.

리셋 후 스캔 클럭이 섀도 체인을 따라 플립플롭을 하나씩 논리 '1'로 되면서 섀도 체인의 마지막 플립플롭이 λ번째 스캔 클럭에서 논리 '1'이 될 때만 스크램블된 응답이 스캔 출력에 표시되기 시작한다. 동시에 섀도 체인의 i번째 플립플롭이 i번째 스캔 클럭에서 스캔 체인 X의 i번째 플립플롭을 난독화하기 시작하므로 공격자가 의도한 값에서 스캔하는 것을 막을 수 있다. 따라서 공격자가 스캔 체인을 계속 플러시할 경우 제로의 λ 비트 이후 스캔 출력에 원본 스캔이나 반전 스캔이 순차적으로 표시된다. 또한 전체 체인을 스캔한 후 보호 난독화 키가 설정됐으므로 섀도 체인은 멈춤이나 전환 지연 오류를 적용하는 경우와 같이 DFT 시작이나 캡처 프로세스에 영향을 미치지 않는다. 그런 다음 스크램블된 테스트 응답이 스캔 아웃

된다. 섀도 체인은 모든 리셋 이벤트에서 LFSR과 동시에 리셋돼야 한다. 모든 DFT 스캔 체인은 동시에 스캔되며, 스캔 체인의 길이는 일반적으로 온칩 압축으로 짧아지므로 아키텍처는 단일 섀도 체인만 필요하며 면적이 적다. 게다가 섀도 체인이 스캔 체인에 플러그인돼 있기 때문에 우회할 수 없다.

제어장치: 제어장치는 그림 9.4와 같이 메모리 로딩과 LFSR 활동을 제어하도록 설계됐다. 작은 n비트 레지스터, n비트 패턴 카운터, 제어 플립플롭으로 구성돼 있다. 시스템 초기화 중에 제어 벡터는 LFSR에 대한 λ비트 시드, n비트 값 p(난독화 키 업데이트 빈도 결정), 최대 난독화 키 업데이트 횟수를 포함하는 보안 스캔 읽기 전용 비휘발성 DMA에서 로드된다. DOS의 제어장치는 Mem_Load_En 신호를 생성한다. 이 신호는 시스템이 리셋되면 DMA에서 DOS의 제어 벡터를 로드할 수 있게 한다. 제어 벡터는 IC 설계자에 의해 결정된다. 시스템 펌웨어의 일부로, 제어 벡터는 DMA와 함께 보안 영역에 위치한 읽기 전용 비휘발성 메모리에 저장되며 이는 1) 즉각적인 제어 벡터에 액세스: 제어 벡터는 전원이 켜질 때 자동으로 DOS에 로드되며, 제어 벡터는 DMA의 제어 벡터 주소를 하드 코딩해 보증할 수 있다. 2) 제한된 가독성: DOS에서만 제어 벡터를 읽을 수 있으며, DOS에서 생성된 핸드셰이킹 신호 Mem_Load_En(그림 9.4)을 인증에 액세스하는 DMA 주소의 입력으로 사용함으로써 충족될 수 있다. 또한 그림 9.4와 같이 스캔 중에 Mem_Load_En은 리셋 이벤트 후에만 제어 벡터를 읽을 수 있게 돼 있다. 또한 제어 벡터를 암호화된 방식으로 비휘발성 메모리에 저장할 수 있는 [45]와 같은 메모리 암호화 기법을 권장하지만, 필수는 아니다. 패턴 카운터 값이 p에 이르면 난독화 키가 업데이트된다. 그렇지 않으면 난독화 키가 잠긴다. 테스트 패턴 세트를 한 번에 전달할 수 없는 경우가 있으므로, 이 기능은 업데이트된 난독화 키로 새로운 패턴을 동적으로 추가할 수 있는 IP 소유자 유연성을 제공한다.

9.2.4.2 DOS 아키텍처의 난독화 흐름

앞에서 설명한 세 가지 주요 구성 요소를 바탕으로 제안된 설계의 난독화 흐름은 아래와 같이 정리된다. 1단계에서는 시스템 초기화 중에 제어 벡터가 LFSR과 제어 장치에 로드되며, 제어 벡터는 난독화 키 업데이트 빈도를 결정하고자 LFSR의 시드와 벡터로 구성된다. 2단계에서 난독화 키는 제어장치가 구동하는 LFSR 출력에 생성된다. 3단계에서는 리셋 후 첫 번째 λ 스캔 클럭 동안 보호 난독화 키는 섀도 체인과 난독화 키에 기초해 비트 단위로 생성된다. 4단계에서는 λ번째 스캔 클럭 에서 보호 난독화 키가 시작된다. 그런 다음 보호 난독화 키의 결과로 모든 테스트 패턴과 응답이 스크램블된다.

그림 9.5는 DOS 아키텍처의 타이밍 다이어그램을 보여준다. 난독화 키는 파형(C) 의 LFSR 출력에서 생성되며, 모든 p 패턴(p는 IP 소유자가 구성할 수 있음)이 동적으로 변경되며, 난독화 키 업데이트가 컨트롤 유닛(파형(C)과 (F))에 의해 활성화돼 생성됨을 알 수 있다. 앞에서 설명한 바와 같이 리셋 후 섀도 체인에 의해 생성된 스캔 체인 X에 대한 보호 난독화 키는 스캔 클럭으로 비트 단위로 업데이트되고, λ번째 스캔 클럭(파형(G))에서 시작한다. 첫 번째 λ 스캔 클럭 기간 동안 스캔 아웃은 '0'으로 잠겨 있다. λ번째 스캔 클럭이 오면 스캔 아웃은 난독화 반응(파형(H))을 출력하기 시작한다.

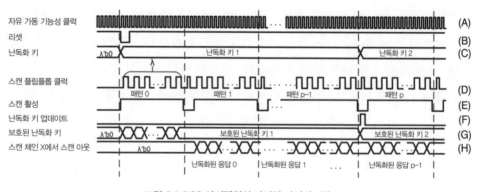

▲ 그림 9.5 DOS 아키텍처의 타이밍 다이어그램

9.2.5 저비용 보안 검사(LCSS)

그림 9.6은 저비용 보안 검사^{LCSS, Low-Cost Secure Scan} 솔루션을 보여준다. LCSS는 더미 플립플롭을 스캔 체인에 삽입해 구현하며, 체인에 있는 더미 플립플롭의 위치에 대해 테스트 패턴에 키를 삽입한다. 이를 통해 스캔한 모든 벡터가 인증된 사용자에서 왔는지 확인하고, 기능 모드 작동 후 올바른 응답을 안전하게 스캔 아웃할 수 있는지 확인한다. 올바른 키가 벡터에 통합되지 않으면 예측 불가능한 응답이 스캔 아웃돼 공격자가 분석하기 매우 어렵게 된다. 예측할 수 없는 응답을 사용함으로써 해커는 CUT가 즉시 리셋돼야 하는 것처럼 식별될 수 있으므로 침입이 탐지됐다는 것을 즉시 알아차리지 못할 것이다[33].

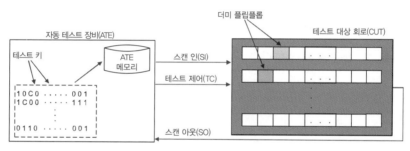

▲ 그림 9.6 CUT에서 더미 플립플롭의 위치와 관련해 패턴에 위치한 테스트 키 비트를 갖고 ATE에 저장된 샘플 테스트 패턴

9.2.5.1 LCSS 아키텍처

스캔 체인의 상태는 모든 테스트 벡터에 통합된 테스트 키에 따라 달라진다. 체인에는 '안전'과 '안전하지 않음' 이렇게 두 가지 상태가 있다. 키를 통합하면 스캔한 모든 벡터가 신뢰할 수 있는 소스(안전)에서 나왔는지 확인할 수 있다. 테스트 벡터에 올바른 키가 통합되지 않은 상태에서 새로운 벡터에 스캔 인하고 응답을 스캔 아웃할 때 레지스터에 저장되고 있는 민감한 데이터의 리버스 엔지니어링을 방지하고자 무작위로 응답이 변경된다(안전하지 않음). 체인에서 스캔된 응답을

변경함으로써 다양한 입력의 응답을 상호 연관시키려는 시도는 데이터의 무작위 변경으로 인해 성공하지 못할 것이기 때문에 스캔 기반 관찰 가능성과 스캔 기반 제어 가능성/관찰 가능성 공격에 모두 대처할 수 있다.

LCSS 아키텍처는 그림 9.7에 있으며, 보안 스캔 체인의 좀 더 자세한 정보는 그림 9.8에 나와 있다. 모든 테스트 벡터에 동일한 키를 사용하고자 더미 플립플롭(dFF)을 삽입해 테스트 키 레지스터로 사용한다. 각각의 dFF는 조합 블록에 대한 연결이 없다는 점을 제외하면 스캔 셀과 유사하게 설계돼 있다. 스캔 체인에 포함된 dFF의 수가 테스트 키의 크기를 결정하므로 설계자가 포함하고자 하는 보안 수준에 따라 dFF의 수는 달라진다. 다중 스캔 설계를 위해 LCSS를 구현할 때 테스트 키는 여러 스캔 체인으로 분리되기 전에 스캔 체인에 삽입된다. 이렇게 하면 키가 각 체인에 일정한 수의 키 레지스터를 가질 필요 없이 다수의 스캔 체인에 무작위로 분산될 수 있음을 보장한다.

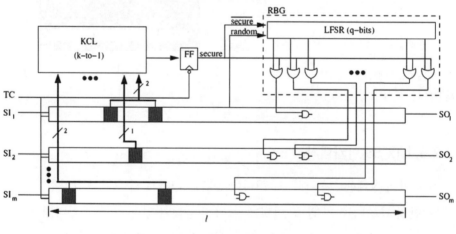

▲ 그림 9.7 LCSS 아키텍처

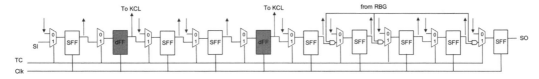

▲ 그림 9.8 통합된 더미 플립플롭과 무작위 응답 네트워크가 있는 LCSS의 예

모든 dFF는 KCL^{Key Checking Logic}에 의해 동시에 확인되며, 이 논리는 한 블록의 조합 논리 블록으로 이뤄져 있다. k가 스캔 설계의 총 dFF 수(테스트 키 길이)인 k-입력 블록은 단일 FF(KCL-FF)의 팬아웃^{fan-out}을 가지며, 테스트 제어^{TC, Test Control}에 네거 티브 에지 센서티브^{negative edge-sensitive}(또는 falling edge-sensitive)하다. TC는 테스트 활성화^{TE, Test Enable}라고도 하며, 테스트 모드를 활성화(TC = 1은 테스트 모드를 활성화 하는 반면, TC = 0 스위치는 플립플롭을 기능 모드로 전환한다)한다. CUT가 테스트 모 드에서 기능 모드(TC 감소)로 전환됨에 따라 FF는 KCL의 출력에 클럭 동작한다. 그런 다음 KCL-FF를 사용해 스캔 체인에 있는 벡터의 현재 안전한 또는 안전하지 않은 상태에 대한 보안 설계를 나머지에게 알린다.

KCL은 기본적으로 동일한 설계로 제작된 모든 칩에서 동일하므로 다양한 보안 옵 션을 사용해 KCL을 구현할 수 있다. 옵션 중 하나는 제작 후 구성 가능한 KCL을 구현하는 것이다. 이 KCL 구현은 칩마다 다른 테스트 키를 허용하며 동일한 설계 의 모든 칩을 손상시킬 수 있는 단일 키를 가질 수 있는 가능성을 막을 수 있다. 그 러나 각 장치는 다른 테스트 키를 갖고 있기 때문에 기본적으로 각 개별 칩에 대해 새로운 테스트 패턴 세트를 생성해야 한다. 이는 테스트 시간을 상당히 증가시키 거나 테스터가 테스트 키를 패턴에 동적으로 삽입해야 하는 새로운 보안 테스트 프로토콜을 필요로 하게 된다.

LCSS 아키텍처의 세 번째 구성 요소는 KCL에 의해 테스트 키가 검증되지 않을 때 스캔 체인에서 무작위 응답을 보장한다. KCL-FF의 출력은 q개의 2 입력 OR 게이 트의 배열로 팬아웃한다. 각 OR 게이트의 두 번째 입력은 q비트 LFSR에서 나온다.

q비트 LFSR은 리셋 시 이미 존재하는 값으로, 그림 9.7과 같이 스캔 체인의 FF로부터의 랜덤 신호나 별도의 난수 생성기[34]의 결과에서 무작위 신호를 포함하는 다양한 옵션 중 하나를 사용해 무작위로 시드됐다. 전자의 옵션은 최소의 오버헤드를 제공하지만 잠재적으로 가장 안전하지 않은 옵션을 제공하는 반면, 후자의 경우 가장 많은 보안이 제공되지만 가장 많은 오버헤드를 제공하기도 한다.

또한 LFSR에 대한 보안 신호를 사용해 추가 랜덤 소스에 의해 LFSR 시드를 지속적으로 변경할 수 있다. LFSR과 OR 게이트 배열은 함께 RBG$^{Random\ Bit\ Generator}$를 구성한다. RBG 출력은 스캔 체인에 삽입된 무작위 응답 네트워크^{RRN}에 대한 입력으로 사용된다. RRN은 랜덤 트랜지션을 균등하게 하고자 AND와 OR 게이트로 만들어질 수 있으며, 임의의 응답이 모두 0이거나 모두 1이 되는 것을 방지할 수 있다. 랜덤성에 대한 최적의 선택은 XOR 게이트를 사용하는 것이지만 XOR가 더 많은 지연을 초래하므로 설계 선택은 AND와 OR 게이트를 사용하는 것이었다. 테스트 키를 확인하는 데 dFF가 사용되므로 그림 9.8과 같이 스캔 체인의 RRN 게이트 앞에 dFF를 배치해야 한다. 이 원리를 적용하지 않으면 스캔 체인의 RRN 게이트를 통과하려는 모든 주요 정보가 변경될 수 있으므로 테스트 키가 검증되지 못하게 하거나 랜덤하게 올바른 키로 변경해야 한다.

CUT의 일반 모드 동작은 LCSS 설계 추가에 영향을 받지 않는다. dFF는 테스트와 보안 목적으로만 사용되며 원래 설계에 연결되지 않기 때문이다.

9.2.5.2 LCSS 테스트 흐름

LCSS 설계는 현재의 스캔 테스트 흐름에서 거의 벗어나지 않는다. 테스트 키를 테스트 벡터 자체에 통합해 스캔 체인의 보안을 확보하므로 LCSS를 사용하는 데 추가 핀이 필요하지 않다.

시스템 리셋 후 TC가 처음으로 활성화되면 보안 스캔 설계가 불안정 상태에서 시작돼 체인의 각 RRN 게이트를 통과할 때 스캔 체인의 데이터가 수정된다. 테스트 프로세스를 시작하려면 KCL-FF의 출력을 1로 설정하고자 보안 스캔 체인을 테스트 키로 초기화해야 한다. 첫 번째 RRN 게이트 이외의 다른 데이터는 대부분 수정될 것이기 때문에 초기화 벡터에 테스트 키만 있으면 된다.

이 시간 동안 KCL은 올바른 키가 있는지 dFF를 지속적으로 점검할 것이다. 초기화 벡터를 스캔 인한 후 KCL-FF가 KCL에서 결과를 캡처할 수 있도록 CUT는 한 클럭에 대해 기능 모드로 전환돼야 한다. KCL이 dFF에 저장된 키를 검증할 경우 KCL-FF는 1로 설정되고 RRN으로 신호를 전달해 다음번 테스트를 위해 명백해지므로 변경 없이 새 벡터를 스캔인할 수 있다.

초기화 프로세스가 완료되면 테스트를 정상적으로 계속할 수 있다. 그러나 올바른 테스트 키가 모든 후속 테스트 벡터에 없으면 모든 테스트 패턴에 k비트 키가 필요하므로 스캔 테스트 중 언제라도 체인을 비보안 모드로 되돌릴 수 있다. 이경우 RRN은 스캔 체인의 응답에 다시 영향을 미치며 예측 가능한 테스트 프로세스를 다시 시작하기 위해 초기화 프로세스를 다시 수행해야 한다.

9.2.6 Lock & Key

Lock & Key 솔루션은 스캔 기반 사이드 채널 공격의 가능성을 무력화하고자 개발됐다[1].

Lock & Key 기법은 실제로 사용되는 스캔 구조에 큰 변경 없이 최신 설계에 유연한 보안 전략을 제공한다. 이 기법을 사용해 칩(SoC)에 있는 시스템의 스캔 체인은 더 작은 서브체인으로 분할된다. 테스트 보안 컨트롤러를 포함하는 경우 권한이 없는 사용자가 접근할 때 서브체인에 대한 액세스는 무작위로 지정된다. 무작위 액세스는 반복 가능성과 예측 가능성을 감소시켜 리버스 엔지니어링을 더욱 어렵게 만든다. 적절한 허가 없이 공격자는 스캔 체인에 제대로 접근하기 전에 몇몇 레이어의 보안을 알아낼 필요가 있을 것이다. 여기서 Lock & Key 기법은 상대적으로 작은 오버헤드를 유지하면서 설계에 의존하지 않는다.

9.2.6.1 Lock & Key 아키텍처

Lock & Key 기법을 사용해 싱글과 멀티스캔 설계를 모두 보호할 수 있다. 두 경우 모두 스캔 체인은 동일한 길이의 작은 서브체인으로 분할된다. 테스트 벡터는 순차적으로 각 서브체인으로 이동하지 않고, 오히려 LFSR은 채워질 서브체인의 의사 난수pseudorandom 선택을 수행한다. 그림 9.9는 단일 스캔 설계용 Lock & Key 기법의 아키텍처를 보여준다. 이 기법은 비보안 모드 동안 LFSR이 스캔 체인을 보호하지만, 사용자가 확인됐을 때 비순차적인 스캔 체인 액세스가 필요하기 때문에 테스트 가능성과 보안 사이의 트레이드오프가 있다.

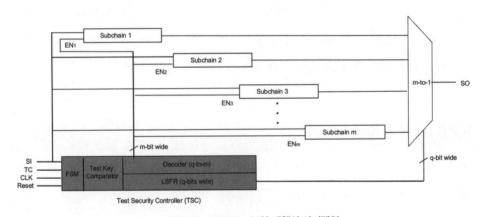

▲ 그림 9.9 Lock & Key 보안 대책의 아키텍처

이 방법은 유효한 테스트 키가 없는 스캔 체인 조작을 방지한다. 이는 FSM^Finite State Machine, 테스트 키 비교기, LFSR, 디코더 등 네 가지 주요 구성 요소로 구성된 테스트 보안 컨트롤러TSC에 의해 보장된다. TSC는 안전 모드와 안전하지 않은 모드라는 두 가지 상태가 있다. 안전 모드는 신뢰할 수 있는 사용자가 검색 체인에 액세스하고 있음을 나타내며, TSC는 예측 가능한 비순차적 순서로 서브체인을 선택한다.

안전하지 않은 모드는 스캔 체인에 접근하려는 사용자가 올바른 테스트 키를 사용할 때까지 신뢰할 수 없는 것으로 간주되는 상태를 의미한다. 테스트 키를 입력하고 올바른 것으로 확인되지 않는 한 TSC는 LFSR을 사용해 SI$^{\text{Scan in}}$와 SO$^{\text{Scan Out}}$하는 서브체인을 예기치 않게 선택해 사용자에게 스캔 체인의 잘못된 정보를 제공한다.

테스트 엔지니어는 테스트 벡터를 처음으로 스캔 체인으로 보내기 전에 두 단계를 수행해야 한다. 시스템 리셋이 발생한 후 처음으로 테스트 제어를 활성화하고 TSC는 권한이 부여되거나 권한이 없는 사용자가 감지될 때까지 서브체인의 모든 기능을 제어한다. 테스트 키는 TSC로 공급되는 첫 번째 패턴이어야 한다. TC가 활성화된 후 첫 번째 k 사이클 동안 SI에 적용된 첫 번째 k비트를 연속적으로 테스트 키 비교기에 전달하고 점검한다. k 사이클 후에 FSM이 결과를 수신한다. 키가 변조 방지 비휘발성 메모리에 저장된 테스트 키와 일치하면 보안 신호가 발생해 CUT가 재설정될 때까지 유지되는 안전 모드에서 TSC가 작동할 수 있게 된다. 보안 신호가 로우로 유지되면 안전하지 않은 모드에서 작동이 시작된다. 테스트 키가 통과해 TSC가 안전 모드로 전환되면 테스트 엔지니어는 LFSR에서 서브체인의 선택 순서를 예측하고자 알려진 시드로 LFSR을 시드할 수 있다. 그렇지 않으면 LFSR은 시스템 재설정 직후 LFSR에서 생성된 예측할 수 없는 랜덤 시드와 함께 작동한다.

LFSR 시드를 사용해 스캔 체인을 구성할 수 있다. 디코더를 사용해 LFSR과 서브체인 사이를 인터페이스하는 TSC는 한 번에 하나의 서브체인을 SI에서 읽을 수 있는 원핫$^{\text{one-hot}}$ 출력 방법을 사용한다. 또한 LFSR의 출력은 멀티플렉서 셀렉터 비트의 서브체인으로부터의 데이터가 SO로 전달되도록 직접 연결된다. 각 서브체인의 길이가 l비트라고 가정하고, l 클럭 사이클 후에 LFSR이 새 값으로 전환되고, 디코더는 현재 활성 서브체인을 비활성화하고, SI에서 읽을 새 서브체인을 선택한다. $n_{\text{diff}} = l \times m$ 사이클 후 스캔 체인의 전체 길이는 첫 번째 테스트 벡터로 초기화한다. 여기서 m은 서브체인 수, l은 서브체인 길이, n_{diff}는 스캔 체인의 길이다. TC는 패턴이 다시 전파돼 응답을 스캔 체인으로 다시 캡처할 수 있게 한 사이클 동안 CUT를 정상 모드로 전환하도록 다시 0으로 설정할 수 있다. CUT가 테스트 모드로 돌아왔을 때 응답을 스캔하는 동안 새로운 테스트 벡터가 서브체인으로 스캔된다.

테스트 키 확인은 일회성 시작 점검이므로 테스트 키가 실패하면 CUT가 재설정될 때까지 TSC가 안정되지 않은 모드로 유지되게 한다. 이는 기본적으로 테스트 프로세스 동안 스캔 체인이 올바르게 사용되지 않게 한다. 이 잠금 메커니즘은 해커에게도 상당히 투명하다. 보안 체계에 대한 사전 지식이 없다면 칩은 해커에게 잘못된 데이터를 제공하면서도 제대로 작동하는 것처럼 보일 것이기 때문이다.

9.2.6.2 Lock & Key 설계

Lock & Key 기법은 4가지 요소로 구성된 TSC의 설계에 따라 달라진다. FSM은 TSC의 현재 모드를 제어하고, 테스트 키 비교기는 TC가 처음으로 활성화될 때만 사용돼 안전하거나 안전하지 않은 결과를 반환한다. LFSR은 스캔 동작 중 단일 서브체인을 선택하고 출력 멀티플렉서를 제어하며, 디코더는 LFSR의 출력을 원핫 활성화 방식으로 변환한다. 그림 9.10은 TSC의 각 구성 요소 사이에 전달되는 신호를 보여준다. 각 구성 요소 간의 통신은 라우팅과 TSC의 전체 크기를 줄이기 위해 최소로 유지된다.

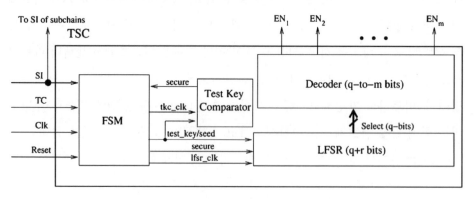

▲ 그림 9.10 TSC 설계 방식

FSM 블록은 단순한 상태 논리와 두 개의 카운터로 구성된다. 상태 논리는 테스트 키 비교기와 LFSR을 제어한다. 또한 FSM은 테스트 키 비교기의 응답에 따라 SI의 벡터로 LFSR을 시드할지, 시스템 리셋에 의해 LFSR에서 생성된 랜덤 시드를 사용할지를 결정한다. 랜덤 시드는 TRNG$^{\text{True Random Number Generator}}$를 사용하는 등 다양한 방법으로 생성될 수 있다. FSM 블록에 사용된 첫 번째 카운터는 $\log_2(q)$ 카운터로서 LFSR의 시드에만 사용되며, 여기서 q는 LFSR의 길이다. 두 번째 카운터는 l 사이클 후 LFSR을 클럭킹하는 데 사용되는 $\log_2(l)$ 카운터로, 새로운 서브체인을 활성화하고자 LFSR의 내용을 이동시킨다.

테스트 키 비교기는 시스템을 처음 리셋하고 테스트 모드로 전환한 후에만 한 번 사용된다. 비교기를 작게 유지하고자, 그리고 SI의 테스트 키를 순차적으로 판독하기 때문에 각 비트는 보안 메모리 내의 칩에 저장된 키에 대해 연속적으로 점검한다. 각 비트를 비교할 때 FF는 실행 결과를 저장하며, 이는 결국 FSM에 의해 판독된다. k 사이클 후 최종 결과는 FSM에 의해 판독되며, TSC가 안전 모드에서 실행될 것인지 아니면 안전하지 않은 모드로 계속 진행될 것인지를 결정한다.

Lock & Key 기법을 설계할 때 목표는 단순성과 설계 독립성을 유지하면서 스캔 체인의 보안을 보장하는 것이다. 디코더가 너무 복잡해지는 것을 방지하고자 원시 다항식 구성을 가진 LFSR은 $m = 2^q - 1$ 서브체인을 선택할 수 있으며, 여기서 q는 보안 모드에서 LFSR의 크기다. 원시 다항식을 사용하면 테스트 라운드에서 모든 서브체인을 단 한 번만 선택할 수 있다. 비원시 다항식 구성을 사용하는 경우 추가 논리를 포함하지 않는 한 일부 서브체인은 두 번 이상 선택되거나 전혀 선택되지 않을 수 있다. 디코더는 LFSR의 q비트를 사용해 m개의 출력 중 하나를 0으로 남겨둔다. q의 모든 값에 대해 적어도 하나의 원시 다항식이 있기 때문에 LFSR은 LFSR의 길이를 반복하기 전에 각 서브체인을 한 번 선택하는 것이 보장된다[35].

스캔 삽입 이전에 설계에서 FF 수는 반드시 m으로 항상 나눌 필요는 없다. 이 문제를 해결할 수 있는 방법은 두 가지다. 첫 번째는 지연 테스트[35]를 처리할 때 흔히 사용되는 더미 FF(테스트 포인트 형태: 제어 테스트 포인트와 관찰 테스트 포인트)를 포함시킨다. FF의 총수 n과 더미 FF의 총수 n_{dFF}는 다음과 같이 나타낼 수 있다.

$$n_{dFF} = \begin{cases} 0 & (n \bmod m) = 0 \text{일 때} \\ m - (n \bmod m) & \text{나머지 경우} \end{cases} \qquad (9.1)$$

두 번째 옵션은 짧은 서브체인과 관련된 테스트 패턴의 일부를 채우는 것이다. 이렇게 하면 패턴 시작 시 임의의 더미 값을 즉시 시프트하며, CUT의 기능 동작에는 영향을 미치지 않는다. 이 옵션은 추가 논리를 사용하지 않기 때문에 설계 노력을 덜 필요로 하지만 테스트 패턴에 오버헤드가 추가된다. 그러나 테스트 압축 기술로 인해 더미 값 압축을 최대화하는 값으로 설정할 수 있기 때문에 오버헤드는 최소한으로 될 것이다.

원시 다항식의 선택은 디코더의 설계를 상당히 단순화시킨다. 디코더는 LFSR의 출력을 직접 0으로 변환하고 각 서브체인을 직접 제어하는 것을 선택할 수 있다. 이 방법은 테스트 라운드에서 모든 서브체인을 한 번 선택할 때 추가적인 논리가 필요하지 않기 때문에 설계 시간을 단축할 뿐만 아니라 전체적으로 TSC의 면적 오버헤드를 감소시킨다.

원시 다항식Primitive Polynomial으로 구성된 LFSR을 사용할 때의 문제는 동작을 예측할 수 있다는 것이다. 안전하지 않은 모드 동작을 위해 LFSR이 변경되지 않은 상태로 유지되는 경우 순서는 항상 동일하므로 순서를 결정하는 데 오래 걸리지 않으며 시작점과 끝점만 다를 것이다. 이러한 예측 가능성을 방지하려면 안전하지 않은 모드로 설정할 때 LFSR 구성을 변경해야 한다. 안전하지 않은 모드 작동용 추가 r비트를 포함하도록 LFSR을 수정함으로써 원시 다항식 LFSR은 비원시 다항식 LFSR이 된다. 그림 9.11에서 볼 수 있듯이 추가 비트는 멀티플렉서 뒤에 숨겨져 있으며 안전하지 않은 모드 동작에 대해서만 활성화된다. LFSR과 디코더 간의 인터페이스는 영향을 받지 않는다. 원래의 LFSR은 안전하지 않은 모드 LFSR의 작은 부분만 구성하므로 한 번의 테스트 주기 동안 동일한 서브체인을 반복적으로 선택할 수 있게 돼 출력이 더 복잡해진다. 모든 서브체인에는 접근할 필요가 없지만 완전한 기능을 갖춘 스캔 체인의 외관이 여전히 존재하기 때문에 안전 모드에서와 같이 짧은 주기성은 문제가 되지 않는다.

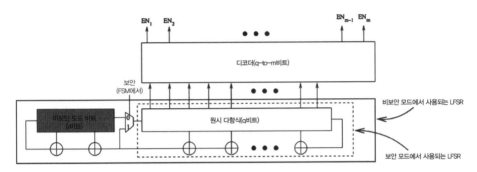

▲ 그림 9.11 TSC의 보안 모드에 따라 결정되는 수정 가능한 LFSR

9.2.7 스캔 인터페이스 암호화

스캔 기반 사이드 채널 공격에 대한 대책은 스캔 체인 콘텐츠의 암호화로 수행할 수 있다[36]. 이러한 공격은 각 스캔 포트에 배치된 효율적이고 안전한 블록 암호를 사용해 각 스캔 입출력 시 스캔 패턴/응답의 암호를 해독/암호화한다.

그림 9.12와 같이 두 개의 블록 암호가 회로에 삽입된다. 입력 스캔 암호는 ATE가 제공하는 테스트 패턴을 해독하는 반면, 출력 스캔 암호는 ATE로 다시 보내기 전에 테스트 응답을 암호화한다. 이러한 시나리오에 기반을 둔 테스트 흐름은 다음과 같다[36].

- CUT에 대한 테스트 패턴 생성과 예상 테스트 응답 계산
- 사전 선택된(예, AES) 암호화 알고리즘과 비밀키에 기초한 테스트 패턴의 오프칩 암호화

- 입력 블록 암호를 사용해 테스트 패턴을 직접 해독한 다음 CUT 패턴을 스캔
- 응답 추출 전 출력 블록 암호를 사용해 테스트 응답을 즉시 암호화
- 원래 응답을 얻고 예상 응답과 비교하고자 테스트 응답의 오프칩 암호 해독

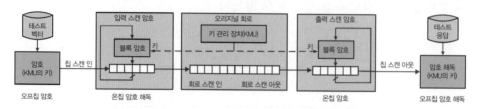

▲ 그림 9.12 스캔 인터페이스 암호화 구조

9.2.8 난독화 스캔

보안과 테스트 가능성 문제를 해결하고자 테스트 키 랜덤화^{SSTKR}를 사용한 보안 스캔 아키텍처가 개발됐다[37]. 구체적으로 SSTKR은 공격자가 스캔 인프라를 이용하는 동안 중요 정보를 불법으로 획득하는 것을 방지하는 키 기반 기술이다. 인증 키는 선형 피드백 시프트 레지스터를 통해 생성돼 테스트 벡터에 삽입된다.

또한 테스트 키는 두 가지 다른 방법, 즉 더미 플립플롭이 있는 것과 더미 플립플롭이 없는 것으로 시험 벡터에 내장된다. 첫 번째 경우 키를 보유하는 더미 플립플롭이 스캔 체인에 삽입돼 스캔 출력을 랜덤화한다. 모든 더미 플립플롭은 조합 논리에 연결되지 않아야 한다는 점에 유의해야 한다. 두 번째 경우 인증키를 ATPG에서 생성해 영역 오버헤드와 테스트 시간을 줄이고자 신경 쓰지 않는$^{don't-care}$ 비트의 위치에 삽입한다. 위의 두 가지 경우에 대한 SSTKR의 구조는 각각 그림 9.13과 그림 9.14에 설명돼 있다.

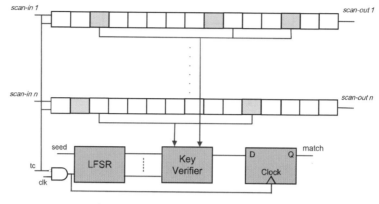

▲ 그림 9.13 SSTKR 아키텍처

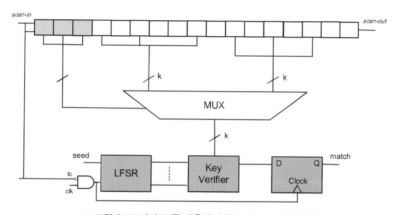

▲ 그림 9.14 더미 FF를 사용하지 않는 SSTKR 아키텍처

9.2.9 스캔 체인 순서변경

스캔 기반 공격에서 암호 시스템을 보호하고자 보안 스캔 트리 아키텍처가 개발
됐다[38]. 해당 아키텍처는 콤팩터compactor, 잠금과 테스트 액세스 포트TAP 아키텍처
에 이은 기존의 스캔 트리 아키텍처에 비교해 면적 오버헤드가 적다. 이 아키텍처
는 그림 9.15와 같이 일반적인 스캔 트리 아키텍처와는 대조적으로 플립된 스캔
트리(F-스캔 트리)를 기반으로 한다.

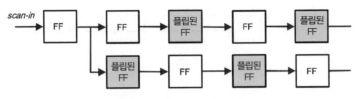

▲ 그림 9.15 플립된 스캔 트리

정확히 말하면 플립플롭은 플립플롭의 스캔 인 핀에 인버터 게이트가 추가된 특수 플립플롭(즉 플립된 FF)을 채택한다. 플립된 스캔 트리 아키텍처는 일반적인 SDFF와 플립된 FF로 구축된다. 공격자는 인버터의 위치를 식별할 수 없기 때문에 입력을 제어할 수도 없고 플립플롭의 출력을 관찰할 수도 없다.

9.3 JTAG 기반 공격

초기에 JTAG 또는 바운더리 스캔이라고 알려진 IEEE 표준 1149.1은 인쇄 회로판PCB, Printed Circuit Board 또는 다른 기판에서 수행할 수 있는 표준화된 상호 연결 테스트의 필요성을 해결하고자 1990년[39]에 도입됐다. 최근 몇 년 동안 1149.1 표준의 접근 가능성이 칩 주변장치에서 온칩 디버깅까지 확장됐다[40, 41]. JTAG 프로토콜을 기반으로 한 테스트 신호에는 테스트 클럭 입력TCK, 테스트 모드 선택 입력TMS, 테스트 데이터 입력TDI, 테스트 데이터 출력TDO, 테스트 재설정 입력TRST이 있다.

그림 9.16에서 보여주는 JTAG 아키텍처는 다음과 같은 부분들로 구성된다. (a) TCK, TMS, TRST 신호에 의해 구동되는 16 상태 FSM인 TAP 컨트롤러는 인스트럭션 레지스터IR에 대한 내부 클럭과 제어 신호를 생성한다, (b) 사용자 정의 레지스터UDR, (c) 인스트럭션 레지스터(예, 바이패스 레지스터BR, 바운더리 스캔 레지스터BSR, IDCODE 레지스터) IR은 수행할 동작을 결정하는 TDI 터미널에서 이동된 명령과 액세스할 TDR을 로드하고 업데이트하는 데 사용된다. 인스트럭션 디코더IDEC는 TDI 와 TDO 사이에서 TDR을 활성화하기 위한 선택 신호로, 인스트럭션을 디코딩하

는 역할을 한다. 칩 내부 논리에 접근하고자 사용자 정의 레지스터를 도입했다.

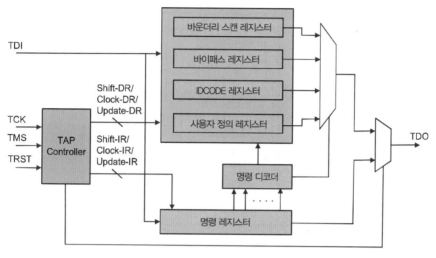

▲ 그림 9.16 JTAG 아키텍처

UDR에 해당하는 몇 가지 사용자 정의 명령이 개인 명령 세트로 도입된다. IR에 공용 명령이나 개인 명령이 로드될 때마다 해당 데이터 레지스터를 활성화하고 TDI와 TDO 사이에 배치한다.

그림 9.17의 상태 다이어그램에서 볼 수 있듯이 명령 레지스터[IR] 스캔과 데이터 레지스터[DR] 스캔이라는 두 가지 분기가 있다. IR 분기는 IR에서 작동하는 데 사용되는 반면 DR 분기는 현재 TDR에서 작동하는 데 사용된다.

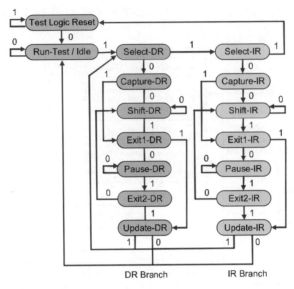

▲ 그림 9.17 JTAG TAP 컨트롤러 상태 다이어그램

9.3.1 JTAG 해킹

IEEE 1149.1 표준은 처음에 보안을 고려하지 않고 개발됐다. 특히 JTAG는 스캔 기반 테스트를 사용해 칩 내부 논리와 칩 간 배선에 액세스하도록 설계됐다. JTAG는 외부 명령에 대한 칩의 반응을 인식하지 못하기 때문에 기술적으로 JTAG를 이용한 기기 해킹이 가능하다. 그 결과 지난 10년간 JTAG 기반 공격은 실행돼 왔다. 예를 들어 오픈 온칩 디버거^{OpenOCD}와 같은 디버깅 소프트웨어가 JTAG 인터페이스를 통해 제어되면 대상 장치에서 JTAG를 조작하고 유효 명령으로 해석하는 벡터를 전송할 수 있다[43]. 또한 JTAG는 Xbox 360을 해킹해 장치의 DRM 정책을 우회하는 데 사용됐다[44]. 또한 JTAG는 ARM11 프로세서에서 초기에 광범위한 테스트와 디버그 기능을 제공하고자 사용된다. 그러나 JTAG은 휴대폰의 서비스(예를 들어 아이폰[45] 해킹)를 잠금 해제하고자 악용됐다.

[13]에서는 JTAG를 기반으로 다양한 공격을 분석했다. 취약점은 그림 9.18과 같이

JTAG 배선의 데이지 체인 토폴로지^{daisy-chain topology}에서 발생한다. 1) JTAG 데이터 경로를 통해 비밀 데이터를 획득하고, 2) JTAG 라인에 테스트 패턴을 배치해 내장된 자산을 획득하고, 3) 데이지 체인에서 테스트 패턴과 테스트 응답을 획득하고, 4) 다른 칩으로 전송된 테스트 패턴을 가로채고, 테스터에게 가짜 응답을 보낸다.

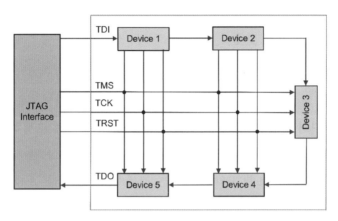

▲ 그림 9.18 데이지 체인 토폴로지가 있는 JTAG 시스템

9.3.2 JTAG 방어

지난 20년 동안 업계와 학계의 연구원들은 JTAG 해킹 대응책을 개발하는 데 주력해왔다. 개발된 방법론으로는 사용 후 JTAG 파괴, JTAG 암호 보호, 시스템 컨트롤러 뒤에 JTAG 은닉, 키가 내장된 암호 JTAG 등이 있으며, 각 방법에 대한 설명은 다음과 같다

9.3.2.1 사용 후 JTAG 파괴

어떤 경우 JTAG은 디버그 프로세스와 제조 테스트 중에만 필요한 경우도 있다. 일단 칩이 제조되고, 테스트되고, 고객에게 배송되면 JTAG 구성 요소는 결함의 원인이 된다. 따라서 이러한 상황에서 엔지니어는 대량 선적 전에 JTAG 구성 요소를

비활성화할 수 있다. 일반적으로 보안을 고려해 JTAG 퓨즈를 끊을 수 있다. 그러나 물리적 퓨즈를 끊는 과정은 되돌릴 수 없으므로 테스트 기반 구조에 대한 좀 더 정확한 제어를 위해 몇 가지 기법[46]을 개발해 일부 시험 기능을 확보할 수 있다. 그러한 설계는 대개 두 개 이상의 퓨즈로 개발된다.

9.3.2.2 JTAG의 암호 보호

[47]에서 저자들은 인증되지 않은 사용자와 허가되지 않은 사용자가 개인 기밀 정보에 접근하는 것을 방지하고자 '보호된 JTAG'라고 명명된 방법론을 제안했다. 그러나 여전히 디버깅과 테스트 기능을 인증된 사용자에 의해 수행하도록 허용한다. 구체적으로 말하면 이 방식은 다른 보호 레벨과 액세스 모드를 제공한다. 보호 레벨은 장치의 실제 보호를 정의하는 반면, 액세스 모드는 기본 보호 수준과 보호 기능의 가용성을 정의하는 구성을 위한 속성이다. 이 방법은 임시 타원 곡선^{Elliptic} Curve 키 쌍을 사용해 사용자의 JTAG 액세스 요청을 인증하고 권한을 부여하는 보안 서버를 사용한다. 일단 인증과 권한 부여가 성공하면 장치는 디버깅과 테스트 과정 동안 인증되고 승인된 상태를 유지한다.

9.3.2.3 시스템 컨트롤러 뒤에 JTAG 은닉

JTAG 보안 문제를 해결하기 위한 또 다른 접근법은 JTAG를 시스템 컨트롤러[48] 뒤에 은닉하는 것이다. 정확히 말하면 시스템 컨트롤러는 대개 PCB에서 구현되며, 테스트할 칩과 통신하는 에이전트 역할을 한다. 이 방법은 설계를 수정하지 않고 시스템 보안을 향상시킨다. 시스템 컨트롤러를 통해 구현된 보안 프로토콜은 모든 액세스를 인증한다. 또한 인증된 사용자는 승인된 부분에만 접근할 수 있다. 시스템 컨트롤러는 테스터와 칩 사이에서 에이전트 역할을 할 수 있을 뿐만 아니라 테스트 패턴을 저장할 수 있으며, 테스트 루틴이 호출될 때 자동으로 칩을 테스트할 수 있다[48].

9.3.2.4 키가 내장된 Crypto JTAG

JTAG를 보호하기 위한 방법은 암호 엔진^{cryptoengine}에 키를 포함시키는 것이다. 이 접근법에는 해시 함수, 스트림 암호, 메시지 인증 코드[13] 등 세 가지 보안 구성 요소가 포함돼 있다. 테스트할 장치를 인증하고, 테스트 벡터와 응답을 암호화하며, 인증되지 않은 JTAG 메시지를 막는 데 사용된다. 또한 JTAG가 가져오는 잠재적인 보안 위협을 해결하고자 이러한 보안 구성 요소를 기반으로 프로토콜을 구성한다.

9.4 실험: JTAG 공격

9.4.1 목적

이 실험은 JTAG 공격을 소개하고자 고안됐다. 실험은 HaHa 플랫폼에서 설계됐으며, 제조 후 테스트, 디버그, 프로빙(탐침)을 목적으로 PCB의 JTAG 호환 칩을 체인으로 연결하는 JTAG 인프라(즉, JTAG 체인의 FPGA, 마이크로컨트롤러 칩의 포트와 연결)를 활용한다. FPGA와 CPLD 장치를 프로그래밍할 때 JTAG를 활용하는 추세가 확산되고 있어 보안이 가장 중요하다.

9.4.2 방법

이 실험의 첫 번째 부분은 JTAG 프로그래머 역할을 하는 해킹 도구를 만들 수 있게 해줄 것이다. 먼저 해킹된 JTAG 프로그래머가 보낸 지침을 사용해 칩의 ID를 찾는 방법을 알아야 한다. 다음으로 해킹된 모듈을 사용해 HaHa 플랫폼의 다른 모듈을 공격한다.

9.4.3 학습 결과

실험의 구체적인 단계를 수행함으로써 해킹된 JTAG가 제공할 수 있는 접근 수준과 대상 칩을 수정하고 악의적으로 제어할 수 있는 최상의 기술을 배울 것이다. 또한 JTAG 공격에서 하드웨어를 보호하는 것과 관련된 도전과 기회의 경험을 얻을 것이다.

9.4.4 추가 옵션

이 주제에 대한 추가 실험은 JTAG 경로를 구성해 서명을 작성하도록 지연시킬 수 있다.

실험에 대한 자세한 내용은 다음 사이트의 보충 문서에서 확인할 수 있다.

http://hwsecuritybook.org

9.5 연습문제

9.5.1 True/False 문제

1. 전체 공급망 내의 악의적인 개체는 스캔 체인을 이용해 공격을 수행할 수 있다.

2. 테스트 가능성과 보안은 서로 모순되지 않는다.

3. 테스트 엔지니어가 사용하는 스캔 기반 DFT는 보안에 영향을 미치지 않는다.

4. 사용 후 JTAG 파괴는 보안성을 향상시키고자 개발됐으며, 테스트 가능성에 영향을 미치지 않는다.

5. TAP 컨트롤러는 TCK, TMS, TRST 신호에 의해 구동되는 FSM이다.

9.5.2 단답형 문제

1. 공급망에서 공격자가 스캔 기반 공격을 수행할 경우의 잠재적 위협을 설명하시오.

2. 스캔 기반 비침투성 공격 3가지를 설명하시오.

3. 섀도 체인을 동적으로 난독화 스캔[DOS] 아키텍처에 배치하는 목적을 설명하시오.

4. 스캔 체인에 삽입된 dFF 개수를 선택하는 방법을 설명하시오.

5. 이 장에서 논의되는 것 외에 몇 가지 스캔 기반 공격 대응책을 추가로 소개하시오.

9.5.3 서술형 문제

1. 테스트 가능성과 보안 간의 관계를 설명하시오.

2. JTAG 해킹에 대한 몇 가지 대응책을 열거하고, 그중 하나를 자세히 설명하시오.

참고 문헌

[1] J. Lee, M. Tehranipoor, C. Patel, J. Plusquellic, Securing scan design using lock and key technique, in: Defect and Fault Tolerance in VLSI Systems, 2005. DFT 2005. 20th IEEE International Symposium on, IEEE, pp. 51–62.

[2] P. Ludlow, High Noon on the Electronic Frontier: Conceptual Issues in Cyberspace, MIT Press, 1996.

[3] B. Yang, K. Wu, R. Karri, Scan-based side channel attack on dedicated hardware implementations of data encryption standard, in: Test Conference, 2004. Proceedings. ITC 2004, International, IEEE, pp. 339–344.

[4] B. Yang, K. Wu, R. Karri, Secure scan: a design-for-test architecture for crypto chips, IEEE Transactions on Computer Aided Design of Integrated Circuits and Systems 25 (2006) 2287–2293.

[5] R. Goering, Scan design called portal for hackers, EE Times (Oct 2004), https://www.eetimes.com/document.asp?doc_id=1151658.

[6] P. Kocher, J. Jaffe, B. Jun, Differential power analysis, in: Annual International Cryptology Conference, Springer, 1999, pp. 388–397.

[7] P.C. Kocher, Timing attacks on implementations of Diffie?Hellman, RSA, DSS, and other systems, in: Annual International Cryptology Conference, Springer, 1996, pp. 104–113.

[8] D. Boneh, R.A. DeMillo, R.J. Lipton, On the importance of checking cryptographic protocols for faults, in: International Conference on the Theory and Applications of Cryptographic Techniques, Springer, 1997, pp. 37–51.

[9] E. Biham, A. Shamir, Differential fault analysis of secret key cryptosystems, in: Annual International Cryptology Conference, Springer, 1997, pp. 513–525.

[10] O. Kömmerling, M.G. Kuhn, Design principles for tamper-resistant smartcard processors, Smartcard 99 (1999) 9–20.

[11] M. Renaudin, F. Bouesse, P. Proust, J. Tual, L. Sourgen, F. Germain, High security smartcards, in: Design, Automation and Test in Europe Conference and Exhibition, 2004. Proceedings, vol. 1, IEEE, pp. 228–232.

[12] S.P. Skorobogatov, Semi-invasive attacks: a new approach to hardware security analysis, Technical Report UCAM-CL-TR-630, University of Cambridge Computer Laboratory, 2005.

[13] K. Rosenfeld, R. Karri, Attacks and defenses for JTAG, IEEE Design & Test of Computers 27 (2010).

[14] D. Zhang, M. He, X. Wang, M. Tehranipoor, Dynamically obfuscated scan for protecting IPs against scan-based attacks throughout supply chain, in: VLSI Test Symposium (VTS), 2017 IEEE 35th, IEEE, pp. 1–6.

[15]   D. Mukhopadhyay, S. Banerjee, D. RoyChowdhury, B.B. Bhattacharya, Cryptoscan: a secured scan chain architecture, in: Test Symposium, 2005. Proceedings. 14th Asian, IEEE, pp. 348–353.

[16]   R. Nara, K. Satoh, M. Yanagisawa, T. Ohtsuki, N. Togawa, Scan-based side-channel attack against RSA cryptosystems using scan signatures, IEICE Transactions on Fundamentals of Electronics Communications and Computer Sciences 93 (2010) 2481–2489.

[17]   G.K. Contreras, A. Nahiyan, S. Bhunia, D. Forte, M. Tehranipoor, Security vulnerability analysis of design-for-test exploits for asset protection in SoCs, in: Design Automation Conference (ASP-DAC), 2017 22nd Asia and South Pacific, IEEE, pp. 617–622.

[18]   L. Azriel, R. Ginosar, A. Mendelson, Exploiting the scan side channel for reverse engineering of a VLSI device, Technion, Israel Institute of Technology, 2016, Tech. Rep. CCIT Report 897.

[19]   D. Hely, M.-L. Flottes, F. Bancel, B. Rouzeyre, N. Berard, M. Renovell, Scan design and secure chip, in: IOLTS, vol. 4, pp. 219–224.

[20]   S.P. Skorobogatov, R.J. Anderson, Optical fault induction attacks, in: International Workshop on Cryptographic Hardware and Embedded Systems, Springer, 2002, pp. 2–12.

[21]   J.D. Rolt, G.D. Natale, M.-L. Flottes, B. Rouzeyre, A novel differential scan attack on advanced DFT structures, ACM Transactions on Design Automation of Electronic Systems (TODAES) 18 (2013) 58.

[22]   S.M. Saeed, S.S. Ali, O. Sinanoglu, R. Karri, Test-mode-only scan attack and countermeasure for contemporary scan architectures, in: Test Conference (ITC), 2014 IEEE International, IEEE, pp. 1–8.

[23]   A. Das, B. Ege, S. Ghosh, L. Batina, I. Verbauwhede, Security analysis of industrial test compression schemes, IEEE Transactions on Computer-Aided Design of Integrated Circuits and Systems 32 (2013) 1966–1977.

[24]   G. Sengar, D. Mukhopadhyay, D.R. Chowdhury, Secured flipped scan-chain model for crypto-architecture, IEEE Transactions on Computer-Aided Design of Integrated Circuits and Systems 26 (11) (2007) 2080-2084.

[25]   Y. Atobe, Y. Shi, M. Yanagisawa, N. Togawa, Dynamically changeable secure scan architecture against scan-based side channel attack, in: SoC Des. Conf. ISOCC Int., 2012, pp. 155-158.

[26]   J. Lee, M. Tebranipoor, J. Plusquellic, A low-cost solution for protecting IPs against scan-based side-channel attacks, in: Proc. VLSI Test Symposium (VTS), 2006, pp. 42-47.

[27]   M.A. Razzaq, V. Singh, A. Singh, SSTKR: secure and testable scan design through test key randomization, in: Proc. of Asian Test Symposium (ATS), 2011, pp. 60-65.

[28]   S. Paul, R.S. Chakraborty, S. Bhunia, Vim-scan: a low overhead scan design approach for protection of secret key in scan-based secure chips, in: Proc. VLSI Test Symposium (VTS), 2007.

[29]   J. Lee, M. Tehranipoor, C. Patel, J. Plusquellic, Securing designs against scan-based side-channel attacks, IEEE transactionson dependable and secure computing 4 (4) (2007) 325-336.

[30]   J.P. Skudlarek, T. Katsioulas, M. Chen, A platform solution for secure supply-chain and chip life-cycle management, Computer 49 (2016) 28-34.

[31]   X. Wang, D. Zhang, M. He, D. Su, M. Tehranipoor, Secure scan and test using obfuscation throughout supply chain, IEEE Transactions on Computer-Aided Design of Integrated Circuits and Systems 37 (9) (2017) 1867-1880.

[32]   M. Tehranipoor, C. Wang, Introduction to Hardware Security and Trust, Springer Science & Business Media, 2011.

[33]   D. Hely, F. Bancel, M.-L. Flottes, B. Rouzeyre, Test control for secure scan designs, in: Test Symposium, 2005. European, IEEE, pp. 190-195.

[34]   B. Jun, P. Kocher, The Intel random number generator, Cryptography Research Inc., 1999, white paper.

[35] M. Bushnell, V. Agrawal, Essentials of Electronic Testing for Digital, Memory and Mixed-Signal VLSI Circuits, vol. 17, Springer Science & Business Media, 2004.

[36] M. Da Silva, M.-l. Flottes, G. Di Natale, B. Rouzeyre, P. Prinetto, M. Restifo, Scan chain encryption for the test, diagnosis and debug of secure circuits, in: Test Symposium (ETS), 2017 22nd IEEE, IEEE, pp. 1-6.

[37] M.A. Razzaq, V. Singh, A. Singh, SSTKR: secure and testable scan design through test key randomization, in: Test Symposium (ATS), 2011 20th Asian, IEEE, pp. 60-65.

[38] G. Sengar, D. Mukhopadhyay, D.R. Chowdhury, An efficient approach to develop secure scan tree for crypto-hardware, in: Advanced Computing and Communications, 2007. ADCOM 2007. International Conference on, IEEE, pp. 21-26.

[39] C. Maunder, Standard test access port and boundary-scan architecture, IEEE Std 1149.1-1993a, 1993.

[40] J. Rearick, B. Eklow, K. Posse, A. Crouch, B. Bennetts, IJTAG (Internal JTAG): A step toward a DFT standard, in: Test Conference, 2005. Proceedings. ITC 2005, IEEE International, IEEE, 8 pp.

[41] M.T. He, M. Tehranipoor, An access mechanism for embedded sensors in modern SoCs, Journal of Electronic Testing 33 (2017) 397-413.

[42] IEEE standard test access port and boundary-scan architecture: Approved February 15, 1990, IEEE Standards Board; Approved June 17, 1990, American National Standards Institute, IEEE, 1990.

[43] JTAG explained (finally!): Why "IoT", software security engineers, and manufacturers should care, http://blog.senr.io/blog/jtag-explained, Sept. 2016.

[44] Free60 SMC Hack, http://www.free60.org/SMC_Hack, Jan. 2014.

[45] L. Greenemeier, iPhone hacks annoy AT&T but are unlikely to bruise apple, Scientific American (2007).

[46] L. Sourgen, Security locks for integrated circuit, US Patent 5,101,121, 1992.

[47] R.F. Buskey, B.B. Frosik, Protected JTAG, in: Parallel Processing Workshops, 2006. ICPP 2006 Workshops. 2006 International Conference on, IEEE, 8 pp.

[48] C. Clark, M. Ricchetti, A code-less BIST processor for embedded test and in-system configuration of boards and systems, in: Test Conference, 2004. Proceedings. ITC 2004. International, IEEE, pp. 857–866.

[49] D. Hely, F. Bancel, M.-L. Flottes, B. Rouzeyre, Secure scan techniques: a comparison, in: On-Line Testing Symposium, 2006. IOLTS 2006. 12th IEEE International, IEEE, 6 pp.

[50] J. Da Rolt, G. Di Natale, M.-L. Flottes, B. Rouzeyre, A smart test controller for scan chains in secure circuits, in: On-Line Testing Symposium (IOLTS), 2013 IEEE 19th International, IEEE, pp. 228–229.

10

물리적 공격과 대응책

10.1 소개

물리적 공격은 비침투적^{noninvasive}, 준침투적^{semi-invasive}, 침투적^{invasive} 공격의 세 가지 범주로 나뉜다. 비침투적 공격은 테스트 타깃 장치의 사전 준비를 필요로 하지 않으며, 공격하는 동안 장치에 물리적인 해를 가하지 않는다. 공격자는 장치의 와이어를 가볍게 두드리거나 분석을 위해 테스트 회로에 연결할 수 있다. 침투적 공격은 장치의 내부 구성 요소에 직접 접근해야 하며, 일반적으로 사전 준비를 잘 갖추고 지식이 풍부한 공격자가 공격에 성공할 확률이 높다. 한편 크기가 작아지고 장치 복잡성이 증가함에 따라 침투적 공격은 점점 더 까다로워지고 비용이 많이 들고 있다. 비침투적 공격과 침투적 공격 사이에는 큰 차이가 있으며, 대부분의 공격은 준침투적 공격에 속한다. 준침투적 공격은 고전적인 침투적 공격만큼 비용이 비싸지는 않지만 비침투성 공격만큼 쉽게 반복할 수 있다. 침투적 공격처럼 표면에 접근하려면 칩의 패키징을 제거해야 한다. 그러나 준침투적 방법은 내부 전선에 접점을 만들 필요가 없기 때문에 칩의 패시베이션 레이어^{passivation layer}는 손상되지 않는다. 10장에서는 주로 침투적 물리적 공격에 초점을 맞춘다. 리버스 엔지니어링, 마이크로프로빙 공격, 침투 결함 주입 공격은 가장 일반적인 물리적 공격이며, 나머지 부분에서 각각 소개한다.

10.2 리버스 엔지니어링

리버스 엔지니어링^{RE, Reverse Engineering}은 타깃의 구성이나 기능을 완전히 이해하고자 철저한 검사를 수반하는 과정으로, 공격을 하는 공격자가 사용하는 방법이다. RE는 현재 스마트카드, 스마트폰, 군용, 금융, 의료 시스템과 같이 다양한 분야에서 보안이 중요한 애플리케이션이 있는 시스템과 장치를 복제, 복사, 재생산하는 데 널리 사용되고 있다[1]. 이 절에서는 파괴적/비파괴적 방법을 통해 시스템의 기초적인 물리적 정보를 추출함으로써 얻을 수 있는 전자 시스템의 RE를 설명한다[2, 3].

RE의 동기는 표 10.1[4~6]과 같이 '정직한 동기' 또는 '부정직한 동기'로 분류될 수 있다. 정직한 동기를 가진 사람은 기존 제품의 검증, 결함 분석, 연구와 교육을 위해 RE를 수행하는 경향이 있다. 많은 국가에서 특허, 설계 저작권을 침해하지 않는 한 RE는 합법적이다[7]. 그러나 RE는 설계를 복제, 표절, 위조하거나 공격을 개발하거나 하드웨어 트로이목마를 삽입하는 데 사용될 수 있다. 그러한 행동은 부정직한 동기라고 말할 수 있다. 복제된 시스템의 기능이 원래 시스템과 충분히 유사하다면 부정직한 기업이나 개인은 IP 소유자가 지불했던 엄청난 연구개발 비용 없이 대량의 위조 제품을 판매할 수 있다[8]. 부정직한 RE의 한 예는 2차 세계대전 중에 발생됐다. 미국의 B-29 폭격기가 구소련(투폴레프^{Tupolev} Tu-4 폭격기)에 의해 포획, 리버스 엔지니어링되고 복제됐다[9]. 오리지널과 복제된 폭격기는 그림 10.1과 같다. 두 폭격기의 구성은 엔진과 대포를 제외하면 거의 같다.

'정직한' 동기	'부정직한' 동기
장애 분석과 결함 식별	결함 주입 공격
위조품 탐지[5, 8]	위조
제조 결함 복구를 위한 회로 분석	변조
IP 확인	저작권 침해와 절도
하드웨어 트로이목마 탐지[6]	하드웨어 트로이목마 삽입
경쟁사/비즈니스 제품 분석	불법 복제
교육과 연구	공격 개발

▲ 그림 10.1 제2차 세계대전에서 RE의 예, (A) 미공군 B-29 폭격기, (B) B-29의 리버스 엔지니어링으로 복제된 소련 투폴레프(Tupolev) Tu-4 폭격기

대형 시스템의 RE 외에도 중요 설계 매개변수와 개인 비밀 정보와 같은 민감한 데이터를 전자 칩과 인쇄 회로 기판^{PCB}에서 추출하거나 복제할 수 있다. 예를 들어 PCB의 간단한 구조와 상용 기성품 부품의 의존도가 증가함에 따라 PCB를 리버스 엔지니어링하는 것은 매우 쉽다. 또한 PCB와 IC의 RE는 향후 공격을 위한 기회를 제공할 수 있다. 예를 들어 최근에 많은 스마트카드에는 개인 정보를 저장하고 거래를 수행하는 IC가 포함돼 있다. 부정직한 공격자는 이러한 IC를 리버스 엔지니어링해 카드 소지자의 기밀 정보에 접근하고 금융 범죄를 저지를 수 있다.

전자업계의 또 다른 관심사는 RE를 통한 IC 불법 복제다[10]. 2010년, 반도체 장비

소재 인터내셔널^{SEMI}은 IP 침해에 관한 실태 조사를 발표했다. 조사 결과로 반도체 기업의 90%가 IP 침해를 경험했으며, 54%는 자사 제품이 심각한 침해에 직면했다 [11]. 정직하지 않은 많은 회사가 불법적으로 회로와 기술을 복제해 대량 생산하고 허가 없이 표절된 복제품을 오픈마켓에서 판매할 수 있다. 후자의 경우는 IP 소유자에게 복구 불가능한 손실을 초래한다. 위조된 IC와 변조된 시스템도 취약점 이슈와 생명을 위협하는 문제로 이어질 수 있다.

요약하자면 RE는 다음과 같은 이유로 인해 오늘날의 정부, 군, 각종 산업, 개인에게 오래된 문제로서 큰 관심사가 되고 있다. (1) 군사와 금융 기관 같은 기밀 시스템에서 RE를 통해 발생할 수 있는 공격과 보안 위반, (2) 중요한 시스템과 인프라에서 의도하지 않은 위조 제품 사용으로 인한 안전 문제와 비용, (3) IP 소유자에 대한 이익과 명성의 손실, (4) RE가 신제품 혁신과 연구개발의 인센티브에 미치는 부정적인 영향 등이 있다.

이러한 우려로 인해 많은 나라의 연구자들, 기업들, 그리고 국방 관계자들은 공격자들이 보호된 제품과 시스템에 접근하는 것을 막고자 끈질기게 안티RE 기법을 찾고 있다. 예를 들어 미국 국방부는 현재 기밀 데이터, 무기와 IP가 외국의 적들에 의해 손상되는 것을 막을 수 있는 안티RE 기술 연구를 수행하고 있다[12]. 국방부의 안티탬퍼^{antitamper} 프로그램의 목적은 승인되지 않은 기술 이전을 막고, RE의 비용을 극대화하고, 미국의 연합 군사 능력을 강화하고, 국방성 커뮤니티를 훈련시키면서 안티탬퍼 기술을 교육하는 것이다[13]. 불행하게도 이 과제의 대부분은 국방 관련 분야에 국한돼 있어 산업 부문이나 더 넓은 연구 공동체에서는 이용할 수 없다.

안티RE 기법은 침투적, 비침투적 공격을 모니터링, 탐지, 저항, 대응할 수 있어야 한다. 몇 가지 기술이 안티RE로 사용될 수 있다. 예를 들어 변조 방지 재료와 센서는 도난이나 RE[14]를 막는 데 사용돼 왔다. 세라믹, 강철, 벽돌과 같은 단단한 장벽은 전자 장치의 상단 계층을 분리할 때 사용돼 탬퍼링이나 RE 시도로 인한 보호 장치 파괴를 막아 공격을 좌절시킬 수 있다. 마이크로프로빙 시도에서 보호하고 자 단일 칩 코팅도 적용됐다. 부서지기 쉬운 포장, 알루미늄 포장, 광택 처리된 포 장, 블리딩 페인트, 홀로그래픽, 기타 변조 대응 테이프, 라벨 등 다양한 포장 기법 을 사용해 기기를 보호할 수도 있다[14]. 관련된 센서에는 전압 센서, 프로브 센서, 와이어 센서, PCB 센서, 동작 센서, 방사선 센서, 최상단 레이어 센서 메시를 포함 한다. 포팅potting, 코팅, 절연재 등이 포함된 에폭시와 같은 물질은 X선 이미징 시도 를 차단하는 데 사용돼 왔다.

게다가 난독화 소프트웨어와 하드웨어 보안 기본 요소가 시스템과 소프트웨어의 보호에 사용돼 왔다. 이러한 안티RE 기법은 다양한 유형의 RE 시도에서 기밀 정보 를 보호하는 데 도움이 될 수 있다. 이러한 시스템을 보호하는 다른 방법으로는 버 스 암호화, 보안키 스토리지, 사이드 채널 공격SCA 보호, 변조 대응 기술tamper response technology이 있다[14, 15].

다음은 칩에서 시스템 레벨까지 전자 장치의 RE 설명이다.

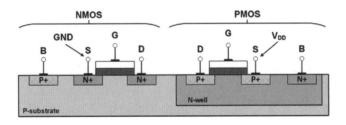

▲ 그림 10.2 CMOS 트랜지스터의 단순화된 단면도

(1) 칩 레벨 RE: 칩은 반도체 재료를 사용해 제작된 전자 장치로 구성된 IC다. 칩은 패키지 재료, 본드 와이어, 리드 프레임, 다이 등을 포함한다. 각 다이에는 여러 개 의 메탈 레이어, 바이어스vias, 상호 연결, 패시베이션, 액티브 레이어를 갖고 있다 [16]. 그림 10.2에는 NMOS와 PMOS의 단순화된 단면이 각각 표시돼 있다. 그림에 서 보듯이 NMOS와 PMOS 트랜지스터의 폴리 실리콘 게이트(G)는 인버터의 입력

을 형성하고자 페이지 밖의 어딘가에서 서로 연결돼 있다. 인버터에서 PMOS의 소스(S)는 메탈 Vdd 라인에 NMOS의 소스는 메탈 접지(GND) 라인에 연결된다. PMOS와 NMOS의 드레인(D)는 CMOS 인버터의 출력용 메탈 라인과 함께 연결된다. 칩은 아날로그, 디지털이나 혼합 신호일 수 있다. 디지털 칩에는 ASIC^{Application-Specific Integrated Circuit}, FPGA^{Field-Programmable Gate Array}, 메모리가 포함된다. 칩의 RE는 비파괴적이거나 파괴적 방법일 수 있다. X선 단층 촬영은 칩의 레이어별 이미지를 얻을 수 있는 RE의 비파괴적 방법으로 내부 바이아, 트레이스, 와이어 본딩, 커패시터, 접점이나 저항 분석에 자주 사용된다. 반면 파괴적 분석은 분석을 위해 모든 레이어를 식각과 그라인딩하는 것으로 진행된다. 디레이어링^{delayering} 과정 동안 사진은 주사 전자 현미경^{SEM, Scanning Electron Microscope}이나 투과 전자 현미경^{TEM, Transmission Electron Microscope}으로 촬영된다.

(2) PCB 레벨 RE: 전자 칩과 부품은 적층된 비전도성 PCB[17]에 탑재되고 전도성 구리 트레이스와 바이어스^{vias}를 사용해 전기적으로 상호 연결된다. 보드는 전자 시스템의 복잡성에 따라 단일 또는 다중 레이어일 수 있다. PCB의 RE는 보드에 탑재된 구성 부품의 식별, 상단과 하단(보이는) 레이어의 트레이스, 포트 등에서 시작된다. 그 후 디레이어링이나 X선 영상 촬영을 사용해 내부 PCB 레이어의 연결, 트레이스, 바이어스를 확인할 수 있다.

(3) 시스템 레벨 RE: 전자 시스템은 칩, PCB, 펌웨어로 구성된다. 시스템의 펌웨어에는 시스템의 작동과 타이밍 정보가 포함돼 있으며, 일반적으로 ROM, EEPROM, Flash와 같은 비휘발성 메모리^{NVM}가 내장돼 있다. FPGA(예, 자일링스^{Xilinx} FPGA)를 사용한 고급 설계의 경우 펌웨어와 같은 넷리스트도 NVM 메모리(비트스트림이라고도 함) 내에 저장된다. RE는 메모리의 내용을 읽고 분석함으로써 공격 대상 시스템에 대해 좀 더 깊은 통찰력을 제공할 수 있다.

앞의 설명을 바탕으로 RE의 종합적인 분류법은 그림 10.3에 나타나 있다. 먼저 제품이나 시스템을 분해해 서브시스템, 패키지, 기타 구성 요소를 식별하고자 RE를 수행한다. 서브시스템은 전기나 기계일 수 있다. 이 장에서는 전기 서브시스템만 집중해서 설명한다. 전기 서브시스템은 하드웨어와 펌웨어로 구성된다. 리버스 엔지니어는 FPGA, 보드, 칩, 메모리, 소프트웨어를 분석해 모든 정보를 추출할 수 있다. 이러한 노력은 악의적인 의도를 갖고 수행할 때 RE와 관련이 있으며, 이러한 악의적인 형태의 RE에 대한 해결책으로 안티RE와 관련이 있다. 장비, 기술, 재료를 포함해 각 레벨에 대한 이러한 유형의 RE와 안티RE를 조사한다.

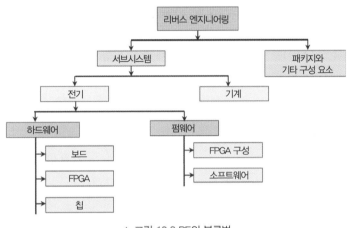

▲ 그림 10.3 RE의 분류법

10.2.1 장비

진보된 RE는 일련의 특수 장비를 필요로 한다. 다음 내용은 그림 10.4, 10.5, 10.6과 같이 RE에서 일반적으로 사용되는 일부 장비를 간략히 요약한 설명이다.

광학 고해상도/초고해상도 현미경(디지털): 기존 디지털 현미경의 한계는 제한된 피사계 심도, 매우 얇은 초점 필드, 물체의 모든 것에 동시에 초점을 맞추는 것이다[18]. 이러한 한계를 극복하고자 광학 고해상도 현미경이 사용된다. 광학 초고해상도 현미경은 일련의 이미지를 가져와 서로 다른 높이로 반영해 3D 이미지를 만들어낸다. 그러나 광학 현미경은 기존 칩 피처 크기($\ll$ 100nm)에 비해 해상도가 너무 낮기 때문에 PCB와 칩 외부 분석에만 사용할 수 있다.

주사 전자 현미경^{SEM, Scanning Electron Microscopes}: SEM에서 집속된 전자빔은 이미지를 생성하는 데 사용된다[22]. 예를 들면 전자는 원자와 상호작용하는데, 이는 검출을 위해 신호를 생성하는 프로세스다. 리버스 엔지니어는 알 수 없는 칩의 단면부터 먼저 시작할 것이다. SEM은 단면을 분석하는 데 사용할 수 있으며, 다이에서 각 층의 구성과 두께를 분석할 수 있다. SEM은 10배에서 약 30,000배까지 확대할 수 있으며, 전통적인 현미경보다 다음과 같은 장점이 있다.

- **고해상도**: SEM은 해상도가 높고 고배율을 사용하면 서브미크론 수준의 특징을 알아낼 수 있다.
- **깊은 피사계 심도**: 시료(예를 들어 칩의 내부 요소)에 이미지 초점을 맞출 때 시료의 높이를 피사계 심도라고 한다. SEM은 광학 현미경보다 300배 이상 큰 피사계 심도를 갖고 있으며, 이는 얻을 수 없는 시료의 다른 세부 사항을 SEM으로 얻을 수 있다는 것을 의미한다.

▲ 그림 10.4 (A) 광학 현미경, (B) 주사 전자 현미경(SEM), (C) 투과 전자 현미경(TEM)

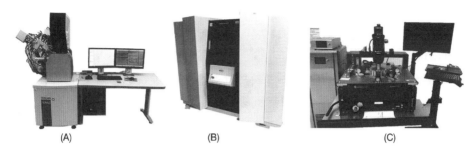

▲ 그림 10.5 (A) 집속 이온 빔(FIB), (B) 고해상도 X선 현미경, (C) 프로브 스테이션

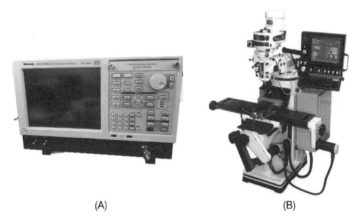

▲ 그림 10.6 (A) 논리 분석기, (B) 컴퓨터 수치 제어(CNC)[30]

투과 전자 현미경[TEM, Transmission Electron Microscopes] : TEM을 사용해 전자 빔이 시료를 통해 전달돼 시료와 상호작용한다[21, 23]. SEM과 마찬가지로 TEM은 매우 높은 공간 해상도를 갖고 있어 시료의 내부 구조에 대한 자세한 정보를 제공할 수 있다[24]. 게다가 TEM을 사용해 칩의 단면과 내부 레이어를 볼 수 있다.

집속 이온 빔[FIB, Focused Ion Beam] : FIB의 작동 원리는 SEM과 동일하지만 전자 빔을 사용하는 대신 이온 빔을 사용한다. 이온 빔은 나노미터 분해능으로 재료 증착과 제거를 수행할 수 있게 하며, TEM 샘플 준비와 회로 편집에 사용할 수 있다. 이온 빔에는 여러 종류의 이온 소스가 있지만, 가장 많이 사용되는 것은 갈륨(Ga) 액체 금속이다. 이런 새로운 세대의 도구를 플라즈마 FIB[PFIB]라고 불리며, 더 높은 전력으로 동작하고 재료 처리 시간을 단축시킨다.

주사 정전 용량 현미경SCM, Scanning Capacitance Microscopy: 10nm 스케일의 반도체 소자에서 도펀트dopant(불순물) 프로파일을 설명하고자 높은 공간 분해능으로 주사 정전 용량 현미경SCM이 사용된다[3]. 프로브 전극은 샘플 표면의 상단에 도포되며, 이 전극은 샘플을 스캔한다. 표면과 프로브 사이의 정전 용량 변화는 시료 정보를 얻는 데 사용된다[28].

고해상도 엑스레이 현미경: X선 현미경은 칩이나 PCB 보드와 같은 샘플을 비파괴적 검사하는 데 사용된다. X선을 사용해 샘플의 두께, 조립 세부 정보, 구멍, 바이아, 커넥터, 트레이스, 존재할 수 있는 결함이 표시된다[28].

프로브 스테이션 Probe stations: 프로브 스테이션은 다양한 전기 측정, 장치, 웨이퍼 특성, 고장 분석, 서브미크론 프로빙, 광전자 엔지니어링 테스트 등을 지원한다. 이러한 종류의 시스템은 진동이 분리된 프레임 위에 위치한 최대 16개의 포지셔너가 있어 플래튼platen을 안정화시킨다. 이러한 특징들은 매우 신뢰할 수 있고 반복 가능한 테스트 과정을 서브미크론 수준까지 가능하게 한다. 풀아웃 진공척 단계는 테스트 샘플과 전동식 플래튼이 장착돼 있으며, 척과 포지셔너는 많은 다양한 샘플에서 테스트를 수행할 수 있는 충분한 유연성을 제공한다.

논리 분석기: 논리 분석기는 디지털 시스템이나 디지털 회로에서 동시에 여러 신호를 관찰하고 기록할 수 있는 전자 기기다. 논리 분석기를 사용하면 칩, 보드, 시스템 레벨에서 RE를 용이하게 할 수 있다. FPGA 비트스트림 RE의 경우 논리 분석기를 채택해 FPGA와 외부 메모리 사이의 JTAG 통신 신호를 측정하는 데 사용한다.

컴퓨터 수치 제어CNC, Computer Numerical Control: 일반적으로 수동 제어되는 기계 가공 도구를 자동화해야 하는 필요성 때문에 컴퓨터가 프로세스를 제어하는 컴퓨터 수치 제어CNC가 만들어졌다[30]. CNC는 분쇄기, 선반, 그라인드, 플라즈마 절단기, 레이저 절단 등을 실행할 수 있다. 동작은 3D 프로세스를 가능하게 하는 세 개의 주요 축을 따라 제어된다.

10.2.2 칩 레벨 RE

IC는 일반적으로 그림 10.7과 같이 다이, 리드 프레임, 와이어 본딩, 몰딩 인캡슐런 트^{molding encapsulant}로 구성된다. 칩의 패키지는 다른 방법으로, 예를 들어 세라믹이나 플라스틱처럼 사용되는 재료로 분류할 수 있다[31]. 세라믹은 비용이 많이 들기 때문에 플라스틱이 일반적으로 포장재로 사용된다. 또한 패키징은 와이어 본드나 플립칩일 수도 있다[32]. 와이어 본드 패키징에서는 와이어가 리드 프레임에 연결된다. 와이어 본딩에는 동심원 본딩 링, 이중 본딩, 볼 본딩 등 여러 종류가 있다. 이와는 대조적으로 플립칩 패키징은 전자 부품과 기판, 회로 보드, 캐리어를 아래로 향하게 해(뒤집힌 상태로 뒤집어서) 전자 부품을 직접 연결할 수 있는 기술이다. 이 전기 연결은 와이어 대신 전도성 솔더 범프로 형성된다. 플립칩은 와이어 본드 패키징에 비해 우수한 전기, 열 성능, 더 높은 입출력 기능, 기판 유연성 등 몇 가지 장점이 있다. 그러나 플립칩은 종종 와이어 본드보다 비용이 많이 든다[32].

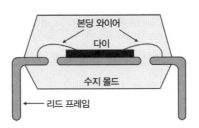

▲ 그림 10.7 IC 부품의 단면도

칩 레벨에서 RE 프로세스의 목표는 패키지 재료, 와이어 본딩, 서로 다른 메탈 레이어, 접점, 바이아, 액티브 레이어, 메탈 레이어 사이의 상호 연결을 찾는 것이다. RE 프로세스에는 다음과 같이 몇 가지 단계가 있다.

- **디캡슐레이션**^{decapsulation}: 칩의 내부 부품을 노출시켜 다이, 상호 연결, 기타 기능을 검사할 수 있다.
- **디레이어링**^{delayering}: 다이^{die}는 각 메탈, 정전기, 폴리, 액티브 레이어를 보고자 파괴적으로 레이어별로 분석된다.
- **이미징**: SEM, TEM, SCM을 사용해 디레이어링 프로세스의 각 레이어 이미지를 촬영한다.
- **후처리**: 해당 프로세스에서는 전단계의 이미지를 분석하고, 기능 분석을 위해 회로도와 하이레벨의 넷리스트를 만들며 칩을 식별한다. 각 단계의 자세한 내용은 다음 절에서 설명한다.

10.2.2.1 디캡슐레이션

먼저 리버스 엔지니어는 패키지 재료를 확인하고 칩의 패키지를 제거한다. 디포^{Depot}는 패키지를 제거하고자 산성 용액을 사용하는 전통적인 방법이다[3]. 패키지는 여러 종류의 재료로 만들어질 수 있으므로 정확하게 산을 선택해야 한다. 이러한 산성 용액은 다이와 상호 연결을 손상시키지 않고 포장재를 식각하는 데^{etch off} 사용된다. 세라믹 패키지에서 다이를 제거하는 데 기계적, 열적 방법이 사용된다. 이러한 방법은 세라믹 소재를 연마하고 뚜껑을 제거하는 데 적용된다[3].

다이 패키지를 제거하려면 선택적 또는 비선택적 방법을 사용할 수 있다. 습식 화학 식각과 플라즈마 식각은 선택적 기술로 사용될 수 있는 반면, 비선택적 기술은 열 충격, 연삭, 절단, 레이저 절삭이 될 수 있다. 표 10.2에 다양한 종류의 분해 방법과 장단점이 표시된다.

▼ 표 10.2 다양한 방법과 장단점을 이용한 다이의 디캡슐레이션

디캡슐레이션 방법		장점	단점
화학	습식	황산이나 질산을 사용해 식각률이 높음 패키지에 비해 다이 크기가 작을 때 잘 작동함	세라믹 패키지에서는 작동하지 않음 산은 리드 프레임과 본드 와이어 등 방성 식각을 손상시킬 수 있음
	건식	우수한 선택비(selectivity)로 재료를 제거 모든 재료를 제거할 수 있음	세라믹 패키지의 경우 느림 식각관을 오염시키면 재료가 균일하지 않게 제거됨
기계적	연마와 광택	재료 제거의 사용 편의성 플립칩에 더 적합	리드 프레임이 다이의 뒷면보다 높을 때 작동함 특정 영역에서 작동하지 않음
	밀링	특정 영역에서 재료 제거 3축 재료 제거	CNC와 협력하려면 전문 기술이 필요함 공구의 정확성으로 재료 제거의 정확성이 제한됨
	열 충격	빠르고 저렴한 프로세스 실행하기 쉬움	다이 손상 위험성 높음 특정 영역에서 제어할 수 없음
나노스케일 제조 기술	고전류 FIB	재료 제거 시 높은 정확도(nm) 제어 영역에서 수행 가능	비용, 요구 사항, 높은 운영 기술 느린 밀링 속도($30nm^3/s$)
플라즈마 FIB		재료 제거 시 높은 정확도(nm) 제어 영역에서 수행 가능 더 빠른 밀링 속도($2000nm^3/s$)	비쌈, 높은 운영 기술 필요
레이저 절제		재료 제거에 정확(μm) 제어 영역에서 수행 가능 더 빠른 밀링 속도($10^6\mu m^3/s$)	비쌈, 높은 운영 기술 필요

디캡슐레이션 후 먼지가 존재할 수 있고 아티팩트[artifact]가 발생할 수 있기 때문에 지연이나 이미징을 수행하기 전에 다이를 청소해야 한다[33]. 먼지 청소 방법에는 다음과 같은 것이 있다.

- 스프레이 세척: 아세톤으로 채워진 주사기에 매우 미세한 뭉툭한 바늘을 부착한다. 그런 다음 주사기를 사용해 입자를 분사한다.
- 산성 세척: 유기 잔류물을 제거하기 위해 디캡슐레이션 후 순수한 산을 사용할 수 있다.
- 초음파 세척: 물, 세제(실험실 등급) 또는 용제를 베어 다이 디캡슐레이션 후 초음파 세척에 사용할 수 있다.
- 기판 청소: 아세톤에 흠뻑 젖은 실험실 면봉으로 부드럽게 닦아야 한다. 이는 다이를 오염시키지 않게 보풀이 없어야 한다. 샘플을 조심스럽게 긁어서 본드 와이어가 느슨해지지 않게 한다.

10.2.2.2 디레이어링

최신 칩은 여러 메탈 레이어, 패시베이션 레이어, 바이어스, 접점, 폴리, 액티브 레이어로 이뤄져 있다. 리버스 엔지니어는 SEM이나 TEM을 사용해 레이어의 수, 금속 재료, 레이어 두께, 바이어스, 접점을 식별해 칩의 단면 이미징을 수행해야 한다. 단면 이미징의 정보는 디레이어링이 어떻게 수행돼야 하는지를 결정하므로 매우 중요하다.

칩이 디레이어링될 때 습식/플라스마 식각, 분쇄, 연마 등 여러 가지 방법을 동시에 사용할 수 있다. 리버스 엔지니어는 필요한 식각과 각 레이어를 제거하는 데 필요한 시간을 결정해야 한다. 레이아웃이 CMOS나 바이폴라와 같은 기술에 의존할 수 있기 때문이다 예를 들어 메모리 장치의 바이아는 다른 것들보다 훨씬 높으므로 많은 양의 물질을 제거해야 하기 때문에 식각하는 것이 어렵다. 표 10.3[34]에 몇 가지 유형의 금속, 필수 습식 식각이 표시돼 있다.

▼ 표 10.3 다양한 금속과 식각 공정에 대한 습식 식각 방법[34]

식각할 재료	화학비	비율	식각 프로세스와 코멘트
알루미늄(Al)	H_3PO_4:물:아세트산:HNO_3	16:2:1:1	PAN etch, 200nm/min @ 25℃; 600nm/min @ 40℃
알루미늄(Al)	NaOH:물	1:1	25℃에서 사용할 수 있지만, 더 높은 온도에서 식각 속도가 더 빠름
실리콘(Si)	HF:HNO_3:물	2:2:1	–
구리(Cu)	HNO_3:물	5:1	–
텅스텐(W)	HF: HNO_3	1:1	–
폴리실리콘(Si)	HNO_3:물:HF	50:20:1	산화물 먼저 제거, 540nm/min @ 25℃
폴리실리콘(Si)	HNO_3:HF	3:1	산화물을 먼저 제거; 높은 식각 속도: 4.2μm/min
실리콘, 이산화탄소, (SiO2) – 열매 재배	HF:물	1:100	매우 느린 식각, 1.8nm/min @ 25℃
실리콘, 이산화탄소, (SiO2) – 열매 재배	HF	–	매우 빠른 식각, 1.8nm/min @ 25℃
실리콘 니트라이드(Si3N4)	환류 인산염	–	180℃; 6.5nm/min @ 25℃; Si_3N_4를 제거하고자 플라즈마 식각이 선호됨

특정 레이어와 메탈의 디레이어링을 위해 식각이 결정되면 리버스 엔지니어는 패시베이션 레이어를 식각하는 것으로 시작한다. 그 후 리버스 엔지니어는 가장 높은 메탈 레이어의 이미지를 촬영하고 이후 메탈 레이어를 식각한다. 폴리와 액티브 레이어를 포함해 각 레이어에 대해 동일한 프로세스가 반복된다. 칩을 디레이어링시킬 때는 레이어 표면을 평면으로 유지해야 하며, 한 번에 한 개씩 각 레이어를 세심하고 정확하게 식각해야 한다[3, 4].

또한 칩의 레이어 두께는 제조 공정이 다양하기 때문에 달라질 수 있다. 가장 좋은 방법은 모든 디레이어링에 대해 하나의 다이를 사용하는 것이다. 예를 들어 네 개의 레이어를 갖는 칩에 대해 디레이어링을 할 때 리버스 엔지니어는 칩의 각 메탈 레이어에 대해 4개의 다이를 사용할 수 있다.

칩을 정확하게 디레이어링시키려면 실험실에 다음의 기계 장비 중 하나 이상을 갖고 있어야 한다[4]. 반자동 폴리싱 머신, 반자동 밀링 머신, 레이저, 겔 식각$^{gel\ etch}$, CNC 밀링 머신, 이온 빔 밀링 머신이 그것이다. 칩이 디레이어링되면 다음과 같은 문제에 맞닥뜨릴 수 있다[4].

- **레이어의 평탄성:** 레이어의 평탄성이 컨포멀^{conformal}이거나 평면화^{planarized}될 수 있다. 컨포멀된 레이어에서는 다른 레이어들과 바이어스들의 일부분이 동일한 평면상에 나타날 수 있다. 그러나 평면화된 레이어는 한 번에 하나의 레이어만 나타난다. 컨포멀 레이어는 더욱 어렵다.
- **재료 제거율:** 장비가 느리거나 빠를 수 있으므로 적게 식각^{underetch}하거나 과도한 식각^{overetch}을 할 수 있다.
- **다이 크기:** 두께, 길이, 폭은 다를 수 있다.
- **샘플 수:** 각 레이어를 별도로 이미지할 수 있는 부분이 충분하지 않을 수 있다(즉, 디레이어링을 정확하게 수행하지 않을 경우 레이어 정보가 누락될 수 있다).
- **재료의 선택비:** 원하는 물질은 제거하되 다른 물질은 제거하지 않도록 주의해야 한다(예를 들어 바이아에 영향을 주지 않고 메탈 레이어를 제거).

10.2.2.3 이미징

디레이어링 프로세스 동안 각 레이어에 포함된 모든 정보를 캡처할 때 수천 개의 고해상도 이미지를 촬영한다. 나중에 이 이미지들은 함께 묶어질 수 있고, 칩을 다시 만들고자 연구할 수 있다. 이미징을 목적으로 10.2.1절에서 다룬 것처럼 많은 고해상도 현미경과 X선 기계를 사용할 수 있다.

10.2.2.4 사후 처리

디레이어링 이후 사후 처리 또는 회로 추출은 (1) 이미지 처리, (2) 주석^{annotation}, (3) 게이트 레벨 회로도 추출, (4) 회로도 분석과 구성, (5) 게이트 레벨 회로도에서의 상위 레벨 넷리스트 추출 등의 단계로 구성된다. 이들 각 단계를 더 자세히 설명하면 아래와 같다.

이미지 처리: 많은 기능이 추가되고 IC의 크기가 작아지고 있어 수동으로 이미지를 촬영하는 것은 점점 더 어려워지고 있다[3]. 첨단 전기 실험실은 이제 IC와 PCB의 전체 레이어 이미지를 촬영하기 위해 장착된 자동화된 계측기기(X선, SEM, 디지털 현미경)를 사용한다. 이후 자동화된 소프트웨어를 사용해 최소한의 오류로 이미지를 함께 결합하고, 정렬 오류 없이 여러 레이어를 동기화할 수 있다. 또한 추출 전에 레이어의 접점과 바이아를 구성하는 것이 중요하다.

주석: 정렬된 레이어와 스티치된 이미지가 완료되면 회로의 추출이 시작된다. 프로세스 내에서 이 단계는 트랜지스터, 인덕터, 커패시터, 저항, 다이오드, 기타 구성 요소, 레이어, 바이아, 접점의 상호 연결을 기록하는 것이 포함된다. 회로 추출은 자동 또는 수동 공정일 수 있다. 예를 들어 Chipworks는 칩의 이미징된 모든 레이어를 살펴보고 추출에 맞게 정렬할 수 있는 ICWorks 추출기 도구를 갖고 있다[3]. 이 도구는 여러 개의 창에 있는 칩의 여러 레이어를 동시에 볼 수 있다. ICWorks 추출기 도구는 와이어와 장치의 주석에도 사용될 수 있다. 이미지 인식 소프트웨어(2D 또는 3D)는 디지털 논리의 표준 셀 인식에 사용된다. 자동 이미지 인식 소프트웨어는 디지털 셀의 큰 블록을 신속하게 추출하는 데 도움이 된다.

게이트 레벨 회로도 추출: 수동으로 영상을 촬영할 수 있기 때문에 때때로 영상이 불완전할 수 있다. 또한 디지털 셀에 대한 주석 프로세스와 이미지 인식에 오류가 발생할 수도 있다. 따라서 회로도 작성 전에 검증이 필요하다. 설계 규칙 검사는 최소 크기 형상이나 공간, 와이어 본딩, 바이어스, 연결과 관련된 문제를 탐지하는 데 사용할 수 있다[3]. 이 단계 이후 ICWorks와 같은 도구는 평면 회로도를 작성할 수 있는 상호 연결 넷리스트로 추출할 수 있다. 플로팅 노드, 쇼트된 입력이나 출력 또는 입출력이 없는 공급 장치, 네트가 있는지 회로도를 확인할 수 있다. 주석, 넷리스트, 회로도는 서로 의존적이므로 하나를 변경하면 다른 요소에 영향을 미칠 수 있다.

회로도 분석과 구성: 회로도 분석은 적절한 계층 구조와 설계 일관성을 갖고 신중하게 수행해야 한다. 회로도 분석과 구성을 위해 리버스 엔지니어는 데이터시트, 기술 보고서, 마케팅 정보, 특허와 같은 장치 공개 정보를 사용할 수 있다. 이는 구조와 회로 설계의 분석을 용이하게 하는 데 도움이 될 수 있다. 차동 쌍differential pairs과 밴드갭 레퍼런스bandgap references 같은 일부 구조는 쉽게 확인할 수 있다.

게이트 레벨 회로도에서 하이레벨의 넷리스트 추출: 벗겨진 IC에서 회로 추출을 수행한 후(회로도 도출derivation) 시뮬레이션을 사용해 칩의 기능을 분석하고 검증하기 위한 하이레벨의 디스크립션을 얻고자 여러 가지 기술[35~37]을 적용할 수 있다. [35]에 서는 작은 블록의 진리표를 계산하고, 공통 라이브러리 구성 요소를 찾고, 반복 구조를 찾고, 버스, 제어 신호를 식별해 회로 기능을 알고자 ISCAS-85 조합 회로의 게이트 레벨 도식에서 RE를 제안했다. [38]에서는 행동 패턴 마이닝에 기반을 둔 회로 구성 요소의 하이레벨 기능을 도출하기 위한 게이트 레벨 넷리스트의 RE를 제시한다. 이 접근 방식은 게이트 레벨 넷리스트의 시뮬레이션 트레이스에서 패턴 마이닝을 조합해 패턴 그래프에 대해 해석하는 것을 기반으로 한다. [38]은 디지털 회로의 게이트 레벨 넷리스트에서 연산을 지정할 수 있는 워드 레벨 구조를 자동으로 도출하는 방법을 제안했다. 논리 블록의 기능은 게이트 공유의 효과를 고려하면서 넷리스트의 워드 레벨 정보 흐름을 추출해 분리한다. [37]에 의해 모듈 경계가 있는 상위 레벨의 넷리스트를 식별하고자 다양한 알고리즘을 사용한다.

이 알고리즘은 레지스터 파일, 카운터, 가산기, 감산기와 같은 구성 요소의 기능을 확인하기 위한 검증에 적용된다.

10.2.3 칩 레벨 안티RE

IC의 안티RE에는 위장, 난독화, 기타 기술을 비롯한 몇 가지 접근법이 있다. 다음은 이러한 기술의 설명이다.

10.2.3.1 위장

셀 위장[39,40], 더미 접점과 같은 레이아웃 레벨 기술은 칩에서 RE를 수행하려는 공격자를 막는 데 사용할 수 있다. 위장 기법에서는 기능이 다른 표준 셀의 레이아웃이 동일하게 표시된다. 그림 10.8과 같이 다양한 기능을 사용할 수 있는 실제 접점과 더미 접점을 사용해 표준 게이트에 위장을 만들 수 있다. 그림 10.8(A)와 10.8(B)에는 두 개의 입력 NAND와 NOR 게이트의 레이아웃이 표시된다. 이러한 게이트 기능은 레이아웃으로 쉽게 식별할 수 있다. 이와는 대조적으로 그림 10.8(C)와 10.8(D)는 동일한 레이아웃으로 위장된 두 개의 입력 NAND와 NOR 게이트를 보여준다. 규칙적인 레이아웃이 표준 게이트에 사용할 경우 자동 이미지 처리 기술로 게이트의 기능을 쉽게 식별할 수 있다(그림 10.8(A)와 10.8(B) 참고). 위장(그림 10.8(C)와 10.8(D) 참고)은 자동화된 도구로 RE 수행을 더욱 어렵게 만든다. 설계의 위장 게이트 기능이 정확하게 추출되지 않으면 공격자는 잘못된 넷리스트를 얻게 된다.

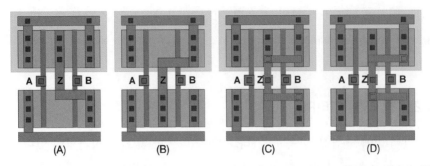

▲ 그림 10.8 (A) 표준 NAND 게이트와 (B) NOR 게이트. 이 게이트들은 상단 메탈 레이어를 보면 쉽게 구별할 수 있다. (C) 위장 NAND 게이트와 (D) NOR 게이트. 이 게이트는 동일한 상층 메탈 레이어를 가지므로 식별하기가 어렵다.

10.2.3.2 난독화

난독화 기술은 RE를 방지하려고 설계나 시스템을 더 복잡하게 만드는 것과 동시에 설계나 시스템이 오리지널과 동일한 기능을 갖게 하는 것이 포함된다. 참고 문헌을 보면 여러 가지 난독화 접근법을 확인할 수 있다[41, 42]. 넷리스트의 난독화를 통한 하드웨어 보호는 불법 복제와 탬퍼링에 대응해 사용할 수 있으며, 이 기술은 하드웨어 설계와 제조 프로세스의 모든 수준에서 보호를 제공할 수 있다[42]. 접근 방식은 게이트 레벨 IP 코어의 상태 전이 함수와 내부 논리 구조를 체계적으로 수정해 기능성을 난독화함으로써 달성된다. 회로는 난독화 모드를 통과해 회로의 '키'로 알려진 특정 입력 벡터에만 정상 모드로 동작한다.

[41]에서는 레지스터 전송 레벨^{RTL} 설계에서 특정 동적 경로 탐색을 위해 잠금을 해제할 수 있는 난독화 연동 기술을 제안했다. 회로에는 진입 모드(난독화)와 기능 모드의 두 가지 모드가 있다. 기능 모드는 특정 연동 코드 워드가 형성됐을 때 동작된다. 코드 워드는 입력에서 회로로 인코딩되며, 이는 진입 모드에서 기능 모드에 도달하기 위해 적용된다. 코드 워드는 전환 기능에 연동되며, 상태 기계와의 상호작용이 증가돼 RE에서 보호된다. 추가적인 이점은 연동하는 난독화로 인해 공격

자의 회로가 사소하게 변경될 수 있다는 것이다. 넓은 영역의 오버헤드를 갖고 있으므로 오버헤드 영역과 보호 수준 사이에 트레이드오프가 있다. 보호 수준이 높을수록 오버헤드가 커진다.

10.2.3.3 기타 기술

오늘날 대부분의 회사는 팹리스^{fabless}로, 칩의 제조가 아웃소싱된다는 것을 의미한다. 반도체 칩 파운드리에 칩을 제작할 수 있는 설계[43]가 전달된다. 생산되는 IC에 대한 제작 후 관리를 수행하고자 IC 하드웨어 미터링 프로토콜을 마련해 IC 불법 복제를 방지했다[10, 44]. IC는 액티브 미터링으로 식별할 수 있으며, 칩의 일부를 사용해 디자인 하우스의 잠금과 잠금 해제를 할 수 있는 프로세스다. 물리적으로 클론 불가능한 기능^{PUF, Physical Unclonable Functions}을 사용해 복제에서 보호할 수 있는 비밀키를 생성할 수 있다[44, 45]. PUF는 복제하기 어렵기 때문에 전체 칩의 RE와 복제는 가능하지만 리버스 엔지니어는 복제된 칩을 활성화할 수 없을 것이다.

[11]에서는 정보 흐름을 입력에서 출력으로 분리하는 재구성 가능한 논리 장벽 체계를 제안했다. 이 기법은 IC 불법 복제 방지를 위해 IC 사전 제작 단계에서 사용된다. 정보는 올바른 키로 전달될 수 있지만 잘못된 키라면 장벽이 흐름을 방해할 수 있다. 10.2.3.2절에 설명된 논리 장벽 체계와 난독화 기술 사이의 주요 차이점은 논리 장벽 체계가 무작위화된 것이 아니라 설계에서 장벽의 적절한 잠금 위치를 기반으로 한다는 것이다. 이 기법은 좀 더 잘 정의된 메트릭스, 노드 위치 지정을 활용하고 XOR 게이트에서 LUT^{Look-Up Table}까지 세분성을 향상시켜 최소 오버헤드로 장벽을 효과적으로 극대화하고자 사용된다.

IC 불법 복제에서 보호하고자 외부 키를 모든 칩에 배치할 수 있다. 이 방법을 집적 회로의 불법 복제 방지^{EPIC}라고 한다[15]. 이 키는 IP 소유자에 의해 생성되며 유니크하다. 제조업체는 칩이 작동하려면 IP 홀더로 ID를 전송해야 하고, IP 보유자는

ID로 칩의 활성화를 가능하게 하고자 활성화 키를 전송해야 한다. 랜덤 ID는 몇 가지 기술로 생성된다. 이 ID는 IC를 테스트하기 전에 생성된다. 이 키는 IC 복제가 RE에서 이뤄지는 것을 방지하고, 몇 개의 칩을 만들어야 하는지를 제어한다. EPIC 기술의 한계에는 IP 보유자와 복잡한 의사소통이 포함돼 있어 테스트 시간과 출시 시간에 영향을 미칠 수 있다. 또한 이 기술은 더 높은 레벨의 전력 소비를 필요로 한다.

[46]에서 승인되지 않은 제조를 방지하기 위한 버스 기반 IC 잠금과 활성화 방안을 제안했다. 이 기술은 중앙 버스의 스크램블링을 포함하므로 칩의 고유성을 보증하기 위한 수단으로 제조 현장에서 설계를 잠글 수 있다. 중앙 버스는 가역적 비트 순열과 대체에 의해 제어된다. 실수 생성기가 칩의 코드를 설정하고자 적용되고, 디피-헬만Diffie-Hellman 키 교환 프로토콜이 활성화 중에 사용된다.

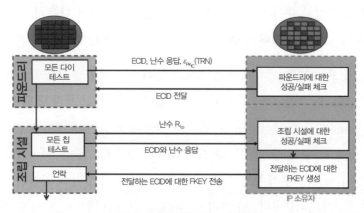

▲ 그림 10.9 보안 분할 테스트(SST) 개요

[47]에서는 SoC의 제조와 테스트 프로세스를 안전하게 하기 위한 보안 분할 테스트SST, Secure Split-Test라는 방법을 제안하고, SoC 설계자에게 제어권을 돌려줘 위조, 결함이나 규격에서 벗어난 SoC가 공급망에 진입하지 못하게 했다. SST에서 각 칩은 테스트 프로세스 동안 잠근다. SoC 설계자는 잠긴 테스트 결과를 해석하고 통과하는 칩을 잠금 해제할 수 있는 유일한 엔티티다. 이러한 방식으로 SST는 과잉

442

생산을 막을 수 있고, 칩이 공급망에 도달하는 것도 막을 수 있다. 또한 SST는 모든 칩에 대해 고유한 키를 설정해 공급망 공격에 대한 보안을 대폭 개선한다.

SST는 (1) 실수 난수 생성기^{TRNG}, (2) 실수 난수^{TRNs}를 위한 퓨즈 기반 저장 장치, (3) 공개키 암호화/복호화 장치, (4) 스캔 잠금 모듈, (5) 기능 잠금 블록으로 구성된다. SST의 개요는 그림 10.9에서 보여준다. Task 1에서 개발한 mod-EaaS 방식을 사용해 테스트를 시작하기 전에 ECID가 안전하게 생성됐다고 가정할 수 있다. 파운드리의 테스트 프로세스는 초기화 단계에서 시작되며, 여기서 TRNG는 TRN(Task 1의 프로토콜과 유사)을 생성해 비휘발성 메모리에 저장한다. 이 TRN은 테스트 응답을 독특하게 교란시키고 각 IC를 잠그는 데 사용된다. TRN은 IC 설계로 하드 코딩된 공용키 PKIC로 암호화함으로써 IP 소유자와 공유된다. TRN을 알면 IP 소유자는 IC가 테스트를 통과하는지 여부와 IC의 잠금을 해제하기 위한 키(FKEY라고 함)를 생성하는 방법을 결정할 수 있다. IP 소유자는 다이 패스$^{die\ pass}$를 식별하고 해당 ECID를 파운드리에 보낸다. 파운드리는 패키지를 위해 통과하는 다이만을 조립 시설로 보낸다. IP 소유자는 각 IC에 대해 난수 RIP를 조립 시설에 보낸다. RIP는 테스트 프로세스 중에 파운드리/조립 시설이 결탁할 경우 공정에 무작위를 추가한다. 조립 시설과 IP 소유자 간에 유사한 통신이 이뤄진다. IP 소유자는 FKEY를 생성해 테스트를 통과한 IC에 대해서만 관련 ECID와 함께 조립 시설로 보낸다. FKEY는 해당 IC의 비휘발성 메모리에 기록돼 잠금을 해제한다.

10.2.4 보드 레벨 RE

보드 레벨 RE의 목적은 보드의 모든 구성 요소와 이들 사이의 연결을 식별하는 것이다. 설계에 사용되는 모든 구성 요소를 BOM$^{Bill\ Of\ Material}$[1]이라고 한다. PCB의 구성 요소와 부품은 마이크로프로세서, 마이크로컨트롤러, 디커플링 커패시터, 차동 쌍$^{differential\ pairs}$, DRAM, NAND 플래시, 시리얼 EEPROM, 시리얼 NOR 플래시, 크리스털/오실레이터 중 하나가 될 수 있다. 실크스크린 마킹, 고속 직렬/병렬 포트, 프로그램/디버그 포트, JTAG, DVI, HDMI, SATA, PCI, 이더넷[Ethernets], 프로그램/디버그 포트, 디스플레이 포트가 있을 수 있다[3. 48]. PCB의 구성 요소, 테스트 포인트, 부품을 식별하고자 실크스크린 마킹[silkscreen markings]을 자주 사용한다[1]. 예를 들어 D101은 다이오드, Z12는 제너 다이오드[zener diode]다.

칩과 다이 마킹을 통한 IC 식별: PCB에 탑재된 일부 전자 부품은 IC 마킹을 사용해 쉽게 식별할 수 있지만 완전한 커스텀 IC와 준커스텀 IC는 식별하기 어렵다. 실크스크린 주석과 함께 표준 기성 부품을 사용하면 RE 프로세스에 도움이 된다. IC에 표시가 없는 경우 제조업체의 로고는 칩의 기능에 대한 아이디어를 제공할 수 있다. 자체 개발되는 커스텀 부품은 문서화되지 않았거나 비공개 계약하에서만 문서가 제공될 수 있기 때문에 식별하기 어렵다[1].

IC 마킹은 다음과 같이 네 부분으로 나눌 수 있다[49].

- 첫 번째는 접두어로, 제조업체를 식별하는 데 사용되는 코드다. 제조업체가 여러 개의 접두어를 갖고 있을 수 있지만 한 자리에서 세 자리 사이의 코드를 가진다.
- 두 번째 부분은 장치 코드로, 특정 IC 유형을 식별하는 데 사용된다.
- 다음 부분은 접미어로, 패키지 유형, 온도 범위를 식별하는 데 사용된다. 제조업체들은 접미어를 자주 수정한다.
- 날짜에 4자리 코드가 사용되며, 여기서 첫 번째 두 자리는 연도를, 마지막 두 자리는 요일을 식별한다. 또한 제조업체들은 날짜를 자신이 알고 있는 형식으로만 암호화할 수 있다.

첫 번째와 두 번째 라인에 대한 텍사스 인스트루먼트[TI, Texas Instruments] 칩의 마킹 규칙이 그림 10.10에 나타나 있다. TI 칩은 상표권과 저작권에 관련된 정보가 포함된 3번째와 4번째 라인을 옵션으로 갖고 있다. 제조업체와 IC 마킹을 확인한 후 리버스 엔지니어는 인터넷에서 이용할 수 있는 데이터시트에서 칩의 상세한 기능을 찾을 수 있다[50, 51].

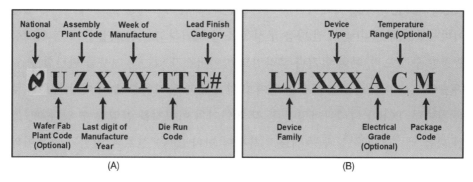

▲ 그림 10.10 (A) 첫 번째 라인과 (B) 두 번째 라인에 대한 TI 칩에 규칙을 표시한다.

IC 마킹을 판독할 수 없는 경우는 현장에서 이전에 사용돼 희미해지거나 제조업체가 보안 목적으로 표시를 하지 않았기 때문인데, 리버스 엔지니어는 패키지를 벗겨내고 다이 마킹을 판독해 제조자와 칩의 기능을 식별할 수 있다[49]. 다이 마크는 마스크 번호, 부품 번호, 다이 마스크 완료 날짜 또는 저작권 등록, 회사 로고, 상표 기호를 식별하는 데 도움이 될 수 있다. 다이 마크는 제조업체에 따라 패키지 마크와 일치할 수 있다. 그런 다음 데이터시트 정보를 사용해 다이를 평가할 수 있다. 다이 마크는 동일한 제조자가 만든 칩 제품군 내에서 유사하다[52]. 그래서 누군가가 하나의 칩의 기능을 찾을 수 있다면 그 사람은 해당 칩셋의 기능을 식별할 수 있다. 해당 제품군에서 칩이 공유하는 거의 비슷한 다이 마크 때문이다. 예를 들어 퀄컴 MSM8255 프로세서는 기능과 설계 모두에서 MSM7230과 동일하며, 두 칩은 스냅드래곤 IC 제품군[52]에 속한다. 이 두 칩 사이의 유일한 차이점은 클릭 속도다. 리버스 엔지니어는 PCB의 구성 요소를 확인한 후 PCB 유형을 식별하려 할 것이며, 단측(한 개의 구리 레이어), 양면(2개의 구리 레이어) 또는 다중 레이어일 수 있다. 다중 레이어 PCB에서는 칩이 앞면과 뒷면, 그리고 내부 레이어를 통해 서로 연결된다. 내부 레이어 중 일부는 전원과 접지 층으로 사용된다. 서로 다른 레이어의 도체는 바이어스와 연결돼 있으며, 이러한 연결을 식별하고자 디레이어링이 필요하다.

PCB의 파괴 분석: PCB 디레이어링 전에 모든 외부 레이어 구성 요소의 배치와 방향 이미지를 캡처한다[1]. 그런 다음 구성 요소를 제거하고 드릴로 뚫은 구멍 위치를 관찰할 수 있으며, 묻혀 있거나 블라인드 바이어스가 있는지 여부를 판단할 수 있다. PCB 디레이어링 프로세스는 칩에 대한 설명과 유사하므로 더 이상 다루지 않을 것이다. PCB가 디레이어링된 후 각 레이어의 이미지를 촬영할 수 있다[48]. 그런 다음 레이어의 구성과 두께를 기록해야 한다. 고속 신호의 임피던스 제어와 PCB의 특성을 추적하는 것이 중요하다. 유전 상수dielectric constant, 프리프레그 위브 두께prepreg weave thickness, 레진 종류resin-type도 확인해야 한다[1].

X선 단층 촬영을 이용한 PCB의 비파괴 3D 이미징: X선 단층 촬영은 비침투적 이미징 기법으로, 오버 레이어와 언더 레이어 구조의 간섭 없이 대상의 내부 구조를 시각화할 수 있다. 이 방법의 원리는 2D 이미지 스택을 획득한 다음, 직접 푸리에 변환direct Fourier transform, 센트럴 슬라이스 이론center slice theory[53]과 같은 수학적 알고리즘을 사용해 3D 이미지를 재구성하는 것이다. 이러한 2D 투영은 최종 이미지에 필요한 품질에 따라 다양한 각도에서 수집된다. 치수, 재료 밀도, 소스/검출기 거리, 소스 파워, 검출기 목표, 필터, 노출 시간, 투영 수, 중심 이동, 빔 경화와 같은 객체 특성은 단층 촬영 프로세스 매개변수를 선택할 때 고려해야 한다. 3D 이미지가 재구성될 때 내부와 외부 구조가 분석할 준비가 될 것이다[48]. 이러한 매개변수에 대해 올바른 값을 선택하는 방법의 논의는 이 문서의 범위를 벗어난다. 단층 촬영 매개변수의 자세한 내용은 [54]에서 확인할 수 있다.

예를 들어 Zeiss Versa 510 X선 기계를 사용해 4개의 레이어 커스텀 PCB의 트레이스와 바이아 홀이 분석된다[55]. 보드의 기능을 관찰할 수 있게 하고자 미세한 픽셀 크기를 선택해 이미지 품질을 높였다. 몇 차례의 최적화 후 최상의 품질 이미지를 얻기 위한 단층 촬영 매개변수를 선택한다. 이 프로세스는 매개변수를 설정한 후

완전히 자동화되며, 감독할 필요 없이 수행될 수 있고, 대부분의 PCB에 광범위하게 적용된다.

▲ 그림 10.11 샘플 홀더에 장착된 PCB

그림 10.11에서 4개의 레이어 커스텀 보드의 경우 모든 트레이스, 연결, 바이아 홀이 명확하게 포착된다. 단층 촬영 방식의 효과성을 검증하고자 PCB를 생산할 때 사용한 보드 설계 파일과 결과를 비교한다. 보드에는 앞면과 뒷면, 그리고 두 개의 내부 레이어가 포함된다. 내부 레이어는 전원과 접지에 해당한다. 바이아 홀은 보드의 양면에 있는 트레이스를 연결하며, 전원이나 접지 레이어에도 연결된다. 내부 동력 레이어는 그림 10.12의 설계 레이아웃에 제시돼 있다.

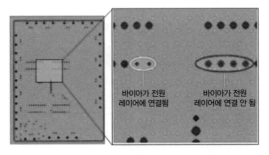

▲ 그림 10.12 내부 전원 레이어의 레이아웃 설계

보드의 3D 이미지는 수천 개의 가상 2D 슬라이스를 조합해 재구성된다. 이 슬라이스는 별도로 보고 분석할 수 있다. 각각의 두께는 픽셀 크기(즉, 50μm)와 같다. 그림 10.13에는 하나의 슬라이스가 제공돼 내부 전원 레이어의 정보를 보여준다.

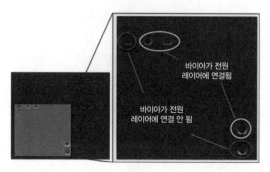

바이아가 전원
레이어에 연결됨

바이아가 전원
레이어에 연결 안 됨

▲ 그림 10.13 가상 슬라이싱은 파워 레이어를 나타낸다.

단층 촬영 결과와 보드의 설계 레이아웃을 비교해보면 연결된 구멍과 내부 층에 연결되지 않은 구멍 사이의 분명한 차이를 알 수 있다. 솔더 조인트$^{soldered\ joints}$는 높은 X선 흡수 재료를 구성하며, 관련된 픽셀에 대해 흰색 콘트라스트를 만든다. 그러나 플라스틱은 밀도가 낮고 X선 투명성이 높아 어두운 콘트라스트를 이룬다. 그러므로 어떤 바이아 홀이 내부 레이어에 연결돼 있는지 쉽게 판단할 수 있다. 그림 10.14와 같이 동일한 원리로 인해 보드의 측면 레이어에서 트레이스를 감지할 수 있다.

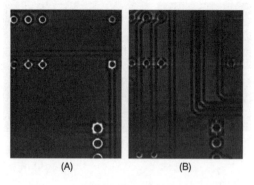

(A)   (B)

▲ 그림 10.14 PCB의 (A) 상부와 (B) 하부 레이어 재구성

이미징 후 넷리스트 추출: 디레이어링 또는 X선 단층 촬영을 통해 PCB의 이미지를 캡처한 후 모든 구성 요소 간의 연결을 검색해 PCB 레이아웃 넷리스트를 만들 수 있다. 그런 다음 상용 도구를 사용해 레이아웃을 회로도로 다시 변환할 수 있다[56].

수집된 이미지에서 넷리스트를 생성하려면 다음 사항을 확인해야 한다.

- 원본 보드의 구성 요소 간 연결(데이터시트가 원래 기능에 대한 연결을 찾는 데 도움이 될 수 있음)
- 예상치 못한 쇼트와 먹통이 된 Vdd
- 구성 요소 사이의 핀 연결

이전 작업에서 X선 이미징을 분석하는 데 몇 가지 기법이 사용됐다[57, 60]. 우Wu와 동료[57]는 PCB에 대해 육안 검사 시스템을 사용한다. 제거 감산법을 사용해 검사된 이미지에서 완벽한 PCB 이미지(템플릿)를 빼내고 PCB에서 결함을 찾아내는 방법이다. 매트Mat와 동료[58]는 모폴로지 연산morphological operation을 사용해 원시 PCB 이미지(입력)에 구조화 기법을 적용했다. 그 후 dilation과 erosion 함수가 적용돼 PCB 트랙의 미세한 세그먼트화된 이미지를 얻을 수 있다. 코토제라스Koutsougeras와 동료[59]는 구성 요소와 연결부를 식별하는 데 사용되는 이미지 처리 기법을 포함하는 자동 Verilog HDL 모델 생성기를 적용했다. 이후 회로 그래프가 얻어지며, 보드의 기본 회로도에 해당한다. 마지막으로 Verilog HDL은 회로 그래프에서 생성된다. 성능 테스트에는 Verilog XL 시뮬레이터가 사용된다. 회로 카드 어셈블리/PCB의 레이어는 [60]의 X선 스테레오 이미징을 사용해 분리된다. 초점은 다중 레이어 PCB의 여러 레이어에 있는 솔더 조인트와 트레이스를 식별하는 것이다. 자동화된 공정 기술에서는 1개 또는 2개의 레이어 PCB에서 사진을 촬영한다. 그런 다음 C++ 프로그램을 사용해 자동으로 넷리스트를 리버스 엔지니어링한다.

10.2.5 보드 레벨 안티RE

PCB 레벨 RE로부터 완전한 보호를 보장하기는 어려운 작업이며, 안티RE 방법의 목적은 RE를 엄청난 비용이 들어가게 하고 시간을 소모하게 만드는 것이다. PCB 레벨 안티RE 기법의 요약은 다음과 같다[1].

1. Torx와 같은 탬퍼 방지 피팅^{Tamper-proof fitting}, 커스텀 나사 모양, 접착식 인클로저, PCB 주위의 공간을 완전히 포팅해 물리적 공격에서 보호할 수 있다.

2. 커스텀 실리콘, 표시하지 않은 IC, 최소한의 수동 구성 요소를 가진 실크스크린 누락, 인터넷의 정보 부족으로 RE를 복잡하게 만들 수 있다. 또한 실리콘에서 JTAG와 디버그 포트를 제거하면 RE 프로세스가 더 어려워질 수 있다.

3. 볼 그리드 배열^{BGA, Ball Grid Array} 장치는 핀이 노출되지 않기 때문에 더 좋다. PCB 보드의 백투백 BGA 배치가 가장 안전할 수 있는데, PCB의 어느 쪽이든 제어되는 깊숙한 드릴링으로 라우팅되지 않은 JTAG 핀에 액세스할 수 없기 때문이다. 백투백 BGA 배치의 경우 PCB를 다중 레이어로 해야 하므로 레이어별 분석용 RE 비용이 증가한다. 문제는 백투백 BGA 패키징이 복잡하고 비용이 많이 든다는 것이다.

4. 장치가 비정상적인 방식으로 작동하고 있다면(예를 들어 주소와 데이터 버스가 뒤섞여 있다면) 장치의 기능을 찾기가 어려울 것이다. 난독화(즉, 사용된 핀과 사용되지 않은 핀 사이의 배선 연결, 프로세서에서 신호를 라우팅하는 예비 입력과 출력을 갖는 것, 버스를 동적으로 뒤죽박죽 처리하며 PCB 실크스크린 주석을 뒤죽박죽 처리하는 것)는 RE 프로세스를 복잡하게 할 수 있다. 그러나 이러한 기술들은 더 복잡한 칩과 복잡한 설계 방법을 사용해야 한다.

위의 방법 중 다수는 구현하기 어렵고 설계와 제조비용을 상당히 증가시킬 수 있다. 표 10.4는 보드 레벨[1]에서 안티RE 기법의 효과를 보여준다. 설계비용, 제조 영향, RE 비용 파악에 따라 총 5가지 레벨이 스케일링에 사용된다.

▼ 표 10.4 보드 레벨에 대한 안티RE 기법의 구현 과제

안티RE 기술	설계비용	제조비용 영향	RE 비용
Torx와 커스텀 정의 나사 등의 탬퍼 방지 피팅	중간	낮음	매우 낮음
PCB 주변 공간 완전히 포팅	낮음	중간	낮음
최소 패시브 구성 요소가 있는 실크 스크린 누락	낮음	낮음	낮음
사용자 지정 실리콘과 표시되지 않은 IC	낮음	중간	낮음
BGA 장치	낮음	높음	높음
라우팅, 내부 신호, 레이어만	중간	높음	중간
다중 레이어 PCB	높음	중간	매우 높음
블라인드와 매립된 바이아 사용	중간	매우 높음	중간
동적으로 뒤섞인 버스	낮음	매우 낮음	낮음
ASIC 통과하는 경로	매우 높음	중간	높음
FPGA를 통과하는 경로	중간	중간	중간
JTAG과 디버그 포트 제거	낮음	중간	낮음

10.2.6 시스템 레벨 RE

칩과 PCB 레벨 RE 프로세스에서의 목적은 설계의 기능과 상호 연결을 나타내는 임베디드 시스템의 칩, 보드의 넷리스트를 얻는 것이다. 설계가 완벽하게 가능하게 하려면 펌웨어로 정의된 시스템 작동 코드와 제어 명령도 검색해야 한다. 이는 시스템 레벨 RE라고 한다.

ASIC와 MCU/DSP를 포함하는 임베디드 시스템 설계와 병행해 현대 제품 설계에서 시장 점유율이 증가하고 있는 FPGA 기반 설계가 있다. 하드웨어 기능과 상호

연결(넷리스트^{netlist}라고 함)이 바이너리 구성 파일(비트스트림이라고 함)에 동봉돼 있는 점을 고려하면 FPGA의 RE 프로세스는 주로 칩 레이아웃의 기하학적 특성에 기초하고 있는 ASIC 칩 레벨 RE와는 완전히 다르다(10.2.2절 참고). 여기서 FPGA RE는 MCU, DSP 등의 펌웨어와 넷리스트 정보 모두 NVM 장치에 저장되므로 시스템 레벨 RE로도 분류된다.

이 절에서는 먼저 다양한 NVM 스토리지 장치를 소개하고, 그에 따라 펌웨어/넷리스트를 추출하는 데 사용되는 RE 방법을 설명한다.

10.2.6.1 펌웨어/넷리스트 정보 표현

펌웨어, 넷리스트 정보는 ROM(읽기 전용 메모리), EEPROM^{Electrically Erasable Programmable ROM} 또는 플래시 메모리를 통해 저장할 수 있다. ROM은 메모리의 일종으로, 제조 과정에서 이진 비트가 프로그래밍된다. 현재 ROM은 저렴한 셀당 비용, 고밀도, 빠른 접속 속도 때문에 여전히 가장 인기 있는 스토리지 미디어에 속한다. ROM 물리적 구현의 관점에서 볼 때 ROM 장치는 일반적으로 그림 10.15와 같이 4가지 유형[61]으로 분류할 수 있다.

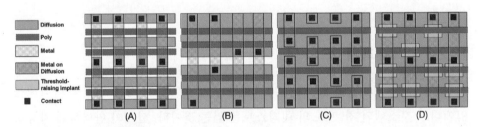

▲ 그림 10.15 (A) 액티브 레이어 프로그래밍 ROM, (B) 접점 레이어 프로그래밍 ROM, (C) 메탈 레이어 프로그래밍 ROM, (D) 임플란트 프로그래밍 ROM

- **액티브 레이어 프로그래밍 ROM:** 논리 상태는 트랜지스터의 유무에 의해 표현된다. 그림 10.15(A)와 같이 트랜지스터는 확산 영역^{diffusion area}에 폴리실리콘을 브리징함으로써 제작된다.

452

- **접점 레이어 프로그래밍 ROM**: 그림 10.15(B)에 표시된 것처럼 수직 금속 비트라인을 확산 영역과 연결하는 바이아의 유무에 따라 인코딩된다.
- **메탈 레이어 프로그래밍 ROM**: 바이너리 정보는 트랜지스터를 단락시켜 인코딩되거나 그림 10.15(C)와 같이 인코딩되지 않는다.
- **임플란트 프로그래밍 ROM**: 다른 논리 상태는 확산 영역의 다른 도핑^{doping} 레벨에 의해 좌우된다(그림 10.15(D) 참고). 일반적으로 도핑 레벨이 높을수록 on/off 전압이 높아져 트랜지스터가 비활성화된다.

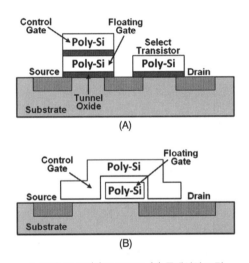

▲ 그림 10.16 (A) EEPROM, (B) 플래시의 그림

ROM에 비해 EEPROM은 사용자에게 콘텐츠를 재프로그래밍할 수 있는 기능을 제공한다. 그림 10.16(A)와 같이 EEPROM에서 하나의 비트 셀은 플로팅 게이트 트랜지스터^{FGT}와 셀렉트 트랜지스터ST라는 두 개의 트랜지스터로 구성돼 있다. FGT에는 컨트롤 게이트^{CG}와 플로팅 게이트^{FG}라는 두 개의 게이트로 덮여 있다. 비트 셀의 논리 상태는 FG에 저장된 전자의 유무에 의해 FGT에 인코딩된다. 전기적으로 격리된 FG는 전원이 꺼졌을 때 전자를 유지할 수 있다. 플래시 메모리(그림 10.16(B) 참고)는 논리 상태와 무관한 ST의 부재를 제외하고 EEPROM과 거의 동일

한 구조를 가지며, EEPROM만 바이트 주소 지정이 가능하다.

FPGA 비트스트림은 기본적으로 FPGA에서 넷리스트 정보를 인코딩하는 비트의 벡터로, 가장 낮은 추상화 레벨에서 하드웨어 자원 사용, 상호 접속, 초기 상태를 정의한다. 논리 블록은 조합 논리 게이트와 레지스터 같은 기본 디지털 회로 프리미티브를 나타내도록 구성됐다. 연결 블록과 스위치 블록은 서로 다른 논리 블록 사이의 상호 연결이 되도록 구성된다. I/O 버퍼, 임베디드 RAM, 멀티플레이어와 같은 다른 하드웨어 자원은 다른 요건에 따라 프로그래밍할 수 있다. 따라서 넷리스트에 관한 모든 정보는 비트스트림 파일에서 얻을 수 있다.

10.2.6.2 ROM RE

ROM 내용을 리버스 엔지니어링하려면 현대의 광학 현미경과 전자 현미경을 이용해 다음과 같이 각 셀의 이진 상태를 관찰할 수 있다.

- **액티브 레이어 프로그래밍 ROM**: 메탈 레이어와 폴리 레이어는 아래의 액티브 레이어를 가리기 때문에 10.4절에 설명한 디레이어링 접근 방식을 사용해 제거해야 한다.

- **접점 레이어 프로그래밍 ROM**: 메탈 레이어와 폴리 레이어를 디레이어링할 필요가 없는 경우가 많기 때문에 이런 종류의 ROM을 리버스 엔지니어링하는 것이 훨씬 쉽다. 비교적 오래된 ROM 기술에서는 접점 레이어가 뚜렷하게 나타나지만 최신 기술에서는 관찰가능하기 전에 접점 레이어를 노출시키고자 약간의 디레이어링이 필요하다.

- **메탈 레이어 프로그래밍 ROM**: 이러한 유형의 ROM은 디레이어링 과정을 수행할 필요 없이 현미경으로 직접 관찰할 수 있다.

- **임플란트 프로그래밍 ROM**: 이 유형의 ROM은 서로 다른 논리 상태가 동일하게 나타나기 때문에 광학 현미경 검사에 본질적으로 대책이 있다. 다른 도

핑 레벨의 영향을 관찰하려면 두 논리 상태를 분리하고자 추가 도펀트 선택적 결정학적 식각 기술$^{dopant-selective\ crystallographic\ etch\ techniques}$[62]을 사용해야 한다.

일반적으로 ROM은 RE에 대해 제한적으로 보호를 제공한다. 모든 유형의 ROM 중에서 메탈 레이어 프로그래밍 ROM은 최악의 보안을 제공한다. 메탈 레이어는 거의 노력 없이 쉽게 얻을 수 있는 반면, 임플란트 프로그래밍 ROM은 최고 수준의 보호를 제공한다.

10.2.6.3 EEPROM/플래시 RE

EEPROM과 플래시 메모리는 구조가 비슷하고 논리 스토리지 메커니즘이 동일하기 때문에 (앞서 설명한 바와 같이) 동일한 절차로 리버스 엔지니어링을 하는 경우가 많다. EEPROM/플래시가 기하학적 차이가 아니라 전자에 의해 다른 상태를 나타낸다는 점을 고려하면 X선 기술을 사용해 내용을 검출할 수는 없다. 또한 SEM과 TEM 같은 FG에서 전자^{electron}를 디레이어링하고 측정하려는 어떠한 시도는 전자 분포를 변경시켜 내부의 내용을 교란할 것이다.

꽤 오랫동안 EEPROM/플래시 기술은 RE에 대한 가장 강력한 메모리 방어 기술로 여겨져 왔다. 최근에 EEPROM/플래시의 내용을 정확하게 추출하려면 매우 비싸고 전문화된 장비가 필요하지만 몇 가지 방법[63~65]이 제안됐다. 기존의 전면 디레이어링과 이미징은 FG의 전하^{charge}를 사라지게 하므로 메모리 뒷면에서 다음 두 가지 방법을 적용한다[63].

스캐닝 켈빈 프로브 현미경^{SKPM} 절차: 스캐닝 켈빈 프로브 현미경 절차[66]는 그림 10.16(A)와 같이 트랜지스터 채널로 FG를 격리하는 두께 10nm의 터널 산화물 층을 통해 FG 전위를 직접 조사한다. 따라서 첫 번째 단계는 메모리 뒷면에서 실리콘을 제거하고 FG의 충전/방전을 방지하고자 산화 터널 층을 손상되지 않은 상태로 두는 것이다. 그런 다음 프로브 팁에 DC 전압을 적용해 SKPM 스캔에서 비트 값을 읽을 수 있다. 그림 10.17(A)와 같이 SKPM의 스캐닝 데이터는 팁과 메모리 셀 사이 전위 차이의 2D 분포를 보여준다. 충전된 FG('0'과 관련됨)와 팁의 전위차는 충전되지 않은 FG('1'과 관련됨)와 팁 사이의 전위차보다 훨씬 높기 때문에 비트 '0'(그림 10.17(A)의 검정색으로 표시됨)의 밝은 영역으로 된다.

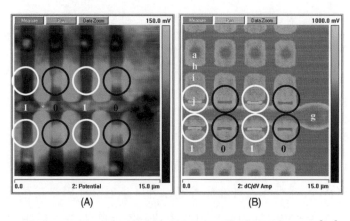

▲ 그림 10.17 (A) SKPM 스캔과 (B) 플래시 메모리의 뒷면에서 SCM 스캔[64]

스캐닝 커패시턴스 현미경SCM 절차: SKPM 절차와 달리 SCM 절차는 팁(접촉 모드의 샘플 포함)과 고감도 커패시턴스 SCM 센서[67] 사이의 커패시턴스 변화를 측정한다. 이 홀이 트랜지스터 채널에 FG의 기존 전자와 결합된다는 점을 고려할 때 SCM 센서는 캐리어(홀) 농도를 프로빙해 논리 상태를 감지한다. 따라서 뒷면 디레이어링은 트랜지스터 채널이 손상되지 않도록 50~300nm의 실리콘 두께를 유지해야 한다. 그런 다음 그림 10.17(B)와 같이 비트 정보는 읽을 수 있다. SCM 신호는 충전된 FG('0'과 관련됨)가 더 어두운 신호(검은색 원으로 표시됨)를 나타내며, 이는 고밀도 홀과 일치한다.

SKPM 절차와 SCM 절차 간의 비교는 표 10.5에 요약돼 있다. 기술 확장으로 90nm 노드 NAND 플래시의 경우 FG에 저장된 전자가 1000개 미만으로 감소했다[64]. 이 경우 SKPM 절차는 더 이상 두 가지 논리 상태를 정확하게 인식할 수 없는 반면, SCM은 여전히 우수한 성능을 발휘한다.

▼ 표 10.5 SKPM 절차와 SCM 절차의 비교

속성	SKPM 절차	SCM 절차
디레이어링 위치	뒷면	뒷면
디레이어링 깊이	전체 실리콘	50~300nm 두께
감도	낮음	높음
측정된 캐리어	전자(Electrons)	홀(Holes)
측정된 매개변수	잠재적	커패시턴스
동작 모드	비접점	접점
애플리케이션	전체 EEPROM과 일부 플래시	모든 EEPROM과 플래시

10.2.6.4 FPGA RE

FPGA RE에는 구성 비트스트림 파일을 분석하고 비트스트림 파일을 RTL의 모든 구성 요소와 상호 연결로 구성된 하드웨어 넷리스트로 변환하는 작업을 포함한다. 이를 위해 해커들은 플래시 메모리에서 비트스트림 파일에 액세스하고, 비트스트림을 해독(암호화된 경우)하고, 마지막으로 비트스트림 파일과 넷리스트 사이의 매핑 관계를 구축해야 한다.

비트스트림 액세스: SRAM 기반 FPGA는 SRAM에 논리 셀 상태를 저장하므로 전력 손실 후 데이터를 유지할 수 없다. 따라서 외부 NVM 장치(일반적으로 플래시)를 채택해 구성 비트스트림 파일을 보관하고 시스템 부팅 시 비트스트림 파일을 전송해 FPGA에서 SRAM을 시작한다. 비트스트림 파일과 FPGA가 분리돼 있어 비트스트림 파일의 내용을 쉽게 덤프할 수 있다. 논리 분석기를 사용하면 JTAG 데이터와 커맨드라인을 쉽게 도감청해 시동 중 FPGA와 플래시 메모리 간의 통신을 캡처할 수 있다.

비트스트림 암호 해독: FPGA의 보안 수준을 높이고자 대부분의 FPGA 제조업체는 트리플 DES^{Triple Data Encryption Standard}와 AES^{Advanced Encryption Standard} 같은 암호화 표준을 사용해 플래시 메모리에 저장하기 전에 비트스트림 파일을 암호화한다[68]. 이제 도청된 암호화한 비트스트림은 FPGA 내부에 암호키가 숨겨져 있는 한 RE에 대한 어떠한 정보도 알아내지 못할 것이다.

FPGA RE의 비트스트림 암호 해독 프로세스는 전적으로 공격자의 키 발견 능력에 달려 있다. 일반적으로 키는 암호화된 비트스트림을 FPGA에 로드하기 전에 FPGA를 프로그래밍해 내장된 NVM에 저장된다. 암호키를 알아내기 위한 침투적, 파괴적인 공격은 일반적으로 불가능하며, 비밀키를 제로화하고자 FPGA에서 탬퍼 감지를 트리거한다. 지금까지 SRAM 기반 FPGA에 대한 성공적인 침입 공격에 관한 공개 보고서는 존재하지 않는다.

최근에는 여러 주류 FPGA 시리즈[69~71]의 비트스트림 암호화가 사이드 채널 공격^{SCA}에 취약하다고 보고됐다[72]. 기본적으로 SCA는 물리적 정보(전력, 타이밍, 전자기 방출)와 FPGA 구현의 특정 하드웨어 운영 사이의 관계를 이용하기 위한 비침투적 공격이다. 자일링스^{Xilinx} VirtexII Pro FPGA의 트리플 DES 암호화된 비트스트림 파일은 [69]에서 처음으로 SCA에 의해 성공적으로 해독됐다. 누출된 타이밍과 전력 소비 정보는 FPGA 내의 전용 하드웨어 엔진에 의해 암호화된 비트스트림이 해독될 때 수집됐다. 수집된 전력 소비량과 타이밍 동작을 분석함으로써 내부 트리플 DES 모듈의 가상 구조를 확인할 수 있다. 마지막으로 분할 정복식^{divide-and-Conquer} 접근법을 적용해 키의 작은 부분(예, 트리플 DES의 경우 6비트)을 추측하고 검증해 계산의 복잡성을 감소시킨다. 이 프로세스는 전체 키를 얻을 때까지 반복된다. 좀 더 진보된 암호화 모듈(AES-256)을 채용한 최근의 자일링스 FPGA(Virtex-4와 Virtex-5)는 좀 더 정교한 유형의 상관관계 전력 분석으로 [70]에서 해독됐다[73].

비슷한 방법으로 FPGA에서 암호 해독 블록이 작동하고 있는 동안 FPGA 전력 소비 또는 전자기 방사선이 측정된다. 좀 더 최근에는 알테라의 Stratix II와 Stratix III

FPGA 제품군의 암호키도 같은 SCA[71]에 의해 공개됐다. 이전의 모든 공격이 몇 시간 내에 이뤄질 수 있다는 사실은 비트스트림 암호화의 취약점을 드러내는 것이다.

비트스트림 반전: 비트스트림 파일을 해당 하드웨어 넷리스트로 변환하기 전에 일반적으로 FPGA 공급업체가 문서화해 비트스트림 구조를 이해하고 온라인으로 접속할 수 있어야 한다. 일반적으로 비트스트림 파일은 명령 헤더, 구성 페이로드, 명령 바닥글, 시작 시퀀스의 네 부분으로 구성된다. 자일링스 FPGA의 경우 구성 페이로드에 의해 구성 포인트(LUT, 메모리, 레지스터, 멀티플렉서 등)와 프로그래밍 가능한 상호 연결 지점(스위치 박스)이 결정된다. 비트스트림 반전의 목적은 구성 포인트가 있는 구성 페이로드와 프로그래밍 가능한 상호 연결 지점 간의 매핑 관계를 알아내는 것이다. 그러나 이러한 매핑 관계는 독점적이며 문서화되지 않아 비트스트림 파일 자체가 하드웨어 넷리스트를 보호하기 위한 난독화된 설계의 역할을 하게 된다. 지난 10년 동안 비트스트림 반전을 달성하려는 시도가 여러 번 있었다.

- **부분적인 비트스트림 반전:** 이러한 종류의 비트스트림 반전은 비트스트림 파일에서 LUT, 구성 가능한 논리 블록과 가산기 같은 FPGA에서 구성 가능한 특정 블록 추출에만 중점을 둔다. [75]는 자일링스 Virtex-II FPGA에서 LUT의 내용을 추출해 임베디드 IP 코어를 식별할 수 있는 가능성을 보여준다.
- **전체 비트스트림 반전:** [76]에서 처음으로 비트스트림 파일을 넷리스트로 변환하려고 시도한다. 설정 이론 알고리즘과 교차 상관 알고리즘[76]은 비트스트림 비트를 FPGA의 관련 리소스(구성 지점과 프로그램 가능 상호 연결 지점)에 연결하는 데이터베이스를 구축하는 데 사용됐다. 그런 다음 데이터베이스를 활용해 자일링스 Virtex-II, Virtex-4 LXT, Virtex-5 LXT FP GAs에서 주어진 비트스트림 파일을 기반으로 원하는 넷리스트를 생성한다. 그러나 이 방법은 액티브 구성 가능한 리소스에 대한 정보만 제공하는 자일

링스 EDA 도구에서 생성된 접근 가능한 자일링스 설계 언어^{XDL, Xilinx Design} ^{Language} 파일의 정보에만 의존하기 때문에 넷리스트를 완전히 만들 수 없다. FPGA에서 구성 불가능한 정적 리소스에 대한 누락된 정보는 전체 비트스트림 반전에서 어느 정도 거리가 있다. [77]에서는 자일링스 EDA 도구에서 생성된 좀 더 상세한 파일인 XDLRC^{Xilinx Design Language Report}를 사용해 매핑 데이터베이스의 생성을 강화한다. XDL과 달리 XDLRC 파일은 액티브와 정적 구성 가능 리소스에 대해 사용할 수 있는 모든 정보를 제공할 수 있다. 그러나 [77]의 테스트 결과는 상호 상관 알고리즘^{cross-correlation algorithm}이 FPGA의 모든 리소스와 비트스트림 파일의 비트를 완벽하게 연관시킬 수 없다는 새로운 문제를 나타낸다. 그러므로 잘 개발된 비트스트림 반전 기법이 없기 때문에 FPGA 임베디드 시스템은 ASIC 설계와 마이크로컨트롤러 설계에 비해 RE에 더욱 견고하다.

10.2.7 시스템 레벨 안티RE

이 절에서는 펌웨어와 FPGA 비트스트림에 대해 RE 비용을 증가시키기 위한 솔루션을 분석하고 설명한다.

10.2.7.1 ROM에 대한 안티RE

ROM에 대한 RE의 복잡성과 어려움을 증가시키는 가장 효과적인 방법은 위장 기법을 사용하는 것이다. 간단히 말해 설계자는 내용에 관계없이 광학 검사에서 모든 메모리 셀을 동일하게 만든다. 이러한 유형의 솔루션은 제조비용이 증가하지만 공격자는 ROM 콘텐츠에 접근하려면 상당히 많은 시간, 비용, 노력을 소비해야 한다. 10.2.6.1절의 임플란트 프로그래밍 ROM에서 정보를 인코딩하려고 다른 도핑 레벨을 사용하면 위장 기법의 한 종류가 된다. 다음과 같이 몇 가지 다른 위장 기술이 있다.

위장 접점: 접점 레이어 프로그래밍 ROM(그림 10.15B 참고)과는 달리 접점면 부재나 존재가 논리 상태를 노출시키는 경우 위장 접점은 광학 현미경 아래에서 실제 접점과 거짓 접점을 구별할 수 없게 메탈 레이어와 액티브 레이어 사이의 거짓 연결을 설치한다[78]. 내용물을 해독하려면 실제 접점을 찾기 위해 세심한 화학적 식각을 적용해야 하는데, 시간이 많이 걸린다. 시간/비용의 관점에서 보면 이 기술은 생산 기간이 늘어나고, 또한 제조 수율을 낮출 것이다.

위장 트랜지스터: 액티브 레이어 프로그래밍 ROM의 보안을 향상시키고자(그림 10.15(A) 참고) 트랜지스터가 없는 대신 거짓 트랜지스터가 RE 시도를 혼동하게 만든다[79]. 기본적으로 전기적 기능이 없는 거짓 트랜지스터는 광학 현미경 아래 실제 트랜지스터와 동일한 하향식 뷰를 갖고 있다. 정보를 해독하고자 공격자들은 좀 더 진보된 전기 현미경을 사용해 ROM의 윗면과 단면도까지 분석해야 하는데, 대개 비용 증가 문제로 엄두도 내지 못한다. 이러한 종류의 설계는 제조 과정에서 최소한의 노력만으로 대규모로 RE의 난이도를 확실히 증가시킬 것이다.

위장 나노와이어: 나노 소재를 사용해 ROM 셀은 ROM 어레이의 비트 라인과 워드 라인 사이의 수직 연결 내에 제조된다[80]. 비트 라인과 워드 라인 사이의 실제 연결은 트랜지스터 역할을 하는 반면에 비전기적인 더미 연결은 설계의 위장 역할만 한다. 나노 와이어의 작은 크기 때문에 더미 연결부와 실제 연결부 사이의 작은 차이는 첨단 전기 현미경으로도 알 수 없다. 그러나 위장 나노 와이어의 주요 과제는 ROM을 충분한 양과 수율로 제조하는 것이다.

실제로 위의 모든 위장 기법은 전체 ROM의 일부에서만 적용된다. 더 강력한 안티 RE ROM을 개발하고자 한 번에 여러 개의 안티RE 기법을 사용할 수 있다.

안티퓨즈 일회성 프로그래밍^Antifuse one-time programming: 틀림없이 전통적인 ROM은 본질적으로 RE 절차에 취약하다. 보조 안티RE 설계가 장착된 ROM조차도 설계와 제작 과정을 훨씬 더 복잡하게 만들지만, 파괴적이고 침투적인 RE에 대한 임시적인 보호만 제공할 수 있다. 현재 ROM 교체(예, 안티퓨즈 일회성 프로그래밍[AF-OTP] 메모리 장치)가 상당한 관심을 얻고 있다.

AF-OTP 메모리는 두 가지의 논리 상태를 나타내고자 게이트 산화물이 파열됐는지 또는 정상인지 여부를 이용한다. 게이트 산화물 파열은 조립 후 트랜지스터 게이트에 고압을 가해 이뤄진다. 제안된 여러 구조물 중[81~83] 분할 채널 1T 트랜지스터 안티퓨즈[83]는 셀 영역, 접근 속도, RE에 대한 내성 측면에서 기존 ROM보다 많은 장점을 보여준다. 그림 10.18(A)와 같이 안티퓨즈 트랜지스터는 프로그래밍되지 않았을 때 캐패시티처럼 작동하지만, 프로그래밍 작동 후 산화물이 파열되면 전도성 경로가 형성된다. 프로그래밍된 안티퓨즈와 프로그래밍되지 않은 안티퓨즈 사이의 옹스트롬[angstrom] 레벨 차이 때문에 기존의 RE 기법(예를 들어 전면 또는 후면 중 하나에서 디레이어링, FIB 기반 전압 대비[84], 전기 현미경의 하향 보기 또는 단면 보기)은 사실 말할 것도 없고 포함된 어떤 정보도 노출시키지 않는다. 산화물이 분해된 부분을 찾는 것은 어렵다. 또한 안티퓨즈 메모리는 표준 CMOS 기술과 호환되므로 제작에 추가적인 마스크나 처리 단계가 필요하지 않다. 보안, 성능, 비용을 고려할 때 안티퓨즈 메모리는 결국 크기가 지속적으로 축소돼 현재 ROM 장치를 대체할 수 있다[82].

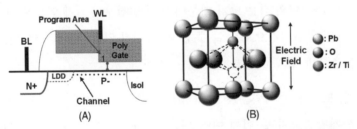

▲ 그림 10.18 하나의 메모리 셀 안티퓨즈 OTP(A)와 강유전체(ferroelectric) RAM(FeRAM)(B)의 그림

10.2.7.2 EEPROM/플래시에 대한 안티RE

EEPROM/플래시 메모리를 리버스 엔지니어링하고자 공격자는 부동 충전^{floating} ^{charges}을 방해하지 않도록 후면에서의 디레이어링을 선호한다. 따라서 가장 효과 적인 대응책은 뒷면 공격을 막는 것이다. 여기서는 일부 후면 공격 탐지 방법을 간략하게 소개한 다음 EEPROM/플래시의 한 가지 대안을 검토한다. 이 대안은 기 본적으로 후면 공격에 견딜 수 있다.

회로 매개변수 감지: 후면에서 디레이어링 공정을 수행하면 벌크 실리콘이 얇아진 다. 커패시터를 형성하고자 두 개의 평행판을 벌크 실리콘에 매립함으로써 커패 시턴스 감지 장치[85]는 공격자가 뒷면에서 연마할 때 커패시턴스 감소를 감지할 수 있다. 커패시턴스가 특정 임곗값 아래로 도달하면 EEPROM/플래시 메모리를 트리거해 지우기 작업이 활성화된다. 벌크 실리콘과 수직인 커패시터는 이전에 는 달성하기 어려운 과제였다. 다행히도 스루 실리콘 바이아 기술^{through-silicon via} ^{technique}[86]의 출현으로 제작이 훨씬 쉬워졌다. 마찬가지로 저항[87]과 같은 다른 매 개변수를 측정하고 사전 정의된 기준 저항 임곗값과 비교할 수 있다.

빛 감지: 빛 감지 방식은 칩의 뒷면을 광학적으로 모니터링하고자 칩 전면에 있는 한 쌍 이상의 발광, 빛 감지 장치와 실리콘 벌크 바닥에 광반사 모듈을 장착한다 [88]. 발광 장치는 빛을 방출하도록 구성되며, 이는 벌크를 관통해 빛 반사 모듈에 의해 반사된 다음 빛 감지 장치에 의해 수집된다. 일단 디레이어링을 적용해 빛 감지 장치의 빛 분포가 변화되면 메모리에 포함된 데이터의 자기 파괴를 진행할 수 있다. 이 방법은 확실히 RE 프로세스를 더 많은 시간 소모하게 만들 수 있다. 그러나 제조와 관련된 비용, 연속 발광, 감지로 인한 전력 소비로 인해 실제적으로 매력적이지 않다.

앞의 감지 방식에서 생성된 감지 신호가 활성화되면 메모리는 자동으로 내용물의 전체나 일부를 지운다. 그러나 이 정책은 RE 공격자에게 큰 문제가 되지 않는다.

예를 들어 공격할 때 메모리를 지우는 전력을 제공하는 충전 펌프를 분리하거나 FIB를 사용해 검출 신호를 접지함으로써 결국 모든 검출 소거 방법을 무용지물로 만들 수 있다. 또한 메모리가 모든 내용을 성공적으로 지우는 경우에도 공격자는 데이터 잔류로 인해 FG의 잔존 전자에 따라 실제 값을 확인할 수 있는 기회가 여전히 있다[89].

강유전체^{Ferroelectric} **램 메모리:** 앞에서 언급했듯이 논리 상태를 나타내고자 FG에 전자를 사용하면 EEPROM/플래시 메모리가 RE에 취약해진다. 최근 EEPROM/플래시 메모리를 대체할 유력한 후보로 강유전체 메모리(FeRAM)가 나타났다. FeRAM 개발 동기는 쓰기 시간을 대폭 단축하면서 전력 소비량을 낮추기 위함이다. 최근 FeRAM은 여전히 포함된 상태에 대해 매우 강력한 보호 기능을 유지할 수 있다고 보고됐다[90].

EEPROM/플래시 저장 메커니즘과는 달리 FeRAM은 분자의 양극화 상태에 의한 데이터를 저장한다. 이러한 종류의 분자는 FeRAM 셀의 중간층에 위치하며, 보통 납-지르코늄-타이타 네이트(PZT 또는 $Pb(ZrTi)$ O_3로 채워진 커패시터다) 화합물이다. 그림 10.18(B)에서 보듯이 두 가지 양극화 상태, 즉 PZT에서 Zr/Ti 원자의 상/하 이동은 두 가지 다른 논리 상태를 나타낸다. PZT의 높은 유전 상수 때문에 상태는 그대로 남아 있고 외부 전기장 아래에서만 뒤집힌다.

특수 상태 표시로 인해 광학, 전기 검사 시 두 상태 사이의 차이는 눈에 보이지 않는다. 이는 시프트 업/다운 거리(그림 10.18(B) 참고)가 나노미터 단위여서 하향식 뷰에 아무것도 표시하지 않기 때문이다. 경제적으로 엄두를 못낼 정도지만 내용을 밝힐 수 있는 공격 중 하나는 SKPM/SCM 셀 아래의 단면도를 셀 단위로 조심스럽게 슬라이스해서 분석함으로써 두 상태 사이의 차이를 조사하는 것이다.

10.2.7.3 FPGA에 대한 안티RE

암호화된 SRAM FPGA가 충분한 RE 복원력을 제공할 수 있다는 사실은 ASIC 설계와 비교해 안티RE 기술의 연구개발을 위한 공간을 줄여준다. 그럼에도 불구하고 기존의 FPGA 안티RE 기법은 FPGA RE 절차에 따라 세 그룹(비트스트림 은닉, 사이드 채널 저항, 비트스트림 반전)으로 분류된다. 다음은 이러한 각 그룹의 설명이다.

비트스트림 은닉: 비트스트림 저장 메모리를 FPGA와 통합함으로써 플래시 FPGA와 안티퓨즈 FPGA[91]는 외부 구성 메모리를 필요로 하지 않으므로 직접 도감청 사용이 줄어들게 된다. 플래시 FPGA는 SRAM FPGA와 달리 플래시 메모리의 비휘발성 때문에 전원을 켤 때 비트스트림 다운로드가 필요하지 않다. 이 안티퓨즈 FPGA는 RE 복원력이 높기 때문에 군용 애플리케이션에 널리 사용돼 왔다. 10.2.6.3절과 10.2.7.1절에서 설명한 바와 같이 플래시 메모리와 안티퓨즈 메모리를 디레이어링시키려는 시도는 플래시 FPGA와 안티퓨즈 FPGA는 말할 것도 없이 상당히 어렵고 전문적인 장비가 필요하다. 이러한 FPGA는 SRAM FPGA보다 더 많은 제조 단계가 필요하며, 플래시/안티퓨즈 메모리의 쓰기 시간이 제한돼 프로그램성이 부족하지만 중요한 애플리케이션에서 가장 많이 선택되고 있다.

사이드 채널 저항: 최근 FPGA에서 SCA의 성공은 정보 유출이 FPGA 보안에 큰 위협이 된다는 것을 입증한다. 따라서 암호키를 보호하기 위한 사이드 채널 저항 설계를 개발할 필요가 있다. 직관적으로 가장 효과적인 사이드 채널 저항 설계는 안티퓨즈 작업과 전력 소비 사이의 의존성을 제거하는 것이다. 티라스^{Tiris}와 동료[92]는 동적, 차동 CMOS 논리 구현을 제시했다. 이 기법은 회로 동작에 관계없이 일정한 전력 소비와 회로 지연을 이용한다. 우^{Wu}와 동료[93]는 계산, 데이터와 독립적으로 전력 소비를 얻고자 비동기 논리 설계를 채택할 것을 제안했다. 이러한 방법은 SCA에 효과적이지만 표준 CMOS 논리에 비해 훨씬 넓은 영역과 전력을 소비한다.

사이드 채널 저항 설계의 다른 그룹은 노이즈 추가 그룹에서 찾을 수 있다. 임의의 전력 노이즈를 발생시켜 암호 해독의 전력 소모를 비결정론적으로 발생시킴으로써 공격자가 전력 소비의 어느 부분이 복호화돼 찾을 것인가를 판단하기가 상당히 어렵다. 다시 말하지만 이런 종류의 방식은 새로운 전력 소비를 도입할 것이다. [94]에서는 노이즈 발생에 따른 전력 소비 오버헤드를 낮추기 위한 전력 감소 기술을 제안했다.

비트스트림 반전: 지금까지 완전한 비트스트림 반전은 이론적으로만 가능했다. 상상할 수 있는 것처럼 앞으로의 침투 공격은 비트스트림 파일에서 인코딩 비트와 FPGA의 하드웨어 리소스 사이의 전체 매핑을 성공적으로 알아낼 수 있을 것이다. FPGA 공급업체는 비침투적인 공격에서 비트스트림 반전을 막기 위한 잠재적인 대책을 연구해야 한다. 현재 비트스트림 반전은 공개적으로 이용 가능한 정보(예, 사용자 가이드)와 문서화되지 않은 정보(예, EDA 도구에서 생성된 파일)의 양에 따라 크게 달라진다. 잠재적인 비트스트림 반전 시도를 막고자 새로운 정보를 공개할 때 FPGA 공급업체가 RE 공격의 가능성을 고려하는 것이 좋을 것이다.

또 다른 고려 사항은 부분적인 구성이다. 비트스트림 파일의 중요 구성 비트(예, IP 코어)는 FPGA 내의 플래시 메모리에 저장되지만, 다른 중요하지 않은 부분들은 여전히 외부 메모리에서 로드된다. 이러한 부분적 구성은 전체 FPGA 매핑 정보에 대한 부분적 정보만 공격자가 얻을 수 있으므로 비트스트림 반전의 가능성을 근본적으로 제거한다.

10.2.7.4 시스템 레벨의 안티RE 기술 요약

표 10.6은 다음에 설명할 시스템 레벨 안티RE 기법의 비용과 관련 수율 손실을 설명한다. 안티RE 기술의 실현 가능성을 평가하고자 RE/안티RE 비용은 이전의 설명에 근거해 매우 낮은 수준, 낮은 수준, 중간 수준, 높은 수준, 매우 높은 수준 등 5단계로 분류된다. 안티RE 기법의 원가는 주로 설계와 제조비용으로 구성되는 반

면 수율 손실은 제조의 관점에서 추정된다는 점을 고려한다. 전력, 면적, 신뢰성과 같은 기타 요인은 공개된 자료가 부족한 경우 포함되지 않는다. 또한 표 10.6은 현재의 RE/안티RE 비용만 반영한다는 점에 유의한다. 향후 더욱 효과적인 RE/안티RE 기법이 등장함에 따라 RE와 안티RE 비용은 모두 이에 따라 달라질 것이다. 실제로 표 10.6의 안티RE 비용은 낮지만 RE 비용은 더 높은 기술이 받아들여질 것이다. ROM의 경우 가장 좋은 선택은 확실히 안티RE 비용이 낮지만 RE를 매우 어렵게 만드는 안티퓨즈 OTP다. EEPROM/플래시의 경우 옵션이 제한적이지만 FeRAM이 가장 유망한 것으로 보인다. 마지막으로 FPGA의 경우 비트스트림 은닉이 가장 유력한 후보다.

▼ 표 10.6 시스템 레벨에 대한 안티RE 기법과 RE 비용

안티RE 기법		안티RE 비용	RE 비용	수익 손실
ROM	위장 접점	높음	중간	낮음
	위장 트랜지스터	낮음	높음	중간
	위장 나노와이어	높음	높음	높음
	AF−OTP	낮음	매우 높음	매우 낮음
EEPROM/Flash	회로 매개변수 감지	중간	낮음	중간
	빛 감지	높음	낮음	중간
	FeRAM 메모리	중간	매우 높음	매운 낮음
FPGA	비트스트림 숨김	매우 낮음	높음	−
	사이드 채널 저항	중간	높음	−
	비트스트림 반전	낮음	높음	−

10.3 프로빙 공격

물리적 공격은 칩의 실리콘 구현을 관찰함으로써 최신 암호화가 제공하는 기밀성과 무결성을 우회할 수 있다. 특히 스마트카드, 스마트폰, 군용 시스템, 금융 시스템 등 민감한 정보를 처리하는 통합회로[IC]에 위협이 되고 있다. 비침투성 사이드 채널 분석(예, 전원이나 타이밍 분석)과는 달리 프로빙[probing]은 보안에 중요한 모듈의 내부 와이어에 직접 접근해 민감한 정보를 전자 형식으로 추출한다. 리버스 엔지니어링, 회로 편집과 함께 프로빙은 미션 크리티컬 애플리케이션에 심각한 위협이 되므로 연구 커뮤니티[95]에서 효과적인 대응책을 개발해야 한다.

프로빙 공격은 현재 이미 현실의 일부분이 됐다. 가장 최근 사례는 FBI가 테러리스트 용의자가 소유한 애플 아이폰 5c의 암호 재시도 카운터를 크랙하고자 도움을 요청했을 때다. 연구원들은 전화기의 NAND 플래시가 사용하는 독점 프로토콜을 리버스 엔지니어링하고, 내용을 미러링(복사)한 다음 하루도 안 돼 암호를 무차별 대입[brute-forced]했다[96]. 이번 공격은 연구원에 의해 수행됐지만, 프로빙을 통한 군사 기술의 훼손은 생명을 앗아가는 치명적인 결과를 초래할 수 있다. 그러한 경우 추가 IC 오류 분석과 디버그 도구를 사용해 내부적으로 IC를 검사한다. 이러한 도구 중에서 집속 이온 빔[FIB, Focused Ion Beam]이 가장 위험하다.

FIB는 현장별로 밀링과 재료 제거를 위해 하이 빔 전류에서 이온을 사용한다. 동일한 이온을 표면 가까이에 주입해 재질 증착을 할 수도 있다. 이러한 기능을 통해 FIB는 칩 내의 기판에 트레이스를 절단하거나 추가할 수 있어 신호를 리디렉션하고 추적 경로를 수정하며, 회로를 추가/제거할 수 있다. FIB는 초기에 장애 분석을 위해 설계됐지만 숙련된 공격자는 이를 사용해 온칩 키를 얻고, 메모리에 대한 권한 있는 액세스를 설정하고, 장치 구성을 얻거나 결함을 주입하는 데 사용할 수 있다. 이는 기존 출력 핀으로 경로를 변경하거나, 프로빙을 위한 새로운 접점을 만들거나, IC 테스트 모드를 다시 활성화해 수행할 수 있다. 이러한 기술의 대부분은

FIB 없이는 불가능하다. 액티브 메시, 광학센서, 아날로그 센서와 같은 프로빙 대응책이 제시됐지만, 어설프고 비싸며 임시변통이었다. 숙련된 FIB 운영자가 회로 편집을 통해 쉽게 우회할 수 있다는 것이 몇 번이고 입증됐다. [97]에는 잘 알려진 해커 크리스토퍼 타르노프스키Christopher Tarnovsky가 액티브 메시를 다시 배선하고, FIB를 이용해 버스와 접촉함으로써 인피니온 SLE 66CX680P/PE 보안/스마트 칩의 펌웨어를 전면(즉, 상부 메탈 레이어)에서부터 조사했다.

FIB 지원 프로빙 공격이 다양한 이유로 증가할 것으로 예상된다. FIB는 그 어느 때보다 저렴해지고 접근하기 쉬워졌다(예를 들어 FIB 시간을 시간당 몇 백 달러에 대여할 수 있다). 또한 결함 분석을 위해 FIB 기능이 지속적으로 향상됨에 따라 더 강력한 공격이 가능해질 것이다. 이와는 대조적으로 비침투적, 준침투적 공격은 무어의 법칙이 최신 반도체에서 적용되지 않거나 저렴한 대책으로 완화될 수 있다. 비침투적, 준침투적 공격이 계속적으로 효과적이지 않게 되면서 공격자가 FIB로 옮겨가는 것을 기대할 수 있다. 이러한 이유로 공격자보다 앞서 FIB 기반 프로빙에 대한 좀 더 효과적인 대응책을 개발하는 것이 가장 중요하다. FIB 기능은 거의 제한이 없기 때문에 최선의 접근 방식은 가능한 한 비용이 많이 들고, 시간이 많이 소요되며, 좌절감을 줄 수 있어야 한다. 특히 일반적으로 보안 전문가가 아닌 설계 엔지니어에게는 FIB에 내성이 있는 칩 설계에 드는 시간, 노력, 비용이 합리적이어야 한다는 사실에 상당한 어려움이 있다. 이는 물리적으로 쉽게 접근할 수 있는 풍부한 저가 칩으로 구성될 가능성이 있는 향후 IoTInternet-of-Things 시대에 특히 중요할 수 있다.

이번 절에서는 회로 편집과 안티프로빙 분야의 최첨단 연구를 소개하고, 당면 과제를 중점적으로 다루며, CAD와 테스트 커뮤니티에 대한 향후 연구 방향을 제시한다. 10.3.1절에서는 프로빙 공격과 관련된 기술적 배경을 검토하고, 10.3.2절에서는 프로빙 공격과 그 제한 사항에 대한 기존 대응책을 소개한다.

10.3.1 프로빙 공격 기초

공격자의 목표와 탐색을 성공적으로 수행하고자 사용하는 기술을 이해하는 것이 중대한 위협을 극복하는 첫 번째 단계다. 이 절에서는 프로빙 프로세스의 기술적 세부 사항을 검토하고, 기술 요구 사항, 결정, 최신 기술에 대해 인식된 한계 사이의 연관성을 설명한다.

10.3.1.1 공격 대상 탐색

공격자와 대책 설계자 모두 프로빙 공격에 어떤 신호가 더 타깃이 될 가능성이 높은지 결정하는 것이 중요하다. 그러한 신호는 자산^{assets}이라고 불린다. 자산은 가치가 있는 자원이며, 공격자로부터 보호할 가치가 있다[98]. 유감스럽게도 자산에 대한 명확한 정의는 제안되거나 합의되지는 않았다. 자산이 될 수 있는 다양한 정보를 설명하고자 프로빙 공격에 가장 가능성이 높은 표적인 몇 가지 중요한 예는 다음과 같다.

키^{Keys}: 암호화 모듈의 키(예, 공개키 알고리즘의 개인키)는 전형적인 자산이다. 그 키들은 보통 칩의 비휘발성 메모리에 저장된다. 키가 유출되면 루트가 제공하는 신뢰가 손상돼 더 심각한 공격의 관문이 될 수 있다. 예를 들어 제품이나 칩에 대한 합법적인 접근을 허가하는 데 사용되는 OEM$^{Original\ Equipment\ Manufacturer}$ 키가 있다. 이러한 키의 유출은 제품 소유자의 엄청난 수익 손실, 서비스 거부, 정보 유출을 초래할 것이다.

펌웨어와 구성 비트스트림: 낮은 수준의 프로그램 명령 세트, 제조업체 펌웨어와 FPGA 구성 비트스트림 같은 전자 지적 재산^{IP}은 종종 민감하고 미션 크리티컬하며 IP 소유자의 영업 비밀을 포함하고 있다. 일단 침해 당하면 시스템 취약점의 위조, 복제, 악용이 용이해질 수 있다.

장치 내 보호 데이터: 장치 내 상태와 개인 식별 정보 같은 민감한 데이터는 비공개로 유지해야 한다. 그러한 정보의 유출은 데이터 소유자의 사기를 떨어뜨리고 당혹감과 재산/브랜드 피해를 초래할 수 있다.

장치 구성: 장치 구성 데이터는 장치의 액세스 권한을 제어한다. 각 개별 사용자가 어떤 서비스나 리소스에 접근할 수 있는지를 명시한다. 구성이 변조될 경우 공격자는 불법적으로 리소스에 접근할 수 있으며, 그렇지 않을 경우 불가능하다.

암호화 난수: 예를 들어 키, 논스^{nonces}, 일회성 패드$^{one\ time\ pads}$, 초기화 벡터와 같은 하드웨어 생성 난수도 보호가 필요하다. 이러한 유형의 자산을 손상시키면 장치에 있는 디지털 서비스의 암호화 강도가 약화될 것이다.

10.3.1.2 프로빙 공격을 위한 필수 기술

성공적인 프로빙 공격은 시간이 많이 걸리고 정교한 프로세스가 필요하다. 대책 설계자는 종종 공격 프로세스를 잘못되게 만드는 방법에 관심을 갖는다. 이를 위해 다음 절에서 공개된 공격에 사용되는 중앙 접근 방식과 기술을 살펴보자.

전면 대 후면$^{front\text{-}side\ vs.\ back\text{-}side}$**:** 프로빙 공격 타깃은 자산을 운반하는 메탈 와이어며, 타깃 와이어라고 불린다. 타깃 와이어에 도달하는 가장 일반적인 접근 방법은 BEOL$^{Back\ End\ Of\ Line}$, 즉 상단 메탈 레이어에서 실리콘 기판(그림 10.19(A) 참고)으로 노출시키는 것이다. 이를 전면 프로빙 공격이라고 한다. 타깃 와이어의 노출은 먼저 FIB 밀링으로 시도한다. 그런 다음 FIB의 도체 증착 능력에 의해 타깃 와이어에 전기적 연결을 설정할 수 있다. 마지막으로 민감한 정보를 추출한다.

후면 프로빙 공격(즉, 실리콘 기판을 통해 발생하는 프로빙)이 [99]에서 제안됐다. 후면 공격 대상은 와이어에만 국한되지 않는다. 트랜지스터 활동 중 광자 방출$^{photon\ emission}$로 알려진 현상을 이용해 트랜지스터도 조사해 정보를 추출할 수 있다.

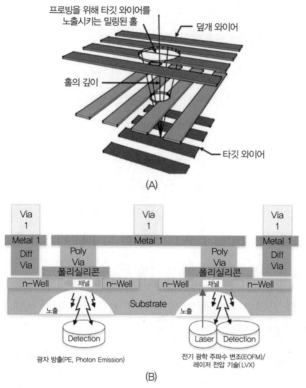

▲ 그림 10.19 (A) BEOL에서 타깃 와이어(파란색)에 도달하기 위해 덮개 와이어(보라색과 녹색)를 통해 밀링, (B) 광학 프로빙: 광자 방출(PE)과 전기 광학 주파수 변조(EOFM) 또는 레이저 전압 기법(LVX)을 각각 수동, 능동 측정에 사용한다.

전기 프로빙 대 광학 프로빙: 그림 10.19(A)에서 보여주는 자산에 접근하는 방법은 전기 프로빙, 즉 전기 연결을 통해 자산 운반 신호에 접근하는 일반적인 방법이다. 다른 접근 방법은 그림 10.19(B)와 같이 광학적 프로빙을 하는 것이다. 광학 프로빙 기법은 트랜지스터 스위칭 중 광자 방출 현상을 포착하고자 후면 프로빙에 자주 사용된다. 트랜지스터가 스위칭되면 외부 자극 없이 자연적으로 광자를 방출한다. 특정 트랜지스터에서 방출되는 광자를 수동적으로 수신하고 분석함으로써 트랜지스터에 의해 처리되는 신호를 유추할 수 있다. 전기 프로빙에 비해 광학적 접근 방법은 순전히 수동적인 관찰이라는 장점이 있어 탐지가 매우 어렵다. 광자 방출 분석 외에도 후면 공격 시 레이저 전압 기술^{LVX} 또는 전기 광학 주파수 변조 ^{EOFM}도 사용된다. 이러한 기법은 스위칭 트랜지스터를 능동적으로 조명한 다음 반사광을 관찰해 자산 신호 값을 추정한다.

광학 프로빙의 주요 결함은 이러한 기술에서 방출되는 광자가 적외선이라는 사실에 있는데, 파장이 900nm 이상인 실리콘 에너지 밴드 갭이기 때문이다[99]. 따라서 레일리^{Rayleigh} 기준으로 인해 트랜지스터 사이의 광학 해상도는 파장의 한 자리 수 내로 제한된다.

10.3.1.3 프로빙 공격의 필수 단계

다음 절에서는 필수 단계를 간략히 설명함으로써 프로빙 공격 기본 사항을 계속 검토한다.

디캡슐레이션^{Decapsulation}: 대부분의 침투성 물리적 공격의 첫 번째 단계는 실리콘 다이 확인을 위해 칩 패키지를 부분적으로 또는 완전히 제거하는 것이다. 이를 위해서는 유해한 화학 물질을 취급할 수 있는 적절한 실습과 전문 지식이 필요하다. 60°C에서 아세톤과 결합된 발연 질산과 같은 산성 용액은 플라스틱 패키지를 제거하는 데 종종 사용된다[100]. 디캡슐레이션은 화학적 식각 없이 기계적으로 동판을 제거해 칩 뒷면에서 분해할 수도 있다.

리버스 엔지니어링$^{Reverse\ Engineering}$: 리버스 엔지니어링[55]은 일반적으로 설계를 재현하고자 설계 정보를 추출하는 프로세스다. 프로빙의 경우 리버스 엔지니어링을 이용해 칩이 어떻게 작동하는지 파악하는데, 이를 위해서는 레이아웃과 넷리스트를 추출해야 한다. 넷리스트를 연구함으로써 공격자는 자산을 식별할 수 있다. 넷리스트와 레이아웃 간의 일대일 대응으로 타깃 와이어와 버스의 위치를 결정할 수 있으며, 와이어의 절단이 불가피할 경우 절단이 자산 추출을 위한 영향을 미칠지 여부를 결정할 수 있다. Chipworks의 ICWorks와 같은 최첨단 도구는 광학 또는 주사 전자 현미경(그림 10.20(A)의 SEM)으로 찍은 각 레이어의 이미지에서 넷리스트를 자동으로 추출할 수 있어 공격자의 노력을 크게 줄일 수 있다.

타깃 와이어 찾기: 리버스 엔지니어링을 통해 프로빙 와이어 타깃을 식별하면 다음 단계는 공격 타깃 IC에서 타깃과 관련된 와이어를 찾는 것이다. 여기서 문제의 핵심은 공격자가 리버스 엔지니어링 과정에서 타깃 장치에 타깃 와이어를 배치하는 동안 밀링할 포인트의 절대 좌표를 찾아야 한다는 점이다. 이를 위해서는 정밀한 운동학kinematic 마운트와 절대 좌표를 기반으로 하는 기준 마커(즉, 장치의 시각적 기준점)가 필요하다.

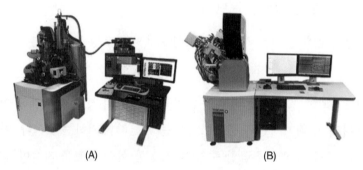

(A)   (B)

▲ 그림 10.20 (A) 스캐닝 전자 현미경(SEM), (B) 집속 이온 빔(FIB). 시간별 임대료가 상당히 저렴하기 때문에 공격자는 이러한 모든 기기를 구입할 필요가 없다는 점에 유의해야 한다.

타깃 와이어에 연결하고 정보 추출: FIB(그림 10.20(B) 참고)와 같은 최신 회로 편집 도구의 도움으로 대상 와이어가 노출되도록 홀을 밀링할 수 있다. 최첨단 FIB는 나노미터 분해능으로 물질을 제거하고 증착할 수 있으며, 이를 통해 FIB를 가진 공격자가 회로 방해나 전기 프로브 접점 역할을 할 수 있는 전도 경로를 증착할 수 있다. 이 기능은 단순히 몇 개의 와이어를 분리함으로써 많은 대응책을 비활성화할 수 있으며, FIB를 가진 공격자는 논리 분석기가 허용하는 한 많은 동시 프로빙을 배치할 수 있음을 나타낸다. 일단 타깃 와이어가 노출되면(활성 또는 아날로그 실드에서 프로빙 알람 신호를 트리거하지 않고 접촉한다고 가정할 때) 프로브 스테이션을 통해 자산 신호를 추출해야 한다. 이 단계의 어려움에 몇 가지 요인이 있다. 첫째, 소프트웨어와 하드웨어 프로세스를 완료해야 자산을 이용할 수 있다. 게다가 민감한 정보는 동일한 클럭 사이클에 있지 않을 수 있다. 칩에 외부 조작을 방지하기 위한 내부 클럭 소스가 있다면 공격자는 이를 비활성화하거나 자신의 클럭을 동기화시켜야 할 것이다.

10.3.2 기존 대응책과 제한 사항

지난 10년 동안 연구자들은 보안에 중요한 회로를 프로빙 공격에서 보호하기 위한 다양한 기술을 제안했다. 이 절에서는 몇 가지 대표적인 대응책을 검토하고 한계를 설명한다. 불행하게도 지금까지 어느 누구도 만족스러운 해결책을 제시하지 못했다. 또한 후면 프로빙 공격을 적절히 처리할 수 있는 방법이 제안되지 않았다.

10.3.2.1 액티브 실드

액티브 실드는 지금까지 가장 많이 조사된 프로빙 대책이다. 이 방법에서는 FIB에 의해 밀링된 구멍을 감지하고자 최상층 메탈 레이어에 신호를 전달하는 실드를 배치한다. 이러한 최상층 와이어의 신호가 밀링으로 절단됐는지 탐지하고자 지속적으로 모니터링되기 때문에 실드를 '액티브'라고 한다[101]. 그림 10.21은 하나의 예를 보여준다. 그림에서 보듯이 패턴 발생기에서 디지털 패턴이 생성돼 최상층 메탈 레이어의 실드 와이어를 통해 전송된 다음 하위 레이어에서 전송된 자체 복사본과 비교된다. 공격자가 상단 레이어의 실드 와이어를 통해 밀링해 타깃 와이어에 도달하는 경우 구멍은 하나 이상의 실드 와이어를 절단해 비교기에서 불일치가 발생하고, 민감한 정보의 생성을 지우거나 중지하려고 경고 신호를 트리거할 것으로 예상된다. 많이 사용함에도 불구하고 액티브 실드에 단점이 없는 것은 아니다. 가장 큰 문제점은 설계에 큰 오버헤드가 있음에도 첨단 FIB를 이용한 공격, 예를 들어 회로 편집 공격에 매우 취약하다는 것이다.

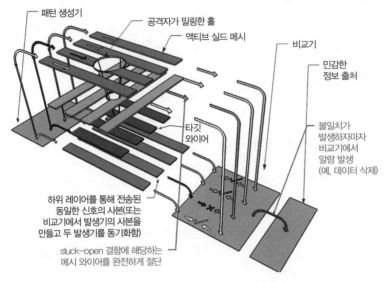

▲ 그림 10.21 액티브 실드의 기본 작동 원리

10.3.2.2 아날로그 실드와 센서

액티브 실드에 대한 또 다른 접근 방식은 아날로그 실드를 구성하는 것이다. 디지털 패턴을 생성, 전송, 비교하는 대신 아날로그 실드는 메시 와이어를 사용해 파라메트릭 장애를 모니터링한다.

실드 설계 외에도 프로브 시도 검출기[PAD, Probe Attempt Detector][102](그림 10.22 참고)는 금속 프로브에 의해 도입된 추가 커패시턴스를 검출하고자 선택한 보안 임계 와이어에 대한 커패시턴스 측정에 사용된다. 액티브 실드에 비해 아날로그 실드는 테스트 패턴이 없는 프로빙을 감지하고 면적 오버헤드가 적다. PAD 기술은 후면의 전기 프로빙에도 효과적이다. 아날로그 센서 또는 실드의 문제점은 프로세스 변화로 인해 아날로그 측정값의 신뢰성이 떨어지며, 기능 스케일링으로 인해 더욱 악화되는 문제가 있다는 것이다.

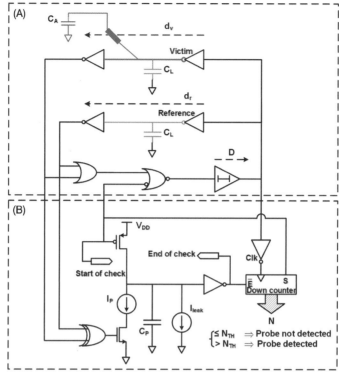

▲ 그림 10.22 프로빙 시도 검출기(PAD)

10.3.2.3 t-프라이빗 회로

t-프라이빗[private] 회로 기술은 공격자가 사용할 수 있는 동시 프로브 채널의 수가 제한돼 있으며, 이 자원을 소진하면 공격이 차단된다는 가정하에 [103]에서 제안됐다. 이 기술에서 보안상 중요한 블록의 회로는 1비트의 정보를 추출하고자 1 클럭 사이클 내에 적어도 $t + 1$ 프로브가 요구되도록 변형된다. 첫째, 마스킹은 다수의 분리된 변수로 분할 계산에 적용되며, 여기서 중요한 이진 신호 x는 그림 10.23과 같이 t개의 독립적으로 생성된 임의의 신호($r_{t+1} = x \oplus r_1 \oplus \cdots \oplus r_t$)로 XOR 연산해 $t + 1$ 이진 신호로 인코딩된다. 그런 다음 x에 대한 연산은 변환된 회로에서 인코딩된 형태로 수행된다. x는 $x = r_1 \oplus \ldots \oplus r_t \oplus r_{t+1}$을 계산해 복구(디코딩)할 수 있다. t-프

라이빗 회로의 주요 문제점은 변환에 관련된 영역 오버헤드가 엄청나게 비싸다는 점이다.

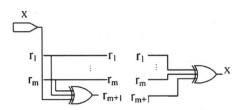

▲ 그림 10.23 t-프라이빗 회로에서 마스킹하기 위한 입력 인코더(왼쪽)와 출력 디코더(오른쪽)

10.3.2.4 기타 대책 설계

일부 다른 대책은 실제 IC에서 실행되지만 다소 시대에 뒤떨어졌기 때문에 새로운 설계로 보고되는 것은 적다. 프로빙의 디캡슐레이션 단계를 방해하는 알려진 대응책 중 하나는 변조 방지 설계에 포함되는 조명 센서다. 그 외의 다른 기술로는 전선을 스크램블하거나 실드메시에서 반복 패턴을 피해 탐지 타깃 와이어 단계의 프로빙 공격을 방해하는 기술이 있다. 이들에 대한 공격은 [97]에 자세히 설명됐듯이 특별히 효과적이지 않다.

10.4 침투적 결함 주입 공격

암호화 장치와 프로세서의 제어 흐름을 손상시키는 데 매우 효과적인 것으로 입증된 또 다른 유형의 물리적 공격은 침투적 결함 주입 공격으로, 암호 장치에 레이저나 FIB[Focused Ion Beam]에 의한 결함을 주입하고 그에 상응하는 출력을 관찰함으로써 수행된다[104~106]. 차분 결함 분석[DFA, Differential Fault Analysis][107] 방법을 사용해 비밀키를 추출할 수 있다. 이러한 유형의 공격과 관련된 결함 주입 기술은 실리콘 다이에 직접 액세스하고, 개별 트랜지스터를 매우 정밀한 방식으로 타깃팅할 수 있는 능력에 의존한다. 침투적 결함 주입 기술은 매우 강력하며 성공적인 공격 방법임이 입증됐다[108,109].

광학 결함 주입 기술의 한 가지 예는 회로 내에서 하나 이상의 논리 게이트의 동작에 영향을 주는 강력하고 정밀하게 집속된 광선을 들 수 있다. 트랜지스터의 강한 방사선은 유전체 내에 일시적인 전도성 채널을 형성할 수 있으며, 이는 결국 상태의 스위칭을 일으킬 수 있다. 예를 들어 SRAM^{Static Random-Access Memory} 셀에 있는 트랜지스터 중 하나를 대상으로 해 이 셀에 저장된 값을 마음대로 위/아래로 플립할 수 있다[61, 110].

표준 SRAM 셀은 그림 10.24와 같이 6개의 트랜지스터로 구성된다. p-와 n-채널 트랜지스터 두 쌍은 플립플롭을 생성하며, 다른 두 개의 n-채널 트랜지스터는 읽기와 쓰기에 사용된다. 트랜지스터 VT1을 매우 짧은 시간 동안 열 수 있다면 플립플롭의 상태가 변경될 수 있다. 트랜지스터 VT4를 빛에 노출시키면 셀의 상태가 반대 값으로 스위칭된다. 주된 어려운 점은 이온화 방사선을 몇 마이크로미터 지점에 집중시키고 적절한 강도를 선택하는 것이다. 68바이트의 온칩 SRAM 메모리를 가진 마이크로칩 PIC16F84 마이크로컨트롤러가 사용됐다[110]. 현미경 광학 장치를 사용해 사진기의 플래시 램프 빛을 집속시켰다. 알루미늄 호일로 만든 구멍으로 플래시의 빛을 차폐함으로써 하나의 셀 상태만 변경될 수 있다. 흰색 원이 보이는 부위에 램프의 밝은 부분에 초점을 맞추면 셀의 상태가 '1'에서 '0'으로 변경된다. 검은 원으로 보이는 부위에 초점을 맞추면 셀은 '0'에서 '1'로 바뀌거나 '1' 상태로 유지됐다.

플로팅 게이트 셀 내부로 흐르는 전류가 SRAM 셀 내부보다 훨씬 작기 때문에 EPROM, EEPROM, 플래시 메모리 셀은 결함 주입 공격에 더 취약하다. EEPROM과 플래시 메모리 장치는 레이저로 수정을 하는 국소 가열 기술[111]에 의해 공격받을 수 있다. 이는 저렴한 레이저 다이오드 모듈을 현미경에 장착해 구현할 수 있다. 메모리 내용은 메모리 배열 내부의 메모리 셀을 국부적으로 가열하면 변경될 수 있으며, 반도체 칩의 보안을 손상시킬 수 있다.

오늘날 일반적인 광학 결함 주입 시설은 빔의 정확한 초점을 맞추고자 레이저 방출기, 포커스 렌즈, 스테퍼 모터가 있는 배치 표면으로 구성된다. 그러나 이와 유사한 결함 주입 기술의 경우 방사선에 의해 부딪히는 게이트 수가 식각 기술과 레이저 파장에 의해 제한된다는 것을 의미하는 서브파장 정밀도를 달성하는 것은 거의 불가능하다.

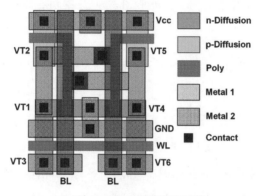

▲ 그림 10.24 SRAM 셀의 레이아웃

집속 이온 빔[FIB]은 공격자가 회로 다이에 물질을 증착하거나 제거해 회로를 편집하고 누락된 버스를 재구성하고, 기존 와이어를 절단하고, 레이어를 밀링할 수 있게 하는 가장 정확하고 강력한 결함 주입 기법 중 하나다. 예를 들어 토랜스[Torrance]와 제임스[James][112]는 메모리 내용을 손상시키지 않고 암호키를 포함하는 메모리의 전체 읽기 버스를 성공적으로 재구성했다고 보고했다. 최첨단 FIB는 최소 식각 가능 트랜지스터 게이트 폭의 10분의 1 미만인 1nm의 정밀도로 작동할 수 있다. FIB 워크스테이션은 매우 비싼 소모품과 능력을 충분히 활용하려면 강력한 기술적 배경이 필요하다.

FIB 기반 결함 주입 공격을 방지하기 위한 대책은 10.3.2절에서 설명한 바와 같이 프로빙 공격의 경우와 거의 동일하다. 결함 주입 공격에 대한 예방의 기본 전략은 침입 탐지, 알고리즘 내성, 오류 탐지 등이다. 결함 주입 공격에 대한 일반적인 대응책은 9장에 설명돼 있다. 이러한 대책의 대부분은 침투적 결함 주입 공격의 예방에도 사용할 수 있다.

10.5 연습문제

10.5.1 True/False 문제

1. 광학 현미경은 최신 기술 노드에서 트랜지스터 이미지를 생성하는 데 사용할 수 있다.

2. 각 메탈 레이어가 동일한 와이어 폭과 두께를 갖고 있다면 우회 공격을 방지하기 위해 액티브 실드를 구축하려면 내부 레이어가 상단 레이어보다 낫다.

3. 트랜지스터의 다른 도핑 프로파일은 광학 현미경을 통해 쉽게 검출할 수 없다.

4. 플래시 메모리는 X선 기술을 사용해 리버스 엔지니어링을 할 수 있다.

5. 프로빙 공격에서 칩을 보호할 수 있는 특별한 메커니즘이 없는 경우 메탈 1이나 메탈 2와 같은 하부 메탈 레이어에 민감한 네트를 숨겨 상위 메탈 레이어에서보다 더 많은 커버리지를 확보하는 것이 좋다.

10.5.2 단답형 문제

1. 정직한 동기 또는 부정직한 동기로 수행하는 리버스 엔지니어링의 차이점은 무엇인가?

2. 리버스 엔지니어링의 3가지 카테고리와 그 차이점을 설명하시오.

3. PCB에서 구성 요소를 식별하는 것은 PCB 레벨 RE에서 중요한 단계다. 그러나 패키지의 라벨과 표시만 읽는 것만으로 실제 구성 요소를 식별할 수 있는가?

4. KEY 비트가 암호화 모듈에서 유일한 자산이고 이러한 KEY 비트가 프로빙 공격에서 적절히 보호됐다면 이 암호 하드웨어가 프로빙 내성 설계라고 가정해도 좋을지 설명하시오.

5. 프로빙 공격을 방지하기 위해 메탈 2에 자산 와이어가 있고, 메탈 7이나 메탈 8에 실드를 설치할 계획이라고 가정한다. 어떤 레이어를 사용하는 것이 더 좋은가? 그 이유를 설명하시오. 또한 프로빙 공격 중에 원뿔 모양의 구멍이 밀링되고 7~8레이어의 금속은 폭과 두께가 같다고 가정한다. 힌트: 자산과 실드 와이어의 기하학적 관계만 고려한다.

6. 전면 전기 프로빙 공격을 수행하기 위한 기본 단계를 설명하시오.

7. 클럭 글리치 기반의 결함 주입 공격에 비해 레이저 기반의 광학적 결함 주입 공격의 장단점은 무엇인가?

8. 공격자가 최신 광학 또는 전자 현미경을 리버스 엔지니어링 EEPROM에 이용할 수 있는가?

10.5.3 수학 문제

1. 그림 10.25를 고려하면 적어도 이 칩의 상호 연결을 알아내는 데 얼마나 많은 이미지가 필요한가?

2. 칩의 최상 레이어에 실드를 배치하고, 실드 폭은 150nm, 실드 간격은 500nm, 실드 와이어 두께는 200nm, 타깃 와이어는 메탈 2에 있고 실드 대비 타깃 레이어 깊이는 5000nm라고 가정할 때 이 실드가 보호할 수 있는 최대 FIB 측면

종횡비는 얼마인가? 힌트: 완벽하게 실드 와이어 절단을 감지할 수 있다고 간주하고 수직 밀링만 고려한다.

3. 칩의 최상 레이어에 수평으로 실드를 배치하고, 실드 폭은 150nm, 실드 와이어 두께는 200nm, 수직 타깃 와이어는 메탈 2에 위치하며, 타깃 와이어의 길이는 3000nm, 실드 대 타깃 레이어 깊이는 5000nm이라고 가정할 때 종횡비가 6인 FIB 기반 프로빙 공격에서 보호할 수 있는 최대 실드 간격은 얼마인가? 최소한으로 타깃 와이어를 보호하는 데 최소한 몇 개의 실드 와이어가 필요한가? 힌트: 완벽하게 실드 와이어 절단을 감지할 수 있다고 간주하고 수직 밀링만 고려한다.

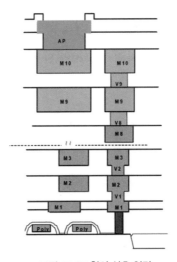

▲ 그림 10.25 칩의 상호 연결

4. 그림 10.26의 경우 칩의 최상 레이어에 실드를 수직으로 배치하고, 실드 폭은 150nm, 실드 두께는 200nm, 실드 간격은 1μm, 대상 프로빙 포인트는 M2에 위치하며(두 실드 와이어의 4분의 1), 실드 레이어에서 목표 지점까지의 깊이는 5μm며, 완전하게 실드 와이어의 절단이 가능하다고 가정하고 실드 와이어를 부분적으로 절단할 수 있다.

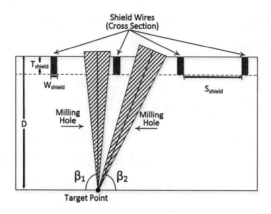

▲ 그림 10.26 공격 시나리오 탐색

다음 질문에 답하시오.

(a) 수직 밀링만 허용된 경우($\beta = 90°$), 종횡비가 5인 FIB가 실드 와이어를 완전히 절단하지 않고 목표 지점을 프로빙할 수 있는가?

(b) 기울어진 밀링이 허용되는 경우($\beta \leq 90°$), 종횡비가 5인 FIB가 실드 와이어를 완전히 절단하지 않고 목표 지점을 프로빙할 수 있는가?

참고 문헌

[1] I. McLoughlin, Secure embedded systems: the threat of reverse engineering, in: 2008 14th IEEE International Conference on Parallel and Distributed Systems, pp. 729-736.

[2] R.J. Abella, J.M. Daschbach, R.J. McNichols, Reverse engineering industrial applications, Computers and Industrial Engineering 26 (1994) 381-385.

[3] R. Torrance, D. James, The state-of-the-art in IC reverse engineering, in: C. Clavier, K. Gaj (Eds.), Cryptographic Hard ware and Embedded Systems - CHES 2009, Springer Berlin Heidelberg, Berlin, Heidelberg, 2009, pp. 363-381.

[4] INSA, Interconnect design rules, Available at https://moodle.insa-toulouse.fr/pluginfile.php/2632/mod_resource/content/0/content/interconnect_design_rules.html.

[5]   U. Guin, D. DiMase, M. Tehranipoor, Counterfeit integrated circuits: detection, avoidance, and the challenges ahead, Journal of Electronic Testing 30 (2014) 9-23.

[6]   C. Bao, D. Forte, A. Srivastava, On application of one-class SVM to reverse engineering-based hardware Trojan detection, in: Fifteenth International Symposium on Quality Electronic Design, pp. 47-54.

[7]   T.J. Biggerstaff, Design recovery for maintenance and reuse, Computer 22 (1989) 36-49.

[8]   U. Guin, D. DiMase, M. Tehranipoor, A comprehensive framework for counterfeit defect coverage analysis and detection assessment, Journal of Electronic Testing 30 (2014) 25-40.

[9]   S.K. Curtis, S.P. Harston, C.A. Mattson, The fundamentals of barriers to reverse engineering and their implementation into mechanical components, Research in Engineering Design 22 (2011) 245-261.

[10] M.T. Rahman, D. Forte, Q. Shi, G.K. Contreras, M. Tehranipoor, CSST: preventing distribution of unlicensed and rejected ICs by untrusted foundry and assembly, in: 2014 IEEE International Symposium on Defect and Fault Tolerance in VLSI and Nanotechnology Systems (DFT), pp. 46-51.

[11] A. Baumgarten, A. Tyagi, J. Zambreno, Preventing IC piracy using reconfigurable logic barriers, IEEE Design Test of Computers 27 (2010) 66-75.

[12] SpacePhotonics, Anti-tamper technology, Available at http://www.spacephotonics.com/Anti_Tamper_Systems_Materials.php, 2013.

[13] DoD, Anti-tamper executive agent, Available at https://at.dod.mil/content/short-course, 2014.

[14] S.H. Weingart, Physical security devices for computer subsystems: a survey of attacks and defenses, in: Ç.K. Koç, C. Paar (Eds.), Cryptographic Hardware and Embedded Systems – CHES 2000, Springer Berlin Heidelberg, Berlin, Heidelberg, 2000, pp. 302-317.

[15] J.A. Roy, F. Koushanfar, I.L. Markov, EPIC: ending piracy of integrated circuits, in: 2008 Design, Automation and Test in Europe, pp. 1069-1074.

[16]   Britannica.com, Integrated circuit (IC), Available at
        http://www.britannica.com/EBchecked/topic/289645/integratedcircuit-IC, 2014.

[17]   MaximIntegrated, Glossary term: printed-circuit-board, Available at
        http://www.maximintegrated.com/en/glossary/definitions.mvp/term/Printed-
        Circuit-Board/gpk/973, 2014.

[18]   Nikon, Microscopy, Available at http://www.microscopyu.com/, 2013.

[19]   Nikon, Optical microscopy, Available at
        https://www.microscopyu.com/museum/model-smz1500-stereomicroscope.

[20]   JEOL, Scanning electron microscope (SEM), Available at
        https://www.jeol.co.jp/en/products/list_sem.html.

[21]   ZEISS, Transmission electron microscope (TEM), Available at
        http://jiam.utk.edu/facilities/microscopy/tem/index.php.

[22]   Purdue.edu, Scanning electron microscope, Available at
        http://www.purdue.edu/ehps/rem/rs/sem.htm, 2014.

[23]   SharedResources, Transmission electron microscope (TEM), Available at
        http://sharedresources.fhcrc.org/services/transmission-electron-microscopy-tem,
        2014.

[24]   Stanford.edu, Stanford microscopy facility, Available at
        https://microscopy.stanford.edu/, 2014.

[25]   ThermoFisher, Focused ion beam (FIB), Available at
        https://www.fei.com/products/fib/.

[26]   ZEISS, X-ray microscope, Available at
        https://www.zeiss.com/microscopy/int/products/x-ray-microscopy.html.

[27]   FormFactor, Probe station, Available at
        https://www.formfactor.com/products/probe-systems/.

[28]   GE, Inspection and NDT, Available at
        https://www.gemeasurement.com/inspection-and-nondestructive-testing, 2014.

[29]   Tektronix, Logic analyzer, Available at https://www.tek.com/logic-analyzer.

[30]   Grizzly, Computer numerical control (CNC), Available at
       http://users.dsic.upv.es/~jsilva/cnc/index.htm.

[31]   R. Joshi, B.J. Shanker, Plastic chip carrier package, in: 1996 Proceedings 46th
       Electronic Components and Technology Conference, pp. 772–776.

[32]   G. Phipps, Wire bond vs. flip chip packaging, Advanced Packaging Magazine 14, 7,
       28, 2005.

[33]   C. Tarnovsky, Deconstructing a 'secure' processor, in: Black hat federal, Available at
       http://www.blackhat.com/presentations/bh-dc-10/Tarnovsky_Chris/BlackHat-
       DC-2010-Tarnovsky-DASP-slides.pdf, 2010.

[34]   SharedResources, Wet etching recipes, Available at
       http://www.eesemi.com/etch_recipes.htm, 2013.

[35]   M.C. Hansen, H. Yalcin, J.P. Hayes, Unveiling the ISCAS-85 benchmarks: a case
       study in reverse engineering, IEEE Design Test of Computers 16 (1999) 72–80.

[36]   W. Li, Z. Wasson, S.A. Seshia, Reverse engineering circuits using behavioral pattern
       mining, in: 2012 IEEE International Symposium on Hardware-Oriented Security and
       Trust, pp. 83–88.

[37]   P. Subramanyan, N. Tsiskaridze, K. Pasricha, D. Reisman, A. Susnea, S. Malik,
       Reverse engineering digital circuits using functional analysis, in: 2013 Design,
       Automation Test in Europe Conference Exhibition (DATE), pp. 1277–1280.

[38]   W. Li, A. Gascón, P. Subramanyan, W. Yang Tan, A. Tiwari, S. Malik, N. Shankar,
       S.A. Seshia, WordRev: finding word level structures in a sea of bit-level gates, 2013,
       pp. 67–74.

[39]   J. Rajendran, M. Sam, O. Sinanoglu, R. Karri, Security analysis of integrated circuit
       camouflaging, in: Proceedings of the 2013 ACM SIGSAC Conference on Computer &
       Communications Security, CCS '13, ACM, New York, NY, USA, 2013, pp. 709–720.

[40]   SypherMedia, Circuit camouflage technology, Available at
       http://www.smi.tv/SMI_SypherMedia_Library_Intro.pdf, 2012.

[41]   A.R. Desai, M.S. Hsiao, C. Wang, L. Nazhandali, S. Hall, Interlocking obfuscation for
       anti-tamper hardware, in: Proceed ings of the Eighth Annual Cyber Security and

Information Intelligence Research Workshop, CSIIRW '13, ACM, New York, NY, USA, 2013, 8.

[42] R.S. Chakraborty, S. Bhunia, Harpoon: an obfuscation–based SoC design methodology for hardware protection, IEEE Transactions on Computer–Aided Design of Integrated Circuits and Systems 28 (2009) 1493–1502.

[43] R. Maes, D. Schellekens, P. Tuyls, I. Verbauwhede, Analysis and design of active IC metering schemes, in: 2009 IEEE International Workshop on Hardware–Oriented Security and Trust, pp. 74–81.

[44] F. Koushanfar, Integrated circuits metering for piracy protection and digital rights management: an overview, in: Proceedings of the 21st Edition of the Great Lakes Symposium on Great Lakes Symposium on VLSI, GLSVLSI '11, ACM, New York, NY, USA, 2011, pp. 449–454.

[45] B. Gassend, D. Clarke, M. van Dijk, S. Devadas, Silicon physical random functions, in: Proceedings of the 9th ACM Conference on Computer and Communications Security, CCS '02, ACM, New York, NY, USA, 2002, pp. 148–160.

[46] J.A. Roy, F. Koushanfar, I.L. Markov, Protecting bus–based hardware IP by secret sharing, in: 2008 45th ACM/IEEE Design Automation Conference, pp. 846–851.

[47] G.K. Contreras, M.T. Rahman, M. Tehranipoor, Secure split–test for preventing IC piracy by untrusted foundry and assembly, in: 2013 IEEE International Symposium on Defect and Fault Tolerance in VLSI and Nanotechnology Systems (DFTS), pp. 196–203.

[48] J. Grand, Printed circuit board deconstruction techniques, in: 8th USENIX Workshop on Offensive Technologies (WOOT 14), USENIX Association, San Diego, CA, 2014.

[49] CTI, Counterfeit components avoidance program, Available at http://www.cti-us.com/CCAP.htm, 2013.

[50] DatasheetCatalog2013, Datasheet, Available at http://www.datasheetcatalog.com/, 2013.

[51] Alldatasheet, Electronic components datasheet search, Available at http://www.alldatasheet.com/, 2014.

[52] TechInsights, Sony Xperia play teardown and analysis, Available at http://www.techinsights.com/teardowns/sony-xperiaplay-teardown/, 2014.

[53] X. Pan, Unified reconstruction theory for diffraction tomography, with consideration of noise control, Journal of the Optical Society of America A 15 (1998) 2312–2326.

[54] N. Asadizanjani, S. Shahbazmohamadi, E. Jordan, Investigation of Surface Geometry Thermal Barrier Coatings Using Computed X-Ray Tomography, vol. 35, 2015, pp. 175–187.

[55] S.E. Quadir, J. Chen, D. Forte, N. Asadizanjani, S. Shahbazmohamadi, L. Wang, J. Chandy, M. Tehranipoor, A survey on chip to system reverse engineering, ACM Journal on Emerging Technologies in Computing Systems 13 (2016) 6.

[56] B. Naveen, K.S. Raghunathan, An automatic netlist-to-schematic generator, IEEE Design Test of Computers 10 (1993) 36–41.

[57] W.-Y. Wu, M.-J.J. Wang, C.-M. Liu, Automated inspection of printed circuit boards through machine vision, Computers in Industry 28 (1996) 103–111.

[58] Ruzinoor Che Mat, Shahrul Azmi, Ruslizam Daud, Abdul Nasir Zulkifli, Farzana Kabir Ahmad, Morphological operation on printed circuit board (PCB) reverse engineering using MATLAB, Proc. Knowl. Manage. Int. Conf. Exhibit. (KMICE) (2006) 529–533.

[59] C. Koutsougeras, N. Bourbakis, V. Gallardo, Reverse engineering of real PCB level design using VERILOG HDL, Inter national Journal of Engineering Intelligent Systems for Electrical Engineering and Communications 10 (2) (2002) 63–68.

[60] H.G. Longbotham, P. Yan, H.N. Kothari, J. Zhou, Nondestructive reverse engineering of trace maps in multilayered PCBs, in: AUTOTESTCON '95. Systems Readiness: Test Technology for the 21st Century. Conference Record, pp. 390–397.

[61] S.P. Skorobogatov, Semi-invasive attacks – a new approach to hardware security analysis, Technical Report UCAM-CL-TR-630, University of Cambridge Computer Laboratory, April 2005.

[62] F. Beck, Integrated Circuit Failure Analysis: A Guide to Preparation Techniques, John Wiley & Sons, 1998.

[63] C.D. Nardi, R. Desplats, P. Perdu, F. Beaudoin, J.-L. Gauffier, Oxide charge

measurements in EEPROM devices, in: Proceedings of the 16th European Symposium on Reliability of Electron Devices, Failure Physics and Analysis, Micro electronics Reliability 45 (2005) 1514–1519.

[64] C. DeNardi, R. Desplats, P. Perdu, J.-L. Gauffier, C. Guérin, Descrambling and data reading techniques for flash–EEPROM memories. Application to smart cards, in: Proceedings of the 17th European Symposium on Reliability of Electron Devices, Failure Physics and Analysis. Wuppertal, Germany 3rd–6th October 2006, Microelectronics Reliability 46 (2006) 1569–1574.

[65] C. De Nardi, R. Desplats, P. Perdu, C. Guérin, J. Luc Gauffier, T.B. Amundsen, Direct measurements of charge in floating gate transistor channels of flash memories using scanning capacitance microscopy 2006, 2006.

[66] NREL, Scanning Kelvin probe microscopy, Available at http://www.nrel.gov/pv/measurements/scanning_kelvin.html, 2014.

[67] B. Bhushan, H. Fuchs, M. Tomitori, Applied Scanning Probe Methods X: Biomimetics and Industrial Applications, vol. 9, Springer, 2008.

[68] T. Wollinger, J. Guajardo, C. Paar, Security on FPGAs: state–of–the–art implementations and attacks, ACM Transactions on Embedded Computing Systems (TECS) 3 (2004) 534–574.

[69] A. Moradi, A. Barenghi, T. Kasper, C. Paar, On the vulnerability of FPGA bitstream encryption against power analysis attacks: extracting keys from Xilinx Virtex-II FPGAs, in: Proceedings of the 18th ACM Conference on Computer and Communications Security, CCS '11, ACM, New York, NY, USA, 2011, pp. 111–124.

[70] A. Moradi, M. Kasper, C. Paar, Black–box side–channel attacks highlight the importance of countermeasures: an analysis of the Xilinx Virtex–4 and Virtex–5 bitstream encryption mechanism, in: Proceedings of the 12th Conference on Topics in Cryptology, CT–RSA'12, Springer–Verlag, Berlin, Heidelberg, 2012, pp. 1–18.

[71] P. Swierczynski, A. Moradi, D. Oswald, C. Paar, Physical security evaluation of the bitstream encryption mechanism of Altera Stratix II and Stratix III FPGAs, ACM Transactions on Reconfigurable Technology and Systems 7 (2014) 34.

[72] S. Drimer, Volatile FPGA design security – a survey, in: IEEE Computer Society Annual Volume, IEEE, Los Alamitos, CA, 2008, pp. 292–297.

[73] E. Brier, C. Clavier, F. Olivier, Correlation power analysis with a leakage model, in: M. Joye, J.-J. Quisquater (Eds.), Cryptographic Hardware and Embedded Systems – CHES 2004, Springer Berlin Heidelberg, Berlin, Heidelberg, 2004, pp. 16–29.

[74] S. Drimer, Security for volatile FPGAs, Technical report UCAM-CL-TR-763, University of Cambridge, Computer Laboratory, 2009.

[75] D. Ziener, S. Assmus, J. Teich, Identifying FPGA IP-cores based on lookup table content analysis, in: 2006 International Conference on Field Programmable Logic and Applications, pp. 1–6.

[76] J.-B. Note, E. Rannaud, From the bitstream to the netlist, in: Proceedings of the 16th International ACM/SIGDA Symposium on Field Programmable Gate Arrays, FPGA '08, ACM, New York, NY, USA, 2008, pp. 264–271.

[77] F. Benz, A. Seffrin, S.A. Huss, Bil: a tool-chain for bitstream reverse-engineering, in: 22nd International Conference on Field Programmable Logic and Applications (FPL), pp. 735–738.

[78] B. Vajana, M. Patelmo, Mask programmed ROM inviolable by reverse engineering inspections and method of fabrication, 2002, US Patent App. 10/056,564.

[79] L. Chow, W. Clark, G. Harbison, J. Baukus, Use of silicon block process step to camouflage a false transistor, 2007, US Patent App. 11/208,470.

[80] H. Mio, F. Kreupl, IC chip with nanowires, 2008, US Patent 7,339,186.

[81] H.K. Cha, I. Yun, J. Kim, B.C. So, K. Chun, I. Nam, K. Lee, A 32-KB standard CMOS antifuse one-time programmable ROM embedded in a 16-bit microcontroller, IEEE Journal of Solid-State Circuits 41 (2006) 2115–2124.

[82] B. Stamme, Anti-fuse memory provides robust, secure NVM option, Available at http://www.eetimes.com/document.asp?doc_id=1279746, 2014.

[83] J. Lipman, Why replacing ROM with 1T-OTP makes sense, Available at http://www.chipestimate.com/tech-talks/2008/03/11/Sidense-Why-Replacing-ROM-with-1T-OTP-Makes-Sense, 2014.

[84] VirageLogic, Design security in nonvolatile Flash and antifuse FPGAs (NVM), Available at http://www.flashmemorysummit.com/English/Collaterals/Proceedings/2009/20090811_F1A_Zajac.pdf, 2014.

[85] G. Bartley, T. Christensen, P. Dahlen, E. John, Implementing tamper evident and resistant detection through modulation of capacitance, 2010, US Patent App. 12/359, 484.

[86] D.H. Kim, K. Athikulwongse, S.K. Lim, A study of through-silicon-via impact on the 3d stacked IC layout, in: 2009 IEEE/ACM International Conference on Computer-Aided Design – Digest of Technical Papers, pp. 674–680.

[87] J. Van Geloven, P. Tuyls, R. Wolters, N. Verhaegh, Tamper-resistant semiconductor device and methods of manufacturing thereof, 2012, US Patent 8,143,705.

[88] F. Zachariasse, Semiconductor device with backside tamper protection, 2012, US Patent 8,198,641.

[89] S. Skorobogatov, Data remanence in flash memory devices, in: J.R. Rao, B. Sunar (Eds.), Cryptographic Hardware and Embedded Systems – CHES 2005, Springer Berlin Heidelberg, Berlin, Heidelberg, 2005, pp. 339–353.

[90] P. Thanigai, Introducing advanced security to low-power applications with FRAM-based MCUs, Available at http://www.ecnmag.com/articles/2014/03/introducing-advancedsecurity-low-power-applications-fram-mcus, 2014.

[91] Actel, Design security in nonvolatile Flash and antifuse FPGAs, Available at http://www.actel.com/documents/DesignSecurity_WP.pdf, 2002.

[92] K. Tiri, I. Verbauwhede, A dynamic and differential CMOS logic style to resist power and timing attacks on security IC's, Cryptology ePrint Archive, Report 2004/066, 2004.

[93] J. Wu, Y.-B. Kim, M. Choi, Low-power side-channel attack-resistant asynchronous S-box design for AES cryptosystems, in: Proceedings of the 20th Symposium on Great Lakes Symposium on VLSI, GLSVLSI '10, ACM, New York, NY, USA, 2010, pp. 459–464.

[94] L. Benini, E. Omerbegovic, A. Macii, M. Poncino, E. Macii, F. Pro, Energy-aware design techniques for differential power analysis protection, in: Proceedings 2003.

Design Automation Conference (IEEE Cat. No. 03CH37451), pp. 36–41.

[95] H. Wang, D. Forte, M.M. Tehranipoor, Q. Shi, Probing attacks on integrated circuits: challenges and research opportunities, IEEE Design Test 34 (2017) 63–71.

[96] S. Skorobogatov, The bumpy road toward iPhone 5c NAND mirroring, ArXiv preprint arXiv:1609.04327, 2016, Available at https://arxiv.org/ftp/arxiv/papers/1609/1609.04327.pdf.

[97] C. Tarnovsky, Security failures in secure devices, in: Proc. Black Hat DC Presentation, 74, Feb. 2008, Available at http://www.blackhat.com/presentations/bh-dc-08/Tarnovsky/Presentation/bh-dc-08-tarnovsky.pdf, 2008.

[98] ARMInc., Building a secure system using TrustZone technology, Available at http://infocenter.arm.com/help/topic/com.arm.doc.prd29-genc-009492c/PRD29-GENC-009492C_trustzone_security_whitepaper.pdf, 2017.

[99] C. Boit, C. Helfmeier, U. Kerst, Security risks posed by modern IC debug and diagnosis tools, in: 2013 Workshop on Fault Diagnosis and Tolerance in Cryptography, pp. 3–11.

[100] S. Skorobogatov, Physical attacks on tamper resistance: progress and lessons, in: Proc. 2nd ARO Special Workshop Hardware Assurance, Washington, DC, USA, 2011, Available at http://www.cl.cam.ac.uk/sps32/ARO_2011.pdf.

[101] J.M. Cioranesco, J.L. Danger, T. Graba, S. Guilley, Y. Mathieu, D. Naccache, X.T. Ngo, Cryptographically secure shields, in: 2014 IEEE International Symposium on Hardware-Oriented Security and Trust (HOST), pp. 25–31.

[102] S. Manich, M.S. Wamser, G. Sigl, Detection of probing attempts in secure ICs, in: 2012 IEEE International Symposium on Hardware-Oriented Security and Trust, pp. 134–139.

[103] Y. Ishai, A. Sahai, D. Wagner, Private circuits: securing hardware against probing attacks, in: D. Boneh (Ed.), Advances in Cryptology – CRYPTO 2003, Springer Berlin Heidelberg, Berlin, Heidelberg, 2003, pp. 463–481.

[104] A. Barenghi, L. Breveglieri, I. Koren, D. Naccache, Fault injection attacks on cryptographic devices: theory, practice, and countermeasures, Proceedings of the

IEEE 100 (2012) 3056–3076.

[105] R. Anderson, M. Kuhn, Low cost attacks on tamper resistant devices, in: B. Christianson, B. Crispo, M. Lomas, M. Roe (Eds.), Security Protocols, Springer Berlin Heidelberg, Berlin, Heidelberg, 1998, pp. 125–136.

[106] D. Boneh, R.A. DeMillo, R.J. Lipton, On the importance of eliminating errors in cryptographic computations, Journal of Cryptology 14 (2001) 101–119.

[107] E. Biham, A. Shamir, Differential fault analysis of secret key cryptosystems, in: B.S. Kaliski (Ed.), Advances in Cryptology – CRYPTO '97, Springer Berlin Heidelberg, Berlin, Heidelberg, 1997, pp. 513–525.

[108] D. Boneh, R.A. DeMillo, R.J. Lipton, On the importance of checking cryptographic protocols for faults, in: W. Fumy (Ed.), Advances in Cryptology – EUROCRYPT '97, Springer Berlin Heidelberg, Berlin, Heidelberg, 1997, pp. 37–51.

[109] F. Bao, R.H. Deng, Y. Han, A. Jeng, A.D. Narasimhalu, T. Ngair, Breaking public key cryptosystems on tamper resistant devices in the presence of transient faults, in: B. Christianson, B. Crispo, M. Lomas, M. Roe (Eds.), Security Protocols, Springer Berlin Heidelberg, Berlin, Heidelberg, 1998, pp. 115–124.

[110] S.P. Skorobogatov, R.J. Anderson, Optical fault induction attacks, in: B.S. Kaliski, Ç.K. Koç, C. Paar (Eds.), Cryptographic Hardware and Embedded Systems – CHES 2002, Springer Berlin Heidelberg, Berlin, Heidelberg, 2003, pp. 2–12.

[111] S. Skorobogatov, Local heating attacks on flash memory devices, in: 2009 IEEE International Workshop on Hardware Oriented Security and Trust, July 2009, pp. 1–6.

[112] R. Torrance, D. James, The state-of-the-art in IC reverse engineering, in: Proceedings of the 11th International Workshop on Cryptographic Hardware and Embedded Systems, CHES '09, Springer-Verlag, Berlin, Heidelberg, 2009, pp. 363–381.

11

PCB에 대한 공격: 보안상의 문제점과 취약점

11.1 소개

최신의 PCB는 일반적으로 핀의 복잡성 높고 많은 수의 수동 소자를 갖춘 다수의 IC를 소형 레이아웃으로 통합한다[1]. 조사 결과에 따르면 현재 PCB의 14%가 고속 데이터 통신을 지원하고자 1-10GHz 주파수 범위에서 동작하고 있다[2].

PCB 설계의 복잡성과 비용도 빠르게 증가하고 있다. HDI^{High-Density Interconnect}, 숨겨진 바이어스^{vias}, 내부 레이어의 수동 소자, 다중 레이어(6~20레이어) 등 PCB의 복잡성이 증가함에 따라 시스템 통합업체들은 서드파티 PCB 제조업체에 점점 더 의존하고 있다.

더욱이 PCB의 길고 분산된 공급망은 PCB의 무결성과 신뢰도를 손상시키는 다양한 공격에 매우 취약해지고 있다. PCB는 악의적인 구성 요소 삽입이나 타깃 설계의 변경으로 공격자에 의해 의도적으로 변조돼 배포 후 오작동을 일으키거나 비밀 정보가 유출될 수 있다. 이렇게 손상된 PCB는 상당한 성능과 신뢰성 문제로 어려움을 겪을 수 있다[3]. 반면 위조는 PCB 업계의 주요 관심사가 됐다. 위조된 PCB는 현장 운영 중에 심각한 잠재적 문제를 초래할 수 있는 미션 크리티컬 시스템에 큰 위협이 된다. 그림 11.1은 PCB 설계, 제조, 유통의 현재 추세와 그에 상응해 보안 취약점으로 발생되는 최신 PCB의 몇 가지 두드러진 특징을 보여준다. 또한 PCB 라이프 사이클(설계, 테스트)의 여러 단계에서 이러한 위협을 해결하는 데 활용할 수 있는 일련의 대응책도 보여준다. PCB 기능 중 일부는 대책을 수립하고자 활용할 수 있다. 예를 들어 JTAG 인프라는 그림처럼 신뢰 검증과 PCB 인증에 사용될 수 있다.

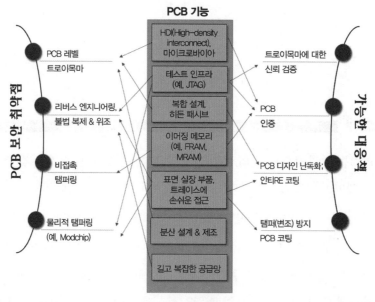

▲ 그림 11.1 최신 PCB의 기능이 새로운 취약점을 어떻게 생성하는지 보여주는 그림. 또한 가능한 대응책을 보여주는데, 그중 일부는 PCB 기능을 활용하고 있다.

IC 레벨에서 하드웨어 트로이목마 공격은 최근 광범위하게 연구되고 있다. 연구원들은 이러한 공격의 영향을 분석하고 가능한 대응책을 모색했다. 그러나 더 높은 레벨, 특히 PCB 레벨에서 하드웨어 트로이목마 공격에 대한 취약점은 광범위하게 조사되지 않았다. 이전의 연구들은 불법 복제와 다양하게 제조한 후 탬퍼링 공격을 하는 데 대한 PCB의 보안을 다뤘다. PCB의 JTAG와 기타 필드 프로그램 가능 매개체들(예, 프로브 핀, 사용하지 않는 소켓, USB)은 해커에 의해 설계의 내부 기능에 액세스해 비밀키를 스누핑하고 테스트 응답을 수집하며 JTAG 테스트 핀을 조작하는 등 광범위하게 악용됐다. 이러한 하나의 공격 사례로, DRM 보호를 비활성화하고자 JTAG를 사용해 Xbox 게임 콘솔을 해킹할 수 있다는 것을 보여줬다. 최신 PCB는 신뢰할 수 없는 설계, 제작 시설에서 설계나 제작 과정에서 PCB의 악의적인 수정에 점점 더 취약해지고 있다. 이러한 취약점은 PCB에 새로운 위협 요소로 발전했다. 제조비용[4~6]을 낮추고자 PCB 라이프 사이클에서 광범위한 아웃소싱과 신뢰할 수 없는 부품/기업의 통합을 선호하는 PCB 설계와 제작의 새로운 비즈니스 모델은 PCB의 하드웨어 트로이목마 공격 가능성을 높게 만든다.

일부 주요 전자 제품과 PCB 제조업체를 자세히 살펴보면 PCB가 종종 여러 나라에서 설계되고 있다는 것을 알 수 있다. 뿐만 아니라 서드파티 제조 시설에 의존함으로써 PCB 제조 공정을 신뢰할 수 없게 되고, 따라서 악의적인 변경에 취약해진다. 또한 디자인 하우스 내부에 적들이 존재할 수 있으며 트로이목마를 PCB 설계에 삽입할 수 있다. 오늘날의 복잡하고 고도로 통합된 설계의 PCB는 폼팩터를 최소화하고자 숨겨진 바이어스와 임베디드 수동 소자가 있는 최대 20~30개의 레이어를 포함하고 있다[7]. 이것은 공격자가 내부 레이어에서 상호 연결 라인을 조작하거나 구성 요소를 변경함으로써 의도적으로 PCB 설계를 수정할 수 있는 좋은 기회를 제공한다.

PCB 설계 흐름이 고도로 분산돼 있기 때문에 공급망 시스템 전반에 걸쳐 높은 수준의 보안 표준을 유지하는 것은 어려운 과제가 됐다. 결과적으로 PCB 라이프 사이클의 약한 연결 고리는 불량 객체에 의한 보안 침해와 악의적인 공격에 더 취약하다.

전 세계의 신뢰할 수 없는 공급업체를 통합함으로써 PCB 라이프 사이클과 공급망 시스템에 새로운 위협이 도사리면서 상황을 악화시키고 있다. 이와 관련된 위험에도 불구하고 제조업체들은 반도체 산업의 변화하는 환경에 대처하고 설계와 제조비용을 줄이고자 PCB 생산에 대해 기존의 수평적 비즈니스 모델을 채택할 수밖에 없다.

가정용 솔루션을 사용하는 PCB(IC에 비해)의 리버스 엔지니어링이 상대적으로 용이하다고 문헌에 보고됐다. 공격자는 설계 정보를 얻고자 PCB 설계를 훔치거나 조작된 PCB를 리버스 엔지니어링할 수 있다. 그런 다음 불법 복제품을 만들거나 리버스 엔지니어링된 PCB 설계를 재판매할 수 있다. 또한 취약점을 추출하고 교묘하게 조작된 PCB 공격을 실행할 수도 있다. PCB의 공격에 대한 광범위한 분류는 그림 11.2에서 보여준다. 주요 범주로는 불법 복제, 위조 문제, 하드웨어 트로이목마 공격, 현장에서 변경 등이 포함된다. 11장에서는 각 공격 범주를 자세히 설명한다. 또한 공격과 취약점을 자세히 설명하고자 관련 사례 연구를 제시한다. PCB의 보안과 신뢰도를 검증하는 데 있어 기존 PCB 테스트의 한계도 설명한다. 마지막으로 모드칩^{Modchip} 공격이라고 불리는 현장에서의 변경 공격은 상업용 Xbox 게임 콘솔[10~12]에서 시작된 공격 예제로 설명할 수 있다.

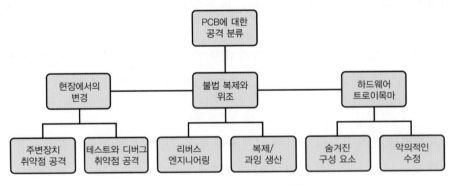

▲ 그림 11.2 PCB에 대한 공격의 분류

11.2 PCB 보안 문제: PCB에 대한 공격

이 절에서는 PCB 공격을 자세히 설명한다.

11.2.1 PCB의 하드웨어 트로이목마

그림 11.3에는 PCB에 대한 하드웨어 트로이목마 공격의 일반적인 모델을 보여준다. PCB 레벨에서 하드웨어 트로이목마는 두 가지 유형의 페이로드를 가질 수 있다. 첫째, 트로이목마는 PCB의 인터럽트나 악의적으로 기능을 변경해 현장에서 동작 중에 고장을 일으킬 수 있다. 예를 들어 PCB 신호 라인에 커패시터를 추가하면 보드의 구성 요소 간의 정기 회로 동작과 통신에 지장을 초래할 수 있다. 그러한 변경은 현장에서의 문제로 이어질 수 있다. 둘째, 트로이목마는 PCB 설계에서 민감한 정보를 유출할 수 있다. 그러한 공격의 사례로 암호 모듈의 키와 같은 중요한 시스템 정보를 추출하고자 커패시터 기반 유출 회로를 삽입하는 것이 있다.

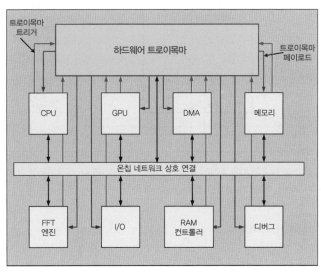

▲ 그림 11.3 PCB 레벨에서 하드웨어 트로이목마의 일반적인 개요

11.2.1.1 숨겨진 구성 요소

다중 레이어 PCB 보드에서 공격자는 비밀 정보를 얻고자 여러 가지 방법으로 레이어 중 하나에 추가적인 전기 부품을 삽입할 수 있다. 마찬가지로 공격자는 오리지널 설계에 악의적인 부품을 삽입함으로써 PCB를 정상 동작에서 벗어나 오작동을 일으키거나 조작할 수 있다. 그러한 공격의 예는 오리지널 IC를 하드웨어 트로이목마가 삽입된 변조, 위조, 또는 맞춤 설계된 IC로 교체하는 것이다. 새로운 IC는 기능과 성능 사양이 거의 동일할 수 있으므로 트로이목마를 기존의 PCB 테스트를 사용해 탐지하기가 어렵다. PCB 레벨 설계에서 그러한 트로이의 예를 그림 11.4에서 보여준다.

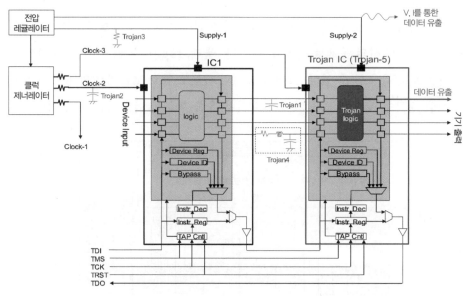

▲ 그림 11.4 PCB에 숨겨진 구성 요소로 삽입된 하드웨어 트로이목마 그림

11.2.1.2 악의적인 수정

공격자는 PCB의 신호 트레이스 저항, 인덕턴스, 커패시턴스 값을 수정할 수도 있다. 수정의 사례로 내부 레이어 트레이스의 폭을 감소시켜 저항을 증가시키는 것

이 있다. 결과적으로 이러한 변경은 과열로 인해 장기간에 걸쳐 설계 문제를 초래할 수 있다. 트레이스의 커플링 커패시턴스를 변경하고자 유사한 공격을 사용해 지연 실패를 초래할 수 있다. 회로에 추가 커플링 전압을 도입하려면 재라우팅으로 트레이스 간 거리를 변경하고 트레이스와 유전체 특성의 넓이를 선택적으로 변경하는 등의 수정이 필요하다. 내부 레이어에서 높은 저항 경로를 통합해 PCB의 작동 전압을 낮추고자 공격을 탑재할 수 있다. 또한 임피던스 불일치가 발생해 설계 기능을 방해하기 위해 두 구성 요소 간의 상호 연결이 손상될 수 있다. 트로이목마는 기존의 PCB 테스트를 피하고자 PCB의 희귀한 내부 조건이나 테스트 중 확인하기 어려운 외부 트리거 메커니즘을 통해 트리거돼야 한다.

PCB에 대한 악의적인 트레이스 수정 공격의 사례로는 상업용 아두이노 우노^Arduino ^Uno 보드에서 살펴볼 수 있다(그림 11.5 참고). 이 공격은 PCB의 트레이스 라인을 조작하는 방법을 보여준다. 이러한 조작의 주요 영향은 출력 전압의 저하와 지연에 의한 회로 고장 또는 추가 커플링 전압이다. 오리지널 설계의 2배만큼 트레이스 두께와 트레이스 간 거리를 변경하고 단일 트레이스를 다시 라우팅하는 작업을 포함한다. 비교적 단순한 2계층 PCB에 통합됐지만 기존 테스트 방법을 통해 수정하기가 어렵다는 점에 유의한다. 추가 레이어의 설계 복잡성이 증가하므로 광학 또는 X선 이미징과 같은 육안 검사 기반 테스트를 피할 수 있다. 또한 PCB의 기능과 파라메트릭 테스트를 통해 이러한 변경 내용을 감지하기는 일반적으로 어렵다. 이러한 테스트는 보드 내의 제한된 기능성을 검증하고자 적용되기 때문이다. 시간과 자원의 제약으로 인해 완전한 테스트 방법론을 채택하는 것은 실현 가능한 선택이 아니다. 그림 11.5는 변형된 트레이스 라인과 수정의 영향을 보여준다. 핀 4의 전압 저하는 현장 작동 중 보드 오작동으로 이어질 수 있다는 점에 유의한다.

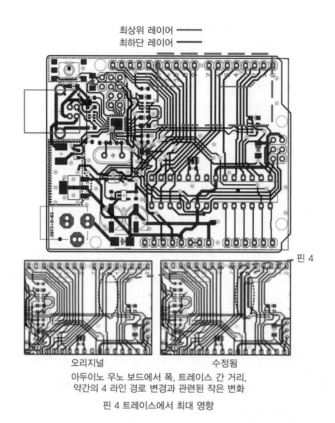

핀 4

오리지널 　　　　　　　　　　수정됨

아두이노 우노 보드에서 폭, 트레이스 간 거리,
약간의 4 라인 경로 변경과 관련된 작은 변화

핀 4 트레이스에서 최대 영향

▲ 그림 11.5 새로운 구성 요소를 추가하지 않고 하드웨어 트로이목마를 삽입하기 위한 아두이노 우노 PCB 레이아웃의 사소한 수정

11.2.2 현장에서 변경

11.2.2.1 주변장치 취약점 공격

주변장치 취약점 공격은 공격자가 온보드 IC와 기타 전기 소자(능동, 수동)를 사용해 공격을 시작하려는 시도로 정의할 수 있다. 주변장치 취약점 공격의 일반적인 사례는 오리지널 설계에 불량 IC를 장착하고 납땜을 통해 와이어의 연결을 변경하거나, 보안 블록을 회피하거나 대체하고자 회로 데이터 경로를 다시 라우팅하거

나, PCB의 제한된 블록에 액세스하는 경우가 있다. 대표적인 공격의 예로는 모드칩^{Modchip} 공격[11]이 있다. 모드칩은 PCB의 기능을 악의적으로 변경할 수 있는 고유한 부품의 종류를 나타낸다. 또한 설계의 제한된 부분에 대한 액세스를 제한하고자 사용된다. 모드칩은 종종 장치의 내장 보호 기능을 조작하고자 셋톱박스와 게임 콘솔에 장착되는 경우가 있다[13].

11.2.2.2 테스트와 디버그 취약점 공격

JTAG, USB, 테스트 핀, 테스트/디버그 구조와 같은 PCB 설계 기능은 공격자가 악의적으로 이용할 수 있다. 공격자는 이러한 특징을 이용해 설계의 의도를 이해하고 최소한의 변경으로 공격을 좀 더 효율적으로 수행할 수 있다.

- **JTAG 인터페이스:** 4장에서 설명했던 것처럼 JTAG는 제조 후 PCB를 테스트하고 디버그하려고 개발된 산업 표준이다. JTAG는 테스트와 디버깅을 쉽게 하고자 보드의 여러 테스트 기능을 통합한다. 예를 들어 JTAG는 기능과 성능을 테스트하고자 온보드 칩의 데이터와 주소 버스에 액세스할 수 있다. 그러나 이런 편리한 접근 가능성은 공격자가 민감한 설계 정보나 PCB에 저장된 비밀을 알아내는 데 악용할 수 있다. 공격자는 보드의 칩 데이터를 제어하고 보드 버스를 주소 지정함으로써 JTAG를 악용해 데이터 버스에 공격을 시도할 수 있다. 공격은 시행착오를 통해 레지스터의 크기와 기능 등 명령 레지스터의 정보를 수집한다. 관련 정보가 수집되면 구체적인 지침을 실행해 시스템 데이터에 액세스하고 버스에 손상된 데이터를 보낼 수 있다. JTAG 공격의 또 다른 예는 온보드 구성 요소의 연결 검사를 통해 설계를 리버스 엔지니어링하는 것이다.
- **핀 테스트 또는 프로브 패드:** 대부분의 IC는 테스트와 디버그 목적으로 중요한 신호를 관찰하고 제어하고자 프로브 패드와 테스트 핀으로 설계된다.

공격자는 이러한 핀을 탭하고 중요한 신호를 모니터링해 설계 기능의 정보를 얻거나 설계에 악의적인 데이터를 공급할 수 있다. 또한 테스트 핀은 테스트 입력이 보드 기능을 식별하는 데 도움이 되는 특정 데이터, 주소, 제어 신호를 트리거할 수 있는 리버스 엔지니어링을 위해서도 활용할 수 있다. 일반적인 PCB 설계 기능에서 비롯되는 추가적인 취약점 목록은 표 11.1에 수록돼 있다.

▼ 표 11.1 PCB 설계 기능에 의해 생성된 다양한 공격 표면

PCB의 보안 취약점	하드웨어/물리적 공격에 대해 악용 가능
JTAG	메모리/논리 접속에 대한 불법적인 접근용 스캔 체인/데이터 버스 제어
RS232, USB, 펌웨어, 이더넷	IC의 내부 메모리에 액세스해 비밀 데이터 유출
테스트 핀	내부 스캔 체인에 액세스해 IC에서 데이터 유출
사용되지 않는 핀, 다중 레이어, 숨겨진 바이어스	내부 레이어/숨겨진 바이어스를 사용한 연결 변경

11.2.3 불법 복제와 위조

11.2.3.1 리버스 엔지니어링

PCB는 리버스 엔지니어링에 매우 취약하다. 공격자는 PCB 또는 PCB가 들어 있는 시스템을 마켓에서 구입해 리버스 엔지니어링을 할 수 있다. 복잡한 다중 레이어 PCB라도 저비용의 가정용 솔루션으로 비교적 간단한 방법으로 완전히 리버스 엔지니어링할 수 있다는 것이 앞선 연구에서 증명됐다. 리버스 엔지니어링된 PCB를 복제해 허가되지 않은 복제품을 만들 수 있다. 또한 PCB 리버스 엔지니어링은 공격자가 설계를 더 잘 이해한 다음 효과적으로 조작하는 데 도움을 줄 수 있다. 리버스 엔지니어링 후 PCB의 복제품을 만들 수 있다. 대부분의 PCB는 시장에서

쉽게 구할 수 있는 능동/수동 소자를 사용하기 때문에 일반적으로 위조 PCB를 조립하는 것이 쉽다. 이러한 PCB는 단순히 낮은 품질의 가짜일 수도 있고, [8]과 같이 악성 회로, 즉 하드웨어 트로이목마를 포함할 수도 있다. 마지막으로 리버스 엔지니어링의 프로세스는 공격자가 설계의 중요한 보안 정보를 추출하고 그 안에 있는 취약점을 식별한 다음, 시스템에 대한 강력한 공격을 개발할 수 있게 할 수 있다[9].

11.2.3.2 복제

공격자는 원본 PCB를 악의적인 의도로 복제할 수 있다. PCB 보드를 육안으로 검사하면 설계에 관한 중요 정보를 알 수 있으며, PCB 복제 프로세스에 악용할 수 있다. 관련 시나리오의 사례는 그림 11.6에서 보여준다. 각 취약점 유형의 설명은 다음과 같다.

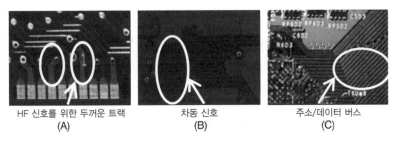

HF 신호를 위한 두꺼운 트랙
(A)

차동 신호
(B)

주소/데이터 버스
(C)

▲ 그림 11.6 PCB의 육안 검사는 중요한 설계 정보를 확인할 수 있다. (A) 고주파 신호에 대해 두툼한 트레이스, (B) 차동 신호에 대한 신호 쌍, (C) 버스를 나타내는 트레이스의 그룹

- **특수 신호의 고유한 특성:** 공격자는 고유한 특성에 따라 다양한 신호의 기능을 추측할 수 있다. 예를 들어 트레이스의 두께와 버스 데이터의 트레이스 그룹은 기능의 단서를 제공한다. 마찬가지로 동일한 풀업/다운 저항으로 연결된 핀은 버스에 속해 있다는 것을 나타낸다.
- **테스트 또는 디버그의 남은 흔적:** 테스트와 디버그 핀이 포트를 통해 액세스될 때 남은 납땜은 이러한 핀의 기능에 대한 직관적인 힌트를 제공한다.

PCB의 빈 소켓은 공격하기 위해 공격자가 악용할 수도 있다.

- **기타 힌트:** 컴포넌트 레벨 후크에서 제공하는 공격 영역 외에도 PCB 설계 자체는 강력한 트로이목마 공격을 용이하게 할 수 있는 많은 정보를 제조 회사의 공격자에게 노출한다. 그림 11.6은 공격자가 설계 기능을 이해하려고 전통적인 설계 특징과 기타 힌트를 어떻게 이용할 수 있는지 보여준다.

11.3 공격 모델

PCB에서의 트로이목마 공격은 다음과 같이 크게 두 가지 범주로 나눌 수 있다.

사례 1: PCB 설계를 신뢰한다. 이 공격 시나리오에서는 신뢰할 수 있는 담당자에 게서 설계를 얻는 것으로 가정한다. 제조 시설은 신뢰할 수 없는 것으로 간주되고 공격 가능성이 있는 소스로 표시된다. 또한 지능적인 공격자는 기존의 제조 후 실행되는 테스트를 피할 수 있다고 가정한다. 공격자의 목표는 일반적인 기능이나 파라메트릭 테스트를 통해 확인하기 어려운 희귀한 상황(즉, 입력의 희귀한 조합을 포함)에서 공격을 트리거하는 것이다.

사례 2: PCB 설계를 신뢰하지 않는다. 이 경우의 위협 모델은 보드 설계와 제조 시설 모두를 신뢰할 수 없는 것으로 간주한다. 보드의 기능과 파라메트릭 사양만 신뢰한다. 이 경우 공격자는 악의적으로 설계를 변경하거나 가짜 또는 신뢰할 수 없는 (잠재적으로 악의적인) 구성 요소를 선택하는 높은 유연성을 가진다. 공격자는 기능과 파라메트릭 테스트 프로세스 중 탐지를 피하고자 수정 사항을 숨기려고 할 것이다.

두 경우 모두 공격자의 가능한 목표는 1) 오작동이나 2) 정보 유출이다. PCB에 대한 다양한 형태의 트로이목마 공격은 다음 절에서 설명한다.

11.3.1 공격 사례

11.3.1.1 신뢰할 수 있는 디자인 하우스

PCB가 신뢰할 수 있는 설계자에 의해 설계되고 제조를 위해 아웃소싱될 때 해당 공격이 발생한다. 제조 공정 중에 공격자가 악의적인 수정 사항을 지능적으로 삽입해 최종 설계가 구조적으로 원본과 일치하게 할 수 있다. 이러한 경우 추가로 논리와 트레이스 같은 구성 요소는 통합되지 않지만 설계는 특정 조건에서 원하지 않는 기능이 발생된다. 기존 트레이스의 변경 목표는 내부 레이어 라우팅과 작은 누출 경로를 삽입해 상호 커플링 커패시턴스, 특성 임피던스, 루프 인덕턴스를 증가시키는 것이다. 아주 작은 영역과 전력이 필요한 추가 부품도 내부 레이어에 삽입할 수 있다. 작은 변경으로 다중 레이어 PCB의 내부 레이어에 국한될 수 있다. 따라서 육안 검사, 광학 이미징, X선 기반 이미징 기술로 검출할 가능성은 낮다. 또한 많은 수의 테스트 노드로 철저한 기능 테스트를 수행하는 것은 불가능하다. 따라서 악의적인 기능은 회로 내 또는 바운더리 스캔 기반 기능 테스트 중에 트리거될 가능성이 매우 낮다. 내부 레이어에도 아주 작은 영역과 전력이 필요한 추가 부품을 삽입할 수 있다.

이 절에서는 공격 사례로 두 가지 트로이목마 예를 제시한다. 첫 번째 사례에서 다중 레이어 PCB(10cm 길이)는 고속 통신과 비디오 스트리밍 시스템에 사용할 수 있는 것으로 가정한다. 이 보드에는 두 개의 고주파^{HF, High-Frequency} PCB 트레이스가 서로 평행하게 내부 레이어에 있다. 일반적으로 HF 트레이스는 간섭을 피하기 위해 전원과 접지 면으로 차폐된 내부 레이어에서 라우팅된다(그림 11.7(A) 참고). 그러나 이 절차는 내부 레이어 테스트와 디버깅을 상당히 복잡하게 하고, 공격자를 위한 공격 영역을 만든다. 트레이스의 크기는 일반적인 HF 신호, 즉 폭과 두께가 각각 6mils와 1.4mils인 1온스 구리 트레이스를 전달하고자 신중하게 선택된다. 유전체는 비유전율^{relative permittivity}이 4.5인 FR-4다. 트레이스 사이 거리는 상호 유도와 용량성 결합의 부정적인 영향을 피하고자 30~40mils로 선택된다. 이러한 HF 트레이스는 일괄 파라메트릭 형태로 모델링된다. 기능 시뮬레이션 결과는 트레이스 중 하나에 약 300mVpp까지의 최대 결합된 근단near-end과 원단far-end 전압을 보여준다. 다른 트레이스는 듀티 사이클 50%로 10~500MHz에서 3Vpp의 펄스 전압으로 스위핑된다. 액티브 트레이스를 통과하는 펄스의 최대 전파 지연은 ~0.4ns이다.

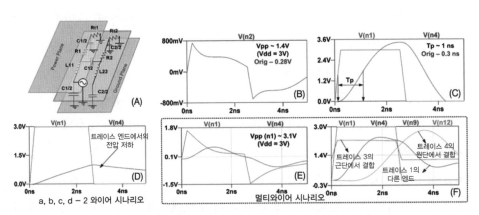

▲ 그림 11.7 이 그림들은 PCB 레벨의 트로이목마 공격 결과를 보여준다. 공격 시나리오에서 PCB의 특정 트레이스와 특성은 오리지널 설계에 새로운 부품을 도입하지 않고 변경된다. 그림의 설명은 다음과 같다. (A) 관련 구성 요소, 즉 저항, 커패시터, 인덕터가 포함된 일괄 트레이스-2 PCB 시스템, (B) 트레이스 2의 근단과 원단 전압, (C) 입력 전압이 3V 피크 대 피크인 220MHz에서 트레이스 1(노드 n1, n4)의 전파 지연, (D) 트레이스 1에서 접지까지 누설 저항 경로(leakage resistance path)를 삽입해 각 트레이스의 원단 전압이 변경된다. (E)와 (F)는 4 와이어 시나리오에서 트레이스 속성이 어떻게 변경되는지 보여준다. 특히 모든 공격자가 220MHz의 주파수와 3V의 피크 대 피크 전압으로 위상이 스위치되면서 피해자 트레이스의 근단과 원단에 결합된 전압의 영향을 나타낸다. (F)는 노드 9의 전압 프로파일, 즉 트레이스 3의 근단과 노드 12의 전압 프로파일, 즉 트레이스 4의 원단을 나타낸다.

다음은 앞에서 언급한 설정으로 제조하는 동안 관찰한 다양한 트레이스 레벨 변경의 효과다. 내부 레이어의 트레이스 간 거리는 2배 감소했으며, 두 와이어의 폭이 2배 증가, 두께는 1.5배 증가했다. 내부 레이어의 작은 대상 영역에서의 변경 사항이 최소화되므로 이러한 조작은 구조 테스트 동안에 대부분 탐지되지 않는다. 트레이스 사이 절연체의 유전율은 특정 절연 부위의 수분 보유를 모델링하고

에폭시 베이스에 불순물을 추가해 에이징 효과를 촉진하려고 5.5로 증가했다. 유전율이 작은 영역의 공격자에 의해 선택적으로 변경됨에 따라 가속 에이징 테스트는 변화를 탐지할 가능성이 낮다. 그러나 이러한 변화가 관련 회로 매개변수에 미치는 영향은 중요할 수 있다. 220MHz에서 트레이스 2의 근단 피크 대 피크 전압은 트레이스 1의 3Vpp의 입력 펄스 전압에 대해 약 1.4V다(그림 11.7(B) 참고). 이는 외부 간섭이며 잘못된 회로 활성화 또는 피드백 측면에서 예기치 않은 동작을 일으킬 수 있다. 전파 지연은 1ns를 초과해 2배 증가하고(그림 11.7(C) 참고), 이는 더 높은 스위칭 주파수와 더 큰 트레이스 길이에 대해 기능 장애를 유발할 수 있다. 공격자는 누설 경로를 삽입하고 악용해 접지를 통해 타깃 신호를 유출할 수 있다. 결과적으로 전압 강하가 발생하는데, 그림 11.7(D)에서 트레이스 1의 원단에서 왜곡된 파형을 그려서 보여준다. 공격자의 궁극적인 목표는 심각한 전압 강하를 통해 회로 오작동을 일으키는 것이다. 이 공격은 엄청난 비용과 단시간에 출시하려는 요구 사항 때문에 모든 것이 완벽하지 않을 것이므로 기존의 PCB 테스트에 의한 탐지를 쉽게 피할 수 있다.

상호 결합을 강화하기 위한 한 가지 전략은 복수의 HF 트레이스를 의도적으로 재라우팅하는 것이다. 프로세스가 다른 평면에 적용되면 결합의 효과가 더욱 두드러진다. 이 현상은 동일한 평면에 위치한 트레이스 사이의 거리를 최소화하고, 트레이스 라인의 두께와 폭을 늘림으로써 관찰할 수 있다. 구조와 기능 테스트 중 이러한 미세한 변화가 주목 받을 가능성은 거의 없다. 그러나 이러한 변경의 결과는 그림 11.7(E), (F)와 같이 회로 성능에 상당히 중요할 수 있다. 타깃 트레이스의 근단과 원단에서 측정된 커플링 전압은 각각 3.1V와 1.3V였다. 이는 인접한 3개의 트레이스(평면 내 하나, 위에 하나, 아래에 하나)에서 동위상in-phase 상승/하강 전이를 갖는 피크 대 피크 전압 값이었다는 점에 유의해야 한다(그림 11.7(E) 참고). 액티브 트레이스가 반대 방향으로 전환될 때의 시나리오보다 3~4배 더 큰 것이다. 이러한 간섭은 분명히 잘못된 활성화, 피드백, 회로 성능 저하와 같은 장애 상황을 초래할 수 있다. 트레이스의 맨 끝에 있는 전압 프로파일은 1ns의 평균 전파 지연과 함께 일부 왜곡을 보여줬으며, 다른 트레이스는 비활성 상태였다(그림 11.7(F) 참고). 인접한 트레이스 수와 트레이스의 길이가 증가함에 따라 전파 지연이 증가했다. 이로 인해 높은 스위칭 속도를 가진 작업에서 지연 오류가 발생할 수 있다. 트레이스 3과 4에 대한 외부 커플링 전압은 그림 11.7(F)에 설명돼 있다. 결과를 통해 얻은 주요 관찰 사항은 트레이스의 변경을 통한 트로이목마 공격은 매우 드문 조건에서 민감하기 때문에 탐지하기가 매우 어렵다는 것이다. 다중 와이어 시나리오의 경우 성능 저하는 인접한 3개의 PCB 트레이스에서 가능한 8가지 가능한 전이 극성(즉, 모든 상승/하강 펄스)의 조합 중 2개에서만 중요했다. PCB 제조 과정에서 발생하는 선택적 추적 특성과 라우팅 변경으로 인해 전달되는 시스템의 동작 빈도와 입력 벡터 패턴은 트로이목마의 트리거 조건으로 악용된다.

11.3.1.2 신뢰할 수 없는 디자인 하우스

신뢰할 수 없는 디자인 하우스와 파운드리의 조합은 트로이목마 공격의 취약점을 다양하게 증가시킨다. 이 경우 시스템 설계자는 신뢰할 수 있는 실체라고 가정한다. 시스템 설계자의 주요 업무는 제조 후 PCB 테스트를 통해 설계의 기능과 성능을 검증하는 것이다. 이 공격 시나리오에서 공격자의 능력은 트레이스 수준의 수정에만 국한되지 않는다. 신뢰할 수 없는 파운드리에 접근하면 공격자가 구조적으로 설계를 수정하고 미리 정해진 조건에 의해 트리거될 수 있는 추가 악성 구성요소를 통합할 수 있는 기회가 제공된다. 지능적으로 설계된 트로이목마는 광학 검사를 통한 탐지가 어렵고, 트리거 조건을 매우 희귀한 내부 신호 상태로 설정해 은밀하게 만들 수 있다.

공격 시나리오를 나중에 설명하고자 마이크로 제어식 팬 속도 컨트롤러를 통한 트로이목마 공격을 사례로 든다. 컨트롤러는 온도 센서의 입력에 의존하는 12V 브러시리스 DC 팬과 함께 작동한다. 온도 판독 값을 기준으로 이 센서는 0~5V에 걸쳐 다양한 출력 전압을 전달한다. 전압 값은 ADC^Analog-to-Digital Converter에 의해 디지털화돼 마이크로컨트롤러로 전송됨에 따라 팬 속도를 조정한다. 조정은 팬 입력 전압의 선형 조절^linear regulation을 통해 이뤄진다.

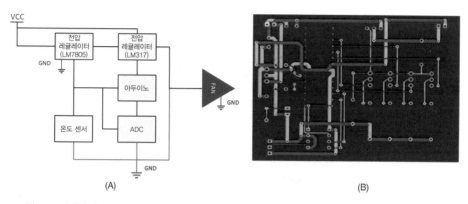

▲ 그림 11.8 디자인 하우스를 신뢰할 수 없는 경우의 공격 시나리오 예. (A) 트로이목마를 팬 컨트롤러 회로에 삽입, (B) 오리지널 회로의 2 레이어 PCB 레이아웃

시스템 기능의 의도적인 변경을 목표로 하는 하드웨어 트로이목마 공격은 PCB의 미세한 구조 변경을 통해 탑재될 수 있다. 이 경우 트로이목마 공격을 시작해 마이크로컨트롤러의 올바른 기능을 방해할 수 있다. 그림 11.8(A)와 11.9는 그러한 공격 사례를 보여준다. 이 공격 시나리오에서 마이크로컨트롤러는 PMOS 트랜지스터, 저항, 커패시터의 세 가지 전기 소자를 포함한다. 시스템은 특정 전압 레귤레이터(조정기), 즉 팬 회로에 연결된 LM317의 출력을 통해 커패시터가 충전되는 방식으로 설계된다. 공격자는 저항과 커패시터에서 얻은 특정 값으로 트로이목마를 트리거하는 것을 목표로 한다. 트로이목마의 활성 타이밍은 용량성과 저항성 값을 조작해 미세하게 조정할 수도 있다. 트로이목마가 트리거되면 ADC와 온도 센서 사이에 위치한 PMOS 트랜지스터의 기능이 무효화된다. 따라서 마이크로컨트롤러는 null 입력을 매우 낮은 범위의 온도 값으로 간주하고 팬 속도를 크게 줄인다. 미션 크리티컬 장치에서 이러한 오류, 즉 부정확한 온도 감지는 치명적인 결과를 초래할 수 있다. 더욱이 앞에서 언급한 트로이목마는 시간 상수를 큰 값으로

적용함으로써 기능 테스트 단계를 쉽게 회피할 수 있다. 마이크로컨트롤러 팬 시스템을 위한 2 레이어 PCB인 타깃 설계가 그림 11.8(B)에 설명돼 있다. 그림은 제작 이전 단계의 설계를 보여준다. 그림 11.9는 제작된 PCB의 트로이목마, 공격의 트리거, 페이로드 전달을 보여준다.

▲ 그림 11.9 트로이목마의 트리거링과 페이로드를 보여주기 위해 제작된 PCB 보드

11.3.2 현장에서 변경

시스템이 허가되지 않은 접근을 허용하는 경우 공격자는 현장에서 물리적인 변경을 통해 신뢰할 수 있거나 신뢰할 수 없는 디자인 하우스의 출처에 관계없이 PCB에 대한 공격을 시작할 수 있다.

11.3.2.1 모드칩 공격

PCB에 관련해 가장 논의가 안 된 보안 위협은 현장에서의 변경이다. 변경은 IC 탑재, 납땜 와이어, 기존 블록을 회피하거나 대체하기 위한 경로 변경, 구성 요소 추가 또는 교체, 트레이스, 포트 또는 테스트 인터페이스 활용, 기타 여러 가지 독창적인 방법으로 발생할 수 있다. 게임 콘솔의 PCB를 조작해 DRM 보호를 우회하는 것은 PCB 탬퍼링의 대표적인 예다. 내장된 제한을 비활성화하기 위한 물리적인 변경은 사용자가 해킹된 콘솔에서 불법 복제 또는 허가되지 않은 버전의 게임을 할 수 있게 해준다. 모드칩Modchip은 컴퓨터나 비디오 게임 시스템과 같은 시스템 내에서 기능을 변경하거나 제한을 해제하는 데 사용되는 장치다. 모드칩은 일반적으로 호스트 시스템을 공격하고자 마이크로컨트롤러, FPGA, CPLD(복잡한 프로그램 가능 논리 장치)를 포함한다. 그림 11.10에서 볼 수 있듯이 보안상 중요한 트레이스 위의 호스트 시스템 안에 납땜된다. 그림 11.10과 같이 인텔이 설계한 산업 표준 인터페이스는 핀 수가 적은 데이터 버스를 통해 동작한다. LPC 버스는 생산 단계에서 Xbox를 테스트하고 디버깅하는 데 사용된다. 일단 이 장치들이 설치되면 불법적으로 복제된 게임과 다른 형태의 디지털 권리 침해와 같은 불법적인 목적으로 종종 사용된다. 예를 들어 Xbox 모드칩은 Xbox 콘솔에 통합돼 내장된 제한을 수정하거나 비활성화해 사용자가 변조된 콘솔에서 불법 복제 게임을 하게 할 수 있다. 불법 복제는 게임 개발자의 수익 감소와 미래의 게임에 대한 예산 감소로 이어진다.

▲ 그림 11.10 모드칩 공격의 사례. Xbox 게임 콘솔 PCB의 물리적 탬퍼링은 그림에 나타나 있다. (A) LPC (Low-Pin-Count) 버스를 통해 Xbox의 PCB에 연결된 모드칩, (B) 모드칩의 관련 핀이 있는 LPC 버스의 예

공격자는 다양한 시스템에서 DRM 키 기반의 보호를 우회하고자 PCB에서 이러한 탬퍼링을 수행할 수 있다. PCB 탬퍼링 공격의 예는 그림 11.11에서 보여준다. 해당 그림은 TV 셋톱박스의 채널 액세스 허가 신호가 비휘발성 메모리에 저장된 DRM 키에 의존하는 공격 사례를 보여준다. 표준 비교기는 채널 번호와 해당 DRM 키에 따라 액세스 신호를 부여하려고 사용된다. 비교기는 키가 일치하는 경우 높은 신호를 전달하며, 반대의 경우도 마찬가지다. 그러나 액세스 허가 신호 와이어를 조작해 DRM 키와 관계없이 채널에 접속할 수 있다. 공격자는 와이어를 전압 레귤레이터에서 발생하는 Vdd 신호에 연결해 변조할 수 있다. 결과적으로 액세스 허가 와이어는 항상 높은 신호를 채널 제어 회로에 보내고, 공격자는 올바른 키 없이 보호된 채널에 액세스할 수 있게 된다. 탬퍼링된 PCB 트레이스는 공격 메커니즘을 나타내고자 빨간색으로 강조 표시된다. 그러한 공격에 대한 보호 계획은 PCB의 중요한 트레이스에 대한 탬퍼 감지와 보호 회로를 추가로 통합하는 것이다. PCB 다이어그램(그림 11.11)의 녹색 블록은 PCB의 중요 트레이스에 대한 저항 감지 회로의 높은 수준을 나타낸다.

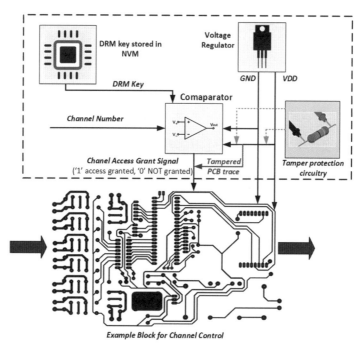

▲ 그림 11.11 현장에서 PCB 탬퍼링을 통한 DRM(Digital Rights Management) 보호 우회 사례

물리적 탬퍼 감지와 보호 회로는 중요 트레이스의 저항에서 비정상이 감지될 경우 회로를 트립하는 e 퓨즈와 마이크로컨트롤러로 구성된다. 모드칩 변경과 같은 하드웨어 공격은 회사의 이윤에 해를 끼칠 수 있다. 탬퍼링된 콘솔을 통한 비디오 게임 불법 복제로 인해 2010년 영국에서 약 14억 5천만 파운드의 판매 손실이 발생했다. 이로 인해 그 기간 동안 비디오 게임 산업에서 약 1,000개의 일자리가 줄어 들었다[11. 14]. 또한 이러한 공격은 탬퍼링 후 게임 콘솔이나 컴퓨터 시스템이 시장에서 재판매될 때 소비자에게 피해를 입힌다. 이러한 위조품은 보안과 안전하게 동작되는지 신뢰할 수 없다. 모바일 장치, 임베디드 시스템, IoT 장치도 모드칩 공격 위협에 취약하다. 공격의 예를 들면 모드칩으로 DRAM, NAND 플래시, SoC 사이의 데이터를 방해할 수 있다. 또한 모드칩은 메모리에서 SoC로 쓰여진 데이터와 시스템 코드를 검색하고 변경하고자 이용할 수 있다.

11.4 실험: 버스 스누핑 공격 ▰▰▰▰▰▰▰▰▰▰

11.4.1 목표

이 실험은 시스템에서 비침투적인 버스 스누핑 공격에 노출되도록 고안됐다. 공격은 HaHa 플랫폼에서 행해진다. 이 실험의 목적은 물리적인 PCB 프로빙 기술을 스누핑하는 것을 실제로 경험하도록 제공하는 것이다.

11.4.2 방법

먼저 예제 설계를 HaHa 플랫폼의 마이크로컨트롤러와 가속도계^{accelerometer}에 매핑해야 한다. 다음으로 데이터 흐름을 포착하고 관찰하기 위해 마이크로컨트롤러와 가속도계 사이의 다른 와이어에 테스트 프로브를 배치한다. 예제 설계를 통해 각 작업의 동작을 분석하면서 매핑된 작업의 유형을 제어할 수 있다.

11.4.3 학습 결과

실험의 구체적인 단계를 수행함으로써 버스 스누핑 공격이 어떻게 수행되는지, 관련된 어려움, 공격자가 PCB에서 중요한 정보를 추출하는 데 사용할 수 있는 도구와 기술을 배울 것이다. 또한 스누핑 공격에서 하드웨어를 보호할 수 있는 기회를 경험하고 가능한 해결책을 찾아낼 것이다.

11.4.4 추가 옵션

스누핑 공격을 찾아 다른 구성 요소와 인터페이스(예, 프로세서 메모리 버스, 블루투스 통신, 인터페이스)에 적용해 이 항목에 대한 추가 탐색을 수행할 수 있다. 실험에 대한 자세한 내용은 http://hwsecuritybook.org의 보충 문서에서 확인할 수 있다.

11.5 연습문제

11.5.1 True/False 문제

1. PCB의 하드웨어 트로이목마는 설계를 복제하는 데 도움이 될 수 있다.

2. 현대식 PCB는 단일 레이어로 설계된다.

3. JTAG를 이용해 스캔 체인을 해킹할 수 있다.

4. PCB 테스트 핀을 통해 정보를 유출할 수 없다.

5. 모드칩 공격은 현장에서 변경 중에 하나의 사례다.

6. 신뢰할 수 없는 디자인 하우스만이 PCB 공격에 취약하다.

7. 신뢰할 수 있는 디자인 하우스는 악의적인 공격에 취약하지 않다.

8. 게임기에서는 모드칩 공격이 성행하고 있다.

9. PCB 리버스 엔지니어링은 산업용 장비와 전문 지식이 필요하다.

10. 다중 레이어 PCB에서 트로이목마를 찾는 것은 비교적 쉽다.

11.5.2 단답형 문제

1. 하드웨어 트로이목마를 정의하시오.

2. 모드칩 정의는 무엇인가?

3. JTAG이란 무엇인가?

4. 전자 하드웨어 시스템에서 PCB는 어떤 주요 목적을 갖고 있는가?

5. PCB에 대해 가능한 공격을 설명해보시오.

6. TV 셋톱박스(그림 11.12)에 사용되는 PCB의 하이레벨 블록 다이어그램에서 DRM^{Digital Right Management} 키는 비휘발성 메모리^{NVM}에 저장돼 채널 허가 액세스 신호를 생성하는 비교기로 간다. 이 보호를 우회할 수 있는 탬퍼링 공격 가능성을 설명해보시오. 공격을 설명하고자 도면을 업데이트할 수 있다. 점선 상자 안에 공격을 통합해야 한다.

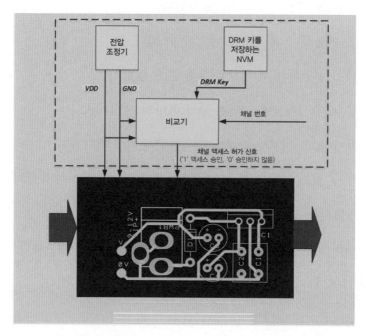

▲ 그림 11.12 TV 셋톱박스에 사용되는 PCB의 하이레벨 블록 다이어그램

7. 앞에서 언급한 탬퍼링 공격에서 보호할 수 있는 해결책은 무엇인가?

8. PCB 리버스 엔지니어링이란?

11.5.3 서술형 문제

1. PCB 제조 공정에서 디자인 하우스를 신뢰하는 경우 잠재적인 공격 사례를 설명한다. 적절한 사례 연구를 통해 시나리오를 설명해보시오.

2. 신뢰할 수 없는 디자인 하우스에서 제조된 PCB에 대한 공격 사례는 무엇인가? 관련 사례 연구를 통해 설명해보시오.

3. PCB에 가능한 공격은 무엇인가? 각 공격 유형의 간략한 설명과 함께 공격의 분류법을 설명해보시오.

4. 불안전한 PCB에서 하드웨어 트로이목마 공격 사례를 설명해보시오.

5. 모드칩 공격이 PCB에 어떻게 탑재될 수 있는가? 자세히 설명해보시오.

참고 문헌

[1]   S. Bhunia, M.S. Hsiao, M. Banga, S. Narasimhan, Hardware Trojan attacks: threat analysis and countermeasures, Proceed ings of the IEEE 102 (2014) 1229-1247.

[2]   R.S. Chakraborty, S. Narasimhan, S. Bhunia, Hardware Trojan: threats and emerging solutions, in: High Level Design Validation and Test Workshop, 2009. HLDVT 2009. IEEE International, IEEE, pp. 166-171.

[3]   Y. Alkabani, F. Koushanfar, Consistency-based characterization for IC Trojan detection, in: Proceedings of the 2009 International Conference on Computer-Aided Design, ACM, pp. 123-127.

[4]   H. Salmani, M. Tehranipoor, J. Plusquellic, A layout-aware approach for improving localized switching to detect hardware Trojans in integrated 386 circuits, in: Information Forensics and Security (WIFS), 2010 IEEE International Workshop on, IEEE, pp. 1-6.

[5]   S. Ghosh, A. Basak, S. Bhunia, How secure are printed circuit boards against Trojan attacks? IEEE Design & Test 32 (2015) 7-16.

[6]   W. Jillek, W. Yung, Embedded components in printed circuit boards: a processing technology review, The International Journal of Advanced Manufacturing Technology 25 (2005) 350–360.

[7]   S. Paley, T. Hoque, S. Bhunia, Active protection against PCB physical tampering, in: Quality Electronic Design (ISQED), 2016 17th International Symposium on, IEEE, pp. 356–361.

[8]   J. Carlsson, Crosstalk on printed circuit boards, SP Rapport, 1994, 14.

[9]   B. Sood, M. Pecht, Controlling moisture in printed circuit boards, in: IPC Apex EXPO Proceedings, 2010.

[10]   O. Solsjö, Secure key management in a trusted domain on mobile devices, 2015.

[11]   Modchip.net, https://www.mod-chip.net/, 2011. (Accessed 10 September 2018).

[12]   D. Whitworth, Gaming industry lose 'billions' to chipped consoles – BBC newsbeat, 2011.

[13]   S. Chhabra, B. Rogers, Y. Solihin, SHIELDSTRAP: Making secure processors truly secure, in: IEEE International Conference on Computer Design, 2009.

[14]   J. Grand, K.D. Mitnick, R. Russell, Hardware Hacking: Have Fun While Voiding Your Warranty, Syngress, 2004.

3부

하드웨어 공격에 따른 대응 조치

12

하드웨어 보안 기초

12.1 소개

현재 컴퓨터 시스템의 보안 문제는 2000년대 초반의 소프트웨어, 정보 위협, 취약점만을 포함하지 않는다. 오히려 위협과 공격의 복잡성이 증가함에 따라 하드웨어 중심의 보안 우려가 커지고 있다. 하드웨어 트로이목마, 위조 전자 제품, 다양한 물리적 공격과 같은 새로운 보안 위협의 출현은 하드웨어가 기본적으로 소프트웨어보다는 신뢰할 만하다는 기본적인 개념을 무효화시켰다. 또한 저비용, 리소스가 제한된 IoT, 모바일, 임베디드 장치는 신뢰할 수 있는 통신, 개인 정보 보호, 수많은 소프트웨어 또는 하드웨어 위협과 취약점에 대한 방어를 위해 그 어느 때보다 안전하고 믿을 수 있는 하드웨어 플랫폼을 요구한다.

이와 관련해 하드웨어 보안 기본 사항과 설계는 전자 칩과 시스템의 신뢰성, 무결성 등을 보장하는 데 중요한 역할을 한다. 이러한 기본 요소는 안전한 플랫폼을 개발하기 위한 하드웨어 레벨 빌딩 블록으로 작동할 수 있다. 일반적인 하드웨어 보안 기본 사항 중에서 PUF^{Physical Unclonable Function}와 TRNG^{True Random Number Generators}는 장치 고유의 프로세스 변형과 노이즈를 활용해 엔트로피를 추출하는 데 가장 주목할 만한 항목이다[1~3]. 이 기본 요소는 장치와 시스템을 인증하고 세션 키, 논스 nonce 등을 생성하고자 암호화키와 ID를 생성하는 데 사용할 수 있다. 키 저장소, 디지털 지문 또는 소프트웨어 생성 비트스트림에 대한 하드웨어 대안으로 작동하는 이러한 기본 요소는 스푸핑과 복제처럼 널리 퍼져있는 악의적인 위협을 방어할 수 있다. 또한 연구원들은 다양한 장치의 고유한 속성을 활용해 IC 위조, 변조, 리버스 엔지니어링을 방지할 수 있는 대책 설계를 제안했다. 예를 들어 CDIR^{Combating Die and IC Recycling} 센서는 일반적인 CMOS 장치의 노화, 마모 메커니즘을 활용해 IC 위조 (재활용)에 대응책을 제공한다[4]. 그럼에도 불구하고 새로운 위협과 취약점이 증가하고 기존 공격이 더욱 효과적이 돼 설계자들은 보안을 강화하고자 장치의 고유 속성을 활용하는 새로운 기본 요소와 대책을 계속 찾고 있다.

12.2 서론

12.2.1 공통 하드웨어 보안 기본 사항

PUF와 TRNG 같은 하드웨어 보안 기본 요소와 위조 방지^{DfAC} 설계를 비롯한 대책은 IC 라이프 사이클, 장치 작동의 여러 단계에서 발생하는 다양한 잠재적 위협과 취약점에서 장비를 보호한다. PUF는 장치의 고유 속성에 연결된 장치별 디지털 출력을 생성한다. 따라서 PUF 생성 서명은 디지털 지문으로 간주될 수 있다. 이 지문은 일반적으로 제조 단계에서 내재된 미세한 프로세스 변형을 누적해 생성된다. 프로세스 변형은 본질적으로 임의적이고 정적이기 때문에 생성된 지문은 이상적으로 장치에서 장치로 복제될 수 없고, 공격자는 예측할 수 없다. 이 디지털 지문은 암호화키 생성, 장치 인증과 복제 방지에 사용할 수 있다.

반면 TRNG는 예측성이 없는 임의의 디지털 비트스트림을 생성한다. 전원 공급 장치 변동과 장치 고유 노이즈 같은 시스템의 무작위 과도 변이를 이용한다. 따라서 TRNG의 엔트로피 소스[5]는 PUF의 엔트로피 소스와 이상적으로 다르다. TRNG에 의해 생성된 랜덤 비트스트림은 세션 키와 논스nonces 같은 자산으로 사용할 수 있다.

CDIR 모듈과 같은 DfAC는 칩 수명을 모니터링해 특정 서명을 제공한다. 대부분의 경우 재활용 IC는 모조품으로, 공급망으로 돌아가기 전에 충분하게 사전 사용된다. CMOS 트랜지스터와 같은 전기 부품은 노화로 인해 속도, 전력 소비와 같은 이상적인 특성에서 벗어나는 경향이 있다. 따라서 CDIR 모듈은 이러한 특성 편차를 모니터링하고 이전에 사용된 적이 있다면 이전 사용 여부를 감지할 수 있다.

12.2.2 CMOS 장치의 성능

수십 년이 지난 후에도 CMOS 기반 장비는 개선된 리소그래피 기술, 제조 용이성, 제조비용과 관련된 높은 수율로 인해 반도체 산업을 여전히 지배하고 있다. 고급 노드로의 길은 일반 평면 벌크 CMOS 장치에서 하이 k/금속 게이트 트랜지스터, 트라이 게이트/FinFET 트랜지스터에 이르기까지 여러 아키텍처를 생성했다. 이러한 모든 장치는 전통적으로 더 작은 크기, 더 빠른 속도, 더 낮은 누설로 더 높은 성능을 제공하고, 더 나은 안정성을 제공하도록 설계됐다. 그러나 더 작은 피처 크기로 기술 노드가 발전함에 따라 반도체 산업은 주요 제조, 안정성 문제에 직면해 있다. 특히 CMOS 장치는 노화와 런타임 변화로 인해 더 큰 공정 변형과 좀 더 급속한 성능 저하를 경험하고 있다[6].

그림 12.1은 IC 성능과 신뢰성에 큰 부정적인 영향을 미칠 수 있는 몇 가지 주요 물리적 매개변수와 런타임/신뢰성 요소를 나열한 것이다[7]. 그럼에도 불구하고 이러한 많은 속성과 현상은 앞에서 언급한 하드웨어 보안 기본 요소를 고안하는 데 중요한 역할을 한다(그림 12.1의 오른쪽 열에 표시됨. 12.2.3절에서 더 설명한다).

보안 애플리케이션용 CMOS 벌크, HK + MG, FinFET 장치 속성

현상		전기적 표현(성능)	보안 애플리케이션
공정 변형	• 기하학적 변형(패턴– W, L) • 랜덤 도펀트 변동(RDF) • 선로 거칠기(LER) • 산화물 두께 변동 • 인터페이스 결함과 트랩(ITC) • 폴리 실리콘/금속 게이트 입도 (MGG)	• 임계 전압 편차 • 캐리어 이동성 저하 • 드레인 전류 변동 • 오프 상태 누설 전류 변동 • 드레인 유도 장벽 하강(DIBL)	PUF	• 중재기 • RO • 누설 전류 • 쌍안정 반지 • 하이브리드 지연/교차 결합 PUF
노화와 마모 메커니즘	• 바이어스 온도 불안정성 (NBTI/PBTI) • 핫 캐리어 주입(HCI) • 시간 종속 유전체 분석(TDDB) • 일렉트로마이그레이션(EM)		TRNG	• 열/전원 공급 장치 노이즈 • 클럭 지터 • 전이성 • 산화물 소프트 분해
런타임 변형	• 전원 노이즈 • 온도 변화		DfAC	• 재활용 – 노화(CDIR) • 클로닝 – 공정 변형

▲ 그림 12.1 보안 애플리케이션에 고유한 장치 속성을 사용

- **공정 변형:** CMOS 장치 제조 공정에는 수율과 성능에서 중요한 역할을 하는 체계적이고 무작위적인 다양한 변형 소스가 있다. CMOS FEOL^Front-End Of the Line 변형 소스는 패터닝(근접) 효과, LER^Line-Edge Roughness, 불균일한 n/p-타입 도핑과 산화물 두께 변화, 결함, 트랩이 있다. 임의의 도펀트^dopant 변동과 게이트 재료 입도(폴리시 또는 금속 게이트)로 인한 변화도 고급 노드에서 중요해지고 있다[6]. 이러한 현상은 채널의 정전기 무결성에 직접 영향을 미치며 장치의 강도에 영향을 준다. 금속 인터커넥트와 유전체 변형과 같은 BEOL^Back-End Of the Line 소스도 상당한 영향을 미친다[8]. 이러한 모든 변형은 장치 특성에 전체적으로 편차를 일으켜 공칭 성능의 변화에 따라 모든 단일 트랜지스터를 서로 약간씩 다르게 만든다. 이러한 제조 공정 변형은 성능 지향 논리, 메모리 애플리케이션에는 바람직하지 않지만 피할 수 없

고, 종종 고급 노드에서 두드러진다.

- **런타임/환경 변형:** 제조 공정 변동과 유사하게 온도 변동, 전원 노이즈와 같은 다양한 런타임/환경 변동도 트랜지스터의 전기적 특성에 직접적인 영향을 미친다. 예를 들어 작동 온도가 증가하면 기존 트랜지스터의 캐리어 이동도(μ)와 임계 전압(V_{th})이 모두 감소하므로 드레인 포화 전류(I_{DS}), 누설 전류(I_{Leak})에 반대의 영향을 미치기 때문에 장치의 속도(지연)에 영향을 미친다. 그러나 기술 노드도 성능 영향에 중요한 역할을 한다. 예를 들어 45nm 이하의 기술 노드는 온도에 따라 디바이스 속도가 증가하는 반면, 이전 기술에서는 반대다[9]. 또한 글로벌, 로컬 전원 공급 장치 노이즈는 성능에 부정적인 영향을 미친다. 이러한 변동으로 인해 V_{th}, I_{DS}가 공칭 값에서 이동하기 때문이다. 따라서 두 경우 모두 시스템의 안정성이 떨어지고 잘못된 결과를 생성하기 쉽다. 그러나 제조 공정 변동이나 노후화로 인한 성능의 영구적인 이동과 달리 환경 조건의 변화는 경험 있는 변동이 영구적인 손상이나 마모를 초래하지 않았기 때문에 일시적인 이동을 유발한다. 따라서 장치가 공칭 작동 상태로 돌아오면 보상된다.

- **노화와 마모 메커니즘:** 바이어스 온도 불안정성[BTI, Bias Temperature Instability], 핫 캐리어 주입[HCI, Hot Carrier Injection], 일렉트로마이그레이션[EM, ElectroMigration], 시간 종속 유전체 파괴[TDDB, Time-Dependent Dielectric Breakdown]와 같은 노화와 마모 메커니즘으로 인해 디바이스, 회로 성능이 저하된다. 이러한 성능 저하의 정도는 주로 장치 워크로드, 능동 바이어스, 고유한 랜덤 결함, 고려중인 기술 노드에 따라 다르다. BTI, HCI는 CMOS 장치의 속도에 직접 영향을 미치는 주요 노화 메커니즘으로 간주된다. BTI는 트랩이 SiO_2/Si 인터페이스에서 생성될 때 트랜지스터를 느리게 해 시간이 지남에 따라 임계 전압 크기($|V_{th}|$)를 증가시킨다. 일반적으로 PMOS 트랜지스터에서 발생하는 음의 BTI[NBTI]는 65nm 기술 노드 이상의 NMOS 트랜지스터에서 발생하는 양의 BTI[PBTI]

와 비교해 우세하다. 그러나 후자는 하이 k 메탈 게이트 장치에서 두드러지고 있다[10]. 또한 HCI는 게이트 산화물에서 하전된 결함을 생성하고, V_{th}를 증가시키고자 인터페이스하고, 장치의 이동성을 감소시킴으로써 장치를 느리게 한다. 기능 크기가 더 작은 NMOS에서 HCI가 더 두드러진다. 그러나 HCI로 인한 열화는 어느 정도까지 회복될 수 있으며 전압, 온도, 장치 워크로드에 의해 영향을 받는다[11]. 이 두 가지 메커니즘 모두 신뢰성을 크게 낮추고 결국 고장률이 높아질수록 칩 수명이 단축된다. 이러한 메커니즘은 상당히 느리고 열화 크기는 정확하게 예측하기가 어렵지만, 통계적으로는 특성상 가속 노화(즉, 공칭 작동 조건보다 높은 전압이나 온도에서 칩을 구동)를 통해 대부분의 경우 IC 성능과 수명에 미칠 수 있는 영향을 결정한다. 또한 보상 메커니즘을 배포하는 데 도움이 된다.

12.2.3 성능, 신뢰성 대 보안

공정 변화, 환경 조건, 노화로 인해 CMOS 장치 성능이 저하되는 것은 명백한 사실이다. 따라서 공정 변동과 기타 열화 현상을 최소화하는 것이 고성능 회로에 가장 중요하다. 그러나 이러한 변형과 성능 저하 메커니즘이 하드웨어 보안 기본 요소와 애플리케이션에 반드시 부정적인 영향을 미치지는 않는다. 실제로 이러한 변형과 성능 저하 메커니즘 중 일부는 하드웨어 기반 보안을 보장하기 위해 효과적으로 활용할 수 있다(그림 12.1 참고). 예를 들어 PUF는 제조 공정 변동에 의존한다. 물리적 변형의 증가는 PUF 결과 품질을 잠재적으로 향상시킬 수 있지만, 높은 제조 변동은 고성능과 수율에 바람직하지 않다. 또한 일부 유형의 위조 전자 제품의 검출 프로세스는 고유한 노화와 마모 메커니즘에서 이익을 얻을 수 있다. 이전에 사용된 흔적은 잠재적으로 재활용 칩을 감지할 수 있다.

모든 현상이 항상 모든 보안 애플리케이션에 도움이 되는 것은 아니다. 표 12.1에 표시된 것처럼 프로세스 변형, 안정성 저하와 다양한 하드웨어 기반 보안 메커니즘 간의 관계를 정성적으로 설명하고자 양호, 불량, 추악한 용어를 사용하겠다. 표 12.1의 첫 번째 열은 기존 보안 기반 애플리케이션과 기본 요소를 보여주며 각 행은 프로세스 변동, 온도, 전원 공급 장치 노이즈, 노화, 마모 메커니즘이 작동 품질에 어떤 영향을 미치는지 나타낸다. 여기서 좋은 점은 변형이나 저하 메커니즘이 실제로 보안 애플리케이션 또는 기본 요소와 관련해 바람직하고 유리하다는 것을 나타낸다. 나쁜 것은 가능하면 피해야 한다는 것을 의미하며, 추악한 것은 신뢰할 수 있는 작동에 바람직하지 않다는 것을 의미한다. 예를 들어 사소한 논리/메모리 애플리케이션에서 성능 향상을 위해 제조 공정 변동은 바람직하지 않다. PUF, TRNG 애플리케이션의 핵심 요구 사항 중 하나다. 노화와 마모 메커니즘은 일반 논리/메모리 애플리케이션과 PUF 모두에 좋지 않다. 그러나 재활용 전자 장치를 탐지하기 위해 활용할 수 있다[12].

▼ 표 12.1 설계와 기술 특성 대 보안 트레이드오프

애플리케이션/기본 사항	공정 변동	온도	전원 노이즈	노화(BTI/HCI)	마모(EM)
논리/메모리 설계	위험(ugly)	나쁨	나쁨	나쁨	나쁨
PUF	좋음	나쁨	나쁨	나쁨	나쁨
TRNG	좋음	나쁨	좋음	나쁨	나쁨
재사용 IC 탐지	위험(ugly)	나쁨	나쁨	좋음	좋음

따라서 성능, 안정성, 보안 간에 적절한 상관관계 상태를 설정하는 것이 중요하다. 이를 위해서는 사소한 논리/메모리 애플리케이션 지향 설계에만 의존하는 보안 기본 요소를 구축하는 대신 대상 애플리케이션에 따라 최상의 균형을 얻고자 성능, 안정성과 보안의 균형을 유지해야 한다.

12.3 물리적 복제 방지 기능 ■■■■■■■■

12.3.1 PUF 개요

12.2.1절에 명시된 바와 같이 PUF는 장치 고유 특성을 사용해 디지털 지문을 생성한다. 이상적으로는 주어진 입력(챌린지challenge)에 대한 디지털 출력(응답response)을 생성하는 암호학적으로 안전한 단방향 함수로, 챌린지와 응답 사이의 예측 가능한 매핑을 드러내지 않는다[1, 2, 13]. 이름에서 알 수 있듯이 PUF는 제조 공정에서 내재된 물리적 변형을 활용해 디지털 출력(ID 또는 키)을 생성할 수 있다. 따라서 동일한 제조 설비와 프로세스에 의해 제조된 동일한 (설계와 리소그래피/마스크에 의해) 집적 회로는 제조 프로세스에 항상 작기는 하지만 결정적이지 않은 변형이 존재하기 때문에 상이한 챌린지-응답 쌍(또는 암호키)을 생성할 수 있다. 일반적으로 PUF에 대한 입력이나 도전은 지연이나 누설 전류와 같은 특정 전기적 특성을 자극해 최대 엔트로피를 추출한다.

이는 기존의 비휘발성 메모리 기반 키 저장 메커니즘보다 중요한 발전이라고 할 수 있다. 기존의 방법에서 비밀키는 플래시 메모리 또는 전기적으로 소거 가능한 프로그램 가능 읽기 전용 메모리EEPROM와 같은 비휘발성 메모리 NVM에 디지털 방식으로 저장되며 하드웨어 구현, 키 전파 메커니즘, 물리적 공격에 따라 항상 취약하기 때문이다. 암호화키를 저장하는 NVM은 변조, 프로빙, 이미징 공격을 받을 수 있다. 따라서 프로토콜 수준 보호 외에도 물리적 보안 계층으로 보호해야 한다. PUF는 장치마다 고유한 암호화키나 디지털 지문을 생성할 수 있기 때문에 필요할 때 입력 트리거로 생성할 수 있으므로 메모리에 키를 '저장'할 필요가 없다. 비밀을 프로그래밍할 필요가 없으며 연관된 챌린지 세트를 변경해 여러 마스터키를 생성할 수 있다. 또한 프로빙과 같은 PUF에 대한 추가적인 물리적 공격은 고유한 특성에 영향을 미치고 PUF의 응답을 크게 변경한다. 따라서 PUF는 기존의 암호화키 저장 기술에 대해 휘발성과 변조 방지를 위한 대안을 제공한다[14, 15].

12.3.2 PUF 분류

기본 챌린지-응답 쌍$^{CRP, Challenge-Response Pair}$ 공간을 기반으로 PUF는 광범위하고 약한 PUF로 분류될 수 있다. 물리적으로 난독화된 키^{POK}라고도 하는 약한 PUF는 일반적으로 매우 제한된 수의 챌린지로도 위협에 처할 수 있다[16, 17]. 따라서 CRP 공간은 매우 작으며 종종 하나만 있을 수도 있다. 이러한 PUF는 암호화키를 생성하는 데 사용할 수 있다. SRAM-PUF(12.3.4절에서 다룸)는 이 유형의 대표적인 예다.

대조적으로 강력한 PUF는 대응하는 응답을 생성하고자 매우 많은 챌린지를 수용할 수 있다[18]. 이상적으로 CRP 공간은 챌린지 자체의 길이에 따라 기하급수적으로 증가한다. 이를 통해 PUF는 충돌이나 재생 공격을 피하고자 매번 여러 쿼리를 수행하고 새로운 챌린지 세트를 사용할 수 있다. 중재기^{Arbiter} PUF와 링 오실레이터 PUF(12.3.4절에서 다룸)는 강력한 PUF의 전형적인 예다.

또한 API(애플리케이션 프로그래밍 인터페이스)를 통해 PUF에 대한 안전하고 제어된 액세스를 제공하고자 외부 논리, 알고리즘에 강력한 PUF를 부트스트랩할 수 있다. 제어 PUF로 알려진 이러한 PUF 설계는 애플리케이션 지향적이며 스푸핑, 모델링 공격에 대한 추가 보안을 제공할 수 있다(12.6.1.1절에서 다룸)[14].

12.3.3 PUF 품질 특성

일반적으로 이상적인 PUF는 프로세스 변형과 같은 장치의 물리적 속성만 활용해 응답을 생성하고 저장된 데이터에 의존하지 않아야 한다. 복제 방지 기능은 PUF 결과를 복제하고자 소프트웨어 모델로 대체할 수 없으며 물리적으로 복제하기가 엄청나게 어렵다는 것을 나타낸다. 복제할 수 없게 하려면 작고 무작위적인 내재적 변형을 사용해 적으로 하여금 정확한 반응을 예측할 수 없게 하고, 챌린지는 일방적 변환(응답)을 수행해야 한다. 또한 PUF 자체는 다양한 저비용 응용 분야를 위해 제작하기에 비용이 적게 들어야 하고, 본질적으로 공격 탄력성을 가져야 한다.

즉, 외부의 적에 의한 통제로 인해 결정론적인 대응을 생성해서는 안 된다.

연구 문헌에서 제안된 대부분의 PUF는 사소한 특성을 갖고 있지만, 이들이 생성하는 응답이 키 생성과 인증 같은 대상 애플리케이션에 반드시 이상적인 것은 아니다. PUF 응답을 평가하고자 가장 널리 사용되는 품질 기준에는 고유성, 임의성(또는 균일성), 재현성(또는 신뢰성)이 포함된다. PUF가 불량하면 암호화 애플리케이션, 인증 프로토콜에서 오류가 발생할 수 있으며 다른 모델링, 머신러닝 공격이 발생할 수 있으므로 PUF의 정성적 평가가 중요하다[15, 19].

고유성은 다른 인스턴스에 대한 PUF의 고유한 챌린지-응답 쌍^{CRP} 생성 품질, 즉 구별성을 측정한다. 이는 약하고 강한 PUF에 대한 품질 평가의 첫 단계다. 고유성의 일반적인 측정은 다음[19]과 같이 여러 PUF에 대해 계산된 PUF 간 해밍 거리$^{inter-HD}$이며, 여기서 n은 평가 중인 총 PUF 수를 나타내고, k는 응답 길이며 $HD(R_i, R_j)$는 PUF_i의 응답 R_i와 테스트 풀의 $PUF_j(i \neq j)$의 응답 R_j 사이의 해밍 거리다.

$$HD_{inter} = \frac{2}{n(n-1)} \sum_{i=1}^{n-1} \sum_{j=i+1}^{n} \frac{HD(R_i, R_j)}{k} \times 100\% \tag{12.1}$$

PUF 간 HD가 50%면 이상적인 고유성이 생성되며, 두 PUF 간에 응답 비트의 최대 차이를 제공하게 된다.

임의성 또는 균일성은 PUF의 예측 불가능성을 나타낸다. 일반적으로 강력한 PUF는 이상적인 PUF에 바이어스와 상관관계가 없어야 하므로 생성된 응답에 측정 가능한 추세가 있는지를 나타낸다. 여러 챌린지를 통해 생성된 응답의 무작위성을 평가하고자 NIST 테스트 스위트[20], DieHARD[21]와 같은 통계 테스트 스위트가 일반적으로 사용된다. 또한 강력한 PUF에 대해 양호한 확산 특성을 예상할 수 있는데, 즉 입력 챌린지의 작은 변화는 반응에 있어 큰 변화(눈사태 효과라고도 함)를 생성해야 한다.

재현성 또는 신뢰성은 다양한 환경 조건과 시간에 따라 동일한 CRP를 생성할 수 있는 능력 측면에서 PUF의 품질을 평가한다. 이는 전통적으로 다음[19]에서 주어진 PUF 내부 해밍 거리를 통해 측정되며, 여기서 m은 샘플 수나 실행 중인 PUF를 나타내고, k는 PUF에 의해 생성된 서명에서의 응답 길이며, $HD(R_i, R'_{i,y})$는 시험 중인 PUF의 응답 R_i와 y번째 샘플링 R'_i 사이의 해밍 거리다.

$$HD_{\text{intra}} = \frac{1}{m} \sum_{y=1}^{m} \frac{HD(R_i, R'_{i,y})}{k} \times 100\% \tag{12.2}$$

이상적으로 PUF는 서로 다른 작동 조건이나 시간에 대해 항상 동일한 CRP(챌린지-응답 쌍)를 유지해 0비트 오류율(즉, 0% intra-PUF HD)을 유지한다.

12.3.4 일반적인 PUF 아키텍처

12.3.4.1 중재기 PUF

중재기 PUF^{Arbiter PUF}는 제어할 수 없는 프로세스 변동으로 인한 경로 지연의 랜덤성을 활용하는 가장 주목할 만한 CMOS 논리 기반 PUF 아키텍처 중 하나다[2]. 그림 12.2는 중재기 PUF의 일반적인 설계를 보여준다. 각 빌딩 블록은 챌린지 비트(c_i로 표시)에 의해 제어되는 경로 전환 기능을 가진 개별 지연 단위며, 지연 단계의 입력에서 펄스가 주어지면 두 개의 설계 방식은 동일하지만 서로 다른 경로(챌린지에 의해 선택됨)를 통과해 최종 중재기(또는 의사 결정) 구성 요소에 도달할 수 있다. 상단 경로의 신호가 먼저 중재기에 도달하면 '1'이 생성되고 그 반대도 마찬가지다.

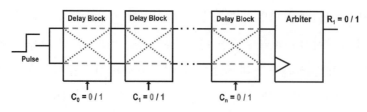

▲ 그림 12.2 중재기 PUF의 표준 구조

이상적으로는 제조 공정 변동이 없는 경우 두 경로를 통한 지연은 동일하며, 신호는 정확히 동시에 중재기에 도달한다. 그러나 이 두 개의 동일한 경로 간에 지연 차이를 유발하는 프로세스 변동이 항상 존재하며, 신호 중 하나가 다른 것보다 빠르게 중재기에 도달하게 된다. 경로는 체계적이거나 외부 지연 차이를 갖지 않기 때문에 최단/최장 경로는 결정적이지 않으며, 개별 트랜지스터 강도와 상호 연결에만 의존한다. 12.2.2절에서 보듯이 물리적 또는 전기적 특성의 임의의 편차는 이러한 비결정적 변화를 야기한다. 지연 단계의 수가 증가함에 따라 (연속적으로 직렬로 연결된) 가능한 경로 쌍을 기하급수적으로 증가시키면서 중재기 PUF는 많은 수의 CRP(강한 PUF)를 생성할 수 있다. 중재기 PUF의 또 다른 장점은 지연 단계의 수는 경로(지연)를 더 길어지게 만들지만, 1비트 응답을 생성하는 데 단 한 번의 주기만 소요된다는 것이다.

그러나 중재기 PUF에는 몇 가지 주요 단점이 있는데, 그중 하나는 설정에 대한 유한한 지연 차분 분해^{finite delay-difference resolution}, 지연 시간^{hold time}으로 인해 중재기 자체에서 유도되는 바이어스다. 또한 대칭 설계와 라우팅이 필요하므로 경량, FPGA 애플리케이션에서는 쉽게 사용할 수 없다. 게다가 중재기 PUF는 선형 지연 모델로 표현될 수 있으므로 모델링 공격에 취약한 것으로 나타났다.

12.3.4.2 링 오실레이터(RO) PUF

전형적인 링 오실레이터 기반 PUF[RO-PUF]의 개략도는 그림 12.3에 있다. 엄격한 설계가 필요하지 않으며 ASIC, FPGA와 같은 재구성 가능한 플랫폼 모두에서 쉽게 구현할 수 있다[22]. RO-PUF는 일반적으로 N개의 동일한 링 오실레이터[RO], 2개의 멀티플렉서, 2개의 카운터와 1개의 비교기로 구성된다. 활성화되면 프로세스 변동으로 인해 각 RO가 서로 약간 다른 주파수로 진동하게 된다. 하나의 RO 쌍을 선택하고자 챌린지를 적용하고, 선택된 쌍에서 각 RO의 진동 횟수를 세고 선택한 RO 쌍에서 어떤 오실레이터가 더 빠른지에 따라 '0'이나 '1'을 생성하게 한다.

중재기 PUF와 비교해 RO-PUF는 동일한 수의 응답 비트를 생성하려면 더 크고 느리게 PUF가 생성된다. 중재기 PUF가 하나의 시스템 클럭에서 응답 비트를 생성할 수 있는 반면, RO-PUF는 신뢰할 수 있는 값을 얻는 데 상당수의 진동 신호를 필요로 한다. 컴포넌트의 발진 스위칭으로 인해 전력도 고갈된다. RO의 모든 구성 요소는 상당한 사용량을 거치므로 런타임 전력과 온도 변화, 노화로 인해 어려움을 겪을 수 있다. 그리고 이로 인해 RO-PUF가 잘못된 출력을 생성하기 쉽다.

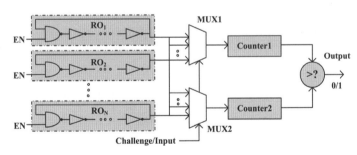

▲ 그림 12.3 전형적인 RO-PUF

12.3.4.3 SRAM−PUF

SRAM^Static Random-Access Memory 기반 PUF는 맞춤형으로 설계된 중재기나 RO−PUF와 달리 마이크로프로세서, 마이크로컨트롤러, FPGA^Field-Programmable Gate Array, 임베디드 시스템용 독립형 칩에 사용되는 광범위하게 사용할 수 있는 SRAM 매트릭스를 활용한다. 일반적으로 하나의 SRAM 비트는 그림 12.4(A)와 같이 대칭적으로 설계된 6 트랜지스터 셀에 의해 구현되는데, 여기서 노드 A나 B 중 하나는 높은 쪽으로 당겨지고 다른 하나는 일단 셀이 안정된 상태에서 낮아지게 되며 해당 셀이 프로그래밍(쓰기)된다. 교차 결합 인버터 구조에 의해 제공되는 피드백으로 인해 셀이 다시 쓰여지거나 시스템 전원이 꺼질 때까지 안정적인 상태가 유지된다.

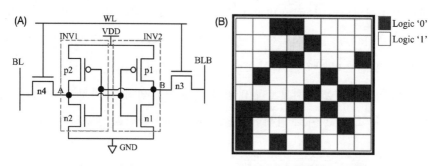

▲ 그림 12.4 (A) 전형적인 6T SRAM 셀. (B) 예시적인 SRAM 배열의 시작 지문.

반대로 '쓰기'/프로그래밍 명령이 없는 상태에서 시작하는 동안 두 논리 노드는 모두 고전압으로 올라가는 경향이 있다. 그러나 단 하나의 레이싱 조건을 통해 높은 전압(논리 1)에 도달하고 다른 노드를 자동으로 저전압(논리 0)으로 끌어낸다. 이 초기화는 일반적으로 셀 트랜지스터 사이의 미세한 프로세스 유도 강도 불일치(특히 두 풀업 PMOS 트랜지스터 사이)에 의존하며 외부 관찰자에게는 완전히 예측할 수 없는 부분이다. 물리적 프로세스 변화와 밀접한 관련이 있는 시작 결과는 정적이며 여러 전원을 켜면 주어진 셀에 대해 동일한 결과를 생성하는 경향이 있다. 따라서 SRAM 셀의 기동은 장치 고유 지문 생성을 위한 약한 PUF로 이용될 수 있다[17, 23].

SRAM 셀의 프로세스 변동은 환경 노이즈를 극복하기에 충분히 작을 수 있다. 따라서 모든 셀이 시간, 사용에 대해 안정적인 응답을 생성할 수 있는 것은 아니다. 예를 들어 그림 12.4(B)는 SRAM 매트릭스에서 일부 셀의 초기 시작 값을 보여주며, 그중에서도 가장 높은 재현성을 나타내는 셀만 PUF 서명을 생성하도록 선택해야 한다. 게다가 고급 SRAM 포함 상용[CoT] 제품은 다양한 초기화와 메모리 액세스 프로세스로 인해 적합한 PUF 애플리케이션을 쉽게 제공하지 못할 수 있다. 예를 들어 최근의 일부 알테라[Altera]와 자일링스[Xilinx] FPGA 모델에서 RAM 블록은 시작 시 항상 특정 논리로 초기화되므로 임의의 초기화를 기반으로 SRAM-PUF를 구현하는 데 사용할 수 없다[24].

12.3.4.4 버터플라이 PUF

버터플라이[Butterfly] PUF의 설계는 FPGA 매트릭스에서 준안정 특성을 갖는 회로 구조를 생성한다는 개념에서 영감을 얻었다[25]. SRAM-PUF와 유사하게 버터플라이 PUF의 플로팅 상태는 FPGA에서 한 쌍의 교차 결합 래치의 시작 단계에서 랜덤 상태를 얻는 데 활용할 수 있다. 래치는 적절한 신호를 통해 불안정한 상태로 여기될 수 있는 조합 루프를 형성한다. 즉, 그림 12.5에 묘사된 바와 같은 문제다. FPGA 구현을 위해 고안됐지만, 모든 래치나 플립 플롭 기반 아키텍처의 준안정성을 활용해 유사한 구현을 수행할 수 있다.

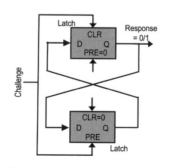

▲ 그림 12.5 일반적인 버터플라이 PUF의 개요

12.3.4.5 경량 PUF

경량 PUF는 그림 12.6[26]에 나타난 바와 같이 중재 단계 사이에 사소한 배선이 있는 전통적인 중재기 PUF를 이용한다. 챌린지를 PUF에 직접 공급하는 대신 챌린지 세트를 여러 블록으로 나누고 여러 개별 PUF에서 사용하는 네트워크 체계를 만든다.

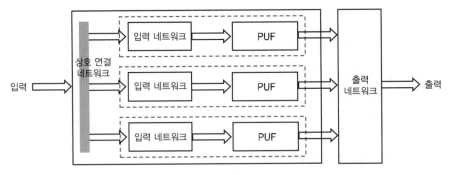

▲ 그림 12.6 경량 PUF의 일반적인 구조

출력 네트워크는 모든 개별 PUF 응답을 결합해 글로벌 응답을 생성해 머신러닝 공격에 대해 좀 더 탄력적으로 대응할 수 있게 한다[27].

12.3.4.6 쌍안정 링 PUF

쌍안정 링bistable ring은 짝수 개의 인버터를 포함하며 가능한 두 가지 안정적인 결과를 가질 수 있다. 그러나 제조 공정 변동과 노이즈로 인해, 쌍안정 링은 안정 상태로 수렴하기 전에 복잡한 전이(또는 전이성)를 거친다.

그림 12.7에서 보여주는 것처럼 쌍안정 링 PUF는 준안정성을 이용해 기하급수적인 CRP를 생성할 수 있다[28]. 중재기 PUF와 유사하게 대칭 레이아웃이 필요하다. 그럼에도 불구하고 이 강력한 PUF는 복잡하고 비선형적인 특성으로 인해 모델링 공격에 대해 상대적으로 높은 복원력을 제공하므로 가상현실 증명과 같은 새로운 PUF 애플리케이션에 통합될 수 있다[29].

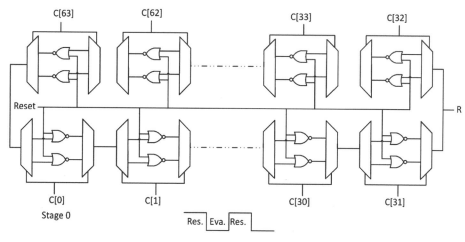

▲ 그림 12.7 64 단계의 쌍안정 링 PUF

12.3.5 PUF 애플리케이션

12.3.5.1 비밀키 생성

12.3.1절에서 언급했듯이 PUF는 암호 애플리케이션용 비밀키를 생성하는 데 사용할 수 있다. 약한 PUF는 제한된 CRP 공간을 갖기 때문에 그러한 PUF에서의 응답은 키로 사용될 수 있으며, 사용 후 매번 폐기될 필요가 없다. 또한 강력한 PUF를 사용해 암호화 프로토콜이 사용 중일 때마다 새 키를 생성할 수 있다 (예, 세션키를 적시에 생성). PUF의 '재생성' 기능은 암호화 애플리케이션에 매우 중요하다. 측정 노이즈로 인해 생성된 키에 약간의 불일치(오류)가 있어도 암호화 애플리케이션과 기본 메시지가 손상될 수 있으므로 생성된 키에는 오류가 없어야 한다(즉 0% intra-HD). 그렇지 않은 경우 PUF(와 관련 모듈)는 효율적인 오류 수정 코드ECC, Error-Correcting Code 메모리 체계로 부트스트랩해 0비트 플립을 제공해야 한다.

그림 12.8은 [22]에 제시된 암호화키 생성 체계를 보여준다. 여기에 사용된 ECC는 초기화와 재생성으로 원치 않는 런타임 오류를 제거한다. 또한 생성된 키는 특정

암호화 프로토콜에 이상적인 키로 취급되는 데 필요한 품질이 부족할 수 있다. 예를 들어 RSA에 사용되는 키는 특정 수학적 특성을 만족해야 하지만 PUF 생성 키는 일반적으로 비결정적 프로세스 변동으로 인해 임의적이다. 이러한 특성은 PUF 응답을 입력으로 사용해 암호화 해시 알고리즘을 사용해 달성할 수 있다. 또한 원래 생성된 키의 사이드 채널 누출을 방지한다. 이는 단일키만 생성하는 취약한 PUF의 경우 특히 그렇다. 따라서 모든 적대적 액세스에서 보호돼야 한다. 키에 대한 추가 수학적 속성(예, RSA)을 달성하고자 해시 출력을 다시 적절한 키 생성 알고리즘의 시드로 입력할 수 있다. 적절한 보안 구현이 이뤄지면 이러한 단계 중 어느 것도 키를 비휘발성 메모리에 저장하거나 키를 외부로 유출시킬 필요가 없다는 점에 유의해야 한다.

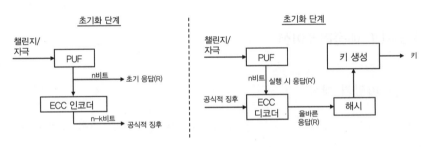

▲ 그림 12.8 PUF를 통한 암호키 생성

12.3.5.2 장비 인증

강력한 PUF는 하드웨어 고유 서명을 기반으로 개별 장치 인증을 제공하는 훌륭한 후보다. 그림 12.9는 고가의 암호화 구현이 필요하지 않은 간단한 PUF 기반 인증 기술을 보여주며, RFID와 같은 자원 제한 플랫폼이나 상용 FPGA와 같이 암호화 모듈을 이미 사용할 수 없는 환경에서 쉽게 구현될 수 있다[22].

강력한 PUF는 개별 장치에 대해 독특하고 예측할 수 없는 출력을 제공하므로 응답을 장치 고유 식별 서명/지문으로 간주할 수 있다. 이는 신뢰할 수 있는 인증자가 이미 기록된 CRP 사본을 갖고 있는 경우 개별 장치를 인증(식별)하는 데 사용할 수 있다.

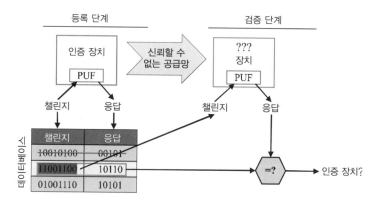

▲ 그림 12.9 강력한 PUF 기반 인증

따라서 신뢰할 수 있는 당사자는 임의의 문제를 적용해 예측할 수 없는 응답을 얻음으로써 진정한 IC용 CRP 데이터베이스를 구축한다. 필드 내 인증 작업의 경우 트러스트 당사자는 기록된 (이전에 필드에서 사용되지 않은) 챌린지를 선택하고 저장된 응답으로 얻은 응답을 확인한다. 중간자, 재생 공격에서 보호하는 데 사용된 CRP는 향후 사용할 수 있는 CRP 풀에서 삭제된다.

또한 실제 인증 프로토콜은 일반적으로 인증 중에 노이즈 측정을 허용하고자 저장된 현장 응답과 일치하는 오류 허용 마진을 유지한다. 그러나 인증에 사용되는 PUF는 작은 오류가 있더라도 다른 장치를 확실하게 식별(즉, ID 충돌 가능성 감소)하려면 고유성이 높아야 한다.

12.3.5.3 소프트웨어와 IP 라이선스

PUF의 다른 애플리케이션은 소프트웨어/IP 라이선스와 인증된 실행이다. 장치 바인딩 인증 실행을 위해 제안된 다양한 체계가 있다[14]. 예를 들어 PUF 응답은 공개/개인키 쌍의 시드로 사용할 수 있고, 시드는 개인키를 생성하는 데 사용한다. 인증기관은 공개키를 게시하고 인증한다. 따라서 특정 프로그램은 PUF 응답을 사용해 복사/실행 방지로 준비할 수 있고 키를 충족하지 않는 다른 칩에서는 실행되지 않는다.

12.3.5.4 하드웨어 계량

연구원들은 능동과 수동 IC 측정용 PUF도 제안했다. 수동 IC 미터링에서 IP 권한 소유자는 장치를 식별하고 모니터링할 수 있지만, 활성 IP 미터링에서는 IP 소유자가 장치를 능동적으로 제어, 활성화/비활성화, 인증할 수 있다. 이는 하드웨어를 파운드리 불법 복제(과잉 생산)에서 보호한다. 알카바니[Alkabani]와 코샨파[Koushanfar][30]는 유한 상태 기계[FSM, Finite-State-Machine] 기반 접근법을 제안했는데, 여기서 설계의 기능 사양이 수정되고 PUF 결과와 관련이 생긴다. 이 수정된 FSM 아키텍처는 FSM의 큰 상태 공간에서 상태를 숨긴다(난독화). PUF 생성 키는 설계를 숨겨진 난독화된 상태(잠금 상태) 중 하나로 설정하고, 작동하지 않거나 잘못된 결과를 제공한다. IP 소유자가 제공한 '잠금 해제 키'만 칩을 원래 기능 상태로 전환할 수 있다.

12.4 순수 난수 생성기

12.4.1 순수 난수 생성기 사전 요구 사항

순수 난수 생성기[TRNG, True Random Number Generator]는 보안과 암호화 애플리케이션에서 세션 키, 일회용 패드, 랜덤 시드, 논스[nonce], PUF에 대한 과제 등을 생성하는 데 널리 사용되는 하드웨어 기본 요소며, 이러한 애플리케이션은 시간이 지남에 따라 점점 증가하고 있다[3, 31, 32]. 일반적으로 0과 1의 생성 순서가 같고 이전 값이나 다른 외부 제어와 완전히 무관한 높은 불확실성 또는 엔트로피를 갖는 임의의 디지털 비트스트림을 생성한다. TRNG는 실제로 랜덤한 출력을 생성하기 위해 본질적으로 결정적이지 않고 제어할 수 없는 장치 고유의 전기나 열잡음에 의존해야 한다.

전형적인 TRNG는 엔트로피 소스, 엔트로피 추출 또는 샘플링 유닛과 대부분의 경우 후처리 또는 암호화 컨디셔닝 유닛으로 구성된다. TRNG 시스템의 품질은 이 엔트로피 소스에서 나오는 원시 엔트로피에 크게 의존하기 때문에 엔트로피 소스는 TRNG의 주요 요소다. TRNG의 경우 이러한 소스는 본질적으로 아날로그며, 스케일링된 트랜지스터에서 발견되는 RTN^{Random Telegraph Noise}, 전원 노이즈, 방사성 붕괴, 래치^{latch} 전이성, 링 오실레이터의 지터 등을 포함한다[32]. TRNG의 처리량(속도), 전력 소비는 소스로 사용되는 물리적 구성 요소(아날로그 또는 디지털)와 악용된 노이즈의 해상도에 크게 좌우된다.

추출 또는 샘플링 유닛은 소스에서 엔트로피를 유리한 디지털 형태로 추출한다. 그러나 노이즈를 생성하는 원래 물리적 프로세스에는 영향을 미치지 않아야 한다. 샘플링 유닛의 목표는 설계 제약(면적과 전력과 같은)하에서 최대 엔트로피를 달성하는 것이며, 많은 경우에 생성된 랜덤 비트스트림의 품질에 초점을 맞추지 않는다.

포스트 프로세싱 유닛은 샘플링 유닛에서 추출된 비트스트림의 품질을 개선해 출력의 진정한 임의성을 보장하는 데 중점을 둔다. 우수한 포스트 프로세서는 원시 출력의 숨겨진 바이어스를 제거한다[33]. 몇 가지 일반적인 포스트 프로세싱 기술에는 폰 노이만식 난수 생성법[34], 암호화 해시 함수[35]가 포함된다. 최근의 많은 설계에서 TRNG에는 노이즈를 비결정적으로 증가시킬 수 있는 추가 컨디셔닝 블록이 포함돼 있거나 런타임 환경 변화, 능동 장애, 사이드 채널 공격에 견딜 수 있다[36~38].

하드웨어 기반 TRNG와 달리 일반적으로 의사 난수 생성기[PRNG, Pseudo-Random Number Generator]로 알려진 소프트웨어 기반의 '시각적[seemingly]' 난수 생성기는 알고리즘에 의존하며 출력이 작더라도 가벼운 구현으로 높은 처리량을 생성하는 경향이 있지만, 결과는 통계적으로 결정적이다. PRNG는 공격자가 설계에 액세스해 시드를 알고 있는 경우 현재 상태에서 다음 상태를 예측할 수 있으므로 효과적으로 안전하지 않다. 통신과 암호화 애플리케이션에서 예측 가능한 RNG는 민감한 데이터를 공격자에게 노출시킬 수 있고, 이 경우 더 이상 '진정한 무작위[truly random]'가 아니다.

12.4.2 TRNG 품질 특성

PUF 품질 기준과 달리 TRNG의 품질은 주로 임의성에 의존한다. TRNG에 의해 생성된 비트의 무작위성을 평가하고자 NIST Test Suite[20], DieHARD[21]와 같은 통계 테스트 스위트가 일반적으로 사용되며, 일반적으로 TRNG의 무작위성을 분석하기 위한 첫 번째 단계다.

TRNG 엔트로피 소스의 한 가지 문제점은 '직관적으로 무작위적'일 수 있지만 TRNG의 출력에서 실행되는 통계 테스트는 특히 환경과 프로세스 변동 같은 조건에서 특정 수준의 편향과 예측 가능성을 보여줄 수 있다는 점이다. 이를 방지하고자 암호화 해시 기능, 폰 노이만 교정기, 스트림 암호를 사용해 TRNG의 원시 출력을 조작해 균일성과 통계적 무작위성을 보장한다. 또한 추가적인 튜너와 프로세싱 블록이 TRNG 품질과 처리량을 제어하는 데 사용할 수 있다[36].

TRNG의 작동 조건은 전원 변동, 온도 편차, 클럭 주파수, 추가된 노이즈 또는 외부 신호 등이 고유한 엔트로피 소스와 추출된 기능에 영향을 줄 수 있으므로 '정확한' 난수 생성의 핵심 요소다. 따라서 TRNG 자체의 신뢰성은 TRNG 자체가 운영 수명 내내 무작위성을 유지해야 하며, 운영 조건 변화에 맞는 공격에 대한 복원력을 보여야한다는 점에서 중요하다.

12.4.3 일반적인 TRNG 구조

일반적으로 CMOS 기반 난수 생성기는 고유한 엔트로피 소스로 사용하고자 공정 변동이나 충분한 양의 랜덤한 내부 노이즈를 갖는 두 개의 대칭 시스템(또는 장치)을 비교해 설계한다. 무작위성과 시스템 아키텍처의 소스를 기반으로 TRNG는 장치의 고유 노이즈 기반 TRNG, 지터, 전이성 기반 TRNG(자유 실행 오실레이터 기반 TRNG), 카오스 TRNG, 양자 TRNG로 분류할 수 있다[32].

그러나 일부는 엔트로피 소스의 자극을 위해 외부 광학/레이저 소스를 필요로 할 수 있기 때문에 문헌에서 제안된 모든 TRNG가 완전히 CMOS 기반인 것은 아니다. 이 절에서는 CMOS 기반 TRNG만 설명한다.

12.4.3.1 노이즈 기반 TRNG

장치 고유의 노이즈는 일반적으로 임의적이며 실제 난수를 생성하는 데 활용할 수 있다. 일반적인 노이즈 소스에는 TRNG 엔트로피 소스(RTN^Random Telegraph Noise), 제너 노이즈(반도체 제너 다이오드), 플리커 또는 1/f 노이즈, 존슨^Johnson의 노이즈가 있다[32]. 노이즈 기반 TRNG의 기본 개념은 다음과 같다. 노이즈 소스로 인한 임의의 아날로그 전압이 주기적으로 샘플링되고 특정해 사전 정의된 임곗값과 비교돼 그림 12.10과 같이 '1'이나 '0'이 생성된다. 임곗값은 '1'과 '0'이 이상적으로 동일한 확률을 생성하도록 미세 조정될 수 있다. 그러나 적절한 임곗값을 설정하는 것은 엄격한 프로세스일 수 있으며 런타임 조건에 따라 재조정, 미세 조정이 필요할 수 있다.

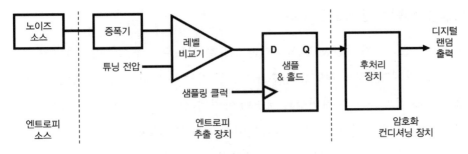

▲ 그림 12.10 노이즈 기반 TRNG의 일반 회로도

이전 버전의 인텔 TRNG는 존슨의 노이즈를 이용해 개발됐으며, 랜덤 소스는 충전된 캐리어의 무작위적인 열운동이다[39]. 그러나 좀 더 효율적이고 빠르며 예외적으로 간단한 TRNG는 2011년에 설계됐다(그림 12.11 참고)[3]. 이 TRNG 설계는 아날로그 부품 없이 한 쌍의 크로스 커플링 인버터(또는 트림된 RS 타입 플립플롭)를 사용하므로 논리 칩과의 통합에 매우 적합하다. 이상적으로 설계는 완전히 대칭이며 'set'과 'reset' 입력이 함께 연결돼 동시에 구동된다. 노이즈로 인해 임의의 불일치가 발생하면 노드는 '1'이나 '0'의 안정적인 출력으로 설정된다. 그러나 체계적인 변화로 인해 높은 바이어스 출력이 생성되므로 설계에 여전히 바이어스가 없는 것은 아니다. 따라서 원시 비트 컨디셔너와 PRNG 같은 추가 전류 주입 메커니즘, 포스트 프로세싱(후처리) 기술이 필요하다[3, 32].

다른 장치 고유의 노이즈 소스에 관한 주요 문제점은 올바른 적용을 위해 제조 단계에서 모든 디바이스를 적절히 측정, 특성화, 제어할 수 없다는 것이다. 또한 프로세스 기술이 성숙함에 따라 엔트로피 소스로 간주될 수 있는 일부 노이즈 메커니즘이 더욱 제어된다. 결국 이들은 엔트로피 소스의 신뢰할 만한 측정(즉, 전압 또는 전류)을 생성하지 않도록 적절하게 억제된다. 따라서 추출기 유닛은 아날로그 노이즈 값을 디지털 비트스트림으로 변환하기 위한 강력한 증폭, 샘플링 기능으로 상당히 정교해야 한다. 이는 증폭기 대역폭과 비선형 이득 제한으로 인해 생성된 데이터가 '참' 랜덤인 추가 편차를 발생시킨다. 또한 RNG 회로의 빠른 전기 스위칭은 강력한 전자기 간섭을 발생시켜 인근 RNG 간에 동기화를 생성해 전체 엔트로피를 떨어뜨린다. 따라서 추출기 유닛의 영향과 기타 필요한 결정론적 포스트 프로세싱으로 인해 레버리지된 노이즈 소스가 진정으로 무작위하게 보장될 수 없기 때문에 무작위성의 가능성이 부족하다.

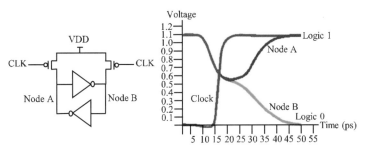

▲ 그림 12.11 인텔 TRNG, (A) 회로도, (B) 일시적(Transient) 행동

12.4.3.2 오실레이터 기반 TRNG

디지털 영역에서 난수를 생성하는 또 다른 일반적인 방법은 오실레이터를 사용하고 관련 지터와 전이성을 활용하는 것이다. 피드백 루프가 있는 홀수의 백투백back-to-back 연결된 인버터는 FRO^{Free-Running Oscillator}의 역할을 하며, 외부 입력이 없어도 전원이 켜져 있는 한 오실레이터 출력이 자체적으로 구동될 수 있다[40]. 그림 12.12는 링 오실레이터 TRNG^{RO-TRNG}의 일반적인 설계를 보여준다. 피드백 루프에서 임의의 전기적 노이즈는 발진의 주파수와 위상이 지터를 갖게 한다. 즉, 신호가 추출 지점에 도달하는 정확한 시간이 결정적이지 않다[37]. 엔트로피는 적절한 샘플링과 각 FRO 출력을 XOR함으로써 더욱 향상된다.

지터 기반 TRNG 아키텍처의 한 가지 문제점은 반도체 산업이 지터와 노이즈를 최소화하고자 지속적으로 노력하고 있다는 것이다. 따라서 추가적인 노이즈 증대 링 오실레이터^{NARO}를 TRNG 근처에 배치해 철저한 발진에 의한 전원 노이즈를 증가시킬 수 있다[36]. 이러한 NARO는 길이가 상대적으로 더 작으므로(즉, 더 빠르며)

LFSR[Linear-Feedback Shift Register]을 통해 임의로 활성화될 수 있다. 또한 출력의 랜덤성이 구동하는 부하에 비해 너무 약한 경우 오실레이터 샘플링의 효과가 흐려질 수 있다. 이러한 시나리오의 경우 Schmidt 작업을 입력에 구현해 안정성을 높일 수 있다(속도는 느리지만). 이 설계의 주요 관심사는 임의성이 입증될 수 없다는 것이다. 가능한 해결책으로 연구원들은 피보나치 링 오실레이터와 갈루아 링 오실레이터 같은 다른 링 오실레이터 구조를 제안했으며, 서로 다른 장치(와 지연 라인)에 따라 오실레이터 길이(주파수)의 가변성을 제공할 수 있다[32].

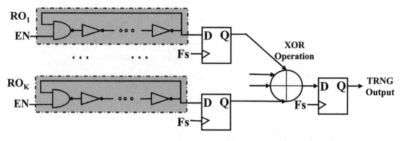

▲ 그림 12.12 링 오실레이터 기반 TRNG

또한 XORing 다중 오실레이터는 일반적으로 처리량이 적은 비용으로 생성된 난수에서 추가 엔트로피를 생성할 수 있다. 폰 노이만 교정기, 암호 해시 기능과 같은 다른 포스트 프로세싱 기술이 그런 경우에 사용될 수 있다[41]. 수나[Sunar]와 동료[31]는 공차가 내장된 입증 가능한 실제 난수 생성기를 제안했다. 아마키[Amaki]와 동료[38]는 결정적 노이즈에 대한 최악의 경우를 탐지하기 위한 확률론적 거동 모델링 기반 기술을 제안했으며, 오실레이터 기반 TRNG 설계는 생성된 랜덤 비트스트림 품질을 만족시키고자 노이즈에 내성이 있다.

12.4.3.3 메모리 기반 TRNG

12.3.4.3절에서 SRAM 블록의 전원 공급 상태는 비결정적이고 프로세스 변동과 런타임 조건, 노이즈에 크게 의존한다는 것을 상기할 수 있다. 이는 TRNG에서 엔트

로피 소스로 사용할 수 있다[23]. SRAM-PUF와 달리 SRAM 기반 TRNG는 신뢰할 수 없는 파워 업 상태의 셀, 즉 통계적으로 동일한 확률을 갖는 셀을 사용해 칩이 켜질 때마다 '0'/'1'을 생성한다. 이는 난수를 도출하고자 포스트 프로세싱에 의해 추출될 수 있는 필요한 엔트로피를 제공한다. 그러나 SRAM 기반 TRNG의 처리량과 임의성은 런타임 변형에 대한 기술, 복원력에 크게 의존한다. 또한 새로운 난수가 필요할 때마다 SRAM 블록의 전원을 끄고 다시 시작하는 것이 항상 실용적이지는 않다.

전이성 기반 TRNG는 교차 결합 요소를 사용해 노이즈를 증폭하고 임의의 비트를 생성할 때 유사한 기술을 사용한다. 전이성 기반 TRNG에서 단일 크로스 커플링된 요소를 정확하게 전이성 지점에 반복적으로 바이어스함으로써 비트가 생성된다. 전이성은 노이즈에 의해 결정되는 안정적인 논리로 해결된다.

12.4.4 TRNG 애플리케이션

기본적인 케르크호프스^{Kerckhoff}의 가정[42]을 염두에 두고 암호화 시스템의 보안은 시스템의 설계(즉, 구현 결함이나 사이드 채널 정보 유출이 없음)가 아닌 키에만 의존해야 한다는 것을 알 수 있다. 이 키는 종종 임의의 숫자 풀에서 가져온다. 따라서 TRNG에 의해 생성된 숫자의 품질은 시스템의 보안 강도를 직접 결정하므로 매우 중요하다. 완전 무작위 키는 무차별(무작위 추측) 공격에 의해서만 이상적으로 손상될 수 있다. 키 비트의 예측 가능성은 적의 추측 공간을 줄이고 전체 시스템의 약점을 초래한다.

전자 하드웨어 난수 생성기의 주요 애플리케이션은 암호화에 있으며, 데이터를 안전하게 전송하고자 난수 암호화키를 생성하는 데 사용된다. 보안 소켓 레이어^{SSL, Secure Sockets Layer}와 같은 인터넷 암호화 프로토콜에서 널리 사용된다. 예를 들어 Sun Microsystems Crypto Accelerator 6000[43]에는 SSL 하드웨어 가속(TLS 가속화)

을 위한 암호화키 생성을 위해 SHA-1을 사용해 FIPS 186-2 DSARNG에 지정된 FIPS 승인 RNG에 시드를 제공하는 하드웨어 TRNG가 포함돼 있다.

다른 많은 일반적인 보안 프로토콜은 안전하고, 악의적인 사용자가 예측할 수 없는 임의의 비트를 요구한다. 진정한 난수는 암호화용 키와 초기화 값[IV, Initialization Values], 기존 암호화용 세션 키 생성, 키 MAC 알고리즘용 키, 디지털 서명 알고리즘용 개인키, 엔티티 인증 메커니즘에 사용되는 값, 키 설정 프로토콜에 사용되는 값, PIN과 비밀번호 생성, 1회 패딩, 재생 공격에서 보호하고자 논스[nonce] 생성과 강력한 PUF에 대한 입력 챌린지 등과 같은 많은 애플리케이션에서 널리 사용된다.

12.5 위조 방지 설계

12.5.1 DfAC 기본 사항

오늘날의 복잡한 전자 부품 공급망에서 위조 칩과 FPGA의 침입을 탐지하고 방지하는 것은 매우 어려운 일이다. 12.2.2절에 언급된 바와 같이 전기적 특성의 적절한 이용은 위조 전자 제품을 좀 더 저렴하고 빠르게 성공적으로 탐지할 수 있다. 노화와 마모 메커니즘은 일반적으로 시간이 지남에 따라 칩을 느리게 만들기 때문에 속도를 측정하고 사용하지 않은(골든) 원래 칩의 기준 속도와 비교해 테스트 대상 회로[CUT, Circuit Under Test]의 노화 열화를 추정할 수 있다. 그러나 이러한 기준(골든) 측정을 얻는 것이 항상 가능한 것은 아니다. 또한 제조 공정 변동, 결함으로 인해 골든 칩의 경우에도 속도/지연이나 기타 전기 측정 편차가 발생한다. 따라서 이 방법을 사용하려면 통계적 유의성을 유지하고자 많은 골든 데이터 풀이 필요하다. 이러한 문제는 레거시 칩과 CoTS에서 더 두드러진다[44]. 이러한 노화 문제를 이용함으로써 연구원들은 위조 방지(DfAC) 구조용 설계를 칩에 내장하거나 노화된 가속으로 인한 열화를 측정해 재활용 IC 감지와 같은 몇 가지 기술을 제안했다.

12.5.2 DfAC 설계

CDIR^{Combating Die and IC Recycling} 방식은 칩이 이전에 사용됐는지 여부를 판단하고자 노화를 고려한다. 자체 참조용 RO 쌍을 갖춘 경량의 저비용 DfAC 센서로 골든 데이터가 필요하지 않다[4, 45]. RO-CDIR 체계의 개념은 RO의 트랜지스터가 시간이 지남에 따라 느려지기 때문에 노화로 인해 RO 주파수가 더 많이 저하되는 방식으로 추가 회로 또는 아키텍처, 즉 링 오실레이터 구조를 새로운 전자 칩에 넣는 것이다. 여기서 핵심 사항은 원래 칩의 면적, 전력, 비용 요구 사항에 실질적으로 영향을 미치지 않는 매우 가벼운 설계를 사용하는 것이다. 구현된 설계는 칩의 노화나 신선도를 안정적으로 예측할 수 있는 즉시 사용 가능한 데이터를 생성해야 한다. 칩은 빠르게 노화돼야 하며 테스트, 검증 단계에서 영향을 받아서는 안 된다. 또한 공정 변동, 온도의 영향을 최소화해야 하며 공정 변동, 노화 열화로 인한 경로 지연 편차를 만족스럽게 분리할 수 있어야 한다.

노화로 인한 지연 저하를 측정하는 핵심 요점은 RO 주파수가 기준 데이터와 비교돼야 한다는 것이다. 일반적인 RO-CDIR 센서는 자체 참조 방식을 수행해 reference-RO, stressed-RO라는 길이의 두 RO 길이를 각각 비교해 지연 저하를 안정적으로 측정한다(그림 12.13 참고). reference-RO는 가능하면 느리게 노화되거나 전혀 노화되지 않도록 설계됐다. 반대로 stressed-RO는 훨씬 빠른 속도로 노화되도록 설계됐다. 작동 모드에 있을 때 stressed-RO의 빠른 노화는 속도(주파수)를 감소시키는 반면, reference-RO의 속도(주파수)는 거의 동일하게 유지된다. 따라서 RO 주파수 간의 큰 차이는 칩이 사용됐음을 의미한다. RO를 물리적으로 배치하면 전체, 로컬 프로세스 변동과 환경 변동이 더욱 줄어들어 사용 시간을 좀 더 정확하게 측정할 수 있다. 그러나 이 접근법의 한계는 PMOS 트랜지스터의 절반이 DC NBTI 스트레스를 경험하고, 따라서 스킴의 진동 특성으로 인해 제한된 열화를 경험한다는 것이다.

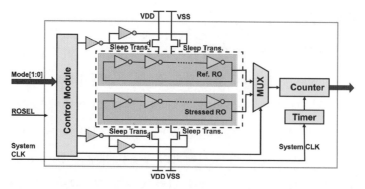

▲ 그림 12.13 stressed-RO, reference-RO 쌍을 사용한 다이 회수(재활용) 센서 결합

그림 12.14는 개선된 탐지 체계를 위해 NBTI에 의한 열화를 이용하는 NBTI 인식 RO-CDIR 센서를 보여준다[46]. 작동 모드에서는 RO 체인을 끊고 모든 인버터 입력을 접지에 연결해 stressed-RO에 최대 NBTI(DC) 스트레스를 주므로 노화에서 복구할 기회를 얻지 못한다. 그러나 칩의 전원이 완전히 꺼지면 부분 복구가 발생할 수 있다. stressed-RO의 구조는 파라메트릭 변화를 피하고자 reference-RO에 의해 모방된다. 그러나 작동 중에 reference-RO는 전원, 접지선에서 분리된 상태로 유지돼 노화를 최소화한다. 두 RO는 서로 다른 에이징 스트레스를 갖기 때문에 시간이 지남에 따라 주파수에 계속 편차가 생겨 좀 더 정확한 탐지 가능성이 높아진다.

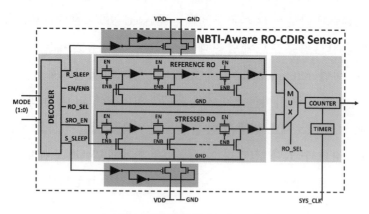

▲ 그림 12.14 NBTI 인식 RO-CDIR 센서

12.6 기존 문제점과 공격 유형

12.6.1 PUF

12.6.1.1 강력한 PUF에 대한 모델링 공격

강력한 PUF는 정의에 따르면 지수^{exponential} 개수의 챌린지-응답 쌍^{CRP}을 생성할 수 있다. 그러나 그런 큰 CRP 세트는 강력한 PUF를 머신러닝 지원 모델링 공격에 잠재적으로 취약하게 만든다[27]. 일반적으로 강력한 PUF에 대한 모델링 공격은 공격 중인 PUF의 모든 CRP 서브세트를 공격하는 것으로 시작된다. 이 CRP 집합을 사용해 공격자는 추가적인 임의의 문제에 대한 PUF의 반응을 정확하게 예측하고자 수치 모델을 도출하려고 시도한다. 이를 통해 공격자는 기존 PUF 기반 인증, 키 생성 프로토콜에 대한 중간자^{Man-in-the-Middle} 공격, 위장^{impersonation} 공격을 시작할 수 있다. 연구원들은 강력한 PUF의 이상적인 예인 전통적인 중재기 PUF에 대해 여러 머신러닝^{ML} 기술 기반 모델링 공격을 시작했으며, 성공한 공격에 대응하고자 필요한 수정 작업이 이뤄졌으며, 그 결과 여러 가지 전통적인 중재기 PUF의 조합으로 공격에 강력해질 수 있게 됐다[47].

전통적인 중재기 PUF의 기본 수치 모델은 가산 선형 지연 모델을 기반으로 한다. 지연 단계의 다중 경로를 통해 전파되는 신호의 전체 지연은 스테이지와 관련 상호 연결에서 지연의 합으로 표현될 수 있으며, 중재기가 이상적으로 제로 바이어스를 갖고 있다고 가정할 때 최종 지연 차이로 응답을 결정할 수 있다[47]. 단순하면서도 강력한 이 모델은 선형 지연 기반 초평면을 기반으로 해서 적에 의해 수집되거나 누출된 CRP 서브셋으로 훈련된 2가지 분류 기술을 생성한다.

연구원들은 아키텍처에 비선형성을 도입함으로써 전통적인 중재기 PUF의 모델링 공격 탄력성을 강화하는 몇 가지 기술을 제안했다. 그러한 예로는 그림 12.15에 제시된 XOR-arbiter PUF[22]가 있다. 이 PUF에는 동일한 챌린지에 대응했던 여러 개의 동일한 길이의 중재기 PUF가 포함돼 있다. 개별 중재기 PUF의 출력은 최종 응답을 생성하고자 XOR 처리되므로 높은 수준의 비선형성을 제공한다.

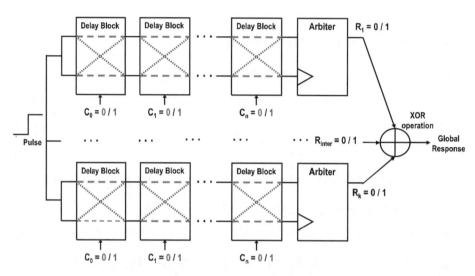

▲ 그림 12.15 XOR PUF의 개략도. n비트 arbiter PUF의 k-체인으로 구성돼 있으며, 모든 중재기의 출력이 XOR돼 최종 이진 응답을 생성한다.

그림 12.16의 간단한 피드포워드 중재기 PUF 구조에서 볼 수 있듯이 피드포워드 연결을 지연 경로에 도입함으로써 중재기 PUF의 비선형성도 증가할 수 있다[47]. 이 구조는 PUF 아키텍처 내에서 '알려지지 않은' 문제를 활용하며, 여기서 본질적으로 생성된 문제는 다음 지연 블록에 공급된다. 따라서 '피드포워드 루프'에 연결된 지연 단계의 경로 전환은 이전 단계의 동작에 따라 다르다. 이러한 의존성은 중재기 PUF에 대해 구별할 수 없는 기능 모델을 만든다. 결과적으로 피드포워드 중재기 PUF는 선형으로 분리 가능하거나 차별화 가능한 모델을 사용하는 머신러닝 공격에 대한 복원력을 보여준다. 또한 설계자는 필요에 따라 피드포워드 루프와 연결 지점 수를 선택해 공격 모델을 더욱 복잡하게 만들 수 있다.

그러나 중재기 PUF의 이러한 변형 구성은 모델링 공격에서 절대적으로 탄력적이

554

지는 않다. 호스포다르^{Hospodar}와 동료 및 루마이르^{Ruhrmair}와 동료[27]는 중재기 PUF 의 다른 구성에 대한 철저한 공격 결과를 제시했다. 전통적인 중재기, Xor-arbiter-PUF는 모델링 시간 비용의 로지스틱 회귀와 같은 널리 사용되는 머신러닝 기술을 사용해 매우 높은 정확도(예, ~ 99%)로 쉽게 모델링할 수 있음을 보여준다. 루마이르와 동료[27]는 또한 진화 전략과 같은 비선형 분류를 사용하는 머신러닝 기술을 사용해 주어진 피드포워드 중재기 PUF의 CRP 세트를 높은 정확도로 정확 하게 예측할 수 있음을 보여줬다.

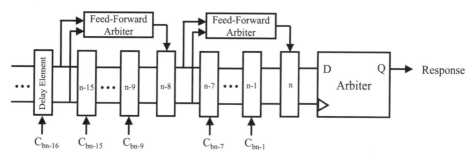

▲ 그림 12.16 피드포워드 루프 크기가 8인 피드포워드 중재기 PUF의 구조

12.6.1.2 PUF에 대한 환경과 노화 영향

온도와 전원 공급 장치 노이즈, 노화, 마모 메커니즘과 같은 환경 변화는 PUF 출력 에서 원치 않는 오류를 발생시켜 암호화 애플리케이션에서 PUF를 신뢰할 수 없게 만드는데, RO-PUF에서 더욱 두드러진다. 이는 주로 모든 오실레이터의 지속적 인 스위칭으로 인해 발생한다. RO-PUF가 잘못된 응답을 생성하는 이유를 이해하 려면 그림 12.3에 나와 있는 기존 RO-PUF를 다시 보고 그림 12.17에 나와 있는 무 작위로 선택된 RO 쌍의 주파수 프로파일을 고려해야 한다[49]. 주어진 RO 쌍에 대 해 RO_x 링 오실레이터(f_{xi})의 주파수가 RO_y의 주파수(f_{yi})보다 크면 '1'(그렇지 않으면 '0')이 응답으로 생성된다(그림 12.17(A) 참고). 그러나 크로스오버가 발생하는 경우 신뢰할 수 있는(즉, 이전과 동일한) 응답을 생성하지 못한다(즉, 환경 변화, 노화로 인

해 가능한 주파수 저하 후 $f_{xi} < f_{yi}$(그림 12.17(B) 참고). 최대의 안정성을 유지하려면 필요한 경우 작동 수명이 끝날 때까지 카운터 해상도를 보상하고자 최소 주파수 차이(즉, 주파수 임곗값 Δf_{th})를 유지하면서 두 주파수가 서로 교차해서는 안 된다(그림 12.17(C) 참고). 다른 PUF 구조도 유사한 신뢰성 문제를 겪고 있다.

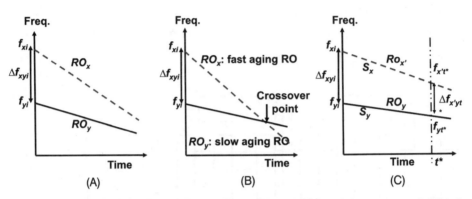

▲ 그림 12.17 RO 쌍의 주파수 하락(degradation)로 인한 비트 플립. (A) 중간 정도의 하락이 있는 RO(안정적 쌍), (B) 하락이 큰 RO(불안정한 쌍), (C) 무시할 만한 하락을 가진 RO(매우 안정적인 쌍)

신뢰할 수 있는(오류가 없는) 응답을 생성하고자 PUF에 효율적인 오류 수정 코드 ECC를 덧붙이면 노이즈가 있더라도 일정한 마진까지 신뢰할 수 있는 출력을 생성할 수 있다[50]. 그러나 비밀키를 부분적으로 공개하고 잠재적으로 PUF를 손상시킬 수 있는 도우미helper 데이터에 의존한다. 대부분의 ECC 방식에는 중복 게이트와 추가 디코딩 장치가 필요하다. 따라서 ECC는 넓은 영역, 전력과 타이밍 오버헤드를 발생시켜 리소스가 제한된 애플리케이션에는 실용적이지 않다.

그림 12.18과 같이 NBTI, HCI 인식 노화 방지 ARO-PUF는 라만Rahman과 동료[12]에 의해 제안됐다. 기존의 RO-PUF 아키텍처 내에 추가적인 풀업과 패스 트랜지스터가 있어 가능한 노화를 줄이며, 두 가지 작동 모드가 있다. 진동 모드(EN = 1)에서는 정기적인 PUF 작동을 수행한다(그림 12.18(B) 참고). 비진동 모드(EN = 0)에서는 PMOS 트랜지스터가 Vdd에 연결돼 NBTI를 제거하므로 PMOS 트랜지스터의 DC 스트레스를 제거한다(그림 12.18(C) 참고). 또한 RO 체인을 끊고 AC(진동) 스트레스

를 제거해 HCl을 제거한다. 따라서 이 설계는 PUF가 활성화되지 않은 경우 스트레스를 제거해 NBTI, HCI로 인한 노화 저하를 성공적으로 최소화하게 된다.

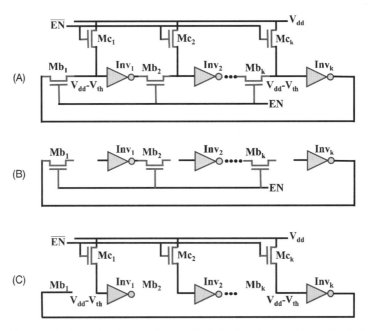

▲ 그림 12.18 노화 방지(aging-resistant) RO(ARO) PUF의 작동. (A) 회로도, (B) 진동 모드에서의 활동, (C) 비진동 모드에서의 활동

인[Yin]과 동료[51]는 온도 변화로 인한 오류를 줄이고자 온도 인식 협력[temperature-aware cooperative] RO-PUF[TAC RO-PUF] 체계를 제안했다. 온도 변화로 인해 비트 플립이 발생할 수 있는 다른 RO 쌍을 선택해 신뢰할 수 있는 비트로 변환할 수 있는 한 불안정한 응답 생성이 가능하다. 실험 결과 안정적인 비트 생성 용량이 80% 향상됐으며, 라만[Rahman]과 동료[52]는 RO-PUF가 런타임 변화(온도 변화와 전원 노이즈), 노화 열화에 대한 견고성을 향상시키고자 RePa라고 하는 신뢰할 수 있는 쌍 형성 체계를 제안했다. 예측 에이징/전압 기반 저하 프로파일을 기반으로 모든 RO의 순위를 정하고 복잡한 알고리즘을 사용해 초기 주파수 차이, 속도 저하와 비트 플립 확률을 고려해 PUF 응답 생성에 가장 적합한 RO 쌍을 형성한다. 이 접근법은 2.3배까지

의 RO로 최대 100%의 신뢰성, 즉 제로 오류를 달성해 훨씬 더 큰 ECC를 요구하지 않는 것으로 나타났다.

12.6.1.3 SRAM-PUF 복제

헤프마이어^{Helfmeier}와 동료[53]는 SRAM-PUF의 최초 물리적 복제를 시연했다. 이는 본 질적으로 '복제 불가능'한 이상적인 PUF 속성을 위반한다. 물리적으로 복제된 SRAM-PUF는 그림 12.19와 같이 원래 PUF와 동일한 응답을 생성할 수 있다. 이 공격은 본 질적으로 침투적이며 고가의 이중 빔 회로 편집^{FIB-CE} 기술을 사용한다. 이 공격은 먼 저 대상 SRAM-PUF의 지문을 관찰하고(그림 12.19(A)-(B) 참고) 다른 SRAM-PUF의 개 별 셀을 수정해 정확히 동일한 서명을 생성(복제)한다(그림 12.19(C)-(D) 참고). FIB-CE를 사용해 결정적인 동작을 달성하고자 개별 트랜지스터를 완전히 수정/제 거할 수 있으며, 개별 트랜지스터를 다듬어 동적 성능, 누설 특성을 변경할 수 있다.

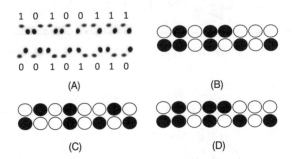

▲ 그림 12.19 SRAM-PUF의 물리적 복제. (A) 표적 SRAM 장치의 광 방출, (B) 대상 장치의 논리 지문(어두운 = 논리 '0'), (C) 복제된 장치의 초기 지문, (D) 초기 지문은 대상 장치와 일치하게 FIB-CE를 통해 수정

12.6.2 TRNG

TRNG는 특히 오래되고 성숙한^{mature} 기술에서 내재된 변형에 의해 영향을 받는다. 이러한 경우 고유한 엔트로피 소스는 진정한 임의성을 획득하고 최대 처리량을

얻기에 충분하지 않을 수 있다. 또한 TRNG의 무작위성은 환경 변화, 상이한 노화 메커니즘에서 더욱 악화될 수 있다. 이로 인해 TRNG에 대한 다양한 하드웨어 기반 공격이 발생한다. 예를 들어 공격자는 공칭 조건을 넘어 장치 공급 전압(V_{dd})과 온도를 변경하고 의도적으로 출력을 바이어스해 '예측 가능한' 비트스트림을 추출할 수 있다[36]. RO 기반 TRNG에 대한 주파수 주입 공격은 클럭 지터가 엔트로피에 영향을 미치므로 최소한의 노력으로, 예를 들어 스마트카드 등의 키 추측을 용이하게 할 수 있다[54]. 또한 전자기적 공격으로 칩을 물리적으로 파괴하지 않고도 이 정보가 유출될 수 있다[55].

온도 변화는 SRAM 기반 TRNG에 더 큰 위협이 된다. IC의 무작위성은 적어도 부분적으로 물리적인 임의의 열로 인한 노이즈에서 비롯된다. 예를 들어 전원이 켜진 상태에서 사용되는 열잡음의 크기는 온도에 따라 다르다. 낮은 온도는 악용 가능한 노이즈를 줄이고 생성된 비트스트림을 덜 무작위로 만드는 반면, 높은 온도는 파워 업 상태를 좀 더 무작위로 만든다[23].

낮은 고유 엔트로피에도 불구하고 더 균일하고 통계적인 무작위성을 달성하고자 연구원들은 TRNG 출력에 사용될 암호 해시 함수, 폰 노이만 교정기, 스트림 암호를 제안했다. 그러나 이러한 추가 수정은 처리량을 줄이고 면적과 전력 오버헤드를 증가시키게 된다. 또한 슐레켄[Schellekens]과 동료는 FPGA를 위한 공급업체 독립적인 TRNG 설계를 제안했다[56]. 라만[Rahman]과 동료[36]는 이러한 다양한 런타임/환경 기반 저하로 인한 보안 문제를 해결하고자 기술 독립적[TI] TRNG를 제안했다. '튜너블'-RO 아키텍처를 사용해 엔트로피 소스로 클럭 지터와 함께 전원 공급 장치 노이즈를 활용하고, 지터를 제어해 환경 변화, 노화로 인한 바이어스를 극복하고, 런타임 조건을 모니터링해 RO 지연을 조정할 수 있다. 전원 공급 장치 노이즈 향상 및 튜닝 블록과 바이어스 감지에 대한 자체 교정 체계는 성능을 더욱 향상시키고 하드웨어 기반 공격에 대한 대책으로 사용된다. 롭슨[Robson]과 동료가 제시한 TRNG 모델[57]은 타이밍 지터를 증가시키고자 다중 임계 교차 방법을 사용했다.

12.7 새로운 나노 장치를 사용한 주요 설계

PCM^{Phase Change Memory}(상변화 메모리, 피램), 멤리스터, RRAM^{Resistive Random Access Memory}(저항 메모리), STT-RAM^{Spin-torque-Transfer Random Access Memory}, 자기 랜덤 액세스와 같은 스핀트로닉 메모리 장치 등의 새로운 자기 저항 메모리^{MRAM}는 고용량, 저전력 비휘발성 스토리지 애플리케이션에서 인기를 얻고 있다[58]. 기존 스토리지 공간으로 사용되는 것 외에도 보안의 기본 요소로 떠오르는 나노 디바이스의 애플리케이션은 인증과 안전한 작동을 제공하고 면적과 계산 오버헤드를 줄임으로써 많은 주목을 받았다. 연구원들은 지난 10년 동안 여러 하드웨어 보안 기본 요소들을 제안했는데, 대다수는 PUF다. 그림 12.20에서 볼 수 있듯이 이러한 새로운 장치에는 기존 CMOS 기반 장치와 유사한 방식으로 PUF 응용 제품에 적합한 고유 기능이 포함돼 있다[59].

장치	제조 변동성 원인	악용 가능한 기능	신뢰성 요인
PCM	• 기하 변화(GST층 두께와 하부 전극 접촉 직경) • 셀 저항(RCell) • 쓰기/읽기 강도(필요한 최소 리셋 전류) • 현재 변형 쓰기(IWrite)	• 셀 변동성: 셀당 확률적 저항 변동 • 프로그래밍 감도: 적용된 펄스의 특성으로 인한 저항 수준의 변화	• 전원 공급 장치 노이즈와 온도 변화 • 저항 드리프트 • 지구력과 유지력 부족
멤리스터 & RRAM	• 도프, 도핑되지 않은 영역 길이의 가변성 • 장치 두께와 단면적 • 도프, 도핑되지 않은 저항의 확률	• 확률적 스위칭 메커니즘과 장치의 고유 가변성 • 인가된 전압 펄스 지속 시간으로 인한 저항 변동성	• 전원 공급 장치 노이즈와 온도 변화 • 적당한 지구력과 유지력 • 읽기 방해
MRAM & STTRAM	• 프리 레이어 부피의 기하학적 변화 • 스핀 토크 스위칭 • 임계 전압 • 열 안정성 • 임계 스위칭 전류	• 현재 변형 읽기 • 프리 레이어 자화의 전이성 • 열에너지의 변화 • 백호핑	• 온도 • 외부 EM 필드 • 높은 내구성과 유지력

▲ 그림 12.20 PUF 응용 분야를 위한 새로운 나노 장치 속성

12.7.1 PCM 기반 PUF의 구성

12.7.1.1 공정으로 인한 변동의 원인

새로운 NVM 중 하나인 PCM은 저저항(결정상)과 고저항(비정질상) 사이의 가역적 전환을 통해 작동하며, 사전 정의된 크기, 펄스 지속 시간으로 '설정/재설정' 전류 펄스로 제어할 수 있다[60]. PCM 셀의 저항은 프로그래밍 과정에서 설정/리셋 전류 펄스에 따라 무작위로 변한다. 게다가 제조 공정 변동은 PCM 셀의 물리적 치수와 강도에 영향을 미쳐 전기적 특성의 확률을 유도한다. 셀 구조 특징(GST 층 두께, 히터 두께, 바닥 전극 접촉 직경 등)과 GST의 전기, 열 전도도와 히터 재료는 공정 변동을 담당하는 주요 요인이다[61]. 셀 지오메트리, 기타 구조적/특성적 변화와 PCM 셀에 의해 나타나는 다른 유형의 역학에서 비롯된 고유의 임의성으로 인해 암호화 측정, 특히 PUF 애플리케이션에 적합하다.

12.7.1.2 PCM-PUF 설계

PCM 기반 PUF를 구현하고자 PCM의 프로세스 변형과 프로그래밍 감도를 활용할 수 있다. PCM 셀을 기반으로 재구성 가능한 PUF로 암호화키를 생성하기 위한 새로운 설계는 장Zhang과 동료에 의해 제안됐다[62]. 배열의 PCM 셀 간 변형을 사용해 임의의 셀 선택으로 키를 생성한다. PCM-PUF 자체는 전통적인 크로스바 아키텍처로 구성돼 있으며, PUF 애플리케이션의 경우 개별 PCM 셀이나 크로스바 배열의 셀 세트를 사전 정의된 펄스로 프로그래밍한 후 나중에 독창적인 응답을 생성할 수 있다. 모든 셀이 동일한 펄스로 프로그래밍될 수 있지만(비교 감지 이전에 본질적으로 아날로그임) 생성된 판독 값은 동일한 회로 내에서 셀마다 고유하며, 다른 회로에서 PCM 세포의 확률론적 특성, 셀의 비휘발성 특성으로 인해 이상적인 무노이즈 시나리오를 고려해 동일한 고유 응답을 재생할 수 있다. 전통적인 크로스바 아키텍처인 PCM-PUF의 구성은 '약한' PUF를 초래할 것인데, 즉 메모리 액세스 메커니즘이 다음과 같이 설계되지 않는 한 적은 수의 CRP를 갖게 된다. 무작위, 비선형 액세스 기술을 수행한다. 또한 생성된 서명은 암호화 동작에 적합한 출력을 제공하고자 추가적인 후처리를 요구할 수 있다.

PCM 크로스바 구조에서 고유한 서명 생성은 프로그래밍 펄스 수정을 사용해 셀 저항 분포를 변경함으로써 더욱 확장될 수 있다[63]. 또한 PCM 셀의 멀티레벨 셀 동작은 [64]에서 고유한 서명을 생성하고자 활용됐다.

12.7.2 멤리스터와 RRAM 기반 PUF의 조합(합성)

12.7.2.1 공정 유도 변동 원인

PCM과 유사하게 멤리스터와 RRAM의 쓰기 메커니즘을 활용하고 잠재적 PUF 애플리케이션의 프로세스 변형에 영향을 받는 랜덤 셀 동작을 추출할 수 있다. 이들 장치는 더 큰 저항 윈도우를 갖기 때문에 높은 상태와 낮은 상태 사이의 정의되지 않은 영역에서의 논리 상태 불확실성을 이용할 수 있다. 멤리스터의 경우 이러한 아날로그 저항 변동성과 관련 메모리 쓰기/읽기 시간은 제조 공정 변동으로 인해 엔트로피 소스로 활용될 수 있는 소자 두께와 같은 셀 구조, 치수에 따라 달라진다. 또한 RRAM의 엔트로피 소스는 산화물 두께와 결함 밀도 같은 본질적인 특징에서 유래하며, 이는 PUF 기능에 매우 잘 활용될 수 있다.

12.7.2.2 멤리스터, RRAM-PUF 설계

멤리스터 셀 동작에서 프로세스 가변성의 효과는 쓰기 시간 기반 멤리스틱 PUF 셀을 개발하고자 [65]에서 이용된다. 여기서 기록 동작을 위한 시간은 셀을 고저항 상태에서 저저항 상태로 전환하는 데 필요한 최솟값으로 설정된다. 따라서 출력 논리가 '1'일 확률이 50%로 증가하고, 반대도 마찬가지다. 연구원들은 전통적인 크로스바 메모리 아키텍처를 이용하는 RRAM 기반 PUF도 제안했다[66]. 이 구성은 스플리트 감지 증폭기(S/A)의 트랜지스터 크기를 감소시킴으로써 오프셋을 감소시키는 더미 셀을 사용해 스플릿 기준의 정확도를 향상시킨다.

12.7.3 MRAM과 STTRAM 기반 PUF의 조합

12.7.3.1 공정 유도 변이 원인

STT-RAM, MRAM과 같은 스핀트로닉 장치^{spintronic devices}는 그림 12.20에서 기술된 것처럼 혼돈된 자화, 통계적 읽기/쓰기 실패, 확률적 유지 실패와 백호핑 같은 장치 고유 현상을 나타내므로 하드웨어 보안 애플리케이션에 새로운 기회를 제공한다[67]. 자기 터널 접합^{MJT}의 프리 레이어의 혼란과 무작위 역학은 연구원들이 하드웨어 보안 기본 요소(예, PUF)를 개발하고자 이용된다[68, 69]. 또한 읽기/쓰기 실패, 백호핑과 유지 시간의 통계적, 확률적 특성을 이용해 새로운 스핀트로닉 회로 기반 PUF, TRNG를 개발할 수 있다[70]. 이러한 스핀트로닉 장치와 실리콘 기판의 호환성은 기존 CMOS 기반 보안 기본 요소를 보완할 수 있는 잠재적 대안이 된다.

12.7.3.2 MRAM, STT-RAM PUF 설계

물리적 변이 의존 MPAM-PUF는 다스^{Das}와 동료[69]에 의해 제안됐다. 이 기술은 제조 공정 변동으로 인해 MTJ의 에너지 장벽에서 생성된 랜덤 틸트를 이용하고 PUF 응답을 생성하기 위한 랜덤성을 추출한다. 경사각의 분포가 사실상 가우시안이기 때문에 MTJ의 프리 레이어 배향은 SRAM-PUF의 동작과 유사한 특정 초깃값으로 기울어진다. 일정한 체적에서 종횡비의 점진적 감소와 일정한 비율에서의 체적 증가와 같은 추가 개선은 기울기의 변화를 향상시키고 좀 더 안정적인 PUF 출력을 얻게 된다. STT-RAM에서 프리 레이어의 랜덤 초기화는 PUF 설계에도 사용된다[68]. 이 기술에서 응답은 프리 레이어의 STT-RAM 비트를 비교함으로써 등록 단계 동안 생성된다. 노이즈, 감지 증폭기 오프셋은 유사한 값으로 초기화되는 비교 비트의 경우 응답 비트를 생성하는 데 사용된다. 비트 생성의 반복성은 MTJ에서 값을 작성함으로써 보장된다. 다시 쓰기는 다중 액세스에 대한 응답을 유지하고 전압, 온도 변화로 인한 비트 플립을 방지하고자 사용된다. 그러나 이 방법은 PUF 출력의 품질을 유지하고 향상시키고자 퍼지 추출기와 같은 후처리 아키텍처가 필요하다는 단점이 있다.

12.7.4 새로운 애플리케이션을 위한 PUF 조합

기존의 키 기반 암호화 애플리케이션 외에도 연구원들은 PUF의 고유한 특성을 활용하는 가상현실 증명[29]과 같은 몇 가지 새로운 보안 애플리케이션을 제안했다. 가상 증명VP, Virtual Proof의 아이디어는 유형의 물리 시스템 속성이나 두 통신 당사자 간의 프로세스, 즉 검증자와 검증자에서 얻은 디지털 데이터의 정확성과 진위를 검증할 가능성이 있다는 기본 사실에 근거한다. 비밀키 기반의 고전적인 메커니즘을 사용하지 않고 멀리 떨어져 있다. 클래식 키는 물리적, 소프트웨어/악성코드 기반 공격 기술에 취약한 것으로 간주되므로 키를 사용하지 않으면 최신 암호화 하드웨어를 좀 더 안전하고 비용 효율적이며 콤팩트하게 설계할 수 있다. 온도 변형 IC, 무질서한 광학 산란 매체와 양자 시스템 같은 감시 객체WO, Witness Objects를 기반으로 하는 VP의 예는 온도, 물체의 상대적 위치나 특정 물리적 물체의 파괴를 성공적으로 검증하는 새로운 프로토콜일 수 있다.

개념 증명 실험과 관련해 온도의 VP와 상대 거리, 공존, 파괴 VP의 광학 시스템이 [29]에 설명돼 있다. 이와 관련해 PUF의 일부 새로운 변형이 이용될 수 있다. 예를 들어 고온에 대한 감도가 유리하게 이용되는 CMOS 기반 쌍안정 링 PUF에 의해 내열성을 얻을 수 있다. 거리, 파괴 주장의 VP를 확인하고자 광학 PUF의 변형을 사용할 수 있다.

이러한 가상 증명 메커니즘은 일부 중요한 속성을 유지하는 데 필요한 CRP(예, CRP가 모든 온도/전압 코너에서 '견고'해야 함)인 기존 PUF 키 생성 개념을 반드시 사용하지는 않는다. 예를 들어 사실상 온도의 가상 증명은 서로 다른 온도 코너에서 CRP에서 발생하는 높은 오류율을 이용해 온도 의존적 CRP(또는 서명)를 얻는다. 이를 통해 검증자나 인증자가 온도 정보를 얻을 수 있다. 이러한 특정을 적용하고자 기본 PUF 조성물은 전통적인 견고한 PUF와 달리 온도에 의해 크게 영향을 받도록 조정될 것이다. 트랜지스터 특징, 논리 셀의 변형과 같은 능동 구성 요소를 활용하면 특정한 새로운 응용 분야를 대상으로 하는 그러한 PUF 설계로 이어질 수 있다.

12.8 실험: 하드웨어 보안 기본 사항(PUF와 TRNG) ▬▬▬

12.8.1 목표

이 실험은 PUF와 TRNG 같은 하드웨어 보안 기본 요소에 대한 노출을 제공하도록 설계됐다.

12.8.2 방법

실험은 두 부분으로 구성되는데, 첫 번째 부분은 PUF의 설계/분석을 다루고 두 번째 부분은 TRNG의 설계/분석을 다루고 있다. 각 부분은 여러 구성 요소로 구성된다. 실험의 모든 부분은 HaHa 플랫폼에서 설계된 것이다. 실험의 첫 번째 부분은 PUF의 설계를 보여준다. SRAM에서 파워 업 상태의 차이점을 활용해 임의의 이진 서명을 생성해 인증이나 암호화키 생성에 사용할 수 있다. 또한 FPGA에서 RO[Ring Oscillators]를 매핑해 RO-PUF 구조를 생성하고 이를 사용해 128비트 키를 생성한다. 다음으로 다양한 작동 전압에서 PUF 응답을 얻고자 HaHa 보드에 내장된 전위차계를 사용해 작동 전압을 변경한다. 실험의 두 번째 부분은 TRNG 생성에 중점을 두는데, 첫 번째 부분에서 FPGA에 매핑된 RO가 물리적으로 대칭이 돼 고품질 TRNG를 생성한다.

12.8.3 학습 결과

실험의 특정 단계를 수행함으로써 강력한 보안 기본 요소를 만들고자 실리콘 디바이스의 시간적 변화뿐만 아니라 본질적인 제조를 활용하는 방법을 배우게 된다. 또한 고유성, 임의성, 견고성 수준과 PUF 및 TRNG의 하드웨어 오버헤드와 같은 이러한 기본 요소의 다양한 속성을 분석하기 위한 기준/프로세스를 학습한다.

12.8.4 고급 옵션

PUF와 TRNG 구조의 수정을 통해 이 주제에 대한 추가 탐색을 수행해 다양한 보안 특성을 향상시킬 수 있다.

실험에 대한 자세한 내용은 보충 문서를 참고하기 바란다.

다음 웹 사이트를 확인해보자. http://hwsecuritybook.org/

12.9 연습문제

12.9.1 True/False 문제

1. 약한 PUF는 CRP 기반 인증 체계를 통해 위조 IC를 탐지하는 데 이상적이다.

2. ECC[Error Correction Code] 체계를 사용해 PUF 응답과 TRNG 출력의 견고성을 향상시킬 수 있다.

3. 링 오실레이터^{RO} PUF는 기본적으로 지연 기반 PUF다.

4. TRNG는 임의의 고유 노이즈나 런타임 노이즈에 의존해야 한다.

5. 시작 동작에 따라 SRAM 배열은 PUF와 TRNG로 사용될 수 있다.

6. 런타임 변동(예, 전원 공급 장치 노이즈, Vdd 변동)은 PUF에는 적합하지만 TRNG 에는 적합하지 않다.

7. CDIR 센서와 같은 DfAC 구조는 IC의 사전 사용을 감지하고자 노화 현상을 이 용한다.

8. PUF의 해밍 거리는 50% 이상이어야 한다.

9. TRNG는 해밍 거리가 50% 이상인 것이 이상적이다.

10. 오실레이터 기반 TRNG에 대한 주파수 주입 공격은 처리량을 줄이지만 엔트 로피는 동일하게 유지된다.

12.9.2 서술형 문제

1. PUF, TRNG와 DfAC의 주요 특성 차이를 간략하게 설명하시오.

2. PUF, TRNG를 평가하는 데 사용되는 품질 지표를 간략하게 설명하시오.

3. 왜 RO-PUF가 전통적인 중재기 PUF에 비해 런타임 노이즈, 노화로 인해 더 잘못된 응답을 생성하는 경향이 있는지 설명하시오.

4. 다음 애플리케이션에 이상적인 보안 기본 요소(강한 PUF, 약한 PUF 또는 TRNG) 를 간략하게 설명하시오.

    (a) 칩 ID 생성
    (b) 인증

(c) 라이선스

(d) 암호화 논스

(e) 현장 AES 암호화/복호화 시스템용 키 생성

5. TRNG와 PRNG의 차이점을 간략하게 설명하시오. 다음 항목에만 관심이 있다면 다음 중 어떤 항목을 고려하겠는가?

(a) 높은 엔트로피

(b) 고속

(c) 낮은 런타임 노이즈

6. 가능한 추측이나 사이드 채널 공격에 취약한 PUF(키 생성에 사용)에 대한 응답의 보안을 강화하는 방법을 설명하시오. 힌트: 하나의 일반적인 기술은 해싱 메커니즘을 사용하는 것이다.

7. PUF와 TRNG가 겪는 주요 과제를 간략하게 설명하시오.

8. 그림 12.3에 나와 있는 기존의 RO-PUF를 고려하시오. 표 12.2에 제시된 초기 주파수와 예측된 자유 주행 주파수를 갖는 8개의 독립적 RO가 포함돼 있다고 가정하자. RO 쌍은 무작위로 선택하거나 '지능형' 페어링을 수행해 작업 시작 시(즉, 시간(t) = 0)에 형성된다. 주어진 PUF 응답 동작은 다음과 같다.

"참($RO_x \geq RO_y$) $\Rightarrow$ 응답 = 0"

(a) RO 쌍이 무작위로 형성된 경우 5년 동안 작동한 후 비트 오류율[BER, Bit Error Rate]은 얼마인가?

(b) 예측된 주파수 열화(노화로 인한)를 고려해 RO 쌍을 형성함으로써 '지능형 페어링'을 수행할 수 있다. 예측된 주파수 저하를 고려해 RO 쌍이 초기에 형성되는 경우 5년 작동 후 최소 BER은 얼마인가?

RO 이름	초기 주파수(F_0)	5년 후 예측 주파수($F_{5년}$)
RO1	5.31MHz	5.27MHz
RO2	5.30MHz	5.24MHz
RO3	5.27MHz	5.23MHz
RO4	5.41MHz	5.35MHz
RO5	5.35MHz	5.30MHz
RO6	5.22MHz	5.19MHz
RO7	5.26MHz	5.22MHz
RO8	5.39MHz	5.36MHz

9. 1Gbps 속도(시스템 클럭 속도)로 128비트 랜덤 키를 생성하는 데 필요한 SSL/TLS 하드웨어 가속기(12.4.4절 참고)를 고려하시오. 그러나 내부의 하드웨어 TRNG는 1,000배 느린 속도로 원시의 랜덤 비트를 생성한다. 필요한 속도로 임의의 출력을 생성할 수 있는 체계를 제공하시오. 간단하게 하고자 키 비트가 병렬로 생성됐다고 가정할 수 있다.

10. 다음 보안 기본 요소를 PUF나 TRNG로 식별하고, 이유를 간단히 설명하시오.

   (a) 그림 12.21(A)는 칩 내 해밍 거리 = 보안 기본 요소 X의 출력의 50%임을 나타낸다. 즉, 동일한 기본 요소/장치의 경우 동일한 환경 조건과 동일한 입력 패턴으로 인한 출력 비트가 평균 50% 달라진다.

   (b) 그림 12.21(B)는 칩 내 해밍 거리 = 동일한 유형 Y의 여러 보안 기본 요소 출력의 50%임을 나타낸다. 즉, 동일한 기본 요소/장치 풀의 경우 서로 다른 인스턴스에 대해 각각의 출력 비트가 평균 50% 정도 다르다.

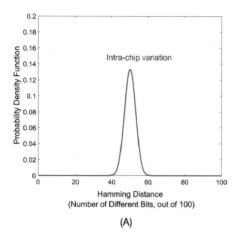 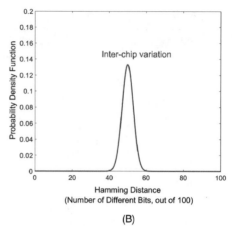

(A)   (B)

▲ 그림 12.21 기본 인스턴스 X(A)와 기본 유형 Y(B)의 해밍 거리

11. 두 가지 유형의 PUF, 즉 'M'과 'N'을 고려하시오. 그들의 내부, 해밍 거리는 그림 12.22에 제시돼 있다. 다음 애플리케이션에 더 적합한 두 PUF 유형을 설명하시오.

(a) 인증

(b) 키 생성

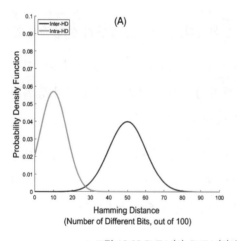 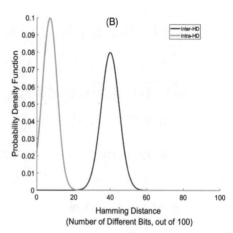

▲ 그림 12.22 PUF M(A), PUF N(B)에 대한 해밍 간 거리와 해밍 거리 범위

참고 문헌

[1]   R. Pappu, B. Recht, J. Taylor, N. Gershenfeld, Physical one-way functions, Science 297 (2002) 2026-2030.

[2]   B. Gassend, D. Clarke, M. Van Dijk, S. Devadas, Silicon physical random functions, in: Proceedings of the 9th ACM Conference on Computer and Communications Security, ACM, pp. 148-160.

[3]   G. Taylor, G. Cox, Behind Intel's new random-number generator, IEEE Spectrum 24 (2011).

[4]   X. Zhang, M. Tehranipoor, Design of on-chip lightweight sensors for effective detection of recycled ICs, IEEE Transactions on Very Large Scale Integration (VLSI) Systems 22 (2014) 1016-1029.

[5]   C.E. Shannon, A mathematical theory of communication, Bell System Technical Journal 27 (1948) 379-423.

[6]   K.J. Kuhn, M.D. Giles, D. Becher, P. Kolar, A. Kornfeld, R. Kotlyar, S.T. Ma, A. Maheshwari, S. Mudanai, Process technology variation, IEEE Transactions on Electron Devices 58 (2011) 2197-2208.

[7]   F. Rahman, A.P.D. Nath, D. Forte, S. Bhunia, M. Tehranipoor, Nano CMOS logic-based security primitive design, in: Security Opportunities in Nano Devices and Emerging Technologies, CRC Press, 2017, pp. 41-60.

[8]   R. Kumar, Interconnect and noise immunity design for the Pentium 4 processor, in: Proceedings of the 40th Annual Design Automation Conference, ACM, pp. 938-943.

[9]   R. Kumar, V. Kursun, Reversed temperature-dependent propagation delay characteristics in nanometer CMOS circuits, IEEE Transactions on Circuits and Systems II: Express Briefs 53 (2006) 1078-1082.

[10] S. Zafar, Y. Kim, V. Narayanan, C. Cabral, V. Paruchuri, B. Doris, J. Stathis, A. Callegari, M. Chudzik, A comparative study of NBTI and PBTI (charge trapping) in SiO2/HfO2 stacks with FUSI, TiN, Re Gates, in: VLSI Technology, 2006. Digest of Technical Papers. 2006 Symposium on, IEEE, pp. 23-25.

[11] D. Saha, D. Varghese, S. Mahapatra, On the generation and recovery of hot carrier induced interface traps: a critical examination of the 2D RD model, IEEE Electron Device Letters 27 (2006) 188–190.

[12] F. Rahman, D. Forte, M.M. Tehranipoor, Reliability vs. security: challenges and opportunities for developing reliable and secure integrated circuits, in: Reliability Physics Symposium (IRPS), 2016 IEEE International, IEEE, pp. 4C-6.

[13] C. Herder, M.-D. Yu, F. Koushanfar, S. Devadas, Physical unclonable functions and applications: a tutorial, Proceedings of the IEEE 102 (2014) 1126–1141.

[14] U. Rührmair, S. Devadas, F. Koushanfar, Security based on physical unclonability and disorder, in: Introduction to Hardware Security and Trust, Springer, 2012, pp. 65–102.

[15] C. Böhm, M. Hofer, Physical Unclonable Functions in Theory and Practice, Springer Science & Business Media, 2012.

[16] B.L.P. Gassend, Physical random functions, Ph.D. thesis, Massachusetts Institute of Technology, 2003.

[17] J. Guajardo, S.S. Kumar, G.-J. Schrijen, P. Tuyls, FPGA intrinsic PUFs and their use for IP protection, in: International Workshop on Cryptographic Hardware and Embedded Systems, Springer, pp. 63–80.

[18] U. Rührmair, H. Busch, S. Katzenbeisser, Strong PUFs: models, constructions, and security proofs, in: Towards Hardware-Intrinsic Security, Springer, 2010, pp. 79–96.

[19] A. Maiti, V. Gunreddy, P. Schaumont, A systematic method to evaluate and compare the performance of physical unclonable functions, in: Embedded Systems Design with FPGAs, Springer, 2013, pp. 245–267.

[20] A. Rukhin, J. Soto, J. Nechvatal, M. Smid, E. Barker, A statistical test suite for random and pseudorandom number generators for cryptographic applications, Technical Report, DTIC Document, 2001.

[21] Marsaglia, Diehard: a battery of tests of randomness, See http://stat.fsu.edu/geo/diehard.html, 1996.

[22] G.E. Suh, S. Devadas, Physical unclonable functions for device authentication and

secret key generation, in: Proceedings of the 44th Annual Design Automation Conference, ACM, pp. 9-14.

[23] D.E. Holcomb, W.P. Burleson, K. Fu, Power-Up SRAM state as an identifying fingerprint and source of true random numbers, IEEE Transactions on Computers 58 (2009) 1198-1210.

[24] A. Wild, T. Güneysu, Enabling SRAM-PUFs on Xilinx FPGAs, in: Field Programmable Logic and Applications (FPL), 2014 24th International Conference on, IEEE, pp. 1-4.

[25] S.S. Kumar, J. Guajardo, R. Maes, G.-J. Schrijen, P. Tuyls, The butterfly PUF protecting IP on every FPGA, in: Hardware-Oriented Security and Trust, 2008. HOST 2008, IEEE International Workshop on, IEEE, pp. 67-70.

[26] M. Majzoobi, F. Koushanfar, M. Potkonjak, Lightweight secure PUFs, in: Computer-Aided Design, 2008. ICCAD 2008. IEEE/ACM International Conference on, IEEE, pp. 670-673.

[27] U. Rührmair, J. Sölter, F. Sehnke, X. Xu, A. Mahmoud, V. Stoyanova, G. Dror, J. Schmidhuber, W. Burleson, S. Devadas, PUF modeling attacks on simulated and silicon data, IEEE Transactions on Information Forensics and Security 8 (2013) 1876-1891.

[28] Q. Chen, G. Csaba, P. Lugli, U. Schlichtmann, U. Rührmair, The bistable ring PUF: a new architecture for strong physical unclonable functions, in: Hardware-Oriented Security and Trust (HOST), 2011 IEEE International Symposium on, IEEE, pp. 134-141.

[29] U. Rührmair, J. Martinez-Hurtado, X. Xu, C. Kraeh, C. Hilgers, D. Kononchuk, J.J. Finley, W.P. Burleson, Virtual proofs of reality and their physical implementation, in: Security and Privacy (SP), 2015 IEEE Symposium on, IEEE, pp. 70-85.

[30] Y. Alkabani, F. Koushanfar, Active hardware metering for intellectual property protection and security, in: USENIX Security, Boston MA, USA, pp. 291-306.

[31] B. Sunar, W.J. Martin, D.R. Stinson, A provably secure true random number generator with built-in tolerance to active attacks, IEEE Transactions on Computers 56 (2007).

[32] M. Stipčević, Ç.K. Koç, True random number generators, in: Open Problems in Mathematics and Computational Science, Springer, 2014, pp. 275–315.

[33] B. Sunar, True random number generators for cryptography, in: Cryptographic Engineering, Springer, 2009, pp. 55–73.

[34] J. Von Neumann, 13. Various techniques used in connection with random digits, Applied Mathematics Series 12 (1951) 3.

[35] B. Preneel, Analysis and design of cryptographic hash functions, Ph.D. thesis, Citeseer, 1993.

[36] M.T. Rahman, K. Xiao, D. Forte, X. Zhang, J. Shi, M. Tehranipoor, TI-TRNG: technology independent true random number generator, in: Proceedings of the 51st Annual Design Automation Conference, ACM, pp. 1–6.

[37] T. Amaki, M. Hashimoto, T. Onoye, An oscillator-based true random number generator with jitter amplifier, in: Circuits and Systems (ISCAS), 2011 IEEE International Symposium on, IEEE, pp. 725–728.

[38] T. Amaki, M. Hashimoto, Y. Mitsuyama, T. Onoye, A worst-case-aware design methodology for noise-tolerant oscillator-based true random number generator with stochastic behavior modeling, IEEE Transactions on Information Forensics and Security 8 (2013) 1331–1342.

[39] B. Jun, P. Kocher, The Intel random number generator, Cryptography Research Inc., 1999, white paper.

[40] N. Stefanou, S.R. Sonkusale, High speed array of oscillator-based truly binary random number generators, in: Circuits and Systems, 2004. ISCAS'04, in: Proceedings of the 2004 International Symposium on, vol. 1, IEEE, pp. I–505.

[41] S.-H. Kwok, Y.-L. Ee, G. Chew, K. Zheng, K. Khoo, C.-H. Tan, A comparison of post-processing techniques for bi- ased random number generators, in: IFIP International Workshop on Information Security Theory and Practices, Springer, pp. 175–190.

[42] L.R. Knudsen, Block Ciphers, in: Encyclopedia of Cryptography and Security, Springer, 2014, pp. 153–157.

574

[43]   Sun crypto accelerator 6000: FIPS 140-2 non-proprietary security policy - Sun
        Microsystems, http://www.oracle.com/technetwork/topics/security/140sp1050-
        60928.pdf. (Accessed August 2018).

[44]   M.M. Tehranipoor, U. Guin, D. Forte, Counterfeit integrated circuits, in: Counterfeit
        Integrated Circuits, Springer, 2015, pp. 15-36.

[45]   X. Zhang, N. Tuzzio, M. Tehranipoor, Identification of recovered ICs using
        fingerprints from a light-weight on-chip sensor, in: Proceedings of the 49th Annual
        Design Automation Conference, ACM, pp. 703-708.

[46]   U. Guin, X. Zhang, D. Forte, M. Tehranipoor, Low-cost on-chip structures for
        combating die and IC recycling, in: Proceedings of the 51st Annual Design
        Automation Conference, ACM, pp. 1-6.

[47]   D. Lim, J.W. Lee, B. Gassend, G.E. Suh, M. Van Dijk, S. Devadas, Extracting secret
        keys from integrated circuits, IEEE Transactions on Very Large Scale Integration
        (VLSI) Systems 13 (2005) 1200-1205.

[48]   G. Hospodar, R. Maes, I. Verbauwhede, Machine learning attacks on 65nm Arbiter
        PUFs: accurate modeling poses strict bounds on usability, in: Information Forensics
        and Security (WIFS), 2012 IEEE International Workshop on, IEEE, pp. 37-42.

[49]   M.T. Rahman, F. Rahman, D. Forte, M. Tehranipoor, An aging-resistant RO-PUF for
        reliable key generation, IEEE Transactions on Emerging Topics in Computing 4
        (2016) 335-348.

[50]   M.-D.M. Yu, S. Devadas, Secure and robust error correction for physical unclonable
        functions, IEEE Design & Test of Computers 27 (2010) 48-65.

[51]   C.-E. Yin, G. Qu, Temperature-aware cooperative ring oscillator PUF, in: Hardware-
        riented Security and Trust, 2009. HOST'09, IEEE International Workshop on, IEEE,
        pp. 36-42.

[52]   M.T. Rahman, D. Forte, F. Rahman, M. Tehranipoor, A pair selection algorithm for
        robust RO-PUF against environmental variations and aging, in: Computer Design
        (ICCD), 2015 33rd IEEE International Conference on, IEEE, pp. 415-418.

[53]   C. Helfmeier, C. Boit, D. Nedospasov, J.-P. Seifert, Cloning physically unclonable

functions, in: Hardware–Oriented Security and Trust (HOST), 2013 IEEE International Symposium on, IEEE, pp. 1–6.

[54] A.T. Markettos, S.W. Moore, The frequency injection attack on ring–oscillator–based true random number generators, in: Cryptographic Hardware and Embedded Systems–CHES 2009, Springer, 2009, pp. 317–331.

[55] P. Bayon, L. Bossuet, A. Aubert, V. Fischer, F. Poucheret, B. Robisson, P. Maurine, Contactless electromagnetic active attack on ring oscillator based true random number generator, in: International Workshop on Constructive Side–Channel Analysis and Secure Design, Springer, pp. 151–166.

[56] D. Schellekens, B. Preneel, I. Verbauwhede, FPGA vendor agnostic true random number generator, in: Field Programmable Logic and Applications, 2006. FPL'06. International Conference on, IEEE, pp. 1–6.

[57] S. Robson, B. Leung, G. Gong, Truly random number generator based on a ring oscillator utilizing last passage time, IEEE Transactions on Circuits and Systems II: Express Briefs 61 (2014) 937–941.

[58] A. Chen, Emerging nonvolatile memory (NVM) technologies, in: Solid State Device Research Conference (ESSDERC), 2015 45th European, IEEE, pp. 109–113.

[59] F. Rahman, A.P.D. Nath, S. Bhunia, D. Forte, M. Tehranipoor, Composition of physical unclonable functions: from device to architecture, in: Security Opportunities in Nano Devices and Emerging Technologies, CRC Press, 2017, pp. 177–196.

[60] H.-S.P. Wong, S. Raoux, S. Kim, J. Liang, J.P. Reifenberg, B. Rajendran, M. Asheghi, K.E. Goodson, Phase change memory, Proceedings of the IEEE 98 (2010) 2201–2227.

[61] W. Zhang, T. Li, Characterizing and mitigating the impact of process variations on phase change based memory systems, in: Proceedings of the 42nd Annual IEEE/ACM International Symposium on Microarchitecture, ACM, pp. 2–13.

[62] L. Zhang, Z.H. Kong, C.-H. Chang, PCKGen: a phase change memory based cryptographic key generator, in: Circuits and Systems (ISCAS), 2013 IEEE International Symposium on, IEEE, pp. 1444–1447.

[63] L. Zhang, Z.H. Kong, C.-H. Chang, A. Cabrini, G. Torelli, Exploiting process

variations and programming sensitivity of phase change memory for reconfigurable physical unclonable functions, IEEE Transactions on Information Forensics and Security 9 (2014) 921–932.

[64] K. Kursawe, A.-R. Sadeghi, D. Schellekens, B. Skoric, P. Tuyls, Reconfigurable physical unclonable functions-enabling technology for tamper-resistant storage, in: Hardware-Oriented Security and Trust, 2009. HOST'09, IEEE International Workshop on, IEEE, pp. 22–29.

[65] G.S. Rose, N. McDonald, L.-K. Yan, B. Wysocki, A write-time based memristive PUF for hardware security applications, in: Proceedings of the International Conference on Computer-Aided Design, IEEE Press, pp. 830–833.

[66] R. Liu, H. Wu, Y. Pang, H. Qian, S. Yu, A highly reliable and tamper-resistant RRAM PUF: design and experimental validation, in: Hardware Oriented Security and Trust (HOST), 2016 IEEE International Symposium on, IEEE, pp. 13–18.

[67] J.S. Meena, S.M. Sze, U. Chand, T.-Y. Tseng, Overview of emerging nonvolatile memory technologies, Nanoscale Research Letters 9 (2014) 526.

[68] L. Zhang, X. Fong, C.-H. Chang, Z.H. Kong, K. Roy, Highly reliable memory-based Physical Unclonable Function us- ing Spin-Transfer Torque MRAM, in: Circuits and Systems (ISCAS), 2014 IEEE International Symposium on, IEEE, pp. 2169–2172.

[69] J. Das, K. Scott, S. Rajaram, D. Burgett, S. Bhanja, MRAM PUF: a novel geometry based magnetic PUF with integrated CMOS, IEEE Transactions on Nanotechnology 14 (2015) 436–443.

[70] S. Ghosh, Spintronics and security: prospects, vulnerabilities, attack models, and preventions, Proceedings of the IEEE 104 (2016) 1864–1893.

13

보안, 신뢰성 평가, 보안 설계

13.1 소개

정보 기술이 등장하고 우리 일상에서의 역할이 중대해지면서 어느 때보다 사이버 공격의 위협이 증가하고 있다. 많은 보안 시스템과 장치, 예를 들어 국방, 항공, 자동차, 운송, 금융, 의료와 같이 높은 보증assurance 수준을 갖는 시스템은 매우 중요한 보안 요구 사항을 갖고 있다. 해당 시스템의 보안이 무너지면 인간의 삶과 환경을 매우 위험하게 만들 수 있으며, 중요한 인프라에 심각한 피해를 입히고, 개인 정보의 노출은 물론 해당 분야의 사업 기능을 약화시킬 수 있기 때문이다. 인터넷을 통해 신용카드로 가격을 지불하는 시스템이 실제보다 취약하다는 인식조차도 경제 발전을 크게 저해시킬 수 있다. 과거에는 자원에 대한 침입이나 자원을 무단으로 사용하는 것에 소프트웨어로 대응하는 방법이 큰 관심을 받았다. 바이러스 백신, 방화벽, 가상화, 암호화 소프트웨어, 보안 프로토콜 등의 보안 기술은 시스템의 보안을 강화하고자 개발됐다.

1980년대 이래로 소프트웨어 개발자와 해커 사이의 보안 전쟁이 일어나는 동안 하드웨어는 일반적으로 안전하고 보안에 강하다고 인식돼 왔다. 하지만 지난 십년 동안 보안에 대한 전쟁은 하드웨어 영역으로까지 확장됐으며, 어떤 영역에서는 소프트웨어보다 하드웨어에 대한 공격이 더욱 효율적이고 효과적인 것으로 나타났다. 예를 들어 암호 알고리즘은 계속해서 발전해 수학적으로 파괴하기가 매우 어렵지만 구현에 대한 공격은 종종 그렇게까지 어렵지 않은 것으로 알려졌다. 타이밍 분석 공격, 전력 분석 공격, DFT 구조에 대한 익스플로잇 공격, 결함 주입 공격 등을 통해 암호 시스템, 시스템 온칩과 마이크로프로세서 회로가 손상될 수 있음이 입증됐다. 이러한 공격들은 소프트웨어 레벨에서의 보안 메커니즘을 효과적으로 통과할 수 있고 장치나 시스템을 위험한 상태로 만들 수 있다. 이러한 하드웨어 기반 공격은 하드웨어 설계상의 취약점 악용을 목표로 하는데, 하드웨어 취약점은 IC 설계 과정에서 의도적으로 또는 의도치 않게 주입된 것들이다.

IC 칩의 많은 보안 취약점은 설계상의 오류나 설계자의 보안 취약점에 대한 이해의 부족에서 의도치 않게 생겨난다. 게다가 요즘의 CAD 도구들은 IC 칩에서의 보안 취약점에 대한 이해 능력이 없다. 따라서 도구에서 또 다른 취약점을 회로에 추가할 수도 있다. 이러한 취약점들은 결함 주입이나 사이드 채널 기반 공격과 같은 보안 공격이 더욱 쉽게 수행될 수 있게 한다. 또한 그런 취약점은 눈에 띌 만한 부분에서 민감한 정보가 새어나갈 수 있게 할 수 있는데, 공격자가 접근할 수 있거나 제어할 수 있는 비인가 접근 권한이나 보안 시스템에 영향을 줄 수 있다.

취약점은 일반적으로 하드웨어 트로이목마나 백도어라고 불리는 악의적인 수정 형태로 IC에 의도적으로 주입될 수 있다[8]. 시장 진입 시간 단축으로 인해 디자인 하우스는 외부 업체(서드파티자)에 의존해 IP 조달을 점차 늘리고 있다. 또한 IC 제조비용이 날로 증가함에 따라 디자인 하우스는 IC 제조, 테스트, 패키징 작업을 신뢰할 수 없는 공장에 의존한다. 이러한 신뢰할 수 없는 타사 IP 소유자나 공장은 설계 과정에서 중요한 정보를 빼돌리고 다른 공격(예, 서비스 거부, 안정성 저하)도

가능하게 할 수 있는 백도어를 만들고자 하드웨어 트로이목마를 삽입할 수 있다.

하드웨어 설계와 검증 과정에서 보안 취약점을 식별하고 가능한 한 조기에 해결해야 하는 이유는 다음과 같다. 1) 사후 IC의 변경이나 업데이트에 유연성이 거의 없다. 2) 설계와 제조 프로세스 중에 나중 단계에서 발견된 취약점을 수정하는 비용은 잘 알려진 규칙 10에 따라 현저히 높다(결함이 있는 IC를 감지하는 비용은 설계 흐름의 각 단계를 진행함에 따라 크기가 1만큼 증가한다). 또한 IC가 현장에 있을 때 제조 후에 취약점이 발견되면 회사는 손실된 매출, 교체 비용으로 수백만 달러의 손실을 초래할 수 있다.

하드웨어 설계에 대한 지식만으로는 보안 위협에 대비하기에 충분하지 않다. 일련의 대응책이나 기법이 각 취약점에 대해 악의적인 공격을 막는 데 필요하다. 대응책의 개발은 비용, 성능과 출시 시간 제약 조건을 충족시켜야 하며 일정 수준의 보호를 보장해야 하기 때문에 까다로운 작업이다.

13장에서는 하드웨어 설계의 잠재적인 취약점을 식별할 수 있는 프리실리콘과 포스트실리콘 보안, 신뢰도 평가 기술을 설명하고, 하드웨어 설계의 잠재적인 취약점을 해결하기 위한 설계상의 보안 기술도 설명한다.

13.2 보안 자산과 공격 모델

안전한 집적 회로[IC]를 만들고자 설계자는 보호해야 할 '자산'이 무엇인지 결정하고 발생 가능한 공격을 조사해야 한다. 또한 IC 설계자는 집적 회로 설계 공급망에서의 플레이어(공격자와 수비수)와 그들의 역할을 이해해야 한다. 세 가지 기본적인 보안 요소(보안 자산, 잠재적인 적과 잠재적인 공격)는 집적 회로에서의 보안 평가와 대응책에 관련돼 있으며, 다음에 설명돼 있다.

13.2.1 자산

[11]에서 정의된 바와 같이 자산은 적에게서 보호할 가치가 있는 자원이다. 자산은 회로 설계의 신호와 같은 보이는 유형의 객체일 수도 있고 신호의 제어 가능성과 같은 무형 자산일 수도 있다. SoC에서 보호해야 하는 자산의 예는 다음[12]에 나열 돼 있다(그림 13.1 참고).

- **장치 키, 즉 암호화 알고리즘의 개인키:** 이러한 자산은 비휘발성 메모리 형태로 칩에 저장된다. 이 부분이 파기되면^{breached}, 장치의 기밀성이 훼손된다.
- **제조업체 펌웨어, 로우레벨 프로그램 명령, 독점 펌웨어:** 이러한 자산은 원래 제조사에 대한 지적 재산권 가치가 있으며, 이러한 자산을 손상시키면 공격자가 유사한 기능을 가진 다른 장치에서 장치를 위조하거나 해적판 펌웨어를 사용할 수 있다.
- **사용자의 개인 정보와 미터 판독과 같은 장치 보호 데이터:** 공격자는 이러한 자산을 훔쳐 다른 사람의 개인 정보를 침해할 수 있고, 미터 판독 값처럼 이러한 자산을 조작할 수 있다.
- **구성 데이터와 같은 장치 구성:** 특정 사용자가 사용할 수 있는 자원과 서비스를 결정한다. 공격자는 이러한 자산에 무단으로 접근하고자 이러한 자산을 조작할 수 있다.
- **엔트로피:** 암호화 기본 요소(예, 벡터 또는 암호키 생성 초기화)에 대해 생성된 난수도 포함된다. 이러한 자산에 대한 공격이 성공하면 장치의 암호화 강도를 약화시킨다.

보안 자산은 하드웨어 설계자에게는 설계의 목표 사양을 기반으로 인식된다. 예를 들어 설계자는 암호화 모듈이 사용하는 개인 암호화키와 SoC에서 해당 키의 위치를 알고 있다. SoC에서 다양한 유형의 자산과 위치가 그림 13.1에 나와 있다.

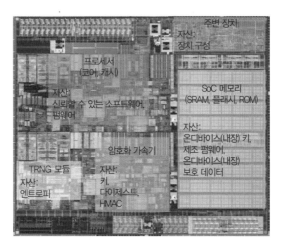

▲ 그림 13.1 SoC에서의 자산 예시

13.2.2 자산에 대한 잠재적 접근

일반적으로 공격의 목적은 자산에 대한 무단 접근을 가능하게 하는 것이다. 공격자의 능력에 따라 전형적으로 네 가지 유형의 공격이 있으며 원격 공격, 비침투형 물리적 공격, 반침투형 물리적 공격과 물리적 공격이 있다.

원격 공격: 이 경우 공격자는 장치에 물리적으로 접근할 수 없다. 공격자는 타이밍[1], 전자기[13] 사이드 채널 공격을 수행해 클라우드 시스템에 사용되는 스마트카드나 마이크로프로세서와 같은 장치에서 개인키를 원격으로 추출할 수 있다. 또한 공격자가 JTAG 포트에 원격으로 접근할 수 있고, 셋톱박스의 스마트카드에 저장된 비밀키를 손상시킬 수 있음이 입증됐다[14].

또한 칩의 스캔 구조에 원격으로 접근할 수도 있다. 예를 들어 자동차 애플리케이션에서 브레이크, 파워 트레인, 에어백과 같은 여러 중요한 기능을 제어하는 SoC는 차량을 끄거나 켤 때마다 '테스트 모드'로 전환된다. 이 키 온/오프 테스트는 모든 드라이브가 작동하기 전에 중요한 시스템을 테스트하고 올바르게 작동하는지 확인한다. 그러나 현대의 자동차는 도로변 지원 담당자와 같은 신뢰할 수 있는 당사자나 악의적인 사용자에 의해 원격으로 켜거나 끌 수 있다(최근 뉴스[15] 참고). 원격으로 자동차를 켜거나 끄면 SoC의 테스트 모드에 접근할 수 있으며, 이 모드를 사용해 온칩 메모리에서 정보를 얻거나 원치 않는 기능을 추가할 수 있다.

원격 공격에는 버퍼 오버플로^{overflow}, 정수 오버플로, 힙 손상, 형식 문자열, 글로빙 globbing과 같은 물리적 접근을 요구하지 않고 하드웨어 약점을 이용하는 공격도 포함된다.

비침투형 물리적 공격: 기본적인 비침투형 물리적 공격은 주요 입력과 출력을 사용해 설계상의 보안 취약점을 악용하고 중요한 정보를 얻는 것이다. 또한 좀 더 진보된 공격은 JTAG 디버그, 바운더리 스캔 I/O, DFT 구조를 사용해 시스템 중간 상태나 스누프 버스 라인과 시스템 신호를 모니터링하거나 제어한다[4]. 다른 비침투형 물리적 공격은 암호 알고리즘 계산 중 오류를 유발하고자 오류를 주입하고 오류 결과를 활용해 자산(예, AES 암호화용 개인키)을 추출한다. 마지막으로 전원 SCA나 EM SCA와 같은 사이드 채널 공격^{SCA, Side-Channel Attack}은 비침투형 물리적 공격 범주에 속한다. 비침투형 공격은 대개 낮은 예산이 필요하며, 공격을 받고 있는 장치를 파괴하지 않는다.

침투형 물리적 공격: 이러한 공격은 가장 정교하고 높은 비용이 드는 공격이며, 고급 기술과 장비가 필요하다. 전형적인 침투형 물리적 공격에서 전자 칩 다이의 마이크로미터 두께의 얇은 층을 물리적으로 제거하고자 화학 공정이나 정밀 장비가 사용될 수 있다. 그런 다음 마이크로프로브를 사용해 데이터 버스의 값을 읽거나 장치의 내부 네트워크에 오류를 주입해 특정 부품을 활성화하고 정보를 추출할 수 있다. 이러한 공격은 일반적으로 장치가 파괴되는 결과를 수반한다.

반침투형 물리적 공격: 반침투형 공격은 비침투형 공격과 침투형 공격 사이에 있다. 이러한 공격은 비침투형 공격보다 효과적이지만 침투형 물리적 공격보다 훨씬 저렴한 비용으로 수행할 수 있기 때문에 더 큰 위협이 될 수 있다. 반침투형 물리적 공격은 일반적으로 칩을 부분적으로 패키징을 벗겨 내거나 표면에 접근하고자 뒷면을 얇게 해야 한다. 침투형 공격과 달리 반침투형 공격은 칩의 내부 레이어를 완전히 제거할 필요가 없다. 이러한 공격에는 SRAM 셀 내용을 수정하고자 결함을 주입하거나 CMOS 트랜지스터의 상태를 변경해 칩의 동작을 제어하거나 보호 메커니즘을 우회하는 방법이 있다[17].

13.2.3 잠재적인 적

공격을 수행하고자 보안 취약점을 이용하는 잠재적인 적들을 이해하는 것은 중요한 일인데, 이를 통해 설계자는 공격자의 능력을 파악하고 그들의 정체와 작전에 따라 올바른 대응책을 선택할 수 있기 때문이다. 적들은 접근 권한이 없는 자산을 획득, 파손, 분열시키려는 개인이나 조직일 수 있다. 집적 회로 설계 과정과 그에 포함된 엔티티를 고려할 때 적들은 내부자와 외부인으로 분류될 수 있다. 그림 13.2는 SoC 설계 프로세스의 여러 단계에서 발생할 수 있는 잠재적인 적을 보여준다.

내부자: 현재 집적 회로의 설계와 제조는 더욱 정교해지고 전 세계적으로 분산돼 이뤄진다. 이러한 변화는 설계의 세부 사항을 이해하는 내부자에 의한 공격 가능성을 높이고 있다. 내부자는 디자인 하우스와 시스템 통합업체에서 일하는 불량 직원이거나 신뢰할 수 없는 3PIP 또는 파운드리가 될 수 있다. 일반적으로 내부자는 다음과 같다.

- RTL 또는 게이트 레벨 넷리스트 또는 GDSII 레이아웃 파일로 SoC 설계에 직접 접근할 수 있다.
- IC 설계와 공급망에 대한 높은 기술적 지식을 보유하고 있다.
- 하드웨어 트로이목마 삽입과 같이 설계 부분을 변경할 수 있는 능력이 있다[8, 18]. 이 하드웨어 트로이목마는 서비스 거부를 야기하거나 민감한 정보가 유출될 수 있는 백도어를 설계 과정에서 만들 수 있다. 다른 가능한

내부자 공격에는 회로 매개변수와 자산 유출을 조작해 회로의 신뢰성을 감소시키는 방법도 있다.

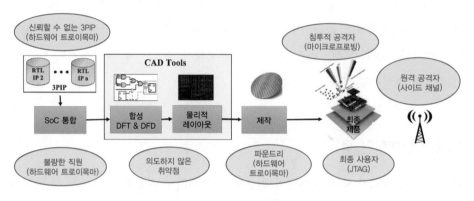

▲ 그림 13.2 SoC 설계 과정의 여러 단계에서 잠재적인 적

외부인: 해당 공격자 타입은 패키지된 IC와 같이 시장에서 최종 제품에 접근할 수 있다고 가정한다. 외부인 공격자는 능력에 따라 세 그룹으로 나눌 수 있다.

- **원격 해커:** 이 공격자는 장치에 물리적으로 접근할 수 없다. 공격 전략을 개발하고자 유사한 장치에 물리적으로 접근할 수는 있지만 13.2.2절에서 설명하는 원격 공격을 사용해야 한다. 이러한 공격자는 일반적으로 소프트웨어/하드웨어 취약점, 사용자 오류와 설계 버그를 악용해 자산에 접근한다. 원격 해커는 취미로 공격을 하는 공격자부터 주정부가 후원하는 공격자까지 다양한 범위의 공격자를 포함한다.

- **최종 사용자:** 이 공격자 그룹은 일반적으로 콘텐츠와 서비스에 무료로 접근하는 것을 목표로 한다. 이 경우 호기심이 많은 최종 사용자는 전문 공격자(때로는 익스플로잇 키트로 제공됨)가 이미 개발한 기술을 사용해 공격을 수행할 수 있다. 예를 들어 일부 애호가는 아이폰이나 Xbox 게임 콘솔을 탈옥시킬 수 있는 방법을 찾고 소셜 미디어에 절차를 게시해 전문성이 훨씬 낮은 최종 사용자가 프로세스를 복제할 수 있게 할 수 있다. 탈옥^{Jailbreaking}

은 사용자가 탈옥 프로그램을 설치하고 애플이나 마이크로소프트와 같은 회사가 이익을 잃게 만든다.

- **침투형 공격자:** 이 공격자는 보안 전문가로, 일반적으로 국가나 업계의 경쟁 업체가 후원한다. 그들의 동기는 재정적인 이유나 정치적인 이유에 의해 좌우되며, 13.2.2절에서 설명하는 좀 더 비싼 침입, 반침투형 공격을 실행할 수 있다.

내부자는 외부인과 비교해 설계 단계에서 취약점을 쉽게 삽입하거나 악용할 수 있다. 공격을 수행하려는 외부인에게 있어 주요 난제는 설계의 내부 기능이 공격자에게 항상 알려지지 않을 수 있다는 것이다. 리버스 엔지니어링으로 외부인도 칩의 기능을 알아낼 수 있지만, 이 기술은 광범위한 리소스와 시간을 필요로 한다.

다음 절에서는 하드웨어 설계의 잠재적 취약점을 식별하기 위한 프리실리콘, 포스트실리콘 보안과 신뢰 검증 기술을 설명한다.

13.3 SoC의 프리실리콘 보안과 신뢰성 검증

하드웨어 설계에서 보안과 신뢰 문제를 평가하고자 칩을 제작하기 전에 설계 단계에서 다양한 보안, 신뢰도 평가 기법이 사용된다. 이 절에서는 DSeRC^{Design Security} Rule Check 프레임워크에 중점을 두고 하드웨어 설계의 여러 취약점을 분석하고, 설계 단계에서의 보안 문제를 평가한다.

13.3.1 DSeRC: 설계 보안 규칙 점검

IC와 관련된 취약점을 식별하고 평가하고자 DSeRC 프레임워크를 그림 13.3과 같이 일반적인 디지털 IC 설계 과정에 통합할 수 있다. DSeRC 프레임워크는 설계 파일, 제약 조건, 사용자 입력 데이터를 읽고 모든 추상화 레벨(RTL, 게이트 레벨과 물리적 레이아웃 레벨)에서 취약점을 확인한다. 각 취약점은 일련의 규칙과 측정 기준과 연결되므로 각 설계상의 보안을 정량적으로 측정할 수 있다. RTL 추상화 레벨에서 DSeRC 프레임워크는 사내에서 개발됐거나 서드파티에서 조달된 IP의 보안을 평가하고, 설계 엔지니어에게 피드백을 제공해 식별된 보안 문제를 해결할 수 있다. RTL에서 보안 취약점을 해결한 후 설계는 DFT^{Design-For-Test}, DFD^{Design- For-Debug} 구조가 삽입된 게이트 수준으로 합성된다. 그런 다음 DSeRC 프레임워크는 보안 취약점에 대한 게이트 수준의 넷리스트를 분석하고, 동일한 프로세스를 실제 레이아웃 설계에 적용한다. 이 프로세스를 통해 DSeRC 프레임워크를 사용하면 설계자는 가능한 가장 빠른 설계 단계에서 보안 취약점을 식별하고 해결할 수 있다. 이를 통해 IC의 보안이 크게 향상되고 시장 출시 시간제한을 낮춤으로써 개발 시간과 비용을 크게 줄일 수 있고, 또한 설계자는 DSeRC 프레임워크를 사용해 동일한 설계의 여러 구현을 정량적으로 비교할 수 있으므로 보안을 손상시키지 않고 성능을 최적화할 수 있다. 그러나 DSeRC 프레임워크에는 설계자가 정의한 입력이 필요한데, 예를 들어 보안 자산은 하드웨어 설계자가 지정된 설계의 목표 사양에 따라 지정해야 한다. 추상화 레벨에서 SoC에 대한 보안 평가를 수행하는 모든 기술은 앞에 설명한 DSeRC 개념에 해당한다.

DSeRC 프레임워크는 (i) 취약점 목록, (ii) 취약점을 정량적으로 평가하는 측정 기준과 규칙, (iii) 자동 보안 평가용 CAD 도구의 세 가지 구성 요소로 구성된다.

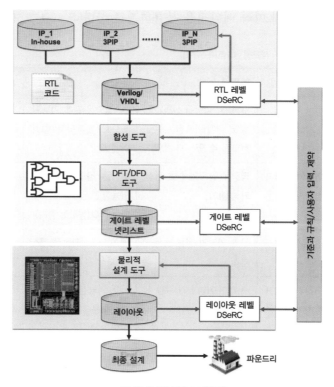

▲ 그림 13.3 DSeRC 프레임워크

13.3.1.1 취약점

SoC의 취약점은 약점을 의미하며 공격자가 공격을 수행해 자산에 접근하고 악용할 수 있게 한다. DSeRC 프레임워크를 개발하려면 각 취약점을 효율적으로 식별할 수 있도록 하나 또는 여러 개의 적절한 추상화 레벨에 할당해야 한다. 일반적으로 IC 설계는 사양, RTL 설계, 게이트 레벨 설계, 마지막으로 물리적 레이아웃 설계 과정을 거친다. DSeRC 프레임워크는 이러한 설계 과정 중에 가능한 한 조기에 취약점을 식별하는 것을 목표로 하는데, 시기가 늦어진 평가는 긴 개발 주기와 높은 설계비용으로 이어질 수 있기 때문이다. 또한 한 단계에서 취약점을 해결하지 않으면 그 단계에서 다음 단계로 넘어갈 때 또 다른 취약점이 추가될 수 있다. 이 절에서는 추상화 레벨에 따라 취약점을 분류하기로 한다(표 13.1 참고).

▼ 표 13.1 DSeRC에 포함된 취약점, 메트릭, 규칙

	취약점	메트릭	규칙	공격(공격자)
RTL 레벨	위험한 무관심	모든 'X' 할당을 식별하고 'X'가 관찰 가능한 노드로 전파될 수 있는지 확인	'X' 할당은 관찰 가능한 노드로 전파되지 않아야 한다.	하드웨어 트로이목마 삽입(내부자)
	제어하기 어렵고 관찰하기 어려운 신호	명령문 경도와 신호 관찰 가능성[21]	명령문 경도(신호 관찰 가능성)는 임곗값보다 낮아야 한다(높아야 한다).	하드웨어 트로이목마 삽입(내부자)
	자산 유출	구조 확인과 정보 흐름 추적	예/아니오: 자산 액세스나 자산 관찰	자산 해킹(최종 사용자)
Gate 레벨	제어하기 어렵고 관찰하기 어려운 넷리스트	순 제어 가능성과 관찰 가능성[22]	제어 가능성과 관찰 가능성은 임곗값보다 높아야 한다.	하드웨어 트로이목마 삽입(내부자)
	Vulnerable FSM(유한 상태 머신)	결함 주입의 취약성 요소(VF_{FI})와 트로이목마 삽입의 취약성 요소(VF_{Tro})[7]	VF_{FI}와 VF_{Tro}는 0이어야 한다.	결함 주입, 하드웨어 트로이목마(내부자, 최종 사용자)
	자산 유출	기밀성과 무결성 평가[24, 25]	예/아니오: 자산 액세스나 자산 관찰	자산 해킹(최종 사용자)
	테스트를 고려한 설계(DFT)	기밀성과 무결성 평가[24, 25]	예/아니오: 자산 액세스나 자산 관찰	자산 해킹(최종 사용자)
	디버그용 설계 (DFD)	기밀성과 무결성 평가[24, 25]	예/아니오: 자산 액세스나 자산 관찰	자산 해킹(최종 사용자)
Layout 레벨	사이드 채널 신호	사이드 채널 취약성 요인 (SVF) [26]	SVF는 임곗값보다 낮아야 한다.	사이드 채널 공격 (최종 사용자)
	마이크로프로빙	마이크로프로빙 공격에 취약한 보안에 중대한 네트워크의 노출 영역[23]	노출 영역은 임곗값보다 낮아야 한다.	마이크로프로빙 공격(전문 공격자)

(이어짐)

주입 가능한 오류/에러	타이밍 위반 취약성 요인 (TVVF)[27]	임곗값보다 높은 TVVF는 구현이 안전하지 않음을 의미한다.	타이밍 기반 오류 주입 공격(최종 사용자)

RTL[Register-Transfer Level]: 설계에서의 RTL 추상화를 생성하려면 먼저 설계 사양을 하드웨어 기술 언어[HDL, Hardware Description Language](예, Verilog)로 작성한다. RTL에서 발생했던 여러 가지 공격이 문헌에서 논의됐는데, 예를 들어 페른[Fern]과 동료[20]는 RTL 코드의 '신경 쓰지 않는[Don't-care]' 할당은 취약점의 원천으로 활용돼 자산을 누출시키는 하드웨어 트로이목마를 구현할 수 있음을 보여줬다. 또한 RTL에서 하드웨어 트로이목마는 제어하기 어렵고 관찰하기 어려운 코드 부분에 삽입될 가능성이 가장 높다[21]. 제어하기 어렵고 관찰하기 힘든 부분을 식별하는 것은 설계자가 RTL에서 트로이목마 삽입에 대한 설계의 민감성을 평가하는 데 도움이 될 수 있다.

일반적으로 RTL에서 확인된 취약점은 비교적 쉽게 해결할 수 있다. 그러나 결함 주입이나 사이드 채널 공격에 대한 설계의 취약점과 같은 일부 취약점은 불가능하지는 않더라도 이 레벨에서 식별하는 것이 훨씬 더 어려울 수 있다.

게이트 레벨: RTL 사양은 설계 컴파일러와 같은 상용 합성 도구를 사용해 게이트 레벨 넷리스트로 합성된다. 게이트 레벨에서 설계는 일반적으로 평평한 넷리스트로 표시되므로 추상화가 손실되지만 설계자는 게이트나 트랜지스터 측면에서 좀 더 정확한 정보를 이용할 수 있다. 게이트 수준에서 제어하기 어렵고 관찰하기 힘든 부분이 탐지하기 어려운 하드웨어 트로이목마를 설계하는 데 사용될 수 있다[22]. 또한 RTL에서 게이트 수준으로의 전환은 CAD 도구에 의한 추가적인 취약점을 야기할 수 있다. 도구에 의해 도입된 취약점의 예는 6장 6.4.2절에서 설명했으며 이러한 취약점은 게이트 레벨에서 분석해야 한다.

DFT와 DFD 구조는 일반적으로 게이트 레벨에서 IC에 통합된다. 따라서 이 레벨에서 테스트와 디버그 구조에 의해 도입된 취약점을 분석해야 한다.

레이아웃 레벨: 물리적 레이아웃 설계는 GDSII 설계 파일을 제조 시설로 보내기 전의 마지막 설계 단계이므로 나머지 모든 취약점은 이 레벨에서 다뤄져야 한다. 레이아웃 설계 중에 배치와 라우팅 단계는 회로의 셀, 금속 연결부의 공간 배열에 대한 정보를 제공하며, 레이아웃 레벨에서 전력 소비, 전자기 발산과 실행 시간을 정확하게 모델링할 수 있다. 따라서 사이드 채널 공격과 결함 주입 기반 공격에 대한 취약점 분석이 이 레벨에서 매우 정확하게 수행될 수 있다. 또한 일부 취약점 분석, 예를 들어 프로빙probing 공격에 대한 취약점[23]은 레이아웃 레벨에서만 수행할 수 있다. 그러나 이 레벨에서 수행된 모든 분석은 RTL, 게이트 레벨에서의 분석과 비교할 때 시간이 많이 소요된다.

13.3.1.2 기준과 규칙

지금까지 다룬 취약점은 측정 기준과 규칙과 연결돼 각 설계의 보안을 정량적으로 측정할 수 있다(표 13.1 참고). DSeRC 프레임워크의 이러한 규칙과 측정 기준은 잘 알려진 디자인 룰 체크DRC와 비교될 수 있다. DRC에서 반도체 제조업체는 제조 사양을 일련의 측정 기준으로 변환해 설계자가 마스크의 제조 가능성을 정량적으로 측정할 수 있게 한다. DSeRC 프레임워크의 경우 각 취약점을 수학적으로 모델링해야 하며 해당 규칙과 측정 기준을 개발해야 설계의 취약점을 정량적으로 평가할 수 있다. 규칙에는 두 가지 유형이 있는데 하나의 유형은 정량적인 측정 기준을 기반으로 하고 다른 유형은 2진 분류(예/아니요)를 기반으로 하고 있다. 취약점에 해당하는 몇 가지 규칙과 측정 기준의 간략한 설명이 표 13.1에 나와 있다.

자산 유출: DFTDesign-For-Test, DFDDesign-For-Debug 구조, CAD 도구나 설계자의 실수로 인해 자산 유출과 관련된 취약점이 의도하지 않게 생성될 수 있다. 이러한 취약점은 정보 보안 정책, 즉 기밀성과 무결성 정책을 위반하게 만들며, 이러한 취약점을 식별하기 위한 측정 기준은 기밀성, 무결성 평가가 될 수 있다. 콘트레라스Contreras와 동료[24] 및 나히얀Nahiyan과 동료[25]는 SoC에서 기밀성, 무결성 정책이 유지되는

지 여부를 검증하는 프레임워크를 제시했으며, 이 취약점에 대한 규칙은 다음과 같이 설명할 수 있다.

규칙: 자산 신호는 관찰 지점에 전파되거나 공격자가 접근할 수 있는 제어 지점의 영향을 받지 않아야 한다.

취약한 FSM: 유한 상태 기계[FSM, Finite State Machine]의 합성 프로세스는 추가로 관리되지 않는 상태와 전환을 삽입해 구현된 회로에 추가적인 보안 위험을 초래할 수 있다. 공격자는 결함 주입[fault-injection], 트로이목마 공격을 용이하게 하려고 이러한 신경 쓰지 않는 상태와 전환을 활용할 수 있다. 나히얀[Nahiyan]과 동료[7]는 FSM이 결함 주입, 트로이목마 공격에 얼마나 취약한지를 정량적으로 분석하려고 두 가지 측정 기준(결함 주입(VF_{FI}) 취약점 요인과 트로이목마 삽입(VF_{Tro}) 취약점 요인)을 개발했다. 이 두 가지 측정 기준의 값이 높을수록 FSM이 오류, 트로이목마 공격에 취약해지며, 이 취약점에 대한 규칙은 다음과 같이 명시할 수 있다.

규칙: 오류 주입과 트로이목마 삽입 공격에서 FSM 설계를 보호하려면 VF_{FI}, VF_{Tro}의 값이 0이어야 한다.

마이크로프로빙 공격[Microprobing attack]: 마이크로프로빙은 민감한 정보를 추출하기 위해 칩 내부의 신호 와이어를 직접 탐침하는 물리적 공격 유형이다. 이 공격으로 인해 보안이 매우 중요한 애플리케이션에 심각한 우려가 제기됐다. 쉬[Shi]와 동료[23]는 마이크로프로빙 공격에 취약하면서 보안에 중대한 네트워크의 노출된 영역의 배치와 배선 설계를 정량적으로 평가하기 위한 레이아웃 중심[layout-driven] 프레임워크를 개발했다. 노출된 영역이 클수록 프로빙 공격에 더 취약하기 때문에 마이크로프로브 취약점에 대한 규칙은 다음과 같이 기술할 수 있다.

규칙: 마이크로프로빙에 노출된 영역은 임곗값보다 낮아야 한다.

트로이목마 삽입에 대한 감수성: 살마니[Salmani]와 동료[21]는 RTL 코드에서 문장을 실행하는 어려움을 평가하고자 '스테이트먼트 경도[Statement Hardness]'라는 측정 기준을 개발했다. 스테이트먼트 경도가 큰 HDL 코드 영역은 트로이목마 삽입에 더 취약하기 때문에 스테이트먼트 경도에 대한 측정 기준은 트로이목마 삽입에 대한 설계의 감수성을 정량적으로 측정한다. 다음은 설계가 안전한지 평가할 규칙을 정의하는 것이며 이 취약점에 대해서 규칙은 다음과 같이 규정할 수 있다.

규칙: 트로이목마 삽입 공격에 대비해 설계를 보호하려면 설계에서 각 문장의 스테이트먼트 경도가 SH_{thr}보다 낮아야 한다. 여기서 SH_{thr}은 영역, 성능 예산에서 파생돼야 하는 임곗값이다.

게이트 레벨에서 설계는 게이트 추가와 삭제로 구현할 수 있는 트로이목마 삽입에 취약하다. 삽입된 트로이목마의 영향을 숨기고자 공격자는 게이트 레벨의 넷리스트에서 탐지하기 어려운 영역을 대상으로 한다. 탐지하기 어려운 부분은 전환 확률이 낮고 잘 알려진 결함 테스트 기술(예, 고착, 전환 지연, 경로 지연, 브리징 오류)을 통해 테스트할 수 없는 부분으로 정의된다[22]. 탐지하기 어려운 영역에 트로이 목마를 삽입하면 트로이 목마를 유발할 가능성이 줄어들어 검증 및 확인 테스트[V&V] 중에 탐지될 가능성이 줄어든다. 테라니푸어[Tehranipoor]와 동료[28]는 게이트 레벨의 넷리스트에서 탐지하기 힘든 영역을 평가하기 위한 측정 기준을 개발했다.

오류 주입, 사이드 채널 공격: 유스[Yuce]와 동료[27]는 결함 주입 공격의 하위 집합인 셋업 타임 위반 공격에 대한 하드웨어 구조의 취약점을 평가하고자 타이밍 위반 취약점 요소[TVVF, Timing Violation Vulnerability Factor] 측정 기준을 도입했다. 허스[Huss]와 동료[29]는 AMASIVE[Adaptable Modular Autonomous Side-channel Vulnerability Evaluator]라는 프레임워크를 개발해 설계상의 사이드 채널 취약점을 자동으로 식별한다. 또한 사이드 채널 공격에 대한 IC의 취약점을 평가하고자 SVF[Side-channel Vulnerability Factor]라는 측정 기준이 개발됐다[26].

이상적인 측정 기준은 공격 모델, 공격 대상 애플리케이션, 설계상의 기능과 독립적이어야 하므로 이러한 측정 기준을 개발하는 것은 매우 까다로운 작업이다. 예를 들어 공격자는 전압 부족이나 클럭 글리칭 기반$^{\text{clock-glitching-based}}$ 결함 삽입 공격을 적용해 AES의 개인키나 RSA 암호화 모듈을 얻을 수 있다. 오류 주입에 대한 측정 기준은 이러한 공격(전압 부족이나 클럭 글리칭)에 대한 설계(AES나 RSA)의 취약점에 대한 정량적 측정을 제공해야 한다. 한 가지 전략은 먼저 이러한 공격이 악용하려고 시도하는 루트 취약점을 식별하는 것이다. 이 특정 예에서 전압 부족과 클럭 글리칭은 셋업 타임 위반의 초래가 목표며, 따라서 프레임워크는 지정된 보안 자산에 대한 접근 권한을 얻고자 주어진 설계에 대한 셋업 타임 위반의 어려움을 평가해야 한다.

13.3.1.3 보안 검증을 위한 CAD 도구

DSeRC 프레임워크는 기존 IC 설계 흐름과 통합되도록 설계돼 보안 평가가 설계 프로세스의 고유한 부분이 될 수 있게 한다. 이를 위해서는 DSeRC 규칙과 측정 기준을 기반으로 설계의 보안을 자동으로 평가할 수 있는 CAD 도구를 개발해야 한다. 도구의 평가 시간은 설계 규모에 따라 확장할 수 있어야 하며, 도구는 사용하기 쉽고 도구에 의해 생성된 산출물은 설계 엔지니어가 이해할 수 있어야 한다. 다음은 보안 평가를 위해 DSeRC 프레임워크에 통합될 수 있는 일부 CAD 도구의 간략한 설명이다.

FSM에서 취약점 분석을 위한 CAD 도구: 나히얀^{Nahiyan}과 동료[7]는 결함 주입과 트로이목마 공격에 대한 FSM의 취약점을 자동으로 분석하고자 AVFSM이라는 포괄적인 프레임워크를 개발했다. AVFSM은 (i) 설계상의 게이트 레벨 넷리스트, (ii) FSM 합성 보고서, (iii) 사용자가 입력한 정보를 입력으로 사용한다. 프레임워크는 주어진 FSM에서 발견된 취약점 목록을 출력하는데, 여기서 사용자는 어떤 것이 보호 상태이고 어떤 것이 인가된 상태인지 규정해야 한다. 보호된 상태는 이러한 상태가 우회되거나 인가된 상태 이외에서 접근되는 경우 FSM의 보안을 손상시킬 수 있는 상태며, 인가된 상태는 보호된 상태에 접근할 수 있는 상태다.

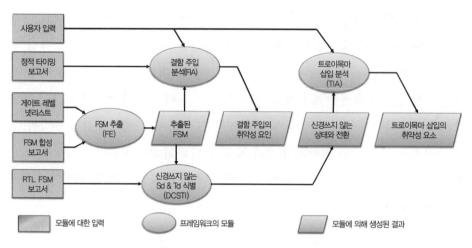

모듈에 대한 입력	프레임워크의 모듈	모듈에 의해 생성된 결과

▲ 그림 13.4 AVFSM 프레임워크의 전체 워크플로

AVFSM 프레임워크의 전반적인 워크플로는 그림 13.4에 나와 있으며, AVFSM 프레임워크는 다음과 같은 네 개의 모듈로 구성된다.

- **FSM 추출**[FE]: 주어진 FSM의 다양한 취약점을 분석하려면 합성된 게이트 레벨 넷리스트에서 상태 전이 그래프[STG, State Transition Graph]를 추출해야 한다. 자동 테스트 패턴 생성 기반(ATPG 기반) FSM 추출 기술을 사용해 합성된 넷리스트에서 신경 쓰지 않는[don't care] 상태와 전환으로 STG를 생성할 수 있다. 이 FSM 추출 기술은 게이트 레벨의 넷리스트와 FSM 합성 보고서를 입력으로 받아들이고 STG를 자동으로 생성한다. 이 기술의 자세한 알고리즘은 [7]에서 찾을 수 있다.

- **주의를 기울이지 않는 상태와 전환 식별**[DCSTI]: 주어진 FSM의 합성 과정에서 도입된 신경 쓰지 않는 상태와 전환을 보고한다. 관리되지 않는 상태와 전환은 보호되지 않은 상태가 무단으로 상태와 전환을 통해 불법적으로 접근될 수 있게 함으로써 FSM에 취약점을 만들 수 있다. 보호되지 않은 상태에 접근할 수 있는 이러한 관리되지 않은 상태는 위험한 관리되지 않은 상태[DDCS, Dangerous Don't-Care States]로 정의된다.

596

- **결함 주입 분석FIA**: 모듈 FIA는 결함 주입 (VF_{FI}) 측정 기준에 취약점 요소를 사용해 결함 주입 공격에 대한 FSM의 전반적인 취약점을 측정한다. VFFI는 다음과 같이 정의된다.

$$VF_{FI} = \{PVT(\%), ASF\} \tag{13.1}$$

VF_{FI} 측정 기준은 두 개의 매개변수 {$PVT(\%)$, ASF}로 구성된다. $PVT(\%)$는 취약한 전환의 비율을 나타내며, 취약한 전환은 보호된 상태에 접근하기 위해 장애를 주입할 수 있는 전환 세트로 정의된다. ASF는 취약한 전이 동안 성공적인 결함 주입 공격에 대한 확률론적 측정을 제공한다. 이러한 측정 기준을 계산하는 상세한 알고리즘은 [7]에서 제공한다. 이 두 매개변수의 값이 클수록 FSM이 공격에 더 취약하다. VF_{FI}가 (0, 0)이면 보호되지 않은 상태에서 접근할 수 없으며 해당 FSM은 오류 공격에 취약하지 않다는 것을 의미한다.

- **트로이목마 삽입 분석TIA**: 모듈 TIA는 트로이목마 삽입(VF_{Tro}) 측정 기준에 대한 취약점 요소를 사용해 다음과 같이 FSM에서 트로이목마 삽입의 취약점을 평가한다.

$$VF_{Tro} = \frac{s'의\ 전체\ 개수}{Total전환} \tag{13.2}$$

여기에서 $s' \in DDCS$다. 보호된 상태에 직접 접근할 수 있는 신경 쓰지 않는 상태가 도입되면 공격자가 이 상태를 활용해 트로이목마를 삽입해 보호된 상태에 쉽게 접근할 수 있게 함으로써 FSM에 취약점을 만들 수 있다. 이러한 상태는 DDCS로 표시되며, 보안 설계를 위해 이 측정 기준 값은 0이어야 한다.

정보 흐름 추적: 콘트레라스Contreras와 동료[24], 그리고 나히안Nahiyan과 동료[25]는 기밀성과 무결성 정책 위반을 탐지하는 IFT(정보 흐름 추적) 프레임워크를 개발했다.

이 프레임워크는 stuck-at-0, stuck-at-1 결함으로 자산을 모델링하는 것에 기반을 두고 자동 테스트 패턴 생성^{ATPG}을 활용해 이러한 결함을 탐지한다. 결함에 대한 성공적인 탐지는 자산 운반 네트의 논리 값이 관찰 포인트를 통해 관찰될 수 있거나 자산의 논리 값이 제어 포인트에 의해 제어될 수 있음을 의미한다. 즉, 자산에서 관찰 지점이나 제어점에서 자산까지의 정보 흐름이 존재한다는 것이다. 여기에서 관찰 지점은 내부 신호를 관찰하는 데 사용할 수 있는 1차 또는 의사^{pseudo} 1차(스캔 FF) 출력을 나타낸다. 반면 제어 포인트는 내부 회로 신호를 제어하는 데 사용할 수 있는 기본 또는 의사^{pseudo} 기본(스캔 FF) 입력을 참조한다.

그림 13.5는 IFT 프레임워크의 전반적인 흐름과 네 가지 주요 단계인 초기화, 분석, 전파, 재귀를 보여준다.

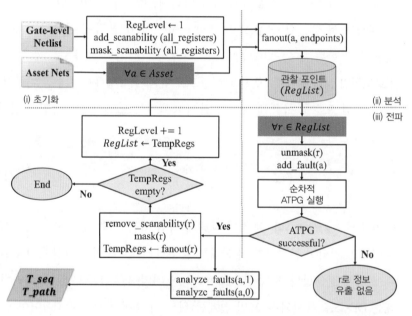

▲ 그림 13.5 자산 비트가 전파되는 관찰 지점을 식별하기 위한 정보 흐름 추적 프레임워크

(i) 초기화: 이 첫 번째 단계에서는 IFT가 적용될 자산 넷, 설계상의 게이트 레벨 넷리스트, 기술 라이브러리(ATPG 분석에 필요함)를 입력값으로 여기고 이름을 가져

온다. 그런 다음 프레임워크는 설계상의 모든 레지스터/플립플롭^{FF}에 스캔 기능을 추가해 제어와 관찰을 가능하게 만든다. 여기서 'What If' 분석 기능을 사용해 스캔 체인에서 FF를 가상으로 추가하거나 제거할 수 있다. 이 기능을 사용하면 넷리스트를 재합성할 필요 없이 부분 스캔 분석을 동적으로 수행할 수 있다. 또한 모든 FF에 마스크가 적용되므로 각 FF로의 자산 전파를 독립적으로 추적할 수 있다. 마스크를 적용하는 것은 한 번에 하나의 FF로 오류 전파를 제어할 수 있으므로 중요한 단계다.

(ii) 분석: 이 단계에서는 팬아웃 분석을 사용해 특정 자산 비트의 팬아웃에 있는 FF를 식별한다. 자산에 속하는 각각의 자산 비트 a(그림 13.5에 나와 있음)에 대해 자산 분석 단계는 a의 팬아웃 콘^{fanout cone}에 있는 FF를 발견한다.

(iii) 전파: 이 단계에서는 각 자산 비트의 전파를 개별 FF로 분석한다. 자산 비트 전달의 잠재적인 지점을 포괄적으로 분석하려면 각 FF를 별도로 분석해야 한다. *RegList*에 속하는 각각의 $r(r \in RegList)$(그림 13.5)에 대해 적용된 마스크는 제거되므로 r에 대한 키-비트 전파가 추적될 수 있다. 다음 단계는 설계에서 유일한 고착^{stuck-at} 결함으로 키 비트 a를 추가하고 순차 모드에서 ATPG 알고리즘을 실행해 a = 0, a = 1에서 FF r을 전달하는 경로를 찾는다. r에서 a = 0과 a = 1 둘 다 검출할 수 있다면 a에서 r까지의 정보 흐름이 존재하며, 알고리즘은 관찰 지점으로 r을 표시한다. 자산 전파 단계는 추가 분석을 위해 자산 비트 전파에 필요한 전파 경로(T_{path}), 제어 시퀀스(T_{seq})도 저장한다. T_{seq}에는 a에서 r까지의 정보 전달을 제어하는 입력 포트와 제어 레지스터 목록이 포함된다.

(iv) 재귀: 이 단계에서는 출력이나 최종 레벨 FF에 도달할 때까지 모든 순차 레벨을 통해 전파 경로를 찾는 데 순차 ATPG와 함께 부분 스캔 기술을 활용한다. 여기서 `remove_scanability` 함수(그림 13.5)는 ATPG 도구가 스캔 삽입을 다시 시도하지 않고 r을 시뮬레이션 목적의 스캔되지 않은 FF로 처리하게 한다. FF의 출력 포트 Q와 QN은 r에서 레지스터의 다음 레벨로 나오는 새로운 팬아웃을 얻는 데 사용된

다. 여러 레벨의 레지스터를 통한 정보 흐름을 찾고자 RegList의 모든 식별된 레지스터의 스캔 가능성이 점진적으로 제거되고 순차적 ATPG가 자산 비트 a에서 후속 레벨 레지스터로 전달 경로를 생성하는 데 사용된다. 이 프로세스는 마지막 레벨의 레지스터까지 계속된다. IFT 프레임워크의 출력은 각 FF, r에 대한 자산 전파에 대한 자극 벡터(T_{seq})와 함께 자산 비트가 전파되는 관찰 지점(레지스터/FF)과 전파 경로(T_{path}) 목록이다.

13.3.2 DSeRC 프레임워크 워크플로

이 절에서는 DSeRC 프레임워크에서 취약점을 식별하는 데 규칙과 측정 기준을 사용하는 방법을 알아본다. 표 13.1은 DSeRC 프레임워크에서 다루는 취약점 목록과 해당 측정 기준 및 규칙을 보여준다. PRESENT 암호화 알고리즘의 하드웨어 구현 예는 DSeRC 프레임워크의 워크플로를 설명해준다. 그림 13.6(A)는 PRESENT 암호화 알고리즘[30]의 최상위 설명을 보여주며, Verilog 구현의 한 부분은 그림 13.6(B)[31]에서 보여준다. 모듈에서 'kreg'로 정의된 키가 레지스터에 직접 지정돼 있음을 볼 수 있다. 암호화 알고리즘 자체는 안전하지만 하드웨어 구현 시 의도하지 않게 취약점이 생성되며, 이 설계가 그대로 구현되면 'kreg' 레지스터가 스캔 체인에 포함돼 공격자는 스캔 체인 기반 공격을 통해 키에 접근할 수 있다[4].

설계자는 먼저 RTL 설계 파일과 자산 이름('키')을 DSeRC 프레임워크의 입력으로 제공한다. DSeRC 프레임워크는 정보 흐름 추적을 사용해 키가 모든 관찰 지점(예, 레지스터)을 통해 유출될 수 있는지 분석하는데, 이 설계에서 키는 kreg 레지스터를 통해 관찰할 수 있다. 따라서 프레임워크는 설계자에게 레지스터 kreg가 DFT 구조에 포함돼 있으면 키가 스캔 체인을 통해 유출될 수 있다는 선제 경고를 제공하게 된다. 설계자는 다음 추상화 레벨로 진행하기 전에 이 취약점을 해결하기 위한 대책을 적용해야 하며, 한 가지 가능한 대책은 스캔 체인에서 kreg를 제외하는 것이다.

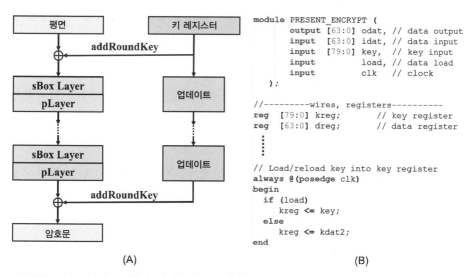

```verilog
module PRESENT_ENCRYPT (
    output [63:0] odat, // data output
    input  [63:0] idat, // data input
    input  [79:0] key,  // key input
    input         load, // data load
    input         clk   // clock
);

//--------wires, registers----------
reg [79:0] kreg;        // key register
reg [63:0] dreg;        // data register

// Load/reload key into key register
always @(posedge clk)
begin
  if (load)
      kreg <= key;
  else
      kreg <= kdat2;
end
```

(A) (B)

▲ 그림 13.6 설계 오류에 의한 의도하지 않은 취약점. (A) PRESENT의 최상위 설명, (B) PRESENT의 Verilog 구현

이 취약점을 해결한 후 설계가 합성되고 DFT가 삽입된다. 설계자는 합성된 게이트 레벨 넷리스트를 DSeRC에 제공하고 프레임워크는 기밀성 평가[24, 25] 기법을 사용해 관찰 가능한 포인트를 통해 키가 유출될 수 있는지 분석한다. 키가 누출되지 않는 것이 보장되면 DSeRC 규칙이 충족되고 설계가 자산 누출에 대해 안전하다고 간주된다. 반면 키가 여전히 플립플롭(관찰 가능 지점)을 스캔하게 유출됐다고 DSeRC 프레임워크가 식별하면 프레임워크는 플래그를 발생시키고 스캔 플립플롭이 키에 대한 정보를 전달하는 것을 가리키게 된다. 설계자는 실제 레이아웃 단계로 이동하기 전에 이 취약점을 해결해야 한다. 가능한 접근법은 보안 스캔 구조[4]를 적용해 DFT 구조에 의해 도입된 취약점에 대응하는 것이다.

SoC에서 자산을 수동으로 추적해 관찰 가능 지점을 통해 누출되는지 여부를 평가하는 것은 설계자에게는 불가능하지는 않지만 매우 어려운 작업이다. DSeRC 프레임워크는 자산 유출 경로를 찾아낼 수 있으므로 설계자는 이러한 경로에 분석 작업을 집중시켜 정보에 입각한 좀 더 정확한 결정을 내릴 수 있게 된다.

DSeRC는 안전한 IC 설계에 있어 논리적이며 필요한 단계일 수 있지만 보안 분야 전문가의 필요성을 반드시 제거하지는 않는다. DSeRC 프레임워크는 자동화된 프레임워크로 만들어졌기 때문에 IC에서의 적용에 대해 특별히 고려하지 않을 수도 있다. 예를 들어 트로이목마 관찰 가능성 측정 기준은 설계의 각 신호를 관찰하는데 따르는 어려움을 갖는 것으로 보고되고 있다. 트로이목마 탐지를 위해서는 높은 관찰 측정 기준이 필요하지만 암호화 모듈의 경우 개인키에 대한 높은 관찰 측정 기준은 심각한 위협을 제기하기 때문에 설계자는 DSeRC 프레임워크에서 생성된 결과를 적절하게 해석해야 한다.

13.4 IC에 대한 포스트실리콘 보안과 신뢰성 평가 ■■■

이 절에서는 퍼징fuzzing, 부정 테스트, 화이트박스 해킹과 같이 일반적으로 사용되는 포스트실리콘 검증 기술을 소개한다. 이러한 검증 활동은 본질적으로 사람의 독창성에 의존하며, 도구와 인프라가 주로 보조자 역할을 하고 인간의 추론에서 부족한 부분을 채우고 권장 사항을 제시하는 역할을 한다.

13.4.1 퍼징

퍼징Fuzzing이나 퍼즈 테스팅fuzz testing[32]은 하드웨어나 소프트웨어에 대해 유효하지 않거나 예기치 않은 또는 임의의 입력을 제공하고 충돌, 내장 코드 어써션 실패assertion failure 또는 메모리 누수와 같은 예외 결과를 모니터링하는 테스트 기법이다. 이 기술은 소프트웨어 테스트 접근법으로 개발됐으며, 이후 하드웨어/소프트웨어 시스템에 적용됐다. 보안과 관련해 버퍼나 정수 오버플로, 처리되지 않은 예외, 경쟁 조건, 접근 위반, 서비스 거부 등의 여러 가지 잠재적인 공격 진입점을 식별하는 데 효과적이다. 전통적으로 퍼징은 무작위 입력이나 무작위로 유효한 입력을 사용하며, 이 접근법의 주요 매력은 침투 테스트, 공식 분석과 같은 다른 검증 기술과 비교했을 때 자동화 비율이 높다는 것이다. 그럼에도 불구하고 임의성에 의존하기 때문에 퍼징은 독특한 코너 케이스 시나리오에 의존하는 보안 위반을 놓칠 수 있다. 이러한 결점을 해결하고자 대상 시스템에 대한 도메인별 지식을 기반으로 퍼징 ^{fuzzing}를 위한 '스마트' 입력 생성에 대한 최근 작업이 이뤄지고 있다[33]. 스마트 퍼징은 설계 이해에 대한 선행 투자비용을 감수하면 보안 공격 진입점을 좀 더 광범위하게 식별할 수 있다.

13.4.2 네거티브 테스트

네거티브 테스트는 기능 명세를 넘어서서 보안 목적이 충분히 규명되지 않았는지 또는 파괴될 수 있는지를 식별한다. 예를 들어 직접 메모리 공격^{DMA}의 경우 네거티브 테스트는 결정적 보안 요구 사항을 확장해 DMA 액세스 요청에 의해 활성화된 주소 변환과 보호된 메모리에 대한 다른 경로가 있는지 식별하고 그러한 경로를 활성화할 수 있는 잠재적 입력 자극을 제공할 수 있다.

13.4.3 해커톤

화이트박스 해킹이라고도 하는 해커톤^{Hackathons}은 보안 검증 영역의 끝인 '검은 마법'에 빠져 있다. 이 아이디어는 전문 해커가 보안 목표를 위반해 목표 지향적인 시도를 수행하는 것이다. 이 활동은 인간의 창의력에 주로 의존하지만, 접근 방법에 대한 지침이 있을 수 있다(다음 절의 침투 테스트에 대한 설명 참고). 하드웨어와 펌웨어/소프트웨어 인터페이스에서 복잡한 보안 대상을 공격할 때 비용이 많이 들고 전문 지식이 필요하기 때문에 이러한 접근 방식이 사용된다.

13.4.4 침투 테스트

침투 테스트 또는 침입 테스트는 보안 취약점을 발견하려는 의도로 수행하는 시스템에 대한 공격이다. 침투 테스트는 종종 시스템 아키텍처, 설계, 구현에 대한 깊은 지식을 가진 전문 해커가 수행하며, 대략적으로 침투 테스트에는 공격 표면 열거, 취약점 이용과 결과 분석의 세 단계를 반복적으로 적용해야 한다.

13.4.4.1 공격면 식별

첫 번째 작업은 공격에 취약한 시스템의 기능이나 측면을 식별하는 것이다. 이는 일반적으로 문서 검토, 네트워크 서비스 검색, 퍼징, 무작위 테스트 등의 여러 가지 작업이 포함된 창의적인 과정이다.

13.4.4.2 취약점 악용

잠재적인 공격자 진입점이 발견되면 대상 영역에 대해 적용 가능한 공격과 악용이 시도된다. 이를 위해서는 알려진 취약점에 대한 연구, 적용 가능한 취약점 공격의 조사, 대상에 대한 취약점 연구 참여, 필요한 악용 사례 작성이 필요할 수 있다.

13.4.4.3 결과 분석

이 단계에서는 공격 성공 후 대상의 결과 상태가 보안 목표와 정책에서 정의한 내용과 비교해 시스템이 실제로 손상됐는지 여부를 결정한다. 보안 목적이 직접적으로 훼손되지는 않더라도 성공적인 공격은 추가 공격 요소를 식별할 수도 있으며, 추가적인 침투 테스트로 반드시 평가돼야 한다.

침투 테스트와 기능 검증용 테스트에는 공통점이 있지만 중요한 차이점이 있다. 특히 기능 테스트의 목표는 사양에 정의된 대로 정상적인 환경 조건에서 설계 작업의 우발적인 사용자 동작과 (아마도) 우발적인 오류를 시뮬레이션하는 것이다. 반면 침투 테스트는 보안 목적에 의해 설정된 명세나 제한을 벗어나 의도적인 공격자의 행동을 시뮬레이션한다.

침투 테스트의 효용성은 이전에 설명한 첫 번째 단계에서 공격 표면을 식별할 수 있는 능력에 크게 좌우된다. 불행하게도 이를 달성하기 위한 엄격한 방법론은 부족하다. 다음은 현재의 산업 관행에서 공격과 취약점을 식별하기 위한 일반적인 활동 중 일부며, 그들은 필요한 창의성에 따라 '쉽다', '보통', '어렵다'로 분류된다. 아래 활동의 많은 부분에서 개인을 도울 수 있는 도구가 있음을 주목해야 한다[34, 35]. 그러나 활동의 관련성을 결정하고, 각 활동을 탐구해야 하는 정도를 확인하고, 활동 결과에서 잠재적인 공격을 추론하는 것은 상당한 창의력을 필요로 하는 일이다.

- **쉬운 접근 방식:** 사용 가능한 문서(예, 사양, 건축 자재), IP, 소프트웨어, 통합 도구의 알려진 취약점이나 잘못된 구성, 누락된 패치, 오래된 소프트웨어 버전 사용에 대한 검토가 포함된다.

- **중간 복잡성 접근 방식:** 경쟁 제품과 이전 소프트웨어 버전 같은 관련 제품이나 유사 제품의 잘못된 구성, 취약점, 공격에 대한 정보로 관심 대상의 잠재적 취약점을 추정하는 방법을 포함한다. 비슷한 복잡성을 가진 다른 활동에는 관련 공개 보안 도구를 실행하거나 대상에 대해 게시된 공격 시나리오가 포함된다.

- **까다로운 접근법:** 여기에는 사용되는 타사 구성 요소의 전체 보안 평가, 전체 플랫폼의 통합 테스트, 여러 IP, 설계 구성 요소 간의 통신과 관련된 취약점 식별이 포함된다. 마지막으로 취약점 연구는 이전에는 볼 수 없었던 새로운 유형의 취약점을 식별하는 것을 포함하며, 특히 이는 완전히 새로운 시장 분야를 위한 새로운 IP나 SoC 설계와 관련이 있다.

13.4.5 보안과 밀접한 설계 기능의 기능 검증

본질적으로 기능 유효성 검사의 확장이지만 중요한 보안 기능 구현에 관련된 요소를 설계하는 것과 관련이 있다. 예를 들면 암호화 엔진 IP의 경우 암호화 엔진의 중요한 기능 요구 사항은 모든 모드에 대해 데이터를 올바르게 암호화하고 해독하는 것이다. 다른 모든 설계 블록과 마찬가지로 암호화 엔진은 기능성 평가의 대상이기도 하지만 보안 기능이 중요한 설계 기능의 핵심 구성 요소이기 때문에 암호화 기능은 기능 검증 활동에서 제공하는 범위 이상으로 추가 유효성 검증을 정당화할 만큼 중요할 수 있다. 결과적으로 그러한 IP는 좀 더 엄격한 테스트를 거치거나 심지어 공식적인 분석을 받을 수도 있다. 다른 중요한 IP에는 보안 부팅, 현장 펌웨어 패치와 관련된 IP가 포함될 수 있다.

13.4.6 결정적 보안 요구 사항 평가

결정적 보안 요구 사항은 보안 정책에서 직접 파생될 수 있는 유효성 검사 목표다. 여기에는 액세스 제어 제한, 주소 변환이 포함된다. DMA 접근에서 보호될 특정 범위의 메모리를 지정하는 액세스 제어 제한을 고려해보자. 이는 코드 삽입 공격에서 보호하거나 그러한 위치에 저장된 키를 보호하고자 수행될 수 있다. 확실히 파생된 유효성 검사 목표는 보호된 메모리에 대한 모든 DMA 호출이 중단돼야 함을 보장하는 것이다. DMA 보호 주소에 대한 DMA 액세스 요청은 '정상적인' 테스트 케이스나 사용 시나리오에서는 발생하지 않으므로 이러한 속성의 유효성 검사는 기능 유효성 검사에 포함되지 않을 수 있다.

다음 절에서는 하드웨어 설계의 보안 문제를 해결하고자 설계 단계에서 채택할 수 있는 몇 가지 대응책을 설명한다.

13.5 보안 설계

이 절에서는 앞서 다룬 여러 가지 보안 문제에 본질적으로 대처할 수 있는 하드웨어 설계를 만들 수 있는 설계 전략을 제시한다.

13.5.1 보안 아키텍처

기본 보안 아키텍처를 개발하기 위한 일반적인 접근 방식은 다음의 두 가지 단계를 따른다.

- 위협 모델링을 사용해 현재 아키텍처 정의에 대한 잠재적 위협을 식별한다.
- 식별된 위협을 다루는 완화 전략을 사용해 아키텍처를 수정한다.

기본 아키텍처는 일반적으로 이전 제품의 기존 아키텍처에서 파생되며 탐색 중인 시스템에 관해 정의된 정책을 고려해 수정된다. 특히 각 자산에 대해 설계자는 다음을 확인해야 한다. 1) 누가 자산에 접근할 수 있는지, 2) 정책에 의해 어떤 종류의 접근이 허용되는지, 3) 시스템 실행 또는 제품 개발 라이프 사이클의 어느 시점에서 이러한 접근 요청이 허용되거나 거부될 수 있는지. 이 과정은 여러 가지 이유로 복잡하고 지루할 수 있다. SoC 설계는 상당수의 자산을 보유할 수 있으며, 많지 않은 경우 수천 개에 달할 수 있다. 더욱이 모든 자산이 정적으로 정의된 것이 아니고 많은 자산이 시스템 실행 중에 다른 IP에서 생성된다. 예를 들어 퓨즈나 전자 지갑에 키 구성 모드와 같이 정적으로 정의된 자산이 있을 수 있다. 시스템 실행 중에는 이러한 모드가 암호화 엔진으로 전달돼 서로 다른 IP에 대한 암호키를 생성하고 이를 시스템 네트워크 온칩[NoC]을 통해 각 IP로 전송한다. 이 프로세스의 각 참가자는 시스템 실행의 여러 단계에서 민감한 자산(정적 또는 생성된 자산)을 갖고 있다. 보안 아키텍처는 적절한 적대 모델에 따라 실행 시점에 이러한 자산에 대한 잠재적 접근을 고려해야 한다.

서로 다른 자산에 대한 액세스 제어를 구현하는 아키텍처를 표준화하는 데 상당한 노력이 있었다. 관련 작업의 대부분은 신뢰할 수 있는 실행 환경^{TEE, Trusted Execution Environment}, 즉 시스템 실행의 서로 다른 지점에서 코드와 민감한 데이터 간의 격리를 보장하는 메커니즘을 개발하는 형태로 진행됐다. 물론 TEE는 오랫동안 컴퓨터 보안의 일부였으며, 가장 일반적인 TEE 아키텍처 중 하나는 보안 암호화 프로세서에 대한 국제 표준인 TPM(신뢰할 수 있는 플랫폼 모듈)으로, 암호키를 장치에 통합해 하드웨어를 보호하게 설계됐다[36]. 여기에는 암호화키를 안전하게 생성하고 사용을 제한하는 방법, 난수 생성기 요구 사항과 원격 증명, 봉인 저장과 같은 기능이 포함된다. TPM 외에 다른 TEE를 설계하는 것에 대해 삼성 KNOX[39], 인텔 SGX^{Software Guard Extension}[40], ARM TrustZone[41]과 같이 산업계와 학술계에서도 중요한 진전이 있었다[37, 38]. SoC 설계를 위해 특별히 개발된 세 가지 TEE 프레임워크가 제공된다. 대상에 대한 격리와 분리라는 다른 동기에도 불구하고 이러한 TEE의 기본 아키텍처 계획은 비슷한데, 특히 하드웨어 지원(예, 안전한 운영 모드와 가상화)과 소프트웨어 메커니즘(예, 컨텍스트 전환 에이전트와 무결성 검사)의 조합이라는 측면에서 매우 유사하다.

13.5.1.1 삼성 KNOX

이 아키텍처는 특히 스마트폰을 대상으로 하며, 비즈니스와 개인 콘텐츠 간의 정보 분할이 동일한 시스템에 공존할 수 있도록 안전한 분리 기능을 제공한다. 특히 시스템 재시작을 요구하지 않고도 이 두 콘텐츠 영역 사이의 핫 스왑을 허용한다. 이 기술의 핵심 요소는 정보 분리를 구현하는 분리 커널인데, 아키텍처는 다음과 같은 몇 가지 시스템 레벨의 서비스를 허용한다.

- 신뢰할 수 있는 부팅, 즉 시작할 때 권한이 없는 OS와 소프트웨어가 장치에 올라가는 것을 방지한다.

- 커널 무결성을 지속적으로 모니터링하는 TIMA(신뢰 영역 기반 무결성 측정 아키텍처)
- 분리를 통해 기밀성과 무결성 요구 사항을 기반으로 시스템/사용자 데이터를 보호하는 시행 메커니즘인 Android용 보안 강화[SE]
- 보호된 비즈니스 애플리케이션이 나머지 장치와의 정보 분리를 보장하면서 실행할 수 있는 안전한 환경을 제공하는 KNOX 컨테이너

13.5.1.2 ARM TrustZone

TrustZone 기술은 고성능 컴퓨팅 플랫폼에 보안을 제공하기 위한 시스템 차원의 접근 방식이다. TrustZone 구현은 SoC의 하드웨어와 소프트웨어 리소스를 분할해 보안과 비보안의 두 가지 영역에 존재하게 한다. 하드웨어는 보안/비보안 애플리케이션 처리와 상호작용, 통신에 대한 액세스 제어와 사용 권한을 지원한다. 소프트웨어는 멀티태스킹 환경에서 안전한 런타임 실행을 위해 보안 시스템 호출과 인터럽트를 지원한다. 이 두 가지 기술이 보안 채널을 통하는 경우를 제외하고 비보안 영역의 구성 요소가 보안 영역의 리소스에 접근할 수 없게 보장하므로 두 영역 간의 효과적인 보안 벽을 구축할 수 있다. 이 보호 메커니즘은 입출력까지 확장되는데, TrustZone으로 시스템 버스에 연결돼 AMBA3 AXI 버스 패브릭을 가능하게 하며, 메모리 구획화를 관리한다.

13.5.1.3 인텔 SGX

SGX는 기본 하드웨어에서 제공하는 신뢰할 수 있는 실행 환경을 제공해 잠재적인 악성 운영체제나 변조된 운영체제에서 중요한 애플리케이션과 사용자 프로그램이나 데이터를 보호하기 위한 아키텍처다. SGX는 애플리케이션이 소위 '신뢰의 섬[Islands of Trust]' 역할을 하는 안전한 영역, 즉 컨테이너를 시작할 수 있게 한다.

이 기능은 애플리케이션이 코드와 데이터의 안전한 영역을 따로 설정하는 데 사용할 수 있는 새로운 CPU 명령 세트로 구현된다. 이를 통해 1) 합법적인 시스템 소프트웨어가 플랫폼 리소스를 관리하는 기능을 방해하지 않고 중요한 데이터의 기밀성과 무결성을 유지할 수 있다. 2) 악의적인 시스템 소프트웨어가 있는 경우에도 최종 사용자가 플랫폼, 애플리케이션과 서비스를 계속 제어할 수 있다.

TEE는 보안 정책을 구현하기 위한 토대(격리 메커니즘)를 제공한다. 그러나 정책 자체를 구현하기 위한 표준화된 접근 방식과는 거리가 있다. 이러한 접근 방식을 제공하려면 1) 보안 정책을 간략하고 형식적으로 표현하기 위한 언어를 개발해야 한다. 2) 다양한 정책 구현에 대해 쉽게 인스턴스화할 수 있는 매개변수화된 '스켈레톤' 설계를 생성해야 한다. 3) 높은 수준의 기술로 정책 구현을 합성하는 기법을 개발해야 한다. 최근의 학술과 산업 연구는 이러한 문제 중 일부를 해결하려고 시도했다. [42]는 특정 보안 정책용 언어와 합성 프레임워크를 제공하고 [43]은 다양한 보안 정책을 구현하기 위한 마이크로컨트롤러 기반의 유연한 프레임워크를 제공한다. 예를 들어 제어 흐름 무결성Control-Flow Integrity[44], 트로이목마 저항Trojan resistance[45]과 같은 특정 클래스의 정책에 최적화된 아키텍처의 지원이 있었다.

13.5.2 보안 정책 집행자

이 모듈은 하드웨어 수준에서 보안을 유지하는 데 반드시 필요한 보안 정책을 적용하는 역할을 한다. 자세한 사항은 16장을 참고하기 바란다.

13.5.3 사이드 채널 내구성 설계

전력과 전자기 사이드 채널 공격에 대응하고자 다양한 대응 기술이 제안돼 왔다(이러한 공격의 자세한 내용은 8장에서 다뤘다). 이러한 대응책은 은닉 메커니즘과 마스킹 메커니즘으로 크게 분류할 수 있다. 다음 절에서 이러한 대응책을 간단히 설명한다.

13.5.3.1 은닉 메커니즘

은닉 메커니즘은 유출된 정보와 비밀 데이터 간의 관계를 제거하려고 시도한다. 즉, 유출된 정보를 비밀 데이터와 관련짓지 않는다. 사이드 채널 공격은 일반적으로 다음과 같이 정의되는 신호 대 노이즈비[SNR, Signal-to-Noise Ratio]에 따라 다르다.

$$SNR = \frac{var(signal)}{var(noise)} \tag{13.3}$$

여기서 신호[signal]는 누설된 전력 신호를 나타내며, 비밀 데이터와 관련돼 있고 상대방에 의해 사이드 채널 공격을 수행하는 데 악용된다. 노이즈는 비밀 데이터와 상관관계가 없는 전원 신호를 의미한다. 은닉 메커니즘은 노이즈를 증가시키거나 사이드 채널 공격에 대응하고자 신호를 감소시킴으로써 SNR을 감소시킨다. 이러한 메커니즘은 SNR을 감소시키고자 주로 랜덤화와 균등화 기법을 사용한다.

랜덤화: 이 기법은 실행 순서를 끊임없이 변경하거나 노이즈를 직접 생성해 SNR을 줄이고자 회로의 노이즈를 증가시키려고 시도한다[49]. 랜덤화를 적용할 수 있는 한 가지 방법은 채널에 백색 노이즈를 주입하는 것이다(백색 가우시안 노이즈 추가)[50]. 여기서 주요 아이디어는 전원 라인의 전류를 무작위로 변경하는 설계에 노이즈 생성 소스를 통합하는 것이다.

이퀄라이제이션[Equalization]: 이 기술은 누설된 전력 신호를 감소시키려고 시도하는데, 비밀 데이터와 상관돼 SNR을 감소시킨다. 주된 아이디어는 비밀 데이터를 처리하는 것과 관련된 모든 작업에 동일한 전력 소비를 만드는 것이다. 이퀄라이제이션 기법은 일정한 양의 전력을 소모하는 특정 유형의 논리 스타일에 의해 실현될 수 있으며, 이러한 종류의 논리 스타일의 예에는 이중 레일[51]과 차동 논리[52]가 있다. 전형적으로 CMOS 논리 게이트의 출력 비트 천이는 입력 벡터에 의존한다. 예를 들어 OR 게이트의 출력에서 0 → 1로의 전환은 OR 게이트의 한 개 또는 두 개의 입력이 0 → 1로 전환됐음을 나타낸다. 즉, CMOS 게이트의 논리 전이에 의존하는 전력 소비는 입력 벡터의 함수가 되며, 이 전력 소비는 사이드 채널 공격에 악용된다. 해결책은 모든 종류의 비트 전이(즉, $0 \to 0$, $0 \to 1$, $1 \to 0$, $1 \to 1$)에 대해 논리 회로가 동일한 양의 전력을 소모하게 하는 것이다. 듀얼 레일과 미분 논리는 매 클럭 사이클의 전반부에서 출력을 프리 차지하고 후반부에서 올바른 출력값을 평가함으로써 이 특성을 달성한다.

13.5.3.2 마스킹 메커니즘

이 메커니즘은 암호 연산의 중간값(민감한 정보의 기능)을 랜덤화해 이들 값과 전력 소비 사이의 종속 관계를 깨뜨리고자 시도한다[50]. 은닉 메커니즘과 달리 마스킹 메커니즘은 알고리즘 레벨에서 적용되며 표준 CMOS 논리 게이트로 구현할 수 있다. 여기서 주요 아이디어는 매 실행마다 다른 무작위 마스크로 각 중간값을 감추는 것이다. 민감한 데이터가 무작위 값으로 마스크돼 중간값과 전력 소비 사이의 의존성을 제거한다[53]. 마스킹 기술은 불리언 비밀 공유 기술로 구현될 수 있으며, 다음과 같다.

X와 K는 암호 연산의 평문과 서브키에 관련된 두 개의 중간값을 의미한다고 생각해보자. 또한 $Z = X \oplus K$로 표현되는 다른 변수 Z를 고려하자. Z 변수는 중간값 K의 함수이고 Z 변수에 대한 임의의 연산은 K에 대한 정보를 누출시킬 수 있다. 불리언 마스킹 기술은 다음의 방정식으로 표현되는 두 개의 공유 M_0과 M_1으로 무작위로 나눔으로써 Z의 연산을 보장하려고 시도한다.

$$Z = M_0 \oplus M_1 \tag{13.4}$$

M_1은 마스크로, M_0는 마스크된 변수라고 하자. M_0는 다음과 같이 $M_0 = Z \oplus M_1$ 유도된다. Z에 대한 임의의 연산은 두 개의 새로운 공유 M_0', M_1'의 처리를 유도해 다음과 같이 된다.

$$S(Z) = M_0' \oplus M_1' \qquad (13.5)$$

여기서 M_1' 공유는 일반적으로 무작위로 생성되며 M_0' 공유는 $M_0' = S(Z) \oplus M_1'$ 으로 유도된다. 여기서 가장 까다로운 부분은 보안을 손상시키지 않으면서 M_0, M_1, M_1' 에서 M_0'을 추론하는 것이다. S가 선형 함수일 때 M_0'를 추론하는 것은 S가 비선형 일 때와 비교할 때 상대적으로 쉬운 작업이다. 이 함수의 상세한 유도는 [53]에서 논의된다.

13.5.4 트로이목마 삽입 방지

이 기술은 공격자의 하드웨어 트로이목마 삽입을 저지하려고 시도하는 예방 메커 니즘으로 구성돼 있다. 자세한 설명은 5장에서 참고할 수 있다.

13.6 연습문제

13.6.1 True/False 문제

1. 난수는 자산이 될 수 있다.

2. 원격 공격자는 스캔scan 구조를 악용한 공격을 수행할 수 없다.

3. SRAM 내용을 수정하고자 오류를 주입하는 것은 반침투형 공격이다.

4. 사이드 채널 공격은 침투형 공격 범주에 속한다.

5. RTL 단계에서 신경 쓰지 않는don't care 상태와 관련된 취약점이 주입된다.

6. 게이트 레벨 단계에서 DFT 구조와 관련된 취약점이 주입된다.

13.6.2 서술형 문제

1. SoC에서 찾을 수 있는 '자산'을 설명하시오.

2. 엔트로피 자산은 어떻게 악용될 수 있는가?

3. 스캔 기반 공격은 어떻게 원격으로 수행될 수 있는가? 예제로 설명하시오.

4. 반침투형 공격과 침투형 공격의 차이점을 설명하시오.

5. '내부자' 공격자의 능력을 설명하시오. '내부자'는 어떤 종류의 공격을 수행할 수 있는가?

6. 설계 실수로 인해 잠재적인 취약점이 어떻게 주입될 수 있는가? 예제로 설명하시오.

7. CAD 도구로 인해 잠재적인 취약점이 어떻게 주입될 수 있는가? 예제로 설명하시오.

8. 다음 테스트의 원리를 설명하시오. (i) 퍼징, (ii) 네거티브 테스트, (iii) 침투테스트

9. 은닉 메커니즘은 사이드 채널 공격에서 시스템을 어떻게 보호하는가?

참고 문헌

[1]   P.C. Kocher, Timing attacks on implementations of Diffie-Hellman, RSA, DSS, and other systems, in: Annual International Cryptology Conference, Springer, pp. 104-113.

[2]   P. Kocher, J. Jaffe, B. Jun, Differential power analysis, in: Annual International Cryptology Conference, Springer,pp. 388-397.

[3]   D. Hely, M.-L. Flottes, F. Bancel, B. Rouzeyre, N. Berard, M. Renovell, Scan design and secure chip, in: IOLTS, vol. 4, pp. 219-224.

[4] J. Lee, M. Tehranipoor, C. Patel, J. Plusquellic, Securing scan design using lock and key technique, in: Defect and Fault Tolerance in VLSI Systems, 2005. DFT 2005. 20th IEEE International Symposium on, IEEE, pp. 51–62.

[5] E. Biham, A. Shamir, Differential fault analysis of secret key cryptosystems, in: Annual International Cryptology Conference, Springer, pp. 513–525.

[6] C. Dunbar, G. Qu, Designing trusted embedded systems from finite state machines, ACM Transactions on Embedded Computing Systems (TECS) 13 (2014) 153.

[7] A. Nahiyan, K. Xiao, K. Yang, Y. Jin, D. Forte, M. Tehranipoor, AVFSM: a framework for identifying and mitigating vulnerabilities in FSMs, in: Design Automation Conference (DAC), 2016 53rd ACM/EDAC/IEEE, IEEE, pp. 1–6.

[8] M. Tehranipoor, F. Koushanfar, A survey of hardware Trojan taxonomy and detection, IEEE Design & Test of Computers 27 (2010).

[9] K. Xiao, A. Nahiyan, M. Tehranipoor, Security rule checking in IC design, Computer 49 (2016) 54–61.

[10] A. Nahiyan, K. Xiao, D. Forte, M. Tehranipoor, Security rule check, in: Hardware IP Security and Trust, Springer, 2017, pp. 17–36.

[11] ARM Holdings, Building a secure system using trustzone technology, https://developer.arm.com/docs/genc009492/latest/trustzone-software-architecture/ the-trustzone-api. (Accessed August 2018), [Online].

[12] E. Peeters, SoC security architecture: current practices and emerging needs, in: Proceedings of the 52nd Annual Design Automation Conference, ACM, p. 144.

[13] T. Korak, T. Plos, Applying remote side-channel analysis attacks on a security-enabled NFC tag, in: Cryptographers' Track at the RSA Conference, Springer, pp. 207–222.

[14] A. Das, J. Da Rolt, S. Ghosh, S. Seys, S. Dupuis, G. Di Natale, M.-L. Flottes, B. Rouzeyre, I. Verbauwhede, Secure JTAG implementation using Schnorr protocol, Journal of Electronic Testing 29 (2013) 193–209.

[15] P. Mishra, S. Bhunia, M. Tehranipoor, Hardware IP Security and Trust, Springer, 2017.

[16] S. Chen, J. Xu, Z. Kalbarczyk, K. Iyer, Security vulnerabilities: from analysis to detection and masking techniques, Proceedings of the IEEE 94 (2006) 407–418.

[17] S.P. Skorobogatov, Semi–invasive attacks: a new approach to hardware security analysis, Ph.D. thesis, University of Cambridge, Computer Laboratory, 2005.

[18] M. Tehranipoor, C. Wang, Introduction to Hardware Security and Trust, Springer Science & Business Media, 2011.

[19] M.A. Harris, K.P. Patten, Mobile device security considerations for small– and medium–sized enterprise business mobility, Information Management & Computer Security 22 (2014) 97–114.

[20] N. Fern, S. Kulkarni, K.-T.T. Cheng, Hardware Trojans hidden in RTL don't cares a tomated insertion and prevention methodologies, in: Test Conference (ITC), 2015 IEEE International, IEEE, pp. 1–8.

[21] H. Salmani, M. Tehranipoor, Analyzing circuit vulnerability to hardware Trojan insertion at the behavioral level, in: Defect and Fault Tolerance in VLSI and Nanotechnology Systems (DFT), 2013 IEEE International Symposium on, IEEE, pp. 190–195.

[22] H. Salmani, M. Tehranipoor, R. Karri, On design vulnerability analysis and trust benchmarks development, in: Computer Design (ICCD), 2013 IEEE 31st International Conference on, IEEE, pp. 471–474.

[23] Q. Shi, N. Asadizanjani, D. Forte, M.M. Tehranipoor, A layout–driven framework to assess vulnerability of ICs to microprobing attacks, in: Hardware Oriented Security and Trust (HOST), 2016 IEEE International Symposium on, IEEE, pp. 155–160.

[24] G.K. Contreras, A. Nahiyan, S. Bhunia, D. Forte, M. Tehranipoor, Security vulnerability analysis of design–for–test exploits for asset protection in SoCs, in: Design Automation Conference (ASP–DAC), 2017 22nd Asia and South Pacific, IEEE, pp. 617–622.

[25] A. Nahiyan, M. Sadi, R. Vittal, G. Contreras, D. Forte, M. Tehranipoor, Hardware Trojan detection through information flow security verification, in: Test Conference (ITC), 2017 IEEE International, IEEE, pp. 1–10.

[26] J. Demme, R. Martin, A. Waksman, S. Sethumadhavan, Side-channel vulnerability factor: a metric for measuring information leakage, ACM SIGARCH Computer Architecture News 40 (2012) 106-117.

[27] B. Yuce, N.F. Ghalaty, P. Schaumont, TVVF: estimating the vulnerability of hardware cryptosystems against timing violation attacks, in: Hardware Oriented Security and Trust (HOST), 2015 IEEE International Symposium on, IEEE, pp. 72-77.

[28] M. Tehranipoor, H. Salmani, X. Zhang, Integrated Circuit Authentication: Hardware Trojans and Counterfeit Detection, Springer Science & Business Media, 2013.

[29] S.A. Huss, M. Stöttinger, M. Zohner, AMASIVE: an adaptable and modular autonomous side-channel vulnerability evaluation framework, in: Number Theory and Cryptography, Springer, 2013, pp. 151-165.

[30] A. Bogdanov, L.R. Knudsen, G. Leander, C. Paar, A. Poschmann, M.J. Robshaw, Y. Seurin, C. Vikkelsoe, Present: An ultra-lightweight block cipher, in: International Workshop on Cryptographic Hardware and Embedded Systems, Springer, pp. 450-466.

[31] OpenCores, http://opencores.org. (Accessed August 2018).

[32] A. Takanen, J.D. Demott, C. Miller, Fuzzing for Software Security Testing and Quality Assurance, Artech House, 2008.

[33] S. Bhunia, S. Ray, S. Sur-Kolay, Fundamentals of IP and SoC Security: Design, Verification, and Debug, Springer, 2017.

[34] Microsoft Corporation, Microsoft free security tools - Microsoft baseline security analyzer, https://blogs.microsoft.com/cybertrust/2012/10/22/microsoft-free-security-ools-microsoftbaseline-security-analyzer/. (Accessed August 2018), [Online].

[35] Flexera, http://secunia.com. (Accessed August 2018).

[36] Trusted Computing Group, Trusted platform module specification, http://www.rustedcomputinggroup.org/tpm-mainspecification/. (Accessed August 2018), [Online].

[37] A. Vasudevan, E. Owusu, Z. Zhou, J. Newsome, J.M. McCune, Trustworthy execution on mobile devices: what security properties can my mobile platform give

me? in: International Conference on Trust and Trustworthy Computing, Springe, pp. 159–178.

[38]   J.M. McCune, B.J. Parno, A. Perrig, M.K. Reiter, H. Isozaki, Flicker: an execution infrastructure for TCB minimization, in: ACM SIGOPS Operating Systems Review, vol. 42, ACM, pp. 315–328.

[39]   Samsung, Samsung knox, http://www.samsungknox.com. (Accessed August 2018).

[40]   Intel, Intel software guard extensions programming reference, https://software.intel.com/sites/default/files/managed/48/88/329298-002.pdf. (Accessed August 2018), [Online].

[41]   ARM Holdings, Products Security, https://www.arm.com/products/silicon-p-security. (Accessed August 2018), [Online].

[42]   X. Li, V. Kashyap, J.K. Oberg, M. Tiwari, V.R. Rajarathinam, R. Kastner, T. Sherwood, B. Hardekopf, F.T. Chong, Sapper: a language for hardware-level security policy enforcement, ACM SIGARCH Computer Architecture News 42 (2014) 97–112.

[43]   A. Basak, S. Bhunia, S. Ray, A flexible architecture for systematic implementation of SoC security policies, in: Proceedings of the IEEE/ACM International Conference on Computer-Aided Design, IEEE Press, pp. 536–543.

[44]   L. Davi, M. Hanreich, D. Paul, A.-R. Sadeghi, P. Koeberl, D. Sullivan, O. Arias, Y. Jin, Hafix: hardware-assisted flow integrity extension, in: Proceedings of the 52nd Annual Design Automation Conference, ACM, p. 74.

[45]   L. Changlong, Z. Yiqiang, S. Yafeng, G. Xingbo, A system-on-chip bus architecture for hardware Trojan protection in security chips, in: Electron Devices and Solid-State Circuits (EDSSC), 2011 International Conference of, IEEE, pp. 1–2.

[46]   A. Basak, S. Bhunia, S. Ray, Exploiting design-for-debug for flexible SoC security architecture, in: Proceedings of the 53rd Annual Design Automation Conference, ACM, p. 167.

[47]   IEEE, IEEE standard test access port and boundary scan architecture, IEEE Standards 11491, 2001.

[48] E. Ashfield, I. Field, P. Harrod, S. Houlihane, W. Orme, S. Woodhouse, Serial Wire Debug and the Coresight Debug and Trace Architecture, ARM Ltd., Cambridge, UK, 2006.

[49] E. Peeters, Side-channel cryptanalysis: a brief survey, in: Advanced DPA Theory and Practice, Springer, 2013, pp. 11–19.

[50] A. Moradi, Masking as a side-channel countermeasure in hardware, ISCISC 2016 Tutorial, 2006.

[51] D. May, H.L. Muller, N.P. Smart, Random register renaming to foil DPA, in: International Workshop on Cryptographic Hardware and Embedded Systems, Springer, pp. 28–38.

[52] F. Macé, F.-X. Standaert, I. Hassoune, J.-D. Legat, J.-J. Quisquater, et al., A dynamic current mode logic to counteract power analysis attacks, in: Proc. 19th International Conference on Design of Circuits and Integrated Systems (DCIS), pp. 186–191.

[53] H. Maghrebi, E. Prouff, S. Guilley, J.-L. Danger, A first-order leak-free masking countermeasure, in: Cryptographers' Track at the RSA Conference, Springer, pp. 156–170.

[54] J.A. Roy, F. Koushanfar, I.L. Markov, Ending piracy of integrated circuits, Computer 43 (2010) 30–38.

[55] R.S. Chakraborty, S. Bhunia, Security against hardware Trojan through a novel application of design obfuscation, in: Proceedings of the 2009 International Conference on Computer-Aided Design, ACM, pp. 113–116.

[56] A. Baumgarten, A. Tyagi, J. Zambreno, Preventing IC piracy using reconfigurable logic barriers, IEEE Design & Test of Computers 27 (2010).

[57] J.B. Wendt, M. Potkonjak, Hardware obfuscation using PUF-based logic, in: Proceedings of the 2014 IEEE/ACM International Conference on Computer-Aided Design, IEEE Press, pp. 270–277.

[58] J. Rajendran, M. Sam, O. Sinanoglu, R. Karri, Security analysis of integrated circuit camouflaging, in: Proceedings of the 2013 ACM SIGSAC Conference on Computer &

Communications Security, ACM, pp. 709–720.

[59] R.P. Cocchi, J.P. Baukus, L.W. Chow, B.J. Wang, Circuit camouflage integration for hardware IP protection, in: Proceedings of the 51st Annual Design Automation Conference, ACM, pp. 1–5.

[60] Y. Bi, P.-E. Gaillardon, X.S. Hu, M. Niemier, J.-S. Yuan, Y. Jin, Leveraging emerging technology for hardware securitycase study on silicon nanowire FETs and graphene SymFETs, in: Test Symposium (ATS), 2014 IEEE 23rd Asian, IEEE, pp. 342–347.

[61] K. Xiao, M. Tehranipoor, BISA: built-in self-authentication for preventing hardware Trojan insertion, in: HardwareOriented Security and Trust (HOST), 2013 IEEE International Symposium on, IEEE, pp. 45–50.

[62] D. McIntyre, F. Wolff, C. Papachristou, S. Bhunia, Trustworthy computing in a multi-core system using distributed scheduling, in: On-Line Testing Symposium (IOLTS), 2010 IEEE 16th International, IEEE, pp. 211–213.

[63] C. Liu, J. Rajendran, C. Yang, R. Karri, Shielding heterogeneous MPSoCs from untrustworthy 3PIPs through securitydriven task scheduling, IEEE Transactions on Emerging Topics in Computing 2 (2014) 461–472.

[64] O. Keren, I. Levin, M. Karpovsky, Duplication based one-to-many coding for Trojan HW detection, in: Defect and Fault Tolerance in VLSI Systems (DFT), 2010 IEEE 25th International Symposium on, IEEE, pp. 160–166.

[65] J. Rajendran, H. Zhang, O. Sinanoglu, R. Karri, High-level synthesis for security and trust, in: On-Line Testing Symposium (IOLTS), 2013 IEEE 19th International, IEEE, pp. 232–233.

[66] T. Reece, D.B. Limbrick, W.H. Robinson, Design comparison to identify malicious hardware in external intellectual property, in: Trust, Security and Privacy in Computing and Communications (TrustCom), 2011 IEEE 10th International Conference on, IEEE, pp. 639–646.

[67] Trusted integrated circuits (TIC) program announcement, 2011.

[68] K. Vaidyanathan, B.P. Das, L. Pileggi, Detecting reliability attacks during split

fabrication using test−only BEOL stack, in: Proceedings of the 51st Annual Design Automation Conference, ACM, pp. 1−6.

[69] M. Jagasivamani, P. Gadfort, M. Sika, M. Bajura, M. Fritze, Split−fabrication obfuscation: metrics and techniques, in: Hardware−Oriented Security and Trust (HOST), 2014 IEEE International Symposium on, IEEE, pp. 7−12.

[70] B. Hill, R. Karmazin, C.T.O. Otero, J. Tse, R. Manohar, A split−foundry asynchronous FPGA, in: Custom Integrated Circuits Conference (CICC), 2013 IEEE, IEEE, pp. 1−4.

[71] Y. Xie, C. Bao, A. Srivastava, Security−aware design flow for 2.5D IC technology, in: Proceedings of the 5th International Workshop on Trustworthy Embedded Devices, ACM, pp. 31−38.

[72] J. Valamehr, T. Sherwood, R. Kastner, D. Marangoni−Simonsen, T. Huffmire, C. Irvine, T. Levin, A 3−D split manufacturing approach to trustworthy system development, IEEE Transactions on Computer−Aided Design of Integrated Circuits and Systems 32 (2013) 611−615.

[73] K. Vaidyanathan, B.P. Das, E. Sumbul, R. Liu, L. Pileggi, Building trusted ICs using split fabrication, in: 2014 IEEE International Symposium on Hardware−Oriented Security and Trust (HOST), pp. 1−6.

[74] F. Imeson, A. Emtenan, S. Garg, M.V. Tripunitara, Securing computer hardware using 3D integrated circuit (IC) technology and split manufacturing for obfuscation, in: USENIX Security Symposium, pp. 495−510.

[75] K. Xiao, D. Forte, M.M. Tehranipoor, Efficient and secure split manufacturing via obfuscated built−in self−authentication, in: Hardware Oriented Security and Trust (HOST), 2015 IEEE International Symposium on, IEEE, pp. 14−19.

[76] D.B. Roy, S. Bhasin, S. Guilley, J.−L. Danger, D. Mukhopadhyay, From theory to practice of private circuit: a cautionary note, in: Computer Design (ICCD), 2015 33rd IEEE International Conference on, IEEE, pp. 296−303.

14

하드웨어 난독화

14.1 소개

하드웨어 난독화는 설계를 수정하는 방법이므로 리버스 엔지니어링이나 복제가 상당히 어려워진다. 그림 14.1은 하드웨어 난독화 프로세스에 대한 높은 수준의 뷰를 제공하며, 이는 기능적 동작, 구조적 표현과 관련해 설계를 변형시킨다. 변환 프로세스에는 설계를 잠그는 데 사용되는 '키'가 필요하다. 난독화된 설계는 두 가지 모드로 작동한다. 올바른 키를 적용하면 키가 '잠금 해제'되고 정상 모드에서 작동한다. 즉, 정상적인 기능 동작을 수행한다. 잘못된 키를 사용하면 '잠금' 상태로 유지된다. 난독화 모드에서 작동하며 잘못된 출력을 생성한다.

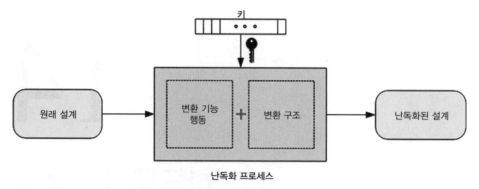

키

원래 설계 → 변환 기능 행동 **+** 변환 구조 → 난독화된 설계

난독화 프로세스

▲ 그림 14.1 하드웨어 난독화 프로세스에 대한 하이레벨 뷰

하드웨어 난독화는 활발하게 연구되고 있는 분야다. 기존의 IP 보호 방법과 근본적으로 다른 IP 보호 방법을 제시한다. 기존 접근 방식에는 IP 침해가 의심되는 경우 특허법, 저작권, 워터마킹과 같은 수동적 솔루션이 포함돼 법정에서 IP 소유권을 증명하고 주장하는 메커니즘을 제공한다. 기존의 보안 접근 방식은 신뢰할 수 없는 시설의 불법 복제와 리버스 엔지니어링에 대해 IP를 적극적으로 보호하지 못한다. 기존 접근 방식의 한계를 해결하고자 지난 10년 동안 하드웨어 난독화는 공급망을 따라 하드웨어 IP의 보안을 보장할 수 있는 유망한 방어 메커니즘으로 연구됐다. 특히 하드웨어 IP에 대한 3가지 주요 위협, 즉 (1) 리버스 엔지니어링, (2) 불법 복제, (3) 악의적인 수정(5장에서 설명한 하드웨어 트로이목마 공격)을 기준으로 효과를 연구했다. 대부분의 난독화 연구는 처음 두 가지 위협을 해결하기 위한 것이지만 일부 방법은 신뢰할 수 없는 파운드리에서 트로이목마 공격에서 IP를 보호하는 것으로 나타났다. ASIC, FPGA 설계 흐름과 게이트 레벨과 레지스터 전송 레벨 IP 같은 다른 추상화 레벨에 대해 난독화가 연구됐다. 암호화와 마찬가지로 보안 모델은 난독화 처리에 사용되는 알고리즘이 아니라 키의 비밀에 의존한다.

하드웨어 난독화는 강력한 보호 기능을 제공하고자 체계적인 변환 세트를 적용해야 한다. 그림 14.2는 설계 변환의 주요 목표와 달성 방법을 보여준다. 주요 목표 중 하나는 블랙박스 사용을 방지하는 것이다. 이는 변환된 IP를 더 큰 설계, 예를 들어 원하는 기능을 제공하고자 SoC에서 '블랙박스'로 사용할 수 없음을 나타낸다. 이 목표는 잠금 메커니즘을 통해 달성된다. 잠금은 잘못된 키에 대해 잘못된 기능을 생성하는 키로 제어되는 특수 논리 구조나 게이트를 삽입하거나 반대로 수행된다. 강력한 난독화를 위해서는 기능적 또는 구조적 분석 공격에 대해 강력한 잠금 장치가 필요하다. 두 번째 주요 목표는 신중한 구조 변환을 통해 설계 의도를 숨기는 것이다. 이것은 두 가지 이유에서 필수적이다. (1) 쉽게 식별할 수 있는 잠금 장치는 쉽게 제거될 수 있기 때문에 잠금장치 자체를 보호한다. 그리고 (2) 실현된 기능의 유형과 논리 스타일과 같은 설계 비밀의 누출을 방지해 잠재적인 적에게 설계에 대한 중요한 단서를 제공할 수 있다. 설계 지식의 부분적인 추출조차도 적에게 매우 유용할 수 있다. 예를 들어 산술 논리 장치의 잘못된 난독화는 오버플로 메커니즘이나 파이프라인 구조와 같은 설계의 중요한 기능을 나타낼 수 있다. 많은 응용 분야(예, 디지털 신호 처리, 그래픽 등)를 위한 하드웨어는 매우 규칙적인 논리 구조를 갖고 있다. 이들에 대한 난독화는 설계 의도를 숨기는 것과 관련해 훨씬 더 어려운 과제를 제시한다.

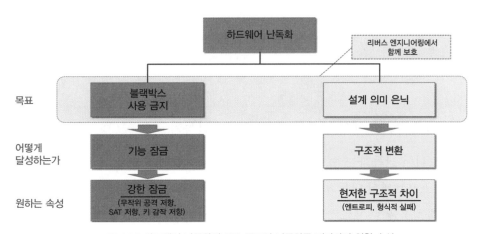

▲ 그림 14.2 하드웨어 난독화의 주요 목표와 난독화를 평가하기 위한 속성

14.1.1 사전 준비

이 절에서는 소프트웨어와 하드웨어 모두에 대한 난독화의 정의를 제시하고 차이점을 설명한다. 또한 암호화에 비해 하드웨어 IP 난독화의 장점을 이야기한다.

14.1.1.1 정의

'난독화'라는 용어는 고유의 지적 재산을 보호하고자 정보의 실제 내용이나 제품의 기능적 행동을 가리거나 덮는 방법을 나타낸다. 암호와 소프트웨어에서 난독화기 Z는 공식적으로 프로그램 P를 난독화된 형태 $Z(P)$로 재구성하는 '컴파일러'로 특징지어진다. $Z(P)$에서 P를 구성하려는 공격자는 이해할 수 없지만 $Z(P)$는 P와 동일한 기능을 가져야 한다.

하드웨어 설계와 관련해 난독화, 즉 '하드웨어 난독화'는 하드웨어 IP 보호와 관련이 있다. 이 IP는 재사용 가능한 논리, 메모리 또는 아날로그 회로 블록으로 개발자가 소유하고 자체적으로 또는 다른 SoC 디자인 하우스에서 사용한다. 하드웨어와 소프트웨어를 난독 처리하는 기술은 크게 다르지만 난독화의 주요 목표(불법 복제, 리버스 엔지니어링과 악의적인 수정이 가능한 악의적인 행위자로부터 IP 보호)는 그대로 유지된다.

14.1.1.2 소프트웨어 난독화 대 하드웨어 난독화

소프트웨어 난독화는 주로 코드로 표시된 알고리즘의 구현을 가리는 데 중점을 둔다. 소프트웨어 난독화는 간단한 주석 추가, 기호 이름 변경, 공백 제거에서 루프 언롤링을 통한 프로그램 제어 흐름 수정과 같은 좀 더 정교한 방법에 이르기까지 다양한 기술에 의존한다[1].

소프트웨어는 코드나 컴파일된 바이너리로만 얻을 수 있는 반면, 하드웨어는 아키텍처 레벨 설명, RTL 설명, 넷리스트, 레이아웃, 제작된 칩과 FPGA 구성 비트스트림 등의 다양한 형태로 얻을 수 있다. 하드웨어 설명을 텍스트 표현(예, RTL, 게이트 레벨 넷리스트)에서 찾을 수 있는 한 많은 소프트웨어 난독화 솔루션을 적용할 수 있다. 그러나 앞에서 언급한 위협 모델에 대해 적절한 보호를 제공하지 못할 수 있다. 하드웨어 설계가 이미지(예, GDSII 레이아웃) 또는 물리적 형태(제조된 IC)로 표시되면 완전히 다른 접근 방식이 필요하다. 예를 들어 하드웨어 IP의 RTL 코드는 중복 코드 주입과 같은 일부 키리스^{keyless} 소프트웨어 난독화 방법을 활용해 난독화될 수 있다. 그러나 일단 설계가 합성되면 회로의 실제 기능에 영향을 미치지 않는 중복 부분은 합성 도구의 고유한 최적화 목표로 인해 제거될 수 있다. 이를 통해 공격자는 하드웨어의 합성된 표현에서 원래 기능을 관찰할 수 있다.

전자 시스템 설계 라이프 사이클은 소프트웨어에 비해 크게 다르다. 소프트웨어 개발 프로세스와 달리 하드웨어 설계, 제조, 테스트 프로세스는 종종 전체 SoC와 같은 하드웨어 설계에 접근해야 한다. 신뢰할 수 없는 설계/제조/테스트 시설의 적에게 설계에 대한 완전한 접근 권한을 부여해 모든 IP를 불법 복제, 리버스 엔지니어링에 취약하게 만든다. 마지막으로 평가자에게 소프트웨어를 배포하고 최종 사용자에게 판매하고자 적절한 라이선스 메커니즘(예, 노드 잠금 라이선스)을 사용할 수 있다. 그러나 불법 복제를 방지하고자 하드웨어 IP에 대한 이러한 라이선스 방식은 달성하기 어렵다. 다음 절에서 이 주제를 자세히 설명한다.

14.1.2 하드웨어 IP를 암호화하지 않는 이유

암호화는 견고성이 수학적으로 입증될 수 있는 IP 전달을 위해 안전한 메커니즘을 제공한다. 신뢰할 수 없는 공급망에서 하드웨어 IP를 안전하게 전달하고 사용하는 데 우수한 암호화 알고리즘(예, Advanced Encryption Standard 또는 AES)을 사용할 수 있다고 주장할 수 있다. CAD 도구의 적절한 지원으로 공급망의 특정 부분에서 하드웨어 IP를 보호하고자 암호화를 적용할 수 있다. 특히 공급업체별 도구 모음이 암호화/암호 해독 프로세스를 관리하는 FPGA 설계 흐름에서 IP를 효과적으로 보호할 수 있다. 그러나 공급망의 많은 단계에서 IP가 화이트박스(예, 합성, 물리적 설계)로 활용되는 암호화는 적용되지 않는다. 예를 들어 디자인 마스크를 만들려 면 실제 GDSII 파일을 파운드리에 제공해야 한다. 신뢰할 수 없는 파운드리로 운 송하는 동안 암호화될 수 있지만 제조 전에 IP를 해독해야 하며 파운드리는 원래 (암호화되지 않은) 양식에 접근할 수 있다. 설계 내에 테스트 리소스(예, 스캔 체인과 테스트 포인트)에 대한 설계를 삽입하는 DFT 삽입 기능에도 동일하게 적용된다.

소프트 IP의 기능 시뮬레이션과 FPGA 프로토타이핑 중에 설계는 암호화된 형태 로 제공될 수 있다. 그러나 설계의 시뮬레이션과 합성을 담당하는 CAD 도구는 암 호화키를 얻어야 한다. 복호화된decrypted 버전의 설계만 시뮬레이션하거나 합성하 는 데 필요한 설계의 기능적, 구조적 속성을 유지하기 때문이다. 이 프레임워크에 서는 키 관리를 담당하는 CAD 도구가 손상되지 않는 한 IP가 보호된다. 따라서 공 급망의 신뢰할 수 없는 다양한 단계에서 IP의 화이트박스 사용 요구 사항으로 인 해 암호화는 하드웨어 IP 보호용 실용적인 솔루션으로 간주되지 않는다.

14.2 난독화 기법 개요

연구원들은 지난 10년 동안 다양한 하드웨어 난독화 기술을 개발했다. 이러한 기 술의 분류는 그림 14.3에서 보여주며 다음 절들에서 간략하게 설명한다.

14.2.1 RTL 난독화

레지스터 전송 레벨 IP, 즉 소프트 IP는 Verilog나 VHDL과 같은 HDL을 사용해 IP를 설명하고자 높은 수준의 구성constructs을 사용한다. 소프트 IP의 난독화는 일반적으 로 게이트 레벨의 대응물보다 어려운 문제를 나타낸다. RTL 구조는 제어와 데이터 흐름 측면에서 해석하기가 더 쉬워 설계 의도를 숨기는 것이 더 어렵기 때문이다. IP 암호화는 일반적으로 소프트 IP를 보호하는 데 사용됐다. 이 방법에서는 전체 소프트 IP를 AES나 RSA와 같은 일반적인 암호화 기술로 암호화할 수 있다. 키 관리는 일반적으로 EDA 도구(신뢰할 수 있는 것으로 간주됨)에 의해 처리되며, 암호화된 IP를 합법적으로 취득하는 디자인 하우스는 단순히 설계에서 이를 블랙박스로 사용한다.

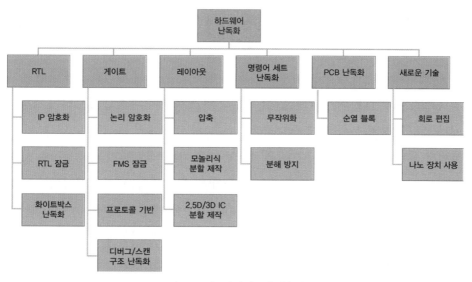

▲ 그림 14.3 하드웨어 난독화 기술의 분류

암호화 외에도 소프트 IP 보호를 위해 다양한 키 기반 난독화 접근 방식이 연구됐다[2, 3]. IP의 RTL 코드는 먼저 제어와 데이터 흐름 그래프^{CDFG, Control and Data Flow Graph}[2] 또는 상태 전이 그래프[3]로 변환될 수 있다. 그런 다음 '키 상태', 즉 특정 입력 시퀀스나 정상적인 기능적 동작을 생성하고자 키를 적용할 때 통과해야 하는 추가 상태를 삽입해 그래프를 수정할 수 있다. 잘못된 키를 적용하면 작동하지 않고 난독화된 모드로 유지된다. 소프트 IP는 기존의 소프트웨어 난독화 접근 방식과 유사하게 명확성과 가독성 측면에서 난독화될 수 있다. RTL 코드를 이해할 수 없지만 기능적으로는 원래 코드와 동일하게 만들고자 루프 언롤링, 네트 이름 변경, 명령문 순서 변경과 같은 기법을 적용할 수 있다[4]. 기능적 또는 구조적 변형을 포함하지 않기 때문에 화이트박스 난독화라고 한다.

14.2.2 게이트 레벨 난독화

펌firm IP라고 하는 게이트 레벨 IP는 넷리스트 형식으로 제공된다. 넷리스트는 표준 논리 셀과 네트의 모음으로, 셀 간 연결을 나타낸다. 게이트 레벨 난독화 기술은 XOR, XNOR, MUX와 같은 추가 게이트를 설계의 넷리스트에 삽입해야 한다[5, 6]. 이 게이트(와 논리 출력)는 키 비트에 의해 제어되며, 이는 넷리스트에 대한 추가 입력으로 사용된다. 이 키 비트는 칩 내부의 변조 방지 비휘발성 메모리에 저장되거나 물리적 복제 불가능 기능(12장의 뒷부분에서 설명)에서 파생될 수 있다. 키 비트에서 올바른 논리 값('1'이나 '0')은 넷리스트에 대해 의도된 기능적 동작을 보장한다. 키 비트에 올바른 값이 없으면 이들에 의해 제어되는 논리 게이트가 내부 회로 노드에서 잘못된 논리 값을 생성해 넷리스트에 대한 출력이 잘못된다. 외부 입력으로 회로의 선택된 내부 노드를 제어하는 프로세스는 제어 가능한 테스트 포인트 삽입[7]과 매우 유사하다. 이 테스트는 전통적으로 설계의 테스트 가능성을 향상시키는 데 사용됐다. 키 비트에 연결된 내부 노드는 전략적으로 선택돼 출력 손상을 최대화하고 (잘못된 키의 경우) 넷리스트 전체의 구조적 변화를 증가시킨다. 이러한 게이트 레벨 난독화 기법의 자세한 연구는 14.3절에서 다룬다.

또 다른 종류의 게이트 수준 난독화 기술은 IP 보호를 위한 상태 공간 난독화에 중점을 둔다. 이러한 기술은 게이트 레벨 순차 회로에 적용할 수 있다. 그것들은 기본 유한 상태 기계FSM의 상태 전이 함수를 변형시킨다[8]. 변환은 다음 두 가지 목적을 수행한다. a) 첫째, FSM을 잠그므로 키 역할을 하는 특정 입력 시퀀스를 적용하지 않고 FSM은 잠긴 상태로 유지된다. b) 올바른 키를 적용하면 상태 기계가 '잠금 해제'된다. 즉, 정상 작동 모드로 전환된다. FSM의 잠금은 난독화 FSM^{OFSM}을 원래 FSM에 통합해 이뤄지며, 두 가지 모드로 작동하는 FSM이 생성된다. (1) 난독화 모드, (2) 정상 상태에서 올바른 상태로 전환되는 정상 모드다. 이 접근법은 FSM의 잠금 상태를 사용해 상태 기계와 연관된 조합 논리의 내부 노드를 변환한다. 앞에서 설명한 게이트 수준 난독화 기법과 매우 유사한 방식으로 수행된다. 추가 키 비트에서 키 값을 가져오는 대신 상태 요소에서 활성화 키 값을 생성한다. 키 값은 게이트 레벨 난독화에서와 같이 '수정 셀'을 구동하고 잘못된 키에 대한 조합 논리에서 잘못된 내부 값을 생성한다.

또한 순차적 난독화는 설계의 스캔 체인을 난독화하는 데 사용됐다. 앞에서 설명한 것처럼 스캔 체인은 테스트 가능성을 향상시키고자 설계에 삽입된 DFT 구조다. 스캔 체인을 통해 접근할 수 있는 권한이 없는 사용자가 칩에서 비밀을 누설하는 데 사용할 수 없도록 스캔 체인의 보안을 활성화하는 것이 중요하다[9]. 이러한 테스트 인프라 악용을 방지하고자 다양한 난독화 기술이 개발됐다. 예를 들어 연구원들은 여러 스캔 플립플롭의 값을 단일 출력으로 압축하는 테스트 압축 구조를 사용해 개별 FF 값을 관찰할 수 없도록 제안했다. 비밀키가 적용되지 않는 한 설계자가 스캔 체인(스캔 체인 FF)의 응답을 스크램블링할 수 있는 잠금 기술도 제안됐다. 스캔 구조 보호의 자세한 내용은 9장에 있다.

14.2.3 레이아웃 레벨 난독화

하드 IP라고도 하는 레이아웃 레벨 IP는 설계의 물리적 레이아웃 형태로 제공되며, 특정 제조 공정과 관련된 형상과 공간 정보로 구성된다. 이러한 정보는 파운드리에 의한 칩 제조에 직접 사용된다. 신뢰할 수 없는 파운드리에 의한 불법 복제와 악의적인 변경(즉, 트로이목마 이식)에서 레이아웃을 보호하고자 몇 가지 분할 제조 기술이 제안됐다[10~12]. 이러한 개별 접근 방식은 기존 또는 새로운(2.5D/3D) IC

기술에 적용할 수 있다. 분할(스플릿^{Split}) 제조 기술은 고급 프로세스(일반적으로 고가의 트랜지스터/활성 층과 FEOL^{Front-End-Of-Line} 층이라고 하는 더 적은 금속 층)를 사용해 신뢰할 수 없는 파운드리에서 설계의 일부를 제조한 다음 덜 고급스러운 프로세스 기술(일반적으로 BEOL^{Back-End-Of-Line} 레이어라고 하는 상위 레벨 금속 레이어)을 사용해 신뢰할 수 있는 파운드리에서 나머지 저렴한 제조 단계를 완료하는 데 의존한다[13]. 신뢰할 수 없는 파운드리에서 연결 정보를 숨기므로 IP 보호 측면에서 고유한 이점이 있다. 그러나 보안에 중요한 그물이 신뢰할 수 있는 파운드리의 상위 금속 층에 라우팅되도록 라우팅 리소스(인터커넥트와 바이아^{via}와 같은)를 적절하게 배치하는 방법은 난독화를 극대화할 수 있다.

분할 제조 개념은 IP 보호에 매력적이지만 공개된 접근 방식에 대한 공격이 증가했다. 이러한 공격은 근접성 데이터를 사용해 누락된 연결 정보를 복구한다. EDA 도구는 특정 길이(예, 게이트 거리)를 사용해 와이어 길이를 최소화한다는 가정을 기반으로 한다[14]. 더욱이 제조 분할의 가장 큰 장애물은 디자인 하우스가 여전히 BEOL을 완성하기 위해 파운드리를 유지해야한다는 점인데, 이는 분리층에 따라 엄청나게 비쌀 수 있다. 또한 그러한 모놀리식 스플릿 제조 기술과의 파운드리 호환성과 웨이퍼 정렬은 IC 수율을 손상시킬 수 있다.

위장: 또 다른 종류의 난독화는 설계의 전략적 위치에서 구성 가능한 셀을 사용해 정상 작동을 비활성화하고 설계 의도를 숨긴다[15]. 이러한 구성 가능한 셀은 제조 후 다른 논리 기능을 구현하도록 프로그래밍할 수 있다. 신뢰할 수 없는 설계/제조 시설은 그 기능을 알지 못하기 때문에 '위장' 셀의 역할을 한다. 이러한 셀은 종종 라이브러리의 다른 표준 셀(예, NAND, NOR, XOR)과 유사하게 표시되는 레이아웃을 갖고 있다. 파운드리의 공격자와 설계를 추출하고자 IC의 파괴적인 리버스 엔지니어링을 수행하는 누군가에게 '위장' 셀은 레이아웃에서 설계를 공개하지 않는다. 이 기술은 14.3.2절에서 자세히 다룬다.

2.5D/3D IC 난독화: 최근 2.5D/3D 통합 기술의 발전으로 분할 제조가 수월해질 수

있다. 레이아웃에서 와이어 리프팅을 수행해 리프트된 와이어를 신뢰할 수 있는 시설에서 별도의 레이어로 제작할 수 있다. 다음으로 일반적인 3D IC 설계 흐름에서 TSV^Through-Silicon-Via 결합점을 사용해 완전한 IC를 조립할 수 있다[11]. FEOL 층의 설계에서 모든 게이트는 구조적으로 동일한 설계에서 k개의 다른 게이트와 유사하다(상위 계층의 BEOL 정보가 누락됨). 이로 인해 공격자(예, 신뢰할 수 없는 파운드리)가 게이트를 식별해 전체 설계를 추출하거나 악의적인 변경 사항을 삽입하기가 어렵다.

게이트 레벨 설계를 안전하게 분할하고자 2.5D IC 기술을 더 활용할 수 있으므로 설계의 두 개 이상 분할 영역을 신뢰할 수 없는 파운드리에서 제작할 수 있으며, 이러한 분할 영역을 연결하는 접속 계층을 신뢰할 수 있는 시설에서 제작할 수 있다[16]. 불행히도 2.5D/3D IC 기술을 기반으로 하는 분할 제조는 별도의 제조 시설이 필요하다는 동일한 단점이 있다. 또한 이들 기술은 일반적으로 난독화를 위해 상당한 양의 게이트 스와핑과 와이어 재라우팅 작업을 요구해 넓은 면적과 지연 오버헤드를 초래한다.

14.2.4 명령 세트 난독화

모든 프로세서에는 명령과 아키텍처의 유형, 주소 공간, 프로세서가 지원하는 연산 코드^opcode를 나타내는 ISA(기본 명령 세트^instruction set 아키텍처)가 있다. ISA는 컴퓨터의 소프트웨어와 하드웨어 사이의 중개자 역할을 하며, 일반적으로 공개된 정보다. 불행히도 이는 시스템에 사용된 프로세서의 잘 알려진 ISA, 취약점(예, 버퍼 오버플로)으로 인해 원격 또는 침입 공격에 취약하다는 것을 의미한다(예, 명령). IoT와 기타 시스템에 사용되는 수백만 개의 프로세서에서 동일한 ISA는 공격자가 소프트웨어 감염, 소프트웨어 IP 불법 복제, 악성코드 전파(네트워크를 통해 한 컴퓨터에서 다른 컴퓨터로)를 돕게 된다.

ISA의 예측 가능성을 방지하고자 소프트웨어 코드는 난독화돼 한 컴퓨터에서만 실행되고 다른 컴퓨터에서는 계속 잠겨 있다. 코드의 각 바이트는 의사 난수 pseudorandom number를 사용해 뒤섞일scrambled 수 있으며, 실행하는 동안 원본 코드를 생성하고자 다시 정돈될 수 있다[17]. 즉, 절대 뒤섞이지 않은 무단 프로그램은 임의의 비트로 뒤섞여 악의적인 동작을 막을 수 있다. 대안적으로 명령은 프로세서와 주메모리 사이에서 전송될 때 비밀키로 XOR될 수 있다[18]. 이러한 코드의 난독화는 OS의 지원이 필요하며, 이는 실행 전에 코드를 안전하게 난독 처리하거나 런타임에 코드를 난독화해 프로세서가 올바르게 작동하도록 프로세서 하드웨어를 신중하게 수정해야 한다.

명령 세트 난독화는 기계 코드를 리버스 엔지니어링하는 분해 단계, 즉 기계 코드를 사람이 읽을 수 있는 형태로 변환하는 분해 단계를 방해할 수도 있다[19]. 이것은 코드의 명령 스트림에 '정크 바이트'를 주의해서 삽입해 수행할 수 있다. 이러한 정크 바이트는 자동 디스어셈블러가 명령이나 프로그램의 제어 흐름을 잘못 해석하지만 런타임 중에 도달할 수 없는 명령이므로 프로그램 기능(의미론)에는 영향을 미치지 않는다.

14.2.5 PCB 난독화

PCB 설계는 SoC에서 사용되는 IP와 유사한 보안 문제에 취약하다. PCB 설계의 효과적인 난독화는 제조와 배포 시 불법 복제, 리버스 엔지니어링 또는 변조를 방지할 수 있다. PCB 설계 난독화의 가능한 해결책은 보드에 순열(치환permutation) 블록을 삽입하는 것이다[20]. CPLDComplex Programmable Logic Device 또는 FPGA로 구현된 순열 블록은 중요한 상호 연결 세트(예, 마이크로컨트롤러의 데이터 버스)를 가져와 대상에 도달하기 전에 키를 기준으로 상호 변환한다. CPLD나 순열 블록을 실현하는 FPGA에 올바른 키가 적용된 경우에만 순열을 올바른 구성으로 해결할 수 있다.

14.3 하드웨어 난독화 방법

이 절에서는 게이트, 레이아웃 레벨 하드웨어 설계에 적용되는 괜찮은 난독화 방법 중 일부를 자세히 설명한다.

14.3.1 논리 잠금

논리 잠금Logic Locking 방식은 조합 논리에 새로운 게이트를 삽입해 실제 기능과 하드웨어 IP의 구조를 숨긴다[6, 21, 22]. 이 게이트를 '키 게이트'라고 하자. 앞에서 설명한 것처럼 이 새로운 게이트는 설계를 효과적으로 '잠근다'. 이러한 게이트가 삽입되면 설계가 다시 합성되고 기술 매핑된다(즉, 대상 기술 노드의 표준 셀 라이브러리에 매핑된다). 이 단계는 키 게이트가 있을 때 설계를 최적화하고 키 게이트를 넘어 구조 변형을 설계로 전파한다. 난독화된 설계를 기능적으로 사용하려면 난독화된 IP에 정확한 키를 적용해야 한다. 해당 게이트에 키를 잘못 입력하면 출력이 잘못된다. 따라서 공인 IP 사용자는 난독화된 설계를 올바르게 사용하기 위한 키를 얻어야 한다.

키 게이트가 삽입되는 위치는 난독화 목표에 따라 선택된다. 키 게이트 삽입을 위한 많은 휴리스틱이 연구됐다. 가장 간단한 형태로 키 게이트는 무작위 위치에 설계에 삽입된다[6]. 이러한 가능성은 키 게이트를 무작위로 분배할 수 있는 이점과 그 결과 설계 전반에 걸친 구조적 변화를 촉진한다. 다른 휴리스틱에는 내부 노드의 팬인이나 팬아웃 콘을 고려하는 콘 기반 키 게이트 삽입이 포함된다. 논리 원뿔에 많은 수의 입력이 있는 노드는 이 장의 뒷부분에서 설명하는 것처럼 무차별 대입이나 결함 분석 기반 공격을 더 어렵게 만드는 이점이 있다. 반면 출력 콘이 큰 노드는 출력 콘이 작은 노드보다 잘못된 키에 대해 더 많은 출력 손상을 일으킬 수 있다.

예시를 사용해 논리 잠금 방법을 설명하자면 그림 14.4(A)는 게이트 레벨 넷리스트 형태의 원래 설계를 보여주며, 이는 그림 14.4(B)에서 세 개의 키 게이트를 사용해 난독화된다. 원래 설계의 기능적 입력은 *A*, *B*, *C*, *D*다. 입력 라인 *K*1, *K*2, *K*3은 키 입력이며 키 게이트(XOR, XNOR 게이트)에 연결된다. 올바른 키 값(*K*1 = 0, *K*2 = 1, *K*3 = 0)을 적용하면 설계에서 올바른 출력을 생성한다. 그렇지 않으면 잘못된 출력이 생성된다.

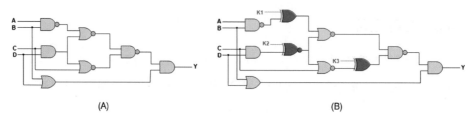

▲ 그림 14.4 (A) 원래 회로, (B) 3개의 키 게이트가 있는 난독화된 회로(빨간색 게이트)

14.3.1.1 보안 속성과 지표

효과적인 난독화 방법은 IP 불법 복제와 리버스 엔지니어링에 수용할 수 있는 보호 기능을 제공해야 한다. 그러나 추가 설계와 테스트/검증 비용이 발생한다. 대부분의 난독화 방법은 면적, 전력, 지연 측면에서 상당한 설계 오버헤드가 발생한다. 설계 단계에서 보안 대 설계/테스트 비용을 절충할 수 있도록 설계자가 난독화 방법에 대한 정량 분석을 수행할 수 있게 하는 것이 중요하다. 다음으로 난독화의 관련 속성과 정량적 보안 수단을 제공하는 메트릭을 제시한다.

(i) **정확성:** 논리 잠금 기술은 독창적이고 정확한 기능성을 유지해야 한다. 즉, 올바른 키를 적용하면 설계에서 올바른 출력을 생성해야 한다. 이 속성은 일반적인 암호화 기술에서 상속된다.

(ii) **엔트로피와 해밍 거리:** 이 기술은 이전 입력–출력 조합을 관찰해 올바른 출력을 추측하는 공격에 대해 복원력이 있어야 한다. 이러한 공격을 막으려면 잘못된 키를 적용해 설계의 출력 응답에 대한 엔트로피를 늘려야 한다. 다시 말해 올바른 키와 잘못된 키에서 설계의 출력 응답 사이의 해밍 거리는 이상적으로 50%여야

636

한다. 이 해밍 거리는 잘못된 키 입력에서 출력 응답의 엔트로피를 나타낸다[21].

(iii) 엉킴: 난독화된 설계의 키 게이트는 제거할 수 없어야 한다. 공격자(예를 들어 신뢰할 수 없는 파운드리에 있는 사람)는 난독화된 설계의 내부 노드에 액세스할 수 있어야 하므로 키 게이트를 간단히 제거한 다음 원래 설계를 검색할 수 있다.

(iv) 출력 손상: 블랙박스 사용을 방지하고 설계 의도를 숨기려면 높은 출력 손상을 갖는 것이 이상적이다. 첫째, 대량의 잘못된 키에 대해 잘못된 출력을 보장하는 것이 중요하다. 둘째, 잘못된 각 키에 대해 올바른 기능을 생성하지 못하는 출력 수를 늘리는 것이 중요하다. 출력 손상이 불량하면 '바이패스 공격'에 대한 취약점이 생긴다. 예를 들어 하나의 키 패턴에 대해서만 잘못된 출력을 생성하는 난독화된 넷리스트는 특정 패턴을 확인하고 해당 패턴의 출력에서 올바른 값(즉, 난독화된 논리를 '우회')을 수행해 원래 기능을 생성하도록 쉽게 수정될 수 있다[23]. 그런 다음 '우회'가 난독화된 설계를 블랙박스로 사용할 수 있다. 또한 손상이 불량한 설계는 KSA^Key Sensitizing Attack이나 기타 공격에 더 취약할 수 있다.

(v) 키 추측 공격에 대한 저항: 공격자는 이전에 관찰된 입력-출력 쌍에서 올바른 키 값을 추측하려고 시도할 수 있다. 난독화된 설계를 이러한 키 추측 공격에 견딜 수 있게 하려면 올바른 키 값을 얻는 데 필요한 입력-출력 쌍 수가 키 크기에 따라 기하급수적으로 증가하는 방식으로 키 게이트를 배치해야 한다.

(vi) 설계 오버헤드: 논리 잠금 기술은 면적, 전력, 지연 오버헤드를 최소화하는 것을 목표로 해야 한다. 앞에 나열된 보안 속성은 애플리케이션의 특정 목표를 충족시키고자 오버헤드와 균형을 이뤄야 한다.

14.3.1.2 논리 잠금에 대한 가능한 공격

기존 논리 잠금 기술에 대한 여러 공격이 보고되고 있다. 이러한 공격에서 공격자의 주요 대상은 잠금 키를 발견하는 것이다. 난독 처리에 대한 '무차별 대입 공격'

은 가능한 모든 키 조합을 시도하고 출력값을 관찰하는 것이다. 이 경우 공격자의 주요 목표는 관찰된 출력이 골든 기능 출력과 일치함을 인식하는 것이 올바른 키로 결정된다. 최악의 경우 공격자는 크기가 N비트인 키에 대해 2^N 가능한 키 값을 시도해야 한다. 종래의 암호화 기술과 유사하게 여기서 키를 발견하기 어려운 것은 키 크기의 지수 함수다. 따라서 128비트 이상과 같이 상당히 큰 키 크기의 경우 무차별 대입 공격을 사용해 키를 발견하면 계산할 수 없게 된다. 잘못된 키는 회로의 원래 입력에서 일부 패턴에 대해 올바른 기능적 동작을 생성할 수 있다. 따라서 올바른 키를 찾으려면 가능한 모든 입력 조합에 대해 올바른 기능적 동작을 확인하는 것이 중요하다.

KSA[Key Sensitizing Attack][24]: 다른 CAD 도구 공급업체(Synopsys, Cadence, Mentor 등)에서 제공하는 자동 테스트 패턴 생성[ATPG] 도구를 사용해 키 비트의 가치를 얻을 수 있다. 테스트 엔지니어가 설계에 효율적인 테스트 패턴을 생성하는 데 널리 사용된다. 이 공격은 잠금 해제된 칩의 가용성이나 IP의 황금색 기능적 동작을 가정한다. 공격자는 다른 키 비트나 출력에 의한 마스킹 또는 손상 없이 키 비트를 민감하게 만든다. 출력을 관찰함으로써 다른 키 비트가 감지된 경로에 간섭이 없는 경우 감지된 키 비트의 값을 결정할 수 있다. 공격자가 입력 패턴을 결정하면 간섭 없이 키 비트를 출력에 민감하게 만들 수 있으며, 이를 기능 IC에 적용할 수 있다. 이 시점에서 이 패턴은 키 비트의 정확한 값을 출력에 민감하게 하는 데 사용된다. 출력을 관찰하면 공격자가 키 값을 확인할 수 있다.

불리언 만족도[SAT] 공격[24, 25]: SAT 공격은 난독화된 설계에서 올바른 키를 불리언 만족도 문제로 모델링하고 휴리스틱 기반 알고리즘을 사용해 이를 발견하는 강력한 공격이다. KSA와 마찬가지로 잠금 해제된 칩이나 골든 기능 출력의 가용성도 가정한다. SAT 공격은 키 검색 공간을 최소화하므로 키 찾기에 대한 무차별 공격과 비교해 올바른 키 값을 찾는 데 필요한 노력을 크게 줄인다. SAT 공격은 구별되는 입력 패턴[DIP, Distinguishing Input Patterns]을 사용해 잘못된 키 값을 배제한다. 적어도 두 개의 다른 키 값이 다른 출력을 생성하는 입력값을 DIP라고 한다. 경우에 따라 단일 DIP가 둘 이상의 잘못된 키 값을 배제할 수 있다. SAT 공격은 임의로 DIP를 선택하거나 기본 SAT 엔진에서 지시한 것과 일치한다. 단일 DIP에서 다수의 잘못된 키를 배제한 경우 올바른 키를 찾는 데 패턴이 거의 필요하지 않다.

그림 14.4(A) 회로의 난독화된 버전인 그림 14.4(B)의 회로 예를 살펴보자. 이제 이 회로에 대한 SAT 공격을 설명하겠다. 이 공격을 위해 공격자는 난독화된 넷리스트와 기능적 IC(또는 골든 기능적 출력$^{golden\ functionality\ output}$)가 필요하다. 난독화된 넷리스트는 다양한 소스(예, 신뢰할 수 없는 DFT 삽입 시설이나 파운드리)에서 얻을 수 있으며 기능성 IC는 공개 시장에서 얻을 수 있다. 이 공격 중에 첫 번째 단계는 기능성 IC에서 입력-출력 쌍을 찾는 것이다. 그런 다음 SAT 솔버^{solver} 도구가 임의로 DIP를 선택하고 잘못된 키 값을 배제하려고 한다. 그림 14.5는 유효하지 않은 키를 제거하는 반복 프로세스를 보여준다.

Inputs				Output	다른 키 값에 대한 출력								각 반복(i)에서
A	B	C	D	Y	key0(000)	key1(001)	key2(010)	key3(011)	key4(100)	key5(101)	key6(110)	key7(111)	키를 배제
0	0	0	0	0	0	0	0	0	0	0	0	0	
0	0	0	1	0	1	1	1	1	1	1	1	1	
0	0	1	0	0	0	0	0	0	0	0	0	0	
0	0	1	1	1	1	1	1	1	1	0	1	1	i=2 >> key5
0	1	0	0	1	1	1	1	1	1	1	0	1	
0	1	0	1	1	1	1	1	1	1	1	0	1	
0	1	1	0	1	1	1	1	1	1	1	1	0	i=3 >> key7
0	1	1	1	1	1	1	1	1	1	0	1	1	
1	0	0	0	0	0	0	0	0	0	0	0	0	
1	0	0	1	0	1	1	1	1	1	1	0	1	i=5 >> key6
1	0	1	0	1	1	1	1	1	1	1	1	1	
1	0	1	1	0	0	0	0	0	1	1	1	1	
1	1	0	0	1	1	1	0	1	1	1	1	1	
1	1	0	1	0	1	1	1	0	1	1	1	1	i=4 >> key3
1	1	1	0	1	1	0	1	1	1	1	1	1	i=1 >> key1

▲ 그림 14.5 SAT 키 검색 공간을 줄이고자 SAT 공격에서 유효하지 않은 키 값을 제거

그림 14.5는 다른 입력 패턴에 대한 기능 출력을 보여준다. 또한 그림 14.4의 회로에 대한 서로 다른 입력과 키 값 조합의 출력을 보여준다. 그림 14.5에서 3개의 비트 키에 대해 가능한 8가지 키 값은 $key0, key1, \ldots, key7$로 표시된다. 여기서 $key = \{K1, K2, K3\}$이고 $key0 = \{0, 0, 0\}$, $key1 = \{0, 0, 1\}$, $\ldots$, $key7 = \{1, 1, 1\}$ 등으로 표시된다. 다른 키 값의 출력은 녹색, 빨간색으로 표시된다. 빨간색과 녹색은 각각 잘못된 출

력을 나타낸다. 첫 번째 반복에서는 DIP가 1111로 선택됐다고 가정한다. 이 반복에서 SAT 솔버는 이 키 조합의 출력이 기능적으로 올바른 출력과 일치하지 않기 때문에 *key*1을 잘못된 키 조합으로 찾는다. 따라서 유효한 키 값 목록에서 *key*1을 제거한다. 두 번째 반복에서는 0011이 DIP로 선택되고, *key*5는 반복 1에서와 동일한 방식으로 제외된다. SAT 솔버 도구는 여러 번의 반복을 거쳐 잘못된 키 값을 점진적으로 배제한다. 이 예제에서는 5번의 반복 후에 5개의 키 값(*key*1, *key*3, *key*5, *key*6, *key*7)이 제외되고 공격자가 난독화된 넷리스트에서 시도해 올바른 키를 쉽게 찾을 수 있는 3가지 키 조합만 남는다. 그러나 SAT 솔버가 1100 또는 1101을 DIP로 간주하면 하나의 반복에서 모든 잘못된 키 값이 제외된다.

실제 시나리오에서 SAT 솔버는 각 키 비트를 고려하지 않는다. 키 비트의 일부를 선택한다. 예를 들어 앞의 예에서 다른 키는 '무관심'으로 간주해 2개의 키 비트가 알려진 값으로 설정된다. 이 시점에서 SAT 솔버가 DIP를 찾으면 해당 키 비트 값이 잘못됐다는 것을 배제하므로 올바른 키 검색 공간을 크게 최소화할 수 있다.

공격 대책: 키 추측 공격에 대한 설계를 방지하려면 침입자가 단일 키 게이트의 출력을 전파할 수 없는 방식으로 키 게이트를 삽입해야 한다. 즉, 관찰된 출력은 여러 키 게이트의 기능이어야 한다. 키 게이트는 신중하게 삽입돼 서로의 감작 경로sensitization path를 차단할 수 있다. 이 방법은 '동맹clique'를 형성하며, 이 동맹의 크기가 커지면 공격자의 노력도 증가하게 된다.

SAT 공격에 대한 내성을 달성하고자 안티SAT 블록이라고 하는 일부 암호화 프리미티브 또는 SAT 내성 논리 회로를 설계에 통합할 수 있다. 아이디어는 SAT 솔버가 키 공간을 효율적으로 최소화하지 못하게 하는 것이다. 즉, 기하급수적으로 많은 반복을 수행해야 한다. 안티SAT 블록은 작은 회로로, 원래 회로의 내부 노드에서 일부 키 입력과 함께 입력을 받고 키 검색 공간을 기하급수적으로 늘린다. SAT 솔버가 올바른 키 값을 찾기는 매우 어렵다.

14.3.2 게이트 위장 기반 난독화

게이트 위장은 난독화 기법으로, 리버스 엔지니어링 공격에 대한 효과적인 대책을 제공하는 것으로 나타났다[15, 27~29]. 이 기법에서 설계자는 구성 가능한 위장 게이트를 설계의 선택된 위치에 통합한다. 이는 구성 가능한 게이트가 키 게이트 대신 삽입된다는 점을 제외하면 개념적으로 논리 잠금과 유사하다. 위장된 CMOS 논리 셀은 동일한 레이아웃에 대해 다양한 논리 기능을 수행하도록 구성될 수 있다. 그림 14.6(A)는 구성 가능한 CMOS 셀에 19개의 접점이 사용되는 셀의 예를 보여준다[15]. 접점 2, 4, 6, 8, 11, 12, 16, 17이 맞고 나머지는 더미인 경우 위장된 셀은 NAND 게이트로 작동한다. 그림 14.6(B)는 두 개의 논리 게이트가 구성 가능한 CMOS 셀 $C1$, $C2$로 대체된 난독화된 회로를 보여준다. 공격자가 회로의 레이아웃을 리버스 엔지니어링할 수는 있지만 위장된 논리 게이트의 실제 기능을 결정하기는 어렵다. 이는 설계의 기능을 숨기고 블랙박스 사용과 구조적 리버스 엔지니어링에 모두 저항하는 설계를 만든다.

구성 가능한 CMOS 셀을 설계하는 가능한 방법은 실제와 더미 접점을 사용하는 것이다[27, 28]. 실제 접촉은 두 개의 인접한 층 사이의 유전체를 연결하며, 이는 전기 연결에 해당한다. 그러나 더미 접점은 이러한 연결부(일반적으로 SiO_2와 같은 절연체로 채워짐) 사이에 틈이 있어 가짜 연결을 만든다. 공격자가 하향식 이미지 처리 기반 RE 공격을 수행하려고 하면 기존 이미징 기술을 통해 식별할 수 없기 때문에 컨택이 참인지 더미인지를 탐지할 수 없다.

14.3.2.1 공격과 대책

셀 $C1$과 $C2$가 XOR, NAND, NOR 게이트일 수 있으므로 그림 14.6(B)에 표시된 설계의 정확한 기능을 알려면 $3^2 = 9$개의 가능한 조합을 평가해야 한다. 또한 스캔 체인 액세스가 없는 경우 공격자는 벡터를 회로의 1차 입력[PI]에만 적용하고 해당 출력을 관찰해 추측이 정확한지 여부를 확인할 수 있다. 위장된 게이트의 논리적 효과가 기본 출력에서 직접 관찰되지 않을 수 있기 때문에 공격자의 작업이 매우 어려워진다. 앞에서 설명한 예에서 다음을 관찰할 수 있다.

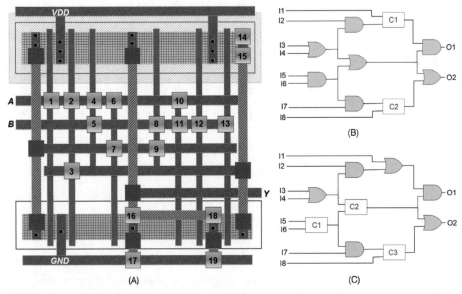

▲ 그림 14.6 (A) NAND, NOR, XOR 게이트의 기능을 갖는 19개의 접점을 갖는 구성 가능한 CMOS 셀(여기서 구성은 실제와 더미 접점을 프로그래밍함으로써 이뤄진다), (B) 2개의 위장 게이트 C1, C2를 갖는 회로, (C) VLSI 테스트 기반 공격을 방지하고자 향상된 셀 분포

(i) 입력 '00'에 응답해 위장 게이트의 출력은 XOR를 NAND, NOR와 구별할 수 있다. XOR의 입력'00'은 0의 출력을 생성하는 반면 NAND와 NOR는 1의 출력을 생성하기 때문이다.

(ii) 입력 '01' 또는 '10'에 대한 출력은 NAND가 1을 출력하는 반면 NAND가 0을 출력하므로 NAND와 NOR를 구별할 수 있다.

이러한 관찰을 바탕으로 공격자는 PI에서 테스트 벡터 '001XXXXX'(X는 상관없는 값을 나타냄)를 적용할 수 있다. 이것은 위장된 게이트 $C1$의 입력을 '00'으로 정당화하고 $C1$의 출력을 1차 출력[PO] $O1$에 민감하게 한다. $O1$이 1이면 $C1$은 NAND 또는 NOR다. 이를 VLSI 테스트 기반 공격이라고 한다. 이러한 공격에서 다수의 민감한 입력-출력 쌍이 위장된 셀의 기능을 나타내기에 충분하기 때문에 전체 진리표를 찾는 것이 필요하지 않다.

VLSI 테스트 기반 공격을 막고자 선택적 게이트 위장을 적용할 수 있다. 이 방식에서는 서로 간섭하는 논리 게이트가 위장돼 감작될 수 없으며 출력을 직접 관찰할 수 없다[15]. 한 게이트가 다른 게이트와 출력 사이의 경로에 있거나 두 게이트의 출력이 동일한 게이트에 병합되면 두 게이트 사이에 간섭이 발생한다. 위장된 게이트를 해결할 수 없는 그림 14.6(C)의 예를 고려해보자. $C2$, $C3$을 해결하지 않으면 PO에서 $C1$의 출력을 확인할 수 없다. 그런 다음 $C1$을 먼저 해결하지 않으면 $C3$의 입력을 제어할 수 없다. 또한 입력의 제어 가능성과 $C2$에서 출력의 관찰 가능성은 모두 $C1$의 기능에 달려 있다. 이로 인해 침입자는 무차별 대입, 즉 위장된 게이트의 가능한 모든 기능 조합을 검색해야 한다[15]. 가능한 모든 조합에 대해 공격자는 설계를 시뮬레이션하고 출력을 올바르게 작동하는 회로의 출력과 비교해야 한다.

게이트 간섭을 기반으로 한 향상된 IC 위장은 VLSI 테스트 기반 공격을 방지하지만 다른 가능한 공격에 대한 보안을 보장하지는 않는다. 예를 들어 공격자가 SAT 기반 공식을 사용해 위장된 게이트의 실제 기능을 결정할 수 있다. 이 공격에서 SAT 솔버는 위장된 게이트 할당을 반환하며 기능 IC에서 얻은 입력-출력 패턴을 준수한다.

14.3.3 유한 상태 기계(FSM) 기반 하드웨어 난독화

논리 잠금 방식은 이전에 조합 회로의 난독화를 대상으로 설명했다. 순차적 설계의 상태 시스템을 직접 수정하지는 않는다. 논리 잠금이 상태 기계의 다음 상태 전이 논리에 간접적으로 영향을 줄 수 있는 반면, 상태 공간 난독화 기법은 상태 기계와 관련 조합 논리를 직접 수정하는 것을 목표로 한다.

디지털 순차 회로에서 FSM은 제어 논리를 구현하는 데 일반적으로 사용되는 추상 기계다. FSM에는 유한한 수의 상태가 있으며 한 상태에서 다른 상태로 전환된다. 상태 간 전환은 입력에 의해 FSM으로의 현재 상태와 트리거된다. 종종 FSM의 상태는 출력 제어 신호를 구동하는 데 사용된다. FSM의 간단한 예가 그림 14.7에 나와 있으며 상태 전이 다이어그램과 상태 테이블을 보여준다.

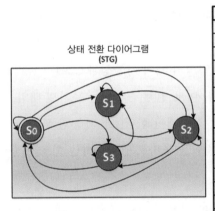

상태 테이블

Current State	Input	Next State
S0	00	S1
S0	01	S2
S0	10	S3
S0	11	S0
S1	00	S2
S1	01	S2
S1	10	S1
S1	11	S1
S2	00	S1
S2	01	S3
S2	10	S0
S2	11	S2
S3	00	S1
S3	01	S0
S3	10	S3
S3	11	S3

상태 전환 다이어그램
(STG)

▲ 그림 14.7 모든 유효한 전환을 표시하는 FSM과 상태 전환 테이블의 예

14.3.3.1 상태 공간 난독화

상태 공간 난독화를 가능하게 하고자 설계자는 FSM과 내부 회로 구조의 상태 전이 기능을 회로가 기본 모드에서 작동하는 방식으로 기본 입력, 즉 '키'[8]에서 사전 정의된 활성화 패턴 시퀀스를 적용한 경우에만 수정할 수 있다. 순차 회로의 상태 전이 기능은 OFSM[Obfiscation FSM]이라는 추가 FSM을 삽입해 수정할 수 있다. 삽입된 FSM은 회로의 1차 입력 중 일부 또는 전부를 입력(클럭, 리셋 신호 포함)으로 가질 수 있고 여러 출력을 가질 수 있다. 작동 시작 시 OFSM은 초기 상태로 재설정돼

회로가 난독화 모드가 되게 한다. 적용된 입력 시퀀스에 따라 OFSM은 상태 전이 시퀀스를 거치며 N개의 특정 입력 패턴을 순차적으로 수신하는 경우에만 상태가 돼 회로가 정상 모드로 작동할 수 있다. 초기 상태와 성공적인 초기화 전에 OFSM이 도달한 상태는 FSM의 '사전 초기화 상태 공간'을 구성한다. 회로가 정상 동작 모드에 들어간 후 도달한 상태는 '초기화 후 상태 공간'을 구성한다. 그림 14.8은 이러한 FSM의 상태 다이어그램을 보여주며, $P0 \Rightarrow P1 \Rightarrow P2$가 올바른 초기화 순서다. 난독화 동안 IP 설계자에 의해 입력 시퀀스 $P0$ 내지 $P2$가 결정될 것이다.

OFSM을 사용해 회로 작동 모드를 제어할 수 있다. 또한 출력과 수정 셀(예, 그림 14.8의 M1 ~ M3)을 사용해 설계에서 선택된 노드를 수정할 수 있다. 수정된 노드는 올바른 키가 적용되지 않은 경우 수정된 시스템의 동작에 큰 영향을 줄 수 있도록 선택된다. 따라서 사용자가 FSM에 올바른 입력 시퀀스(또는 키)를 적용할 수 없으면 설계는 일반 모드에 도달하지 못하고 난독화된 모드에서 잘못된 상태를 통과해 잘못된 기능을 생성한다.

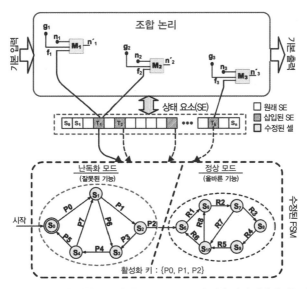

▲ 그림 14.8 상태 전환 기능과 조합 부분의 내부 노드 구조를 수정해 상태 기계의 기능적, 구조적 난독화

14.3.3.1.1 상태 공간 난독화에 대한 효율성 지표

난독화 품질을 정량화하고자 두 가지 다른 메트릭을 사용할 수 있다. 먼저 많은 수의 입력 패턴에 대해 실패한 벡터 수를 사용해 기능적 차이를 나타낼 수 있다. 구조적 난독화 효율은 원래의 설계와 난독화된 설계 간의 구조적 차이로 표현될 수 있다. 구조적 차이를 측정하는 한 가지 방법은 원본과 난독화된 넷리스트가 공식 검증 도구에 제공될 때 실패한 검증 포인트의 %를 도출하는 것이다. 검증 도구는 플립플롭^{FF} 입력이나 1차 출력과 같은 일련의 검증 포인트를 기준으로 두 설계를 비교한다. 난독화 효율 메트릭은 설계 시 상태 공간 난독화의 품질을 평가하는 방법을 제공하며 설계자가 특정 영역, 전력, 지연 제약 조건에서 보안을 최대화할 수 있게 한다.

14.3.3.1.2 다른 난독화 방법과의 비교

주어진 IP에 대해 적절한 난독화 방법을 선택하는 동안 몇 가지 요소를 고려해야 한다. IP 등급(공동체/순차), 설계 흐름 내에서의 표현(RTL/게이트 레벨), 수용 가능한 오버헤드와 필요한 보안 이점은 고려해야 할 관련 매개변수 중 일부다. 그림 14.9는 세 가지 주요 난독화 클래스에 대한 이러한 기능을 보여준다. 상태 공간 난독화는 거의 모든 디지털 IP 표현에 적용될 수 있다. 또한 FF를 거의 추가하지 않으면서 도달 가능한 상태 공간을 기하급수적으로 늘려 엔트로피를 기하급수적으로 증가시킨다. 상태 공간 난독화 방법의 면적, 전력, 성능 오버헤드도 매우 완만한 것으로 나타났다. 논리 복구에 대한 공격(예, 키 복구를 대상으로 하는 SAT 공격)은 조합 회로에서 시연된다. 순차적 설계에 대한 효과는 잘 연구되지 않았다. SAT 공격이나 KSA가 순차적 설계에 성공하게 하려면 다음 중 하나를 수행해야 한다. (1) 순차적 설계를 조합형 설계로 풀면 가능한 상태 수에 따라 지수 복잡성이 증가한다. (2) FF에 입력되는 조합 논리의 내부 출력을 얻는다. 후자는 입력 패턴에 따라 스캔 체인에 덤프된 값을 관찰해 얻을 수 있다. 그러나 많은 FF가 스캔 체인의 일부가 아니거나 생산 테스트 후 칩 제조업체가 스캔 액세스를 막을 수 있기 때문에 구하기가 어려운 경우가 많다.

	상태 공간 난독화	논리 잠금	위장
접근법	키를 사용해 상태 전이 기능 변환, 잠금	선택된 위치에서 입력 키로 제어되는 더미 셀 추가	프로그래밍 가능한 셀(퓨즈가 필요한)을 레이아웃에 추가
추상화 레벨	RTL, 게이트 레벨 넷리스트, 레이아웃	게이트 레벨 넷리스트, 레이아웃	레이아웃
제조 유형	기존, 분할 제조	기존, 분할 제조	분할 제조를 주요 목표로 함
오버헤드	낮음(5-10%의 면적, 전력, 성능 오버헤드 없음); 새로운 포트가 필요하지 않다.	중간 정도; 키에 새로운 입력 포트를 추가한다.	중간 정도; 프로그래밍 논리 필요
엔트로피 증가	지수 증가	선형적 증가	선형적 증가
적용	FPGA, ASIC	FPGA, ASIC	ASIC
보안	□ RE 난이도의 지수 증가 ? 블랙박스 IP 사용에 대한 강력한 보호 □ 트로이목마 공격에 대한 강력한 보호	□ 알려진 취약점(SAT, ATPG 공격에 대한) □ 트로이목마 공격에 대한 의심스러운 보호	□ 알려진 취약점 □ 트로이목마 공격에 대한 의심스러운 보호

▲ 그림 14.9 순차적, 조합적 난독화의 비교 분석

반면 논리 잠금은 여러 기능, 구조 분석 공격에 취약한 것으로 나타났다. 효과적인 난독화 방법은 다음 중 하나다. (1) 기능 분석(예, SAT 기반 모델링)을 기반으로 키를 도출하지 못하게 하고, (2) 설계를 잠그고자 포함된 키 게이트나 기타 구조적 변화를 제거하는 데 취약한 구조적 서명을 방지한다.

14.4 새로운 난독화 접근 방법

14.4.1 FPGA 비트스트림 난독화

비트스트림이라고도 하는 FPGA 구성 파일은 시스템 설계와 구축 중에 다양한 공격에 취약한 귀중한 IP다. 비트스트림 공격에는 무단 재프로그래밍, 리버스 엔지니어링, 불법 복제가 포함된다. 최신 하이엔드 FPGA 디바이스는 암호화된 비트스트림을 지원한다. 여기서 공급업체별 FPGA 합성 도구는 암호화된 비트스트림을 생성하며, 이는 설계를 매핑하기 전에 FPGA 디바이스 내부에서 복호화된다. 이 FPGA에는 온칩 암호 해독 하드웨어가 포함돼 있다. 비트스트림 암호화는 불법 복제를 비롯한 주요 공격에 대비해 어느 정도의 보안을 제공한다. 그러나 온칩 암호 해독 하드웨어 비용이 들기 때문에 추가 하드웨어 리소스가 필요하고 구성 대기 시간과 에너지가 추가된다. 이것이 저가형 FPGA 디바이스가 일반적으로 암호화된 비트스트림을 지원하지 않는 이유다.

암호화된 비트스트림의 보안은 암호화키의 보안에 의존한다. 현재 비즈니스 모델에서 특정 제품(예, 네트워크 라우터)에서 FPGA를 사용하는 경우 제품의 모든 인스턴스는 동일한 암호화키를 사용한다. OEM^{Original Equipment Manufacturer}은 종종 FPGA 프로그래밍 단계를 타사 공급업체에 아웃소싱하며, 이 공급업체는 암호화키에 액세스해야 한다. 또한 원격 업그레이드의 경우 일반적으로 비트스트림이 암호 해독키와 함께 전송된다. 두 방법 모두 키 누수에 대한 심각한 취약점을 야기하므로 암호화된 비트스트림의 보안을 손상시킨다. 수학적으로 암호화 알고리즘은 무차별 대입 공격에 매우 안전한 것으로 알려져 있다. 그러나 대부분의 경우 공격자는 물리적으로 액세스할 수 있으며 대부분의 암호화 하드웨어는 (예를 들어) 전원 프로필 서명을 통한 키 추출 등의 사이드 채널 공격에 취약하다[30].

공격자는 암호화되지 않은 비트스트림을 넷리스트로 변환해[31] 트로이목마 삽입을 포함한 IP 불법 복제와 악의적인 수정을 가능하게 한다. 트로이목마 삽입에는 변환 단계가 필요하지 않을 수 있다. 구성 파일의 빈 공간에 트로이목마를 삽입하는 미사용 리소스 활용[32], 알려진 설계 공격의 한 유형인 매핑 규칙 추출[33]과 같은 기법을 악의적인 수정을 위해 비트스트림에 마운트할 수 있다. 또한 하드웨어 자체가 복제되면[34] 불법 복제된 하드웨어에서 불법 복제된 비트스트림을 사용할 수 있다.

FPGA 비트스트림 난독화는 앞서 언급한 공격에 대한 비트스트림 보호용 유망한 솔루션을 제공한다. FPGA 아키텍처는 프로그래밍 가능한 요소를 사용해 수정될 수 있어 각 디바이스가 서로 구조적으로 달라진다[35]. 이는 구성 키를 기반으로 하는 FPGA 디바이스와 비트스트림 간의 연결을 변경한다. 이 기술에서 각 비트스트림에는 고유한 구성 키가 있으므로 각 장치마다 고유한 비트스트림이 생성된다. 특정 비트스트림은 물리적 각 FPGA 디바이스에서 작동한다.

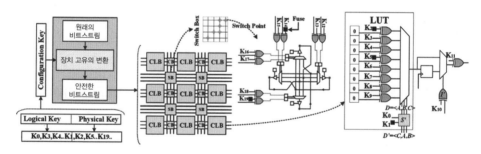

▲ 그림 14.10 다양한 FPGA 아키텍처를 사용하는 비트스트림 난독화 방법 개요. 왼쪽에서 오른쪽으로: 두 부분(논리적, 물리적) 키는 특정 아키텍처에 대해 생성된 비트스트림의 장치별 난독 처리를 수행하는 데 사용된다. 난독화된 비트스트림은 적절한 FPGA 디바이스에 매핑된다. 내부 FPGA 하드웨어 리소스는 비트스트림을 기능적으로 만들고자 역변환을 구현하는 논리로 보강된다. 이를 통해 무단 장치에 매핑된 비트스트림이 작동하지 않게 된다. 논리 키는 시간에 따라 변하기 때문에 아키텍처는 시간이 지남에 따라 변경할 수 있어 알려진 설계 공격을 방지한다.

현장 비트스트림 재프로그래밍과 IP 불법 복제에서 보호한다. 이는 FPGA 비트스트림 보안에 대한 다양성을 통한 보안 접근 방식으로 간주될 수 있다. 또한 공격자가 한 장치에 대한 사전 지식을 사용해 다른 장치에 대한 공격을 수행할 수 없게 물리적(정적), 논리적(시간에 따라 다름) 구성 키를 통합할 수 있다. 이러한 구성 키를 적용할 수 있는 구조적 변경의 예는 그림 14.10에 나와 있으며, 내부 FPGA 리소스(조회 테이블, 스위치 박스)의 구성 스토리지(즉, SRAM 셀)가 XOR 게이트와 연결돼 있다. 따라서 비트스트림이 난독화된 형태로 이들 자원에 저장되더라도 올바른 구성 키가 XOR 게이트에 적용되는 동작 동안 원하는 기능이 달성된다.

장치별 비트스트림 변환은 공급업체 도구 흐름의 백엔드에서 수행할 수 있다(예, 장소와 경로 후, 비트스트림 생성 전). 특정 디바이스의 구성 키를 기반으로 비트스트림이 난독 처리돼 특정 FPGA 디바이스에 노드 고정된다. 구성의 노드 잠금 외에도 비트스트림 난독화는 공격자가 다른 장치에서 동일한 비트스트림을 사용하지 못하게 하며 비트스트림을 지능적으로 수정해 시스템을 손상시키는 어려움을 증가시킨다.

비트스트림 난독화 메커니즘은 아키텍처 수정 없이 레거시 FPGA에 통합될 수 있다 [36]. 이 FPGA에서 이미 사용 가능한 FPGA 다크 실리콘, 즉 사용되지 않는 LUT$^{\text{Look-Up-Table}}$ 리소스는 LUT 내용의 난독화를 가능하게 하는 데 사용될 수 있다. 난독화 방법의 오버헤드를 크게 줄이는 데 도움이 된다. 일반적인 아일랜드 스타일 FPGA 아키텍처는 다중 입력, 단일 출력 LUT 배열로 구성된다. 일반적으로 크기 n의 LUT는 n개 변수의 기능을 구현하도록 구성될 수 있으며, 기능 응답을 위해 2^n 비트의 저장 공간이 필요하다. FPGA 아키텍처의 특성상 최악의 매핑 요구 사항에 맞는 충분한 리소스를 사용할 수 있어야 한다. 예를 들어 일부 최신 FPGA는 7개의 입력 기능을 지원할 수 있으며 LUT 콘텐츠에 128비트 스토리지가 필요하다. 그러나 일반적인 설계는 5개 이하의 입력을 사용하는 경향이 있지만 7개를 모두 자주 사용하지는 않는다. 난독화를 위해 활용도가 낮거나 사용되지 않는 LUT 리소스를 활용할 수 있다. 예를 들어 LUT의 사용되지 않은 입력을 키 입력으로 변환할 수 있다. 키 입력의 특정 값(0 또는 1)이 원래 기능을 선택하는 반면, 다른 입력은 잘못된 출력을 생성한다. 예를 들어 2 입력 기능 $Z = f(X, Y)$를 구현하는 데 사용되는 8개의 콘텐트 비트를 포함하는 3 입력 LUT를 고려해보자. K의 정확한 값이 적용되면 함수가 $Z' = f(K, Z)$가 되는 방식으로, 서드파티 입력 K가 추가될 수 있다. 중간 정도의 복잡성을 가진 설계는 수천 개의 LUT를 차지하므로 전체 IP를 난독 처리하는데 큰 키가 사용된다. 따라서 키가 없는 공격자는 IP를 사용하거나 지능적으로 수정할 수 없다. 이 접근법에서 난독화에 디바이스별 물리적 복제 불가능 함수 생성 키를 사용하는 경우 난독화된 설계를 노드 잠금으로 설정해 비트스트림을 특정 FPGA 디바이스에 매핑할 때만 기능할 수 있다.

14.5 트로이목마 공격에 대한 난독화 사용

하드웨어 난독화는 트로이목마 공격에서 보호할 수 있다. 트로이목마 공격과 관련해 난독화는 두 가지 방법으로 도움이 될 수 있다. (1) 특히 설계 의도를 숨겨 지능적인 적으로부터 희귀한 사건이나 매력적인 페이로드를 숨겨 기능적 분석이나 사이드 채널 분석을 통해 트로이목마 탐지를 용이하게 한다. (2) 난독화된 설계에서 트로이목마 삽입을 어렵고 가능하지 않게 함으로써 트로이목마 공격으로부터 보호한다. 연구원들은 트로이목마 공격에 대한 대책으로 상태 공간 난독화의 역할을 연구했다[37]. 난독화 체계는 도달 가능한 상태 공간을 확장해 지정된 회로의 상태 전이 기능을 수정하고 일반 모드와 난독화 모드의 두 가지 모드로 작동할 수 있게 한다. 이러한 수정은 내부 회로 노드의 희귀성을 모호하게 해 공격자가 탐지하기 어려운 트로이목마를 삽입하는 것을 어렵게 한다. 또한 삽입된 일부 트로이목마가 난독화 모드에서만 활성화돼 효력이 줄어든다. 이들을 결합한 효과는 트로이목마 탐지 가능성과 그러한 공격에 대한 보호 수준을 높인다.

희귀한 트리거 조건을 찾으려면 적은 내부 노드 신호 확률을 정확하게 추정해야 한다. 이를 달성하기 위한 한 가지 접근 방식은 주어진 회로를 도달 가능한 상태로 다중 임의로 초기화한 다음 임의의 입력 벡터를 적용하는 것이다. 그러나 적의 시뮬레이션에서 시작 상태가 난독 처리 모드인 경우 난독 처리 모드에서 정상 모드로 전환할 수 있는 조건이 매우 드물기 때문에 시뮬레이션은 난독 처리 모드로 제한된다. 결과적으로 적에 의해 계산된 회로 노드에 대한 신호 확률은 시뮬레이션이 정상 모드의 상태로 수행될 경우 계산된 것과 비교할 수 없을 것이다. 비슷한 상황은 공격자가 제대로 관찰할 수 없는 노드를 트로이목마의 잠재적 페이로드로 찾지 못하게 한다. 따라서 악의적인 제어/관찰 가능성에 따라 공격자가 트로이목마를 설계하고 삽입하면 트로이목마가 사후 제조 논리 테스트를 통해 트리거되고 탐지될 가능성이 높다. 이 확률을 증가시키고자 난독화 상태 공간의 크기는 n개의 추가 상태 요소를 추가함으로써 정상 상태 공간과 비교하므로 가능한 한 커야 한다. 상태 공간 난독화는 그림 14.11과 같이 임의의 패턴에 대한 트로이목마 적용 범위를 크게 향상시킬 수 있다.

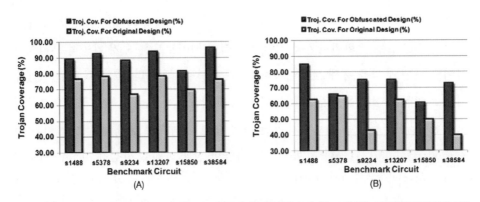

▲ 그림 14.11 (A) 두 개의 트리거 노드가 있는 트로이목마, (B) 네 개의 트리거 노드가 있는 트로이목마의 원래 설계와 비교해 여러 난독화된 ISCAS89 설계(상태 공간 난독화 사용)에서 트로이목마 적용 범위 향상

14.6 실험: 하드웨어 IP 난독화

14.6.1 목표

이 실험은 IP 보호를 위한 하드웨어 난독화 개념을 탐구할 수 있게 고안됐다. HaHa 플랫폼을 사용해 의도하지 않은 사용(예, 불법 복제와 리버스 엔지니어링)으로부터 설계를 보호하고자 다양한 하드웨어 난독화 기법을 적용하는 방법을 배운다.

이 실험은 기능적 행동이나 원래 설계의 구조를 검색하기 위해 난독화된 설계에 대한 공격을 수행할 수 있는 능력을 제공한다.

14.6.2 방법

실험의 첫 번째 부분은 설계의 조합 난독화를 보여주고 두 번째 부분은 순차적 난독화에 중점을 둔다. 처음에 예제 설계를 HaHa 플랫폼 내부의 FPGA에 매핑해야 한다. 다음으로 키 기반 논리 잠금 메커니즘을 적용한다. 여기서 잠금 설계는 삽입된 키 값이 정확할 때까지 유효하지 않은 출력을 계속 생성한다.

14.6.3 학습 결과

실험의 특정 단계를 수행함으로써 주어진 설계에 하드웨어 난독화 기법을 적용하는 방법을 배운다. 또한 보안, 설계 오버헤드 균형(예, 영역, 전력 또는 성능)과 관련된 문제에 대한 경험을 얻는다.

14.6.4 고급 옵션

이 주제에 대한 추가 탐색은 더 정교한 공격(예, SAT 기반 공격)을 적용해 난독화를 차단하고 키를 획득하고 난독화 프로세스의 견고성을 향상시켜 수행할 수 있다.

실험에 대한 자세한 내용은 보충 문서를 참조하길 바란다. 다음 웹사이트에서 확인할 수 있다. http://hwsecuritybook.org

14.7 연습문제

14.7.1 True/False 문제

1. 하드웨어 IP의 리버스 엔지니어링은 불법으로 간주된다.

2. 하드웨어 난독화 방식은 하드웨어 IP에 적용할 수 없다.

3. IC 공급망의 특정 시나리오에서는 디자인 하우스를 신뢰할 수 없다.

4. 논리 잠금에서 최대 출력 엔트로피를 얻으려면 해밍 거리가 100%여야 한다.

5. SAT 공격은 난독 처리에 사용되는 키를 직접 찾는다.

6. 게이트 위장과 통합된 설계의 기능은 리버스 엔지니어링될 수 없다.

7. 위장에 의해 난독화된 설계를 공격하는 데 전체 진리표가 필요하지 않다.

8. 상태 공간 난독화에서 수정 셀이 추가돼 새로 삽입된 FSM을 숨긴다.

9. 공격자는 난독화된 비트스트림에서 FPGA 넷리스트를 리버스 엔지니어링할 수 없다.

10. FPGA로 매핑된 설계가 효율적으로 매핑돼 룩업 테이블 메모리 셀에 사용되지 않은 공간이 거의 없다.

14.7.2 단답형 문제

1. 반도체 공급망에서 IP 공급업체의 관점에서 신뢰할 수 없는 디자인 하우스의 보안, 신뢰 문제는 무엇인가?

2. 디자인 하우스가 신뢰할 수 없는 시설에 제조 설계를 보낼 때 IC 공급망에서 발생 가능한 모든 보안과 신뢰 문제를 나열하시오.

3. 암호화가 하드웨어 IP를 보호하기 위한 솔루션으로 충분하지 않은 이유는 무엇인가?

4. 논리 잠금에 대한 SAT 공격을 간단히 설명하시오. 또한 SAT 공격 중에 생성된 구별 입력 패턴[DIP]의 효과를 설명하시오.

5. 비트스트림 난독화를 가능하게 하고자 수정할 수 있는 FPGA 아키텍처 내의 프로그래밍 가능한 리소스는 무엇인가?

6. 상태 공간 난독화 중에 18개의 1차 입력이 있는 난독화된 IC에 256비트 키를 적용하기 위한 최소 클럭 주기는 얼마인가? 난독화 키를 적용하는 데 16개의 기본 입력만 사용할 수 있다고 가정한다.

7. 공격자가 FSM 기반 난독화에서 난독화 키를 적용하는 삽입된 FSM을 식별할 수 있는 방법은 무엇인가?

8. 조합과 순차적 난독화의 차이점을 설명하시오.

14.7.3 서술형 문제

1. 그림 14.12에서 아래의 논리 암호화 회로에 대한 올바른 키를 결정하시오(즉, 어떤 키가 $x = x'$, $y = y'$인지). 그리고 그 답을 설명하시오.

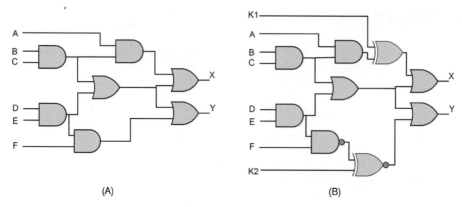

▲ 그림 14.12 (A) 독창적인 설계, (B) 난독화된 설계

2. IC 공급망의 각 단계에서 취약점을 설명하시오.

3. 공급망의 하드웨어 IP 불법 복제 단계를 처리하기 위해 가능한 난독화 기반 솔루션을 간략하게 설명하시오.

4. 상태 공간 난독화의 경우 기능과 구조적 공격을 모두 고려해 난독화된 설계에 대한 가능한 공격을 설명하시오. SAT 공격에 강한지 답하고 그 이유를 설명하시오.

5. 특정 하드웨어 난독화 방법으로 트로이목마 삽입이 어려울 수 있는 방법에 대해 설명하시오. 잘 알려진 난독화 방법을 자세히 설명하시오.

6. RTL 난독화에 대한 다양한 방법을 설명하시오.

7. 노드 고정 FPGA 비트스트림의 두 가지 방법을 설명하고 주요 차이점을 비교하시오.

8. 3 입력 LUT(그림 14.13(A) 참고)에 매핑된 2 입력 XOR 기능이 추가 키 K(그림 14.13(B) 참고)로 난독화됐다고 가정한다. 올바른 키 $K = 0$에 대한 XOR 함수를 렌더링하는 비트스트림의 값은 무엇인가? 잘못된 키를 적용하면 기능이 반전된다. 다음 순서로 8비트를 쓴다. $Bit_{111} ------- Bit_{000}$

   * 힌트: [36]에 설명된 난독화 방법을 확인하시오.

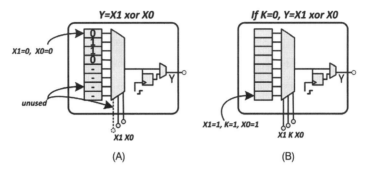

▲ 그림 14.13 (A) 2 입력 기능이 있는 룩업 테이블, (B) 3 입력 기능으로 확장된 난독화된 룩업 테이블

참고 문헌

[1]   C. Collberg, C. Thomborson, D. Low, A taxonomy of obfuscating transformations, Technical Report, Department of Computer Science, The University of Auckland, New Zealand, 1997.

[2]   R.S. Chakraborty, S. Bhunia, RTL hardware IP protection using key-based control and data flow obfuscation, in: VLSI Design, 2010. VLSID'10. 23rd International Conference on, IEEE, pp. 405-410.

[3]   A.R. Desai, M.S. Hsiao, C. Wang, L. Nazhandali, S. Hall, Interlocking obfuscation for anti-tamper hardware, in: Proceedings of the Eighth Annual Cyber Security and Information Intelligence Research Workshop, ACM, p. 8.

[4]   M. Brzozowski, V.N. Yarmolik, Obfuscation as intellectual rights protection in VHDL language, in: Computer Information Systems and Industrial Management Applications, 2007. CISIM'07. 6th International Conference on, IEEE, pp. 337-340.

[5]   J.A. Roy, F. Koushanfar, I.L. Markov, Ending piracy of integrated circuits, Computer 43 (2010) 30-38.

[6]   J. Rajendran, Y. Pino, O. Sinanoglu, R. Karri, Logic encryption: a fault analysis perspective, in: Proceedings of the Conference on Design, Automation and Test in Europe, EDA Consortium, pp. 953-958.

[7]   N.A. Touba, E.J. McCluskey, Test point insertion based on path tracing, in: VLSI Test

Symposium, 1996.

[8] R.S. Chakraborty, S. Bhunia, HARPOON: an obfuscation-based SoC design methodology for hardware protection, IEEE Transactions on Computer-Aided Design of Integrated Circuits and Systems 28 (2009) 1493–1502.

[9] B. Yang, K. Wu, R. Karri, Scan based side channel attack on dedicated hardware implementations of data encryption standard, in: Test Conference, 2004. Proceedings. ITC 2004. International, IEEE, pp. 339–344.

[10] K. Vaidyanathan, R. Liu, E. Sumbul, Q. Zhu, F. Franchetti, L. Pileggi, Efficient and secure intellectual property (IP) design with split fabrication, in: Hardware-Oriented Security and Trust (HOST), 2014 IEEE International Symposium on, IEEE, pp. 13–18.

[11] F. Imeson, A. Emtenan, S. Garg, M.V. Tripunitara, Securing computer hardware using 3D integrated circuit (IC) technology and split manufacturing for obfuscation, in: USENIX Security Symposium, pp. 495–510.

[12] U. Rührmair, S. Devadas, F. Koushanfar, Security based on physical unclonability and disorder, in: Introduction to Hardware Security and Trust, Springer, 2012, pp. 65–102.

[13] K. Vaidyanathan, B.P. Das, E. Sumbul, R. Liu, L. Pileggi, Building trusted ICs using split fabrication, in: Hardware-Oriented Security and Trust (HOST), 2014 IEEE International Symposium on, IEEE, pp. 1–6.

[14] J.J. Rajendran, O. Sinanoglu, R. Karri, Is split manufacturing secure?, in: Proceedings of the Conference on Design, Automation and Test in Europe, EDA Consortium, pp. 1259–1264.

[15] J. Rajendran, M. Sam, O. Sinanoglu, R. Karri, Security analysis of integrated circuit camouflaging, in: Proceedings of the 2013 ACM SIGSAC Conference on Computer & Communications Security, ACM, pp. 709–720.

[16] Y. Xie, C. Bao, A. Srivastava, Security-aware design flow for 2.5D IC technology, in: Proceedings of the 5th International Workshop on Trustworthy Embedded Devices, ACM, pp. 31–38.

[17] E.G. Barrantes, D.H. Ackley, T.S. Palmer, D. Stefanovic, D.D. Zovi, Randomized

instruction set emulation to disrupt binary code injection attacks, in: Proceedings of the 10th ACM Conference on Computer and Communications Security, ACM, pp. 281-289.

[18]   G.S. Kc, A.D. Keromytis, V. Prevelakis, Countering code-injection attacks with instruction-set randomization, in: Proceedings of the 10th ACM Conference on Computer and Communications Security, ACM, pp. 272-280.

[19]   C. Linn, S. Debray, Obfuscation of executable code to improve resistance to static disassembly, in: Proceedings of the 10th ACM Conference on Computer and Communications Security, ACM, pp. 290-299.

[20]   Z. Guo, M. Tehranipoor, D. Forte, J. Di, Investigation of obfuscation-based anti-reverse engineering for printed circuit boards, in: Proceedings of the 52nd Annual Design Automation Conference, ACM, p. 114.

[21]   J. Rajendran, H. Zhang, C. Zhang, G.S. Rose, Y. Pino, O. Sinanoglu, R. Karri, Fault analysis-based logic encryption, IEEE Transactions on Computers 64 (2015) 410-424.

[22]   S. Dupuis, P.-S. Ba, G. Di Natale, M.-L. Flottes, B. Rouzeyre, A novel hardware logic encryption technique for thwarting illegal overproduction and hardware Trojans, in: On-Line Testing Symposium (IOLTS), 2014 IEEE 20th International, IEEE, pp. 49-54.

[23]   Xiaolin Xu, Bicky Shakya, Mark M. Tehranipoor, Domenic Forte, Novel bypass attack and BDD-based tradeoff analysis against all known logic locking attacks, in: International Conference on Cryptographic Hardware and Embedded Systems, Springer, 2017, pp. 189-210.

[24]   P. Subramanyan, S. Ray, S. Malik, Evaluating the security of logic encryption algorithms, in: Hardware Oriented Security and Trust (HOST), 2015 IEEE International Symposium on, IEEE, pp. 137-143.

[25]   M. El Massad, S. Garg, M.V. Tripunitara, Integrated circuit (IC) decamouflaging: reverse engineering camouflaged ICs within minutes, in: NDSS.

[26]   J. Rajendran, Y. Pino, O. Sinanoglu, R. Karri, Security analysis of logic obfuscation, in: Proceedings of the 49th Annual Design Automation Conference, ACM, pp. 83-89.

[27] L.-w. Chow, J.P. Baukus, C.M. William Jr., Integrated circuits protected against reverse engineering and method for fabricating the same using an apparent metal contact line terminating on field oxide, 2002, US Patent App. 09/768,904.

[28] L.W. Chow, J.P. Baukus, B.J. Wang, R.P. Cocchi, Camouflaging a standard cell based integrated circuit, 2012, US Patent 8,151,235.

[29] R.P. Cocchi, J.P. Baukus, L.W. Chow, B.J. Wang, Circuit camouflage integration for hardware IP protection, in: Proceedings of the 51st Annual Design Automation Conference, ACM, pp. 1-5.

[30] A. Moradi, A. Barenghi, T. Kasper, C. Paar, On the vulnerability of FPGA bitstream encryption against power analysis attacks: extracting keys from Xilinx Virtex-II FPGAs, in: Proceedings of the 18th ACM conference on Computer and Communications Security, ACM, pp. 111-124.

[31] J.-B. Note, É. Rannaud, From the bitstream to the netlist, in: FPGA, vol. 8, p. 264.

[32] R.S. Chakraborty, I. Saha, A. Palchaudhuri, G.K. Naik, Hardware Trojan insertion by direct modification of FPGA configuration bitstream, IEEE Design & Test 30 (2013) 45-54.

[33] P. Swierczynski, M. Fyrbiak, P. Koppe, C. Paar, FPGA Trojans through detecting and weakening of cryptographic primitives, IEEE Transactions on Computer-Aided Design of Integrated Circuits and Systems 34 (2015) 1236-1249.

[34] K. Huang, J.M. Carulli, Y. Makris, Counterfeit electronics: a rising threat in the semiconductor manufacturing industry, in: Test Conference (ITC), 2013 IEEE International, IEEE, pp. 1-4.

[35] R. Karam, T. Hoque, S. Ray, M. Tehranipoor, S. Bhunia, MUTARCH: architectural diversity for FPGA device and IP security, in: Design Automation Conference (ASP-DAC), 2017 22nd Asia and South Pacific, IEEE, pp. 611-616.

[36] R. Karam, T. Hoque, S. Ray, M. Tehranipoor, S. Bhunia, Robust bitstream protection in FPGA-based systems through low-overhead obfuscation, in: ReConFigurable Computing and FPGAs (ReConFig), 2016 International Conference on, IEEE, pp. 1-8.

[37] R.S. Chakraborty, S. Bhunia, Security against hardware Trojan attacks using key-based design obfuscation, Journal of Electronic Testing 27 (2011) 767-785.

15

PCB 인증과 무결성 검증

15.1 PCB 인증

위조 PCB는 일반적으로 기능, 성능, 안정성이 다르지만 인증된 PCB로 판매된다. IC와 마찬가지로 PCB도 일반적으로 신뢰할 수 없는 여러 관계자가 연결된 길고 전 세계적으로 분산된 개발 주기에 의존한다. 그림 15.1에 표시된 것처럼 PCB 라이프 사이클에는 디자인 하우스, 제조업체, 보드 어셈블러, 테스트 파트너, 시스템 통합자가 포함될 수 있다. 다양한 서드파티에 대한 의존도가 높아짐에 따라 PCB는 위조 공격에 취약해졌다. 신뢰할 수 없는 서드파티에서 위조를 수행할 수 있다. 신뢰할 수 없는 서드파티는 PCB의 레이아웃을 가져와 복제본을 만들거나 수량을 초과해 생산할 수 있다. 또한 PCB는 IC에 비해 리버스 엔지니어링이 상대적으로 쉬워 PCB 레이아웃과 사양조차 갖고 있지 않은 적의 복제 공격에도 매우 취약하다. 이러한 이유로 PCB 위조가 만연해지게 됐다. IC의 위조를 방어하기 위해 현재까지 수많은 효과적인 솔루션이 보고됐지만 기존 칩 레벨 무결성 검증 방식은

PCB에 쉽게 적용할 수 없다.

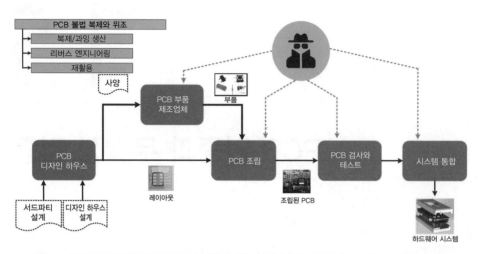

▲ 그림 15.1 PCB 공급망의 일반적인 단계로, 신뢰할 수 없는 당사자가 폐기/사용된 PCB의 복제, 과잉 생산, 리버스 엔지니어링이나 재활용을 통해 불법 복제품 PCB 삽입에 취약하다.

위조 PCB는 다양한 주요 범주로 분류할 수 있다. 가장 일반적인 형태의 위조는 완성된PCB를 완전히 복제하는 것이다. 이는 원본 설계와 사양에 접근할 수 있는 신뢰할 수 없는 엔티티에 의해 수행될 수 있다. 앞에서 언급했듯이 PCB는 대부분 신뢰할 수 없는 제조 시설에서 생산된다. 이러한 시설에서 나쁜 행위자bad actor는 PCB 설계를 복제하거나 과잉 생산할 수 있다. 또한 자재 명세서BOM, Bill-Of Material나 현장에 배치된 PCB의 레이아웃에 따른 리버스 엔지니어링을 수행할 수도 있다. 또한 PCB 파운드리나 테스트 시설에서 폐기된 결함이 있는 PCB는 이러한 공장의 고스트 시프트(신원을 알 수 없는 교대) 작업자가 수거할 수 있다. 이러한 PCB는 다른 구성 요소와 함께 조립된 후 고객에게 실제 제품으로 판매될 수 있다. 특정 PCB는 구매, 사용, 수리 등 여러 당사자가 포함된 프로세스에서 새로운 것으로 판매된다. 이러한 위조 PCB의 품질이 저하돼 조기 고장, 성능 저하, 또는 잠재적 손상과 최종 사용자의 정보 손실이 발생할 수 있다. 이는 신뢰할 수 없는 보드 재료나 이러한 보드의 열악한 구성으로 인해 발생할 수 있다. 폐기, 수리된 PCB는 위조

PCB 분류에서 재활용 PCB라고 할 수 있다. 이러한 불법 복제된 PCB에는 잠재적으로 원치 않는 추가 기능이나 악의적인 회로, 즉 하드웨어 트로이목마가 있을 수 있다[1].

연구원들은 PCB 인증에 사용될 수 있는 유일하고^{unique} 확실한 보드별 서명을 만들고자 다양한 PCB 관련 매개변수를 연구했다. 핵심 아이디어는 PCB를 제조한 후 고유한 식별 서명을 얻는 것이다. 이는 12장에서 설명한 것처럼 고유한 지문을 생성해 IC 인증에 PUF를 사용하는 것과 유사하다. 이 골든 서명^{golden signature}은 데이터베이스에 저장된다. 현장에서 PCB의 진위를 검증할 필요가 있을 때마다 PCB의 서명이 생성돼 골든 레퍼런스^{golden reference}와 비교된다. 두 서명이 사전에 정의된 임곗값을 초과하면 PCB는 위조 또는 인증되지 않은 것으로 표시된다. 이 장에서는 이러한 서명 기반 인증 기술 중 일부를 제시한다. 15.2절은 PCB 서명을 추출하고자 활용할 수 있는 다양한 변형 소스를 제시한다. 서명을 추출하는 방법은 15.3절에서 설명한다. 15.4절은 서명의 품질을 평가하는 데 사용되는 기준을 제시하고 마지막으로 15.5절에서 다른 잠재적인 인증 기술을 다룬다.

15.2 PCB 서명 소스

PCB에는 제조 공정에 따라 다양한 물리적, 전기적, 화학적 변형이 도입된다. 고유한 변형 소스는 PCB에 대한 인증 서명을 생성하는 데 사용할 수 있다. 강력하고 고유한 서명이 있는 경우 진짜 PCB를 복제된 PCB와 쉽게 구별할 수 있다. 이상적으로 인증에 사용되는 서명은 다음과 같은 특성을 가져야 한다. 1) 무작위: 서명은 예측할 수 없어야 한다. 2) 복제 불가능: 각 장치의 서명은 고유하며 다른 장치에 의해 복제될 수 없다. 3) 견고함: 다양한 환경 조건(예, 공급 전압, 온도)에서도 서명을 확실하게 캡처해야 한다. 서명이 환경 조건에 매우 민감한 경우 이러한 조건이 다양하면 인증이 실패할 수 있다. 지금까지 언급한 서명의 이상적인 특징은 변형의 소스가 본질적으로 제공하는 경우에만 서명에 존재할 수 있다. PCB 인증을 위한 일부 고유 보드 레벨 서명 생성 기술에 사용된 엔트로피 소스는 그림 15.2에 있으며 다음 절에서 설명한다. PCB 인증의 대체 방법은 장치별 고유 식별 번호를 PCB 내부의 일회성 프로그래밍 가능 퓨즈에 저장하는 것이다. 그러나 앞에서 언급한 내재적 대응에 비해 외부의 서명은 다양한 형태의 침습적 공격에 취약해 접근, 변경될 수 있다. 또한 이러한 서명은 복제에 취약해 공격자가 의도적으로 복제한 PCB에 할당할 수 있다.

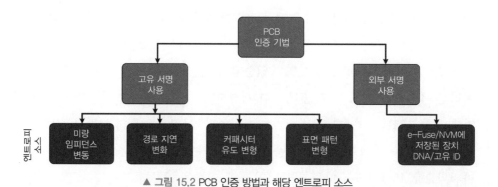

▲ 그림 15.2 PCB 인증 방법과 해당 엔트로피 소스

15.2.1 미량 임피던스 변형

PCB는 일반적으로 보드에 분산된 수백에서 수천 개의 금속 트레이스로 구성된다 (그림 15.3(A) 참고). 이러한 금속 트레이스는 일반적으로 두께가 다른 구리(Cu) 라인으로 만들어진다. 이러한 미량은 길이나 폭의 임의의 이동과 같은 임의의 고유 제조 공정 변형에 영향을 받는다. 이러한 차이로 인해 이들 라인을 통한 DC 저항, AC 임피던스와 신호 전파 지연이 달라진다. 그러므로 트레이스 임피던스의 변화는 보드 레벨 고유 서명 생성에 사용될 수 있다[2].

PCB의 두 가지 기본 트레이스 유형은 (1) 마이크로스트립, (2) 스트립 라인이다. 단일층 PCB에서 마이크로스트립 트레이스는 구리 와이어의 기본 패턴에 대한 주요 유형의 트레이스다. 그러나 다층 PCB에서는 두 가지 유형의 트레이스가 모두 사용된다. 따라서 구리 트레이스와 기판 유전체를 고려해 상이한 PCB는 상이한 와이어 임피던스 모델을 가질 수 있다. 이들 트레이스 타입의 단면은 그림 15.3(B)와 15.3(C)에 나와 있다. 이들 트레이스의 임피던스(Z_0)는 구리 트레이스의 폭과 두께, 기판의 두께와 유전 상수에 의존한다. PCB 제조 공정 동안 트레이스의 치수는 폭과 높이 모두에서 완벽하게 균일하지 않을 것이며, 기판의 유전 상수는 PCB의 면적에 따라 변한다. 이러한 요인으로 인해 프로세스로 인한 트레이스 임피던스 변화가 발생한다. 이 임피던스는 보드마다 다르며 테스트 장비로 측정할 수 있다. 보드에 있는 여러 트레이스의 임피던스는 각 보드에서 고유한 서명을 집합적으로 구성할 수 있으며, 이는 본질적으로 PUF 역할을 하므로 PCB 무결성 검증이나 인증에 사용할 수 있다.

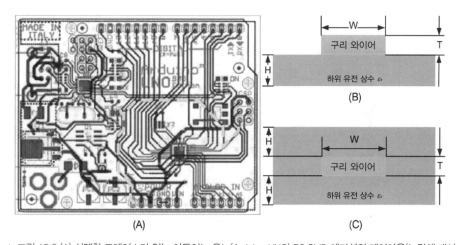

▲ 그림 15.3 (A) 선택한 트레이스가 있는 아두이노 우노(Arduino UNO) R3 SMD 에디션의 레이아웃(노란색 대시선으로 강조 표시됨). 대부분의 PCB 레이아웃에는 이와 유사한 많은 트레이스가 있다. (B) 단일층 또는 다중층 PCB에서의 마이크로스트립 트레이스, (C) 다층 PCB에서의 스트립 라인 트레이스

15.2.2 지연 변형

JTAG 테스트 인프라를 통해 캡처된 고품질 지연 기반 서명을 사용해 PCB를 인증할 수도 있다[3]. 대부분의 현대적인 IC에 내재된 BSA^{Boundary-Scan Chain Architecture}는 오늘날 대부분의 PCB에서 널리 사용되는 DFT 구조다. 그림 15.4에 나와 있는 것처럼 이 스캔 구조 내에서 여러 바운더리 스캔 셀^{BSC, Boundary-Scan Cells}이 체인으로 연결된다. 이들 BSC는 바운더리 스캔 레지스터를 형성하고자 시프트 레지스터와 동일한 방식으로 서로 연결된다. PCB 테스트 프로세스 동안 특정 테스트 패턴을 IC의 논리 코어로 전환하는 데 사용된다. 테스트 중인 IC의 해당 응답도 스캔 체인으로 이동할 수 있다. 주어진 설계를 위해 제작된 여러 PCB는 스캔 경로의 동일한 라우팅을 포함한다. 그러나 서로 다른 보드에서 동일한 스캔 경로를 통과하는 데이터는 IC와 PCB의 제조 공정에 미묘한 차이로 인해 약간 다른 지연이 발생할 것으로 예상된다. 이 BSC 경로 지연을 측정해 인증용 고유 서명을 생성할 수 있다.

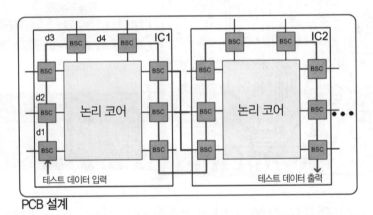

▲ 그림 15.4 PCB 설계 내에서 IC의 논리 코어를 둘러싼 바운더리 스캔 경로. 경로에는 순서대로 연결된 여러 스캔 셀이 포함된다.

15.2.3 커패시터로 인한 변형

엔트로피 소스를 의도적으로 도입하고자 정전식 유닛$^{capacitive unit}$과 같은 PCB에 추가 트레이스나 컴포넌트를 포함할 수 있다. 제조된 보드에서 고유한 서명을 생성하는 데 사용할 수 있다. 이러한 정전식 유닛은 제조 공정으로 인한 변동을 극대화하고자 신중하게 제작된 구리 패턴 세트로 구성될 수 있다[4]. 각 정전식 유닛은 PCB에 전용 감지 하드웨어와 통합될 수 있다. 센싱 하드웨어는 대응하는 정전식 유닛의 제조 변동에 따라 특정 주파수 값을 포함하는 신호를 출력한다. 이러한 개별 정전식 영역에서 추출된 주파수를 비교해 PUF 논리를 구현할 수 있다. 견고하고 구별 가능한 서명 생성을 보장하고자 각 정전식 장치에는 제조 과정에서 충분히 큰 변화를 경험하는 특정 정전 용량이 포함돼야 한다. 동시에 커패시턴스는 노이즈 내성을 제공하고자 온보드에 내재된 것에 비해 충분히 커야 한다.

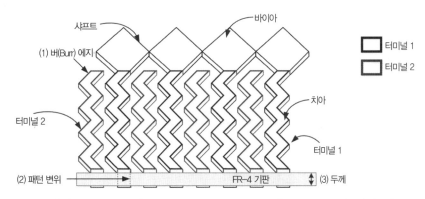

▲ 그림 15.5 서명 생성 프로세스의 변형 소스를 제공하는 커패시터 역할을 하는 PCB로 제작된 2층 빗 모양 트레이스 패턴의 3D 표현

커패시터 유닛은 그림 15.5와 같이 특정 개수의 단자를 사용해 PCB의 다른 층에 설계될 수 있다. 이러한 단자는 특정 패턴에 따라 그려진 구리 트레이스로 구성돼 제조 과정에서 변화 가능성을 높인다[4]. 연구원은 지그재그 구리 패턴을 테스트했다(그림 15.5). 각 층은 이러한 패턴을 포함하며 '샤프트^{shaft}'의 바이아^{vias}와 연결될 수 있다. 이는 '치아와 같은' 구조를 용이하게 하며, 여기서 모든 '치아'는 다른

단자의 치아로 둘러싸여 충전될 때 측면과 수직 전기장을 생성한다. 또한 커패시터 내성은 노이즈 내성을 위해 PCB의 내부 레이어에 묻힐 수 있다. 서로 다른 매개변수의 공정에 의한 변형은 미량 패턴에서 물리적 불일치를 유발한다. 이러한 차이는 커패시터의 내부 전기장을 변경하고 커패시턴스 값을 변경할 수 있다. 제조 변형 중 일부는 다음과 같다.

- 다양한 패턴의 구리 패턴으로 이어지는 패턴 마스크의 정렬 불량(로컬 변형)
- 화학적 에칭^{etching} 공정의 변화(로컬 변형)
- 보드의 두께가 다름(전역 변형)
- PCB 레이어 내의 미묘한 정렬 불량/시프트(전역 변형)

위에서 언급한 변형 중 로컬 변형은 개별 단위에 로컬로 영향을 미치는 결함을 나타내며, 전역 변형은 보드 전체에 미치는 영향을 나타낸다.

15.2.4 표면 패턴 변형

PCB 제조 공정의 결함으로 인해 PCB의 시각적 표면 패턴이 달라질 수 있다. 이 표면 패턴 변형을 사용해 PCB 인증용 서명을 생성할 수 있다. 이러한 시각적 패턴은 층간 연결 바이아, 라우팅, 전력 트레이스, 표면 실장 장치^{SMD}, 패드와 같은 PCB의 다양한 관찰 가능한 구성 요소에서 찾을 수 있다[5]. 그림 15.6은 PCB에서 이러한 구성 요소 중 일부를 보여준다. 모든 최신 PCB에서 일반적으로 사용되는 층간 연결 바이아는 기본적으로 PCB 표면에 작은 도금된 구멍이다. 이 바이아는 여러 가지 이유로 사용되지만 주요 목적은 다른 PCB 레이어를 연결하는 것이다. 그들의 품질은 PCB 품질을 보장하는 데 중요한 역할을 한다. 바이아의 표면 패턴 편차는 다음을 포함한 여러 가지 요인으로 인해 발생할 수 있다.

- 바이아 표면 마무리 공정

- 천공 구멍의 변형

- 솔더 마스크 경계와 바이아 에지 분리

- 바이아 홀에 존재하는 각도(3D 뷰에서 관찰 가능)

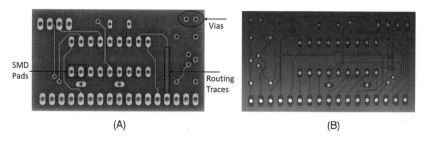

▲ 그림 15.6 (A) 바이아, 라우팅, 전력 트레이스가 있는 PCB 표면의 이미지, SMD 패드, (B) PCB 표면의 X선 컴퓨터 단층 촬영 이미지[5].

PCB의 바이아 표면에는 크기, 모양과 방향이 다른 여러 개의 작은 선이 있다. 이러한 변형은 바이아의 현미경 이미지에서 관찰될 수 있다. 그림 15.7은 두 개의 바이아에 존재하는 패턴을 보여준다[5]. 제조 공정으로 인한 편차로 인해 표면에 다양한 임의의 모양/크기의 마크와 도트가 관찰될 수 있다. 이러한 랜덤 노이즈 유사 패턴을 활용해 PCB의 고유 식별자를 만들 수 있다. 바이아 정렬은 매우 까다로운 작업이므로 제조 과정에서 PCB의 모든 바이아에서 정렬 오류가 발생하지 않을 것이다. 따라서 풍부한 변형의 원인이 항상 존재해야 한다. 또한 시각적 표면 패턴의 차이는 절대적으로 예측할 수 없으며, 제어할 수 없다. 바이아 기반 표면 지문은 열악한 환경에서 파생된 경우에도 견고해야 한다. 또한 이러한 바이아 패턴은 현장에서 사용되지 않은 상태로 유지되며, 전자 부품이 납땜되지 않는다. 마지막으로 표면 패턴을 캡처할 수 있는 뛰어난 물리적 접근 가능성을 제공한다. 전체적으로 표면 바이아는 PCB 인증용 독특하고 강력한 서명을 제공할 수 있다.

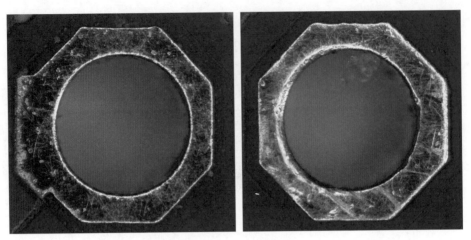

▲ 그림 15.7 제조 공정에서 발생하는 바이아 표면의 무작위 모양/크기 표시와 점[5]

15.3 서명 처리와 인증 방법

IC 수준의 프로세스 변형이 PUF를 구현하는 데 광범위하게 활용됐지만[6], 그러한 기능을 사용해 보드 수준의 변형을 활용하는 연구는 어려웠다. 효과적인 서명 추출 방법이 없으면 기본 변형이 제대로 활용되지 않는다. 각 PCB에 대해 추출된 서명은 그림 15.8과 같이 제조 과정에서 중앙 데이터베이스에 저장될 수 있다. 이 등록 프로세스를 위해 원래 제조업체 이외의 타사 시설을 활용할 수도 있다. 현장에서는 주어진 PCB의 진위를 검증하는 데 관련 서명 추출 방법을 따라야 한다. 추출된 서명을 중앙 데이터베이스로 보내 특정 PCB가 정품인지 확인해야 한다. 서명이 데이터베이스에 있는 경우 PCB는 자동으로 확인된다. 그렇지 않으면 PCB는 가짜로 간주된다. 15.2절에서 설명한 각 변형 소스에 대해 개발된 해당 서명 생성과 인증 방법은 다음 절들에서 설명한다.

15.3.1 PCB 임피던스 변형 활용

자동화된 테스트 설비는 현대 PCB 생산 공정에서 일반적으로 사용된다. 플라잉 프로브^{flying probes}는 제조업체와 시스템 설계자에게 품질 보증을 제공하고자 설계의 테스트 지점과 안전하게 연결되는 테스트 설비로 사용된다. PCB의 트레이스 임피던스 기반 서명을 캡처하는 데 기존 프로브 중 일부를 사용하거나 사전에 정의된 트레이스 세트의 임피던스와 저항을 자동으로 측정하고자 추가 프로브를 도입할 수 있다.

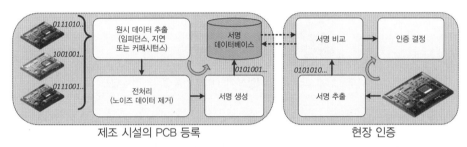

▲ 그림 15.8 PCB 등록과 인증 프로세스의 일반적인 흐름: 제조 과정에서 각 PCB의 서명이 캡처돼 중앙 데이터베이스에 저장된다. 현장에서 PCB의 진위 여부는 서명을 생성하고 중앙 데이터베이스를 쿼리해 확인할 수 있다.

[2]에서 제안된 추적 임피던스 서명 기반 인증 방법의 전체적인 접근 방식은 그림 15.9와 같이 두 단계로 나뉜다. 첫 번째 단계에서는 PCB 제조업체가 적절한 와이어 트레이스 세트를 선택한다. 이러한 트레이스의 임피던스는 모든 정품 PCB에서 안정적인 주파수로 측정된다. 임피던스 측정에 따라 서명이 오프라인으로 생성된다. 추적과 해당 서명의 선택은 데이터베이스에 저장된다. 두 번째 단계에서는 시장에서 PCB를 획득한 시스템 설계자 또는 최종 사용자가 각 PCB에 대해 동일하게 선택된 트레이스를 측정하고 서명을 계산한 다음 데이터베이스에 저장된 서명과 비교해야 한다. 생성된 서명이 데이터베이스의 서명과 일치하지 않으면 PCB는 위조품으로 간주된다.

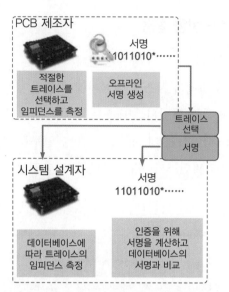

▲ 그림 15.9 트레이스 임피던스 기반 PCB 인증 절차의 전체 단계

PCB에는 수백 개의 트레이스가 포함돼 있으므로 서명 생성용 트레이스를 선택하는 실용적인 방법은 여러 바이아를 통과하는 트레이스를 선택하는 것이다. 4장의 내용을 되짚어보면 바이아는 구리의 상단 레이어를 하단 레이어에 연결하는 회로 보드에 작은 구멍이 뚫린 것을 가리킨다. 각 보드 제조업체는 기판에서 구리를 에칭하고 바이아를 드릴링과 도금하는 프로세스가 다르다. 이렇게 제조업체마다 다른 제조 방법은 그들과 관련된 고유의 저항도 다르게 만든다. 따라서 서명 생성용 트레이스가 앞에서 설명한 방식으로 선택되면 서명에서 달성 가능한 임의성이 최대화될 수 있다.

15.3.2 지연 변형을 사용한 인증

JTAG를 이용한 지연 기반 PCB 인증은 두 단계로 구분된다[3]. 그 흐름이 그림 15.10에 설명돼 있다. 첫 번째 단계에서 PCB 제조업체는 모든 정품 PCB에서 BSC 경로의 지연을 측정하는 데 필요한 적절한 상태로 PCB의 JTAG 장치를 구성한다.

일부 경로는 온도나 공급 전압이 변할 때 변동 지연 값이 있다. 이러한 경로는 서명 생성 프로세스에서 선택하지 않아야 한다. 그 후 서명은 오프라인으로 생성된다. PCB 제조업체와 최종 사용자는 공칭nominal 지연 값을 기반으로 서명을 계산한다. 단일 경로의 서명은 두 경로의 지연을 비교해 얻을 수 있다. 예를 들어 경로 x와 y를 지연 d_x, d_y와 비교할 때 다음과 같이 서명 비트 s를 얻을 수 있다.

$$s = \begin{cases} 1, & d_x > d_y \\ 0 & \text{else} \end{cases}$$

이 기술에 따르면 모든 PCB를 식별하기 위한 완전한 서명으로 큰 비트열(256비트)을 얻을 수 있다. BSC 경로의 위치, 공칭 지연과 서명은 중앙 데이터베이스에 저장해야 한다. 두 번째 단계에서는 현장의 최종 사용자가 동일한 방식으로 PCB에서 JTAG를 구성하고 선택한 BSC 경로의 지연을 측정해야 한다. 그런 다음 서명이 계산돼 데이터베이스에 저장된 서명과 비교된다. 이전과 같이 생성된 서명이 데이터베이스에서 발견되지 않으면 PCB는 위조된 것으로 간주된다.

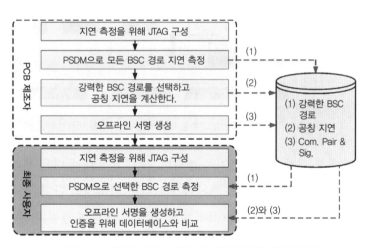

▲ 그림 15.10 제안된 JTAG 기반 PCB 인증 프로세스의 주요 단계

15.3.3 커패시터로 인한 변형 활용

보드 커패시턴스 고유의 변형에서 식별 서명을 생성하고자 그림 15.11과 같이 여러 커패시터 유닛을 설치할 수 있다. 커패시터 유닛은 일부 보조 구성 요소를 통해 측정 회로에 연결된다. 각 측정 회로는 해당 커패시터 유닛에 존재하는 변동을 주파수로 반영하는 신호를 생성한다. 제조 공정에 의한 편차로 인해 커패시터 유닛마다 주파수가 다르다. 측정된 주파수는 쌍으로 비교돼 서명 비트를 생성한다. 완전한 서명은 각각 고유한 주파수 쌍에서 생성된 여러 비트를 갖는다. 이 서명 비트는 사전 저장된 임의의 순서에 따라 변경된다. 순열된 서명은 초기 형태의 PCB ID를 나타낸다. 환경과 운영 조건의 변동으로 인해 생성된 신원이나 서명에 오류가 발생할 수 있다. 따라서 초기 서명은 사전 저장된 오류 정정 코드^{ECC}의 지원으로 수정되고 최종 서명이 생성된다.

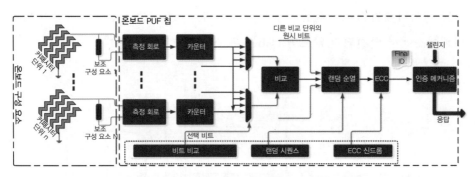

▲ 그림 15.11 커패시턴스에 의한 변화의 추출 과정과 생성된 서명을 이용한 해당 인증 기술

보드를 제조한 후 등록 프로세스가 수행되며, 각 PCB에 대해 다른 챌린지 입력에 따른 서명이 수집된다. 챌린지는 기본적으로 어떤 커패시터 단위 주파수를 비교할 것인지 정의한다. 따라서 각 PCB에 대해 여러 가지 다른 챌린지-응답 쌍이 존재하므로 보안 측면에서 우수하다. 등록 과정에서 다양한 난제에 대한 서로 다른 서명과 해당하는 임의의 시퀀스가 데이터베이스에 저장될 수 있다. 현장에서 인증하는 동안 보드를 확인하는 최종 사용자는 특정 챌린지를 적용하고 해당 챌린

지에 대한 서명이 PCB 내에서 생성된다. 생성된 응답의 정확성은 등록 중에 데이터베이스에 저장된 응답과 교차 점검된다. 서명이 일치하면 PCB는 정품으로 간주된다.

15.3.4 PCB의 표면 패턴 변형 사용

PCB 표면 패턴에서 지문을 생성하려면 표면의 고해상도 사진을 캡처해야 한다. 작은 표면 디테일(예, 마크, 질감, 크기와 모양 왜곡)도 사진에서 캡처해야 한다. 따라서 사진은 고해상도 품질의 광학 장치로 촬영해야 한다. 해상도는 목표 피처의 크기보다 적어도 두 배가 될 것으로 예상된다[5].

적절한 이미징 기술을 사용해 PCB 표면의 디지털화로 시작한다. 전처리 단계는 아날로그-디지털 변환 프로세스에 존재하는 노이즈를 처리한다[5]. 분할 단계는 서명을 탐지해 PCB 표면 이미지 내에 영역을 제공한다. 다음 단계에서는 특정 보드에 대한 용의자와 골든 서명^{golden signature}/지문 사이의 유사성을 계산한다. 마지막으로 위조 탐지 단계에서 주어진 테스트 이미지는 위조 이미지나 실제 이미지로 인식된다. 대부분의 전자 장치는 플라스틱 덮개로 덮여 있으므로 현장 인증 중에 덮개를 제거하지 않고 이미지를 획득하는 기술을 사용할 수 있어야 한다. 이는 X선 컴퓨터 단층 촬영 기반(CT 기반) 기술로 달성할 수 있다. 현재 산업용 CT 하드웨어는 미세한 해상도로 미세한 디테일까지 캡처할 수 있다. 그림 15.6(B)에서 PCB 표면의 X선 단층 촬영 이미지를 보여줬으며, PCB 표면 인증에 대한 후속 단계는 그림 15.12에 나와 있다. 이미지 포착 프로세스는 표면 정렬 불량으로 인해 기하학적 왜곡을 겪을 수 있기 때문에 전처리 단계가 사용될 수 있다. 이 단계는 여러 이미지의 평균화와 노이즈를 줄이기 위한 중간 필터링의 추가 적용을 포함할 수 있다. 캡처한 사진의 품질을 크게 향상시킬 수 있다.

분할 단계 동안 캡처된 이미지 내에서 타깃 영역을 식별하고자 템플릿 매칭 방식이 적용된다. 서명을 캡처할 관심 영역은 보드 내의 하위 영역에 초점을 둬야 하므로 분할 단계가 중요하다. 마지막으로 분할된 영역(들)은 몇 가지 방식으로 서명을 생성하는 데 사용될 수 있다. 하나의 방법은 표적 영역에서 몇 개의 미리 결정된 특징의 정량적 값을 추출하는 것이다. 많은 기능이 있는 경우 서명을 얻을 수 있다. 그러나 기존 방법은 분리된 세그먼트를 직접 사용한다. 인증 과정에서 대상 PCB의 분할된 이미지는 사람의 지문 인식에 일반적으로 사용되는 NCC^{Normalized Cross-Correlation}와 같은 유사성 측정 기술을 사용해 골든 이미지와 비교된다.

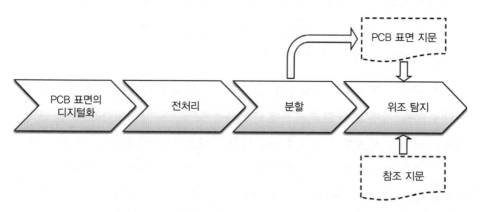

▲ 그림 15.12 표면 패턴 변형 기반 인증 프로세스의 다양한 단계

모든 정품 PCB에 대한 골든 서명(분할된 전처리 표면 이미지)은 제조 프로세스가 완료된 후 캡처된다. 캡처된 서명은 데이터베이스에 저장된다. 필드에서 인증하는 동안 골든, 대상 PCB 이미지의 NCC 값을 계산해야 한다. 유사성이 사전 정의된 임곗값보다 작은 경우 PCB는 골든 PCB와 다른 것으로 간주된다. 따라서 위조 PCB로 감지된다.

15.4 서명 평가 기준

서명 기반 PCB 인증 체계의 품질을 평가하는 데 사용되는 가장 일반적인 측정 기준은 해밍 거리[HD]다. HD는 두 서명 내에 존재하는 변형량이다. 두 보드를 명확하게 구별하려면 서명의 HD가 50% 이상이어야 한다. 이 보드 간 서명 변형을 인터 PCB HD[Inter-PCB HD]라고 한다. 마찬가지로 두 개의 서로 다른 시간 인스턴스에서 캡처된 동일한 보드의 서명은 이상적으로 동일해야 한다. 그러나 측정과 환경 변화로 인해 종종 약간의 차이가 있다. 따라서 서명의 보드 내 또는 보드 내 거리는 0%에 매우 가까워야 한다.

그림 15.13(A)는 미량 임피던스 변동으로 생성된 여러 PCB 서명에 대한 PCB 내 HD[intra-PCB HD]의 히스토그램을 보여준다. 분포는 주로 50%(0.5) HD 영역에 집중돼 있음이 분명하다. 반대로 PCB 내 HD는 대부분 0%이다. 따라서 트레이스 임피던스에서 생성된 서명은 독특하고 강력한 것으로 보인다. JTAG를 통해 캡처된 스캔 체인 경로 지연에서 생성된 서명에 대해서도 유사한 결론을 도출할 수 있다(그림 15.14).

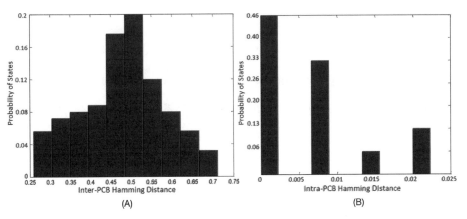

▲ 그림 15.13 (A) PCB 간 HD, (B) 트레이스 임피던스 변화로부터 수집된 서명을 위한 Intra-PCB HD

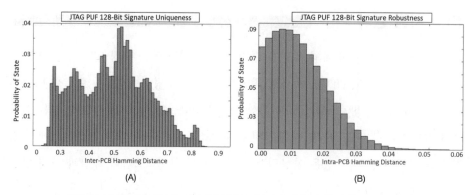

▲ 그림 15.14 (A) PCB 간 HD, (B) 지연 변동으로부터 수집된 서명을 위한 Intra-PCB HD

15.5 새로운 해결책

15.5.1 시스템 레벨 상호 인증

[8]에 설명된 것처럼 시스템 레벨의 상호 인증 방식을 사용해 하드웨어와 펌웨어를 모두 인증할 수 있다. 이 방법에서 하드웨어는 전원을 켤 때 펌웨어의 체크섬을 확인해 펌웨어를 인증하는 데 사용된다. 반면 펌웨어는 하드웨어의 신원을 확인할 수 있고 고유한 하드웨어 지문을 받지 않으면 올바른 결과를 얻지 못한다.

이 프레임워크에서 PCB가 조립된 후 시스템 ID^{SID}가 먼저 생성돼 시스템 설계자에게 반환된다. SID는 시스템에 존재하는 서로 다른 칩^{CID}의 ID에서 작성되며, 이러한 칩 ID의 XOR 합계다. 이 ID는 외부 세계에 노출되지 않으므로 고유하고 복제에 내성이 있다. 시스템이 조립되면 시스템에 대한 각 SID가 생성돼 향후 인증을 위해 신뢰할 수 있는 시스템 통합 사이트에서 안전한 데이터베이스에 저장된다. 복제된 PCB 사용을 방지하고자 대상 하드웨어의 펌웨어는 올바른 시스템 ID를 수신할 때만 작동할 수 있도록 난독 처리된다. 시스템이 제조, 조립되면 난독화된 펌웨어를 보상하고자 원래 시스템 설계자에게 배송해야 한다.

현장에서 시스템 전원을 켤 때 올바른 작동을 위해 SID를 구성해야 한다. 시스템 내 처리 장치(예, 프로세서, 디지털 신호 프로세서, FPGA, 마이크로컨트롤러)는 SID 생성을 담당한다. 프로세서가 칩에서 암호화된 모든 SID를 수집하기 위한 보안 프로토콜도 있다. 고유한 SID는 하드웨어를 완벽하게 보호한다. IC(프로세서 포함) 중 하나를 새 SID(다른 SID를 갖는 재활용 또는 저급 대응)로 교체하면 SID에 반영된다. 손상된 시스템의 경우 SID는 시스템 통합자의 데이터베이스에 등록되지 않는다. 시스템 ID는 인증되지 않은 하드웨어를 쉽게 감지할 수 있는 방법을 제공한다. 그러나 공격자가 비인증 하드웨어를 작성하는 것을 막을 수는 없다. 반면에 공격자는 난독 처리된 펌웨어에서 원본 펌웨어를 재구성할 수 없다. 이 두 가지를 통합하면 공격자가 비인증 시스템을 만들지 못할 수 있다.

15.5.2 공명 주파수를 이용한 인증

PCB에 대한 고유한 서명을 생성하기 위한 다양한 변형 소스를 캡처하고자 [9]에서 새로운 코일형 구조가 제안됐다. 그림 15.15(A)는 제안된 코일 구조를 보여준다. 많은 수의 노치가 존재하기 때문에 제안된 스타 코일 구조는 일반적인 직선 코일 설계에 비해 증가된 저항(와이어 저항), 커패시턴스(빗 모양의 다층 설계로 인해), 인덕턴스 변화(코일로 인해)를 제공해야 한다고 가정한다. 따라서 이 방법은 가장자리 반올림, 밀도, 정렬 변화를 포함해 여러 제조 결함의 원인을 포착할 수 있다.

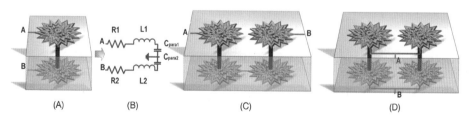

▲ 그림 15.15 스타 코일 구조, (A) 기본 구성, (B) 동등한 RLC 회로, (C) 직렬 연결된 코일 (D) 병렬 코일 조합

스타 코일 구조는 각 코일마다 고유한 공명 주파수^{RF}를 활용하는 데 사용될 수 있다. 코일을 자극^{excite}시키고자 전압이 인가될 때 스타 코일의 주파수는 최소에서 최대로 닿을 수 있다. 특정 주파수에서 코일을 통과하는 전류는 최대가 된다(즉, 임피던스가 최소가 된다). 이 주파수는 공명 주파수로 간주된다. 다음 방정식은 RLC 회로의 공진 주파수를 정의한다.

$$f_\text{res} = \frac{1}{2\pi\sqrt{LC}}$$

위의 방정식에서 f_res는 Hz 단위의 공명 주파수, L은 Henry의 인덕턴스, C는 Farads 의 커패시턴스를 나타낸다. 임피던스와 공진 주파수 사이에는 반비례 관계가 있기 때문에 임피던스의 미세한 변화는 공진 주파수의 큰 변화를 의미한다. 따라서 f_res의 가치는 여러 보드에서 달라야 한다. 단일 스타 코일 설계는 직렬 또는 병렬 패션으로 서로 연결된 여러 코일을 사용해 확장할 수 있다(그림 15.15(C)-(D) 참고). 이는 더 많은 변형을 통합해 많은 고유 서명을 생성한다.

이전의 스타 코일 기반 구조는 보드당 하나의 서명만 제공한다. 이상적으로 안전하고 신뢰할 수 있는 인증 체계에는 많은 서명-서명 쌍이 필요하다. 이 기능을 수용하고자 여러 단계의 스타 코일을 다양한 조합으로 연결해 외부 점퍼를 통한 경로를 형성할 수 있다. 이 연결 조합은 인증 중에 챌린지 입력으로 정의될 수 있고 각 챌린지(경로 구성)에 대한 해당 서명은 고유하다.

15.6 PCB 무결성 검증

PCB는 다양한 보안에 중요한 애플리케이션을 수행하는 것을 비롯해 거의 모든 전자 시스템의 필수 요소다. 따라서 이 보드는 현장에서의 변경에 취약하다. IC, 납 땜 와이어, 기존 블록을 피하거나 대체하기 위한 경로 재지정, 구성 요소 추가나 교체, 트레이스, 포트 또는 테스트 인터페이스 활용과 기타 독창적인 방법으로 변경이 발생할 수 있다. 게임 콘솔의 PCB를 변조해 DRM$^{Digital\ Rights\ Management}$을 우회하는 것이 PCB 변조의 가장 일반적인 예다[10]. 내장된 제한을 비활성화하기 위한 물리적 변경을 통해 사용자는 해킹된 콘솔에서 불법 복제, 번트 또는 무단 버전의 게임을 플레이할 수 있다. 이러한 현장에서의 변경을 방지하는 한 가지 방법은 배치 후 PCB의 무결성을 적극적으로 모니터링하는 것이다. 그러나 오늘날 PCB 무결성 검증 분야에서 사용할 수 있는 방법은 거의 없다. 이러한 유효성 검사 기술 중 일부를 알아보자.

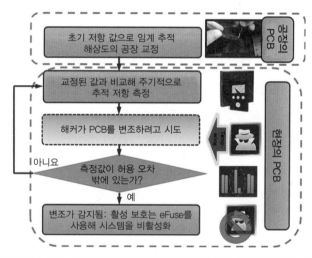

▲ 그림 15.16 트레이스 저항 감지를 통한 PCB 보안의 일반적인 접근 방식을 보여주는 블록 다이어그램

15.6.1 추적 임피던스 기반 검증

PCB 내의 구리 트레이스는 구성 요소 간의 상호 연결 역할을 한다. 주어진 구성 요소가 PCB와 상호작용하게 하려면 구성 요소 핀을 직접 또는 간접적으로 일부 PCB 트레이스에 연결해야 한다. 이로 인해 구리 트레이스의 임피던스가 눈에 띄게 변경될 수 있다. 따라서 임계 트레이스의 임피던스 값을 모니터링해 시스템 내

에서 추가 회로를 표시할 수 있다.

이 방법을 구현하고자 PCB 공급업체는 배치하기 전에 다수의 중요 트레이스에 대한 이상적인 트레이스 임피던스 값을 수집해야 한다(그림 15.16). 이러한 임피던스 값은 비휘발성 메모리에 저장해야 하며, 이 경로에서 중요한 경로의 무결성을 보장하고자 값이 추출돼 작동 중 주기적으로 실시간 측정값과 비교된다. 솔더 드롭 (선/핀을 트레이스에 연결하는 데 사용)이 존재하더라도 영향을 받는 트레이스에 상당한 차이가 발생하고 변조 시도가 감지된다. 이 시스템에는 물리적 공격이 확인되는 즉시 PCB를 비활성화하는 기능이 장착될 수 있다.

15.6.2 JTAG 기반 무결성 검증

JTAG 기반 PCB 인증 방법은 이 장의 앞부분에서 이미 다뤘다. 무결성 검증 목적으로 동일한 아이디어를 확장할 수 있다. 경계-스캔 셀을 연결하는 경로는 JTAG 인프라를 통해 액세스할 수 있으므로 이러한 경로의 지연에서 보드별 서명을 추출할 수 있다. 많은 경로에서 지연된 값을 결합해 보드의 고유한 서명을 만들 수 있다. 이러한 경로 중 하나에 영향을 미치는 수정 사항은 변형을 지연시킬 수 있다. 따라서 특정 보드에 대한 모든 스캔 경로의 이상적인 지연 값을 알고 있으면 JTAG 체인에 직접 또는 간접적으로 연결된 트레이스, 핀 또는 구성 요소가 변조됐는지 평가하는 데 사용할 수 있다. 유효성 검사 프로토콜은 변조 방지 비휘발성 메모리나 시스템 시작 시 클라우드에서 이상적인 값을 얻을 수 있다. 트레이스 임피던스 기반 검증과 마찬가지로 이상적인 지연 값은 작동 중 일정한 간격으로 보드의 실제 지연 값과 비교된다. 이 기법의 중요한 요구 사항 중 하나는 지연 시간이 장치가 오래됨에 따라 변경될 수 있기 때문에 이상적인 지연 값을 오랜 기간 동안 업데이트해야 한다는 것이다.

15.7 실험: PCB 변조 공격(Modchip)

15.7.1 목표

이 실험에서는 물리적 공격, 즉 모드칩^{Modchip} 공격을 PCB에 적용해 기능을 변경할
수 있다.

15.7.2 방법

HaHa 플랫폼을 사용해 비밀 암호키를 저장하는 EEPROM의 동작에 대한 수정을
목표로 한다. 실험의 첫 부분은 메인 모듈을 찾고, 연결을 관찰하고, 데이터/공급
포트를 식별할 수 있게 한다. 다음으로 EEPROM이 대상 모듈에 강제 암호 값을 제
공하게 하는 악의적인 설계 수정을 통합할 것이다.

15.7.3 학습 결과

실험의 특정 단계를 수행함으로써 학생들은 모드칩 공격을 적용하는 방법을 배우
고 공격의 시스템을 최소한으로 수정해 보안 기본 요소를 깨뜨리고 가장 큰 영향
을 미치는 방법을 배운다. 또한 변조(탬퍼링) 공격에서 장치를 보호하는 것과 관련
된 문제를 경험하게 된다.

15.7.4 고급 옵션

이 주제에 대한 추가 탐색은 좀 더 제어 가능한 변조 공격(예, 공격자가 모듈에 전송
된 키 값을 제어할 수 있는 공격)과 시스템 동작의 좀 더 정교한 변경을 적용해 수행할
수 있다.

실험에 대한 자세한 내용은 보충 문서를 참조하기 바란다. 다음 웹사이트에서 확인할 수 있다. http://hwsecuritybook.org/

15.8 연습문제

15.8.1 True/False 문제

1. 공격자가 제조업체의 원래 PCB 레이아웃을 훔치지 않으면 복제 목적으로 PCB를 복제할 수 없다.

2. 대부분의 IC 인증 기술은 PCB 인증에 직접 사용할 수 있다.

3. 동일한 보드 내에서 동일한 트레이스의 경로 지연과 임피던스는 동일하다.

4. BSA[Boundary Scan Chain Architecture]를 사용해 DFT[Design-For-Test] 솔루션을 구현할 수 있다.

5. 서명 생성을 위해 주입된 커패시터 장치는 노이즈 내성을 위해 PCB의 내부 레이어에 묻힐 수 있다.

6. 제조 중 PCB 층의 정렬 오류는 매개변수의 국지적 변동(즉, 트레이스 임피던스)만을 야기한다.

7. 바이아는 PCB의 다른 층을 연결하는 데만 사용한다.

8. 다양한 서명 기반 PCB 인증 프로세스의 변형 원인은 다르지만 서명 추출 과정은 동일하다.

9. 환경 변화로 인한 서명 변경은 오류 수정 코드를 통해 해결할 수 있다.

10. 특정 PCB에 대해 여러 고유한 서명이 존재한다고 해서 인증에 가치가 있는 것은 아니다.

15.8.2 단답형 문제

1. 서로 다른 유형의 위조 PCB를 분류하시오.

2. PCB 인증용 좋은 서명의 바람직한 기능은 무엇인가?

3. 동일한 설계로 제조된 여러 PCB가 동일한 트레이스 간에 임피던스와 지연에 차이가 있는 이유는 무엇인가?

4. IC 또는 PCB 설계에서 BSA[Boundary-Scan chain Architecture]의 전통적인 사용은 무엇인가?

5. PCB 서명 생성을 위해 주입된 커패시터 유닛의 커패시턴스를 다르게 만들 수 있는 제조상의 부정확성에는 어떤 것이 있는가?

15.8.3 서술형 문제

1. PCB 인증에 사용될 수 있는 서로 다른 두 가지 변형 원인을 설명하시오.

2. PCB 서명 생성과 인증을 위해 보드 커패시턴스 변화를 어떻게 활용할 수 있는지 설명하시오.

3. PCB 인증 서명의 품질을 이해하는 데 일반적으로 사용되는 기준을 설명하시오.

4. 물리적 복제 방지 기능을 설계하고자 PCB의 스타 코일 트레이스 구조를 어떻게 사용할 수 있는가? PCB에서 더 많은 변형을 추출하고자 유사한 새로운 구조를 생각해 낼 수 있는가? 메커니즘을 자세히 설명하시오.

5. PCB가 열악한 환경과 같이 열악한 환경에 배치된 경우 PCB에서 생성된 서명은 골든 레퍼런스와 다를 수 있다. 이러한 오류를 허용하는 메커니즘은 무엇인가?

참고 문헌

[1] S. Ghosh, A. Basak, S. Bhunia, How Secure are Printed Circuit Boards against Trojan Attacks? IEEE Design & Test 32 (2015) 7–16.

[2] F. Zhang, A. Hennessy, S. Bhunia, Robust Counterfeit PCB Detection Exploiting Intrinsic Trace Impedance Variations, in: VLSI Test Symposium (VTS), 2015 IEEE 33rd, IEEE, pp. 1–6.

[3] A. Hennessy, Y. Zheng, S. Bhunia, JTAG–based Robust PCB Authentication for Protection against Counterfeiting Attacks, in: Design Automation Conference (ASP–DAC), 2016 21st Asia and South Pacific, IEEE, pp. 56–61.

[4] L. Wei, C. Song, Y. Liu, J. Zhang, F. Yuan, Q. Xu, BoardPUF: Physical Unclonable Functions for Printed Circuit Board Authentication, in: Computer–Aided Design (ICCAD), 2015 IEEE/ACM International Conference on, IEEE, pp. 152–158.

[5] T. Iqbal, K.–D. Wolf, PCB Surface Fingerprints based Counterfeit Detection of Electronic Devices, Electronic Imaging 2017 (2017) 144–149.

[6] G.E. Suh, S. Devadas, Physical Unclonable Functions for Fevice Authentication and Secret Key Generation, in: Proceedings of the 44th Annual Design Automation Conference, ACM, pp. 9–14.

[7] HuaLan Technology, PCB clone, http://www.hualantech.com/pcb-clone, 2017. (Accessed 3 December 2017), [Online].

[8] U. Guin, S. Bhunia, D. Forte, M.M. Tehranipoor, SMA: a System–Level Mutual Authentication for Protecting Electronic Hardware and Firmware, IEEE Transactions on Dependable and Secure Computing 14 (2017) 265–278.

[9] V.N. Iyengar Anirudh, S. Ghosh, Authentication of Printed Circuit Boards, in: 42nd International Symposium for Testing and Failure Analysis, ASM International.

[10] S. Paley, T. Hoque, S. Bhunia, Active Protection against PCB Physical Tampering, in: Quality Electronic Design (ISQED), 2016 17th International Symposium on, IEEE, pp. 356–361.

4부

하드웨어 공격과 보안 동향

16

시스템 레벨 공격과 대응 방안

16.1 소개

최신 컴퓨팅 시스템에서는 하드웨어와 소프트웨어 스택이 시스템 기능을 구현하기 위해 서로 통합돼 동작한다. 15장에서는 하드웨어 자체의 보안 문제에 초점을 맞췄지만 보안 소프트웨어 실행을 위한 인프라를 제공하는 데 관련된 하드웨어 보안의 또 다른 중요한 측면은 다루지 않았다. 특히 칩이나 PCB에 저장된 자산(1장에서 자산을 정의)을 악성 소프트웨어로부터 보호하는 하드웨어의 역할은 자세히 설명하지 않았다. 마찬가지로 어떤 애플리케이션의 데이터나 코드를 다른 잠재적인 악의적인 것으로부터 보호하는 것도 다루지 않았다. 하드웨어는 운영체제에서부터 애플리케이션 소프트웨어에 이르기까지 소프트웨어 스택의 모든 수준을 고려해 소프트웨어 공격에 대한 보안을 지원해야 한다. 이러한 공격은 기능적 취약점이나 사이드 채널 취약점을 통해 수행될 수 있으며, 16장에서는 하드웨어에 대한 소프트웨어 유도 공격의 다양한 시나리오와 공격에 대응하기 위한 대책을 설명한다.

시스템의 소프트웨어 스택은 CPU에서 실행된다. CPU는 현재 프로세서 IP를 통합하는 SoC로 가장 보편적으로 구현되는데, 이러한 시스템은 CPU, FPGA, GPU와 함께 점차 통합돼 특정 애플리케이션을 가속하는 역할을 하게 된다. 이러한 흐름은 점점 더 복잡해지는 하드웨어와 소프트웨어의 상호작용을 야기하고 궁극적으로 "우리는 이렇게 통합된 시스템을 어떻게 보호하는가?"라는 질문을 제기하게 된다. 이 장에서는 먼저 SoC에 있는 보안 문제를 분석한다. 그다음으로 보안 SoC를 설계하는 데 필요한 몇 가지 요구 사항에 중점을 두고 관련 기술을 설명한다. 그러나 시스템 레벨의 보안 문제로 옮기기 전에 현대 SoC의 아키텍처와 SoC 내에서 하드웨어와 소프트웨어의 상호작용이 어떻게 이뤄지는지 이해해야 할 필요가 있다. 또한 SoC 보안에 대한 현재의 관행을 이해해야 한다. 이 장의 나머지 부분에서는 SoC 보안의 배경 지식을 제공하고 하드웨어와 소프트웨어의 상호작용을 이용해 수행할 수 있는 다양한 취약점과 공격 시나리오를 다루고 그에 대응하기 위한 솔루션을 제시한다.

16.2 SoC 설계의 배경

그림 16.1은 단순화된 표준 SoC의 주요 구성 요소를 보여준다. SoC 디자인 하우스에서 개발됐거나 다양한 IP 공급업체에서 인수한 IP 블록을 상호 연결 패브릭으로 통합함으로써 원하는 기능을 구현한다. SoC에 통합되는 주요 IP 블록은 프로세서 코어(소프트웨어 스택을 실행), 메모리(프로세서 캐시 역할을 담당), 암호화 모듈(기능 보안 수단), 전원 관리와 통신 모듈(예, USB 모듈) 등이 포함된다. 상호 연결 패브릭은 다음 세 가지 방법 중 하나 또는 세 가지 방법 중 두 가지 이상의 조합으로 구현될 수 있다. (1) IP 블록 간의 점 대 점 연결, (2) 적절한 중재 논리를 갖는 공유 버스를 사용하는 버스 기반 통신 구조, (3) IP가 한 지점에서 다른 지점으로 메시지를 전송하는 특수 설계된 '라우터'를 통해 통신하는 네트워크 온칩^{NoC} 구조. 그림 16.2

는 세 가지 주요 유형의 통신 아키텍처를 보여준다. 일반적으로 SoC 설계의 성능은 통신 아키텍처의 효율성에 크게 좌우될 수 있다.

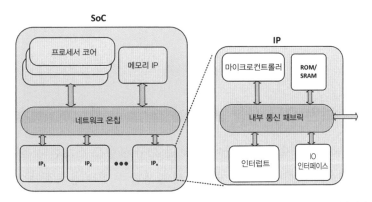

▲ 그림 16.1 상호 연결 패브릭으로 연결된 여러 IP 블록으로 구성된 최신 SoC 아키텍처

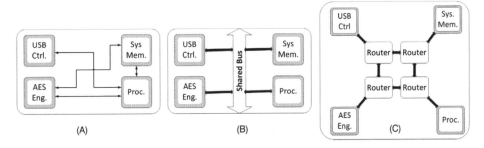

▲ 그림 16.2 (A) 점 대 점(Point-to-Point) 상호 연결, (B) 공유 버스 상호 연결, (C) 네트워크 온칩(NoC) 상호 연결을 갖춘 SoC 아키텍처

일반적으로 SoC의 IP 블록은 버스 기반이나 NoC 아키텍처와 인터페이스하고자 몇 가지 표준화된 인터페이스와 통신 프로토콜로 설계된다. 패브릭과 IP용 SoC 통합 프로세스에는 IP 블록들의 인터페이스를 구성하고 이를 패브릭에 연결하기 위한 글루 논리glue logic를 삽입해야 한다. SoC 통합 프로세스를 용이하게 하고자 표준 온칩 버스 아키텍처가 개발됐는데, 이러한 표준은 종종 프로세서 아키텍처에 따라 달라지며 IP 공급업체에서 생산하는 에코 시스템과 일관성을 유지하고 있다. 예를 들어 IBM[1]의 CoreConnect 버스 아키텍처와 ARM[2]의 AMBA 버스 아키텍처

는 각각 해당 프로세서, 예를 들어 PowerPC와 ARM 프로세서, 그리고 각각의 IP 에코 시스템과 연결된다. 점 대 점[Point-to-point] 아키텍처는 표준화된 IP 인터페이스와 통합 프로세스의 부족으로 인해 대형 복합 SoC에는 적합하지 않으며, IP 수가 증가하면 확장성 문제가 발생할 수 있다.

16.3 SoC 보안 요구 사항

이 절에서는 SoC 설계자가 고려해야 할 보안 요구 사항을 소개한다. 이러한 요구 사항은 SoC 라이프 사이클의 여러 단계에서 발생할 수 있는 잠재적인 공격자와 공격 경로를 기반으로 도출된다.

16.3.1 SoC에서의 자산

SoC 자산은 시스템에 중요하고 보안에 민감한 정보로서 칩에 저장된 정보로 광범위하게 정의할 수 있다. 컴퓨팅 장비들이 고도로 개인화된 활동(예를 들어 쇼핑, 은행 업무, 피트니스 추적, 운전 경로 제공)에 수없이 많이 사용되면서 대량의 민감하고 개인적인 정보에 접근할 수 있게 됐는데, 이런 정보들은 비인가된 접근이나 악의적인 접근에서 보호해야 하는 정보다. 개인화된 최종 사용자 정보 외에도 대부분의 최신 컴퓨팅 시스템에는 암호화, 디지털 권한 관리[DRM] 키, 프로그램 가능한 퓨즈, 온칩 디버그 계측, 디피처 비트[defeature bits]와 같은 아키텍처, 설계와 제조 관련 기밀 자료가 포함돼 있다. 이러한 장치에 저장돼 있는 데이터는 비인가 접근과 손상에서 보호돼야 한다. 따라서 보안 아키텍처, 즉 악의적인 무단 접근에서 민감한 자산을 보호하는 메커니즘은 최신 SoC 설계의 중요한 구성 요소다.

16.3.2 공격자 모델

자산을 보호하려면 설계자는 공격자의 능력을 파악할 필요가 있다. 사실상 모든 보안 메커니즘의 효과는 공격자 모델이 얼마나 현실적인지, 즉 대상에 실제로 얼마나 적용 가능한지에 따라 결정된다. 반대로 대부분의 보안 공격은 가상의 잠재적인 적에 대한 제약 조건에 따라 가정된 몇 가지 가정 사항을 깨는 것에 공격의 효과가 좌우된다. 보안에 있어 적의 개념은 보호를 고려하는 자산에 따라 달라질 수 있다. 예를 들어 DRM 키를 보호해야 하는 경우에는 보안에 있어 적이 최종 사용자가 될 수 있지만, 최종 사용자의 개인 정보를 보호해야 하는 측면에서는 콘텐츠 제공자(와 시스템 제조업체까지 포함)가 적에 포함될 수 있다. 특정 클래스의 사용자를 공격자로 생각하지 않고, 각 자산에 해당하는 적을 모델링하고 해당 모델과 관련된 보호와 완화 전략을 정의하는 것이 더 편리하다. 잠재적인 적을 정의하고 분류하는 것은 어떤 측면에서는 창조적인 프로세스다. 공격자가 물리적 접근 권한을 갖고 있는지, 그리고 어떤 구성 요소에 대해 관찰, 제어, 수정이 가능한지, 또는 리버스 엔지니어링 능력이 있는지와 같이 다양한 부분을 고려할 필요가 있기 때문이다.

16.3.3 SoC에서의 디버그 설계

1장에서 언급했듯이 SoC의 보안 요구 사항은 종종 DFT$^{Design-For-Test}$와 DfD $^{Design-for-Debug}$ 인프라와의 충돌을 나타낸다. DfD는 칩의 기능과 보안 속성에 대한 포스트실리콘 검증을 용이하게 하기 위한 온칩 하드웨어를 의미한다. 포스트실리콘 검증의 핵심 요구 사항은 실리콘 실행 중 내부 신호의 관찰 가능성과 제어 가능성이다. 최신 SoC 설계의 DfD에는 중요한 하드웨어 신호를 추적하고, 레지스터와 메모리 배열의 내용을 덤프하고, 마이크로 코드와 펌웨어를 패치하고, 사용자 정의 트리거와 인터럽트를 생성하는 기능이 포함돼 있다. 디버그 인프라(예, 암호화

IP에서 프로세서 IP)로 흐르는 데이터를 적이 염탐하려는 공격의 위험을 줄이려면 데이터를 표준 암호화 형식을 사용해 보호해야 한다. SoC용 오프 칩 키 생성의 경우 키 비트는 다른 IP, 특히 신뢰할 수 없는 IP에서의 스누핑 가능성에서 보호돼야 한다. 이는 보안 인식 테스트와 디버그 인프라를 생성해 달성할 수 있는데, 여기에는 다른 IP가 키 비트를 관찰하는 것을 효과적으로 차단하는 IP의 로컬 테스트/디버그 셀에 대한 수정이 필요하다[3]. 그림 16.3은 이러한 샘플 수정을 보여준다.

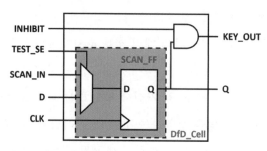

▲ 그림 16.3 INHIBIT 신호로 출력을 마스킹해 보안키 전송을 허용하도록 수정된 스캔 셀[3]

16.3.4 SoC 보안 정책 개요

SoC 보안은 시스템 자산을 무단 접근에서 보호해야 한다는 요구 사항에 따라 결정된다. 이러한 액세스 제어는 기밀성, 무결성, 가용성CIA 요구 사항에 의해 정의될 수 있다[4].

보안 정책의 목표는 IP 구현자나 SoC 통합자가 보호 메커니즘을 개발하는 데 사용할 수 있는 '실행 가능한' 설계 제약 조건에 요구 사항을 매핑하는 것이다.

다음은 SoC 보안 정책의 두 가지 예다.

- **예 1**: 부팅하는 동안 암호화 엔진에 의해 전송된 데이터는 의도된 대상이 아닌 이상 SoC의 모든 IP에서 관찰할 수 없다.

- 예 2: 보안키를 포함하는 프로그래밍 가능한 퓨즈는 제조 중에 업데이트될 수 있지만 생산 후에는 업데이트될 수 없다.

예 1은 기밀성에 대한 요구 사항인 반면, 예 2는 무결성에 대한 제약 조건이다. 그러나 정책은 자산에 접근하고자 설계에서 검사할 구체적인 조건을 제공한다. 또한 자산에 대한 접근은 실행 상태(예를 들어 부팅 시간 또는 정상 실행 상태) 또는 개발 라이프 사이클의 단계에 따라 달라질 수 있다. 다음은 몇 가지 대표적인 정책 종류며, 이 정책들은 완벽하지 않지만 적용된 정책의 다양성을 설명한다.

액세스 제어: 가장 일반적인 정책 클래스며 SoC의 여러 에이전트가 서로 다른 지점에서 자산에 접근하는 방법을 지정한다. 여기서 '에이전트'는 SoC의 모든 IP에서 하드웨어 또는 소프트웨어 구성 요소일 수 있다. 위 예 1과 2는 이러한 정책의 예시다. 또한 액세스 제어는 정보 흐름, 무결성, 보안 부팅을 비롯한 많은 다른 정책의 기초를 형성한다.

정보 흐름: 안전한 자산의 가치는 간접적인 관찰이나 중간 계산의 '스누핑snooping' 또는 IP 통신을 통해 직접 액세스하지 않고 추론할 수 있다. 정보 흐름 정책은 그러한 간접적인 추론을 제한한다. 정보 흐름 정책의 예는 다음과 같다.

- **키 은닉:** 보안 수준이 낮은 IP는 보안 수준이 낮은 통신 패브릭에서 암호화 엔진의 데이터만 스누핑해 암호화키를 유추할 수 없다.

정보 흐름 정책은 분석하기가 어렵다. 일반적으로 정보 보안의 경도나 복잡성 결과와 관련한 정확성을 위해 고도로 정교한 보호 메커니즘과 고급 수학 인수가 필요하다. 결과적으로 기밀성이 매우 중요한 중요 자산에만 적용된다.

생기(활력Liveness): 이러한 정책은 시스템이 실행되는 동안 '정지' 없이 기능을 수행하게 한다. 일반적인 활동성 정책은 IP에 의한 리소스 요청에 따라 최종 응답이나 승인이 따르는 것이다. 이러한 정책을 위반하면 시스템 교착 상태나 라이브락livelock이 발생해 시스템 가용성 요구 사항이 저하될 수 있다.

확인 시간 대 사용 시간^{TOCTOU, Time-Of-Check vs. Time-Of-Use}: 인가가 필요한 자원에 접근하는 에이전트가 실제로 인가된 에이전트여야 한다는 요구 사항을 나타낸다. TOCTOU 요구 사항의 중요한 예는 펌웨어 업데이트다. 정책에 따라 펌웨어 업데이트 시 최종적으로 설치된 펌웨어는 보안이나 암호화 엔진에 의해 정당한 것으로 인증된 펌웨어와 동일해야 한다.

보안 부트: 시스템 부팅은 efuse 구성, 액세스 제어 우선순위, 암호화키, 펌웨어 업데이트, 포스트실리콘 관찰 가능성 정보와 같은 중요한 보안 자산의 통신을 수반한다. 결과적으로 부팅은 IP와 통신에 대한 엄격한 보안 요구 사항을 부과하게 된다. 부팅 중 개별 정책은 액세스 제어, 정보 흐름, TOCTOU 요구 사항일 수 있다. 그러나 통일된 부팅 정책 세트로 통합하는 것이 종종 편리하다.

대부분의 시스템 레벨 정책은 시스템 설계자가 위험 평가 단계에서 정의한다. 그러나 아키텍처의 여러 단계, 심지어는 초기 설계와 구현 활동에서도 새로운 지식과 제약 조건이 반영되면서 계속 다듬어진다. 예를 들어 특정 제품의 아키텍처 정의 중에 리소스 제한으로 인해 여러 IP를 암호화 엔진과 마찬가지로 동일한 NoC에 연결해야 하므로 키 누설 정책을 해당 제품에 명시된 대로 구현할 수 없음을 알 수 있다. 일부 키를 관찰할 때 몇 개의 IP는 '안전'하게 표시해 해당 정책에 대한 정의를 개선하는 것으로 이러한 제약 사항이 반영될 수 있다. 변화하는 고객이나 제품 요구에 대응해 정책을 수정하거나 업데이트해야 할 수도 있다. 이러한 개선은 검증 방법론을 개발하거나 엄격한 보안 아키텍처를 개발하는 것을 매우 어렵게 만들 수 있다. 보안 정책이 공식적인 형식이나 분석 가능한 형식으로 작성되는 일이 거의 없다는 점도 이 문제를 더욱 어렵게 한다. 일부 정책은 다른 아키텍처 문서의 자연어^{natural language}로 설명되며, 그중 많은 부분(특히 시스템 라이프 사이클의 후반부에 식별된 개선점)은 문서화되지 않은 상태로 남아 있게 된다.

시스템 레벨 정책 외에도 '하위 수준' 정책이 있다. 예를 들어 IP 간 통신은 패브릭 정책에 의해 지정되며, 다음은 몇 가지 명확한 패브릭 정책의 예시다.

메시지 불변성: IP $\mathcal{A}$가 IP $\mathcal{B}$로 메시지 m을 전송하면 $\mathcal{B}$가 수신한 메시지는 메시지 m과 정확히 일치해야 한다.

리디렉션과 위장 방지: $\mathcal{A}$가 $\mathcal{B}$에게 메시지 m을 보내면 그 메시지는 반드시 $\mathcal{B}$에 전달돼야 한다. 특히 (잠재적으로 불량의) IP $\mathcal{C}$가 $\mathcal{B}$로 가장하거나 $\mathcal{B}$ 이외에, 또는 $\mathcal{B}$ 대신 다른 IP $\mathcal{D}$로 메시지를 리디렉션할 수 없어야 한다.

관찰 불가능성: $\mathcal{A}$에서 $\mathcal{B}$로 전송되는 개인 메시지는 전송 중에 다른 IP에서 접근할 수 없어야 한다.

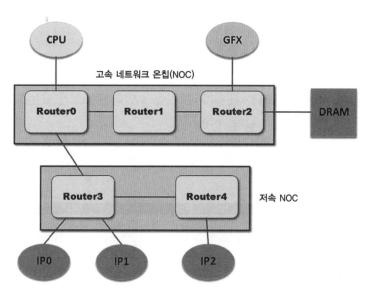

▲ 그림 16.4 단순한 SoC 구성의 예. SoC 설계에는 속도와 전력 프로필이 다른 여러 가지 온칩 패브릭이 포함된다. 이 구성에는 3개의 라우터가 선형으로 연결된 고속 패브릭과 2개의 라우터가 선형으로 연결된 저속 패브릭이 있다.

앞의 설명은 정책 구현과 관련된 복잡성을 충분하게 설명하지는 않는다. 그림 16.4에 나타난 SoC 구성을 고려해보자. IP0가 DRAM에 메시지를 보내야 한다고 가정하면 일반적으로 메시지는 Router3, Router0, Router, Router2를 통해 라우팅된다. 그러나 이러한 경로는 소프트웨어를 통한 메시지 리디렉션을 허용하게 된다. 각 라우터에는 특정 대상에 대한 메시지를 라우팅하는 데 사용되는 기본 주소 레지스터^{BAR, Base Address Register}가 포함돼 있다. 제안된 경로에 있는 라우터 중 하나인 Router0은 CPU에 연결된다. 이 라우터의 BAR는 호스트 운영체제에 의해 잠재적인 덮어쓰기가 발생해 Router0을 통해 전달되는 메시지를 다른 대상으로 리디렉션할 수 있다. 따라서 호스트 운영체제를 신뢰할 수 없다면 보안 메시지를 이 경로를 통해 전송할 수 없다. 리디렉션의 가능성을 이해하려면 패브릭 동작 방식, 라우터 설계(예, BAR 사용)와 적대적인 역할의 소프트웨어 기능의 지식이 필요하다.

앞의 일반적인 정책 외에도 SoC 설계에는 자산별 통신 제약이 포함된다. 보안 부트와 관련된 잠재적인 패브릭 정책은 다음과 같다. 이 정책은 퓨즈 컨트롤러에 의해 생성된 키가 저장용 암호화 엔진으로 전달되는 동안 스니핑되지 않게 한다.

- **부팅 시 키 비관찰 가능성:** 부팅 프로세스 중에 퓨즈 컨트롤러에서 암호화 엔진으로 전달되는 키는 사용자 수준 출력 인터페이스가 있는 IP가 연결된 라우터를 통해 전송할 수 없다.

16.4 보안 정책 실행

이 모듈은 하드웨어 수준에서 보안을 유지하는 데 반드시 필요한 보안 정책을 적용(강화)하는 것을 담당한다. 다음 절에서는 여러 가지 보안 정책과 보안 정책 적용을 담당하는 '중앙 정책 정의 아키텍처'를 설명한다.

16.4.1 중앙 집중식 정책 정의 아키텍처

보안 정책을 구현하는 현재의 산업 관행은 분산된 방식의 특수한 목적에 따라 구현된 방식을 따른다. 그러나 이러한 접근 방식은 일반적으로 높은 설계와 검증 비용을 발생시킨다. 최근 연구[5, 30]에서는 보안 정책을 체계적으로 시행하고자

E-IIPS라는 중앙 집중식의 유연한 아키텍처의 개발을 시도하고 있다. 연구의 아이디어는 최소한의 설계 노력과 하드웨어 오버헤드로 다양한 보안 위협에서 시스템을 보호하기 위한 SoC 설계의 중앙 집중식 리소스 역할을 하는 통합하기 쉽고 확장 가능한 인프라 IP를 제공하는 것이다. 그림 16.5는 E-IIPS의 전체적인 구조를 보여준다.

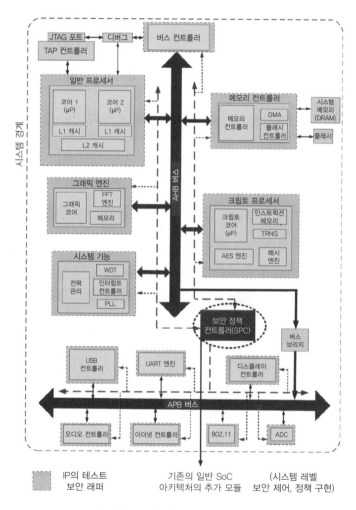

대표적인 SoC 외부 I/O 포트는 그림에 표시하지 않음

▲ 그림 16.5 다양한 보안 정책을 효율적으로 구현하기 위한 E-IIPS 기반의 SoC 보안 아키텍처

여기에는 기존 보안 정책 언어에 따라 펌웨어 코드를 사용해 다양한 형식과 유형의 시스템 레벨 보안 정책을 구현하는 SPC[Security Policy Controller]라는 마이크로컨트롤러 기반 펌웨어 업그레이드 가능 모듈이 포함된다. SPC 모듈은 IP와 통합된 '보안 래퍼[wrapper]'를 사용해 SoC의 구성 IP 블록과 인터페이스한다. 이러한 보안 래퍼는 IP의 기존 테스트(예, IEEE 1500 바운더리 스캔 기반 래퍼[32])와 디버그 래퍼(예, ARM의 CoreSight 인터페이스[31])를 확장한다. 이러한 보안 래퍼는 구현된 정책과 관련된 로컬 이벤트를 탐지하고 중앙 집중화된 SPC 모듈과의 통신을 가능하게 한다. 그 결과는 상호 운용성 요구 사항을 포함하는 매우 복잡한 시스템 레벨의 보안 정책을 구현하고 디버그, 유효성 검사, 전원 관리와의 절충용 유연한 아키텍처와 접근 방식을 제공한다. 아키텍처는 적당한 영역과 전력 오버헤드로 실현할 수 있다[5].

게다가 최근의 연구는 DfD와 같은 기존 설계 도구가 아키텍처 구현에 이용될 수 있음을 보여준다[30]. 물론 아키텍처 자체는 정책 정의의 한 구성 요소일 뿐이다.

다음과 같은 몇 가지 과제가 남아 있다. 1) SPC 마이크로 코드로 효율적으로 컴파일될 수 있는 보안 정책 지정을 위한 언어 정의, 2) 아키텍처 구현에서 통신 패브릭에 대한 라우팅, 정체와 관련된 병목 현상에 대한 연구, 3) 잠재적인 악성 IP(SPC 자체의 악성 보안 래퍼 또는 트로이목마 포함)와 관련된 보안 정책 구현

그럼에도 불구하고 이 접근법은 정책 구현 체계화를 위한 긍정적인 방향을 보여준다. 또한 정책 정의를 중앙 집중식 IP에 포함함으로써 보안 유효성 검사가 설계의 좁은 범위에서 구성 요소에 집중할 수 있으므로 유효성 검사 시간이 단축될 수 있다.

16.5 안전한 SoC 설계 프로세스

현대의 SoC는 하나의 단일칩에 다양한 기능을 통합하고자 내부(사내), 외부(타사) IP를 효율적으로 통합한다. 현대 SoC 설계 프로세스는 개발 라이프 사이클의 여러

주요 단계를 통해 체계적으로 진행된다. 그러나 보안 SoC를 구축하려면 보안 고려 사항과 제품 개발의 초기 단계부터 반복적인 평가가 필요하다. 그림 16.6은 설계 프로세스의 모든 주요 단계에서 보안 평가를 통합해 SoC의 보안 개발 라이프 사이클을 설계하는 방법을 보여준다. 오늘날 SoC의 전체 보안 분석 프로세스는 크게 세 가지 중요한 단계, 즉 초기 보안 유효성 검사, 프리실리콘 보안 유효성 검사, 포스트실리콘 보안 유효성 검사로 분류할 수 있다. 관련 보안 분석이 포함된 각 단계를 간략히 알아보자.

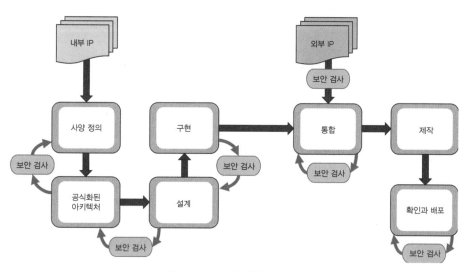

▲ 그림 16.6 SoC 보안 개발 라이프 사이클

16.5.1 초기 보안 검증

초기 보안 검증에는 초기부터 보안 SoC 설계를 보장하고자 기존 SoC 설계 흐름과 통합된 일련의 추가 단계가 포함된다. 이러한 유효성 검증은 개발 라이프 사이클의 아키텍처와 설계 단계에서 수행된다. 초기 보안 검증의 첫 번째 작업은 SoC의 사양을 검토하고 보안 분석을 수행하는 것이다. 이 프로세스에는 시스템의 보안 자산, 소유권, 보호 요구 사항이 집합적으로 보안 정책으로 정의된다. 이 프로세스의 결과는 일반적으로 다운 스트림 아키텍처, 설계와 유효성 검사 작업 요구 사항을 제공하는 제품 보안 사양PSS이라고 하는 일련의 문서 생성이다. 이 단계에서 SoC 설계자는 DFS^{Design-For-Security}와 검증을 용이하게 하는 마이크로아키텍처 변경을 통합한다. DFS와 유효성 검사의 주된 목적은 SoC를 마이크로아키텍처의 기초 수준에서부터 시작해 밑바닥까지 취약점에서 보호하는 것이다. 두 번째 작업은 위협 모델링과 위험 완화다. 위협 모델 개발에는 개별 보안 요구 사항을 분류하고 위험 완화 기술을 분석하는 작업이 포함된다. 세 번째 작업은 상위 레벨의 설계를 검토하는 것이다. 이 작업은 구현을 검증하기 위한 테스트 사례의 생성을 포함한다. 좋은 설계 방법을 적용하고 잠재적인 함정을 피하는 습관은 초기 단계에서 SoC 보안 검증 프로세스의 핵심 부분이다. 자동 검사 도구로 확인할 수 있는 잘 정의된 일련의 설계 보안 규칙은 이러한 유효성 검사를 용이하게 한다.

16.5.2 프리실리콘 보안 검증

프리실리콘 보안 검증은 SoC 개발 주기의 구현 단계에서 수행된다. 이 단계에서 SoC 설계자는 설계의 정적 분석을 수행한다. 정적 분석에는 RTL 코드를 수동으로 검토하는 과정이 포함된다. 그러나 RTL을 검토하는 과정은 설계 주기 동안 코드가 변경되므로 일회성 작업이다. 또한 설계자는 정적 분석을 수행하기 위한 설계 자동화 도구를 사용한다. 정적 분석 외에도 SoC 설계자는 목표로 삼은 테스트 케이스를 작성하고 시뮬레이션을 실행해 원하는 결과를 검증한다. 타깃화된 테스트 벤치에 내재된 문제는 검증 가능성이 매우 제한돼 있으며, 프로세스가 개별 IP를 넘어 확장될 수 없다는 것이다. 시뮬레이션 기반 테스트 외에도 설계자는 공식 검증 도구를 사용해 철저한 적용 범위를 확보한다. 그러나 공식 검증 도구는 현대 SoC의 복잡성으로 인해 어려움을 겪고 있으며, 시스템 레벨 검증에서 확장되지 못하는 문제가 있다. SoC 플랫폼 프로토타이핑은 종종 테스트 속도를 높이고 초기 소프트웨어 흐름을 검증하는 데 수행된다.

16.5.3 포스트실리콘 보안 검증

SoC 플랫폼에서 컴포넌트나 IP 모듈은 상호 연결 패브릭을 통해 서로 통신한다. 보안 영역에 대한 IP의 불법적인 접근이 보안 침해를 야기할 수 있기 때문에 플랫폼 구성 요소 간의 상호작용을 테스트하고 검증하는 것이 중요하다. 이러한 상호 구성 요소 분석은 SoC의 포스트실리콘 검증 과정에서 수행된다. SoC 설계자는 디버그와 유효성 검사 도구를 사용해 실리콘을 더 자세히 조사한다. 이 단계에서는 시스템 레벨의 흐름을 확인하고 분석하는 데 검증 도구가 활용된다. 이 테스트는 여러 개의 동시 트랜잭션이 포함된 시나리오를 생성할 수 있는 도구로 수행된다. 보안 정보 흐름 검사는 보안 수준이 불안정한 주변장치나 신뢰할 수 없는 IP에 전파되는 보안 중요 신호의 가능성을 보안 엔지니어가 확인하는 시스템 레벨 흐름 분석의 한 예다. 또한 SoC 설계자는 고급 해킹 기술을 사용해 블랙박스와 화이트 박스 퍼징white-box fuzzing 같은 보안 테스트를 수행한다. 마지막으로 포괄적인 소프트웨어 테스팅이 포스트실리콘 검증을 완료하고자 수행된다.

16.5.4 케이스 시나리오: 보안 정보 흐름 확인

보안 정보 흐름의 중요성과 중요성에 대한 더 나은 통찰력을 제공하고자 이 절에서는 예시적인 SoC 모델(그림 16.7[33] 참고)을 제시한다. SoC 모델은 프로세서 코어, 암호화 IP, 플랫폼 구성 요소로서의 메모리 IP, 자산을 보존하기 위한 키 저장 IP, USB IP로 설계됐다. 메모리 주소는 신뢰할 수 있는 영역과 신뢰할 수 없는 영역으로 분류된다. SoC는 암호 엔진에 전송된 일반 텍스트의 접근이 유효한 암호 ID를 가진 IP에 제공되는 방식으로 작동하도록 설계됐다.

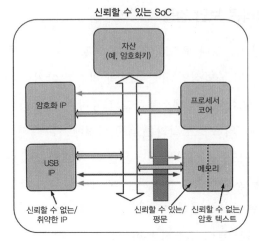

신뢰할 수 있는 SoC

▲ 그림 16.7 안전/안전하지 않은 정보 흐름을 묘사하는 SoC 모델

암호문은 메모리의 신뢰할 수 없는 영역에 저장되며, 운영의 목적으로 다른 IP에서 접근할 수 있다. 암호화 IP는 메모리의 신뢰할 수 있는 부분에서 일반 텍스트를 읽고 자산 IP에 저장된 키를 사용해 텍스트를 암호화하도록 설계됐다. 암호화가 완료되면 USB IP와 같은 외부 엔트리 포인트를 통해 접근할 수 있는 신뢰할 수 없는 메모리 영역에 암호 텍스트를 저장한다. 신뢰할 수 없는 IP(예, USB IP)가 일반 텍스트 유출을 막을 수 있도록 방화벽에 메모리가 배치되고, 방화벽은 ID를 등록해 USB IP의 접근 권한을 결정한다. 그림 16.8[33]은 방화벽에 위치한 USB IP ID 레지스터의 마이크로아키텍처를 보여준다. USB ID 레지스터는 잠금 비트가 있는 보안 레지스터로 모델링된다. SoC 모델의 레지스터는 기본적으로 클럭의 포지티브 에지에서 트리거되는 플립플롭이다. ID 레지스터 Sec는 데이터 입력의 하위 4개(S[3:0]) 비트만을 사용하고 데이터 입력의 비트 0은 잠금 메커니즘에 사용된다. 데이터 출력은 항상 읽기 또는 잠금에서 8비트를 읽는다. 신뢰할 수 있는 메모리 영역에 접근하는 보안 게이트웨이로 작동하기 때문에 레지스터에 대한 철저한 보안 분석을 수행하고, 잘못된 설계 제약으로 인해 발생할 수 있는 취약점을 완전히 이해하는 것이 중요하다. IP의 ID는 Sec라는 8비트 레지스터의 하위 4비트를 사용

해 생성된다. Sec 레지스터에 대한 무단 쓰기를 방지하고자 Lock이라는 다른 레지스터가 설계에 추가된다. Lock의 LSB는 Sec 레지스터의 쓰기 작업을 활성화 또는 비활성화하는 데 사용된다.

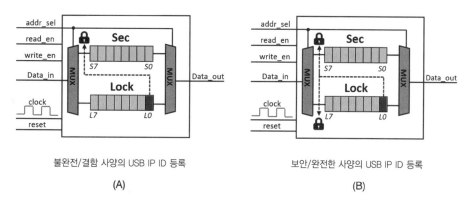

불완전/결함 사양의 USB IP ID 등록

(A)

보안/완전한 사양의 USB IP ID 등록

(B)

▲ 그림 16.8 USB IP ID 레지스터의 마이크로아키텍처 설명. (A) 불완전하고 결함이 있는 보안 사양의 Sec, Lock 레지스터, (B) 보안/완전 보안 사양의 Sec, Lock 레지스터

앞에 설명된 SoC 모델에 대한 위협 모델에는 고려해야 할 몇 가지 중요한 측면이 있다. 예를 들어 위협 모델의 목적은 잠금 레지스터의 잠금 비트가 1로 설정된 경우 Sec 레지스터에 대한 불법 쓰기 작업을 방지하는 것이다. 이는 Sec 레지스터의 데이터 무결성 속성을 보장하는 보안 정책이다. 이 특정 위협 모델의 자산은 ID와 Sec 레지스터가 된다. 주어진 위협 모델에 대한 공격 시나리오는 잠금 비트가 설정되면 신뢰할 수 없는 소프트웨어가 Sec 레지스터를 수정하려는 시도가 될 수 있다. 기밀성과 Sec, Lock 레지스터의 가용성과 같은 기타 속성은 이 사례 연구에서는 사소한 부분이다.

잘 정의된 위협 모델이 구조화되면 보안 분석의 다음 작업은 취약점의 식별이다. 예를 들어 다음 코드 조각을 자세히 살펴보면 Sec 레지스터에 액세스하고자 잘못 작성된 사양을 악용해 Sec 레지스터의 데이터 무결성을 우회할 수 있음을 알 수 있다. 결과적으로 잘못된 설계와 불완전한 사양은 잠금 장치를 잠금 비트를 수정해 잠금 메커니즘을 비활성화하는 데 도움이 될 수 있다. 따라서 신뢰할 수 없는 소프트웨어가 Sec 레지스터를 수정할 수 있다(그림 16.8 참고).

불완전한 사양의 RTL 코드는 다음과 같다.

```
if
    Addr_sel == 0 AND Lock == 1
        Write_En_in==0
else
        Write_En_in == Write_En
```

반면에 고려중인 설계에 대한 완전한 사양 집합은 잠금 메커니즘에 의한 Sec 레지스터의 쓰기 작업을 보호한다. 또한 Lock 레지스터는 자체 잠금을 지정해야 한다. 따라서 보완된 구현은 잠금 메커니즘에 의해 양쪽 레지스터에 대한 Write-en을 제어할 것이다(그림 16.8 참고).

완전한 사양의 RTL 코드는 다음과 같다.

```
if
    (Addr_sel == 0 OR Addr_sel == 1) AND Lock == 1
        Write_En_in == 0
else
        Write_En_in == Write_En
```

전체 사양을 제외하고 보안 기능을 설계하는 또 다른 중요한 측면은 적절한 수준의 완화에 대한 정의다. 예를 들어 보안 분석가는 USB IP의 모든 레지스터에 대한 보안 메커니즘을 설계해야 하는 경우 대응할 수 있어야 한다. 보안 기능이 적절하지 않은 경우 신뢰할 수 없는 IP의 일부 레지스터에 악성 소프트웨어가 포함될 가능성이 있다. 반면에 자산의 과도한 보호는 SoC의 기능적 흐름에 해로울 수 있으며, 보안 메커니즘의 불완전성을 초래할 수 있다.

16.6 위협 모델링

위협 모델링은 목표와 취약점을 식별하고 시스템 위협을 방지하거나 위협을 완화하기 위한 대응책을 정의함으로써 SoC 보안을 최적화하는 활동이다. 이전 내용에서 언급했듯이 보안 아키텍처 정의에서 매우 중요한 부분이고 보안 검증의 핵심 부분이며, 특히 네거티브 테스트와 화이트박스 해킹 활동에서 중요하다. 위협 모델링은 대략 다음 다섯 단계를 거치며 완료될 때까지 이 단계들이 반복된다.

자산 정의: 보호를 관리하는 시스템 자산을 식별한다. 이를 위해서는 IP 식별과 자산이 생성될 때의 시스템 실행 지점을 식별해야 한다. 앞에서 설명한 것처럼 정적으로 정의된 자산과 시스템 실행 중에 생성되는 자산이 여기에 포함된다.

정책 사양: 각 자산에 대해 각 자산을 포함하는 정책을 식별한다. 정책은 직접적으로 액세스 제어에 대해 지정하지 않아도 자산을 '포함'할 수 있다. 예를 들어 어떤 정책은 보안키 K가 특정 IP에 의해 어떻게 접근될 수 있는지 나타낼 수 있다. 이는 K가 프로그램된 퓨즈의 컨트롤러가 부팅 프로세스 동안 키 분배를 위해 다른 IP와 어떻게 통신할 수 있는지를 암시할 수 있다.

공격 표면^{Attack Surface} **식별:** 각 자산에 대해 자산을 관리하는 정책을 파괴할 수 있는 잠재적인 적대적 행동을 식별한다. 이를 위해서는 각각의 잠재적인 진입점^{entry point}에 대한 식별, 분석, 문서화 작업이 필요하며, 자산과 관련된 데이터를 신뢰할 수 없는 영역으로 전송하는 인터페이스가 주요 대상이 된다. 진입점은 공격에서 고려할 수 있는 잠재적 공격자의 범주에 달려 있다. 예를 들어 비밀^{covert} 채널 공격자는 전력 소모나 온도와 같은 비기능적 설계 특성을 사용해 진행 중인 계산(연산)을 추론할 수 있다.

위험 평가: 공격자가 보안 목적을 파괴할 수 있는 잠재력은 그 자체만으로는 완화 전략을 보증하지 않는다. 위험 평가와 분석은 소위 DREAD 패러다임으로 불리는 다음과 같은 다섯 가지 요소로 구성된다. (a) 피해 가능성, (b) 재발행성, (c) 악용

가능성, 즉 공격을 수행하고자 공격자가 필요로 하는 기술과 자원, (d) 영향을 받는 시스템, 예를 들어 공격이 단일 시스템이나 수십만 개에 영향을 미칠 수 있는지 여부, (e) 발견 가능성. 그리고 공격 그 자체 외에도 공격이 현장에서 발생할 수 있는 가능성과 적의 동기와 같은 요인도 함께 분석해야 한다.

위협 완화: 공격의 가능성을 감안할 때 위험이 상당하다고 판단되면 보호 메커니즘이 정의되며, 수정된 시스템에서 분석을 다시 수행해야 한다.

적용 예제: 직접 메모리 액세스^{DMA}를 통해 코드 세그먼트를 덮어써서 악의적인 또는 불량 IP로 인한 코드 삽입 공격에서 시스템을 보호하는 것을 고려하자. 여기에서 고려되는 자산은 메모리 계층의 적절한 영역(캐시, SRAM, 보조 저장소 포함)이며, 관리 정책은 DMA 액세스가 허용되지 않는 DMA 보호 영역을 정의하는 것일 수 있다. 보안 설계자는 시스템 실행 시 발생하는 모든 메모리 액세스 지점을 파악하고, DMA 보호 영역에 대한 메모리 액세스 요청을 식별하고 메커니즘을 설정해 모든 보호된 액세스에 대한 DMA 요청이 실패하게 해야 한다. 이 작업이 완료되면 새롭게 설정된 보호 메커니즘 자체를 잠재적으로 악용할 수 있는 공격을 포함해 추가적인 잠재적 공격에 대해 강화된 시스템을 평가해야 한다. 이러한 검사는 일반적으로 부정^{negative} 테스트를 통해 수행된다. 즉, 기본 보안 요구 사항이 위조될 수 있는지 식별하고자 지정된 것 이상을 조사하게 된다. 예를 들어 이러한 테스트에는 직접 DMA 액세스를 수행하는 것 이외에 DMA 보호 메모리 영역에 액세스하는 방법을 찾는 것이 포함될 수 있다. 이 과정은 반복적이고 창의적이어서 위험 평가와 관련해 위협 완화가 충분하다고 여겨질 때까지 더욱 복잡한 보호 메커니즘이 시스템에 적용될 수 있다.

다음 절에서는 기능적 또는 사이드 채널 버그를 이용해 SoC를 대상으로 수행되는 실제 공격을 설명하고 가능한 대응책을 설명한다.

16.6.1 하드웨어 오류를 포함하는 소프트웨어

최근에 수행된 많은 공격은 하드웨어의 결함이 소프트웨어를 통해 보안 문제로 유도될 수 있음을 보여준다. 다음은 이러한 공격의 몇 가지 예다.

16.6.1.1 CLKSCREW

CLKSCREW는 보안이 명백하지 않은 성능 조정으로 주요 보안 침해가 발생할 수 있는 주요 예다. 이 특정 결함은 소프트웨어에서 직접 하드웨어에 도입될 수 있으며 권한 상승, 심지어 장치의 TEE에서 암호화키를 훔칠 수 있다[6]. 동적 전압, 주파수 스케일링DVFS, Dynamic Voltage and Frequency Scaling[7]은 프로세서의 에너지 효율을 향상시키고자 널리 사용되는 접근 방식이다. 이 방식에서는 프로세서의 전압과 주파수가 동적으로 조정돼 전력을 절약하고 가열 효과를 줄이게 된다. 그러나 DVFS 시스템에는 공격이 발생할 수 있는 버그가 있을 수 있다. 공격을 이해하려면 먼저 DVFS가 어떻게 구현되는지 살펴본다.

DVFS 구현

하드웨어 수준의 지원: 복잡한 SoC를 설계할 때 여러 공급업체에서 제공하는 여러 IP는 다양한 기능과 성능을 제공할 수 있다. 또한 일반적으로 자체 전압과 전류 요구 사항을 갖고 있다. 예를 들어 프로세서 코어의 전압 요구 사항은 메모리 IP나 통신 IP와 다를 수 있다. 따라서 이러한 구성 요소를 올바르게 통합하고자 설계자는 여러 전압 레귤레이터[6]를 포함하고 이를 PMICPower Management Integrated Circuit[8]에 내장시킨다. 더욱이 상이한 주파수를 조절하고자 주파수 합성기가 일반적으로 프로세서에 통합된다. 이 주파수 합성기/PLLPhase-Locked Loop 회로는 구현에 따라 스텝 기능을 사용해 지정된 범위 내의 주파수를 출력할 수 있다. 예를 들어 Nexus 6 기기에서 표준 PLL 회로는 300MHz의 기본 주파수를 제공한다. 고주파 PLL HFPLL

은 출력 주파수의 동적 변조를 담당하고, 미세 조정을 위해 HFPLL의 신호 절반이 주파수 분배기[6]를 통해 전달된다.

소프트웨어 레벨 지원: 하드웨어 레벨 조정기를 제어하고자 공급업체에서 PMIC 드라이버[9, 10]를 제공한다. 리눅스 CPUfreq는 시스템의 요구 사항을 평가하고 하드웨어 레귤레이터에게 여러 구성 요소의 주파수와 전압을 변경하도록 간접적으로 지시함으로써 OS 수준의 전원 관리를 수행할 수 있다. 응용 소프트웨어가 전압이나 주파수를 직접 조절할 수는 없지만 나중에 하드웨어로 읽어 실제 전압/주파수 스케일링[6]을 수행하는 특정 레지스터를 변경할 수 있다는 점에 유의해야 한다.

CLKSCREW 오류

CLKSCREW 오류는 시스템에 '오버 클럭'(즉, 정격 최대 클럭 주파수보다 높게 적용)이나 미달 전압(즉, 최저 정격 전압보다 낮게 적용)이 발생하면 생길 수 있다. 먼저 결함으로 넘어 가기 전에 몇 가지 기본 개념의 설명이 필요하다. 표준 지연 플립플롭에서 입력 (D)의 값이 전환되고 플립플롭이 상승 클럭 에지를 감지하면 출력 (Q)의 변화가 발생한다. 일반적으로 두 개의 플립플롭 사이에는 조합 논리^{combinational logic}가 있다. T_{clk}가 클럭 주기라고 가정하자. T_{FF}는 플립플롭으로의 입력이 안정적으로 유지돼야 하는 시간이다. T_{setup}은 클럭 에지가 나타나기 전에 입력 신호가 안정돼야 하는 시간이며, T_{max_path}는 조합 회로의 지연이고, K는 가정된 마이크로아키텍처에 대한 상수다[6].

그림 16.9에서 디지털 회로 동작 중 앞에서 언급한 변수와 그 역할을 볼 수 있다. 그러므로 회로에서 오류가 발생하지 않도록 아래 조건을 유지해야 한다.

$$T_{clk} \geq T_{FF} + T_{max\_path} + T_{setup} + K$$

오버 클럭킹으로 T_{clk}를 줄이거나 저전압으로 인해 T_{max_path}를 증가시켜 위의 제약 조건을 위반하면 하드웨어 결함을 발생시킬 수 있다[6]. 제약 조건 위반 때문에 두 번째 플립플롭의 출력은 그림 16.10과 같이 입력 지연으로 인해 상태를 전환하지 못하게 되며, 이 결함은 악성 소프트웨어에 의해 하드웨어에서 발생할 수 있다.

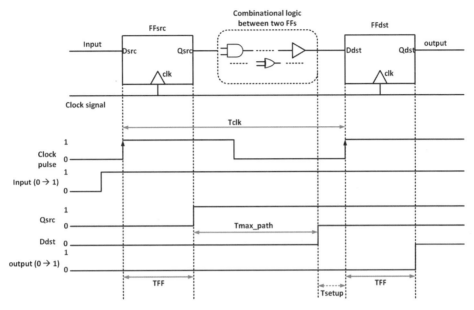

▲ 그림 16.9 표준 디지털 회로의 동작 동안 다른 타이밍 변수[6]

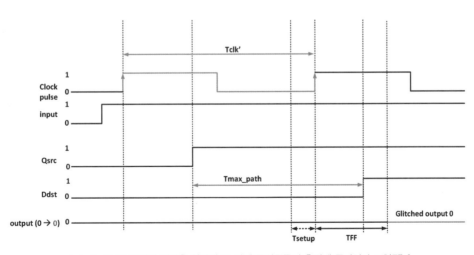

▲ 그림 16.10 타이밍 제약을 위반해 두 번째 플립플롭의 출력에 글리치가 도입됨[6]

CLKSCREW 결함 기반 공격

CLKSCREW 오류가 암호화키를 유출하는 방법의 실제적인 예를 살펴보자. 8장에서는 평문에서 한 쌍의 암호문을 얻을 수 있다면 DFA[11]는 AES 키를 추측할 수 있다는 것을 알았다. 7번째 AES 라운드에서 임의의 1바이트 데이터 손상이 발생할 수 있고, 손상된 데이터가 다음 라운드로 공급되면 DFA는 키 검색 공간을 2^{128}(128비트 AES 키의 경우)에서 2^{12}으로 줄일 수 있다. 검색 공간이 2^{12}으로 줄어들면 무차별 검색을 수행해 올바른 키를 찾을 수 있다[6]. CLKSCREW 방법을 통해 데이터 손상을 수행할 수 있으며, 이는 훨씬 더 큰 결함의 영역에서 작은 결함을 악용한 예다.

CLKSCREW 결함에 대한 방어

이러한 공격에 대한 쉬운 대책 중 하나는 여분의 한계 점검 구성 요소를 사용하거나 전자 퓨즈를 사용해 전압과 주파수의 상한, 하한 값에 엄격한 제한을 부과하는 것이다. 이 메커니즘은 설계 단계에서 디바이스에 제약 조건을 부과하지만 실제 동작에서의 한계를 찾으려면 디바이스를 제조한 후에 집중적인 전기적 테스트를 실행해야 한다. 제조 과정에서의 공정 변화로 인해 추가적인 차이가 생겨 이 솔루션을 다른 디바이스와 설계에 걸쳐 균일하게 구현하는 것이 매우 어려울 수도 있다.

16.6.1.2 Rowhammer 공격

Rowhammer는 최근 보고된 시스템 레벨의 공격으로, DRAM 메모리에 비트 플립을 발생시켜 권한 상승[12]이나 기타 악의적인 영향을 초래할 수 있다. 배경 방사선과 중성자로 인해 메모리에 비트 플립 오류가 무작위로 발생할 수 있으며[13], 이후 절에서 이런 문제의 해결 방법을 다룬다. 연구원들은 이 문제에 대해 확실하면서도 단점은 그렇게 크지 않은 해결책을 보고했다. 일반적인 비트 플립 오류 수정을 위해 설계된 이러한 솔루션은 Rowhammer 공격을 완화하는 데 효과적이다.

어느 정도까지 제어 가능하고 반복 가능한 비트 오류는 시스템 보안에 실질적인 위협이 될 수 있다. Rowhammer는 공격자가 특정 메모리 위치에 대상으로 지정된 비트 플립[1]을 발생시켜 제한된 메모리에 대한 읽기 액세스를 허용하고 권한 상승을 유발할 수 있는 기술 중 하나다. [14]에서 테스트한 DDR3 모듈의 85%가 Rowhammer 공격에 취약한 것으로 밝혀졌다[15]. [16]에서 지적된 Rowhammer 익스플로잇을 사용해 DDR4 모듈도 공격할 수 있다.

Rowhammer 공격 모델

그림 16.11에서 볼 수 있듯이 DRAM[12]은 직사각형 블록으로 시각화할 수 있고, 각 행은 특정 길이의 워드를 나타내고 행의 수는 DRAM의 전체 용량을 결정한다. 메모리의 행이나 단어에 액세스하려면 다음 단계를 수행해야 한다.

1. 선택된 행에 대해 행 버퍼 액세스를 허용한다. 그러면 행 버퍼가 선택한 행의 워드word를 보유하게 된다.
2. 행 버퍼에서 정보를 읽는다.
3. 이전에 선택된 행에서 행 버퍼를 연결 해제해 다음 워드에 액세스할 수 있게 해야 한다.

Rowhammer 공격을 수행하고자 공격자는 다음을 수행한다[14].

1. DRAM에서 대상 행을 선택해 비트 플립을 삽입한다.
2. 대상 행의 인접한 행에 신속하게 액세스해 비트 플립을 발생시킨다.
3. 비트 플립을 사용해 시스템에 액세스한다.

---

1. 비트 플립(bit flip) 현상은 동일한 메모리 row에 반복적인 접근 과정을 통해 전기 방해가 일어나면서 해당 메모리 row에 인접해 있는 메모리 row에 영향을 미치는 현상 - 옮긴이

DDR3 램[14]의 경우 139,000번 이상의 후속 메모리 액세스가 메모리 오류를 나타낼 수 있음이 관찰됐다.

이 공격의 변형이 그림 16.11에 나타나 있다. 이 공격은 양면 해머링double-sided hammering으로 불리며 목표(타깃) 행에 인접한 메모리 행 모두에 고주파수 액세스를 포함한다[14]. 이 공격의 버전은 성공 확률이 높고 액세스 빈도가 원래 버전 공격의 빈도보다 낮다.

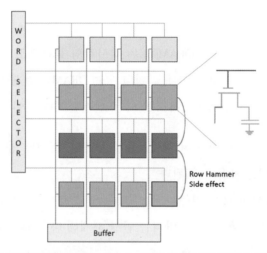

▲ 그림 16.11 하이레벨 관점에서의 표준 DRAM 구조. 녹색 행은 지속적으로 액세스돼 빨간색 행에 있는 비트 플립으로 이어진다. 이 그림은 양면 해머링을 보여주며, 공격의 표준 변형은 대상 행의 인접한 행 중 하나에 반복적으로 액세스한다.

다음은 Rowhammer 공격으로 이어질 수 있는 샘플 코드[12, 14, 17]다.

```
codeXYZ:
    mov (X),%eax    // 주소 X에서 읽음
    mov (Y),%ebx    // 주소 Y에서 읽음
    clflush (X)     // 주소 X에 대한 캐시 플러시
    clflush (Y)     // 주소 Y에 대한 캐시 플러시
    mfence
```

위의 코드에서 메모리 위치 X와 Y는 Rowhammer 공격을 트리거하고자 반복적으로 액세스된다. 주 메모리에서 X와 Y를 가져올 때마다 복사본이 캐시에 저장되며, 다음에 코드가 X, Y 메모리 위치에 액세스하려고 하면 주 메모리 대신 캐시에서 데이터를 가져오게 되는데, 캐시는 더티 비트가 설정되지 않은 채로 데이터를 저장하게 된다. 이는 공격자가 Rowhammer 공격을 유발하는 것을 허용하지 않기 때문에 공격자는 매번 가져온 후 `clflush()`를 사용해 캐시에서 메모리 위치 X와 Y의 내용을 해제해 X, Y를 메인 메모리 DRAM에 대한 액세스를 통해 가져올 수 있게 한다.

2015년 3월 9일[14] Google의 Project Zero는 권한 상승 문제를 일으킨 Rowhammer 공격에 대한 두 가지 악용 사례를 공개했다. 첫 번째 공격은 Google Native Client NaCl[12]에서 발생했다. 공격자는 샌드박스 내에서 벗어나 시스템 호출을 직접 실행할 수 있었다. 다른 공격에서 페이지 테이블 항목[12]은 Rowhammer 교란 오류가 발생하는 스프레이 메모리를 통해 수정됐다. 이 두 가지 공격 모두 `clflush()` 호출에 의존하는데, x86-64 아키텍처에서는 특권 함수로 변환할 수 없다. `clflush()`를 사용하지 않고 Rowhammer 공격을 수행하는 방법도 있다[18]. 주요 아이디어는 캐시 누락을 유발해 동일한 주 메모리 위치가 반복적으로 액세스돼 Rowhammer 효과를 유발하는 것이다. 이 효과를 얻고자 타깃 OS에 의해 사용된 캐시 교체 정책에 기반을 두고 특정 메모리 액세스 패턴이 공식화된다[14]. 이 방법은 다른 OS와 캐시 대체 정책에 따라 확장될 수 없는 것처럼 보이지만, 문제를 해결하고자 제안된 특별한 적응 캐시 제거 정책이 있다[12]. Rowhammer 공격의 이 특별한 버전을 메모리 축출 공격이라고 한다.

Rowhammer 공격의 원인

DRAM 메모리의 특정 위치를 해머링(망치질)하면 인접한 행과 전기적으로 간섭 현상이 발생한다. 이로 인해 전압 변동이 발생해 인접 행이 평소보다 빠르게 방전되고 메모리 모듈이 제시간 내에 셀을 새로 고칠(리프레시 할) 수 없는 경우 bitflip[14]이 나타난다. DRAM 밀도의 증가로 인해 메모리 셀은 더 작은 충전량을 유지하면서 밀접하게 결합됐고, 이 사실은 셀이 인접 셀의 전자기 상호작용에 취약해 메모리 오류가 더 쉽게 발생할 수 있음을 의미한다.

Rowhammer 공격에 대한 대책

ECC^{Error-Correcting Code}: Rowhammer 공격의 대책으로 의도되지는 않았지만 ECC는 이 문제를 다루는 데 비교적 효과적으로 작동한다[12]. 단일 오류 수정과 이중 오류 감지^{SECDED} 해밍 코드[13]는 널리 사용되는 ECC 메커니즘이다. Chipkill ECC는 다중 비트 오류 수정, 그리고 최대로 전체 칩 데이터 복구에 사용될 수 있지만, 높은 오버헤드가 발생한다. 패리티를 지원하는 비ECC 칩도 Rowhammer 공격을 탐지해 이를 방지할 수 있다.

clflush 피하기: 앞에 설명된 대로 Rowhammer 공격 중 일부는 clflush문을 실행할 수 없게 시스템을 수정해 해당 공격을 완화시킬 수 있다[17].

공유 라이브러리: 프로세스 전체에서 사용 가능한 공유 라이브러리를 통해 공격자는 이러한 코드에 대해 Rowhammer 공격을 수행해 권한 상승을 시도할 수 있다. 다른 권한을 가진 프로세스 간에 라이브러리를 공유하지 않으면 clflush와 메모리 제거 공격이 방지될 수 있다[15].

16.6.2 소프트웨어로 인한 하드웨어 트로이목마 공격

5장에서 설명했듯 하드웨어 트로이목마는 외부 신호나 특정 내부 회로 조건과 같은 드문 경우에 감지돼 피할 수 있는 설계상의 악의적인 논리임을 상기해야 한다. 트리거 조건은 트로이목마 기능을 시작하고 일단 트리거되면 트로이의 페이로드가 데이터 스트림을 일부 수정하거나 데이터 스트림에서 공격자에게 일부 정보를 보낼 수 있다. 이 절에서는 소프트웨어 계층에서 전송된 신호에 의해 활성화될 수 있는 하드웨어 트로이목마를 살펴본다[21].

16.6.2.1 마이크로프로세서의 하드웨어 트로이목마 트리거

하드웨어 트로이목마가 프로세서에 대한 입력이나 출력에 따라 트리거되는 경우 소프트웨어 계층에서 악용될 수 있다. 그림 16.12는 CPU에 삽입된 트로이목마를 보여주며, 제어 논리, ALU, 레지스터 내부의 데이터 스트림을 I/O 포트[21]를 통해 시스템 외부로 정보를 유출한다. 그러나 이러한 트로이목마는 하드웨어 지원 보안 기능이 이미 있는 범용 프로세서나 복잡한 임베디드 프로세서에 더 적합한데, 트로이목마 백도어를 통한 보안 기능 손상을 기반으로 다양한 공격을 수행할 수 있기 때문이다[21].

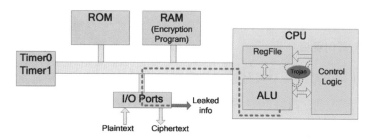

▲ 그림 16.12 소프트웨어로 제어되는 하드웨어 트로이목마의 예

트로이목마 트리거 조건

가장 단순한 트로이목마는 항상 동작하는 트로이목마다. 이 트로이목마는 오작동을 유발하는 트리거 조건을 필요로 하지 않는다. 일반적으로 구현하기가 더 쉽지만, 사이드 채널 영향footprint이 분명하기 때문에 제조 후 테스트 중에 감지될 가능성이 높다. 이를 방지하고자 트로이목마 트리거 조건을 공격자가 외부적으로 제어하거나 트로이목마를 활성화하고자 내부 회로에서 희귀한 조건을 사용하는 방법이 나오고 있다[21].

트로이목마는 프로세서의 세 가지 측면을 활용해 소프트웨어 수준에서 트리거 조건으로 작동할 수 있다[21].

1. 특정 명령 순서
2. 특정 데이터 시퀀스
3. 명령과 데이터 시퀀스의 조합

이 조건들을 통해 공격자는 트로이목마에 대한 제어권을 전적으로 가져올 수 있게 된다. 여러 사용자를 지원하는 운영체제를 실행하는 프로세서의 경우 트리거 조건을 훨씬 더 복잡하게 만들어 방어 메커니즘이나 표준 검증 수행 중에 트로이목마를 우연하게 탐지하는 것을 피할 수 있다.

트로이목마 페이로드

트로이목마 페이로드에 관해서는 내부에 있는 일부 노드의 데이터를 단순히 반전시키는 것부터, 메모리나 기본 출력을 손상시키거나 하드웨어 내부에 저장된 민감한 정보를 유출하는 등 다양한 옵션이 문서에서 제안됐다[21]. 새어 나가는 정보를 얻을 수 있는 채널은 출력 포트, 기존 발신 정보의 변조, 또는 기존 통신 모드를 피기백piggyback하는 캐리어 주파수, 위상, 진폭, 전원 추적, EM 방사와 같은 사이드 채널을 통해 실현할 수 있다. 예를 들어 그림 16.13과 같이 트로이목마 페이로드는 출력 포트를 통해 동작 중에 비밀 정보를 유출하도록 구성될 수 있다. 인스트럭션이 인스트럭션 메모리에서 레지스터로 이동하면 디스플레이를 위해 LED 포트로도 전달된다. 실제로 정보 유출 채널은 일시적으로 사용되지 않는 포트나 다른 사이드 채널일 수 있다. 오작동을 일으키는 페이로드는 잘못된 메모리 쓰기를 수행하거나 스택 포인터를 수정하거나 분기 예측기predictor에서 입력을 변경할 수 있다.

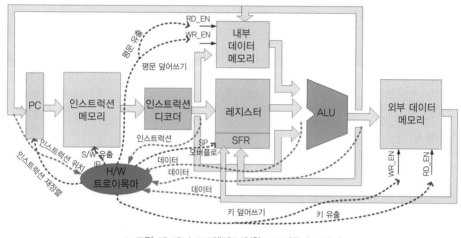

▲ 그림 16.13 소프트웨어로 인한 트로이목마 트리거

16.6.3 소프트웨어에 의한 사이드 채널 공격

설계자가 설계 기간 동안 계층 간 보안에 거의 신경을 쓰지 않으면 시스템의 하드웨어와 소프트웨어 구성 요소를 모두 잘 알고 있는 공격자는 시스템을 손상시킬 수 있는 조합된 공격을 수행할 수 있다. 이 절에서는 하드웨어 취약점으로 인해 수행될 수도 있지만 소프트웨어 계층에서 시작된 공격 벡터를 사용해 수행할 수 있는 잘 알려진 익스플로잇을 살펴본다. 하드웨어 버그에 의존하기는 하지만 대부분의 경우 이러한 공격은 원격으로 수행될 수 있으며, 잠재적으로 컴퓨팅 세계와 세계 경제에 커다란 영향을 미칠 수 있다. 현재 이러한 공격의 여러 해결책이 논의되고 있지만, 큰 결점이 없는 해결책은 아직까지 나오지 않고 있다[12, 22, 23].

16.6.3.1 스펙터

스펙터 공격은 최신 프로세서의 추측 실행을 활용해 현재 시스템 상태에서 실행되지 않아야 하는 명령을 실행하도록 시스템을 속일 수 있다[22]. 이 익스플로잇은 사이드 채널 공격과 함께 희생자 시스템에서 중요한 비밀 정보의 노출과 도난으로 이어질 수 있다. 이 특정 취약점은 수십억 시스템에 영향을 미치는 광범위한 AMD, Intel, ARM 프로세서에서 악용될 수 있다. 이 문제의 결정적인 해결책은 아직 없고, 현재로서는 공개적인 연구 분야로 남아 있다. 이 절에서는 스펙터 공격, 스펙터 공격 모델과 제안된 해결 방법을 이해하는 데 필요한 몇 가지 개념을 살펴본다.

순서에서 벗어난 실행

성능을 향상시키고 프로그램을 병렬화고자 현대 프로세서는 순차적으로 구성된 프로그램을 여러 개의 다른 부분에서 병렬로 명령을 실행한다. 이러한 병렬 실행으로 인해 실행 중인 하나의 명령 앞에 아직 실행되지 않은 명령들이 있을 수 있다. 코드를 실행하는 이 특성을 비순차적 실행이라고 한다[22].

분기 예측

분기 명령이 발생할 때 프로세서는 프로그램이 진행되는 방향을 예측하고 추측 실행을 시작한다. 이 체계로 인한 성능 향상은 프로세서가 올바르게 추측한 경우의 수에 직접적으로 의존한다. 추측을 위해 특정 구성 요소가 시스템에 구현된다. 일반적으로 예측 변수는 향상된 정확도를 위해 지역과 전역 예측 변수로 구성된다. 성능을 추가로 향상시키려면 분기 명령이 실행될 때마다 해당 올바른 점프 위치가 분기 대상 버퍼^{Branch Target Buffer}에 캐시되고, 다시 실행될 때 동일한 분기 명령의 추측으로 사용될 수 있다[24].

추측성(Speculative) 실행

비순차적 실행을 수행하는 동안 프로세서는 이전 명령에서 아직 계산되지 않은 값에 종속되는 분기에 도착할 수 있다. 이 단계에서 프로세서는 두 가지 선택을 할 수 있는데, 앞의 명령이 완료될 때까지 기다리며 막대한 성능 지연을 발생시키거나 추측[22]을 통해 조건부 분기의 결과를 예상하는 것이다. 추측이 이뤄지면 현재 레지스터 상태가 체크 포인트로 저장되고 후속 명령이 실행되기 시작한다. 분기의 조건이 종속된 이전 명령이 완료되면 추측이 검증되고 추측이 틀린 경우 프로그램 상태가 다시 체크 포인트로 되돌아가고 올바른 경로에 대한 실행이 시작된다. 또한 추측이 틀린 경우 보류 중인 모든 명령이 무시되므로 눈에 띄는 효과가 없다.

조건부 분기에서 스펙터 악용

주요 아이디어는 스펙터 취약점을 사용해 추측 실행 중에 승인되지 않은 데이터를 읽고 사이드 채널 공격을 사용해 데이터를 검색하는 것이다. 우선 무단 데이터를 읽는 방법을 살펴본다. 다음 코드의 경우 코드가 커널 syscall의 일부라고 가정하자.

조건부 분기에 대한 스펙터 익스플로잇[22]은 다음과 같다.

```
if ( i < SizeOfArray1)
    A = Array2[Array1[i] * 256]:
```

공격은 다음 단계를 따른다.

1. **예측자**[predictor] **훈련:** 처음에는 SizeOfArray1보다 작은 i의 값을 사용해 조건문에 액세스한다. 이러한 액세스가 많을수록 프로세서가 i < SizeOfArray1을 추측할 확률이 높아진다.

2. **Craft i:** Array1[i]이 현재 프로세스가 접근할 수 없는 메모리의 비밀 값 'S'를 가리키게 i에 대한 값을 악의적으로 선택한다.

3. **조건 확인:** SizeOfArray1, Array2가 캐시에 없지만 캐시에 비밀 S가 있는지 확인하는 것이 중요하다(달성하기 어려울 수 있음).

4. **사이드 채널 탐침**[probe]**:** 프로세서가 주 메모리에서 SizeOfArray1, Array2를 가져오는 동안 사이드 채널을 통해 취약한 데이터가 탐침[probed]될 수 있다.

첫 번째와 세 번째 단계는 자연스럽게 존재할 수도 있고 공격자가 강제로 수행할 수도 있다. 캐시에서 SizeOfArray1, Array2를 제거하고자 공격자는 엄청난 양의 무작위 데이터를 메모리에서 읽음으로써 간접적으로 캐시에 덤프할 수 있다. 공격자는 이 단계를 올바르게 수행하고자 OS가 사용하는 캐시 교체 정책을 알아야 한다. 캐시에서 값 S를 가져오고자 공격자는 S를 사용하는 함수를 호출할 수 있다. 예를 들어 S가 암호화키인 경우 공격자는 쉽게 암호화 기능을 사용해 커널을 속일 수 있다. 마지막 사이드 채널 탐침은 캐시 구성의 변경을 식별하고 자산 정보를 유추해 수행할 수 있다[22].

공격을 완료하기 위한 사이드 채널 탐침

민감한 데이터에 액세스해 캐시에 저장한 후 공격자는 캐시에서 중요한 데이터를 읽는 데 약 200번의 명령을 실행[22]한다. 이 마지막 단계를 수행할 수 있는 몇 가지 방법이 있다. 공격자가 Array2에 액세스하면 캐시 상태 변경을 감지해 저장된 값을 쉽게 검색할 수 있다. 또 다른 방법은 프라임과 프로브[25] 공격을 사용하는 것인데, 이 방법에서 공격자는 주 메모리에서 알려진 공격 데이터에 액세스하므로 캐시가 해당 데이터로 채워질 수 있다. 일단 캐시가 알려진 공격 데이터로 채워지면 새로운 데이터가 캐시에 저장되고자 공격자 데이터의 일부가 축출돼 공격자가 추적해 해당 자산 정보를 추측할 수 있다.

퇴거 + 시간: 변형

스펙터 익스플로잇[22, 25]의 이 변형에서 공격자는 먼저 추측하는 동안 프로세서가 잘못 예측하도록 훈련시킨다. 'i'에는 프로세스에 접근할 수 없는 비밀이 포함돼 있다고 가정해보자. 이제 추측 실행 중에 공격자는 Array1[i]의 범위를 벗어났다고 하더라도 Array1[i]에 대한 읽기를 수행할 수 있다. Evict + Time 공격은 i의 값이 처음에 캐시에 있다고 가정한 다음, 동일한 캐시 세트에 매핑되는 자체 메모리에 액세스해 캐시의 일부를 제거한다. 이 제거 작업 중에 i도 제거되면 이후에 Array1[i]를 읽어야 하는 명령을 실행하는 데 시간이 더 오래 걸리게 된다. 그렇지 않으면 캐시에 남아 있으므로 빠르게 읽어올 수 있다. 공격자는 캐시의 일부를 체계적으로 제거하고 실행 시간을 기록해 자산 정보를 유추할 수 있게 된다.

```
if (Predicted True but false)
    read Array1[i]
read [j]
```

분기 대상 버퍼에서 스펙터 악용

두 번째 스펙터 악용에는 분기 대상 버퍼[BTB]를 오염시켜 간접 분기를 조작하는 것이 포함된다. 간접 호출이나 분기는 어셈블리 수준에서 일반적으로 발생하는데, 함수 포인터와 객체지향 클래스 상속 같은 프로그래밍 추상화의 결과며, 둘 다 런타임에 실현되는 대상 주소와 함께 점프로 해석된다. 기억하겠지만 BTB는 소스 명령의 주소를 목적지 주소에 매핑한다. 그러나 분기 대상 버퍼는 소스 명령의 하위 비트만 사용한다. 바로 이 설계로 인한 선택이 별칭 주소의 가능성을 만들게 된다. 따라서 공격자는 대상 분기 명령의 별칭인 소스 주소에서 잘못된 대상으로 BTB를 채울 수 있다. 이제 대상 간접 분기에 캐시되지 않은 대상이 있으면 프로세서는 오염된 BTB에서 제공한 잘못된 주소로 이동해 추측 실행을 시작한다. 공격자는 비밀 메모리에 액세스하고 사이드 채널 공격에 의해 증거가 발견되도록 가 제트 코드가 추측에 근거해서 실행될 주소를 선택해야 한다.

스펙터 프라임: 변종

스펙터 프라임^{Spectre Prime}[26]이라는 변종은 프라임^{Prime} + 프로브^{Probe} 위협 모델을 사용한다. 일반적인 스펙터와는 달리 이 변종은 여러 코어가 있는 시스템에 영향을 준다. 멀티코어 시스템에는 각 코어와 관련된 별도의 캐시가 있으며, 코어 중 하나가 캐시의 특정 리소스를 변경하면 일관성 없는 읽기를 피하고자 다른 코어의 캐시도 변경 사항을 반영해야 한다.

스펙터에 대한 대책

아직 스펙터 공격에 대한 매력적인 솔루션은 없지만 특정 솔루션이 제안됐다. 프로세서가 민감한 코드 섹션에서 추측 실행을 수행하지 않으면 스펙터 공격을 중지할 수 있다[22]. 직렬화 지침^{serializing instruction}[27]은 때때로 정확하게 수행해 Intel x85 프로세서에 대한 일부 공격을 중지할 수 있지만 이는 완벽한 솔루션이 아니며 모든 프로세서에 적용할 수 있는 것은 아니다. 비활성화, 하이퍼스레딩, 분기 예측 상태를 강제하는 것 외에도 각 컨텍스트 스위치에서의 새로 고침 등이 제안됐지만, 현재 아키텍처에서의 구현은 거의 불가능하다[22, 28].

16.6.3.2 멜트다운

멜트다운^{Meltdown}[23]은 우리가 사용하는 대부분의 프로세서에서 비순차적 실행으로 인해 가능해진 사이드 채널 공격이다. 2010년 이후에 출시된 인텔 마이크로아키텍처는 이 공격에 취약하며, 이전에 발표된 프로세서도 이 공격에 취약할 가능성이 높다. 이 공격은 모든 OS에서 수행될 수 있으며 순전히 하드웨어 취약점에 기반을 둔다. 메모리 격리는 현대 시스템의 중요한 보안 기능으로, 메모리를 본질적으로 분할하고 메모리 액세스 요청을 하는 프로세스의 권한 수준에 따라 각 파티션의 액세스를 허용하게 된다. 그러나 멜트다운 익스플로잇은 메모리의 격리를 완전히 약화시키고 사용자 프로세스에 의한 커널 메모리 액세스로 이어질 수 있다. 이를 통해 공격자는 암호와 암호화키 같은 커널 메모리에 저장된 중요한 정보를 훔칠 수 있다.

비순차적 실행

멜트다운 익스플로잇 성공의 주된 이유는 비순차적[out-of-order] 실행 때문이다[23]. 앞에서 설명한 바와 같이 비순차적 실행은 성능 개선을 위해 프로세서가 점프 주소와 분기 방향을 예측할 수 있게 해 실제 주소와 분기 조건을 평가하는 동안 미리 계산할 수 있게 한다[22]. '스펙터 공격' 부분에 더 자세한 설명이 포함돼 있다. 비순차적으로 실행되고 잠재적인 사이드 채널 공격에 취약한 명령은 일시적인[transient] 명령으로 불린다[22].

공격 환경

멜트다운 공격의 경우 공격 환경에 대해 특정 가정이 이뤄진다[23]. 특별한 가정 사항은 다음과 같다.

1. **대상:** 이 공격의 대상은 모든 개인용 컴퓨터와 클라우드에서 호스팅되는 다른 가상머신이다[23].

2. **공격자의 초기 액세스:** 공격자는 공격을 시작하고자 PC나 가상머신에 대한 모든 권한이 없는 액세스 권한을 가져야 한다[23].

3. **물리적 액세스:** 침입자가 멜트다운 익스플로잇[23]을 사용하고자 시스템에 물리적으로 접근할 필요는 없다.

4. **방어 가정:** 이 공격의 경우 ASLR[Address Space Layout Randomization], 커널 ASLR로 시스템을 보호할 수 있다. 또한 SMAP, NX, SMEP, PXN과 같은 CPU 기능이 존재할 수 있다[23]. 하지만 이 모든 방어 시스템은 멜트다운 공격에서 시스

템을 방어하지 못한다.

5. **OS 버그**: 공격자는 운영체제에 버그가 없다고 가정하고 비밀 정보에 대한 액세스 권한을 얻거나 커널 권한을 얻는 것에 의존하지 않는다.

공격 모델

성공적인 멜트다운 공격을 수행하기 위한 단계는 다음과 같다[23].

1. **목표 메모리 선택**: 먼저 공격자가 결정해야 한다. 직접 액세스할 수 없는 메모리 위치에는 이 악용에 의해 추출할 가치가 있는 중요한 정보가 포함돼 있다[23].

2. **로드**Load: 대상 메모리 주소를 레지스터[23]에 로드한다.

3. **일시적인 명령 익스플로잇**Transient instruction exploit: 비순차적 실행으로 인해 발생하는 일시적인 명령은 레지스터에 저장된 내용을 기반으로 캐시의 특정 행에 액세스하는 데 사용된다[23].

4. **플러시**Flush **+ 리로드**Reload: 플러시 + 리로드[29] 사이드 채널 공격을 사용해 공격자는 캐시 플러시 명령[23]을 사용해 자산 정보를 추론하는 정교한 버전의 Evict + Time 공격을 수행할 수 있다.

5. **필요한 경우 반복**: 이 단계를 반복해 필요한 만큼의 커널 메모리를 덤프할 수 있다. 이론적으로 공격자는 원하는 경우 전체 물리적 메모리를 덤프할 수 있다[23].

최신 OS에서 커널 메모리는 모든 사용자 프로세스에서 처리할 수 ??있지만, 그림 16.14와 같이 커널 메모리에 액세스할 수 있는 권한이 사용자 프로세스에 없는 경우 프로세서에서 예외를 트리거하게 된다. 그러나 추측으로 인해 예외가 처리되는 동안 명령이 미리 실행돼 커널 메모리에 누수가 발생할 수 있다. 일단 데이터가 유출되면 멜트다운 취약점은 Flush + Reload[29] 기술을 이용해 캐시에서 도난 당한 데이터를 검색한다[23]. Flush + Reload[29]는 Evict + Time[25]과 유사하며 캐시 조작 기술을 사용한다. 플러시 단계에서 모니터링 중인 메모리 부분이 캐시에서 제거되고, 공격의 대기 단계에서 피해자가 동일한 메모리 위치에 액세스하면 콘텐츠가 캐시로 돌아오게 된다. 리로드^{Reload} 단계에서 공격자는 동일한 메모리 위치에 액세스하려고 시도하고 콘텐츠가 캐시에 있으면 콘텐츠가 캐시에 없는 경우와 비교해 리로드 조작 시간이 훨씬 짧아지게 된다. 이를 통해 공격자는 캐시의 올바른 대상 위치가 플러시됐는지, 그리고 그 결과 대상 메모리 위치의 내용을 유추할 수 있는지 알 수 있다[23].

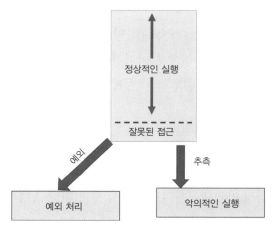

▲ 그림 16.14 멜트다운 취약점[23]

멜트다운 프라임: 변종

이 변종은 멜트다운 익스플로잇의 멀티코어 변형이며 스펙터 프라임과 원래의 멜트다운 자체와 매우 유사하다[23, 26]. 이 취약점은 서로 다른 코어의 여러 캐시 인스턴스 간의 일관성을 보장하는 캐시 일관성 프로토콜의 취약점을 악용한다. 이러한 프로토콜의 취약한 캐시 라인 무효화 체계^{schema}는 추측과 함께 공격자에게 악용될 수 있다.

대책

추측과 비순차적 실행을 완전히 제거하는 것은 해당 취약점의 사소한 해결책이지만, 추론과 비순차적 실행으로 인해 성능이 크게 향상되므로 두 가지를 제거하는 해결책은 실용적이지 않다. 이 익스플로잇은 공격자가 민감한 정보를 찾아내려는 시도와 프로세서가 추측이 유효한지 여부를 확인하려고 하는 일종의 경쟁으로 볼 수 있다. 불행하게도 프로세서는 추측 실행의 운명을 결정하는 데 오랜 시간이 걸리며, 추측이 맞는 것으로 검증되거나 무효화될 때까지 약 200개의 명령이 이미 예측된 경로를 따라 실행된다[22, 23]. 가상 메모리 공간에서의 커널 공간과 사용자 공간의 위치를 고정적으로 설정할 수 있으면 프로세서는 1비트 비교를 사용해 잘못된 액세스가 발생할지 결정할 수 있다. 이로 인해 공격자가 공격을 수행할 수 있는 여지가 훨씬 줄어들지만 실제로 이러한 문제를 완전히 해결하는 것은 불가능할 수 있다. 하지만 이러한 솔루션은 스펙터 취약점에 적용할 수 없다는 점을 유의해야 한다[22, 23].

스펙터와 멜트다운 비교

멜트다운은 현재 특정 아키텍처에서만 악용될 수 있지만 스펙터는 널리 사용되고 있으며 추측 실행을 사용하는 모든 프로세서에 영향을 미친다. 멜트다운과 스펙터 모두 공격자는 권한이 없는 사용자로 시스템에서 코드를 실행할 수 있어야 한다. 두 가지 익스플로잇 모두 추측과 비순차적 실행으로 인해 존재하는 고유한 취약점을 사용한다. 소프트웨어 수준에서의 멜트다운은 해결 가능하지만 높은 오버헤드를 유발한다. 스펙터는 소프트웨어 수준에서조차 대응 방안을 구현하기 쉽지 않다. 이 두 가지 취약점은 모두 효율적인 하드웨어 기반 솔루션의 이점을 크게 악용할 수 있다.

16.7 실험: SoC 보안 정책

16.7.1 목적

이 실험은 SoC 아키텍처의 구성 요소, 구성 IP 블록에 액세스할 수 있는 SoC의 공통 보안 중요 자산과 보안 정책에 기반을 둔 보호 메커니즘을 이해하도록 돕기 위해 고안됐다.

16.7.2 방법

먼저 프로세서 코어, 메모리, 암호 모듈, 통신 모듈을 포함해 4-10개의 IP 블록으로 구성된 간단한 SoC에 대한 Verilog 설명을 매핑한다. IP는 지점 간 상호 연결 프레임워크를 사용해 연결된다. SoC의 기능적 시뮬레이션을 수행해 IP가 작동하는 방식을 이해하고 암호화 모듈에서 사용되는 키가 무단 액세스에 취약한 것을 인식하고자 SoC를 통해 상호작용한다. 다음으로 무단 액세스에 대한 암호화를 보호하고자 몇 가지 간단한 액세스 제어 보안 정책을 설계할 것이다.

16.7.3 기대 효과

이 실험을 통해 시스템 레벨의 보안에 대한 몇 가지 중요한 개념에 익숙해질 수 있다. 이들은 칩 내부 자산에 대한 CIA 위반 가능성과 이러한 자산을 보호하기 위한 정책 기반 솔루션으로 인해 발생하는 보안 문제를 이해해야 한다. 마지막으로 CIA 위반으로 이어질 수 있는 소프트웨어 공격을 좀 더 잘 이해하고 보안 정책을 통해 강력한 보호를 달성하는 방법을 경험할 수 있다.

16.7.4 고급 옵션

이 주제에 대한 추가 탐구는 버스 기반이나 NoC 기반 아키텍처와 같은 좀 더 복잡한 상호 연결 패브릭의 조사를 통해 수행할 수 있다. 학생들은 펌웨어를 사용하는 IP를 비롯해 더 많은 IP 블록을 추가하고 보안 자산에 펌웨어 기반 공격을 탑재하는 것을 고려할 수도 있다. 실험에 대한 자세한 내용은 보충 문서에서 확인할 수 있으며, http://hwsecuritybook.org 사이트에서 확인할 수 있다.

16.8 연습문제

16.8.1 True/False 문제

1. 멜트다운은 추측^{speculative} 실행에 의존하지 않고 비순차적 실행만을 이용한다.

2. 사물인터넷^{IoT} 생태계는 너무 다양하기 때문에 공격자가 하드웨어-소프트웨어 기반 익스플로잇을 사용해 공격할 수 없다.

3. 소프트웨어로 인한 하드웨어 트로이목마는 서비스 거부^{DoS} 공격을 유발하는 데 사용될 수 있다.

4. `clflush`(cache flush) 명령의 실행을 방지하면 모든 유형의 Rowhammer 공격을 막을 수 있다.

5. 스펙터 익스플로잇을 하는 동안 프로세서가 추측 실행을 시작하면 공격자에게 이론적으로는 무제한으로 공격을 완료할 수 있는 시간이 주어진다.

6. 신뢰할 수 있는 실행 환경은 DoS 공격을 방지할 수 있다.

7. Evict + Time은 시스템에서 캐시 경합을 적절하게 트리거하려면 캐시 구조에 대한 지식이 필요하다.

8. 보안 정책 적용 아키텍처를 사용할 때 더 이상 보안 정책을 정의할 필요가 없다.

9. 내부 신호의 보안성과 제어 가능성을 유지하려면 DfD의 수정이 필요하다.

10. 사전 실리콘 검증의 경우 대규모 설계에 공식 검증을 적용할 수 있다.

16.8.2 단답형 문제

1. 멜트다운과 멜트다운 프라임의 차이점은 무엇인가?

2. 스펙터 익스플로잇 문제를 해결하고자 순서가 잘못된 실행을 비활성화하면 잠재적인 오버헤드는 무엇인가?

3. 5비트 명령 opcode가 있는 32비트 RISC 아키텍처에서 5개의 **ADD** 명령이 연속적으로 트리거되는 조건으로 소프트웨어 유발 하드웨어 트로이목마를 활성화할 확률은 얼마인가?

4. ECC가 Rowhammer 공격을 처리하는 방법을 설명하시오.

5. 오버 클럭킹과 언더 볼팅으로 인해 CLKSCREW 공격이 발생할 수 있는가?

6. 사이드 채널 공격을 탐지하는 데 사용할 수 있는 SoC 검증 단계는 무엇인가? 근거는 무엇인가?

7. 앞서 설명한 중앙 집중식 정책 엔진 대신 설계자는 분산 정책 적용을 구현하기로 결정했다(관련 보안 정책은 중앙 집중식 엔진 대신 해당 IP에 설명돼 있음). 중앙 집중식 정책 엔진이 분산된 시스템보다 좋은 두 가지 이점을 설명하고 그 반대의 경우도 설명하시오.

8. 소프트웨어로 인한 하드웨어 트로이목마를 처리할 수 있는 액세스 제어 정책은 무엇인가?

9. 비용 효율적인 영역 오버헤드와 키 관리로 DfD 구조의 데이터 보안에 이상적인 암호화 방법을 설명하시오.

10. 공격자는 단답형 문제 3번의 트로이목마와 동일한 트리거 조건을 사용해 마이크로프로세서의 보안 모드 플래그를 신뢰할 수 있는 실행 환경^{TEE}으로 토글하게 된다. DREAD 메서드를 사용해 이 트로이목마를 평가하시오.

16.8.3 서술형 문제

1. 멜트다운 버그가 스펙터보다 완화되기 쉬운 이유는 무엇인가?

2. CLKSCREW 익스플로잇 문제를 해결하고자 취할 수 있는 예방 조치를 설명하시오.

3. 스펙터의 Evict + Time 변형은 표준 버전과 어떻게 다른가? 두 가지 방법을 모두 설명하고 비교하시오.

4. 사전 실리콘 검증을 위해 시뮬레이션과 형식 검증을 비교, 대조하시오.

5. IoT 생태계의 보안 허점은 어디에 있는가? 매우 높은 수준의 관점에서 그들을 설명하시오.

6. 그림 16.7을 이용했을 때 이 시나리오에 존재할 수 있는 다른 취약점은 무엇인가?

7. DfD 인프라에 액세스하지 않는 보안 정책 아키텍처의 잠재적 오버헤드를 설명하시오.

8. 철저한 보안 정책 구현과 분석에도 불구하고 스펙터와 멜트다운 같은 취약점은 여전히 존재한다. 설계 프로세스 전반에 걸쳐 시스템 전체 보안 정책을 정의할 때 발생할 수 있는 잠재적인 단점과 복잡성을 설명하시오.

9. 그림 16.8에서 잠금 비트를 보호하는 데 필요한 보안 정책을 간략하게 설명하고, 위반 시나리오로 선택한 각 정책을 설명하시오.

참고 문헌

[1] IBM Microelectronic, Coreconnect bus architecture, IBM White Paper Google Scholar, 1999.

[2] D. Flynn, AMBA: enabling reusable on-chip designs, IEEE Micro 17 (4) (1997) 20-27.

[3] K. Rosenfeld, R. Karri, Security-aware SoC test access mechanisms, in: VLSI Test Symposium (VTS), 2011 IEEE 29th, IEEE, 2011, pp. 100-104.

[4] S.J. Greenwald, Discussion topic: what is the old security paradigm, in: Workshop on New Security Paradigms, 1998, pp. 107-118.

[5] A. Basak, S. Bhunia, S. Ray, A flexible architecture for systematic implementation of SoC security policies, in: Proceedings of the 34th International Conference on Computer-Aided Design, 2015.

[6] A. Tang, S. Sethumadhavan, S. Stolfo, CLKSCREW: exposing the perils of security-oblivious energy management, in: 26th USENIX Security Symposium (USENIX Security 17), USENIX Association, Vancouver, BC, 2017, pp. 1057-1074.

[7] J.L. Hennessy, D.A. Patterson, Computer Architecture: A Quantitative Approach, 5th ed., Morgan Kaufmann Publishers Inc., San Francisco, CA, USA, 2011.

[8] F. Shearer, Power Management in Mobile Devices, Newnes, 2011.

[9] Qualcomm krait pmic frequency driver source code, [Online]. Available: https://android.googlesource.com/kernel/msm/+/android-msm-shamu-3.10-lollipop-mr1/drivers/clk/qcom/clock-krait.c.

[10] Qualcomm krait pmic voltage regulator driver source code, [Online]. Available: https://android.googlesource.com/kernel/msm/+/android-msm-shamu-3.10-lollipop-mr1/arch/arm/mach-msm/krait-regulator.c.

[11] M. Tunstall, D. Mukhopadhyay, S. Ali, Differential fault analysis of the advanced

encryption standard using a single fault, in: C.A. Ardagna, J. Zhou (Eds.),
Information Security Theory and Practice. Security and Privacy of Mobile Devices in
Wireless Communication, Springer Berlin Heidelberg, Berlin, Heidelberg, 2011, pp.
224–233.

[12] M. Seaborn, T. Dullien, Exploiting the DRAM rowhammer bug to gain kernel
privileges: how to cause and exploit single bit errors, BlackHat, 2015.

[13] P.K. Lala, A Single Error Correcting and Double Error Detecting Coding Scheme for
Computer Memory Systems, in: Proceedings. 18th IEEE International Symposium on
Defect and Fault Tolerance in VLSI Systems, 2003.

[14] Y. Kim, R. Daly, J. Kim, C. Fallin, J.H. Lee, D. Lee, C. Wilkerson, K. Lai, O. Mutlu,
Flipping bits in memory without accessing them: an experimental study of dram
disturbance errors, in: 2014 ACM/IEEE 41st International Symposium on Computer
Architecture (ISCA), June 2014, pp. 361–372.

[15] D. Gruss, C. Maurice, S. Mangard, Rowhammer.js: a remote software–induced fault
attack in JavaScript, CoRR, arXiv: 1507.06955, 2015, [Online]. Available:
http://arxiv.org/abs/1507.06955.

[16] P. Pessl, D. Gruss, C. Maurice, S. Mangard, Reverse engineering Intel DRAM
addressing and exploitation, CoRR, arXiv: 1511.08756, 2015, [Online]. Available:
http://arxiv.org/abs/1511.08756.

[17] M. Seaborn, T. Dullien, Exploiting the DRAM rowhammer bug to gain kernel
privileges, Project Zero team at Google, [On–line]. Available:
https://googleprojectzero.blogspot.com/2015/03/exploiting-dram-rowhammer-
bug-to-gain.html, 2015.

[18] D. Gruss, C. Maurice, Rowhammer.js: a remote software–induced fault attack in
JavaScript, GitHub.

[19] Semiconductor industry association (SIA), Global billings report history (3–month
moving average) 1976–March 2009, [Online]. Available:
http://www.sia-online.org/galleries/statistics/GSR1976-march09.xls, 2008.

[20] R.S. Chakraborty, S. Narasimhan, S. Bhunia, Hardware Trojan: threats and emerging

solutions, in: 2009 IEEE International High Level Design Validation and Test Workshop, Nov 2009, pp. 166-171.

[21]   X. Wang, T. Mal-Sarkar, A. Krishna, S. Narasimhan, S. Bhunia, Software exploitable hardware Trojans in embedded processor, in: 2012 IEEE International Symposium on Defect and Fault Tolerance in VLSI and Nanotechnology Systems (DFT), Oct 2012, pp. 55-58.

[22]   P. Kocher, D. Genkin, D. Gruss, W. Haas, M. Hamburg, M. Lipp, S. Mangard, T. Prescher, M. Schwarz, Y. Yarom, Spectre attacks: exploiting speculative execution, ArXiv e-prints, Jan. 2018.

[23]   M. Lipp, M. Schwarz, D. Gruss, T. Prescher, W. Haas, S. Mangard, P. Kocher, D. Genkin, Y. Yarom, M. Hamburg, Melt-down, ArXiv e-prints, Jan. 2018.

[24]   S. Lee, M.-W. Shih, P. Gera, T. Kim, H. Kim, M. Peinado, Inferring fine-grained control flow inside SGX enclaves with branch shadowing, in: 26th USENIX Security Symposium (USENIX Security 17), USENIX Association, Vancouver, BC, 2017, pp. 557-574.

[25]   D.A. Osvik, A. Shamir, E. Tromer, Cache attacks and countermeasures: the case of AES, in: D. Pointcheval (Ed.), Topics in Cryptology CT-RSA 2006, CT-RSA 2006, in: Lecture Notes in Computer Science, vol. 3860, Springer, Berlin, Heidelberg, 2006.

[26]   C. Trippel, D. Lustig, M. Martonosi, MeltdownPrime and SpectrePrime: automatically-synthesized attacks exploiting invalidation-based coherence protocols, ArXiv e-prints, Feb. 2018.

[27]   Intel 64 and IAa-32 architectures software developer manual, vol 3: system programmer's guide, section 8.3, 2016.

[28]   Q. Ge, Y. Yarom, G. Heiser, Do hardware cache flushing operations actually meet our expectations?, CoRR, arXiv:1612. 04474, 2016, [Online]. Available: http://arxiv.org/abs/1612.04474.

[29]   Y. Yarom, K. Falkner, FLUSH+RELOAD: a high resolution, low noise, l3 cache side-channel attack, in: 23rd USENIX Security Symposium (USENIX Security 14), USENIX Association, San Diego, CA, 2014, pp. 719-732.

[30] A. Basak, S. Bhunia, S. Ray, Exploiting design–for–debug for flexible SoC security architecture, in: Proceedings of the 53rd Annual Design Automation Conference, ACM, p. 167.

[31] E. Ashfield, I. Field, P. Harrod, S. Houlihane, W. Orme, S. Woodhouse, Serial Wire Debug and the Coresight Debug and Trace Architecture, ARM Ltd., Cambridge, UK, 2006.

[32] IEEE, IEEE standard test access port and boundary scan architecture, IEEE Standards 11491, 2001.

[33] J. Portillo, E. John, S. Narasimhan, Building trust in 3PIP using asset–based security property verification, in: VLSI Test Symposium (VTS), 2016, pp. 1–6.

736

직접 사용해보는 하드웨어 해킹(HaHa) 플랫폼

부록 A에서는 저자가 단일 플랫폼에서 모든 실습 테스트를 수행할 수 있게 설계한 맞춤형 하드웨어 모듈인 HaHa를 설명한다. 이 책 전반에 걸쳐 다룰 실험은 표 A.1에서 찾아볼 수 있다. 이 실험은 칩과 PCB 레벨의 다양한 보안 문제에 대한 실질적인 경험을 할 수 있게 도와주며, 일부 주요 위협의 대책도 제공할 수 있게 설계돼있다. 실험에 대한 자세한 내용은 http://hwsecuritybook.org를 방문해 보충 문서를 참조하기 바란다.

	실습	학습 목표	장
1	리버스 엔지니어링 공격	RE와 복제 공격에 대한 PCB의 취약점	4
2	하드웨어 트로이목마 공격	다양한 트리거/페이로드가 있는 여러 형태의 트로이목마 공격과 이에 대응하는 보호 메커니즘	5
3	파워 사이드 채널 공격	공급 전류 측정과 데이터 분석을 이용한 암호화 모듈 비밀키 유출 방법	8
4	결함 주입 공격	결함 주입을 이용한 암호화 모듈 비밀키 유출 방법	8
5	JTAG 기반의 PCB 공격	JTAG 인터페이스를 이용한 PCB의 정보 유출 또는 기능 조작 방법	9
6	버스 스누핑 공격	물리적 액세스(금속 트레이스 프로브)를 이용한 PCB에서 정보 유출 방법	11
7	보안 기본 요소의 설계: (a) 물리적 복제 불가능 기능 (b) 진정한 난수 생성기	주요 보안 기본 요소의 설계 철학과 품질 평가	12
8	하드웨어 난독화: (a) 조합 잠금 (b) 유한 상태 기계 기반의 난독화	RE와 기술 평가의 방지용 설계의 기능적, 구조적 변형 기술	14
9	PCB 변조 공격(ModChip)	PCB 트레이스를 물리적으로 조작해 기능을 변경하는 방법	15
10	SoC 보안 정책	SoC 보안 아키텍처와 자산 보호	16

실습은 HaHa 플랫폼에서 제공하는 다양한 기능과 변경 가능한 옵션을 사용한다. 이 플랫폼에서 컴퓨터 시스템의 작동 원리와 구조를 이해하고 이를 각각 다른 수준에서 윤리적으로 '해킹'할 수 있다. 즉, 다양한 보안 취약점을 이해하고 공격을 시도해보고, 대책을 구현하고자 이 플랫폼을 이용할 수 있는 것이다.

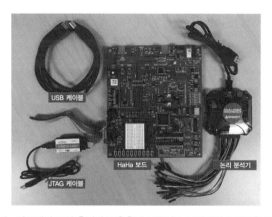

▲ 그림 A.1 HaHa 키트는 하드웨어 보안 훈련과 교육용의 독특하고 독립적인 플랫폼을 제공한다. 다양한 곳에서 이 키트를 구할 수 있으며, 물리 실험실이나 특수 벤치탑 장비 없이 집에서 모든 실험을 수행해야 하는 하드웨어 보안 랩의 온라인 교육 코스에 적합하다.

▲ 그림 A.2 HaHa 키트의 컴포넌트 실험 셋업 환경. HaHa 보드를 USB 포트를 통해 컴퓨터에 연결해야 실험을 시작할 수 있다.

그림 A.1은 오실로스코프, 전원 공급 장치나 파형 발생기와 같은 벤치탑 장비가 없어도 집에서 실험이 가능한 HaHa 키트의 사진이다. 여기에는 HaHa 보드와 JTAG 프로그래밍 케이블, USB 커넥터, 오실로스코프와 논리 분석기(예, Digilent Inc.의 Analog Discovery 2)가 포함돼 있다. HaHa 보드는 컴퓨터의 USB 포트와 연결 돼야 동작하므로 이 부록의 뒷부분에 설명한 두 개의 소프트웨어 모듈을 컴퓨터에 설치하자. HaHa 키트는 컴퓨터 시스템의 내부와 하드웨어 보안 문제의 다양한 측면과 관련 대책을 학습할 수 있는 독창적인 실험 환경을 제공할 수 있다. 그림 A.2는 이러한 컴포넌트를 컴퓨터와 연결해 실험 플랫폼을 만드는 방법을 보여준다.

그림 A.3은 몇 년에 걸친 HaHa 보드의 진화를 보여준다. 학습 경험을 향상시키고 더불어 하나의 플랫폼에서 다양한 하드웨어 보안 실험을 실행할 수 있는 유연성을 강화하고자 현재까지 이 보드는 3세대 이상 업데이트되고 있다. 참고로 이처럼 다양한 보안 실험은 상용 FPGA나 프로세서 개발 보드, 또는 Sakura 사이드 채널 공격 평가 보드(http://satoh.cs.uec.ac.jp/SAKURA/link.html)와 같은 특수 목적 보드에서는 불가능한 일이다. 다만 이 보드들은 하나 또는 몇 개의 실험(예, 알테라^{Altera}/자일링스^{Xilinx} FPGA 개발 보드의 트로이목마 공격 또는 보안 기본 설계 또는 Sakura 보드의 전력 사이드 채널 공격)을 구현하는 데 적합하지만 다른 대부분의 구현에는 적합하지 않다.

| HaHa 1.0 | HaHa 1.1 | HaHa 2 | HaHa 2S | HaHa 3.0 | HaHa 3.0 Plus |

▲ 그림 A.3 HaHa 보드는 다양한 하드웨어 보안 실험을 수행하는 능력을 향상시키고자 수년에 걸쳐 설계가 변경됐다. 위 그림은 3세대를 거쳐 변경된 HaHa 보드의 모습과 상대적인 크기 변화를 보여준다.

플로리다 대학교$^{University of Florida}$와 케이스 웨스턴 리저브 대학교$^{Case Western Reserve University}$의 학생들은 지난 5년간 하드웨어 보안 랩 과정에서 HaHa 보드를 이용해 왔다. 그림 A.4는 다른 버전의 보드를 사용해 컴퓨팅 시스템의 각기 다른 부분(예, 스마트 팬 또는 보수계)을 구현한 다음 다양한 하드웨어 공격(예, 칩/PCB 레벨 하드웨어 공격)과 대책법을 수행하는 학생을 보여준다. 이 보드는 부분적으로 미국 국립 과학 재단^{NSF}의 보조금 지원을 통해 개발됐다.

▲ 그림 A.4 케이스 웨스턴 리저브 대학교와 플로리다 대학교 학생들은 다양한 버전의 HaHa 키트를 이용해 컴퓨터 시스템 모델을 구현하고 다양한 하드웨어 보안 실험을 수행하고 있다.

이 책의 웹 사이트는 이러한 실험을 수행하고, 필요한 관찰을 하고, 보고서를 작성하는 데 필요한 상세 실습 지침을 제공한다. 또한 대부분의 실험에는 좀 더 복잡한 공격을 수행하고 정교한 대책을 구현하고자 하는 학생들에게 적합한 추가 옵션들이 포함돼 있다. 이 플랫폼은 다양한 컴퓨팅 시스템의 모델을 단순하게 구현할 수 있게 높은 유연성을 갖고 설계돼 있다. 표 A.2는 HaHa 보드의 주요 기능을 나타낸 것이다. 여기에는 비휘발성 메모리(EEPROM 또는 플래시), 가속도계, 프로그램 가능 전압 소스, 전류 감지 메커니즘, FPGA와 마이크로컨트롤러 간의 JTAG 연결, 사이드 채널 측정용 신호 대 노이즈비[SNR] 비율을 향상시키는 계측 증폭기와 함께 FPGA(내장 온도 센서가 있는 알테라 MAX 10 시리즈 FPGA)와 마이크로컨트롤러/프로세서(모델에 따라 ARM 또는 애트멜[Atmel])가 모두 포함돼 있으며, 트로이목마 탐지와 보안 기본 설계 같은 실험(여러 FPGA 칩을 측정해야 함)을 지원하기 위한 PCB용 소켓(옵션)도 포함된다.

번호	기능 설명	보안 실험 관련 이점
1	이 보드에는 FPGA와 마이크로컨트롤러 칩이 모두 포함돼 있음	해당 컴포넌트 중 하나 또는 둘 다를 사용해 다양한 유형의 컴퓨팅 시스템을 구현할 수 있다.
2	FPGA와 마이크로컨트롤러 모두 플래시가 내장돼 있으며 JTAG를 통해 쉽게 프로그래밍 가능함	두 장치 모두 프로그래밍하기 쉽다. FPGA는 마이크로컨트롤러의 가속기 역할을 할 수 있다.
3	FPGA와 마이크로컨트롤러는 비휘발성 메모리와 통신할 수 있음	자체 메모리를 사용해 설정과 입력 데이터를 저장하는 독립 컴퓨팅 시스템을 구축할 수 있다.
4	FPGA와 마이크로컨트롤러 간의 양방향 연결 가능	CPU 역할을 하는 다양한 시스템 구성을 제공한다(예, CPU는 마이크로컨트롤러로 동작하며 FPGA는 가속기로 동작).
5	FPGA와 마이크로컨트롤러를 통해 모든 주변기기에 연결함	FPGA 또는 마이크로컨트롤러를 통해 모든 주변기기에 액세스할 수 있는 유연성을 제공한다.
6	FPGA의 전류/전력 모니터링	사이드 채널 분석과 공격 실험을 수행한다.
7	전체 보드에 대한 전류/전력 모니터링(최신 버전의 HaHa 보드에서만 사용 가능)	보드와 PCB 인증을 위한 사이드 채널 분석을 제공한다.
8	전위차계를 사용한 FPGA의 전압 제어	PUF/TRNG 실험용 견고성 분석 기능과 파워 글리치를 이용한 결함 주입 공격을 할 수 있다.
9	전위차계를 사용한 마이크로컨트롤러의 전압 제어	PUF/TRNG 실험용 견고성 분석 기능과 파워 글리치를 이용한 임베디드 소프트웨어의 결함 주입 공격을 할 수 있다.
10	FPGA와 마이크로컨트롤러용 JTAG 체인	JTAG 프로그래밍, JTAG 테스트, JTAG 공격 실험을 수행할 수 있다.
11	2 레이어 보드	육안 검사를 통한 리버스 엔지니어링가 용이해진다.
12	명확하게 표시된 영역이 있는 간단한 레이아웃	보드 설계와 구성을 명확하게 이해하고 리버스 엔지니어링 공격을 수행하는 데 도움이 된다.
13	임베디드 브레드보드와 사용자 헤더	사용자가 보드에 추가 컴포넌트와 소형 맞춤형 회로를 포함할 수 있다.

(이어짐))

742

번호	기능 설명	보안 실험 관련 이점
14	설정 가능한 블루투스 모듈	연결된 시스템 간 블루투스 공격 실험을 위해 보드 간 블루투스 연결을 제공한다.
15	FPGA에 내장된 온도 센서	온도로 트리거되는 트로이목마 공격 실험, PUF/TRNG 신뢰성 분석, 사이드 채널 실험을 할 수 있다.
16	설정 가능한 많은 헤더	물리적 변조(Modchip) 공격 실험을 할 수 있다.
17	FPGA 내부의 클럭 소스와 PLL	클럭을 이용한 결함 주입 공격을 할 수 있다.
18	확장 헤더 통합	더 많은 컴포넌트나 자매 보드를 HaHa에 추가해 기능을 확장할 수 있는 유연성을 제공한다.
19	버스의 여러 프로빙 포인트	버스 스누핑 공격과 PCB 변조 실험을 할 수 있다.

다음으로는 HaHa 보드(버전 2)의 설계를 자세히 설명할 예정이며, 회로도, 레이아웃, BOM^Bill-Of-Materials 제공에 관심 있는 독자가 있다면 사용자 정의 보드의 제조, 조립, 테스트를 통해 직접 자신만의 HaHa 키트를 제작할 수 있다. 또한 전체 키트와 각 컴포넌트는 서드파티 공급업체에서 개별적으로 구입할 수 있다. 이 책의 최신판에는 표 A.1에 나열된 10개의 실험이 포함돼 있긴 하지만 저자는 이 책의 보조 자료로 HaHa 키트를 사용한 더 많은 실험을 추가할 계획이며, 해당 실험은 책 웹사이트를 통해 제공될 것이다. 이러한 새로운 실험은 타이밍 사이드 채널 공격, EM 분석 공격, 좀 더 복잡한 형태의 트로이목마 공격과 같은 시스템 레벨의 보안 문제 및 솔루션과 위조 IC 감지용 노화 센서와 같은 추가 보안 기본 요소를 다룰 것이다. 저자는 이 책이 출판된 후 1년 이내에 온라인에 이러한 새로운 실험을 추가할 예정이다.

A.1 HaHa 보드

이 절에서는 HaHa 보드의 기능과 설계 특성을 자세히 설명한다.

A.1.1 레이아웃과 컴포넌트

그림 A.5는 HaHa 보드의 사진이다. 여기에는 모든 커넥터와 주요 컴포넌트의 위치를 표시해뒀으며, 이 보드가 어떻게 구성돼 있는지를 보여준다.

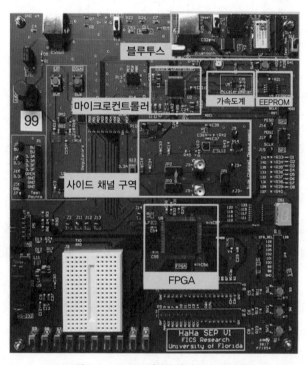

▲ 그림 A.5 HaHa 보드(버전 2)의 주요 컴포넌트

다음은 HaHa보드의 하드웨어 컴포넌트 목록이다.

- 인텔 알테라 MAX 10 FPGA 장치(50,000개의 논리 요소 포함)
- 애트멜^{Atmel} AVR 8비트 마이크로컨트롤러

- FPGA와 마이크로컨트롤러 프로그래밍용 JTAG 헤더
- SPI^Serial Peripheral Interface 확장 헤더
- 마이크로컨트롤러 프로그래밍용 USB B-타입 포트
- 고성능의 3축 가속도계
- 1Mbit 직렬 EEPROM 메모리
- 블루투스 v4.0과 호환 가능한 블루투스 네트워크 프로세서
- 1.5V ~ 3.6V의 가변 전원을 제공하는 조정 가능한 레귤레이터
- 고정 3.3V 또는 조정 가능한 소스 중 전원을 선택할 수 있는 2개의 토글 스위치
- 1옴 전류 감지 저항과 계측 증폭기
- 3개의 푸시 버튼 스위치
- 10개의 슬라이드 스위치
- 8개의 사용자 LED
- 클럭 소스용 50MHz와 8MHz 오실레이터
- 3개의 I/O 핀 확장 헤더
- 7 세그먼트 디스플레이
- 포토다이오드

FPGA용 소켓으로 개발된 다른 HaHa 보드 버전(그림 A.6)도 있다. 소켓은 144핀 인텔 알테라 MAX 10 FPGA용이며, 칩을 해당 소켓에 쉽게 삽입하거나 분리할 수 있다. 소켓은 보드의 표면에 장착돼 있으며 다른 모든 컴포넌트와 구성은 그대로다. 이 보드를 사용하면 트로이목마 탐지나 PUF/TRNG(Security Primitive) 설계 실험처럼 여러 FPGA 칩이 필요한 실험을 수행할 수 있다. 이러한 실험은 프로세스 변경, 환경 매개변수(전원 노이즈 또는 온도 등)의 변화, 노화 등의 영향을 평가하고자 여러 칩의 물리적 매개변수(정적 또는 동적 공급 전류, 신호 전파 지연 등)를 측정해야 하는 경우가 종종 있다.

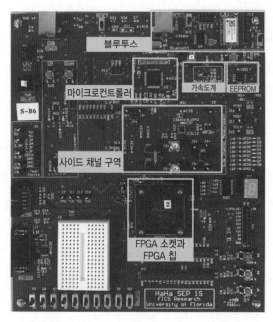

▲ 그림 A.6 FPGA 칩용 소켓이 있는 HaHa 보드

A.1.2 HaHa 보드 블록 다이어그램

그림 A.7은 HaHa 보드의 블록 다이어그램이다. FPGA와 마이크로컨트롤러가 이 보드의 주요 컴포넌트로 JTAG 체인과 서로 연결돼 있다. 이는 JTAG 인터페이스를 사용해 프로그래밍하고 테스트할 수 있다. 이들은 9비트 버스를 통해 연결되며, 이 라인 중 하나를 클럭으로 사용할 수 있다. 이 경우 클럭이 있는 8비트 버스가 된다.

그림 A.7에는 칩의 주변기기도 표시해뒀다. SPI 인터페이스를 사용하면 여러 직렬 주변기기 인터페이스SPI 장치를 마이크로컨트롤러에 연결할 수 있다. 가속도계, 비휘발성 메모리(EEPROM이나 플래시), 블루투스 모듈 등이 SPI 장치다. 더 많은 칩이나 SPI 인터페이스가 있는 자매 보드를 연결할 수 있도록 2개의 SPI 슬롯도 추가돼 있다.

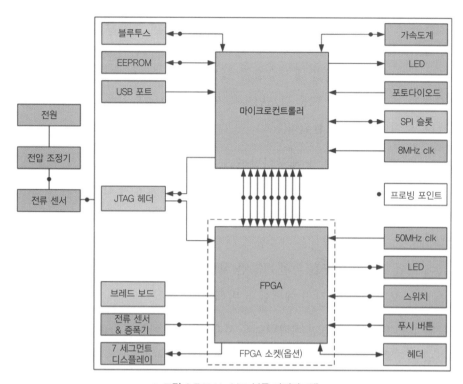

▲ 그림 A.7 HaHa 보드 블록 다이어그램

마이크로컨트롤러보다 더 많은 I/O 핀이 있는 FPGA를 사용하면 더 많은 주변기기에 연결할 수 있다. 이러한 주변기기에는 슬라이드 스위치, 푸시 버튼, LED, 7 세그먼트 디스플레이, 사용자 확장 헤더 등이 있다.

모든 주변기기는 두 칩에서 모두 액세스할 수 있다. 예를 들어 FPGA가 온보드 가속도계와 통신하려는 경우 가속도계와 통신하기 위한 매체로 마이크로컨트롤러를 사용할 수 있다. 사용자가 스위치를 사용해 마이크로컨트롤러를 제어하려는 경우 FPGA가 중간 매체로 동작하도록 프로그래밍할 수도 있다. 즉, 두 칩 모두 보드의 모든 주변기기와 통신이 가능하므로, HaHa 보드에 구축하고자 하는 시스템의 중앙 처리 장치^{CPU} 역할을 할 수 있다.

이 보드에는 사용자 확장 포트가 잘 정의돼 있기에 사용자 요구에 매우 유연하게 대응할 수 있다. 여기에는 FPGA에 연결된 3개의 사용자 확장 헤더, 마이크로컨트롤러의 SPI 인터페이스에 연결된 2개의 SPI 슬롯이 있으며, 다른 칩을 연결하거나 사용자 정의 회로를 구현할 때 사용할 수 있는 브레드보드도 포함돼 있다. 이 헤더나 슬롯과 브레드보드는 표준 컴포넌트를 사용하며, HaHa 보드에 포함되지 않은 커넥터, 와이어, 칩과 호환된다.

칩이 서로 연결되는 방식을 재구성할 수도 있다. 사용자들은 두 개의 주요 칩에 액세스 가능한 핀들을 이용할 수 있다. 또한 블루투스 모듈과 같은 기타 주변기기에는 재구성이 가능한 여러 개의 핀이 있다. 이 보드의 사용자는 컴포넌트들이 서로 대화하고 작업하는 방식을 자유롭게 변경할 수 있는 것이다. 다음 절에서는 하드웨어 보안 교육과 연구를 위한 다양한 실험을 수행할 수 있도록 보드를 구성하는 방법을 보여주는 몇 가지 예제를 준비해뒀다.

다양한 유선 또는 무선 연결 메커니즘을 사용해 두 개 이상의 HaHa 보드를 연결한 시스템을 구축할 수도 있다. 헤더, 프로빙 포인트와 브레드보드를 사용하면 점퍼와 와이어를 사용해 두 개의 보드를 연결할 수 있다. 또한 블루투스 모듈을 사용하면 각 HaHa 보드가 다른 보드와 통신하고 이를 제어할 수 있게 된다. 이처럼 HaHa 보드를 연결된 시스템으로 재구성하는 기능은 사용자에게 다양한 실험 옵션을 제공할 수 있다.

A.1.3 HaHa의 컴포넌트

다음은 이 보드의 각 주요 컴포넌트의 정보다.

- 알테라 10M50SAE144C8G FPGA
  - 50k 논리 요소
  - 1638k M9k 메모리
  - 5888Kb 사용자 플래시 메모리

- 101개의 사용자 I/O 핀
- 4개의 PLL
- 온도 센서가 있는 1개의 ADC
- JTAG 표준에 따른 바운더리 스캔 기능
- 애트멜 ATmega16U4-au 마이크로컨트롤러
  - 16KB의 시스템 내 자체 프로그래밍이 가능한 플래시
  - 1.25KB의 내부 SRAM
  - JTAG 표준에 따른 바운더리 스캔 기능
  - USB 2.0 full-speed/low-speed 장치 모듈
  - SPI 직렬 프로그래밍 가능
- EEPROM
  - 256바이트 페이지
  - 빌트인 쓰기 보호
  - 6ms 이하의 쓰기 사이클 시간
- JTAG 헤더
  - FPGA와 마이크로컨트롤러 모두를 프로그래밍할 수 있는 온보드 헤더
- SPI 헤더
  - 마이크로컨트롤러 프로그래밍용 온보드 헤더
  - 추가 SPI 모듈용 확장 슬롯 제공
- USB B-타입 포트
  - 마이크로컨트롤러 프로그래밍용 온보드 USB B-타입 포트
  - 보드 전원 공급
- 고성능 3축 가속도계
  - SPI 디지털 출력 인터페이스
  - 8비트 데이터 출력

- 움직임 감지
- 내장 온도 센서
- 선입선출^{FIFO} 내장
- 블루투스 프로세서
  - 블루투스 v4.0 호환
  - SPI 기반의 애플리케이션 컨트롤러 인터페이스
  - AES 보안 코프로세서
- 조절 가능한 레귤레이터
  - 1.5V ~ 3.6V 범위의 전원 공급
  - 64단계 레졸루션
  - 500mA의 전류 용량
  - 전압을 높이거나 낮추는 2개의 푸시 버튼
- 전원을 선택할 수 있는 2개의 슬라이드 스위치
  - 고정 3.3V 또는 조정 가능한 전원 중에서 선택
  - 스위치가 'OFF'인 경우 공급 전원은 3.3V로 고정
  - 스위치가 'ON'인 경우 공급 전원은 조정 가능한 전압이 됨(1.5V ~ 3.6V)
- 전류 감지 레지스터
  - 1옴 저항
  - 0.5% 톨러런스
  - 20A 최대 전류
  - 감지 레지스터의 전원 공급 장치 라인에 통합된 계측 증폭기
  - 고주파 컴포넌트를 동적 전류로 유지하고자 디커플링 커패시터와 전원 공급 핀 사이에 전류 감지 레지스터를 배치함
- 푸시 버튼 스위치
  - 3개의 푸시 버튼 스위치

- 폐기 스위치
- 슬라이드 스위치
  - 10개의 슬라이드 스위치
  - ON(왼쪽) 위치에 있을 때 논리 0, OFF(오른쪽) 위치에 있을 때 논리 1임
- LED
  - FPGA에 연결된 8개의 LED
  - 마이크로컨트롤러에 연결된 1개의 적색 LED
  - 적색 LED는 PWM(펄스 폭 변조기)이 있는 8비트 타이머/카운터로 제어함
- 클럭 입력
  - 마이크로컨트롤러용 8MHz 오실레이터
  - FPGA용 50MHz 오실레이터
  - 마이크로컨트롤러는 칩 연결을 통해 클럭을 공유
  - 두 칩 모두 내부 클럭이 있음
- 2개의 I/O 핀 확장 헤더
  - FPGA의 I/O 핀에 연결됨
  - 각 40핀과 20핀
- 7 세그먼트 디스플레이
  - FPGA에 연결된 한 개의 7 세그먼트 디스플레이
- 포토다이오드
  - 마이크로컨트롤러의 ADC(아날로그-디지털 컨버터) 핀에 연결된 한 개의 포토다이오드
  - 피크 광학 파장 890nm
- 브레드보드
  - 170개의 타이 포인트가 있는 양면의 테이프

A.2 동작 지침

이 절에서는 HaHa 보드를 사용해 다양한 실험을 수행하는 방법을 설명한다.

A.2.1 HaHa 전원 구동

HaHa 키트에는 USB A-B 타입 케이블이 들어있다. HaHa 보드를 컴퓨터나 USB 전원 포트에 연결한 후 보드의 전원을 켜려면 다음 단계를 수행해야 한다.

1. HaHa 보드의 전원 ON/OFF 스위치가 OFF 위치에 있고, 각 모서리에 있는 4개의 스탠드가 올바르게 장착돼 있어야 한다. 보드를 평평한 표면에 둬야 하며, 보드 아래에 전기 단락을 일으킬 수 있는 전자 단자가 없는지 확인해야 한다.

2. FPGA와 마이크로컨트롤러의 전원을 선택해야 한다. 전원을 3.3V 고정 전원으로 향하게 하려면 선택 스위치 두 개를 모두 OFF 위치에 둬야 한다. 마이크로컨트롤러의 경우 리셋 스위치를 OFF로 하면 된다.

3. USB 케이블의 B-타입 포트를 보드에 연결하고 A-타입 포트를 컴퓨터의 USB 포트에 연결한다.

4. ON/OFF 전원 스위치를 켠다. 전원이 켜져 있으면 빨간색 LED의 불이 들어온다.

A.2.2 컴퓨터에 소프트웨어 모듈 설치

먼저 컴퓨터에 알테라 쿼터스$^{Altera\ Quartus}$ 소프트웨어(버전 15 이상)가 설치돼 있어야 한다. 알테라 공식 웹 사이트에서 쿼터스 라이트^{Lite} 버전을 무료로 다운로드할 수 있다. 또한 컴퓨터에 알테라 스튜디오^{Studio}(버전 7 이상)을 설치해야 하는데, 이 소프트웨어는 마이크로칩^{Microchip}의 공식 웹 사이트에서 무료로 다운로드할 수 있다.

A.2.3 알테라 MAX 10 FPGA 구성

HaHa 키트에는 그림 A.8과 같이 USB-블라스터^{Blaster} 다운로드 케이블이 포함돼 있으며, 이 케이블은 알테라 MAX 10 FPGA를 프로그래밍할 때 사용할 수 있다. USB-블라스터의 한쪽은 컴퓨터의 USB 포트에, 다른 쪽은 보드의 JTAG 10핀 헤더에 연결해야 한다.

▲ 그림 A.8 알테라 USB-Blaster 다운로드 케이블

10핀 암 커넥터(그림 A.9)와 JTAG 헤더를 HaHa보드에 고정해야 한다. HaHa 보드에 표시된 핀 번호를 참고해 연결해보자. 참고로 밴드의 빨간색 선은 1번 핀이다.

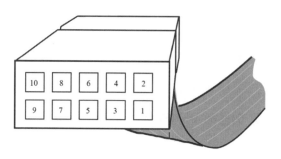

▲ 그림 A.9 10핀 암 커넥터

USB-블라스터 다운로드 케이블을 HaHa 보드와 컴퓨터에 연결한 후 보드의 JTAG 체인에서 2개의 칩(FPGA과 마이크로컨트롤러)을 찾아보자. 알테라 쿼터스의 프로그램 창(그림 A.10)에서 'Auto Detect'를 이용하면 FPGA와 마이크로컨트롤러의 두 가지 장치를 찾을 수 있다. FPGA를 미리 만든 SOF 파일로 바꿔 FPGA 프로그래밍을 시작해보자.

참고: FPGA의 전원이 꺼지면 모든 구성 정보가 지워진다. 그러므로 보드 전원을 다시 켤 때 다시 프로그래밍해야 한다.

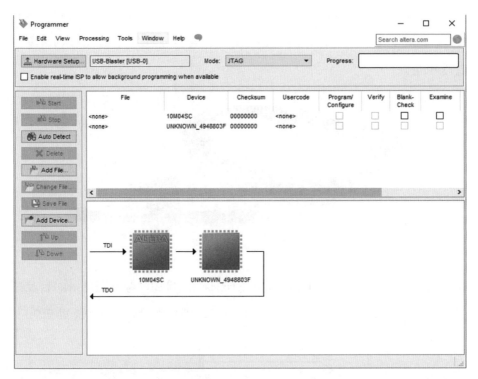

▲ 그림 A.10 알테라 쿼터스의 프로그램 창. FPGA와 마이크로컨트롤러가 자동 감지됐음을 보여준다.

A.2.4 USB 포트를 이용해 마이크로컨트롤러 구성

애트멜^{Atmel} AVR 마이크로컨트롤러 ATmega16U4-au는 JTAG, SPI와 USB를 포함해 다양한 방법으로 구성할 수 있다. 하지만 JTAG와 SPI 방법을 사용하려면 별도의 컴포넌트, 즉 HaHa 보드에 포함되지 않은 애트멜 디버거가 필요하다.

참고: 다양한 종류의 디버거를 이용한 AVR 마이크로컨트롤러 프로그래밍의 자세한 내용은 마이크로칩^{MicroChip}/애트멜 웹 사이트에서 확인할 수 있다.

USB 포트를 이용하면 16KB의 시스템 내 자체 프로그래밍 가능^{in-system self- programmable} 플래시를 직접 프로그래밍할 수 있다. HaHa 보드의 전원을 켠 후 애트멜 스튜디오에서 마이크로컨트롤러를 찾아보자. 그림 A.11과 같이 장치 프로그래밍^{Device Programming} 창을 연 후 마이크로컨트롤러를 보드에 장착해 컴퓨터와 연결돼 있는지 확인해보면 된다. 여기서는 장치 서명^{device signature}을 확인하고, 인터페이스를 사용해 칩 전체를 지울 수도 있다.

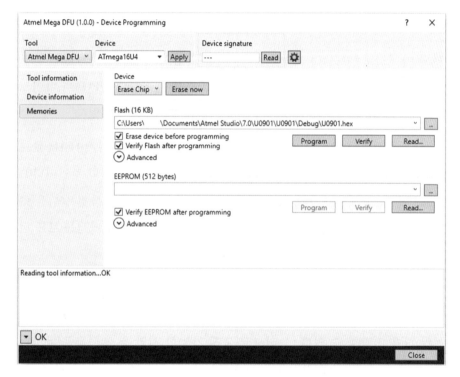

▲ 그림 A.11 애트멜 스투디오 장치 프로그래밍 창. 마이크로컨트롤러가 감지됐음을 보여준다.

기존에 생성한 HEX 파일을 선택하고 프로그램 버튼을 클릭해 프로그래밍 가능한 플래시를 설정해보자.

참고: 전원이 꺼져도 플래시의 내용은 지워지지 않는다. 따라서 리셋 스위치를 눌러 칩을 리셋할 때까지 동일한 기능을 여러 번 사용할 수 있다. 또한 프로그래밍이

완료된 직후에는 프로그램이 올바르게 실행되지 않을 수 있다는 점을 유의하자. 프로그래밍된 기능이 작동하게 하려면 보드의 전원을 재구동해야 한다.

이러한 점 때문에 마이크로컨트롤러와 FPGA를 모두 프로그래밍해야 하는 경우 항상 마이크로컨트롤러를 먼저 프로그래밍하고 보드의 전원을 재구동한 후 FPGA를 프로그래밍해야 한다.

A.2.5 전압 소스 구성

FPGA와 마이크로컨트롤러 모두 3.3V 전원 공급 장치가 필요하다. HaHa 보드는 고정 3.3V와 조정 가능한 전압, 두 가지 전압 소스를 제공한다. FPGA와 마이크로컨트롤러에는 전압 소스를 선택할 수 있는 슬라이드 스위치가 있다.

칩 성능을 가장 높이려면 고정 3.3V 전압 소스가 필요하다. 따라서 HaHa 보드의 전원을 켜기 전에 먼저 두 선택 스위치를 모두 OFF로 해두자. 결함 주입이나 PUF 실험(PUF 설계의 신뢰성 평가)과 같이 전압 레벨을 변경해야 하는 특정 실험을 수행하는 경우 조정 가능한 전압 소스를 사용해야 한다. 이러한 실험에서는 보드 전원을 켜기 전에 전압 소스 선택 스위치를 ON으로 바꿔두자.

조정 가능한 전압의 범위는 1.5V ~ 3.6V다. SWup와 SWdown 버튼을 눌러 전압 레벨을 제어할 수 있다. 전압의 단계는 총 64개며, 레귤레이터는 전원이 꺼져있을 때도 전압 값을 저장할 수 있다. 그러므로 조정 가능한 전압 소스 사용을 마쳤다면 보드의 전원을 끄기 전에 전압을 다시 3.3V(공칭 전압)로 설정하는 것이 좋다.

A.2.6 칩 인터커넥트

HaHa 보드에서 두 개의 주요 칩(FPGA와 마이크로컨트롤러) 사이에는 총 9개의 인터커넥트가 가능하다.

신호명	마이크로컨트롤러 핀 번호	FPGA 핀 번호	기능
CM0	PD0	29	데이터
CM1	PD1	27	데이터
CM2	PD2	36	데이터
CM3	PD3	25	데이터
CM4	PD4	22	데이터
CM5	PD5	23	데이터
CM6	PD6	21	데이터
CM7	PD7	20	데이터
CLK_inter	PD7	28	데이터 또는 클럭

해당 핀의 번호와 기능은 표 A.3에서 확인할 수 있다.

두 칩은 인터커넥트 패브릭을 통해 HaHa 보드의 모든 장치와 통신할 수 있다. 예를 들어 마이크로컨트롤러가 7 세그먼트 디스플레이를 제어하려는 경우 7 세그먼트 디스플레이가 직접 연결돼 있지 않더라도 FPGA를 마이크로컨트롤러와 7 세그먼트 디스플레이를 연결하는 인터페이스로 구성하면 해당 장치에 액세스할 수 있다.

A.2.7 스위치와 LED 사용

HaHa 보드의 FPGA에는 3개의 푸시 버튼 스위치, 8개의 슬라이드 스위치(슬라이더)와 8개의 LED가 연결돼 있다. 마이크로컨트롤러에는 하나의 LED만 연결돼 있다.

FPGA에 연결된 3개의 푸시 버튼 스위치의 경우 누르지 않았을 경우 낮은 논리 레벨(0V)을 제공하고, 눌렀을 때는 높은 논리 레벨(3.3V)을 제공한다. 표 A.4는 FPGA의 핀 번호를 보여준다.

신호명	FPGA 핀 번호	설명
SW1	93	Pushbutton [1]
SW2	96	Pushbutton [2]
SW3	97	Pushbutton [3]

HaHa 보드에서 8개의 슬라이드 스위치는 디바운스되지 않으며 레벨에 민감한 데이터를 회로에 입력하고자 사용한다. 각 스위치는 FPGA의 핀에 직접 연결된다. 스위치가 ON인 경우 FPGA에 낮은 논리 레벨(0V)을 제공하고 OFF인 경우 높은 논리 레벨(3.3V)을 제공한다. 표 A.5는 스위치에 연결된 핀 번호를 보여준다.

▼ 표 A.5 슬라이드 스위치의 핀 번호 목록

신호명	FPGA 핀 번호	설명
S0	44	Slide Switch [0]
S1	43	Slide Switch [1]
S2	42	Slide Switch [2]
S3	41	Slide Switch [3]
S4	40	Slide Switch [4]
S5	39	Slide Switch [5]
S6	38	Slide Switch [6]
S7	33	Slide Switch [7]
S8	32	Slide Switch [8]
S9	30	Slide Switch [9]

HaHa 보드에는 8개의 사용자 제어가 가능한 LED가 있다. 각 LED는 FPGA의 핀으로 직접 구동할 수 있다. 관련 핀을 높은 논리 레벨로 구동하면 LED가 켜지고 핀을

낮은 논리 레벨로 구동하면 LED가 꺼진다. 표 A.6에서는 LED에 연결된 핀 번호를 보여준다.

▼ 표 A.6 LED의 핀 번호 목록

신호명	FPGA 핀 번호	설명
D1	141	LED [1]
D2	140	LED [2]
D3	135	LED [3]
D4	133	LED [4]
D5	132	LED [5]
D6	131	LED [6]
D7	129	LED [7]
D8	127	LED [8]

A.2.8 7 세그먼트 디스플레이 사용

HaHa 보드에는 하나의 7 세그먼트 디스플레이가 있다. 그림 A.12에 표시된 것처럼 7개의 세그먼트는 FPGA의 다른 각 핀에 연결된다. 낮은 논리 레벨을 세그먼트에 적용하면 불이 켜지고, 반대로 높은 논리 레벨을 적용하면 불이 꺼진다.

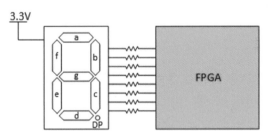

▲ 그림 A.12 7 세그먼트 디스플레이와 FPGA 간의 연결

디스플레이의 각 세그먼트는 a에서 g까지의 인덱스로 구분되며, 해당 위치는 그림 A.12에서 확인할 수 있다. 또한 소수점은 DP로 식별된다. 표 A.7은 FPGA 핀과 7 세그먼트 디스플레이 간의 연결 정보를 보여준다.

▼ 표 A.7 7 세그먼트 디스플레이의 핀 할당

디스플레이 인덱스	신호명	FPGA 핀 번호
a	D11	123
b	D12	120
c	D13	119
d	D14	118
e	D15	117
f	D16	116
g	D17	111
DP	D18	110

A.2.9 확장 헤더 사용

HaHa 보드는 3개의 확장 헤더를 제공한다. 그중 2개에는 40개의 핀이 있고 1개에는 20개의 핀이 있다. 헤더 핀에는 총 52개의 FPGA 입출력(I/O) 핀이 연결돼 있다.

A.2.10 클럭 회로

HaHa 보드에는 FPGA용 50MHz 클럭 신호와 마이크로컨트롤러용 8MHz 클럭 신호가 있다.

FPGA에 연결된 클럭은 사용자 논리를 클럭킹하는 데 사용된다. 또한 클럭 입력을 FPGA의 PLL^Phase-Locked Loops 클럭 입력 핀에 연결할 수 있다. 즉, 사용자는 클럭을

PLL 회로의 소스 클럭으로 사용할 수 있는 것이다.

A.2.6절에서 언급했듯이 HaHa 보드에는 FPGA의 클럭 소스로 사용될 수 있는 칩 인터커넥트가 있다. 사용자가 마이크로컨트롤러를 구성할 때 I/O 핀은 FPGA의 클럭 신호를 출력한다. 재구성을 통해 두 칩을 동일한 클럭으로 동기화할 수 있다.

FPGA의 다양한 I/O 핀을 클럭 입력 핀으로 사용할 수 있다. 확장 헤더에 연결된 I/O 핀은 필요한 경우 외부 클럭 신호에 연결할 수 있다.

외부 클럭 입력으로 사용할 수 있는 핀은 표 A.8에 나와 있다.

▼ 표 A.8 FPGA 클럭 입력 핀 연결

FPGA 클럭 입력 핀	FPGA 핀 번호	신호명	기능 설명
CLK0n	25	CM3	칩 인터커넥트
CLK0p	26	CM2	칩 인터커넥트
CLK1n	27	CM1	칩 인터커넥트
CLK1p	28	CLK_inter	칩 인터커넥트
CLK6n	51	H_A_2	확장 헤더 핀
CLK6p	52	H_B_2	확장 헤더 핀
CLK7n	53	H_A_3	확장 헤더 핀
CLK7p	55	H_B_4	확장 헤더 핀
CLK2n	88	CLK_50M	50MHz 클럭 소스
CLK2p	89	H_B_17	확장 헤더 핀
CLK3n	90	H_2B_17	확장 헤더 핀
CLK3p	91	H_2B_18	확장 헤더 핀

A.2.11 SPI 장치 사용

마이크로컨트롤러가 제어하는 SPI 슬레이브로 작동할 수 있는 장치는 EEPROM, 가속도계, 블루투스 프로세서, 총 3개가 있다. 게다가 HaHa 보드에는 2개의 SPI 슬롯도 있기 때문에 사용자는 슬롯을 통해 더 많은 장치를 마이크로컨트롤러에 연결할 수 있다.

참고: SPI 핀 이름(MISO, MOSI, SCK, SS)은 AVR에서 사용하는 이름이며, 다른 장치들은 다른 이름을 사용할 수도 있다. SPI 핀 이름을 파악하려면 사용 중인 특정 장치의 데이터시트를 확인하는 것이 좋다.

SPI 설정: 마이크로컨트롤러에는 3개의 동시 슬레이브가 있다. 사용자는 슬레이브 장치의 SS^{Slave Select} 핀을 선언해 통신할 슬레이브를 선택할 수 있다. 슬레이브 선택에 사용되는 I/O 핀은 그림 A.13에 나와 있다. 통신할 슬레이브 중 하나를 선택하려면 해당 슬레이브 장치의 SS 신호를 낮게 설정하면 되며, 충돌을 피하려면 다른 장치의 SS를 높음으로 설정해야 한다. 마이크로컨트롤러는 한 번에 하나의 SPI 장치와만 통신할 수 있다는 점을 유의하자.

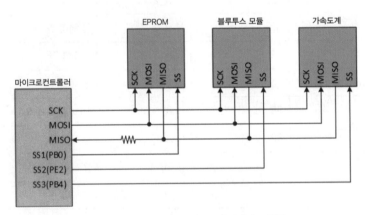

▲ 그림 A.13 HaHa 보드의 SPI 인터페이스 설정

SPI 장치를 사용할 때는 먼저 해당 장치의 데이터시트를 참조해 올바른 주소에 데

이터를 주의해서 읽고 쓰길 바란다. SPI 장치에 이미 예약된 주소에 데이터를 쓰게 되면 장치가 영구적으로 손상될 수 있다. 또한 공장 교정^{factory calibration} 값이 포함된 일부 주소는 변경하지 말아야 한다.

그림 A.14는 SPI 슬롯 핀 구성을 보여준다. 사용자는 해당 핀을 슬롯에 연결해 추가 SPI 장치를 연결할 수 있다. 또한 보드에서 신호를 프로브하기 위한 위치로 사용할 수도 있다.

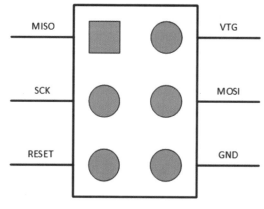

▲ 그림 A.14 SPI 헤더 핀 위치

A.2.12 사이드 채널 측정

보드에는 사이드 채널(예, 전력이나 전류) 측정을 위해 설계된 전용 영역(그림 A.15 (A) 참고)이 있다. 여기에는 정확한 1옴의 전류 감지 레지스터가 FPGA와 전원 공급원 사이에 장착된다. 레지스터 양단의 전압 강하를 측정함으로써 전력 소비를 나타내는 전류 값을 얻을 수 있다. 서브미니어처 버전 A^{SMA, SubMiniature version A} 커넥터도 제공된다.

사이드 채널 측정 회로는 계측 증폭기를 포함하고 있다. 이는 전류 감지 레지스터의 전압 차이를 4배로 증폭할 수 있다. 해당 부품의 대역폭은 2.4GHz이다. 전압 강하는 감지 레지스터나 증폭기에서 측정할 수 있으며 증폭기에서 측정할 경우 A.15(B)에 그려진 것처럼 증가된 SNR 값을 제공한다.

▲ 그림 A.15 (A) HaHa 보드의 사이드 채널 측정 영역, (B) 증폭 유무에 관계없이 두 가지 측정 옵션을 보여주는 회로도

A.3 FPGA와 마이크로컨트롤러 프로그래밍용 예제

이 절에서는 FPGA와 마이크로컨트롤러 칩에 각각 해당하는 여러 예제 회로와 코드를 보여준다. 이 회로/코드는 실제 실험을 수행하기 전에 실습으로 사용할 목적으로 만들어진 것이다. 이 예제들은 출력 LED와 입력 스위치의 작동과 같은 보드의 기본 기능 중 일부를 보여주고자 설계됐다. 소스코드(Verilog, 어셈블리 코드)는 각 데모별로 제공한다.

A.3.1 FPGA 프로그래밍

A.3.1.1 FPGA에 카운터 구현

간단한 회로를 FPGA에 구현해보자 : 이 모듈은 4비트 업 카운터를 FPGA에 매핑해 이를 3개의 입력과 1개의 출력에 연결한다. 하나의 입력은 클럭으로 작동하고 다른 하나는 출력을 0000으로 리셋하고, 다른 입력은 카운팅을 활성화한다. 출력은 계산된 값을 나타내는 4비트 바이너리다. 따라서 1개의 클럭 소스, 2개의 스위치, 4개의 LED가 사용될 것이다. 절차는 다음과 같다.

1. 쿼터스에서 새 프로젝트를 만든다. 그림 A.16과 같이 HaHa 보드가 사용하는 올바른 장치(10M50SAE144C8G)를 선택한다.

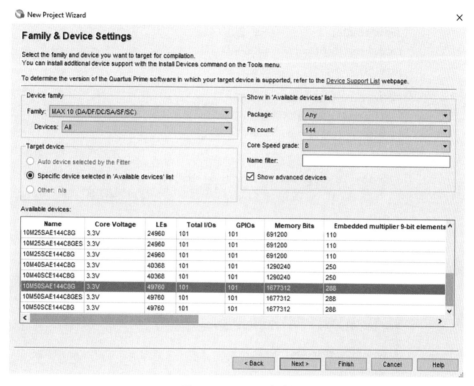

▲ 그림 A.16 HaHa 보드의 장치 선택

2. 새 Verilog 하드웨어 기술 언어^{HDL} 파일을 작성해 프로젝트에 추가한다. v-파일에 업 카운터 모듈을 생성해보자. 코드는 아래에 추가해뒀다. 이 코드에는 업 카운터 모듈과 주파수 분할기인 서브모듈, 두 개의 모듈이 있다. 이 예제는 50MHz 클럭 소스를 사용하는데, 이는 사람의 눈으로 계산된 값

을 관찰하는 것보다 훨씬 빠르다. 그렇기 때문에 주파수 분배기를 사용해 카운트 동작의 주파수를 훨씬 느리게 만들어야 한다. 코드를 입력한 다음 코드를 분석해보고 이를 더 발전시켜보자.

Verilog 코드

```verilog
module up_counter(clk, reset, enable, out);
    input clk;              //이 카운터의 클럭 입력: 50MHz
    input reset;            //출력값을 0000으로 리셋
    input enable;           //신호 활성화
    output reg [3:0] out;   //4비트 출력
    wire clk_slow;          //분할된 클럭

    always @(posedge clk_slow) begin
        if (reset) out=4'b0000;
        else if (enable) out=out+4'b0001;
    end

    f_divider U0 (.clk(clk),.clkout(clk_slow));    //서브모듈인 주파수 분배기
                                                   //인스턴스화
endmodule

/* 아래는 클럭 주파수를 늦춰 LED 출력을 선명하게 볼 수 있는 주파수 분배기 서브모듈이다.*/

module f_divider(clk, clkout);
    input clk;              //클럭 입력
    output reg clkout;      //클럭 출력 분할
    reg [25:0] cnt;         //26비트 레지스터

    always @(posedge clk) begin
        cnt=cnt+1;
        if (cnt==26'b00111110101111000010000000)
          begin
            clkout=~clkout;
            cnt=26'b0;
          end
    end
endmodule
```

3. 올바른 핀에 신호를 할당해야만 한다. 그림 A.17과 같이 Pin Planner 창을 열어 HaHa 사용자 매뉴얼에 따라 신호를 올바른 위치에 할당한다.

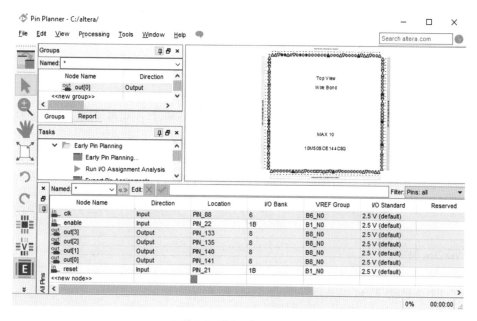

▲ 그림 A.17 쿼터스의 Pin Planner 창

4. 컴파일을 시작한다. 완료되면 SOF 파일이 생성된다. 이 파일은 공급업체 도구가 생성한 FPGA 비트스트림을 나타낸다.

5. Programmer 창을 열어 SOF 파일을 사용해 FPGA를 프로그래밍하면 된다.

A.3.1.2 산술 논리 연산 장치

이 예제는 간단한 산술 논리 연산 장치[ALU]를 FPGA에 매핑하는 것을 보여준다. ALU에는 2개의 4비트 입력 a와 b, 1개의 2비트 기능 선택 입력 sel이 있다. ALU는 기능 선택 입력 시 입력값에 따라 다양한 작업을 수행한다.

선택 비트	Function (o)
00	a plus b
01	a multiply b(적어도 4비트)
10	a AND b(비트 단위)
11	an OR b(비트 단위)

입력 포트는 피연산자와 선택 비트를 제공하고자 사용된다. 이를 위해 HaHa 보드의 스위치와 버튼을 사용할 수 있다. 출력값은 4개의 LED에 표시될 수 있다.

Verilog HDL을 사용하면 ALU는 아래 예제 코드에 표시된 대로 **case**문을 사용하는 등 여러 가지 방법으로 표현할 수 있다.

Verilog 코드
```
module alu(a, b, sel, o);
    input [3:0] a, b;
    input [1:0] sel;
    output reg [3:0] o;

    always @(a or b) begin
        case (sel)
            2'00: o = a + b;
            2'01: o = a * b;
            2'10: o = a & b;
            2'11: o = a | b;
            default: o = a + b;
        endcase
    end
endmodule
```

컴파일이 끝나면 그림 A.18과 같이 핀 플래너$^{\text{Pin Planner}}$를 사용해 FPGA의 적합한 핀에 I/O 포트를 할당한다.

Node Name	Direction	Location
in a[3]	Input	PIN_21
in a[2]	Input	PIN_22
in a[1]	Input	PIN_23
in a[0]	Input	PIN_25
in b[3]	Input	PIN_26
in b[2]	Input	PIN_27
in b[1]	Input	PIN_29
in b[0]	Input	PIN_30
out o[3]	Output	PIN_141
out o[2]	Output	PIN_140
out o[1]	Output	PIN_135
out o[0]	Output	PIN_133
in sel[1]	Input	PIN_85
in sel[0]	Input	PIN_86

▲ 그림 A.18 ALU 핀 플랜

FPGA 비트스트림bitstream 파일을 생성하고 FPGA를 프로그래밍해 기능이 올바르게 구현됐는지 확인한다.

A.3.1.3 유한 상태 기계

유한 상태 기계FSM 또는 간단히 말해 상태 기계는 순차적 논리 회로를 실현하는 데 사용되는 수학적 계산 모델이다. 유한한 수의 상태를 통해 트랜지션을 수행할 수 있는 추상 기계를 나타내며, 일반적으로 설계에서 제어 회로를 구현하는 데 사용된다.

예제: 플로리다 대학교 주차장 중 한 곳은 입구 게이트가 하나만 있고 10대의 차량만 수용할 수 있다. 출입문을 통과하는 차량은 한 번에 한 대뿐이다(나가거나 들어오거나 한 대만 가능). 1미터 간격으로 분리돼 있는 두 개의 광센서가 차량의 출입 여부를 감지한다. 주차장이 FULL인지 FREE인지 나타내는 표시가 입구에 있다.

Verilog 코드

```
module parking_lot_controller (clk, rstn, sense0, sense1, sign_full, sign_free);

    // 한 번에 주차장에 들어갈 수 있는 최대 차량의 수
```

```verilog
parameter max_cars = 10;

// sense0과 sense1은 두 개의 광센서임. sense0은 '외부' 센서(바깥쪽에 더 가까움)
// sense1은 '내부' 센서(내부 쪽에 더 가까움)
// 이 센서들의 값이 낮을 때 활성화된다고 가정. 예) 라이트 빔이 켜지고 출력값이 0일 때 'on'

input clk, rstn, sense0, sense1;
output sign_full, sign_free;

integer cars_in_lot;
reg [3:0] state;

// 센서가 1미터 간격이기 때문에 차량이 들어오면 sense0이 먼저 켜진 후
// 이후 sense0과 sense1이 같이 켜지고, 마지막으로 sense1만 켜진다고 가정

assign sign_full = (cars_in_lot >= max_cars)? 1'b1: 1'b0;
assign sign_free = ~sign_full;

always @ (posedge clk or negedge rstn) begin
    if (rstn == 1'b0) begin
        cars_in_lot = 0;
        state = 4'b0000;
    end
    else begin
        // 상태 값은
        if (state == 4'b0000) begin
            if (sense0 == 1'b0 && sense1 == 1'b1) begin // 들어오는 차
                state = 4'b0001;
            end
            else if (sense0 == 1'b1 && sense1 == 1'b0) begin // 나가는 차
                state = 4'b0100;
            end
            else begin // 차를 계속 기다림
                state = 4'b0000;
            end
        end
        else if (state == 4'b0001) begin // 들어오는 차
            // 자동차가 여전히 외부 센서를 지나고 있음
            if (sense0 == 1'b0 && sense1 == 1'b1) begin
```

770

```verilog
            state = 4'b0001;
        end
        // 차가 센서 두 개를 모두 지남
        else if (sense0 == 1'b0 && sense1 == 1'b0) begin
            state = 4'b0010;
        end
        // 그 외의 다른 일이 발생(예, 자동차가 방금 들어왔지만 진입하기 전에 떠남)
        else begin
            state = 4'b0000; // 카운트를 변경하지 않고 init 상태로 복귀
        end
    end
    else if (state == 4'b0010) begin // 차가 들어오는 길에 두 센서를 모두 지남
        // 자동차가 여전히 임계치를 넘어가는 중
        if (sense0 == 1'b0 && sense1 == 1'b0) begin
            state = 4'b0010;
        end
        // 자동차가 외부 센서를 건너 내부 센서를 지나가고 있음
        else if (sense0 == 1'b1 && sense1 == 1'b0) begin
            state = 4'b0011;
        end
        // 그 외의 다른 일이 발생(예, 차가 들어오지 않고 떠남)
        else begin
            state = 4'b0000;
        end
    end
    else if (state == 4'b0011) begin // 차는 마침내 들어감; 카운트 증가 후 초기화 상태로 이동
        cars_in_lot = cars_in_lot + 1;
        state = 4'b0000;
        $display("Car has entered lot (%2d total).", cars_in_lot);
    end
    else if (state == 4'b0100) begin // 나가는 차
        // 자동차는 여전히 내부 센서를 건너고 있음
        if (sense0 == 1'b1 && sense1 == 1'b0) begin
            state = 4'b0100;
        end
```

```verilog
                // 차가 두 센서 모두를 지남
                else if (sense0 == 1'b0 && sense1 == 1'b0) begin
                    state = 4'b1000;
                end
                // 그 외의 다른 일이 발생(예, 자동차가 방금 들어왔지만 진입하기 전에 떠남)
                else begin
                    state = 4'b0000; // 카운트를 변경하지 않고 init 상태로 복귀
                end
            end
            else if (state == 4'b1000) begin
                // 자동차가 여전히 임계치를 넘어가는 중
                if (sense0 == 1'b0 && sense1 == 1'b0) begin
                    state = 4'b1000;
                end
                // 자동차가 내부 센서를 건너 외부 센서를 지나가고 있음
                else if (sense0 == 1'b0 && sense1 == 1'b1) begin
                    state = 4'b1100;
                end
                // 그 외의 다른 일이 발생(예, 차가 들어오지 않고 떠남)
                else begin
                    state = 4'b0000;
                end
            end
            else if (state == 4'b1100) begin // 차는 마침내 나감; 카운트 감소 후 초기화 상태로 이동
                cars_in_lot = cars_in_lot - 1;
                state = 4'b0000;
                $display ("Car has exited lot (%2d total).", cars_in_lot);
            end
            else begin // 아니면 무언가 잘못됨. init 상태로 돌아감
                state = 4'b0000;
            end
        end
    end
endmodule
```

상태 다이어그램:

Tools ➤ Netlist Viewer ➤ State Machine Viewer로 이동해 설계된 FSM이 사양을 충족
하는지 확인한다.

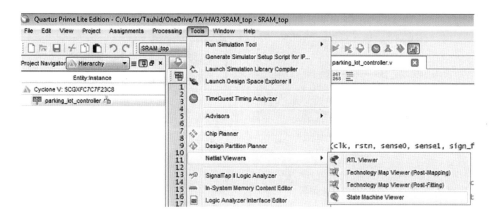

시뮬레이션:

New ➤ University Program VWF ➤ Edit ➤ Insert ➤ Insert Node or Bus ➤ Node Finder
➤ list ➤ Select all ➤ Insert values for the inputs ➤ Simulation

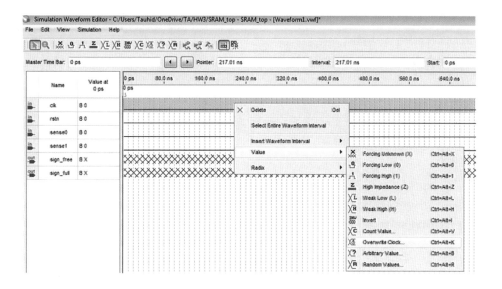

A.3.1.4 SRAM의 읽기/쓰기 작업

다음 Verilog 코드를 사용하면 SRAM 배열의 데이터를 읽거나 쓸 수 있다. 이 작업은 8비트 데이터를 읽거나 작성한다.

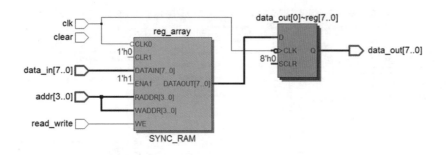

SRAM 읽기-쓰기 작업용 Verilog 코드

```verilog
module SRAM_top(clk, addr, read_write, clear, data_in, data_out);
parameter n = 4;
parameter w = 8;

input clk, read_write, clear;
input [n-1:0] addr;
input [w-1:0] data_in;
output reg [w-1:0] data_out;

// 여기에서 모듈을 시작한다.
reg [w-1:0] reg_array [2**n-1:0];

integer i;
initial begin
    for( i = 0; i < 2**n; i = i + 1 ) begin
        reg_array[i] <= 0;
    end
end

always @(negedge(clk)) begin
    if( read_write == 1 )
        reg_array[addr] <= data_in;
```

```
        data_out = reg_array[addr];
end
endmodule
```

A.3.2 마이크로컨트롤러 프로그래밍

A.3.2.1 마이크로컨트롤러에 카운터 구현

다음 튜토리얼은 마이크로컨트롤러에 간단한 카운터를 프로그래밍하는 방법이다. 이 기능은 마이크로컨트롤러에 구현한다는 점을 제외하고는 A.3.1절에 설명된 회로의 기능과 유사하다. 마이크로컨트롤러는 많은 스위치와 LED에 연결돼 있지 않기 때문에 I/O 핀의 수가 제한돼 있어 FPGA를 통해 주변장치에 액세스해야한다. 절차는 다음과 같다.

1. 애트멜 스튜디오 소프트웨어를 열고 새로운 AVR 어셈블러 프로젝트를 생성한 후 ATmega16U4를 선택한다.
2. ASM 파일에 다음 코드를 작성한다.

어셈블리 코드
```
.include "m16u4def.inc"
.org 0
rjmp main

main:
    ; PD0에서 PD3까지를 출력 핀으로 구성하고 PD4에서 PD7까지를 입력 핀으로 설정한다.
    ldi r16, 0b00001111
    out DDRD, r16

    ldi r17, 0x00 ;레지스터 r17을 0x00으로 리셋한다.

loop:
```

```
    sbic PIND, 4 ;enable이 어서트되지 않은 경우 다음 줄을 스킵한다.
    inc r17 ;r17의 값을 1만큼 증가시킨다.

    sbrc r17,4 ;값이 00010000보다 크지 않으면 다음 줄을 스킵한다.
    ldi r17, 0x00 ;카운터 값을 지운다.
    sbis PIND, 5 ;reset이 어서트되지 않은 경우 다음 줄을 스킵한다.
    ldi r17, 0x00 ;값을 0으로 리셋한다.
    out PORTD, r17 ;값을 IO 포트로 출력한다.
    call delay ;사람의 눈이 값을 명확하게 볼 수 있도록 속도를 줄인다.
    rjmp loop
;아래 코드는 계산을 하면서 프로그램을 지연시키는 것이다.
delay:
    ldi r23, 0x00
delay_inc:
    call delay1
    inc r23
    sbrs r23, 7
    rjmp delay_inc
    ret
delay1:
    ldi r24, 0x00
delay1_inc:
    inc r24
    sbrs r24, 7
    rjmp delay1_inc
    ret
```

3. 프로젝트를 빌드한다. 프로젝트가 빌드되면 HEX 파일이 생성된다.

4. 그림 A.19와 같이 HEX 파일을 이용해 마이크로컨트롤러를 프로그래밍
   한다.

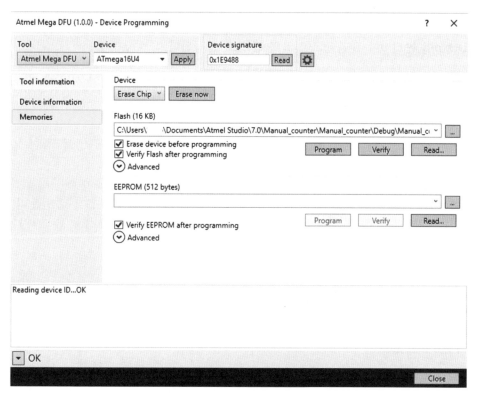

Atmel Mega DFU (1.0.0) - Device Programming

Tool
Atmel Mega DFU ▼

Device
ATmega16U4 ▼   Apply

Device signature
0x1E9488   Read   ⚙

Tool information

Device information

Memories

Device
Erase Chip ▼   Erase now

Flash (16 KB)
C:\Users\   \Documents\Atmel Studio\7.0\Manual_counter\Manual_counter\Debug\Manual_c ▼   ...
☑ Erase device before programming
☑ Verify Flash after programming
⌄ Advanced   Program   Verify   Read...

EEPROM (512 bytes)
▼   ...

☑ Verify EEPROM after programming
⌄ Advanced   Program   Verify   Read...

Reading device ID...OK

▼ OK

Close

▲ 그림 A.19 마이크로컨트롤러 프로그래밍 창

5. HaHa 보드의 전원을 재구동한다. 이제 4개의 LED를 마이크로컨트롤러의
   I/O 핀인 PD0 ~ PD3에 직접 연결하도록 FPGA를 프로그래밍해야 한다. 두
   개의 스위치는 마이크로컨트롤러의 I/O 핀인 PD4와 PD5에 직접 연결돼
   있다. 이를 위해서는 A.3.1절의 단계를 반복해야 하지만 코드는 조금 다
   르다.

A.3.2.2 I/O 포트를 통해 LED 점등

I/O 포트를 사용하기 전에 먼저 핀을 설정해야 한다. 각 포트의 핀은 3개의 레지스
터 비트(DDxn, PORTxn, PINxn)로 구성돼 있다. DDRx 레지스터의 DDxn 비트는 이

핀의 방향을 결정하는데, DDxn이 논리 1이 되면 Pxn은 출력 핀으로 설정된다. DDxn이 논리 0이 되면 Pxn이 입력 핀으로 설정된다.

HaHa 보드에는 PORTB7에 연결된 빨간색 LED가 있다. 다음 코드를 사용해 이 포트를 출력으로 구성해보자.

```
sbi DDRB, 7
```

해당 포트에서 높은 레벨의 값을 생성하려면 PORTB의 7번째 비트를 '1'로 만든다.

```
sbi PORTB, 7
```

무한 루프로 프로그램을 완료한다.

```
Loop: rjmp loop
```

프로그램 코드는 다음과 같다.

어셈블리 코드
```
    .include "m16u4def.inc"
    .org 0
    rjmp main

main:
    sbi DDRB, 7
    sbi PORTB, 7

loop:
    rjmp loop
```

A.3.2.3 LED가 점멸되게 만들기

I/O 포트가 1과 0 사이를 왔다 갔다 하면 LED가 깜박인다. 다음 코드를 작성하면 I/O가 낮은 레벨의 값을 출력할 수 있다.

```
cbi PORTB, 7
```

칩의 내부 클럭 주파수 속도로 LED가 깜박이면 사용자가 이를 볼 수 없다. 속도를 늦추기 위해 일부러 지연시킬 수 있다.

delay 함수는 loop에서 동작 레지스터 카운트를 만들 수 있으며 레지스터가 특정 값으로 카운트되면 프로그램이 loop에서 나오게 만들면 된다. 지연 기능은 다음과 같이 작성할 수 있다.

```
delay:
    ldi r23, 0x00
delay_inc:
    inc r23
    sbrs r23, 7
    rjmp delay_inc
    ret
```

delay 함수의 시작부분에서 작업 레지스터 r23의 값은 ldi 명령을 사용해 0x00으로 초기화된다. 그런 다음 INC 명령을 사용해 값을1 씩 증가시킨다. 이 프로그램은 r23의 7번째 비트가 1로 설정될 때까지 INC 명령으로 되돌아간다. 여기서 SBRS의 기능은 레지스터 r23의 7번째 비트 값을 확인하는 것이다. 비트 값이 1이면 다음 명령을 스킵한다. 전체 프로그램의 코드는 다음과 같다.

참고: 이 프로그램에서 제공되는 지연 시간은 여전히 사람의 눈으로 명확하게 볼 수 있을 정도로 길지는 않다. delay 루프에서 또 다른 delay를 호출해 지연을 더

길게 만들 수도 있다.

```
    .include "m16u4def.inc"
    .org 0
    rjmp main

main:
    ldi r16, 0xFF
    out DDRB, r16

loop:
    sbi PORTB, 7
    call delay
    cbi PORTB, 7
    call delay
    rjmp loop

delay:
    ldi r17, 0x00

delay_inc:
    inc r17
    sbrs r17, 7
    rjmp delay_inc
    ret
```

A.3.2.4 SRAM 주소에서 값을 읽어 I/O 포트로 전송

마이크로컨트롤러 안에 SRAM 어레이가 내장돼 있다. 다음 코드를 삽입해 SRAM 주소에서 값을 읽고 작업 레지스터에 값을 저장할 수 있다.

```
lds r17, 300 ;300은 SRAM의 주소다.
```

PORTD의 모든 비트를 출력 포트로 구성한다.

```
ldi r16, 0xFF
out DDRD, r16
```

다음을 사용해 작업 레지스터에서 포트로 값을 보낸다.

```
out PORTD, r16
```

전체 프로그램은 다음과 같다.

어셈블리 코드
```
    .include "m16u4def.inc"
    .org 0
    rjmp main

main:
    ldi r16, 0xFF
    out DDRD, r16

    lds r17, 300
    out PORTD, r17
loop:
    rjmp loop
```

A.3.2.5 입력 포트로 제어되는 프로그램

때로는 프로그램이 입력 포트로 구성된 I/O 포트에서 신호를 읽어야 할 수도 있다. 예를 들어 프로그램을 실행하고자 입력 포트에서 높은 레벨의 값(여기서는 1)을 기다리는 시나리오를 생각해보자. 포트로 들어오는 신호가 항상 '0'이면 프로그램이 실행되지 않을 것이다.

A.3.2.6 LED를 제어하기 위한 IO 값

입력 포트에서 출력 포트로 값을 전달하는 것도 가능하다. 예를 들어 스위치에 연결된 입력 포트와 LED에 연결된 출력 포트를 생각해보자. 이 경우 스위치는 LED에 값을 전달해 LED를 제어할 수 있다.

어셈블리 코드

```
.include "m16u4def.inc"
.org 0
rjmp main

main:
    ;pc7을 입력으로 설정
    cbi DDRC, 7

    ;pb7을 입력으로 설정
    sbi DDRB, 7

loop:
    ;pc7의 값이 없으면 pb7을 설정하지 않는다.
    sbic PINC, 7
    sbi PORTB, 7
```

782

```
    ;pc7이 설정된 경우 pb7을 지우지 않는다.
    sbis PINC, 7
    cbi PORTB, 7
rjmp loop
```

A.3.2.7 간단한 프로그래밍 예제

마이크로컨트롤러의 명령은 산술과 논리 명령으로 구성돼 있다. 산술 명령에는 ADD, SUB, MUL이 있다. 다음 예제는 여러 작업 레지스터를 사용해 간단한 함수를 구현하는 방법을 보여준다. $x < 128$인 경우 $f(x) = 255 - 2x$; 그렇지 않으면 $f(x) = 0$인 함수를 구현해보자.

예제에 필요한 명령은 MUL, SUB, branch며, 결과는 portD의 출력으로 표시된다. 코드는 다음과 같다.

어셈블리 코드
```
    .include "m16u4def.inc"
    .org 0
    rjmp main

main:
    ;PortD를 출력으로 설정
    ldi r16, 0xff
    out DDRD, r16

    ;r18에 x = 100을 저장하고 r19에 2를 저장
    ldi r18, 0x64
    ldi r19, 0x02

    ;x가 128 이상이면 big_option으로 이동
    sbrc r18, 7
    rjmp big_option

    ;2 * 100을 계산하고 결과를 r18에 저장
```

```
    mul r18, r19
    mov r18, r0

    ;255-r18을 계산하고 결과를 r18에 저장
    ldi r19, 0xff
    sub r19, r18
    mov r18, r19

    rjmp loop
big_option:
    ldi r18, 0x00
loop:
    ;최종 결과를 출력
    out PORTD, r18
    rjmp loop
```

A.4 설계 사양

이 절에서는 HaHa 보드(버전 2)의 재료 사양서(표 A.9), 회로도, 조립 다이어그램 (그림 A.20), 레이아웃(그림 A.21) 정보를 확인할 수 있다.

▼ 표 A.9 재료 사양서(BOM)

제조사	제조사 번호	양	지정자
Omron Electronics	XM2C-0942-112L	1	J10
CUI	UJ2-BH-1-TH	2	J1, J18
Texas Instruments	THS4302RGTR	1	U10
Microchip	RN4870-V/RM118	1	U7
C&K Components	PTS645SM43SMTR92	6	SW1, SW2, SW3, SW4, SW5, SW6
C&K Components	OS102011MS2QN1	15	S0, S1, S2, S3, S4, S5, S6, S7, S8, S9, S10, S11,S12, S13, S14

(이어짐)

제조사	제조사 번호	양	지정자
Optek/TT Electronics	OP980	1	D16
TDK Corporation	MPZ1608S101ATAH0	6	L3, L4, L5, L7, L8, L12
Apem	MHPS2283	1	PWR
Microchip	MCP2200-I/SS	1	U4
LVK Series	LVK12R010DER	1	CS1
Lite on	LTST-C194KSKT	1	D14
Lite on	LTST-C190KRKT	6	D5, D6, D7, D8, D9, D12
Lite on	LTST-C190KGKT	5	D1, D2, D3, D4, D13
Lite on	LTL2R3KRD-EM	1	D15
Lite on	LSHD-7501	1	DS1
STMicroelectronics	LIS2DE12TR	1	U5
STMicroelectronics	LF33ABDT-TR	1	U3
Taiyo Yuden	LBC3225T100KR	5	L1, L2, L9, L10, L11
Fairchild Semiconductor	FSV8100V	1	D10
Fox	FOXSDLF/080-20	1	Y1
Panasonic	ERJ-P06D8200V	1	R45
Panasonic	ERJ-6GEYJ560V	5	R17, R37, R38, R39, R40
Panasonic	ERJ-6GEYJ472V	2	R27, R41
Panasonic	ERJ-6GEYJ471V	1	R25
Panasonic	ERJ-6GEYJ470V	5	R24, R33, R34, R35, R36
Panasonic	ERJ-6GEYJ223V	3	R9, R10, R14
Panasonic	ERJ-6GEYJ220V	3	R2, R7, R8
Panasonic	ERJ-6GEYJ103V	9	R3, R4, R6, R15, R22, R29, R30, R31, R32
Panasonic	ERJ-6GEYJ102V	2	R21, R26
Panasonic	ERJ-6GEYJ101V	1	R43
Panasonic	ERJ-6ENF3303V	1	R19

(이어짐)

제조사	제조사 번호	양	지정자
Panasonic	ERJ–6ENF3302V	3	R11, R12, R23
Panasonic	ERJ–6ENF3300V	2	R13, R28
Panasonic	ERJ–6ENF2102V	1	R16
Panasonic	ERJ–6ENF2050V	1	R44
Panasonic	ERJ–6ENF1200V	1	R1
Panasonic	ERJ–6ENF1002V	1	R18
Panasonic	ERJ–6ENF68R0V	1	R5
Panasonic	ERJ–6ENF30R1V	1	R42
Maxim Integrated	DS1809U–100+	1	PM2
Murata Electronics	CSTCE12M0G55–R0	1	Y2
Kemet	C1206C107M9PACTU	2	C10, C16
Kemet	C0805C470J5GACTU	1	C37
Kemet	C0805C226M9PACTU	1	C39
Kemet	C0805C225K8RACTU	1	C2
Kemet	C0805C200J1GACTU	2	C20, C31
Kemet	C0805C106K8PACTU	4	C19, C26, C34, C35
Kemet	C0805C105K4RACTU	6	C5, C6, C8, C15, C17, C21
Kemet	C0805C104J5RACTU	23	C1, C3, C4, C7, C9, C12, C13, C22, C23,C24, C25, C27, C30, C32, C33, C36, C38,C53, C54, C55, C56, C57, C58
Kemet	C0805C103K5RACTU	3	C11, C14, C29
Kemet	C0805C101J3GACTU	2	C18, C28
Microchip Technology/Atmel	ATmega16U4–au	1	U2
Abracon LLC	ASFL1–50,000MHZ–EC–T	1	Y4
Analog Devices	ADP3334ARMZ–REEL7	1	RG2

(이어짐)

제조사	제조사 번호	양	지정자
Analog Devices	ADM3202ARUZ-REEL7	1	U9
Molex	702471051	1	P5
3M	961240-6404-AR	2	P3, P8
3M	961220-6404-AR	1	P4
3M	961208-6404-AR	1	P11
3M	961206-6404-AR	3	P2, P9, P13
3M	961110-6404-AR	2	P1, P10
3M	961108-6404-AR	1	P12
3M	961102-6404-AR	3	JP1, JP4, P14
3M	929870-01-04-RA	2	JP2, JP3
Keystone Electronics	5006	18	J2, J3, J3+, J3-, J4, J5, J6, J7, J8+, J8-, J9, J11, J12, J13, J14, J15, J16, J17
Bourns	4816P-1-560LF	1	R20
Bel Fuse	0697H1000-02	1	F1
Nexperia	74HC3G14DC-Q100H	1	U1
Microchip	25LC1024-E/SM	1	U6
Intel/Altera	10M50SAE144C8G	1	U8
TE Connectivity	5-1814832-1	2	J9+, J9-
Fairchild Semiconductor	1N4148	1	D11

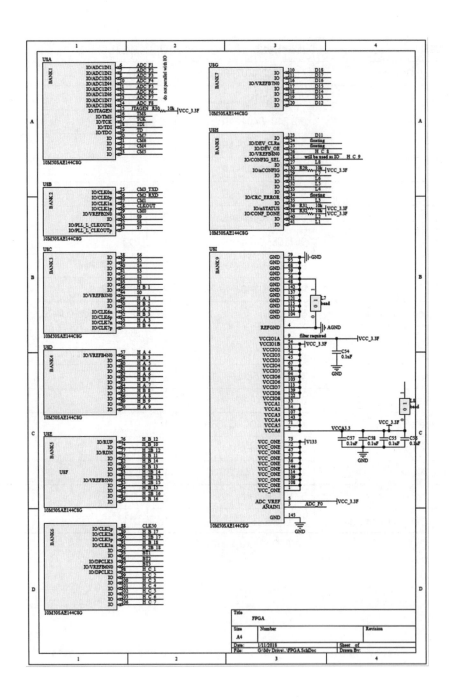

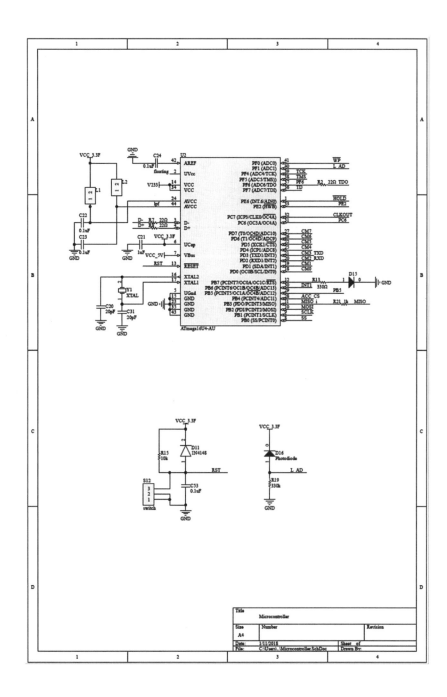

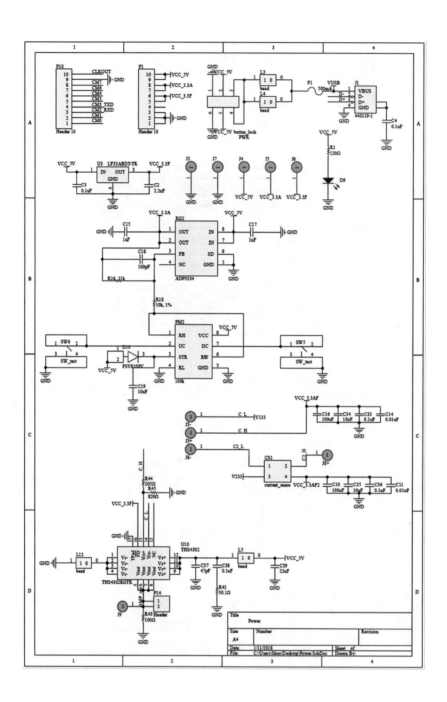

790

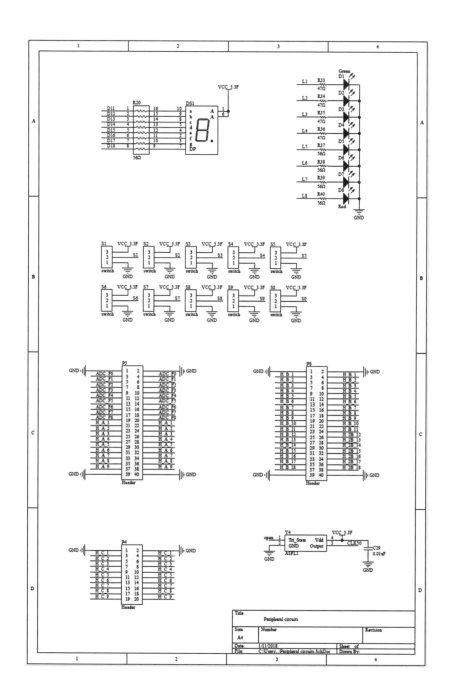

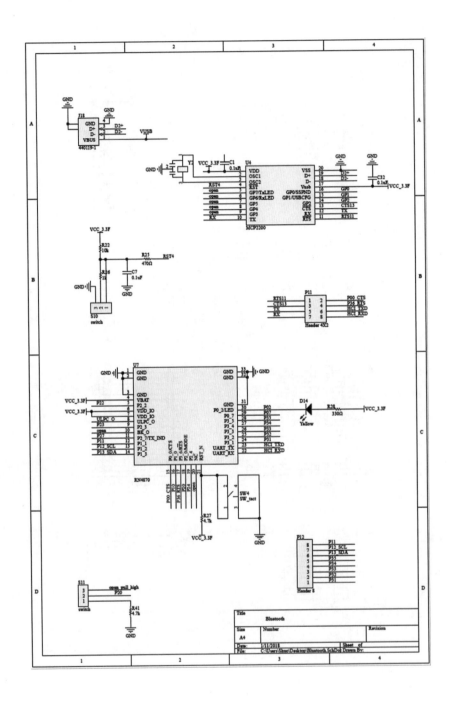

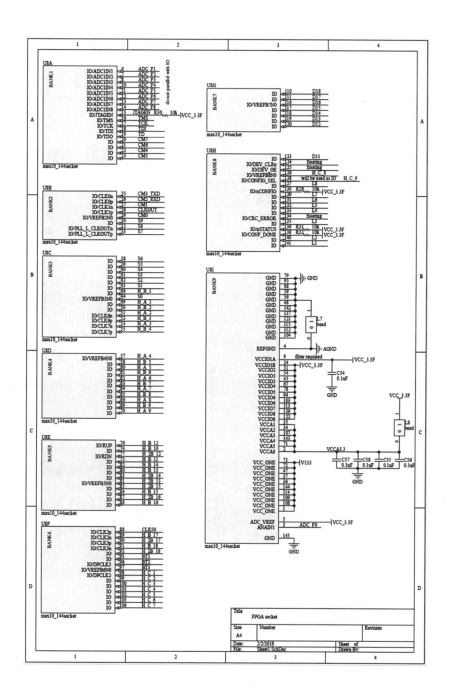

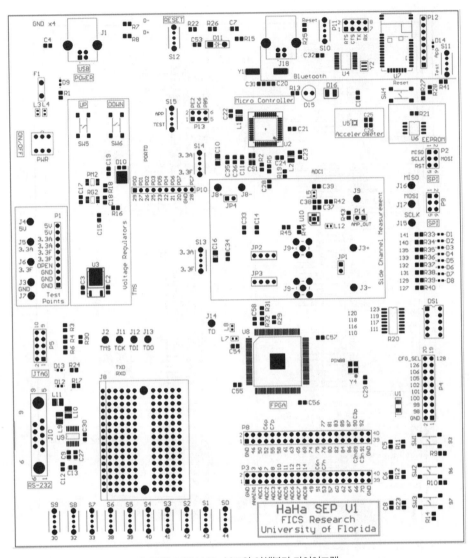

▲ 그림 A.20 HaHa 보드의 어셈블리 다이어그램

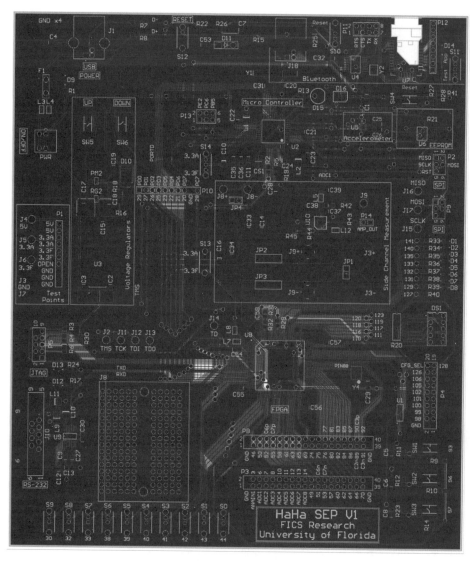

▲ 그림 A.21 HaHa 보드 레이아웃

찾아보기

T

실습으로 배우는 하드웨어 보안

하드웨어 관점에서의 사이버 보안

발 행 | 2021년 1월 4일

지은이 | Swarup Bhunia · Mark Tehranipoor
옮긴이 | 송 지 연 · 김 병 극 · 나 가 진
감 수 | 김 기 주

펴낸이 | 권 성 준
편집장 | 황 영 주
편 집 | 조 유 나
디자인 | 박 주 란

에이콘출판주식회사
서울특별시 양천구 국회대로 287 (목동)
전화 02-2653-7600, 팩스 02-2653-0433
www.acornpub.co.kr / editor@acornpub.co.kr

한국어판 ⓒ 에이콘출판주식회사, 2021, Printed in Korea.
ISBN 979-11-6175-470-3
http://www.acornpub.co.kr/book/hardware-security

이 도서의 국립중앙도서관 출판시도서목록(CIP)은 서지정보유통지원시스템 홈페이지(http://seoji.nl.go.kr)와
국가자료공동목록시스템(http://www.nl.go.kr/kolisnet)에서 이용하실 수 있습니다.(CIP제어번호: CIP2020047931)

책값은 뒤표지에 있습니다.